劳动与社会保障法：
规范与应用

主　编　岳宗福　秦　敏
副主编　郑　言　王雪蝶

西南交通大学出版社
·成　都·

图书在版编目（CIP）数据

劳动与社会保障法：规范与应用 / 岳宗福，秦敏主编. —成都：西南交通大学出版社，2019.3
ISBN 978-7-5643-6790-9

Ⅰ. ①劳… Ⅱ. ①岳… ②秦… Ⅲ. ①劳动法–基本知识–中国②社会保障法–基本知识–中国 Ⅳ. ①D922.5

中国版本图书馆 CIP 数据核字（2019）第 047840 号

劳动与社会保障法：
规范与应用

主　编	岳宗福　秦　敏
责任编辑	郑丽娟
封面设计	严春艳
出版发行	西南交通大学出版社 （四川省成都市二环路北一段 111 号 西南交通大学创新大厦 21 楼）
邮政编码	610031
发行部电话	028-87600564　028-87600533
网址	http://www.xnjdcbs.com
印刷	四川森林印务有限责任公司
成品尺寸	185 mm×260 mm
印张	25.25
字数	626 千
版次	2019 年 3 月第 1 版
印次	2019 年 3 月第 1 次
定价	58.00 元
书号	ISBN 978-7-5643-6790-9

课件咨询电话：028-87600533
图书如有印装质量问题　本社负责退换
版权所有　盗版必究　举报电话：028-87600562

作者简介

岳宗福，男，山东工商学院教授，中国社会法研究会常务理事。1996年毕业于山东大学，获硕士学位；2005年毕业于浙江大学，获博士学位。现主要从事劳动社会保障政策与立法的研究与教学，在《浙江大学学报》（人文社科版）、《社会保障制度》（人大复印资料）、《金融与保险》（人大复印资料）、《社会保障研究》等学术刊物发表论文60余篇，先后出版《近代中国社会保障立法研究》（齐鲁书社2006年版）、《五险一金制度·案例·答疑》（中国法制出版社2008年版）、《中华人民共和国社会保险法解读及应用指南》（人民日报出版社 2010 年版）、《社会保险法制度解读·案例应用与实务答疑》（中国法制出版社2011年版）、《社会保险法实用问答及应用指南》（法律出版社2011年版）、《劳动法与社会保障法实用教程》（中国法制出版社2014年版）、《机关事业单位养老保险制度改革：知识解答与政策解读》（人民日报出版社 2015 年版）、《中国社会保险制度》（人民日报出版社2018年版）等多部著作或教材。

序　言

习近平总书记在党的十九大报告中指出：全面依法治国是中国特色社会主义的本质要求和重要保障。完善以宪法为核心的中国特色社会主义法律体系是落实全面依法治国基本方略的前提和基础，是中国发展进步的制度保障。中国特色社会主义法律体系由七大法律部门构成，劳动法与社会保障法被明确划入社会法。在当今中国，对社会法的内涵主要有两种不同的界定：一种是作为第三法域的社会法，一种是作为法律部门的社会法。

一、作为第三法域的社会法

公元3世纪，古罗马法学家乌尔比安首次提出了公法和私法的划分，指出："有关罗马国家的法为公法，有关私人的法为私法。"后来这种划分被法学家接受并沿用下来，今天我们通常将规范国家公权力（power）的法律称为"公法"，将规范私权利（right）的法律称为"私法"。现在，比较流行，也比较容易被理解的公法与私法的划分标准，主要是根据国家公权力在法律关系中的存在与否决定的。一个法律关系如果有一方是国家（法律主体之间地位不对等），就被认为属于公法；双方都是私人当事人的（法律主体之间地位平等），就属于私法。由此看来，大多数的法律都是公法，比如宪法、行政法、刑法等，而纯粹的私法是民法（大民法，含合同法、物权法等）。

作为法域的社会法，一般被认为是介于私法与公法之间的第三法域，即"私法公法化"或"公法私法化"，或"法律社会化"的结果。社会法舶来自西方的"社会立法"（social legislation）概念，最早起源于德国。在西方，社会立法也有广义和狭义的区分，为了保护特别风险下的人群利益而进行的社会立法属于狭义的社会立法，为了普罗大众的利益而进行的社会立法属于广义的社会立法。大体而言，在英美国家，社会立法通常做广义的理解；而在德法等欧陆国家（包括东方的日本），通常做狭义的理解。不论称"社会法"，还是"社会立法"，起初都不过是对近代以来"法的社会化"趋势的一种概念化描述。我国在民国时期曾组建过"社会法临时起草委员会",察当时"社会法"之内涵,也实为狭义的社会立法。

中国传统法律制度重公权、轻私权,形成了重刑(法)轻民(法)的一元化法律结构。清朝末年的改法修律活动,开始引入欧陆法系的法律文化,开启中国法律的近代转型之路,并逐步形成了明确区分刑法(公法)与民法(私法)的二元化法律结构。在此过程中,自19世纪末以来由俾斯麦开启的社会立法渐成为欧陆法系的重要法律制度,并在国际上引发了"法的社会化"之现代"潮流"。如前所述,民国政府引入社会法之理念,组建社会法起草机构,既为顺应此"潮流"之举,亦开启了中国法律制度由二元化走向三元化法律结构的第二次转型之路。纵观中国法律制度的转型之路,中间虽多曲折,但大趋势并未改变。1978年改革开放以后,劳动法、劳动合同法、社会保险法、慈善法等已经陆续颁行,社会救助法、社会组织法等也已经提上了立法议程,这些劳动领域和社会领域的立法无疑体现了"法的社会化"这一现代潮流,也标志着中国已经进入了社会立法的一个活跃时期。

二、作为法律部门的社会法

2011年10月27日发布的《中国特色社会主义法律体系》(白皮书),明确宣布中国特色社会主义法律体系已经形成。中国特色社会主义法律体系是以宪法为统帅,由"宪法相关法、民法商法、行政法、经济法、社会法、刑法、诉讼与非诉讼程序法"等七个法律部门组成的有机统一整体。社会法作为一个法律部门,是调整劳动关系、社会保障、社会福利和特殊群体权益保障等方面的法律规范,遵循公平和谐和国家适度干预原则,通过国家和社会积极履行责任,对劳动者、失业者、丧失劳动能力的人以及其他需要扶助的特殊人群的权益提供必要的保障,维护社会公平,促进社会和谐。

由此可见,在官方文件当中,社会法这个概念只是在法律部门的含义上来使用的。但作为一个法律部门的社会法,根据其所涵盖内容的多少,又大致可以划分出广义、中义、狭义三个不同层面。广义社会法相当于"第三法域",包括劳动法、社会保障法、社会福利法、公益事业法、特殊群体权益保障法、住宅法、卫生法、环保法、义务教育法等;中义社会法基本等于官方使用的社会法的含义,包括劳动法、社会保障法、社会福利法、公益事业法、特殊群体权益保障法;狭义的社会法则等同于社会保障法或社会福利法。也有学者主张,中义的社会法等于劳动法和社会保障法,狭义的社会法等于社会保障法。

三、编写体例与修订说明

劳动法是关于劳雇关系的法律规范，社会保障法是关于公共给付的法律规范，两者性质不同。所以，本书在编排体例上，首先对劳动与社会保障法基础知识进行概述，然后分别从劳动法与社会保障法两大部分进行介绍和阐释。在劳动法部分，主要基于现行《中华人民共和国劳动法》的章次安排和已经颁行的其他相关法律法规，同时也适当借鉴了历史上关于劳动法典草案的编纂设计，计由劳动就业法、劳动合同法、劳动基准法、劳动保护法、劳动争议法、劳动组织法、集体合同法、民主参与法、劳动监察法等组成。在社会保障法部分，由于我国尚未出台综合性的社会保障法，且关于社会保障内涵的理解莫衷一是，所以本书在内容编排上尽量兼顾实务部分与学界的"共识"，由社会保险法、社会救助法、社会福利法、军人保障法、住房保障法等组成。除了内容编排具有上述特色外，本书关于劳动和社会保障法的理论叙述力求简明扼要，而对于我国现行劳动和社会保障法的规范解读和实务应用则力求细致入微，故名《劳动与社会保障法：规范与应用》。

本书在原实用教程的基础上修订而成，这次修订对原书的结构和内容都进行了全面调整、改写和修补，具体说明如下：一是凸显了应用性与实用性，在"复习与思考"部分补充了近年国家司法考试中涉及劳动与社会保障法的真题，便于读者了解和掌握国家法律职业资格考试在劳动与社会保障法方面的侧重点和新动向；二是优化了篇章结构布局，对涉及集体劳动关系的法律规范进行了集中编排，同时考虑到社会保险法的内容较多，所以拆分为两章，一章为社会保险法总论，另一章为社会保险法分论；三是丰富了全书的内容，增补"民主参与法"一章，完善了集体劳动关系的法律规范，同时考虑到军人保障、住房保障是新时代民生保障不可或缺的重要组成部分，添加了军人保障法、住房保障法两章内容。同时，还对原书的部分内容及文字表述进行了改写、删减、增添及补正。本书既可以作为高等院校劳动与社会保障、人力资源管理、劳动关系、社会工作等专业学生学习劳动和社会保障法的教材，也为劳动与社会保障法相关实务部门提供了一本兼顾理论与实务的实用教程，同时也为每位劳动者和公民了解和维护自身劳动及社会保障权益提供了必备的法律规范与应用指南。最后，当然也是最重要的，由于编者学识水平和时间精力有限，书中难免存在错讹疏漏之处，敬请读者批评指正。

作者 谨识

2018 年 10 月 16 日 于烟台

目　录

第一章　劳动与社会保障法基础 ·· 001
　　第一节　劳动法基础 ·· 001
　　第二节　社会保障法基础 ·· 014
　　复习与思考 ·· 023

第二章　劳动就业法 ·· 025
　　第一节　概　述 ·· 025
　　第二节　公平就业 ··· 029
　　第三节　就业服务与管理 ·· 032
　　第四节　职业教育与培训 ·· 038
　　复习与思考 ·· 045

第三章　劳动合同法 ·· 046
　　第一节　劳动合同的概念与分类 ··· 046
　　第二节　劳动合同的订立与形式 ··· 050
　　第三节　劳动合同的内容与条款 ··· 053
　　第四节　劳动合同的生效与无效 ··· 060
　　第五节　劳动合同的履行与变更 ··· 062
　　第六节　劳动合同的解除与终止 ··· 065
　　第七节　劳务派遣与非全日制用工 ·· 081
　　复习与思考 ·· 089

第四章　劳动基准法 ·· 096
　　第一节　工时基准 ··· 096
　　第二节　工资基准 ··· 105
　　复习与思考 ·· 117

第五章　劳动保护法 ·· 119
　　第一节　概　述 ·· 119
　　第二节　劳动安全 ··· 123
　　第三节　劳动卫生 ··· 126
　　第四节　特殊劳动保护 ··· 134
　　复习与思考 ·· 138

第六章　劳动争议法 ·· 139
第一节　概　述 ·· 139
第二节　劳动争议调解 ·· 145
第三节　劳动争议仲裁 ·· 148
第四节　劳动争议诉讼 ·· 159
复习与思考 ·· 164

第七章　劳动组织法 ·· 166
第一节　工会组织 ·· 166
第二节　雇主组织 ·· 173
第三节　国际劳工组织 ·· 177
复习与思考 ·· 181

第八章　集体合同法 ·· 182
第一节　概　述 ·· 182
第二节　集体合同的内容和期限 ·· 187
第三节　集体合同的订立和效力 ·· 188
第四节　集体合同的履行、变更、解除及终止 ···································· 192
第五节　集体合同的争议处理 ·· 195
复习与思考 ·· 196

第九章　民主参与法 ·· 198
第一节　概　述 ·· 198
第二节　职工代表大会 ·· 201
第三节　民主参与的其他形式 ·· 204
复习与思考 ·· 206

第十章　劳动监察法 ·· 208
第一节　概　述 ·· 208
第二节　劳动保障监察 ·· 212
第三节　工会劳动法律监督 ··· 220
复习与思考 ·· 222

第十一章　社会保险法（上）··· 223
第一节　社会保险经办 ·· 223
第二节　社会保险基金 ·· 235
第三节　社会保险监管 ·· 238
第四节　社会保险争议处理 ··· 241
复习与思考 ·· 247

第十二章　社会保险法（下） ... 248
第一节　养老保险 ... 248
第二节　医疗保险 ... 260
第三节　工伤保险 ... 266
第四节　失业保险 ... 279
第五节　生育保险 ... 290
复习与思考 ... 293

第十三章　社会救助法 ... 297
第一节　概　述 ... 297
第二节　最低生活保障 ... 304
第三节　农村五保供养 ... 309
第四节　自然灾害救助 ... 312
第五节　流浪乞讨人员救助 ... 317
第六节　专项救助 ... 321
复习与思考 ... 329

第十四章　社会福利法 ... 330
第一节　老年人福利 ... 330
第二节　妇女儿童福利 ... 335
第三节　残疾人福利 ... 341
复习与思考 ... 347

第十五章　军人保障法 ... 348
第一节　军人保险 ... 348
第二节　军人优抚 ... 361
复习与思考 ... 367

第十六章　住房保障法 ... 368
第一节　保障性住房 ... 368
第二节　住房公积金 ... 377
复习与思考 ... 385

附件　本书所涉主要法律法规 ... 386

参考文献 ... 390

第一章 劳动与社会保障法基础

劳动与社会保障法的历史、概念与理论是学习劳动法与社会保障法的知识基础。劳动法基础概括介绍劳动法的概念、历史、渊源、调整对象、适用范围、劳动法律关系、劳动者的权利与义务等基础知识；社会保障法基础概括介绍社会保障法的概念、历史、功能、原则、渊源、调整对象、立法模式、法律体系等基础知识。

第一节 劳动法基础

劳动法是调整劳动关系以及与劳动关系密切相关的其他社会关系的法律规范的总和。劳动法有广义和狭义之分：狭义上的劳动法，一般是指国家最高立法机构制定颁布的全国性、综合性的劳动法；广义上的劳动法，是指调整劳动关系以及与劳动关系有密切联系的其他社会关系的法律规范的总称。劳动法是工业社会的产物，以劳动力和生产资料分属不同主体为前提条件，是劳动者长期抗争的结果，也是维护劳动力市场自由平等竞争的基本规范。

一、劳动法简史

在工业革命前约 400 年的英国，曾经颁布过强迫被赶出土地的劳动者到工厂去做工、强制建立劳动关系的所谓"劳工法规"。在黑死病流行、劳动力短缺的背景下，英王爱德华三世于 1349 年颁布了英国历史上第一个"劳工法规"，此后的 400 多年里，"劳工法规"一再修订，并被其他欧洲国家仿效。这与工业革命以后出现的以保护劳动者为宗旨的劳动立法完全不同，通常不被认为是现代劳动法的起源。1802 年英国议会通过的《学徒健康及道德法案》，是英国历史上第一个保护童工的立法，也是第一部限制资本家剥削工人的法律，被认为是"工厂立法"的开端，开创了现代劳动立法的先河。

1804 年《法国民法典》作为第一部资产阶级民法典，将劳动关系的性质确认为"劳动力租赁"（"劳动力的租赁者，谓当事人约定，一方为他方完成一定的工作，他方支付报酬的契约"），并为资产阶级各国仿效。这反映了劳动关系的双重特征：首先，劳动力作为一种特殊商品蕴含于劳动者体内，劳动关系具有人身隶属性的特征，需要对劳动力的所有者进行特殊保护；其次，劳动力的使用权及支配权的让渡具有财产性和平等性的特征，需要遵循商品买卖的一般规则。因此，现代工厂立法与劳动力租赁契约的民法规范逐渐融合，形成了以保护劳动者为宗旨的独立法律部门——现代劳动法。

英国作为工业革命的发源地，既是现代工厂立法的起源地，也是工会立法最早的国家。1871年英国议会通过世界上第一部《工会法》，正式承认工会的合法地位。19世纪80—90年代，德国最早推出劳工社会保险立法，创建现代社会保险制度，影响深远。集体劳动关系立法开始于19世纪下半叶，主要的立法成果有英国1875年颁布的《企业主和工人法》，法国于1919年颁布的《劳动协约法》，德国于1921年颁布的《集体协议法》（也称《团体协约法》），美国于1935年颁布的《全国劳动关系法案》（又称《瓦格纳法案》或《华格纳法案》）等。

俄罗斯十月革命后成立的苏维埃政权于1918年通过了世界上第一部社会主义性质的劳动法——《苏俄劳动法》，在此基础上又于1922年制定了《苏俄劳动法典》。日本是亚洲最早制定劳动法规的国家，在1911年即颁布了《工厂法》，后来被1947年颁布的《劳动标准法》所取代；日本的《劳动标准法》是一部综合性的劳动保护立法，确立了劳动条件的基准，这种综合性的劳动基准立法模式在亚洲地区产生了重要影响。国际劳工组织于1919年成立后，一直致力于在国际范围内推动劳动立法，制定国际劳工公约和建议书是国际劳工组织推动国际劳动立法的基本形式；在第二次世界大战前，国际劳工组织制定公约和建议书的原则是1919年《国际劳动宪章》中所列的9条原则；第二次世界大战后则主要是1944年通过的《费城宣言》中提出的各项原则。国际劳工组织制定公约和建议书的内容比较广泛，主要包括劳动基本权利、就业政策、劳动工作条件、社会保障、劳动关系、劳动管理等方面。

中国劳动立法最早可以追溯至民国北京政府（北洋政府）于1923年颁布的《暂行工厂规则》，这通常被认为是中国历史上第一部调整劳动关系的法律。南京国民政府于1927年成立后，成立了劳动法起草委员会，组织编纂劳动法典，并于1929年完成《劳动法典草案》，后因放弃法典化立法模式改采用单行法模式，截止到抗日战争全面爆发前，陆续公布有《工会法》（1929年）、《工厂法》（1929年）、《劳资争议处理法》（1930年）、《团体协约法》（1930年）、《劳动契约法》（1931年）、《最低工资法》（1936年）等。抗日战争期间，国民政府迁都重庆，于1943年颁布《职工福利条例》。

中国共产党成立之初，即组建中国劳动组合书记部作为劳动工人运动的总机关，于1922年发起了劳动立法运动，并领导拟定了《劳动立法原则》、制定了《劳动法案大纲》，推动了民国北京政府的劳动立法。在中华人民共和国成立前，中国共产党在革命根据地和解放区制定的劳动法规是中国社会主义性质劳动法的萌芽，如1931年制定的《中华苏维埃共和国劳动法》、1942年制定的《陕甘宁边区劳动保护条例（草案）》、1948年制定《东北公营企业战时暂行劳动保险条例》等。

中华人民共和国成立后的劳动立法，以1978年改革开放为界可以分为前后两个大的时期。前一时期的主要立法有1950年颁布的《中华人民共和国工会法》、1951年颁布的《劳动保险条例》等法律法规及涉及工人失业、劳资关系、劳动保护等的一系列规范性文件。改革开放以后，首先，以1994年颁布的《中华人民共和国劳动法》为基本法，形成由《工会法》（2001年修订）、《职业病防治法》（2001年）、《安全生产法》（2002年）等重要法律及一系列行政法规、行政规章、规范性文件构成的劳动立法体系。2007年公布的《中华人民共和国劳动合同法》被称为"新劳动法"，标志着中国劳动立法进入了一个新阶段。

由于特殊的历史原因，在中国香港、澳门和台湾地区形成了不同特色的劳动相关规定。在香港地区，1968年制定的《雇佣条例》是调整劳资关系的重要规范；在澳门地区，1984年制定的《劳资关系法令》是调整劳资关系的重要规范；台湾地区沿袭了20世纪30年代民国劳动立法的基础，制定的主要劳动相关规定有 1951 年的所谓"劳工保险条例"、1974 年的所谓"劳工安全卫生法"、1992 年的所谓"就业服务法"、1993 年的所谓"劳动检查法"等，而于 1984 年制定的所谓"劳动基准法"（后多次修订）是台湾地区一部重要劳动相关法规。

二、劳动法的渊源

劳动法的渊源，也称为劳动法的形式，是指劳动法律规范的具体表现形式。它表明劳动法律规范以什么形式存在于法律体系中，告诉人们从何处找到劳动法律规范。在成文法国家，劳动法的渊源仅限于各种成文法；在承认不成文法的国家或地区，劳动法的渊源除了成文法外，还包括判例法和习惯法。我国劳动法的渊源主要包括以下方面。

（一）宪法中有关劳动领域事务的规定

《中华人民共和国宪法》在"公民的基本权利和义务"一章第四十二条至第四十五条对劳动领域事务做出了具体规定。第四十二条规定：中华人民共和国公民有劳动的权利和义务。国家通过各种途径，创造劳动就业条件，加强劳动保护，改善劳动条件，并在发展生产的基础上，提高劳动报酬和福利待遇。劳动是一切有劳动能力的公民的光荣职责。国有企业和城乡集体经济组织的劳动者都应当以国家主人翁的态度对待自己的劳动。国家提倡社会主义劳动竞赛，奖励劳动模范和先进工作者。国家提倡公民从事义务劳动。国家对就业前的公民进行必要的劳动就业训练。第四十三条规定：中华人民共和国劳动者有休息的权利。国家发展劳动者休息和休养的设施，规定职工的工作时间和休假制度。第四十四条规定：国家依照法律规定实行企业事业组织的职工和国家机关工作人员的退休制度。退休人员的生活受到国家和社会的保障。第四十五条规定：中华人民共和国公民在年老、疾病或者丧失劳动能力的情况下，有从国家和社会获得物质帮助的权利。国家发展为公民享受这些权利所需要的社会保险、社会救济和医疗卫生事业。国家和社会保障残废军人的生活，抚恤烈士家属，优待军人家属。国家和社会帮助安排盲、聋、哑和其他有残疾的公民的劳动、生活和教育。

（二）全国人大及其常委会制定的劳动法律

劳动法律包括专门的劳动法律和其他法律中包含的有关劳动的法律规范，其效力仅次于宪法。全国人民代表大会常务委员会通过的《劳动法》和《劳动合同法》是我国劳动领域两部重要的基本法。此外，在《工会法》《社会保险法》《残疾人保障法》等法律中也包含有劳动法律规范。

（三）国务院制定的劳动行政法规

行政法规是指由国家最高行政机关即国务院制定的有关劳动的规范性文件。按照国务院 2001 年 6 月公布的《行政法规制定程序条例》的规定，行政法规的名称为"条例""规定""办法"三种，国务院根据全国人民代表大会及其常委会的授权决定制定的暂行性行政法规，称为"暂行条例"或"暂行规定"，如《职工带薪休假条例》《劳动合同法实施条例》《工伤保险条例》等。此外，还有一些由国务院发布的"决定""命令""通知"等文件也带有较强的政策性。

（四）地方性劳动法规、自治条例和单行条例

地方性法规是由省、自治区、直辖市地方立法机关（地方人大及其常委会）制定的地方性劳动法规。地方性法规在立法实践中一般称为"条例""规定""办法""实施细则"等，如《广东省工资支付条例》等。根据宪法规定，民族自治地方的人民代表大会及其常委会有权依照当地民族的政治、经济、文化的特点，制定自治条例和单行条例，如《广西壮族自治区劳动行政处罚规定》等。

（五）劳动行政规章和地方规章

行政规章是指由国务院有关部委和具有行政管理职能的直属机构制定的关于劳动的规范性文件。如原劳动部发布的《工资支付暂行规定》、原劳动和社会保障部发布的《最低工资规定》等。地方规章是指由省、自治区、直辖市政府，省、自治区政府所在地的市和国务院批准的较大的市及经济特区市的政府制定规章，如《广东省劳动合同管理规定》等。

（六）我国批准生效的国际劳工公约

目前，我国已经批准生效的国际劳工公约有20多个，如1930年批准的《最低工资办法公约》、1990年批准的《男女工人同工同酬公约》、2001年批准的《劳动行政管理公约》等。

（七）法律解释及规范性文件或准规范性文件

作为劳动法律渊源之一的法律解释，一般指国家机关所做的规范性解释，这种规范性解释包括国家立法机关（全国人大及其常委会）的解释、国家司法机关（最高人民法院、最高人民检察院）的解释、中央国家行政机关（国务院）的解释、地方国家权力机关和行政机关的解释。其中，最高人民法院的司法解释占有特殊地位，如《最高人民法院关于审理劳动争议案件适用法律若干问题的解释》（2001年4月公布实施）。此外，中华全国总工会制定的准规范性文件也属于我国劳动法律渊源之一，如《工会参与劳动争议处理试行办法》《关于组织劳务派遣工加入工会的规定》等。

2008年1月1日起实施的《劳动合同法》是全面调整劳动合同关系的法律规范，在规范用人单位与劳动者订立、履行、解除、变更、终止、续订劳动合同中发挥着重要作用。《劳动法》与《劳动合同法》是一般法与特别法的关系，即《劳动合同法》有规定的，优先适用《劳动合同法》；没有规定的，适用《劳动法》。

三、劳动法的调整对象

劳动法的调整对象是劳动关系及与劳动关系密切相关的其他社会关系。

（一）劳动关系

劳动关系有广义和狭义之分。狭义上的劳动关系是指劳动者（或劳工、雇员）与用人单位（或雇主、企业主）之间在实现劳动过程中发生的社会关系；广义上的劳动关系的主体还

应包括工会组织和雇主组织。因此,广义上的劳动关系可以分为个别劳动关系和集体劳动关系,狭义上的劳动关系指个别劳动关系。我们这里主要是在狭义上使用劳动关系这一概念的。狭义的劳动关系具有如下特征。

(1)劳动关系的当事人是特定的,一方是劳动者(或雇员),一方是用人单位(或雇主)。我国劳动法限定劳动关系的主体资格,劳动者只能是自然人,是劳动力的所有者,可以释放其脑力和体力以从事物质创造和完成其他工作任务。劳动者包括法定劳动年龄内具有劳动能力的我国公民、外国人、无国籍人。用人单位是指使用和管理劳动者并付给其劳动报酬的单位,劳动法限定用人单位为依法成立的企业、国家机关、事业单位、社会团体、个体经济组织、民办非企业单位等组织。非上述劳动关系主体之间发生的雇佣关系不由劳动法调整,如家庭不可以成为用人单位。

(2)劳动关系是在实现劳动过程中发生的社会关系,是在职业劳动、集体劳动、工业劳动中发生的社会关系。所谓实现劳动过程,就是劳动者与某一用人单位提供的生产资料、工作条件相结合的过程。农业劳动关系、家庭成员的共同劳动关系等不由劳动法调整。

(3)劳动关系具有人身、财产关系的属性。用人单位有权依法管理和使用劳动者,这直接关系到人身(生命健康、人格尊严、权利保护),此即人身关系的属性,这种属性也决定了劳动者必须亲自履行劳动义务,并应遵守用人单位的规章制度。所谓财产关系的属性,主要体现为劳动者有偿提供劳动力,用人单位向劳动者支付劳动报酬。而不具有财产关系属性的无偿、义务、慈善性劳动关系不由劳动法调整。

(4)劳动关系具有平等、从属关系的属性。在完全理想化的市场经济条件下,劳动关系是通过市场机制双向选择,以现代契约形式——劳动合同来确立的,双方当事人在建立变更劳动关系时,应基于自愿、平等、合法的原则,这体现了劳动关系的平等性。但在现实社会环境中,劳动者和用人单位在双向选择的过程中实际上处于不平等的地位,劳动者处于相对弱势,劳动关系一经确立,劳动者就成为用人单位的员工,与用人单位存在身份、组织和经济上的从属性关系,双方形成管理与被管理、支配与被支配的关系。

(二)与劳动关系密切联系的其他社会关系

(1)劳动行政管理关系。主要指劳动行政部门、其他业务主管部门因行使劳动行政管理权与用人单位之间发生的社会关系。

(2)人力资源配置服务关系。如职业介绍机构、职业培训机构为人力资源的配置和流动提供服务过程中与用人单位、劳动者之间发生的关系。

(3)社会保险关系。指国家和地方社会保险机构与用人单位及其员工之间因执行社会保险政策而发生的社会关系。

(4)工会组织、监督关系。指工会在代表和维护劳动者合法权益活动中与用人单位之间发生的关系。

(5)劳动争议关系。指劳动争议的调解机构、仲裁机构、人民法院与用人单位、劳动者之间由于调处和审理劳动争议而产生的关系。

(6)劳动监督检查关系。指国家劳动行政部门、卫生行政部门等相关主管部门与用人单位之间因监督、检查劳动法律、法规执行而产生的关系。

四、劳动法的适用范围

(一)何地适用——空间效力

在空间适用范围上,我国劳动法较之其他部门法具有较强的地域性特征。根据劳动法的不同立法层次,我国劳动法适用的地域范围分为如下两种情况:一是凡由全国人大及其常委会通过的劳动法律和由国务院发布的劳动法规、规定、决定,除法律、法规有特别规定外,统一适用于中华人民共和国的全部领域(但香港、澳门特别行政区除外);凡属地方性的劳动法规及民族自治地方的人民代表大会制定的劳动自治条例和单行条例,只适用于该地方政府行政管辖区域范围之内。

(二)何人适用——对人的效力

1. 我国劳动法对人的适用范围

(1)我国境内的企业、个体经济组织、民办非企业单位等组织与劳动者建立劳动关系,适用劳动法。依法成立的会计师事务所、律师事务所等合伙组织和基金会,属于劳动合同法规定的用人单位。(2)国家机关、事业单位、社会团体与劳动者建立劳动关系,依照劳动法的有关规定执行。在国家机关工作的工勤人员(即属于工人编制的人员)与国家机关建立劳动关系,应当订立劳动合同,适用劳动法;事业单位、社会团体与其工勤人员、编外人员之间,实行企业化管理的事业单位与其工作人员之间,建立劳动关系,应当订立劳动合同,适用劳动法。

2. 依照我国现行法律规定不适用劳动法的范围

(1)国家机关的公务员,事业单位和社会团体中纳入公务员编制或参照公务员进行管理的工作人员,适用《中华人民共和国公务员法》。(2)实行聘用制的事业单位与其工作人员的关系,法律、行政法规或国务院另有规定的,不适用劳动法;如果没有特别规定,适用劳动法。为了规范事业单位的人事管理,保障事业单位工作人员的合法权益,国务院公布《事业单位人事管理条例》,于2014年7月1日起实施。(3)从事农业劳动的农村劳动者(乡镇企业职工和进城务工、经商的农民除外)。(4)现役军人、军队的文职人员。(5)家庭雇佣劳动关系。(6)在我国境内享有外交特权和豁免权的外国人等。(7)义务性、慈善性劳动及家务劳动。

(三)何时适用——时间效力

劳动法的时间效力是指劳动法何时生效、何时失效及是否有溯及既往的效力。

1. 劳动法生效的时间

一般有两种情况:一是通过或公布之日起生效,由该法律规范性文件本身明确规定,如2008年9月18日国务院发布的《劳动合同法实施条例》即明定自发布之日起生效;二是通过或公布之日并不立即生效,而是在该法律规范性文件中明定生效日期,如《劳动合同法》于2007年6月29日由全国人大常委会通过,该法明确规定自2008年1月1日起生效。

2. 劳动法的失效时间

一般有两种情况：一是法律规范性文件明定了失效时间或失效的特定条件，当失效时间或特定条件出现时，即自然失效；二是国家制定了与旧法律规范性文件内容相同或相抵触的新法律规范性文件，根据"新法优于旧法"的原则，明确规定旧法失效或不明定，但旧法自然失效。

3. 劳动法的溯及力

劳动法的溯及力也可以分为两种情况：一是溯及既往；二是不溯及既往。我国《劳动合同法》第九十七条第一款规定，"本法施行前已依法订立且在本法施行之日存续的劳动合同，继续履行"。

五、劳动法律关系

劳动法律关系是劳动者（或者工会组织）与用人单位（雇主或者雇主组织）之间依据劳动法律规范所形成的实现劳动过程中的权利义务关系。或者说，是劳动法调整劳动关系所形成的权利义务关系。

（一）劳动法律关系与劳动关系的区别与联系

劳动关系的形成以劳动的存在为前提，劳动法律关系的形成以劳动法律规范的存在为前提；劳动关系的内容是劳动，劳动法律关系的内容是权利和义务；劳动关系是劳动法律关系的现实物质基础，劳动法律关系是劳动关系的法律表现形式。当然，并非所有的劳动关系都表现为劳动法律关系，只有已经纳入劳动法律规范的调整范围，并且符合法定模式（如签订书面劳动合同）的劳动关系，才得以表现为劳动法律关系。劳动法律关系既具有劳动关系的一般属性，也具有法律关系的属性。至于不在劳动法律规范调整范围内的劳动关系，只可能成为其他法律部门的法律关系，或者不具有法律关系性质；而虽然在劳动法律规范的调整范围内，但不符合法定模式的劳动关系，则只能作为事实劳动关系而存在。可见，劳动法律规范是劳动关系成为劳动法律关系的依据，按照劳动法律规范缔结劳动关系则是劳动关系成为劳动法律关系的前提。

劳动法律关系和事实劳动关系尽管都在劳动法调整范围内，但由于事实劳动关系不符合法定模式，尤其是缺乏劳动法律关系赖以确立的法律事实的有效要件（如未签订劳动合同或劳动合同无效等），因而不能成为劳动法律关系，但事实劳动关系中劳动者合法权益仍然受到劳动法的保护。

与劳动关系一样，劳动法律关系也有广义、狭义之分。广义上的劳动法律关系主体包括劳动者、工会组织和雇主、雇主组织，可以区分为个别劳动法律关系和集体劳动法律关系；狭义上的劳动法律关系主体包括劳动者和用人单位，仅指个别劳动法律关系。我们这里主要也是在狭义上使用劳动法律关系这一概念。

（二）劳动法律关系的要素

劳动法律关系的要素是指根据劳动法律规范构成劳动法律关系不可或缺的组成部分，由劳动法律关系的主体、内容和客体三部分组成。

1. 劳动法律关系的主体

劳动法律关系的主体是指依照劳动法享有权利和承担义务的劳动法律关系参加者。学术界有"两主体说"与"三主体说"两种不同的观点。"两主体说"认为劳动者及劳动者组织（主要指工会组织）与雇主（用人单位）及雇主组织是劳动法律关系的基本主体。"三主体说"赋予劳动关系更加宽泛的含义，即将劳动关系理解为由劳方、资方、政府方共同构成的社会经济关系，实际上将劳动关系等同于社会劳动关系或产业关系，这样政府相关部门及社会相关组织也成为劳动法律关系的一方主体。劳动者作为劳动法律关系主体，必须具有劳动权利能力和劳动行为能力；用人单位（雇主）作为劳动法律关系主体，也必须具有用人权利能力和用人行为能力。

2. 劳动法律关系的内容

劳动法律关系的内容是指劳动法律关系双方依法享有的权利和承担的义务，是劳动法律关系的核心和实质。具体表现为：享受权利的一方有权依法做出一定行为或不做出一定行为，或者要求他人做出一定行为或不做出一定行为；承担义务的一方依法做出一定行为或不做出一定行为，以保证权利主体的权利和利益能够实现。

3. 劳动法律关系的客体

劳动法律关系的客体是指劳动法律关系双方的权利义务共同指向的对象，具体指劳动法律关系双方共同指向的劳动活动：对劳动者而言，是指劳动者通过参加用人单位组织的各种各样的劳动活动，实现其劳动权利和履行其劳动义务；对用人单位而言，是指通过组织各种各样的劳动活动，合理配置劳动力资源，实现其用人权利和履行其对劳动者的义务。

（三）劳动法律关系的产生、变更与消灭

劳动法律关系的产生是指劳动者（或工会组织）与用人单位（或雇主团体）根据劳动法律规范和劳动合同的约定明确双方之间的权利义务关系，是基于劳动法律关系主体双方意思表示一致而形成的劳动法律关系；变更是指劳动法律关系主体双方依据劳动法律规范，变更原来劳动合同中确定的权利和义务的内容；消灭是指劳动法律关系双方主体依据劳动法律规范终止其相互间的权利义务关系。由于劳动权利能力和劳动行为能力只能由劳动者本人亲自行使，所以劳动法律关系主体一方的变更，不是原劳动法律关系的变更，而是原劳动法律关系的消灭和新劳动法律关系的产生。

劳动法律规范虽然是劳动法律关系发生的前提，但劳动法律规范本身并不自动生成劳动法律关系。只有劳动法律事实才能引发劳动法律关系的产生、变更和消灭，劳动法律关系的产生、变更和消灭则是劳动法律事实所引发的结果。按照是否以行为人的意志为转移来划分，劳动法律事实可以分为行为和事件两大类：① 行为是指受劳动法律关系双方主体的意志所控制的法律事实（含合法行为和违法行为），包括劳动法律行为、劳动行政管理行为、劳动仲裁

行为和劳动司法行为；② 事件是指不受劳动法律关系双方主体的意志所控制的法律事实，包括自然现象（如自然灾害），也包括劳动能力的暂时或永久丧失（如患病、伤残、死亡等）。

六、劳动者的权利与义务

（一）法定劳动年龄与童工保护

我国劳动法意义上的劳动者是指在法定劳动年龄内具有劳动能力，以从事劳动获取合法劳动报酬的自然人。自然人要成为劳动法上的劳动者，须具备主体资格，即须具有劳动权利能力和劳动行为能力。劳动权利能力是指自然人能够依法享有劳动权利和承担劳动义务的能力；劳动行为能力是指自然人能够以自己的行为依法行使劳动权利和履行劳动义务的能力。

依据我国劳动法规定，年满16周岁的具有劳动能力的公民属于具有劳动权利能力和劳动行为能力的人，包括我国公民、外国公民和无国籍人，即我国法定的最低劳动就业年龄为16周岁，退休年龄为男年满60周岁，女工人年满50周岁、女干部年满55周岁。所以，目前我国法定劳动年龄为16周岁以上、50/55/60周岁以下。我国劳动法禁止使用童工，除法律另有规定外，任何单位不得与未满16周岁的未成年人发生劳动法律关系。

对有可能危害未成年人健康、安全的职业或工作，最低就业年龄不应低于18周岁，用人单位不得招用已满16周岁未满18周岁的未成年人从事过重、有毒、有害的劳动或危险作业。凡用人单位使用童工的，由劳动行政部门按每使用一个童工每月处5000元罚款的标准给予处罚；童工患病或者受伤的，用人单位应当负责送到医疗机构治疗，并负担治疗期间的全部医疗和生活费用。拐骗童工，强迫童工劳动，使用童工从事高空、井下、放射性、高毒、易燃易爆以及国家规定的第四级体力劳动强度的劳动，使用不满14周岁的童工，或造成童工死亡或严重伤残的，依照刑法关于拐卖儿童罪、强迫劳动罪或者其他罪的规定追究刑事责任。

（二）劳动者的权利（劳权）

劳动者权利（劳权）是劳动法的基本范畴和基本内容。劳动者权利分为劳动者的个别权利（个别劳权）和劳动者的集体权利（集体劳权）。个别劳权是指劳动者个人独立享有并由个人自主行使的权利。集体劳权是指由劳动者集体享有并由劳动者的代表——工会组织来行使的权利。个别劳权是集体劳权行使的目的，集体劳权是个别劳权实现的保障，两者共同构成完整的劳权。我国《宪法》对于劳动者权利作了原则性规定，《劳动法》第三条对这些权利作出了更加详尽的规定："劳动者享有平等就业和选择职业的权利、取得劳动报酬的权利、休息休假的权利、获得劳动安全卫士保护的权利、接受职业技能培训的权利、享受社会保险和福利的权利、提请劳动争议处理的权利以及法律规定的其他劳动权利。"其中，《劳动法》明确列举的劳动就业权、劳动报酬权、休息休假权、劳动保护权、职业培训权、社会保险权、劳动争议提请处理权属于个别劳权；《劳动法》未明确列举的"法律规定的其他劳动权利"，学界通常认为包括团结权、集体谈判权、集体争议权、民主参与权，则属于集体劳权。下面对这些权利分别予以介绍。

1. 劳动者的个别权利（个别劳权）

（1）劳动就业权：享有平等就业和选择职业的权利。劳动就业权与国际人权法中的工作权同义。劳动就业权包括平等就业、自由择业、职业保障等要素。平等就业，核心是非歧视性就业。这里的歧视是一个相对开放的概念，缺乏正当理由的任何区别、差别性安排，都构成歧视。我国《劳动法》第十二条规定："劳动者就业，不因民族、种族、性别、宗教信仰不同而受歧视。"在现实生活中，除该规定的内容外，还有其他一些有形和无形的歧视因素，如何实现平等就业并获得有效救济需认真研究。自由择业，即劳动者享有能够按照自己的意志自由、自主选择或决定其职业，而不受限制或强迫的权利。免于强迫或强制劳动，是人人享有的重要人权。职业保障，就是要求国家（政府）和社会提供有报酬的工作机会、免于因失业而丧失生存保障的权利。劳动就业权的对应的义务主体是国家（政府）和社会。在市场经济条件下，无人失业是一种难以实现的理想状态，所以失业保障制度的建立健全是职业保障的核心内容之一，同时应当对与就业歧视及失业保障相关的权利赋予可诉性的制度安排。

（2）劳动报酬权：取得劳动报酬的权利。劳动报酬是广义的工资，因而又称为劳动工资权。劳动报酬权在个别劳权中处于核心地位。劳动报酬权具有如下法律特征。一是具有债权的性质，表现为劳动者对雇主的请求权，对应着雇主的支付义务。我国刑法已设置"拒不支付劳动报酬罪"，明确了相关的刑事责任。二是它是劳动者生存权的基本内容之一。工资作为劳动力的价格，其直接作用是维持劳动力的再生产。因此，劳动报酬权具有第一清偿地位，优先于国家税收和民商事债权，这是绝大多数国家的诉讼法、破产法、海商法的通例。三是具有可诉性。

（3）休息休假权：休息休假的权利。休息休假直接涉及劳动者的生命权、健康权，同时对于劳动力的恢复提高、人类生命的延续、社会生产的可持续性具有决定性的影响，因此在现代社会，休息休假权与劳动报酬权同等重要，包括 8 小时工作制、延长工时的限制、带薪休假制度等内容。

（4）劳动保护权：获得劳动安全卫生保护的权利。劳动保护权又称劳动安全卫生权或职业安全卫生权。其中，安全是指防止劳动中发生致人体急性伤害的事故或行为，即要保障人身安全；卫生是指防止劳动中人的生理和心理受各种有害因素的慢性损害，即要保障人的身心健康。我国职业安全卫生立法包括《劳动法》《矿山安全法》《职业病防治法》《安全生产法》和相应的行政法规、地方性法规、行政规章等。

（5）职业培训权：接受职业技能培训的权利。职业培训权又称职业技能培训权，该权利的义务主体包括各级政府和用人单位。我国《劳动法》第八章"职业培训"，规定了各级政府的职责和用人单位的义务，建立了职业技能资格认证制度。我国《就业促进法》第四十六条规定："县级以上人民政府加强统筹协调，鼓励和支持各类职业院校、职业技能培训机构和用人单位依法开展就业前培训、在职培训、再就业培训和创业培训；鼓励劳动者参加各种形式的培训。但该项权利的救济存在相对弹性，可诉性不强。

（6）社会保险权：享受社会保险和福利的权利。社会保险权又称劳动保险权或社会福利保险权，是指劳动者由于年老、疾病、伤残、失业、生育等经济无保障时，通过国家社会保险制度获得物质帮助的权利。按照 2011 年 7 月 1 日起实施的《社会保险法》的规定，我国社会保险主要包括五险，社会保险具有法律强制性，这与一般的商业性保险具有显著的区别。

（7）劳动争议提请处理权：提请劳动争议处理的权利。劳动争议提请处理权是指劳动者在认为发生了劳动争议的情况下，为主张其权益，向劳动争议仲裁机构、劳动行政机构、司法机构提出或申请立案，要求依照法定职责职权和程序予以裁决、处理的权利。我国2004年颁布了《劳动保障监察条例》，2007年12月全国人大常委会通过了《劳动争议调解仲裁法》，为保障该权利的实施提供了法律依据。依据《劳动争议调解仲裁法》的规定，劳动者和用人单位申请仲裁，无须缴纳费用。如果向人民法院起诉，仅需预交10元诉讼费。

2. 劳动者的集体权利（集体劳权）

劳动者的集体权利简称集体劳权，是指为保护劳动者集体或团体成员的权益，并使劳动关系更加公平合理、劳资合作更有效率，须由劳动者集体或团体（如工会组织）所享有并行使的权利。传统的集体劳权包括团结权、集体谈判权、集体争议权共三项权利，统称"劳动三权"或"劳工三权"，是现代劳动法的基石与核心。在当今强调产业民主、劳资合作、生产组织内部劳资共同参与和共同治理的时代，劳动者通过其集体或团体参与企业经营管理的民主参与权，也成为集体劳权的构成内容，与"劳动三权"一起统称"劳动四权"。在现代社会，集体劳权是预防和矫治劳动关系严重失衡、维系和促进劳资合作的基本制度安排。正是在此意义上，日本法学界将这些权利称为"劳动基本权"。

（1）团结权。团结权，又称劳工结社权或劳工组织权，具体指劳动者组织工会并参加其活动的权利，又称工会组织权。我国劳动者享有参加和组织工会的权利。《工会法》第三条规定："在中国境内的企业、事业单位、机关中以工资收入为主要生活来源的体力劳动者和脑力劳动者，不分民族、种族、性别、职业、宗教信仰、教育程度，都有依法参加和组织工会的权利。任何组织和个人不得阻挠和限制。"但是，我国实行的是一元化的工会制度，中国工会即指中华全国总工会，但与工会对应的雇主组织却是实行多元化的原则，在国家层面、地方层面和产业层面，雇主可以自由成立各种雇主组织。这种团结权问题上的法律规定不对等状况急需改善。

（2）集体谈判权。集体谈判权是指劳动者集体通过工会或其代表与雇主就劳动就业条件进行集体协商谈判，并签订集体合同的权利。集体谈判以签订集体合同为其直接目的，集体合同是集体谈判的一种法律后果，但并非唯一的法律后果。当集体谈判破裂时，往往会出现罢工、闭厂等后果。集体谈判权实质上是一种劳资关系自治权，主要包含对等介入权（改变由雇主单方处理劳资关系的状况）、劳资立法权（集体合同是一种规范劳资双方行为的协约）、劳资共决权（在劳资关系上由双方共同决定）。需要明确的是，劳资冲突并非因集体谈判而产生和激化，集体谈判的失败只是劳资自治机制的暂时失效，而有效的集体谈判正是化解和预防劳资冲突的有效途径。

我国《工会法》第二十条规定："工会代表职工与企业以及实行企业化管理的事业单位进行平等协商，签订集体合同。"1994年颁布的《劳动法》设定了"劳动合同和集体合同"专章，并在第三十三条规定："企业职工一方与企业可以就劳动报酬、工作时间、休息休假、劳动安全卫生、保险福利等事项，签订集体合同。"1994年12月，劳动部又颁发了《集体合同规定》，对集体谈判和集体合同的施行作了具体规定。2000年11月，劳动和社会保障部颁发了《工资集体协商施行办法》，对集体协商谈判中的核心内容——工资协商作了具体规定。2008年开始实施的《劳动合同法》在第五十一条至五十六条也作出了专门规定。目前，国家立法部门正在加紧制定《集体合同法》。集体谈判权已经成为我国劳动者享有的一项基本权利。

（3）集体争议权。集体争议权又称集体行动权或产业行动权，是指劳资双方为在劳动关系中实现自己的需求，依法采用罢工或闭厂等手段进行集体对抗的权利。一般法律意义的集体争议权是劳资双方共有的权利，但在劳动法上通常是指劳动者一方的行动权。罢工权是其中最主要的内容。罢工权又称为罢工自由权，作为一项宪法上的自由权，其意义主要在于劳动者的罢工行为不由国家或其他公共团体滥为禁止或限制，雇主负有不得影响其实施的不作为义务。闭厂是雇主对抗劳动者罢工的唯一的法律手段，也可以认为是"雇主的争议权"，但雇主只能后发制人，否则为非法。

我国关于罢工权的立法经历了一个变化过程。中华人民共和国成立后的四部宪法中，1954年宪法中关于公民权利的规定没有涉及罢工的内容。1975年宪法首次规定公民有罢工的自由，1978年宪法延续了这一规定。1982年通过的现行宪法取消了"罢工自由"的规定。我国现行法律没有规定罢工是公民的基本权利，但也没有明确禁止公民罢工的规定，只是不提倡和不鼓励而已。但由于罢工问题客观存在，我国现行法律法规中对于如何规范和处理罢工（一般用"怠工""停工"等字样）也有相关规定。这种规定主要分为两类。一是在特定情况下，规定职工有停工的权利。这种情况主要指生产中出现不安全因素或有人违章指挥的情况。如《劳动法》第五十六条第二款规定："劳动者对用人单位管理人员违章指挥、强令冒险作业，有权拒绝执行。"《关于加强乡镇企业劳动保护工作的规定》第九条指出："职工有权拒绝违章指挥；险情特别严重时，有权停止作业，采取紧急防范措施。"这里的"拒绝执行""停止作业"即是允许停工。二是发生罢工事件时如何处理。我国《工会法》第二十七条规定："企业、事业单位发生停工、怠工事件，工会应当代表职工同企业、事业单位或者有关方面协商，反映职工的意见和要求并提出解决意见。对于职工的合理要求，企业、事业单位应当予以解决。工会协助企业、事业单位做好工作，尽快恢复生产、工作秩序。"（在该法律的英文版中，"停工、怠工"表述为"stoppage/slow-down strike"，这种表述与国际公约及市场经济国家立法完全相同。）可见，我国现有的劳动立法对于企业劳动者合理的罢工权是在一定范围和程度予以承认的，但还不够明确完善。

（4）民主参与权。民主参与权是指劳动者通过其组织或代表与雇主方建立制度化的常设性机构，对劳资关系和其他经营管理事务共同决策和监管的权利，这是一项比传统的劳动三权更高层次的权利。如果说劳动三权更注重的是劳资之间的利益差别和矛盾，民主参与权则更注重双方的共同利益和劳资合作。民主参与权源自产业民主或工业民主理论，是在第二次世界大战后逐步发展起来的，分享经营管理权（雇员参与企业经营方针和管理制度的制定）、分享利润（雇员参与企业分配方案的制定并分享工资外的生产成果）、尊重人格（劳动过程的管理要体现人性化原则）是民主参与权的三大要素。

职工民主参与在我国称为民主管理。我国现行《宪法》第十六条规定："国有企业依照法律规定，通过职工代表大会和其他形式，实行民主管理。"第十七条规定："集体经济组织实行民主管理，依照法律规定选举和罢免管理人员，决定经营管理的重大问题。"我国《劳动法》

第八条规定:"劳动者依照法律规定,通过职工大会、职工代表大会或者其他形式,参与民主管理或者就保护劳动者合法权益与用人单位进行平等协商。"《工会法》第六条规定:"工会依照法律规定通过职工代表大会或者其他形式,组织职工参与本单位的民主决策、民主管理和民主监督。"另外,在《公司法》等相关法律中对于职工的民主参与权也都有规定。以职工代表大会制度为主,包括工人董事和工人监事制度、职工持股制度、厂务公开制度等在内的民主参与制度,保障了我国职工的民主参与权。但是,随着市场化改革的深化,基于公有制的理论逻辑设置的以职工代表大会为基本模式的职工民主管理制度遇到了严峻挑战,特别是大量外资企业、民营企业的出现,使得原有的民主管理体制难以运行。

(三)劳动者的义务

依据我国《劳动法》《劳动合同法》等法律法规的规定,我国劳动者的义务主要有:① 完成劳动任务,即依照劳动合同约定或法律规定亲自完成工作任务;② 提高职业技能;③ 执行劳动安全卫生规程;④ 遵守劳动纪律(遵守单位内部的劳动规章)和职业道德;⑤ 履行劳动合同、保守秘密、参加社会保险。

七、用人单位的权利与义务

作为劳动法律关系主体的用人单位,应具有相应的主体资格。用人单位的用人主体资格一般依存于民事主体资格,即是否具备合法的经营资格。具有合法经营资格的用人单位,即同时具有用人权利能力和用人行为能力。不具备合法经营资格的用人单位招用劳动者,将依法追究法律责任。劳动者已经付出劳动的,该单位或者其出资人应依照法律有关规定向劳动者支付劳动报酬、经济补偿、赔偿金;给劳动者造成损害的,应当承担赔偿责任。

(一)用人单位的权利

用人单位的权利主要包括下述几个方面。① 录用职工方面的权利。主要是有权按国家规定和本单位需要择优录用职工,可以自主决定招工的时间、条件、数量、用工形式等。② 劳动组织方面的权利。主要是有权按国家规定和实际需要确定机构、编制和任职(上岗)资格条件;有权任免、聘用管理人员和技术人员,对职工进行内部调配和劳动组合,并对职工的劳动实施指挥与监督。③ 劳动报酬分配方面的权利。主要是有权按国家规定确定工资分配办法,自主决定晋级增薪、降级减薪的条件和时间等。④ 劳动纪律方面的权利。主要是有权制定和实施劳动纪律;有权决定对职工的奖惩。⑤ 决定劳动法律关系存续方面的权利。主要是有权与职工以签订协议方式续订、变更、暂停或解除劳动合同;有权在具备法定或约定条件时单方解除劳动合同。

(二)用人单位的义务

用人单位的义务主要包括如下几个方面。① 支付劳动报酬的义务。② 保护职工的义务。③ 帮助职工的义务。④ 合理使用职工的义务。⑤ 培训职工的义务。⑥ 必须执行劳动法规、劳动政策和劳动标准的义务。⑦ 服从劳动行政部门以及其他有关国家机关的管理和监督的义务。

第二节 社会保障法基础

人类的经济保障问题是自有人类历史以来各个不同形态的社会都会遇到并且必须解决的重大问题。因为自古以来，就总有一部分社会成员需要政府的、社会的或他人的援助才能避免生存危机，各国政府为了维护社会稳定、缓和阶层矛盾，亦在很早以前就制定并实施过诸如救灾、济贫等社会政策，如英国在 1601 年即颁布了《济贫法》。18 世纪末，德国更适应工业化社会的需要，率先建立了社会保险制度。但"社会保障"（Social Security）一词的出现，最早却是在 1935 年美国罗斯福总统签署的《社会保障法》（Social Security Act of 1935）之中，此前虽有相关的社会保障政策及其具体实践，但缺乏一个较为公认且相对统一的名称。此后，"社会保障"一词逐渐为有关国际组织及多数国家所接受，成为以政府和社会为责任主体的社会安全保障制度的统称。

一、社会保障法的功能与地位

西方著名的社会学家 T.H.马歇尔（T.H.Marshall）提出了现代社会公民权利的三种类型，即公民的基本自由权利、公民的政治权利和公民的社会权利，认为公民的基本自由权利创立于 18 世纪，它导入了个体自由和财产权利；公民的政治权利创立于 19 世纪，它授权于公民参与政治和国家权力；公民的社会权利创立于 20 世纪，它使公民有权利分享社会财富。社会保障法正是实现公民社会权利的必由之路，如果说 1804 年法国民法典的颁布实施标志着公民个体自由和财产权利的实现，那么 19 世纪 80 年代德国社会保险法的颁布实施则标志着社会法时代的到来。此后，每个公民都有权平等地分享社会财富、面对社会风险，都有权得到国家和社会的保护，成为越来越多国家创建和完善社会保障法律制度的共同追求，直接促进了公民社会权利的实现。社会保障法通过社会财富的再分配，创造社会公平和民主的政治功能；通过储蓄和保险抵御社会风险，实现安定团结的社会功能；通过再分配、储蓄和保险的经济手段，达到保护劳动力的再生产、改善人力资源和劳动组织、提高劳动生产率的经济功能。

社会保障法在工业先进国家已发展成为独立于民事立法和劳动立法之外的新兴法律部门。社会保障法的独立性主要体现在如下方面。首先，社会保障法具有独立的调整对象。社会保障法的调整对象包括社会保障管理机构与被管理人之间的关系、社会保障基金管理机构与金融机构之间的关系、社会保障服务机构与受益人之间的关系、社会保障缴费义务人之间的关系，涉及保障人、缴费义务人、被保障人、受益人等多方当事人之间的权利义务关系。其次，社会保障法已经形成了专门的内容体系。基于国际劳工组织于 1952 年制定的《社会保障（最低标准）公约》（102 号公约）的规定，社会保障法的基本内容体系已经形成。今后，随着社会保障制度的多元化发展，社会保障法的内容也将得到不断丰富和充实。

二、社会保障法的基本原则

社会保障以解决国民生存保障问题并促进社会经济协调发展为基本出发点与归宿点，社会保障立法实质上就是社会成员生存权利保护法和国民安全法，同时也是社会调节法和社会稳定法。因此，在立法中一般应遵循下列基本原则。

（一）生存权保障原则

中国于2004年修改宪法，首次将"国家尊重和保障人权"写入了宪法，而人权的基础就是生存权。生存权包括生命权、健康权、物质享受权等内容，是公民在社会中健康生活并进而享受经济的、政治的、文化的各项权利的基础。最早在立法中明文规定生存权的是德国《魏玛宪法》，其中规定，经济生活秩序必须与社会正义原则及维持人类生存目的相适应，所谓社会正义在于保障所有社会成员能够过上体现人的价值和尊严的生活。《魏玛宪法》首次确立了现代意义的生存权，并赋予生存权以具体的内涵，即生存权不仅仅是活下去的权利，而且是能够体现人的价值、有尊严地生活下去的权利。但是在现实社会生活中，总有一些成员会由于各种不幸而陷入生存的危机，社会保障立法的宗旨就在于当社会成员面临着生存困境时，国家和社会有义务为其提供物质帮助。因而，生存保障权是社会保障立法的最基本原则。

（二）普遍性与区别性相结合原则

社会保障立法的实施范围应当包括全体社会成员，强调一切社会成员享有社会保障的共同权利，这就是普遍性原则；同时，又必须承认社会成员之间不仅存在着阶层差异，而且存在着个体差异，他们对社会保障的需求并非完全一致，因而需要区别对待，这就是区别性原则。在社会保障立法中将普遍性与区别性相结合，是英国社会保障专家贝弗里奇在其著名的《社会保险及相关服务》报告中首先倡导的，成为许多国家社会保障立法实践的重要依据。

（三）保障水平与社会经济发展相适应的原则

社会经济发展水平决定着社会保障的发展水平，因为社会保障是以经济发展创造的可供进行再分配的社会财富为基础的，没有这个基础，就没有社会保障。同时，社会经济发展水平也决定了社会成员的生活水平，而社会成员的生活水平状况又必然要求有相宜的社会保障待遇。因此，在社会保障立法实践中，既要充分考量社会经济发展对社会保障的客观要求，又要客观把握所处时代的社会经济承受能力。

（四）权利与义务相结合的原则

权利与义务是社会保障立法中的一对基本法律范畴。马克思曾指出："没有无义务的权利，也没有无权利的义务。"因此，社会保障立法应当遵循权利与义务相结合的原则，如在社会保险立法中规定劳动者承担相应的缴费义务，在社会救济立法中要求受益者配合社会救济机构的家计调查等。当然，权利与义务相结合并非权利与义务的对等。

（五）公平优先原则

社会保障立法就是通过法律的手段对国民收入进行的分配和再分配，是国民收入的一种带有强制性的转移，即从高收入者转移到低收入者，从健康者转移到疾病者和残疾者，从家庭负担轻者转移到家庭负担重者，其背后最根本的立法理念就是社会公平。这是社会保障作为社会长期稳定发展机制的客观要求。

三、社会保障法的调整对象

社会保障法有广义与狭义之分。狭义上的社会保障法，一般是指国家最高立法机构制定颁布的全国性、冠以社会保障相关内容名称的法律，如《中华人民共和国社会保险法》等；广义上的社会保障法，是指调整社会保障关系以及与社会保障关系有密切联系的其他社会关系的法律规范的总称，不仅包括《社会保险法》等法律，而且包括劳动合同法、工伤保险条例、自然灾害救助条例等法律法规。这里所说的社会保障法，通常是指广义上的社会保障法。社会保障法的调整对象即社会保障法所调整的社会关系，一言以蔽之，可以称为社会保障关系，理解社会保障关系是把握社会保障法内涵的关键。

（一）社会保障关系的主体

社会保障关系的主体是指在社会保障活动中，依法享受权利与承担义务的当事人。主体资格是由法律规定的，也是社会保障运行过程中客观存在的。从社会保障的运行过程来看，其主体包括以下几个。① 国家或政府（主要通过其职能机构与实施机构来体现）。在市场经济条件下，由于"看不见的手"无法增进公共利益，实现公共消费，必须构造一只"看得见的手"——政府机制的"社会保障"，去实现这一项任务。任何一个国家的社会保障制度都离不开政府的参与。尽管近年来西方许多福利国家纷纷进行社会保障制度的改革，减轻和分散政府的责任，调动市场和个人机制的作用，但这只是要解决以往的高福利政策所酿成的政府财政危机并导致经济效率下降这一问题，就市场自身无法克服的"市场失灵"而言，政府仍应是社会保障关系的主体。当然，政府是一个泛化的概念，社会保障项目的确立、社会保障的管理和运作、监督乃至出现争议的解决，都要通过具体的社会保障实施机构以及国家的职能部门来操作。因而，在社会保障实施过程中，社会保障职能机构就始终代表着国家一方。而且，由于现代市场经济中的社会保障是因政府基本职责而启动的，所以社会保障关系的一方必定涉及社会保障职能机构，也即国家。② 企业、社会团体、社区及部分社会服务机构。它们不仅承担着向社会保障机构供款的责任，而且直接承担着提供职业福利或社区福利的责任，从而对社会保障有着直接的义务与权益。③ 公民个人及其家庭。西方发达国家社会保障的实践表明，政府通过经济政策手段干预调节经济运行过程的作用是有限的，不可能完全担负起社会保障的责任，必须分散到个人及其家庭，构筑起一个多层次的社会保障体系。所以，个人及其家庭是社会保障制度的重要主体。个人及其家庭在社会保障制度中的主体身份可以说是双重的，它不仅是社会保障被给付主体，在许多项目上（例如社会保险的一些项目上）还是资金来源主体（从该意义上讲，也可以说是给付主体）。

（二）社会保障关系的属性

社会保障关系具有人身关系和财产关系相结合的属性。社会保障包括社会保险、社会救助、社会福利，以及优抚安置等。除社会福利具有广泛性以外，社会保险、社会救助、优抚安置都是针对特定社会群体的，只有具备一定的主体身份才能享受这些保障项目。而社会保障的核心是给付，通过给付，使保障对象获得生活所必需的金钱与物品，因此，社会保障关系又是一种典型的财产关系。

社会保障关系既不完全是平等主体间的关系，也不完全是体现国家权力的管理和服从关系。传统公、私法的二元划分理论认为，公法调整的是政治国家的关系，即国家权力运作产生的诸种关系；私法调整的是市民社会的关系，即市民社会中的个人权利。而随着现代"公法私法化"和"私法公法化"的相互渗透，学者认为已出现了一个新的法域——社会法。社会法以社会利益为本体，追求社会公平的实现，社会保障法即为典型的社会法。所以其中既有国家权力干预的关系，又有公民享受国家给付的权利关系。通过社会保障权利与社会保障义务将国家、社会团体以及全体社会成员联系在一起，形成一种社会连带责任关系。

社会保障关系中的权利义务具有非对等性。这种权利义务的非对等性是指在社会保障关系中，既有无需履行义务的法定权利，也有不享受任何权利的国家义务。前者体现在社会救济、社会优抚和社会福利法律关系中，享受社会保障权利的公民，不需要履行缴费等义务，只要符合一定的条件或主体身份，即可享受社会保障权利。例如在社会救济中，只要公民生活在国家规定的贫困线和最低生活标准以下，就可以获得救济。此外，在社会保障项目中，劳动者对养老、医疗和失业保险都负有缴费义务。其中，养老保险和医疗保险都充分体现了权利义务对等原则，但对失业保险来说，缴纳失业保险费是劳动者的法定义务，但并非所有缴费者都享受失业保险待遇。

（三）社会保障关系的客体

社会保障关系的客体是指各关系主体的权利义务共同指向的目标。从社会保障制度的实践来看，其客体是指社会保障规定项目和范围内的各种物质利益和自然人。一方面，社会保障所保障的都是客观存在的财产物资和自然人的身体及生命，如自然灾害救助以属于灾民所有的财产物资上的利益为保障对象，其他社会保障项目多以保障自然人的生活与身体为目标。另一方面，社会保障的目的主要是为社会成员提供基本生活保障，国民保障权益的实现是通过支付货币或提供服务等方式来进行的。所以，人是社会保障关系中最主要的客体，而物则是部分社会保障关系中的特殊客体。

（四）社会保障关系的分类

社会保障关系从不同的角度可以做出多种划分。依其内容不同，可以分为社会保险关系、社会救助关系、社会福利关系，以及优抚安置关系。依社会保障的体制来划分，又可以分为社会保障管理关系、社会保障资金筹集关系、社会保障给付关系、社会保障资金运营关系、社会保障监督关系等。概括地讲，社会保障关系就是在社会保障实施过程中国家、雇用单位、社会团体以及社会成员之间所发生的各种关系的总和。具体包括以下关系。① 政府与社会保障实施机构之间的关系。其间包括了委托、管理和监督的关系，政府委托并管理社会保障实施机构对社会成员进行给付和帮助,而社会保障实施机构也要接受政府的监督。② 国家与社会成员之间的关系。这主要是一种给付关系,明确国家的职责和义务以及社会成员应享受的保障性权利。③ 社会保障管理机构之间的关系。它是指社会保障职能机构由于职责划分的不同而形成的分工协作关系。包括社会保障资金的筹集机构、管理机构、运营机构和发放机构,它们应各自有明确的分工,但又在职能上相互衔接,构成一个统一运作的整体。④ 国家与雇用单位之间的关系。它是指国家与雇用单位之间因社会保障费用的征收与缴纳而发生的关系。这些关系并非单独存在的,它们往往呈现出交错复杂的特点。除此之外,就广义而言,还有社会保障争议的仲裁与诉讼关系,一般来说,社会保障诉讼应采用行政诉讼的程序进行。

四、社会保障法的渊源

社会保障法的渊源,又称社会保障法的形式,是指社会保障法律规范的具体表现形式。它表明社会保障法律规范以什么形式存在于法律体系中,告诉人们从何处找到社会保障法律规范。在成文法国家,社会保障法的形式限于各种成文法;在承认不成文法的国家或地区,社会保障法除了以成文法为渊源外,还以判例法和习惯法为渊源。我国社会保障法的渊源具体包括以下几个方面。

(一)宪法中关于社会保障的规定

现行《中华人民共和国宪法》在"公民的基本权利和义务"一章具体规定了发展社会保障事业的内容。第四十四条规定:国家依照法律规定实行企业事业组织的职工和国家机关工作人员的退休制度。退休人员的生活受到国家和社会的保障。第四十五条规定:中华人民共和国公民在年老、疾病或者丧失劳动能力的情况下,有从国家和社会获得物质帮助的权利。国家发展为公民享受这些权利所需要的社会保险、社会救济和医疗卫生事业。国家和社会保障残废军人的生活,抚恤烈士家属,优待军人家属。国家和社会帮助安排盲、聋、哑和其他有残疾的公民的劳动、生活和教育。2004年的《宪法修正案》首次明确把"国家建立健全同经济发展水平相适应的社会保障制度"写入《宪法》总纲之中。这些规定既是我国社会保障法的重要表现形式,也是我国推进社会保障立法的最根本依据。

(二)全国人大及其常委会制定的有关社会保障的法律

有关社会保障的法律包括专门的社会保障法律和其他法律中包含的有关社会保障的法律规范,其效力仅次于宪法。全国人民代表大会常务委员会通过的《中华人民共和国社会保险法》和《中华人民共和国军人保险法》是我国社会保障领域中两部重要的基本法。此外,在《劳动法》中专门有"社会保险和福利"一章,在《老年人权益保障法》中专门有"社会保障"一章,在《残疾人权益保障法》《劳动合同法》等法律中也包含有社会保障的法律规范,这些同样也属于社会保障法的渊源。

(三)国务院制定的社会保障行政法规

行政法规是指由国家最高行政机关即国务院制定的有关社会保障的规范性文件。如《城市居民最低生活保障条例》《社会保险费征缴暂行条例》《工伤保险条例》《失业保险条例》《军人抚恤条例》《法律援助条例》等。此外，还有一些由国务院发布的"决定""命令""通知"等文件也带有较强的政策性。如国务院于1998年发布的《关于建立城镇职工基本医疗保险制度的决定》等。

（四）地方性社会保障法规、自治条例和单行条例

地方性法规是由省、自治区、直辖市地方立法机关（地方人大及其常委会）制定的地方性社会保障法规。"地方性法规"在立法实践中一般称为"条例""规定""办法""实施细则"等，如《广东省工伤保险条例》。根据宪法规定，民族自治地方的人民代表大会及其常委会有权依照当地民族的政治、经济、文化的特点，制定自治条例和单行条例，如西藏自治区在1998年1月颁布的《西藏自治区实施〈中华人民共和国残疾人保障法〉办法》。

（五）社会保障行政规章和地方规章

行政规章是指由国务院有关部委和具有行政管理职能的直属机构制定的关于社会保障的规范性文件。如人力资源和社会保障部发布的《工伤认定办法》《部分行业企业工伤保险费缴纳办法》《非法用工单位伤亡人员一次性赔偿办法》，建设部、发改委、民政部等9部门联合发布的《廉租住房保障办法》，财政部发布的《廉租住房保障资金管理办法》，住房与城乡建设部发布的《公共租赁住房管理办法》等。地方规章是指由省、自治区、直辖市政府，省、自治区政府所在地的市和国务院批准的较大的市及经济特区市的政府制定规章，如《广东省企业退休人员最低养老金办法》《山东省失业保险规定》等。

（六）我国批准生效的国际劳工公约

目前，我国已批准承认20多个国际劳工公约，如1930年批准的《最低工资办法公约》、1981年批准的《职业安全和卫生及工作环境公约》，1983年批准的《（残疾人）职业康复和就业公约》等。

（七）法律解释及规范性文件或准规范性文件

作为社会保障法律渊源之一的法律解释，一般指国家机关所做的规范性解释，这种规范性解释包括国家立法机关（全国人大及其常委会）的解释、国家司法机关（最高人民法院、最高人民检察院）的解释、中央国家行政机关（国务院）的解释、地方国家权力机关和行政机关的解释。其中，最高人民法院的司法解释占有特殊地位，如《最高人民法院关于实行社会保险的企业破产后各种社会保险统筹费用应缴纳至何时的批复》（1996年11月22日公布）。此外，《最高人民法院关于对经济确有困难的当事人提供司法救助的规定》（2005年修订后实施）等也是社会保障法律渊源之一。

五、社会保障立法模式

社会保障立法模式是指国家设计和采用何种法律结构对社会保障内容和项目进行制度安

排。社会保障立法的历史演进大致可以划分为三个阶段：第一阶段为济贫法时代，以1601年英国颁布实施《济贫法》（旧济贫法）为起始标志；第二阶段为社会保险法时代，以1883年德国颁布实施《疾病保险法》为起始标志；第三阶段为社会保障法时代，以1935年美国颁布实施《社会保障法》为起始标志。在第一阶段，社会救济占据主导性地位；在第二阶段，社会保险占据主导性地位；在第三阶段，社会保障成为融合社会救济、社会保险、公共援助等多种制度于一体的一种综合性社会安全机制。纵观社会保障法的演进历程，各国社会保障的立法模式各具特色。毫无疑问，世界各国进行社会保障立法，都必须选择适宜本国国情的立法模式，所以世界上不可能存在适合所有国家的立法模式。但是，回顾世界社会保障立法的经验，我们依然可以归纳出几种有代表性的立法模式。

（一）德国模式

德国是最早进行社会保险立法的国家。1883年颁布《疾病保险法》，对工资劳动者实行强制疾病保险，费用由雇主承担30%，雇工承担70%；1884年颁布《工伤事故保险法》，推行费用全部由雇主承担的工伤保险制度；1889年又颁布《伤残及养老保险法》（《老年与残疾保险法》），对75岁以上的工人及公务员提供养老金，费用由国家、雇主及雇工三方分担。尽管这三个法律的适用范围仅涉及当时德国就业人口的1/5及总人口的1/10，但它确立了社会保险法的基本思想和原则，开创了社会保险立法之先河。1911年德国将上述社会保险三法确定为德意志统一的法律文本，同时另外增加了《孤儿寡妇保险法》，从而形成著名的《社会保险法典》，史称"帝国社会保险法典"。1923年，德国颁布了《帝国矿工保险法》，1927年颁布了《职业介绍和失业保险法》，1994年颁布《护理保险法》（1995年1月1日实施），德国由此建立起包括疾病（生育）、养老、失业、伤残、护理等内容的社会保险法律制度。此外，德国还颁布了其他有关社会保障的法律，如1906年颁布的《军官养老法及士兵抚恤法》、1907年颁布的《遗属救济法》、1924年颁布的《公共救助法》等。第二次世界大战以后，德国社会保障立法进一步发展和完善。在此基础上，德国从1975年开始编纂《社会法典》，至今已经编纂完成了11部分，上述法律都被编入法典之中。法典的第一部分为总则，规定社会保险的一般意义和基本内容；第二部分为职业培训及其促进；第三部分为劳动促进和失业保险；第四部分为社会保险通则，适用于所有社会保险项目；第五部分为疾病保险；第六部分为养老保险；第七部分为工伤保险；第八部分为儿童和青少年援助；第九部分为社会救助；第十部分为行政程序、社会数据保护、待遇机构的合作；第十一部分为社会护理保险。

（二）美国模式

美国是世界上第一个颁布《社会保障法》的国家。美国在1935年颁布的《社会保障法》主要规定了如下内容：① 联邦政府设立社会保障署，负责全联邦社会保障计划的实施；② 实行全联邦统一的养老保险制度，由雇主和雇员缴纳养老保险税；③ 由联邦政府和州政府共同实施失业保险计划，对雇佣8人以上的雇主征收失业保险税；④ 在联邦政府资助下，由州政府实施老人和儿童福利、社会救济和公共卫生措施。美国《社会保障法》颁布后，于1950年进行修正，扩大了社会保障的受益范围；1956年，美国国会通过的综合社会保障法修正案增加了联邦分配的四项计划费用，包括对无依无靠儿童提供补助的项目；1974年，美国再次修正《社会保障法》，将老人救助、盲人救助、残疾救助等原由联邦政府补助各州办理的救助项目，重新收回社会保障署统一办理，并更名为补充性社会保障收入计划。显然，这是一部综合性的社会保障法，涵盖了社会保险、社会福利和社会救济等内容。但是，我们所翻译为"社会保障"的"social security"一词，在美国并非一个包括社会保险、社会救助、社会福利等所有内容的大体系，而是一个狭义的而非宽泛的概念，其所保障的对象主要是通常所说的"老遗残"，英语表述为 old-age, survivors and disability，简称 OASD。

（三）英国模式

英国是济贫法的起源地，也是福利国家的起源地。英国在进入福利国家时代之前，长期处于济贫法时代。在 19 世纪末与 20 世纪初，随着社会改革的呼声日益高涨，英国开始推出一系列社会福利改革立法。如 1906 年的《餐食供应法》、1909 年的《住宅及都市法》和《劳动交换法》、1920 年的《失业保险法》和《盲人法》、1926 年的《寡妇孤儿及养老年金法》。这一时期最具影响的是 1911 年颁布的《国民保险法》，但内容主要限于健康保险和失业保险。1942 年 11 月，贝弗里奇完成了以《社会保险及相关服务》为题的报告（又称《贝弗里奇报告》），对第二次世界大战结束以后英国的社会保障制度做出了全面系统的规划和安排，由此英国开始了"从摇篮到坟墓"的福利国家立法。1945 年颁布《家庭补助法》，1946 年颁布《国民保险法》《工业伤害保险法》《国民医疗保健法》（又称《国民卫生保健服务法》），1948 年颁布《国民救济法》《儿童法》，1949 年颁布《住宅法》。

20 世纪 60 年代，英国开始进行福利国家立法调整。1966 年颁布了《社会保障法》，提出了失业救济、疾病给付与收入挂钩的改革措施，将 1946 年《国民保险法》确定均一费率改为劳资双方共同缴费，同时改变了国民救助的方式，实行补充给付制。进入 20 世纪 70 年代，英国为了应对国内严重的失业问题，加大了就业保障立法，于 1975 年颁布《就业保障法》，1978 年又颁布《就业保障（统一）法》。此后，英国于 1985 年颁布了《社会保障法》（1989 年和 1990 年两次修订公布）、1992 年颁布了《社会保障交款额和津贴法》、1993 年颁布了《退休金计划法》、1999 年通过了《福利改革和养老金法》，对社会福利制度进行了多次调整和改革。

（四）立法模式比较

德国模式可以称为法典化立法模式，其特点是先制定实施社会保险、社会救助等各项单行法，在此基础上逐步形成统一的法典。其具体发展路径是：① 分散制定社会保险各险种单行法及社会救助等与社会保障相关的各项单行法；② 在合并社会保险各项单行法的基础上制定统一的社会保险法典；③ 在社会保险法典的基础上，再整合社会救助等其他社会保障各项单行法，制定全面系统的社会法典。

英国模式可以称为分散化立法模式（也可称为平行立法模式），其特点是先制定全面系统的社会保障发展规划，在此指导下分别出台各项单行法，共同构成一个完善的社会保障法律制度。其具体发展路径是：① 研究确定社会保障发展计划（《通过《贝弗里奇报告》完成）；② 通过立法建构基本的法律框架（即《家庭补助法》《国民保险法》《工业伤害保险法》《国民医疗保健法》《国民救济法》五部法律）；③ 不断完善基本框架从而形成法律体系。

美国模式可以称为综合性立法模式,即将社会保险、社会救济、社会福利等内容整合为一部社会保障法,并通过不断修改完善社会保障法构建社会保障法律体系,但是其保障对象比较狭窄,仅限于老人、遗属、残疾人等特殊弱势群体。

(五)中国立法模式辨析

对于中国社会保障立法应当采取何种模式,学界的看法并不一致。一种观点认为应当学习美国模式,但其内容设计要比美国宽泛得多,实际上是要制定一部社会保障的"根本大法"或社会保障"法典"。如由财政部干部教育中心组织编写的《建立健全社会保障管理体系问题研究》一书指出:"到目前为止,我国还没有社会保障的根本大法——《社会保障法》,因此,随着社会保障制度发展的深入,应该尽快出台《社会保障法》,并在此基础上逐步完善社会保障法体系,为社会保障的健康协调发展提供法律保障。"另一种观点认为应当学习英国模式,如郑功成在《社会保障学》一书中指出"中国的社会保障立法适宜采用平行立法模式",并设计了中国社会保障法制体系的基本结构,即在《中华人民共和国宪法》之下分别制定社会保险法、社会救助法、社会福利法、国民保健法、军人保障法及其他专门法等平行法律部门,另外还包括社会保障相关法。

客观而言,社会保险、社会救助、社会福利和慈善事业等作为我国"覆盖城乡居民的社会保障体系"的主体内容,彼此之间在筹资模式、管理机制、运行过程等诸多方面都存在着相当大的差别,完全纳入一部统一的社会保障"大法"来调节实际上是不现实的。因此,比较现实的选择是综合以上三种模式的优长,走出一条适合中国国情的立法之路。概而言之,首先要对社会保障事业进行整体规划;其次,通过社会保险法、社会救助法等建构基本法律框架;再次,通过不断完善基本框架形成健全的法律体系;最后,如果时机成熟且有现实的必要,可以考虑在适时整合已有立法成果的基础上编纂形成一部综合法典。

六、社会保障法律体系

社会保障法律体系是指社会保障法律制度的各个有机组成部分。社会保障法律体系是由若干子系统组成的,各个子系统项目的设置均以解决特定的社会问题为前提,共同调整国家或政府、企业或工厂和社会成员在社会保障活动中所发生的各种社会经济关系,从而成为一个独立的法律部门。同时,由于社会保障立法体系是由多个子系统构成的,其内容庞杂、规模庞大,根本不可能做到用一部法律来规范全部社会保障事务,任何国家都会按照总括与分工的原则来制定多部社会保障方面的法律制度。因此,社会保障法律体系不会由一部法律或同一层次的法律构成,而必然是由一定数量的法律、法规、命令、条例等共同构成的一个分工协调的多层次系统。

由于世界各国社会保障内容的不同,彼此之间社会保障法律体系也互有差异。英国社会保障网络实际上是以贝弗里奇的"社会保险方案"、"国民健康服务方案"以及"国民救济方案"为基础构建的。第二次世界大战后,英国相继颁布了《家庭补助法》《国民保险法》《工业伤害保险法》《国民医疗保健法》《国民救济法》五大立法,构建了英国的社会保障法律体系。德国传统的社会保障法律体系实质上是以社会保险法为主建立起来的。第二次世界大战后，德国增加了对非劳动者的保障，引入了社会补偿（social compensation）概念，对退役的士兵、因公伤亡者、因恐怖暴力而受难者均提供社会补偿。此外，还增加了社会津贴，包括家庭津贴、老人津贴、助学津贴、房屋津贴等，这些社会救助方案也成为其社会保障法律体系的重要内容。美国《社会保障法》规定社会保障体系包括社会保险、公共补助、儿童保健和福利服务四大类。其后，历届美国总统又提出了许多社会保障创议，相继建立了医疗保健、教育、住宅等方面的社会保障立法体系。综上可见，社会保险、社会救济、社会福利是社会保障立法体系的基本组成部分。1989年，国际劳工局社会保障司综合世界主要国家社会保障立法内容，认为："构成社会保障的各种要素或组成部分包括：社会保险（social insurance）、社会援助（social assistance）、由国家财政收入资助的补助金（benefits）、家属补助金（family benefits），以及储蓄基金（provident funds），还有对雇主规定的补充条款和环绕社会保障而发展的各种补充方案。"这是一个比较全面和权威的结论。

中国官方划定的社会保障范围更为宽泛，并且其内容也经历了调整和变化。1985年，中共中央在《关于制定国民经济和社会发展第七个五年计划的建议》中提出了一个以"社会保险、社会救济、社会福利"为主体的"小体系"；1993年，中共中央在《关于建立社会主义市场经济体制若干问题的决定》中确定了一个包括"社会保险、社会救济、社会福利、优抚安置和社会互助、个人储蓄积累保障"，并以"商业性保险"为补充的"大体系"；此后又开始逐步"瘦身"，2004年，中共中央在《关于加强执政党能力建设的决定》中要求"健全社会保险、社会救助、社会福利和慈善事业相衔接的社会保障体系"；2006年，中共中央在《关于构建社会主义和谐社会的决定》中要求逐步建立"社会保险、社会救助、社会福利、慈善事业相衔接的覆盖城乡居民的社会保障体系"，"优抚安置、社会互助、个人储蓄积累保障"等内容不再被纳入社会保障体系；2007年，在党的十七大报告中明确要求"以社会保险、社会救助、社会福利为基础，以基本养老、基本医疗、最低生活保障制度为重点，以慈善事业、商业保险为补充，加快完善社会保障体系"，厘清了社会保障体系的基本内涵，为进一步健全我国社会保障法律制度提供了政策依据。

中国学术界对社会保障的理解与政府并不完全一致。有的学者认为，社会保障一般是由公的扶助（包括社会救济）、社会保险、社会福利和公众卫生及医疗组成；还有的学者认为，社会保障大体上包括社会保险、社会福利、社会救助、医疗保健服务、社会优抚几大类。比较普遍的观点认为：社会保障由社会保险、社会救助、社会福利和社会优抚四大部分构成，其中社会保险是社会保障的基本纲领，社会救助是最低纲领，社会福利是最高纲领，社会优抚是特殊纲领；同时又把商业保险、慈善事业等视为社会保障体系的有益补充。

复习与思考

1. 中国特色社会主义法律体系主要包含哪些法律部门？
2. 辨析社会法、劳动法、社会保障法三者之间的关系。
3. 简述我国劳动法对人的效力。
4. 简述狭义劳动关系的主要特征。
5. 简述劳动关系与劳动法律关系的联系与区别。

6. 简述劳动者的个别权利。
7. 我国现行法律对于劳动者的集体权利有哪些规定?
8. 用人单位作为劳动法律关系的主体享有哪些权利和义务?
9. 社会保障立法要遵循哪些原则?
10. 简述社会保障法的调整对象。
11. 我国社会保障法的渊源有哪些?
12. 比较社会保障立法的德国、英国与美国模式。
13. 单选题(2015年国家司考题):沙特某公司在华招聘一名中国籍雇员张某。为规避中国法律关于劳动者权益保护的强制性规定,劳动合同约定排他性地适用菲律宾法。后因劳动合同产生纠纷,张某向中国法院提起诉讼。关于该劳动合同的法律适用,下列哪一选项是正确的?(　　)

　　A. 适用沙特法

　　B. 因涉及劳动者权益保护,直接适用中国的强制性规定

　　C. 在沙特法、中国法与菲律宾法中选择适用对张某最有利的法律

　　D. 适用菲律宾法

14. 单选题(2014年国家司考题):某培训机构招聘教师时按星座设定招聘条件,称:"处女座、天蝎座不要,摩羯座、天秤座、双鱼座优先。"据招聘单位解释,因处女座和天蝎座的员工个性强势,容易跳槽,故不愿招聘,并认为按星座招录虽涉嫌就业歧视,但目前法律没有明文禁止。对此,应聘者向劳动监察部门投诉。劳动监察部门的下列哪一做法符合社会主义法治理念要求?(　　)

　　A. 将《劳动法》"劳动者就业,不因民族、种族、性别、宗教信仰不同而受歧视"的规定直接适用于本案,形成判例,弥补法律漏洞

　　B. 根据《劳动法》的平等就业原则,对招聘单位进行法治教育,促使其改变歧视性做法

　　C. 应聘者投诉缺乏法律根据,可对其批评教育或不予答复

　　D. 通知招聘方和应聘方参加听证,依据国外相关法律规定或案例,对招聘机构的行为作出行政处罚决定

15. 讨论题:我国《宪法》第四十二条规定:"中华人民共和国公民有劳动的权利和义务。"你认为应当如何理解这句话?劳动到底是权利,还是义务?或者是权利与义务的统一体?为什么?

第二章 劳动就业法

劳动就业制度亦称就业促进制度，主要关注劳动关系建立之前和劳动关系终止之后，未就业或失业的劳动者如何实现就业的问题。因此，劳动就业法，概括地讲就是调整公民在劳动就业中所形成的社会关系的法律规范的总和。2008年1月1日起实施的《就业促进法》，标志着我国已经形成了比较完善的劳动就业法律制度，主要包括公平就业制度、就业服务与管理制度、职业教育与培训制度、就业援助与失业保障制度等。

第一节 概 述

一、劳动法上的就业与失业

就业有广义与狭义之分，广义上的就业指劳动力要素与生产资料要素相结合的过程和状态；狭义上的就业指具有劳动能力并处在法定劳动年龄阶段的人们为获取报酬或赚取利润所从事的一种合法的社会经济活动。劳动法上的就业仅指狭义上的就业，从劳动法的角度判断就业需要考虑如下四个要素：① 是否具有劳动能力；② 是否处于法定劳动年龄阶段；③ 是否从事合法的社会经济活动；④ 是否以获取劳动报酬或收入为目的。

就业与劳动者的就业权密切相关。就业权就是获得就业机会的权利，就业机会即劳动者实现就业的现实可能性。就业权主要包括如下内容：① 就业竞争权，即通过公平竞争获得就业机会的权利；② 自主择业权，即根据自己的主观意愿选择职业的权利；③ 平等就业权，即不因种族、肤色、性别、财产、地域、社会出身等因素而在就业机会或就业待遇上被区别对待的权利；④ 就业安定权，即免受不公正辞退的权利；⑤ 就业保障权，即接受为获得就业机会所必要的就业服务、就业培训和失业救济等公共保障服务的权利。

从就业方式上说，现阶段我国政策法规确认的劳动者实现就业的方式主要有三种：一是正规就业，即劳动者在用人单位从事全日制劳动；二是非正规就业，亦称灵活就业，指劳动者从事非全日制劳动，如钟点工、弹性用工等；三是自谋职业，即劳动者从事个体工商业经营活动。

与就业相对应，失业也有广义与狭义之分。广义上的失业指劳动力要素与生产资料要素相分离的一种状态。狭义上的失业指有劳动能力和就业愿望且处于法定劳动年龄阶段的劳动者，无法获取有报酬的劳动职位的一种社会现象。同样，劳动法上的失业仅指狭义上的失业，判断一个劳动者是否处于失业状态，通常看四个要素：一是看是否处于法定劳动年龄阶段；

二是看是否具有劳动能力；三是看是否具有劳动愿望；四是看是否找到了有报酬的劳动岗位。

二、国内外劳动就业立法

就业问题一直是国际劳工组织推动国际劳工立法的重要领域，其通过的相关立法主要有1919年通过的《失业公约》及同名建议书、1948年通过的《职业介绍所组织公约》及同名建议书、1958年通过的《(就业与职业)歧视公约》及同名建议书、1964年通过的《就业政策公约》及同名建议书、1983年通过的《(残疾人)职业康复和就业公约》及同名建议书、1988年通过的《促进就业和失业保护公约》及同名建议书等。

国际劳工组织的上述立法带动了世界各国劳动就业立法的发展。美国在1938年制定了《就业法》，1973年制定了《全国就业与培训法》，1998年制定了《劳动力投资法》和《就业训练合作法》；英国在1973年制定了《就业和培训法》，1980年制定了《就业法》；德国于1969年制定了《促进就业法》，1989年制定了《就业服务法》；秘鲁于1991年制定、1993年修订了《就业促进法》；日本于1921年制定了《职业介绍法》，1947年制定了《职业安定法》，1966年制定了《雇佣对策法》，此外还制定了《职业能力开发促进法》《高龄者雇佣安定法》《就业保险法》等；韩国于1993年制定了《基本就业政策法》；瑞典于1982年制定了《就业保障法》；俄罗斯于1999年制定了《联邦居民就业法》。

中国劳动就业立法最早可以追溯至民国时期。1931年12月，南京国民政府制定了《职业介绍所暂行办法》，在此基础上，于1935年8月又正式出台了《职业介绍法》。中华人民共和国成立后，尤其是在改革开放以后，适应社会主义市场经济的需要，制定了大量的就业法规和政策，对就业方针、就业形式、劳动力流动、就业管理与服务等问题作出了明确规定。随着《劳动法》的颁布实施，先后制定了《职业指导办法》(1994年)、《农村劳动力跨省流动就业管理暂行规定》(1994年)、《就业训练规定》(1994年)、《就业登记规定》(1995年)、《职业介绍服务规程(试行)》(1998年)、《劳动力市场管理规定》(2000年)等配套法规。

全国人民代表大会常委会于2007年8月通过的《就业促进法》标志着我国劳动力市场管理法日趋成熟和完善。该法分为总则、政策支持、公平就业、就业服务和管理、职业教育和培训、就业援助、监督检查、法律责任、附则共9章69条，第一次将劳动就业政策转化为法律规定，促进了劳动就业政策的法律化，为公民实现就业权提供了法律保障。为了贯彻落实《就业促进法》，国务院于2018年6月公布《人力资源市场暂行条例》，人力资源和社会保障部于2014年12月公布新修订的《就业服务与就业管理规定》。目前，我国已经形成了由《宪法》中关于公民劳动就业权的规定、作为基本法的《劳动法》中关于促进就业的专章规定及《就业促进法》及其配套法规、规章等共同构成的劳动就业法律体系。

三、扩大就业政策

在计划经济时期，我国通过计划来配置劳动力资源，当时的基本就业政策是国家安置就业。社会主义市场经济体制被确立为改革目标之后，1995年开始实施的《劳动法》确定了与之适应的劳动力市场改革方向，明确了市场导向的基本就业政策，但国家依然在就业政策中处于主导地位，这是计划经济遗留的痕迹。正如《劳动法》第十条规定："国家通过促进经济和社会发展，创造就业条件，扩大就业机会。国家鼓励企业、事业组织、社会团体在法律、行政法规规定的范围内兴办产业或者拓展经营，增加就业。国家支持劳动者自愿组织起来就业和从事个体经营实现就业。"《就业促进法》修改了我国的基本就业政策，即由原来的国家主导型就业政策调整为市场主导型的积极就业政策，正如《就业促进法》第二条规定："国家把扩大就业放在经济社会发展的突出位置，实施积极的就业政策，坚持劳动者自主择业、市场调节就业、政府促进就业的方针，多渠道扩大就业。"这一规定明确了劳动力市场在就业中的主体地位：所谓"自主择业"，即意味着就业首先是个人问题，劳动者进入劳动力市场，应通过各种渠道积极寻找就业岗位；所谓"市场调节就业"，就是通过培育和发展劳动力市场，以市场机制为配置劳动力资源的基础性调节手段，实现用人单位和劳动者的双向自主选择；所谓"政府促进就业"，就是政府为弥补市场在配置劳动力资源中的缺陷，通过发展经济、增加就业岗位、制定积极的就业政策，发展就业服务体系，采取必要的措施帮助劳动者实现就业。在市场主导型的基本就业政策框架下，《就业促进法》还明确了我国促进就业的政府责任体系和政策支持体系。

（一）就业促进的政府责任体系

根据《就业促进法》的规定，在就业促进的政府责任体系中，国务院负责建立全国促进就业工作协调机制，研究就业工作中的重大问题，协调推动全国的促进就业工作；国务院劳动行政部门（2008年以来为人力资源和社会保障部）具体负责全国的促进就业工作；省、自治区、直辖市人民政府根据促进就业工作的需要，建立促进就业工作协调机制，协调解决本行政区域就业工作中的重大问题；县级以上人民政府有关部门按照各自的职责分工，共同做好促进就业工作。

就业促进责任的落实必须依靠各级地方政府，因此《就业促进法》明确规定了各级地方政府的职责：县级以上人民政府把扩大就业作为经济和社会发展的重要目标，纳入国民经济和社会发展规划，并制定促进就业的中长期规划和年度工作计划；县级以上人民政府通过发展经济和调整产业结构、规范人力资源市场、完善就业服务、加强职业教育和培训、提供就业援助等措施，创造就业条件，扩大就业；各级人民政府和有关部门应当简化程序，提高效率，为劳动者自主创业、自谋职业提供便利；各级人民政府和有关部门对在促进就业工作中做出显著成绩的单位和个人，给予表彰和奖励。

（二）国家扩大就业的政策支持体系

我国劳动力资源丰富，劳动力供大于求的状况将长期存在，因此国家必须实行积极的就业政策，多渠道促进就业。根据《就业促进法》规定，国家应当采取如下就业支持政策，创造就业机会。

（1）鼓励增加就业岗位。国家鼓励各类企业在法律、法规规定的范围内，通过兴办产业或者拓展经营，增加就业岗位；国家鼓励发展劳动密集型产业、服务业，扶持中小企业，多渠道、多方式增加就业岗位；国家鼓励、支持、引导非公有制经济发展，扩大就业，增加就业岗位；国家支持区域经济发展，鼓励区域协作，统筹协调不同地区就业的均衡增长；国家支持民族地区发展经济，扩大就业。

（2）扩大对外就业。国家发展国内外贸易和国际经济合作，拓宽就业渠道。

（3）财政支持政策。国家实行有利于促进就业的财政政策，加大资金投入，改善就业环境，扩大就业；就业专项资金用于职业介绍、职业培训、公益性岗位、职业技能鉴定、特定就业政策和社会保险等的补贴，小额贷款担保基金和微利项目的小额担保贷款贴息，以及扶持公共就业服务等；就业专项资金的使用管理办法由国务院财政部门和劳动行政部门规定。

（4）税费优惠政策。国家鼓励企业增加就业岗位，扶持失业人员和残疾人就业，对下列企业、人员依法给予税收优惠：① 吸纳符合国家规定条件的失业人员达到规定要求的企业；② 失业人员创办的中小企业；③ 安置残疾人员达到规定比例或者集中使用残疾人的企业；④ 从事个体经营的符合国家规定条件的失业人员；⑤ 从事个体经营的残疾人；⑥ 国务院规定给予税收优惠的其他企业、人员。其中，对于从事个体经营的符合国家规定条件的失业人员和从事个体经营的残疾人，有关部门还应当在经营场地等方面给予照顾，免除行政事业性收费。

（5）金融支持政策。国家实行有利于促进就业的金融政策，增加中小企业的融资渠道；鼓励金融机构改进金融服务，加大对中小企业的信贷支持，并对自主创业人员在一定期限内给予小额信贷等扶持。

（6）城乡统筹的就业政策。国家实行城乡统筹的就业政策，建立健全城乡劳动者平等就业的制度，引导农业富余劳动力有序转移就业。

（7）失业保障政策。国家建立健全失业保险制度，依法确保失业人员的基本生活，并促进其实现就业。

（三）地方政府落实扩大就业政策的职责

《就业促进法》要求"县级以上人民政府应当把扩大就业作为重要职责，统筹协调产业政策与就业政策"。具体而言，各级地方政府在扩大就业中的职责主要包括以下几个方面。

（1）县级以上人民政府在安排政府投资和确定重大建设项目时，应当发挥投资和重大建设项目带动就业的作用，增加就业岗位。

（2）县级以上人民政府应当根据就业状况和就业工作目标，在财政预算中安排就业专项资金用于促进就业工作。

（3）县级以上地方人民政府推进小城镇建设和加快县域经济发展，引导农业富余劳动力就地就近转移就业；在制定小城镇规划时，将本地区农业富余劳动力转移就业作为重要内容。

（4）县级以上地方人民政府引导农业富余劳动力有序向城市异地转移就业，劳动力输出地和输入地人民政府应当互相配合，改善农村劳动者进城就业的环境和条件。

（5）各级人民政府统筹做好城镇新增劳动力就业、农业富余劳动力转移就业和失业人员就业工作。

（6）各级人民政府采取措施，逐步完善和实施与非全日制用工等灵活就业相适应的劳动和社会保险政策，为灵活就业人员提供帮助和服务。

（7）地方各级人民政府和有关部门应当加强对失业人员从事个体经营的指导，提供政策咨询、就业培训和开业指导等服务。

第二节 公平就业

公平就业是劳动就业立法的基本原则，我国《就业促进法》对公平就业进行了专章规定。公平就业是指劳动者进入劳动力市场就业应获得公正、平等对待，包括就业权利平等、就业机会平等、就业环境公平、反对就业歧视。就业公平是社会公平的基础，实现就业公平的关键是解决就业平等问题，消除就业歧视。就业歧视是指基于民族、种族、性别、宗教信仰或工会活动等原因，具有取消或损害就业或职业均等或待遇平等作用的任何区别、排斥或优惠。我国就业歧视现象主要表现在户籍歧视、性别歧视、年龄歧视、疾病歧视、残疾歧视等方面，《就业促进法》主要针对性别歧视、民族歧视、残疾歧视、疾病歧视、户籍歧视作出了明确的禁止性规定。当然，由于《就业促进法》采用了概括性的立法技术，对其中的某些条款也可以通过扩大解释从而扩展法律上禁止的歧视类型。

一、禁止就业歧视的原则性规定

《劳动法》第十二条列举了禁止就业歧视的类型，规定劳动者就业，不因"民族、种族、性别、宗教信仰不同"而受歧视。《就业促进法》第二十五条规定了禁止就业歧视的政府责任，要求各级人民政府"创造公平就业的环境，消除就业歧视，制定政策并采取措施对就业困难人员给予扶持和援助"。《就业促进法》第二十六条规定了用人单位及职业中介机构的禁止就业歧视义务，要求用人单位招用人员、职业中介机构从事职业中介活动，"应当向劳动者提供平等的就业机会和公平的就业条件，不得实施就业歧视"。《人力资源市场暂行条例》第十一条规定："任何地方和单位不得违反国家规定在户籍、地域、身份等方面设置限制人力资源流动的条件。"

二、男女平等就业——禁止性别歧视

《劳动法》第十三条规定：妇女享有与男子平等的就业权利。《就业促进法》第二十六条规定：在录用职工时，除国家规定的不适合妇女的工种或者岗位外，不得以性别为由拒绝录用妇女或者提高对妇女的录用标准。《就业促进法》第二十七条规定：国家保障妇女享有与男子平等的劳动权利；用人单位招用人员，除国家规定的不适合妇女的工种或者岗位外，不得以性别为由拒绝录用妇女或者提高对妇女的录用标准；用人单位录用女职工，不得在劳动合同中规定限制女职工结婚、生育的内容。《妇女权益保障法》中专门设置"劳动和社会保障权益"一章，规定"国家保障妇女享有与男子平等的劳动权利和社会保障权利"，其主要内容包括以下几方面。

（1）各单位在录用职工时，除不适合妇女的工种或者岗位外，不得以性别为由拒绝录用妇女或者提高对妇女的录用标准。各单位在录用女职工时，应当依法与其签订劳动（聘用）合同或者服务协议，劳动（聘用）合同或者服务协议中不得规定限制女职工结婚、生育的内容。禁止录用未满十六周岁的女性未成年人，国家另有规定的除外。

（2）实行男女同工同酬，妇女在享受福利待遇方面享有与男子平等的权利。在晋职、晋级、评定专业技术职务等方面，应当坚持男女平等的原则，不得歧视妇女。

（3）任何单位均应根据妇女的特点，依法保护妇女在工作和劳动时的安全和健康，不得安排不适合妇女从事的工作和劳动。妇女在经期、孕期、产期、哺乳期受特殊保护。

（4）任何单位不得因结婚、怀孕、产假、哺乳等情形，降低女职工的工资，辞退女职工，单方解除劳动（聘用）合同或者服务协议。但是，女职工要求终止劳动（聘用）合同或者服务协议的除外。各单位在执行国家退休制度时，不得以性别为由歧视妇女。

（5）国家发展社会保险、社会救助、社会福利和医疗卫生事业，保障妇女享有社会保险、社会救助、社会福利和卫生保健等权益。国家提倡和鼓励为帮助妇女开展的社会公益活动。国家推行生育保险制度，建立健全与生育相关的其他保障制度。地方各级人民政府和有关部门应当按照有关规定为贫困妇女提供必要的生育救助。

三、残疾人就业保障——禁止残疾歧视

残疾人是指那些由于已经正式确认的生理和心理上的缺陷导致在合适的就业中取得、保持和晋升职位的希望大大降低的人，政府和社会有责任帮助残疾人实现就业。《就业促进法》第二十九条规定：国家保障残疾人的劳动权利；各级人民政府应当对残疾人就业统筹规划，为残疾人创造就业条件；用人单位招用人员，不得歧视残疾人。我国《残疾人保障法》专门设置"劳动就业"，规定：国家保障残疾人劳动的权利，各级人民政府应当对残疾人劳动就业统筹规划，为残疾人创造劳动就业条件；残疾人劳动就业，实行集中与分散相结合的方针，采取优惠政策和扶持保护措施，通过多渠道、多层次、多种形式，使残疾人劳动就业逐步普及、稳定、合理。2007年，国务院专门公布实施了《残疾人就业条例》。综合《残疾人保障法》和《残疾人就业条例》的规定，我国残疾人就业保障的内容主要包括如下方面。

（1）集中安排残疾人就业制度。政府和社会举办残疾人福利企业、盲人按摩机构和其他福利性单位，集中安排残疾人就业。政府和社会依法兴办的残疾人福利企业、盲人按摩机构和其他福利性单位（以下统称集中使用残疾人的用人单位），应当集中安排残疾人就业。集中使用残疾人的用人单位的资格认定，按照国家有关规定执行。集中使用残疾人的用人单位中从事全日制工作的残疾人职工，应当占本单位在职职工总数的25%以上。国家对集中使用残疾人的用人单位依法给予税收优惠，并在生产、经营、技术、资金、物资、场地使用等方面给予扶持。

（2）按比例安排残疾人就业制度。国家实行按比例安排残疾人就业制度，用人单位安排残疾人就业的比例不得低于本单位在职职工总数的1.5%，具体比例由省、自治区、直辖市人民政府根据本地区的实际情况规定。国家机关、社会团体、企业事业单位、民办非企业单位应当按照规定的比例安排残疾人就业，并为其选择适当的工种和岗位。国家鼓励用人单位超过规定比例安排残疾人就业。达不到规定比例的，按照国家有关规定履行保障残疾人就业义务。国家对安排残疾人就业达到、超过规定比例的用人单位依法给予税收优惠，并在生产、经营、技术、资金、物资、场地等方面给予扶持。

（3）残疾人就业保障金制度。用人单位安排残疾人就业达不到其所在地省、自治区、直

辖市人民政府规定比例的，应当缴纳残疾人就业保障金。依法征收的残疾人就业保障金应当纳入财政预算，专项用于残疾人职业培训以及为残疾人提供就业服务和就业援助，任何组织或者个人不得贪污、挪用、截留或者私分。残疾人就业保障金征收、使用、管理的具体办法，由国务院财政部门会同国务院有关部门规定。财政部门和审计机关应当依法加强对残疾人就业保障金使用情况的监督检查。

（4）残疾人自主择业与创业制度。国家鼓励和扶持残疾人自主择业、自主创业。对残疾人从事个体经营的，应当依法给予税收优惠，有关部门应当在经营场地等方面给予照顾，并按照规定免收管理类、登记类和证照类的行政事业性收费。国家对自主择业、自主创业的残疾人在一定期限内给予小额信贷等扶持。地方各级人民政府应当多方面筹集资金，组织和扶持农村残疾人从事种植业、养殖业、手工业和其他形式的生产劳动；有关部门对从事农业生产劳动的农村残疾人，应当在生产服务、技术指导、农用物资供应、农副产品收购和信贷等方面给予帮助。

（5）残疾人公共就业服务制度。政府有关部门设立的公共就业服务机构，应当为残疾人免费提供就业服务。残疾人联合会举办的残疾人就业服务机构，应当组织开展免费的职业指导、职业介绍和职业培训，为残疾人就业和用人单位招用残疾人提供服务和帮助。中国残疾人联合会及其地方组织所属的残疾人就业服务机构应当免费为残疾人就业提供下列服务：① 发布残疾人就业信息；② 组织开展残疾人职业培训；③ 为残疾人提供职业心理咨询、职业适应评估、职业康复训练、求职定向指导、职业介绍等服务；④ 为残疾人自主择业提供必要的帮助；⑤ 为用人单位安排残疾人就业提供必要的支持。国家鼓励其他就业服务机构为残疾人就业提供免费服务。

（6）其他残疾人就业扶持制度。县级以上地方人民政府及其有关部门应当确定适合残疾人生产、经营的产品、项目，优先安排残疾人福利性单位生产或者经营，并根据残疾人福利性单位的生产特点确定某些产品由其专产。政府采购，在同等条件下应当优先购买残疾人福利性单位的产品或者服务。地方各级人民政府应当开发适合残疾人就业的公益性岗位。国家保护残疾人福利性单位的财产所有权和经营自主权，其合法权益不受侵犯。在职工的招用、转正、晋级、职称评定、劳动报酬、生活福利、休息休假、社会保险等方面，不得歧视残疾人。残疾职工所在单位应当根据残疾职工的特点，提供适当的劳动条件和劳动保护，并根据实际需要对劳动场所、劳动设备和生活设施进行改造。国家采取措施，保障盲人保健和医疗按摩人员从业的合法权益。残疾职工所在单位应当对残疾职工进行岗位技术培训，提高其劳动技能和技术水平。

四、少数民族人员就业保障

对少数民族人员就业实行特殊保障，是我国民族政策的重要组成部分。《就业促进法》第二十八条规定："各民族劳动者享有平等的劳动权利；用人单位招用人员，应当依法对少数民族劳动者给予适当照顾。"关于少数民族人员就业保障的法律规定，除了《劳动法》及《就业促进法》当中的相关规定外，主要规定于民族事务立法当中，主要包括优先招收少数民族人员和培养少数民族干部两个方面的内容。

五、禁止疾病歧视

疾病歧视是指基于疾病原因，具有取消或损害就业或职业均等或待遇平等作用的任何区别、排斥或优惠。《就业促进法》第三十条规定：用人单位招用人员，不得以是传染病病原携带者为由拒绝录用；但是，经医学鉴定传染病病原携带者在治愈前或者排除传染嫌疑前，不得从事法律、行政法规和国务院卫生行政部门规定禁止从事的易使传染病扩散的工作。我国《传染病防治法》明确规定，不得歧视传染病病人、病原携带者和疑似传染病病人。国务院2006年公布的《艾滋病防治条例》规定，任何单位和个人不得歧视艾滋病病毒感染者、艾滋病病人及其家属。

原劳动和社会保障部于2007年发布了《关于维护乙肝表面抗原携带者就业权利的意见》，以促进乙肝表面抗原携带者实现公平就业。《就业服务与就业管理规定》第十九条规定：用人单位招用人员，除国家法律、行政法规和国务院卫生行政部门规定禁止乙肝病原携带者从事的工作外，不得强行将乙肝病毒血清学指标作为体检标准。第六十八条规定：在国家法律、行政法规和国务院卫生行政部门规定禁止乙肝病原携带者从事的工作岗位以外招用人员时，将乙肝病毒血清学指标作为体检标准的，由劳动保障行政部门责令改正，并可处以1000元以下的罚款；对当事人造成损害的，应当承担赔偿责任。

此外，《就业促进法》第三十一条还明确规定"农村劳动者进城就业享有与城镇劳动者平等的劳动权利，不得对农村劳动者进城就业设置歧视性限制"，禁止户籍性歧视。

第三节 就业服务与管理

就业服务又称劳动服务、劳动就业服务，是指政府劳动行政部门为劳动者就业和用人单位招用人员提供的各项帮助和服务工作。就业管理是指国家劳动行政部门对人力资源市场进行管理的行为，目的是规范人力资源市场主体的行为。在我国现阶段，人力资源和社会保障部是全国就业服务与就业管理的主管部门，其下设的就业促进司是专门的就业服务管理职能机构；地方就业服务管理机构是各级地方人力资源社会保障行政部门设置的并在其直接领导下从事就业服务管理的工作机构，县级以上一般称为就业服务局；部门（行业）就业服务管理机构是各行业主管部门设置的实现就业服务的工作机构。我国《就业促进法》专章规定了"就业服务与管理"，国务院制定了《人力资源市场暂行条例》（2018年10月1日起施行），人力资源和社会保障部修订了《就业服务与就业管理规定》（2015年2月1日起施行），对《就业促进法》的相关内容作了细化和完善。

一、劳动力市场主体行为规范

（一）劳动者求职行为规范

1. 求职者的法定条件

我国劳动者求职必须具备法定的主体资格，即劳动者年满16周岁，有劳动能力且有就业愿望的，可凭本人身份证件，通过公共就业服务机构、职业中介机构介绍或直接联系用人单位等渠道求职。

2. 求职者的权利

劳动者求职过程中依法享有平等就业、自主择业的权利，不因民族、种族、性别、宗教信仰等不同而受歧视，农村劳动者进城就业享有与城镇劳动者平等的就业权利。

3. 求职者的义务

劳动者求职时，应当如实向公共就业服务机构或职业中介机构、用人单位提供个人基本情况以及与应聘岗位直接相关的知识技能、工作经历、就业现状等情况，并出示相关证明；劳动者应当树立正确的择业观念，提高就业能力和创业能力，国家鼓励劳动者在就业前接受必要的职业教育或职业培训，鼓励城镇初高中毕业生在就业前参加劳动预备制培训。

（二）用人单位招聘行为规范

1. 招聘者的法定条件

用人单位进入劳动力市场招聘劳动者必须符合法定条件，依据《就业服务与就业管理规定》，用人单位须是在中华人民共和国境内的企业、个体经济组织、民办非企业单位等组织，以及招用与之建立劳动关系的劳动者的国家机关、事业单位、社会团体。用人单位自主招用人员，需要建立劳动关系的，应当依法与劳动者订立劳动合同，并按照国家有关规定办理社会保险等相关手续。

2. 招聘途径及其规范

用人单位可以通过下列途径自主招用人员：委托公共就业服务机构或职业中介机构；参加职业招聘洽谈会；委托报纸、广播、电视、互联网站等大众传播媒介发布招聘信息；利用本企业场所、企业网站等自有途径发布招聘信息；其他合法途径。用人单位委托公共就业服务机构或职业中介机构招用人员，或者参加招聘洽谈会时，应当提供招聘简章，并出示营业执照（副本）或者有关部门批准其设立的文件、经办人的身份证件和受用人单位委托的证明。招聘简章内容应当真实有效，包括用人单位基本情况、招聘人数、工作内容、工作地点、招聘条件、基本劳动报酬、福利待遇、社会保险等内容，以及法律、法规规定的其他内容。

3. 招聘者的权利与义务

用人单位依法享有自主用人的权利，但同时必须遵守下列义务。

（1）如实告知的义务。用人单位招用人员时，应当依法如实告知劳动者有关工作内容、工作条件、工作地点、职业危害、安全生产状况、劳动报酬以及劳动者要求了解的其他情况；用人单位应当根据劳动者的要求，及时向其反馈是否录用的情况。

（2）为劳动者保密的义务。用人单位应当对劳动者的个人资料予以保密；公开劳动者的个人资料信息和使用劳动者的技术、智力成果，须经劳动者本人书面同意。

（3）禁止歧视的义务。用人单位招用人员，应当向劳动者提供平等的就业机会和公平的就业条件。不得歧视残疾人；除国家规定的不适合妇女从事的工种或者岗位外，不得以性别为由拒绝录用妇女或者提高对妇女的录用标准；不得以是传染病病原携带者为由拒绝录用，除国家法律、行政法规和国务院卫生行政部门规定禁止乙肝病原携带者从事的工作外，不得强行将乙肝病毒血清学指标作为体检标准；用人单位发布的招聘简章或招聘广告，不得包含就业歧视性内容；应当依法对少数民族劳动者给予适当照顾。

（4）其他法定禁止性义务。用人单位招用人员不得有下列行为：提供虚假招聘信息，发布虚假招聘广告；扣押被录用人员的居民身份证和其他证件；以担保或者其他名义向劳动者收取财物；招用未满16周岁的未成年人以及国家法律、行政法规规定不得招用的其他人员；招用无合法身份证件的人员；以招用人员为名牟取不正当利益或进行其他违法活动；以诋毁其他用人单位信誉、商业贿赂等不正当手段招聘人员。

4. 特殊工种劳动者的招聘规范

用人单位招用从事涉及公共安全、人身健康、生命财产安全等特殊工种的劳动者，应当依法招用持相应工种职业资格证书的人员；招用未持相应工种职业资格证书人员的，须组织其在上岗前参加专门培训，使其取得职业资格证书后方可上岗。

5. 外国人的招聘规范

用人单位招用外国人，应当在外国人入境前，按有关规定到当地劳动行政部门为其申请就业许可，经批准并获得《中华人民共和国外国人就业许可证书》后方可招用；用人单位招用外国人的岗位必须是有特殊技能要求、国内暂无适当人选的岗位，并且不违反国家有关规定。

（三）经营性人力资源服务机构服务规范

经营性人力资源服务机构是指依法设立的从事人力资源服务经营活动的机构。经营性人力资源服务机构应当在服务场所明示下列事项，并接受人力资源社会保障行政部门和市场监督管理、价格等主管部门的监督检查：营业执照；服务项目；收费标准；监督机关和监督电话。国家通过政府购买服务等方式支持经营性人力资源服务机构提供公益性人力资源服务。

1. 行政许可制

经营性人力资源服务机构从事职业中介活动的，应当依法向人力资源社会保障行政部门申请行政许可，取得人力资源服务许可证；人力资源社会保障行政部门应当自收到经营性人力资源服务机构从事职业中介活动的申请之日起 20 日内依法作出行政许可决定。符合条件的，颁发人力资源服务许可证；不符合条件的，作出不予批准的书面决定并说明理由。

2. 业务备案制

经营性人力资源服务机构开展人力资源供求信息的收集和发布、就业和创业指导、人力资源管理咨询、人力资源测评、人力资源培训、承接人力资源服务外包等人力资源服务业务的，应当自开展业务之日起 15 日内向人力资源社会保障行政部门备案。

3. 劳务派遣与服务外包业务规范

经营性人力资源服务机构从事劳务派遣业务的，执行国家有关劳务派遣的规定。经营性人力资源服务机构接受用人单位委托提供人力资源服务外包的，不得改变用人单位与个人的劳动关系，不得与用人单位串通侵害个人的合法权益。

4. 书面报告制

经营性人力资源服务机构应当依法设立，设立分支机构的，应当自工商登记办理完毕之日起 15 日内，书面报告分支机构所在地人力资源社会保障行政部门；变更名称、住所、法定代表人或者终止经营活动的，应当自工商变更登记或者注销登记办理完毕之日起 15 日内，书面报告人力资源社会保障行政部门。经营性人力资源服务机构应当在规定期限内，向人力资源社会保障行政部门提交经营情况年度报告。

（四）公共人力资源服务机构服务规范

公共人力资源服务机构是指县级以上人民政府设立的公共就业和人才服务机构。公共人力资源服务的经费纳入政府预算，不具有营利性，经营性人力资源服务具有营利性，这是两者的本质区别。《就业促进法》第三十五条规定："县级以上人民政府建立健全公共就业服务体系，设立公共就业服务机构。"《人力资源市场暂行条例》第十五条规定：公共人力资源服务机构提供下列服务,不得收费：人力资源供求、市场工资指导价位、职业培训等信息发布；职业介绍、职业指导和创业开业指导；就业创业和人才政策法规咨询；对就业困难人员实施就业援助；办理就业登记、失业登记等事务；办理高等学校、中等职业学校、技工学校毕业生接收手续；流动人员人事档案管理；县级以上人民政府确定的其他服务。各级残疾人联合会所属的残疾人就业服务机构是公共就业服务机构的组成部分，负责为残疾劳动者提供相关就业服务，并经劳动行政部门委托，承担残疾劳动者的就业登记、失业登记工作。

（五）人力资源市场信息服务体系建设

县级以上人民政府建立覆盖城乡和各行业的人力资源市场供求信息系统，完善市场信息发布制度，为求职、招聘提供服务。县级以上劳动行政部门应当按照信息化建设统一要求，逐步实现全国人力资源市场信息联网。公共人力资源服务机构应当加强信息化建设，公共就业服务机构应当建立健全人力资源市场信息服务体系，完善职业供求信息、市场工资指导价位信息、职业培训信息、人力资源市场分析信息的发布制度，为劳动者求职择业、用人单位招用人员以及培训机构开展培训提供支持。

二、就业与失业管理制度

劳动行政部门应当建立健全就业登记制度和失业登记制度，完善就业管理和失业管理。公共就业服务机构负责就业登记与失业登记工作，建立专门台账，及时、准确地记录劳动者就业与失业变动情况，并做好相应统计工作。就业登记和失业登记在各省、自治区、直辖市范围内实行统一的就业失业登记证（以下简称登记证），向劳动者免费发放，并注明可享受的相应扶持政策；就业登记、失业登记的程序和登记证样式，由省级劳动行政部门规定。

(一)就业登记

1. 登记机构与程序

劳动者被用人单位招用的,由用人单位为劳动者办理就业登记。用人单位招用劳动者和与劳动者终止或者解除劳动关系,应当到当地公共就业服务机构备案,为劳动者办理就业登记手续。劳动者从事个体经营或灵活就业的,由本人在街道、乡镇公共就业服务机构办理就业登记。公共就业服务机构应当对用人单位办理就业登记及相关手续设立专门服务窗口,简化程序,方便用人单位办理。

2. 就业登记的期限

用人单位招用人员后,应当于录用之日起30日内办理登记手续;用人单位与职工终止或者解除劳动关系后,应当于15日内办理登记手续。

3. 就业登记的内容

就业登记的内容主要包括劳动者个人信息、就业类型、就业时间、就业单位以及订立、终止或者解除劳动合同情况等。就业登记的具体内容和所需材料由省级劳动行政部门规定。

(二)失业登记

1. 登记失业的范围

在法定劳动年龄内、有劳动能力、有就业要求、处于无业状态的城镇常住人员,可以到公共就业服务机构进行失业登记。具体而言,失业登记的范围包括下列失业人员:年满16周岁,从各类学校毕业、肄业的;从企业、机关、事业单位等各类用人单位失业的;个体工商户业主或私营企业业主停业、破产停止经营的;承包土地被征用,符合当地规定条件的;军人退出现役且未纳入国家统一安置的;刑满释放、假释、监外执行的;各地确定的其他失业人员。

2. 登记失业地的确定

失业登记范围内的没有就业经历的城镇户籍人员,在户籍所在地登记;农村进城务工人员和其他非本地户籍人员在常住地稳定就业满6个月的,失业后可以在常住地登记。

3. 登记失业的证明材料

劳动者进行失业登记时,须持本人身份证件和证明原身份的有关证明;有单位就业经历的,还须持与原单位终止、解除劳动关系或者解聘的证明。

4. 登记失业人员的权利与义务

登记失业人员凭登记证享受公共就业服务和就业扶持政策;其中符合条件的,按规定申领失业保险金。登记失业人员应当定期向公共就业服务机构报告就业失业状况,积极求职,参加公共就业服务机构安排的就业培训。

5. 失业登记注销

登记失业人员出现下列情形之一的,由公共就业服务机构注销其失业登记:① 被用人单位录用的；② 从事个体经营或创办企业，并领取工商营业执照的；③ 已从事有稳定收入的劳动，并且月收入不低于当地最低工资标准的；④ 已享受基本养老保险待遇的；⑤ 完全丧失劳动能力的；⑥ 入学、服兵役、移居境外的；⑦ 被判刑收监执行的；⑧ 终止就业要求或拒绝接受公共就业服务的；⑨ 连续 6 个月未与公共就业服务机构联系的；⑩ 已进行就业登记的其他人员或各地规定的其他情形。

三、就业援助与失业保障

我国《就业促进法》专章规定了就业援助制度，将已有的比较成熟的就业援助政策上升为法律，有利于就业援助制度的规范化。

（一）就业援助的对象

《就业促进法》第五十二条将就业援助对象确定为"就业困难人员"，《就业服务与就业管理规定》第四十条进一步将就业援助对象区分为"就业困难人员"和"零就业家庭"两种情况。就业困难人员是指因身体状况、技能水平、家庭因素、失去土地等原因难以实现就业，以及连续失业一定时间仍未能实现就业的人员；零就业家庭是指法定劳动年龄内的家庭人员均处于失业状况的城市居民家庭。

（二）就业援助的申请与确认

就业援助对象的具体范围和认证办法，由省、自治区、直辖市人民政府根据本行政区域的实际情况规定。公共就业服务机构应当制定专门的就业援助计划，对就业援助对象实施优先扶持和重点帮助。就业困难人员和零就业家庭可以向所在地街道、社区公共就业服务机构申请就业援助。经街道、社区公共就业服务机构确认属实的，纳入就业援助范围。

（三）就业援助的途径与措施

《就业促进法》第五十二条规定："各级人民政府建立健全就业援助制度，采取税费减免、贷款贴息、社会保险补贴、岗位补贴等办法，通过公益性岗位安置等途径，对就业困难人员实行优先扶持和重点帮助。"

1. 就业困难人员帮扶制度

公共就业服务机构应当建立就业困难人员帮扶制度，通过落实各项就业扶持政策、提供就业岗位信息、组织技能培训等有针对性的就业服务和公益性岗位援助，对就业困难人员实施优先扶持和重点帮助。在公益性岗位上安置的就业困难人员，按照国家规定给予岗位补贴。

2. 零就业家庭即时岗位援助制度

公共就业服务机构应当建立零就业家庭即时岗位援助制度，通过拓宽公益性岗位范围、开发各类就业岗位等措施，及时向零就业家庭中的失业人员提供适当的就业岗位，确保零就业家庭至少有一人实现就业。

3. 就业援助登记与管理制度

街道、社区公共就业服务机构应当对辖区内就业援助对象进行登记，建立专门台账，实行就业援助对象动态管理和援助责任制度，提供及时、有效的就业援助。

（四）失业保障制度

《就业促进法》第十六条规定："国家建立健全失业保险制度，依法确保失业人员的基本生活，并促进其实现就业。"失业保险可以为失业人员提供基本生活保障并促进失业人员再就业。因此，建立和完善覆盖城乡全部劳动者、资金合理分担、失业救济与促进再就业紧密结合、管理服务社会化的失业保障体系，是建立健全我国劳动就业法律制度的重要内容之一。但由于失业保险又是我国社会保险体系的重要组成部分，为避免重复，这里不做详述。

第四节 职业教育与培训

职业教育与职业培训是两个不同的概念。职业教育与普通教育共同构成一个国家的国民教育体系。与普通教育不同，职业教育是以职业技能开发为目的而建立的教育制度。依据《中华人民共和国职业教育法》（1996 年）（以下简称《职业教育法》）的规定，我国职业教育是指对受教育者传授职业知识、技能和态度的教育，包括职业道德、职业技能和职业知识等教育。职业培训是指根据职业需要和劳动者从业的愿望及条件，以开发职业技能为目的，对受培训者进行的技术业务知识和实际操作能力教育训练活动，包括就业前的职前培训和就业期间的在职培训。联合国教科文组织于 1989 年 11 月在巴黎举办的第 25 届大会通过的《技术与职业教育公约》，整合职业教育和职业培训两个概念，形成了教育与培训的整体化理念。我国《就业促进法》采纳了这一整体化理念，专章规定了"职业教育与培训"。

一、国内外职业教育与培训立法

职业教育最早起源于学徒制度，英国于 1802 年颁布《学徒健康与道德法案》，既是历史上最早的劳动立法，也是关于学徒制度的最早立法。第二次世界大战之后，世界各国奉行积极的劳动力市场政策，开始普遍重视职业教育和职业培训，职业教育与培训立法相继出现。英国于 1948 年制定《就业训练法》，1964 年制定《工业培训法》（1973 年修改为《雇佣培训法》），1975 年制定《职业训练金计划条例》；德国于 1969 年通过《职业就业法》，另外还制定了《青年劳动保护法》《职业教育促进法》等相关法律及 370 多种国家承认的职业培训条例；日本于 1958 年制定《职业训练法》，1969 年制定《人力资源开发促进法》，1987 年制定《职业能力开发促进法》；美国于 1963 年制定《职业培训法》，1964 年通过《人力发展和训练法案》；法国于 1966 年制定《职业训练法》，1976 年制定《终身培训法》。

中华人民共和国成立后，十分重视职业教育和培训立法。我国《宪法》第四十二条明确了国家对公民就业有训练的义务。我国《劳动法》第八章专门规定了"职业培训"，进一步明确立了职业教育与培训的重要地位。1996年颁布的《职业教育法》首次以单行法形式确定了职业教育在我国国民教育体系中的地位；2008年实施的《就业促进法》第五章专门规定了"职业教育与培训"，将职业教育与职业培训有机结合为一个整体。此外，我国已经制定的有关职业教育与培训的法规规章还包括《就业训练中心规定》（1991年）、《职业技能鉴定规定》（1993年）、《就业训练规定》（1994年）、《职业资格证书规定》（1994年）、《职业培训实体管理规定》（1995年）、《企业职工培训决定》（1996年）、《国务院关于大力发展职业教育的决定》（1999年）、《劳动预备制培训实施办法》（2000年）、《招用技术工种从业人员规定》（2000年）等。

二、职业教育与培训主体的行为规制

职业教育与培训应该遵循先培训后使用、按需培训、培训费用合理分担、终身培训等原则。在职业教育与培训活动中，涉及国家（或政府）、职业院校或培训机构、雇用单位及劳动者等四方主体。为了保障劳动者职业教育与培训权的实现及职业教育与培训制度的正常运行，我国《劳动法》《就业促进法》《职业教育法》从不同角度对各方主体的行为进行了规制。

（一）国家（或政府）的职责

职业教育与培训是国家的职责，政府应承担起对就业前的公民进行必要的就业训练的责任。同时政府拥有宏观调控的权力，可以设立劳动力市场准入制度、制定职业分类和职业等级标准，要求劳动者持证上岗。依据《劳动法》《就业促进法》和《职业教育法》的规定，政府应承担如下职责。

1. 建立职业教育制度

职业教育是国家教育事业的重要组成部分，是促进经济、社会发展和劳动就业的重要途径。国家发展职业教育，推进职业教育改革，提高职业教育质量，建立、健全适应社会主义市场经济和社会进步需要的职业教育制度。各级人民政府应当将发展职业教育纳入国民经济和社会发展规划。国家采取措施，发展农村职业教育，扶持少数民族地区、边远贫困地区职业教育的发展。国家采取措施，帮助妇女接受职业教育，组织失业人员接受各种形式的职业教育，扶持残疾人职业教育的发展。县级以上地方人民政府和有关部门根据市场需求和产业发展方向，鼓励、指导企业加强职业教育和培训。

2. 发展职业培训事业

《劳动法》第六十六条规定：国家通过各种途径，采取各种措施，发展职业培训事业，开发劳动者的职业技能，提高劳动者素质，增强劳动者的就业能力和工作能力。第六十七条规定：各级人民政府应当把发展职业培训纳入社会经济发展的规划，鼓励和支持有条件的企业、事业组织、社会团体和个人进行各种形式的职业培训。县级以上人民政府加强统筹协调，鼓励和支持各类职业院校、职业技能培训机构和用人单位依法开展就业前培训、在职培训、再就业培训和创业培训；鼓励劳动者参加各种形式的培训。

3. 制定实施职业能力开发计划

《就业促进法》要求，县级以上人民政府根据经济社会发展和市场需求，制定并实施职业能力开发计划。

4. 建立健全职业教育服务体系

县级以上各级人民政府和有关部门应当建立健全职业教育服务体系，加强职业教育教材的编辑、出版和发行工作。县级以上各级人民政府和有关部门应当将职业教育教师的培养和培训工作纳入教师队伍建设规划，保证职业教育教师队伍适应职业教育发展的需要。国务院有关部门、县级以上地方各级人民政府以及举办职业学校、职业培训机构的组织、公民个人，应当加强职业教育生产实习基地的建设。

5. 筹集发展职业教育资金

国家鼓励通过多种渠道依法筹集发展职业教育的资金。省、自治区、直辖市人民政府应当制定本地区职业学校学生人数平均经费标准；国务院有关部门应当会同国务院财政部门制定本部门职业学校学生人数平均经费标准。职业学校举办者应当按照学生人数平均经费标准足额拨付职业教育经费。各级人民政府、国务院有关部门用于举办职业学校和职业培训机构的财政性经费应当逐步增长。任何组织和个人不得挪用、克扣职业教育的经费。国家鼓励金融机构运用信贷手段扶持发展职业教育，鼓励企业、事业组织、社会团体、其他社会组织及公民个人对职业教育捐资助学，鼓励境外的组织和个人对职业教育提供资助和捐赠。

（二）对职业教育与培训机构的规制

职业学校、职业培训机构实施职业教育应当实行产教结合，为本地区经济建设服务，与企业密切联系，培养实用人才和熟练劳动者。职业学校、职业培训机构可以举办与职业教育有关的企业或者实习场所。

1. 设立条件

职业学校的设立，必须符合下列基本条件：① 有组织机构和章程；② 有合格的教师；③ 有符合规定标准的教学场所、与职业教育相适应的设施、设备；④ 有必备的办学资金和稳定的经费来源。职业培训机构的设立，必须符合下列基本条件：① 有组织机构和管理制度；② 有与培训任务相适应的教师和管理人员；③ 有与进行培训相适应的场所、设施、设备；④ 有相应的经费。职业学校和职业培训机构的设立、变更和终止，应当按照国家有关规定执行。

2. 学费收取

职业学校、职业培训机构可以对接受中等、高等职业学校教育和职业培训的学生适当收取学费，对经济困难的学生和残疾学生应当酌情减免。收费办法由省、自治区、直辖市人民政府规定。职业学校、职业培训机构举办企业和从事社会服务的收入应当主要用于发展职业教育。

3. 师资配备

县级以上各级人民政府和有关部门应当将职业教育教师的培养和培训工作纳入教师队伍建设规划，保证职业教育教师队伍适应职业教育发展的需要。职业学校和职业培训机构可以聘请专业技术人员、有特殊技能的人员和其他教育机构的教师担任兼职教师。有关部门和单位应当提供方便。

（三）对用人单位的规制

《劳动法》第六十八条规定：用人单位应当建立职业培训制度，按照国家规定提取和使用职业培训经费，根据本单位实际，有计划地对劳动者进行职业培训。

1. 对雇用的劳动者实施职业教育

企业应当根据本单位的实际，有计划地对本单位的职工和准备录用的人员实施职业教育；企业可以单独举办或者联合举办职业学校、职业培训机构，也可以委托学校、职业培训机构对本单位的职工和准备录用的人员实施职业教育。

2. 提取职工教育经费

企业应当按照国家有关规定提取职工教育经费，对劳动者进行职业技能培训和继续教育培训。企业应当承担对本单位的职工和准备录用的人员进行职业教育的费用，具体办法由国务院有关部门会同国务院财政部门或者由省、自治区、直辖市人民政府依法规定。

3. 遵守国家岗前培训的规定

从事技术工种的职工，上岗前必须经过培训；从事特种作业的职工必须经过培训，并取得特种作业资格。

（四）对劳动者的规制

劳动者有依法接受职业教育的权利。失业人员参加就业培训的，按照有关规定享受政府培训补贴。

三、职业教育体系与职业培训的形式

（一）职业教育体系

国家根据不同地区的经济发展水平和教育普及程度，实施以初中后为重点的不同阶段的教育分流，建立、健全职业学校教育与职业培训并举，并与其他教育相互沟通、协调发展的职业教育体系。具体来说，包括如下四个方面。

1. 职业学校教育

职业学校教育分为初等、中等、高等三个层次。初等、中等职业学校教育分别由初等、中等职业学校实施；高等职业学校教育根据需要和条件由高等职业学校实施，或者由普通高等学校实施。其他学校按照教育行政部门的统筹规划，可以实施同层次的职业学校教育。

2. 职业培训

职业培训包括从业前培训、转业培训、学徒培训、在岗培训、转岗培训及其他职业性培训，可以根据实际情况分为初级、中级、高级三个层次。职业培训分别由相应的职业培训机构、职业学校实施。

3. 残疾人职业教育

残疾人职业教育除由残疾人教育机构实施外，各级各类职业学校和职业培训机构及其他教育机构应当按照国家有关规定接纳残疾学生。

4. 普通中学职业教育

普通中学可以因地制宜地开设职业教育的课程，或者根据实际需要适当增加职业教育的教学内容。

此外，其他学校或者教育机构可以根据办学能力，开展面向社会的、多种形式的职业培训。

（二）职业培训的形式

职业培训是职业教育的核心和重点，是提高职业技能、进行人力资源开发的重要手段。我国职业培训的主要形式包括如下几种。

1. 从业前培训

从业前培训是对尚未从业的社会劳动者进行的培养和提高其职业技能的教育训练活动，目的是提高劳动者的就业能力，培训方式以学历教育和上岗前的岗位知识、技能培训为主。

2. 转岗培训

转岗培训是针对转岗、离职劳动者实施的特别培训，目的是使其获得从事新职业所需的技能和知识，以促使其再就业。

3. 学徒培训

学徒培训又称艺徒培训，是指由用工单位招收学徒工，在师傅的直接教导下通过生产实践活动，掌握一定生产技艺或业务知识的培训。

4. 转业培训

转业培训是对复原转业的军人进行的职业技能培训。

5. 在岗培训

在岗培训是指对在岗职工进行的岗位技能培训，包括在岗业余培训和脱产学习两种形式。

（三）劳动预备培训制度

劳动预备制度是国家为提高青年劳动者素养，培养劳动后备军而建立的一种新型培训就业制度。国务院办公厅于1999年发出了《转发劳动保障部等部门关于积极推进劳动预备制度加快提高劳动者素质意见的通知》，原劳动和社会保障部随后发布实施了《劳动预备制培训实施办法》，对劳动预备培训制度做出了全面安排。

1. 培训对象

劳动预备制培训对象包括：① 有劳动能力和就业愿意的城镇未能继续升学的初、高中毕业生；② 农村未能继续升学并准备从事非农产业工作或进城务工的初、高中毕业生；③ 各地可以结合实际，引导组织准备从事农业生产劳动的初、高中毕业生以及城镇失业人员、企业下岗职工参加劳动预备制培训。

2. 专业设置

定点培训机构要根据经济发展和劳动力市场需求，依据国家职业分类，调整和优化专业结构，开设符合就业需求的培训专业；就业服务机构（包括乡镇劳动服务机构）要对城乡劳动力资源和用人单位用工需求进行调查，及时发布职业需求预测信息，指导定点培训机构合理设置培训专业。

3. 培训招生

劳动预备制培训对象凭初、高中毕业证书报名免试参加培训，各地可将劳动预备制培训登记报名与技工学校、就业训练中心招生结合进行；公共职业介绍机构以及乡镇劳动服务机构应开设专门窗口，公布劳动预备制培训专业，发布定点培训机构招生广告，指导和组织前来求职的初、高中毕业生参加劳动预备制培训。

4. 培训期限

根据培训对象和岗位需求，确定劳动预备制培训期限。城镇初中毕业生初级技能培训期限一般为 1 年以上，中级技能培训期限一般为 2 年以上；城镇高中毕业生中级技能培训期限一般为 1 年以上，高级技能培训期限一般为 2 年以上。特殊职业（工种）的培训期限，按国家有关规定执行；一般岗位新生劳动力的培训期限可适当缩短。已实现流动就业的农村劳动力可在就业地参加培训，培训的期限、内容和形式可根据城市用工需要或职业（工种）特点灵活掌握。

5. 培训内容

按照劳动预备制培训的基本要求设置培训课程，培训期限 2 年以下的课程采用基本素质、职业知识、专业技能和社会实践 4 个模块进行教学；国家规定的就业准入职工（工种）和通用工种培训，执行部颁劳动预备制培训计划、大纲，其他工种的培训计划、大纲，由各地遵照部颁培训计划、大纲自行制定；社会实践教学活动由各定点培训机构组织实施。

6. 培训形式

应届初、高中毕业生参加劳动预备制培训以全日制为主，其他人员可采取非全日制、学分制与学时制相结合或参加远程培训等形式；参加 1 年以上劳动预备制培训的初中毕业生，学习期满，经考试合格可直接转为技工学校学生，学习期限连续计算；参加 1 年以上劳动预备制培训的高中毕业生可参加高级技工学校学习；具备一定条件的定点培训机构，可与其他教育机构联合办学，多渠道、多层次培养人才。

7. 培训证书

劳动预备制培训人员学习期满，经考试合格，可获得劳动预备制培训合格证书；参加技术工种培训，取得劳动预备制培训合格证书后，经职业技能鉴定合格者可获得相应职业资格证书；达到中级技能水平的优秀学员，可通过相应考试，获得技工学校毕业证书。劳动预备制培训合格证书、职业学校毕业证书、职业资格证书是劳动预备制培训人员就业的凭证。

8. 培训经费

劳动预备制培训所需经费，原则上由个人和用人单位共同承担，政府给予必要的支持。定点培训单位对学员收取培训费，参照当地职业学校或培训机构的收费标准执行，对家庭经济确有困难的，可酌情减免培训费用；劳动行政部门举办的技工学校，根据招生人数，按当地生均经费标准向财政部门申请经费（技工学校经费科目）；用人单位委托定向培训的，从企业职工教育经费中提取一部分用于培训。

9. 就业服务

就业服务机构要把取得劳动预备制培训合格证书、职业学校毕业证书或职业资格证书的劳动预备制培训人员，纳入劳动力信息资源管理系统，根据国家就业方针和劳动力市场需求，组织双向选择，优先推荐就业。公共职业介绍机构要与劳动预备制定点培训机构建立定期联系制度，对学员进行职业指导，分析就业形势，指导就业方向，并提供存放档案等服务，指导和帮助学员组织起来就业和自谋职业。

四、职业技能鉴定及职业资格证书

职业技能鉴定是指职业技能鉴定机构对劳动者职业技能所达到的等级依法进行考核、评定和证明，从而赋予劳动者一定的职业资格。我国《劳动法》第六十九条规定："国家确定职业分类，对规定的职业制定职业技能标准，实行职业资格证书制度，由经过政府批准的考核鉴定机构负责对劳动者实施职业技能考核鉴定。"

（一）职业技能标准

职业技能标准是由法定标准制定机构依法制定的、用以衡量劳动者技术业务水平和工作能力，并据以评定其技术等级的统一尺度。我国现行的职业技能鉴定标准主要包括《工人技术等级标准》《国家职业技能标准》等。

（二）职能技能鉴定证书制度

1. 职业资格的内涵

我国实行职能技能鉴定证书制度，职业资格包括从业资格和执业资格。从业资格是指从事某一专业（工种）学识、技术和能力的起点标准。执业资格是指政府对某些责任较大，社会通用性强，关系公共利益的专业（工种）实行准入控制，是依法独立开业或从事某一特定专业（工种）学识、技术和能力的必备标准。职业资格分别由国务院劳动、人事行政部门通过学历认定、资格考试、专家评定、职业技能鉴定等方式进行评价，对合格者授予国家职业资格证书。

2. 职业资格证书的申请

职业资格证书是国家对申请人专业（工种）学识、技术、能力的认可，是求职、任职、独立开业和单位录用的主要依据。职业资格证书制度遵循申请自愿、费用自理、客观公正的原则。凡中华人民共和国公民和获准在我国境内就业的其他国籍的人员都可按照国家有关政策规定和程序申请相应的职业资格。

3. 职业资格证书的管理体制

职业资格证书实行政府指导下的管理体制,人力资源和社会保障部成立之前,由国务院劳动、人事行政部门综合管理。若干专业技术资格和职业技能鉴定(技师、高级技师考评和技术等级考核)纳入职业资格证书制度。国务院人力资源和社会保障部负责以技能为主的职业资格鉴定和证书的核发与管理(证书的名称、种类按现行规定执行)以及专业技术人员的职业资格评价和证书的核发与管理,并同有关行业主管部门研究和确定职业资格的范围、职业(专业、工种)分类、职业资格标准以及学历认定、资格考试、专家评定和技能鉴定的办法。

复习与思考

1. 简述我国就业援助制度。
2. 简述我国劳动预备培训制度。
3. 简述我国就业与失业登记制度。
4. 简述我国职业教育体系和职业培训形式。
5. 如何理解公平就业原则?

第三章 劳动合同法

劳动合同法是雇主（或用人单位）与雇员（或劳动者）之间缔结劳动契约的法律规范。劳动合同立法的模式主要有两种：一是采取专门立法的模式，制定劳动合同的单行法，如南京国民政府于1931年颁布的《劳动契约法》、中华人民共和国于2008年1月1日起实施的《劳动合同法》、日本于2008年3月1日起实施的《劳动合同法》等；二是采取分散立法模式，不制定专门的劳动合同法，而是通过制定劳动标准、加强解雇保护、反对就业歧视等立法来实现对劳动契约缔结的干预，如英国、美国即为这种模式的代表性国家。2012年12月28日，全国人民代表大会常务委员会通过了《关于修改〈中华人民共和国劳动合同法〉的决定》，该决定自2013年7月1日起施行。中国的《劳动合同法》不仅规范个别劳动合同的签订和履行活动，而且包含了集体劳动合同的有关规定，本质上是劳动关系的调整法。

第一节 劳动合同的概念与分类

一、劳动合同的概念

（一）劳动合同的概念和特征

我国《劳动法》第十六条规定："建立劳动关系应当订立劳动合同。"《劳动合同法》第十条规定："建立劳动关系，应当订立书面劳动合同。"因此，劳动合同（亦称劳动契约或劳动协议）是劳动者与用人单位之间确立劳动关系，明确双方权利和义务关系的书面协议。作为一种双方法律行为，劳动合同具有特定的法律特征，主要表现在如下方面。

（1）诺成性（又称不要物合同，与实践性合同相对应），即只需双方意思表示一致，劳动合同即可成立，不要求劳动者提供劳动或用人单位支付劳动报酬作为合同成立的前提。

（2）双务性，即劳动者和用人单位相互都负有义务，且各方所负义务与其各自所享有的权利相对应。

（3）有偿性，即劳动者要向用人单位提供劳动，用人单位要向劳动者给付劳动报酬，这是一种有偿交换关系。

（4）从属性，即劳动合同签订后，劳动者在身份上、经济上即从属于用人单位，要遵守单位的规章制度，受单位管理。

（5）要式性，这是中国关于劳动合同的特殊要求，即劳动合同必须采取书面形式。

（二）劳动合同与劳务合同的区别

劳务合同是指以劳动形式提供社会服务的民事合同，包括承揽合同、基本建设承包合同、运输合同、保管合同、技术服务合同、委托合同、信托合同和居间合同等。这种类型的合同同样以劳动为标的，接受劳务方应向提供劳务方支付报酬，因而与劳动合同比较相似。但两者仍存在诸多区别。

（1）合同主体不同。在劳务合同中，劳务提供方既可以是自然人，也可以是法人或其他组织；而在劳动合同中，劳动者只能是自然人，用人单位应当具有法律上的用人主体资格。例如，个人家庭雇人装修住宅、制作家具等，劳务提供方即是自然人；某银行和某清洁公司达成关于清洁服务的协议，劳务提供方就是公司法人；家庭雇用的保姆、钟点工等，因家庭不具有法律上用人的主体资格，彼此之间只能形成劳务合同，而不能形成劳动合同。

（2）主体地位不同。劳务合同的主体双方地位平等，合同签订前后彼此都是平等的民事法律关系；而劳动合同的主体在签订合同时平等，双方可以就合同内容进行平等协商，任何一方不得将意志强加对方，但合同签订后，劳动者与用人单位之间就在身份、组织、经济上产生了从属性，形成了一种管理与被管理的关系，劳动者要遵守用人单位的劳动纪律。

（3）合同内容不同。劳务合同一般要求提供的是劳动的物化或非物化成果，如家庭装修、家具制作、软件开发等，劳务提供方要按照约定提供相应的劳动成果，一般不能在提供了劳动而没有劳动成果的情况下获得劳务费用；劳动合同要求劳动者提供的是劳动过程或劳动行为，一般不要求劳动者提供劳动成品，只要付出了劳动就应获得劳动报酬。这一区别也是工业社会下劳动关系从传统的劳务关系中分离出来的客观背景。

（4）报酬计发不同。在劳务合同中，劳务报酬由双方约定，其计算方法应遵循商品的定价原则，即成本（费用）加合理利润，其支付方式为一次性或分期支付；在劳动合同中，劳动报酬虽可以由双方约定，但应遵循按劳分配的原则，具体标准受到国家强制法的干预，不得违反最低工资的规定。

（5）适用法律不同。劳务合同由民法规范和调整，劳动合同由劳动法规范和调整。

二、劳动合同的分类

依据不同的分类标准，劳动合同可以划分为不同的种类。

（一）口头劳动合同与书面劳动合同

以劳动合同的形式为标准，可以划分为口头劳动合同与书面劳动合同两种。前者是由劳动关系双方当事人以口头形式约定而产生的劳动事实，适用于短期劳动，以双方的互信为基础。我国劳动法要求劳动合同必须采取书面形式，对口头劳动合同持抑制态度，但是根据《劳动合同法》第十九条的规定，非全日制用工的双方当事人可以订立"口头协议"。

（二）（个别）劳动合同与集体（劳动）合同

依据签订劳动合同的主体是劳动者个人还是劳动者的团体组织（如工会或团体代表），劳动合同可以划分为（个别）劳动合同和集体劳动合同两种。前者一般简称为劳动合同，后者一般简称为集体合同。集体合同是在劳动合同的基础上产生和发展起来的，但两者存在明显的区别，主要有以下几方面。一是主体不同。集体合同是由雇主或雇主团体与劳工团体（工会或其他团体组织）订立的；劳动合同是由雇主与单个劳工即用人单位与劳动者个人订立的。二是内容不同。集体合同不仅规定企业或者行业的一般劳动条件，而且涉及劳动关系的各个方面（如劳动报酬、职业培训、保险福利、劳动保护等）；劳动合同仅规定个别劳动者和用人单位的权利义务。三是效力不同。集体合同的效力高于劳动合同，适用于本企业或本行业的全体劳动者和雇主（或用人单位）；劳动合同仅对签订劳动合同的单个劳动者及其雇用单位发生约束力，且不得违反集体合同。

（三）固定期限、无固定期限和以完成一定工作任务为期限的劳动合同

以劳动合同的期限为标准，可以将劳动合同划分为固定期限劳动合同、无固定期限劳动合同和以完成一定工作任务为期限的劳动合同三种。这也是我国《劳动法》和《劳动合同法》关于劳动合同的基本分类。

（1）固定期限劳动合同（又称定期劳动合同），是指用人单位与劳动者约定合同终止时间的劳动合同（《劳动合同法》第十三条）。在定期劳动合同之下，劳动关系只是在合同有效期内存续，期限届满则劳动关系终止，但合同期限是可以依法延长的。《劳动合同法》对于固定期限劳动合同的期限长短及签订条件并无限制性规定，双方当事人可以自由协商确定是否签订固定期限劳动合同及其起止时间，适用范围较为广泛。

（2）无固定期限劳动合同（又称不定期劳动合同），是指用人单位与劳动者约定无确定终止时间的劳动合同（《劳动合同法》第十四条）。这里所说的"无确定终止时间"，是指劳动合同没有一个确切的终止时间，劳动合同的期限长短不能确定，即双方当事人在合同书上只约定合同生效的起始日期，没有确定合同的终止日期。

（3）以完成一定工作任务为期限的劳动合同，是指用人单位与劳动者约定以某项工作的完成为合同期限的劳动合同（《劳动合同法》第十五条）。这实际上是一种特殊的定期劳动合同（工作或工程的完成即为合同终止的条件）或定期劳动合同的转化形式，但不存在合同延期的问题。这种劳动合同便于用人单位根据工作性质、工作任务完成状况，灵活确定劳动合同开始和结束时间，具有较大的灵活性。

三、固定期限劳动合同的规制

（一）域外的经验

从就业保障的角度看，无固定期限劳动合同对劳动者更有利，尤其是对防止用人单位在使用完劳动者"黄金年龄"后不再使用劳动者而言，更为有效。所以，许多国家和地区在立法中往往把无固定期限劳动合同放在高于定期劳动合同的地位，其具体方法如下。

（1）对定期合同只规定在一定条件下才可适用，对不定期合同则不规定可适用条件，仅规定应适用条件。如我国台湾地区规定，临时性、短期性、季节性及特定性工作可以签订定期劳动契约，有继续性工作应签订不定期劳动契约。

（2）对定期劳动合同的最长期限和续订作限制性规定，以免劳动者的"黄金年龄段"被某个用人单位定期并连续地过多或全部使用。如德国规定，定期劳动合同最长不得超过5年，且只能延期1次。

（3）规定不定期劳动合同未征得劳动者同意不得改签为定期劳动合同。

（4）规定在一定条件下，定期劳动合同自动转化为不定期劳动合同。如比利时规定，定期劳动合同期满后当事人继续履行合同时即如此。

（5）规定在一定条件下应当订立不定期劳动合同。如德国规定，定期劳动合同如第二次续订，就要订立不定期劳动合同。

（二）国内的规制

我国《劳动法》《劳动合同法》及相关法规在立足本国国情并借鉴域外立法经验的基础上，对此作了颇具特色的规定，其具体内容包括以下几方面。

（1）只要用人单位与劳动者协商一致，可以订立固定期限劳动合同，也可以订立无固定期限劳动合同、以完成一定工作任务为期限的劳动合同，对固定期限劳动合同一般无最长期限的限制，但不能违背法律的强制性规定。

（2）固定期限劳动合同经双方当事人协商一致可以续订，如果合同期满后由于用人单位原因未办理终止或续订手续而继续履行合同的则视为双方同意续订，但连续订立二次固定期限劳动合同，且劳动者不存在过错性辞退（《劳动合同法》第三十九条）和非过错性辞退（《劳动合同法》第四十条第一、二项规定）的情形，续订劳动合同时，除非劳动者提出订立固定期限劳动合同，应当签订无固定期限劳动合同。

（3）用人单位在一定条件下应当按劳动者的要求订立无固定期限劳动合同。《劳动法》第二十条规定："劳动者在同一用人单位连续工作满十年以上，当事人双方同意续延劳动合同的，如果劳动者提出订立无固定期限的劳动合同，应当订立无固定期限的劳动合同。"《劳动合同法》第十四条规定，有下列情形之一，在劳动者主动提出续订劳动合同或者用人单位提出续订劳动合同劳动者同意的情况下，用人单位应当与劳动者订立无固定期限的劳动合同：① 劳动者在该用人单位连续工作满十年的（中间不能有间断，起始时间应当自用人单位用工之日起计算，包括劳动合同法施行前的工作年限）；② 用人单位初次实行劳动合同制度或者国有企业改制重新订立劳动合同时，劳动者在该用人单位连续工作满十年且距法定退休年龄不足十年的（劳动者非因本人原因从原用人单位被安排到新用人单位工作的，劳动者在原用人单位的工作年限合并计算为新用人单位的工作年限）；③ 连续订立二次固定期限劳动合同，且劳动者没有本法规定的过错性辞退和非过错性辞退情形，续订劳动合同的。在上述三种情形之下，续订劳动合同的主动权掌握在劳动者单方手中，无论用人单位是否同意续订劳动合同，只要劳动者提出，用人单位就必须同意续订，而且要订立无固定期限劳动合同。如果用人单位提出续订劳动合同，劳动者有权不同意，也有权单方提出续订固定期限劳动合同，否则就应当订立无固定期限劳动合同。

（4）用人单位在一定条件下被视为已经与劳动者签订无固定期限劳动合同。根据《劳动合同法》第十四条第三款的规定，用人单位自用工之日起满1年不与劳动者订立书面劳动合同的，视为用人单位与劳动者已订立无固定期限劳动合同。但需要注意的是，虽然已经视为订立了无固定期限劳动合同,但并不代表用人单位已经与劳动者签订了劳动合同。实践中很多用人单位无视法律规定,仍然不与劳动者订立书面劳动合同。对此,《劳动合同法》第八十一条第二款规定:"用人单位违反本法规定不与劳动者订立无固定期限劳动合同的,应当向劳动者支付二倍的月工资。"

第二节　劳动合同的订立与形式

一、劳动合同订立的概念与原则

(一)劳动合同订立的概念

劳动合同订立是指劳动者和用人单位经过相互选择和平等协商,就劳动合同条款达成协议,从而确立劳动关系和明确相互权利义务的法律行为。一般包括确定合同当事人和确定合同内容两个阶段。在前一阶段,由用人单位与劳动者通过双向选择确定劳动合同的双方当事人,通常由用人单位的招工(招聘)行为和劳动者的应招(应聘)行为构成。在这一过程中,《劳动合同法》严格规范用人单位的招工行为,并明确规定了用人单位和劳动者的知情权及告知义务。

1. 严格规范用人单位的招工行为

用人单位不得扣押劳动者的居民身份证和其他证件(违法扣押者,由劳动行政部门责令限期退还劳动者本人,并依照有关法律规定给予处罚);不得要求劳动者提供担保或者以其他名义向劳动者收取财物(违法收取者,由劳动行政部门责令限期退还劳动者本人,并以每人500元以上2000元以下的标准处以罚款,给劳动者造成损害的,应当承担赔偿责任);不得扣押劳动者的档案或其他物品(用人单位在与劳动者解除或者终止劳动合同时违法扣押,依照前款规定处罚);不得招用与其他用人单位尚未解除或终止劳动合同的劳动者(应当要求应聘员工提供与原单位解除或终止劳动关系的证明,否则可能面临着承担连带赔偿责任的风险)。

2. 用人单位的告知义务

告知内容(用人单位基本情况、招用人数、工作内容、工作条件、工作地点、招录条件、劳动报酬、福利待遇、社会保险、职业危害、安全生产状况等,参见《劳动合同法》第八条);告知方式:用人单位可以根据自身的情况,采取不同的方式来履行告知义务(如可以在宣传材料和招聘广告中列明,对应聘者发基本信息告知函、在公开推介会上介绍等方式);告知义务的主动性,为避免没有主动履行告知义务或没有保留告知证据而被认定为欺诈的法律风险,用人单位在招聘过程中应设计告知程序,并设计专门文件要求劳动者签字确认,保留可以证明履行告知义务的相关证据。

3. 劳动者的告知义务

用人单位有权了解劳动者与劳动合同直接相关的基本情况,劳动者应当如实说明。但劳动者没有向用人单位主动告知其信息的义务,如果用人单位没有主动向劳动者了解情况,劳动者不必主动向用人单位说明。用人单位要行使知情权，必须主动向劳动者了解情况。因此，劳动者的告知义务具有被动性。用人单位可以充分行使自己的知情权，要求应聘者详细填写信息登记表，内容可以包括用人单位想了解的各个方面（但应当与工作有关），同时应当注明信息虚假、遗漏的后果，基本信息登记表应当要求求职者本人亲自填写并签字。

（二）劳动合同订立的原则

根据《劳动合同法》第三条的规定，订立劳动合同必须合法、公平、平等自愿、协商一致、诚实信用的原则。

1. 合法原则

劳动合同必须依法订立，不得违反法律、行政法规的规定，不得违反国家强制性、禁止性的规定。合法原则的具体要求如下：① 主体合法。劳动合同的当事人必须具备合法资格：劳动者应是年满16周岁、身体健康、具有劳动能力的我国公民；外国公民也可在我国就业，但其就业年龄须年满18周岁。用人单位应是依法成立或核准登记的企业、个体经济组织、民办非企业单位、国家机关、事业组织、社会团体，依法有使用和管理劳动者的权利。劳动合同的订立主体不合法，有可能导致劳动合同的全部无效，过错方要承担相应的法律责任。② 内容合法。劳动合同内容必须符合国家劳动法律法规的规定，也不得违反国家法律、行政法规的规定。③ 程序与形式合法。劳动合同订立的程序必须符合法律规定，未经双方协商一致、强迫订立的劳动合同无效；劳动合同必须以书面形式订立，采用书面形式订立具有严肃、慎重、明确、有据的特点。

2. 公平原则

订立劳动合同时，应公平合理、利益均衡，不得使某一方的利益过于失衡。劳动者与用人单位在订立劳动合同的过程中，彼此在法律上完全处于平等地位，但由于用人单位在组织上、经济上与劳动者存在明显的比较优势（特别是劳动力市场供大于求的情况下），且双方信息不对称，导致劳动者处于不利地位。所以，劳动合同立法和执法有必要通过制度设计，加强对劳动者利益的保护，消除双方事实上的不平等，以最终实现结果的公平。因此，《劳动合同法》第一条即开宗明义规定"保护劳动者的合法权益"，而没有规定保护"劳动合同双方当事人的合法权益"。

3. 平等自愿原则

平等是指双方法律地位平等；自愿是劳动合同的订立完全出自双方当事人的真实意思表示，任何一方不得将自己的意志强加于对方，也不许第三方非法干预。

4. 协商一致原则

协商一致是指双方经过充分协商，达成一致。以欺诈或威胁手段强迫签订的劳动合同或未经协商一致签订的劳动合同为无效劳动合同。

5. 诚实信用原则

双方当事人在订立劳动合同的过程中，应当讲究信用，诚实不欺。诚信原则要求劳动关系的双方当事人彼此尊重，用人单位尊重劳动者的人格，平等待人；劳动者自觉维护用人单位的形象和荣誉，真正形成一种相互信任、互惠互利的劳动关系。诚信原则在《劳动合同法》第八条有具体的体现。

二、劳动合同订立的形式

（一）书面形式为原则，口头形式为例外

《劳动合同法》第十条第一款规定："建立劳动关系，应当订立书面劳动合同。"除"非全日制用工"双方当事人可以口头订立劳动合同外，用人单位与劳动者建立劳动关系，均应订立书面劳动合同。因此，我国劳动合同的订立以采取书面形式为原则，以口头形式为例外。《劳动合同法》同时要求劳动合同文本应当由用人单位和劳动者各执一份。

（二）建立劳动关系与订立劳动合同的关系

《劳动合同法》第十条规定："建立劳动关系，应当订立书面劳动合同。"第七条规定："用人单位自用工之日起即与劳动者建立劳动关系。"因此，用工之日即为劳动关系建立之日。如果用工之日同时签订劳动合同，那么用工之日、签订劳动合同之日、建立劳动关系之日就是一致的；如果在用工之日前已经订立劳动合同，那么用工之日为劳动关系建立之日，订立劳动合同的时间就早于建立劳动关系的时间（参见《劳动合同法》第十条）。但如果劳动者没有按照劳动合同中约定的时间来上班，则劳动关系不能建立；如果用工之日未同时签订劳动合同，应当在一个月内订立书面劳动合同，这样签订劳动合同的时间就会晚于建立劳动关系的时间。总的来看，订立书面劳动合同不一定是双方建立劳动关系的开始，建立劳动关系的时间可能早于或晚于订立书面劳动合同的时间，也可能是同步的。总之，签订了劳动合同不等于建立了劳动关系，没有签订劳动合同也不等于没有建立劳动关系。但对用人单位来说，建立劳动关系一定要签订劳动合同。

（三）用人单位不签订书面劳动合同的法律后果

签订书面劳动合同是劳动合同法规定的单位应履行的强制性义务。不签订书面劳动合同，用人单位将承担相应的法律责任。按照《劳动合同法》第八十二条及《劳动合同法实施条例》第六条和第七条的规定，用人单位不签订书面劳动合同将承担如下法律后果。

（1）用人单位自用工之日起超过一个月不满一年未与劳动者签订书面劳动合同的，应当向劳动者每月支付二倍的工资，并与劳动者补订书面劳动合同；每月支付二倍工资的起算时间为用工之日起满一个月的次日，截止时间为补订书面劳动合同的前一日。

（2）用人单位自用工之日起满一年未与劳动者订立书面劳动合同的，自用工之日起满一个月的次日至满一年的前一日应当依法向劳动者每月支付二倍的工资，并视为自用工之日起满一年的当日已经与劳动者订立无固定期限的劳动合同，应当立即与劳动者补订书面劳动合同。

（3）《劳动合同法》第八十二条第二款规定："用人单位违反本法规定不与劳动者订立无

固定期限劳动合同的，自应当订立无固定期限劳动合同之日起向劳动者每月支付二倍的工资。"据此，用人单位自用工之日起满一年不与劳动者订立书面劳动合同的，则满一年后的第一天为"应当订立无固定期限劳动合同之日"。此外，根据《劳动合同法》第十四条规定，在如下三种情形下，用人单位不与劳动者订立无固定期限劳动合同时，也自"应当订立无固定期限劳动合同之日"起向劳动者每月支付二倍的工资：① 劳动者在同一用人单位连续工作满十年之日的次日；② 劳动者在同一用人单位连续工作满十年且距法定退休年龄不足十年的情况下，用人单位初次实行劳动合同制度或者国有企业改制重新订立劳动合同之日；③ 劳动者与用人单位连续订立二次固定期限劳动合同，且劳动者没有《劳动合同法》第三十九条和第四十条第一项、第二项规定的情形，双方续订劳动合同之日。

（四）劳动者不签订书面劳动合同的法律后果

现实生活中，有些劳动者出于某些目的可能会拒绝签订书面劳动合同。为解决这种劳动者不愿订立书面劳动合同的问题，《劳动合同法实施条例》第五条和第六条规定了劳动者不签订书面劳动合同的法律后果。

（1）自用工之日起一个月内，经用人单位书面通知后，劳动者不与用人单位订立书面劳动合同的，用人单位应当书面通知劳动者终止劳动关系，无需向劳动者支付经济补偿金，但是应当依法向劳动者支付其实际工作时间的劳动报酬。

（2）自用工之日起超过一个月不满一年，劳动者不与用人单位订立书面劳动合同的，用人单位应当书面通知劳动者终止劳动关系，但应依照《劳动合同法》支付经济补偿金。

第三节 劳动合同的内容与条款

劳动合同的内容，即劳动合同的条款，是劳动合同双方当事人关于权利和义务的具体约定。劳动合同的内容，一般分为必备条款和可备条款。必备条款是指劳动合同中必须载明的内容，是生效劳动合同必须具备的条款。可备条款即劳动合同的约定条款，指除法定必备条款以外劳动合同当事人可以协商约定，也可以不协商约定的条款。

一、劳动合同的必备条款

《劳动合同法》第十七条规定："劳动合同应当具备以下条款：（一）用人单位的名称、住所和法定代表人或者主要负责人；（二）劳动者的姓名、住址和居民身份证或者其他有效身份证件号码；（三）劳动合同期限；（四）工作内容和工作地点；（五）工作时间和休息休假；（六）劳动报酬；（七）社会保险；（八）劳动保护、劳动条件和职业危害防护；（九）法律、法规规定应当纳入劳动合同的其他事项。"

（一）用人单位的名称、住所和法定代表人或者主要负责人

用人单位的名称通常指用人单位在工商局登记注册的名称。住所通常指用人单位在工商

局登记注册时的住所地址。法定代表人通常指依法或按章程规定,代表法人行使职权的负责人;对于非法人组织而言(如分公司、个体工商户、律师事务所等)则只有主要负责人,而没有法定代表人。

(二)劳动者的姓名、住址和居民身份证或者其他有效身份证件号码

劳动者的姓名必须是其居民身份证或其他有效身份证件号码上记载的名字,不能是笔名、艺名、小名等;住址对于用人单位的送达而言十分重要,用人单位可以与劳动者约定送达地址和送达方式;其他有效身份证件包括护照、军官证等。

(三)劳动合同期限

此为劳动合同的重点条款,双方可以选择固定期限劳动合同、无固定期限劳动合同、以完成一定工作任务为期限的劳动合同。

(四)工作内容和工作地点

工作内容常指劳动者在用人单位的劳动岗位、劳动范围、劳动内容;工作地点指劳动者为用人单位提供劳动的所在地区。

(五)工作时间和休息休假

大多数用人单位将工作时间和休假管理规定在单位内部的规章制度中。法律法规对工作时间和休息休假等内容有许多强制性规定。因此,劳动合同中通常约定为依法律规定及根据公司规章制度安排工作时间和休息休假时间。

(六)劳动报酬

劳动报酬条款指关于用人单位支付给劳动者的报酬数额、计算方式的约定;对于与员工绩效考核结果挂钩的绩效工资,实践中通常约定按照公司绩效考核制度确定。

(七)社会保险

我国社会保险包括五险,社会保险的险种、费率、缴费基数等由国家或地方统一规定,劳动合同双方当事人无权对相关问题进行自由商定,所以只能在劳动合同中约定依法缴纳社会保险。此项必备条款,目的在于强调企业必须承担缴纳社会保险费的法定义务。

(八)劳动保护、劳动条件和职业危害保护

用人单位不仅应当为劳动者提供必需的劳动保护、劳动条件和职业危害防护,而且必须符合国家的规定标准,但劳动合同约定的标准可以高于国家标准;国家没有规定标准的,劳动合同约定的标准应当确保劳动者的生命安全不受到威胁、身心健康不受到危害。

(九)法律、法规规定应当纳入劳动合同的其他事项

除《劳动合同法》以外,其他法律、法规对劳动合同的必备条款有规定的,也应当写入

劳动合同之中。例如,《职业病防治法》第三十三条规定:用人单位与劳动者订立劳动合同(含聘用合同,下同)时,应当将工作过程中可能产生的职业病危害及其后果、职业病防护措施和待遇等如实告知劳动者,并在劳动合同中写明,不得隐瞒或者欺骗。劳动者在已订立劳动合同期间因工作岗位或者工作内容变更,从事与所订立劳动合同中未告知的存在职业病危害的作业时,用人单位应当依照前款规定,向劳动者履行如实告知的义务,并协商变更原劳动合同相关条款。用人单位违反前两款规定的,劳动者有权拒绝从事存在职业病危害的作业,用人单位不得因此解除与劳动者所订立的劳动合同。《安全生产法》第四十九条规定:"生产经营单位与从业人员订立的劳动合同,应当载明有关保障从业人员劳动安全、防止职业危害的事项,以及依法为从业人员办理工伤保险的事项。"

向劳动者提供载明法律规定的必备条款的劳动合同文本是用人单位的法定义务,不履行这一义务,用人单位将承担行政责任和赔偿责任。《劳动合同法》第八十一条规定:"用人单位提供的劳动合同文本未载明本法规定的劳动合同必备条款或者用人单位未将劳动合同文本交付劳动者的,由劳动行政部门责令改正;给劳动者造成损害的,应当承担赔偿责任。"

为了保护劳动者的劳动报酬权,防止用人单位不愿列明各项劳动标准或者双方约定不明而损害劳动者权益,《劳动合同法》第十八条规定:"劳动合同对劳动报酬和劳动条件等标准约定不明确,引发争议的,用人单位与劳动者可以重新协商;协商不成的,适用集体合同规定;没有集体合同或者集体合同未规定劳动报酬的,实行同工同酬;没有集体合同或者集体合同未规定劳动条件等标准的,适用国家有关规定。"

二、劳动合同的可备条款

除了必备条款外,用人单位和劳动者双方也可以在劳动合同中约定可备条款。约定条款的缺少并不影响劳动合同的成立。虽然约定哪些条款由双方当事人决定,但国家对于约定条款的内容有强制性、禁止性规定的,仍然应当遵守相关规定。劳动合同的约定条款一般包括试用期、培训与服务期、保密与竞业限制、违约金、补充保险和福利待遇等事项。有些可备条款也可以放在专门协议中,双方另外签订详细的专项协议,如培训协议、保密协议、竞业限制协议等。

(一)试用期

试用期是指用人单位和劳动者建立劳动关系后为相互了解、选择而约定的不超过 6 个月的考察期。试用期属于约定条款,可以约定,也可以不约定;试用期的作用主要在于考核、选拔新员工,用人单位一般都会与新员工约定试用期。试用期满,被试用者即成为正式职工。

1. 试用期的期限

《劳动合同法》第十九条第一款规定:劳动合同期限三个月以上不满一年的,试用期不得超过一个月;劳动合同期限一年以上不满三年的,试用期不得超过二个月;三年以上固定期限和无固定期限的劳动合同,试用期不得超过六个月。《劳动合同法》第十九条第四款规定:劳动合同仅约定试用期的,试用期不成立,该期限为劳动合同期限。

2. 试用期的次数

《劳动合同法》第十九条第二款规定：同一用人单位与同一劳动者只能约定一次试用期。劳动者在同一用人单位调整或变更工作岗位，用人单位不得再次约定试用期。

3. 试用期的禁止

《劳动合同法》第十九条第三款规定：以完成一定工作任务为期限的劳动合同或者劳动合同期限不满三个月的，不得约定试用期。《劳动合同法》第七十条规定：非全日制用工双方当事人不得约定试用期。

4. 试用期的劳权保护

（1）劳动报酬权。《劳动合同法》第二十条规定："劳动者在试用期的工资不得低于本单位相同岗位最低档工资或者劳动合同约定工资的百分之八十，并不得低于用人单位所在地的最低工资标准。"这里实际上确定了两个标准：首先，不得低于用人单位所在地的最低工资标准（这是《劳动法》原有的规定）；其次，不得低于本单位同岗最低工资的80%或劳动合同约定工资的百分之八十（这是《劳动合同法》新增的规定，参见《劳动合同法实施条例》第十五条）。这两个标准必须同时符合，低于以上两个标准的约定，即便劳动者自愿接受，仍然会被认定违法而无效。并且，如果用人单位还在集体合同中约定过试用期工资，则试用期工资同时不得低于集体合同的规定标准。

（2）社会保险权。用人单位应当依法为试用期内的劳动者缴纳社会保险费。

（3）劳动合同解除权。《劳动合同法》第三十七条规定：劳动者在试用期内提前三日通知用人单位，可以解除劳动合同。劳动者行使该项解除权，不需要任何理由。

（4）其他劳动权利。试用期内，用人单位为劳动者提供的劳动条件不得低于劳动法律、法规规定的标准。

5. 试用期用人单位解雇权的限制

很多用人单位误以为，只要在试用期就可以随便辞退员工。其实，不论是《劳动法》还是《劳动合同法》，对于用人单位在试用期的解雇权都是一直持严格限制的态度。《劳动合同法》第三十九条第一款规定：劳动者"在试用期间被证明不符合录用条件的"，用人单位可以解除劳动合同；但"用人单位在试用期解除劳动合同的，应当向劳动者说明理由"（参见《劳动合同法》第二十一条）。

6. 违反试用期规定的法律后果

（1）用人单位违反本法规定与劳动者约定试用期的，由劳动行政部门责令改正。

（2）用人单位违反劳动合同法与劳动者约定的试用期无效。

（3）违法约定的试用期已经履行的，由用人单位以劳动者试用期满月工资为标准，按已经履行的超过法定试用期的期间向劳动者支付赔偿金。

（二）培训与服务期

服务期通常是指劳动者因接受用人单位给予的特殊待遇而承诺必须为用人单位服务的期限。培训与服务期是劳动合同的可备条款，用人单位和劳动者可以约定，也可以不约定；可以在劳动合同中以服务期的形式来约定，也可以单独签订一份服务期限协议。

1．培训与"双专"（专项、专业）培训

《劳动合同法》第二十二条第一款规定："用人单位为劳动者提供专项培训费用，对其进行专业技术培训的，可以与该劳动者订立协议，约定服务期。"可见，"出资培训"是约定服务期的前提条件。但是，对于何谓"出资培训"，学术界一直有争议，也是《劳动合同法》审议过程中的争议焦点之一。比如，一审稿将出资培训界定为"用人单位为劳动者提供培训费用，使劳动者接受6个月以上脱产专业技术培训"，二审稿界定为"用人单位提供培训费用，对劳动者进行1个月以上脱产专业技术培训或者职业培训"，三审稿界定为"用人单位在国家规定提取的职工培训费用以外提供专项培训费用，对劳动者进行专业技术培训"，最终稿则强调用人单位须为劳动者提供"专项培训费用"，对其进行"专业技术培训"。

但对于如何界定"专项培训费用"和"专业技术培训"，法律没有明确的解释和说明。《劳动合同法实施条例》第十六条补充规定了培训费用的具体内容，包括"对劳动者进行专业技术培训而支付的有凭证的培训费用""培训期间的差旅费用"以及"因培训产生的用于该劳动者的其他直接费用"。因此，认定是否"出资培训"的重点在于用人单位与劳动者双方书面协议的约定以及用人单位为此而支付相关培训费、交通费、住宿费等的相关凭证。

2．违约金——服务期对劳动者的约束力

（1）违约金的定义。违约金是用人单位与劳动者在劳动合同中约定的不履行或不完全履行劳动合同约定义务时，由违约方支付给对方的一定金额的货币。关于违约金的设定和支付，是劳动争议中最常见、最复杂的问题之一。《劳动法》中没有关于违约金的条款，各省市的地方劳动立法对违约金做了各种各样的规定，有鼓励的，也有限制的。因此，《劳动合同法》第二十二条、第二十五条对于全国各地的违约金制度做出了严格的规范，规定违约金的适用范围仅限于服务期约定和竞业限制约定两种情形，这就意味着一般情况下用人单位无法约定由劳动者承担的违约金，这体现了对相对弱势的劳动者的倾斜保护。

（2）违约金的数额。《劳动合同法》第二十二条规定："劳动者违反服务期约定的，应当按照约定向用人单位支付违约金。违约金的数额不得超过用人单位提供的培训费用。用人单位要求劳动者支付的违约金不得超过服务期尚未履行部分所应分摊的培训费用。"

（3）违约金责任的承担。根据《劳动合同法实施条例》第二十六条的规定，如果劳动者有下列5种情形之一，导致用人单位与劳动者解除约定服务期的劳动合同的，视为劳动者违约，劳动者应当按照劳动合同的约定向用人单位支付违约金：① 劳动者严重违反用人单位的规章制度的；② 劳动者严重失职，营私舞弊，给用人单位造成重大损害的；③ 劳动者同时与其他用人单位建立劳动关系，对完成本单位的工作任务造成严重影响，或者经用人单位提出，拒不改正的；④ 劳动者以欺诈、胁迫的手段或者乘人之危，使用人单位在违背真实意思的情况下订立或者变更劳动合同的；⑤ 劳动者被依法追究刑事责任的。

（4）违约金责任的免除。《劳动合同法实施条例》第二十六条规定："用人单位与劳动者约定了服务期，劳动者依照劳动合同法第三十八条的规定解除劳动合同的，不属于违反服务期的约定，用人单位不得要求劳动者支付违约金。"根据《劳动合同法》第三十八条的规定，如果用人单位有下列8种情形之一，导致劳动者在服务期到期前提出解除劳动合同的，不属于违反服务期的约定，用人单位不得要求劳动者支付违约金：① 未按照劳动合同约定提供劳动保护或者劳动条件的；② 未及时足额支付劳动报酬的；③ 未依法为劳动者缴纳社会保险费的；④ 用人单位的规章制度违反法律、法规的规定，损害劳动者权益的；⑤ 以欺诈、胁迫的手段或者乘人之危，使劳动者在违背真实意思的情况下订立或者变更劳动合同，致使劳动合同无效的；⑥ 以暴力、威胁或者非法限制人身自由的手段强迫劳动者劳动的；⑦ 违章指挥、强令冒险作业危及劳动者人身安全的；⑧ 法律、行政法规规定劳动者可以解除劳动合同的其他情形。

（三）保密与竞业限制

保密与竞业限制是劳动合同的可备条款。用人单位与劳动者可以约定，也可以不约定；可以在劳动合同中以保密条款与竞业限制条款的形式来约定，也可以单独签订一份保密协议与竞业限制协议。

1. 保密条款或协议

（1）商业秘密的含义。保密，简单地说就是保守公司的商业秘密。商业秘密是指不为公众所知悉，能为权利人带来经济利益，具有实用性并经权利人采取保密措施的技术信息和经营信息。在知识经济时代，商业秘密是任何企业的重要资产，有时甚至关系到企业的生死存亡。员工是最有可能接触到企业商业秘密的群体，出于对雇主的忠诚义务，员工也负有保守公司秘密的义务。如果员工违反法定的保密义务，轻则构成民事侵权，需承担侵权责任（主要是赔偿责任）；重则构成侵犯商业秘密罪，需承担刑事责任。《劳动合同法》对商业秘密的保护主要是从合同约定角度出发予以规定，包括保密义务和竞业限制两个方面。

（2）保密人员和保密事项。法律没有限定可以约定保密义务的人员，也就是从法律上讲，企业可以和任何一名员工约定保密义务。《劳动合同法》第二十三条规定的保密事项包括两部分：一是保守用人单位商业秘密的有关事项；二是用人单位与知识产权相关的保密事项。订立保密协议的目的在于明确保密的范围、期限、措施、义务及违约责任和赔偿责任，以预防员工的泄密行为。签订保密协议时，尽可能以列举的方式明确约定上述条款。

2. 竞业限制条款或协议

（1）竞业限制的含义。约定竞业限制条款的目的主要在于防止不正当竞争。《劳动合同法》第二十四条规定：竞业限制的范围、地域、期限由用人单位与劳动者约定，竞业限制的约定不得违反法律、法规的规定。竞业限制也称竞业禁止、竞业避让，是指劳动者在劳动关系存续期间不得兼职于有竞争关系的用人单位或兼营竞争性业务，在劳动合同解除、终止后的特定时期和地区内也不得就职于有竞争关系的用人单位或开展竞争性业务。

（2）两种不同的竞业限制（在职和离职后）。《公司法》《合伙企业法》规定了员工任职期间的竞业限制；《劳动合同法》主要规定了员工离职后的竞业限制（目的是保护企业商业秘密不会因员工流动而流失到其他企业）。在职期间的竞业限制主要通过用人单位的规章制度或用人单位与员工的约定；而对于离职后的竞业限制，由于员工已不受原用人单位的规章制度的约束，法律又没有规定其要承担竞业限制的强制性义务，所以，对于即将离职的员工的竞业限制，必须由用人单位与员工通过签订协议来约定，这是离职后和在职期间的竞业限制最大的不同。

因此，通常说到"竞业限制条款"，如果不加特别说明，一般都是针对离职后的竞业限制。

（3）竞业限制的人员。不是所有的劳动者都面临竞业限制问题，也不是所有负有保密义务的劳动者都必须与用人单位约定竞业限制条款。根据《劳动合同法》第二十四条规定，只有以下3类人员可以与之约定竞业限制条款：一是高级管理人员；二是高级技术人员；三是其他负有保密义务的人员。这3类人员也只是"可以"约定，而不是"应当"或"必须"约定。

（4）竞业限制的范围。根据《劳动合同法》第二十四条规定，竞业限制的范围包括主要两个方面：一是不得到与本单位生产或者经营同类产品、从事同类业务的有竞争关系的其他用人单位就职；二是不得自己开业生产或者经营同类产品、从事同类业务。至于如何界定"同类产品""同类业务"，则由双方共同约定，最好采取列举的方式。但是，劳动者在竞业限制期内，可以到非竞业的单位就业，也可以从事非竞业性的经营活动。

（5）竞业限制的年限。由于离职后的竞业限制，限制了劳动者再就业的选择范围，对员工的利益侵害较大，为防止用人单位利用地位优势任意侵害劳动者的自由择业权，《劳动合同法》第二十四条对竞业限制的年限做了规定，最高"不得超过二年"，比原规定缩短了一年（原劳动部于1996年10月31日发布的《关于企业职工流动若干问题的通知》要求，可以在劳动合同中约定或者由用人单位规定掌握用人单位商业秘密的劳动者在终止或解除劳动合同后一定期限内——不超过三年，不得到与原用人单位生产同类产品或经营同类业务且有竞争关系的其他用人单位就职，也不得自己生产或经营与原用人单位有竞争关系的同类产品或业务，但用人单位应当给予该劳动者一定经济补偿）。用人单位和劳动者可以在此年限内自由约定。

（6）竞业限制的生效要件——经济补偿。竞业限制直接导致劳动者再就业困难及就业薪资的降低，可以说竞业限制是以牺牲员工的自由择业权来履行对于用人单位的保密义务，因此用人单位与劳动者约定竞业限制的同时，必须依法约定并支付一定竞业限制经济补偿。经济补偿不能包含在工资中，只能在劳动关系结束后，在竞业限制期限内按月给付劳动者（参见《劳动合同法》第二十三条的规定：对负有保密义务的劳动者，用人单位可以在劳动合同或者保密协议中与劳动者约定竞业限制条款，并约定在解除或者终止劳动合同后，在竞业限制期限内按月给予劳动者经济补偿）。用人单位未按照约定在劳动合同终止或解除后的竞业限制期内按月向劳动者支付经济补偿的，竞业限制条款失效。这是竞业限制条款生效的条件和劳动者遵守竞业限制义务的前提。

关于竞业限制补偿金的标准，《劳动法》和《劳动合同法》均未明确规定，一般以双方约定为原则。但有些省市对竞业限制补偿金规定了下限，有地方性规定须依据地方标准执行。如江苏规定每年的竞业限制补偿金不得低于员工在职期间年薪的1/3，北京则规定为1/2，深圳规定为2/3。上海规定由双方约定，无约定的可以协商，协商不成的由劳动争议仲裁委以年薪的20%～30%来裁定。2012年年底，最高人民法院通过的《关于审理劳动争议案件适用法律若干问题的解释（四）》（简称为《劳动争议案件司法解释四》，自2013年2月1日起施行），对于竞业限制经济补偿金的标准作出了明确规定，当事人在劳动合同或者保密协议中约定了竞业限制，但未约定解除或者终止劳动合同后给予劳动者经济补偿，劳动者履行了竞业限制义务，要求用人单位按照劳动者在劳动合同解除或者终止前12个月平均工资的30%按月支付经济补偿的，人民法院应予支持；前款规定的月平均工资的30%低于劳动合同履行地最低工资标准的，按照劳动合同履行地最低工资标准支付。

（7）劳动者违约的责任。劳动者违反竞业限制的约定，需要承担两个方面的责任。一是支付违约金的责任。用人单位在与员工约定竞业限制的同时，也可以约定违约金。对于违约金的上下限，法律没有明确规定。按照《劳动合同法》第二十三条规定，劳动者违反竞业限制约定的，应当按照约定向用人单位支付违约金。二是民事赔偿责任。按照《劳动合同法》第九十条规定，如果劳动者违反约定的保密义务或者竞业限制，给用人单位造成（经济）损失的，还应当承担（民事）赔偿责任。

3. 脱密期

脱密期是指用人单位与负有保密义务的劳动者约定的解除劳动合同或终止劳动合同的提前通知期，最长不超过6个月，脱密期不能与竞业限制期同时约定。脱密期是企业保护商业秘密的常用手段之一，关于脱密期的规定见于原劳动部1996年发布的《关于企业职工流动若干问题的通知》，其中第二项规定："用人单位与掌握商业秘密的职工在劳动合同中约定保守商业秘密的有关事项时，可以约定在劳动合同终止前或该职工提出解除劳动合同后的一定时间内（不超过6个月），调整其工作岗位，变更劳动合同相关内容。"但《劳动合同法》对于脱密期只字未提，既未明确可以继续约定，也未明确规定禁止。

第四节　劳动合同的生效与无效

一、劳动合同生效的条件

《劳动合同法》第十六条："劳动合同由用人单位与劳动者协商一致，并经用人单位与劳动者在劳动合同文本上签字或者盖章生效。"因此，一般情况之下，只要劳动合同依法成立，即双方当事人意思表示一致，并在劳动合同文本上签字或盖章，即达到了生效的条件（仅有一方签字或盖章不能生效）。劳动合同文本在双方签字盖章后应由用人单位和劳动者各执一份。

劳动者一般要求本人签字，用人单位一般要求盖用人单位的公章，用人单位也可以同时授权代表人在劳动合同上签字。双方当事人最好同时在场，共同签字盖章。如果不能同时签字盖章，可以选择一方先签字盖章，再由另一方签字盖章。劳动合同的生效时间为后签字盖章的时间。

如果双方当事人约定劳动合同必须经过公证方可生效，那么生效之日始于公证之日。但劳动合同的公证采取自愿原则，所以不是法定的劳动合同生效的必经程序。目前，有些地区还存在要求用人单位将劳动合同交劳动行政部门鉴证的情形，这些劳动合同鉴证要求，与劳动合同的效力无关。换言之，只要劳动合同主体、内容均合法，双方签字盖章即发生法律效力，鉴证与否并不影响这种法律效力的发生。

二、劳动合同无效的情形

（一）无效的两种情形

劳动合同无效是指当事人违反法律、法规订立的不具有法律效力的劳动合同。劳动合同的无效可以分为两种情形。

一种是劳动合同全部无效（通常称劳动合同无效），经确认全部无效的劳动合同自始不发生法律效力。

二是劳动合同部分无效，依据《劳动合同法》第二十七条："劳动合同部分无效，不影响其他部分效力的，其他部分仍然有效。"如果约定的劳动报酬低于当地最低工资规定，而该约定不影响其他部分效力，则该条约定无效，此即属于"劳动合同部分无效"。

（二）劳动合同无效的确认

《劳动合同法》第二十六条规定"对劳动合同的无效或者部分无效有争议的，由劳动争议仲裁机构或者人民法院确认"。一般来说，只要出现了劳动合同无效或部分无效的情况，双方都会发生争议，所以要确认劳动合同无效或部分无效，必须提请劳动争议仲裁机构或人民法院确认，不可由双方自行宣布无效或部分无效。

三、劳动合同无效的致因

依据《劳动合同法》第二十六条规定，如下三种原因会导致劳动合同无效或部分无效。

（一）因一方违背诚信、自愿、公平原则

"以欺诈、胁迫的手段或者乘人之危，使对方在违背真实意思的情况下订立或者变更劳动合同的。""欺诈"即指一方当事人故意告知对方当事人虚假情况或故意隐瞒真实情况，诱使对方做出错误意思表示的行为。订立或变更劳动合同时，不得采取欺诈手段是诚信原则的基本要求。比如，劳动者以虚假的身份证、虚假的姓名与用人单位签订的劳动合同，即违背了诚信原则，会导致劳动合同无效。"胁迫"即指以对公民或其亲友的生命、健康、荣誉、财产等造成损害相要挟、迫使对方做出违背真实意思表示的行为。订立或变更劳动合同时不得采取胁迫的手段，是自愿原则的体现。订立或变更劳动合同不得乘人之危，则体现了公平原则。

（二）因用人单位免除自己法定责任、排除劳权的

用人单位的法定责任主要是指劳动法律法规中明确规定的用人单位应为的法定义务，如为员工缴纳社会保险费、提供安全的工作环境、保障员工身心健康。在这些事项上，企业无论与员工达成何种协议，只要免除了自身的法定责任、排除了劳动者权利的均属无效。例如，某单位与劳动者约定如下劳动合同条款："凡是由于劳动者自身原因造成的身体伤害，单位概不承担任何责任。"即便双方已经在此合同上签字盖章，但因免除了单位的工伤责任、排除了劳动者工伤权益，仍然无效。

（三）因违反法律、行政法规强制性规定的

这里主要指现行有效的、且不与新法有冲突的法律法规。劳动合同不能违反法律、行政法规的强制性规定，既包括劳动合同的主体要具有合法性（不合法会导致劳动合同无效），也包括劳动合同内容条款要具有合法性（不合法的条款无效）。

四、劳动合同无效的法律后果

（一）停止履行

国家对无效的劳动合同不予承认与保护，不能发生当事人预期的法律后果，因此劳动合同被确认无效后，正在履行的应当停止履行，尚未履行的不再履行。

（二）支付劳动报酬

《劳动合同法》第二十八条规定：劳动合同被确认无效，劳动者已经付出劳动的，用人单位应当向劳动者支付劳动报酬。劳动报酬的数额，参照用人单位相同或相近岗位劳动者的劳动报酬确定。

（三）修正部分条款

对于部分无效的劳动合同，有效部分可以继续履行，同时对于无效的条款应予以修正（部分无效的条款可以由双方当事人重新协商或者根据法律规定确定），使其合法、能够依法继续履行。

（四）赔偿损失

一般情况下，劳动合同的无效是基于一方或者双方的过错行为而产生的。无过错方可以要求过错方赔偿因过错而产生的实际损失。因此，《劳动合同法》第八十六条规定：劳动合同被确认无效，给对方造成损害的，有过错的一方应当承担赔偿责任。不具备合法经营资格的用人单位被依法追究法律责任的，给劳动者造成损害的，应当承担赔偿责任。个人承包经营违反劳动合同法规定招用劳动者，给劳动者造成损害的，发包的组织和个人承包经营者承担连带赔偿责任。

第五节　劳动合同的履行与变更

一、劳动合同的履行

（一）劳动合同履行的基本原则

劳动合同的履行，是指合同当事人双方履行劳动合同所约定义务的法律行为。劳动合同依法订立就必须履行，这既是劳动合同法赋予合同当事人双方的义务，也是劳动合同对当事人双方具有法律约束力的主要体现。劳动合同的履行应遵循以下基本原则。

（1）亲自履行原则。劳动合同双方当事人都要以自己的行为履行各自依据劳动合同所承担的义务，而不得由他人代理。其中，劳动者的义务只能由本人履行，用人单位的义务只能由单位管理机构和管理人员在其职责范围内履行。

（2）全面履行原则。劳动合同的内容是一个整体，合同条款之间的内在联系不能割裂。当事人双方必须履行合同的全部条款和各自承担的全部义务，既要按照合同约定的标的及其种类、数量和质量履行，又要按照合同约定的时间、地点和方式履行，不得打折扣。

（3）协作履行原则。劳动关系是一种需要劳动者与用人单位互助合作才能在既定期限内存续和顺利实现的社会关系，这就要求劳动合同履行过程中要坚持协作。用人单位的劳动管理与劳动者的民主参与应当协调一致，以便相互督促和协商。劳资关系应该是一种对立统一关系，而不是不可调和的对抗关系。

（二）劳动合同履行中对劳动者权益的保护

根据《劳动合同法》第三十条至第三十二条的规定，在劳动合同履行中，用人单位及时足额支付劳动报酬；用人单位严格执行劳动定额标准，依法支付加班费。劳动者有权拒绝违章指挥、强令冒险作业，而不视为违反劳动合同；用人单位存在危害劳动者生命安全和身体健康情况下，劳动者有权对用人单位的劳动条件提出批评、检举和控告。

劳动合同履行地与用人单位注册地不一致情况下的保护。《劳动合同法实施条例》第十四条规定：劳动合同履行地与用人单位注册地不一致的，有关劳动者的最低工资标准、劳动保护、劳动条件、职业危害防护和本地区上年度职工月平均工资标准等事项，按照劳动合同履行地的有关规定执行；用人单位注册地的有关标准高于劳动合同履行地的有关标准，且用人单位与劳动者约定按照用人单位注册地的有关规定执行的，从其约定。

二、劳动合同的变更

劳动合同的变更是指当事人双方对尚未履行或尚未完全履行的劳动合同，依据法律规定的条件和程序，对原劳动合同进行修改或增删的法律行为。它发生于劳动合同生效后尚未履行或尚未完全履行期间，是对劳动合同所约定的权利和义务的完善和发展，是确保劳动合同全面履行和劳动过程顺利实现的重要手段。

（一）劳动合同变更的对象

劳动合同变更的对象，只能限于劳动合同中的部分条款（如全部变更实质上是重新订立一份新的劳动合同）。它应符合下列要求。

（1）尚未履行或尚未完全履行的有效条款。已经履行完毕的条款再无变更的必要和可能；而无效的条款应予取消，不适用变更。

（2）依法可予变更的条款。依法不能变更的条款不可作为变更的对象，如8小时工作制、最低工资规定等。

（3）引起合同变更原因所指向的条款。凡是与合同变更的原因无关的条款就不必予以变更，换言之，只有在订立劳动合同所依据的主客观条件发生变化，致使劳动合同中个别条款的履行成为不可能或不必要的情况下，劳动合同才可变更。

（二）劳动合同变更的原因

现实生活中，引起劳动合同变更的原因，按照其来源不同大致可以归纳为如下三个方面。

（1）用人单位方面的原因。如：调整劳动报酬或员工福利分配方案、发生严重亏损、重新进行劳动组合、防止泄露商业秘密等。

（2）劳动者方面的原因。如：身体健康状况发生变化，所在岗位与其职业技能不相适应等。

（3）客观方面的原因。如：法规和政策发生变化、自然灾害、社会动荡等。

（三）劳动合同变更的原则与形式

（1）变更原则。劳动合同变更，应遵守与劳动合同订立相同的原则，即合法、公平、平等自愿、协商一致、诚实信用。

（2）变更形式。变更劳动合同，应当采取书面形式，变更后的劳动合同文本由用人单位和劳动者各执一份。

（四）劳动合同变更的程序

《劳动合同法》对于变更劳动合同的程序并未有明确的规定，通常参照订立劳动合同的程序进行，一般会包括如下主要环节。

（1）预告变更要求。需要变更合同的一方当事人，应当按照规定时间提前向对方提出变更合同的要求，说明变更合同的理由、条款、条件及请求对方当事人答复的期限。

（2）按期作出答复。得知对方提出的变更合同要求后，通常应当在对方当事人要求的期限内作出答复。可以表示同意，也可以提出不同意见而要求另行协商，如果不属于法定应当变更的情况，还可以拒绝。

（3）签订书面协议。双方当事人均同意变更合同的，应当就合同变更达成书面协议，并签名盖章；协议书中应当指明变更的条款，并约定所变更条款的生效日期。

（4）公证。这不是必经程序，如果原劳动合同经过公证的，变更后的劳动合同也应当经过公证，方为有效变更。

三、单位主体变更对劳动合同的影响

（一）用人单位主体变更，不影响劳动合同的履行

（1）单位的名称、法定代表人、主要负责人或者投资人变更，不影响劳动合同的履行。用人单位无论是变更名称、法定代表人（法人）、主要负责人（非法人）还是投资人，本质上都没有改变用人单位的法律独立人格，只要其法律人格没有受到限制或变更，就不影响其履行能力，仍应按照劳动合同约定的事项继续履行。因此，《劳动合同法》第三十三条规定："用人单位变更名称、法定代表人、主要负责人或者投资人等事项，不影响劳动合同的履行。"

（2）单位发生合并或者分立，不影响劳动合同的履行。用人单位发生合并或分立主要包括4种情况：一是并购其他公司，二是被其他公司并购，三是与其他公司合并成立新公司，四是公司分立为多个新的公司。根据《劳动合同法》第三十四条规定："用人单位发生合并或者分立等情况，原劳动合同继续有效，劳动合同由承继其权利和义务的用人单位继续履行。"

（二）用人单位主体变更，是否必须变更劳动合同

根据《劳动合同法》的上述规定，用人单位主体变更后，不影响原劳动合同的效力，原

劳动合同可以继续履行。但是，原劳动合同是否需要继续相应的变更呢？《劳动合同法》并未有明确的强制性规定。但在实践操作中，为了避免不必要的争议和麻烦，当用人单位发生上述变更事项时，最好及时变更劳动合同中的相关内容。

（三）用人单位主体变更后原劳动合同无法继续履行的处理

从《劳动合同法》的规定来看，立法者出于为劳动者与用人单位的便利和公平考虑，认为原劳动合同在单位主体变更后，具有可继承性，原劳动合同中的相关权利和义务对新单位和员工仍具有约束力，而不论用人单位主体变更是由合并、分立、名称变更或其他原因所导致。但是，现实实践中如果发生了用人单位分立或合并后，由于岗位设置、人员安排、业务调整等客观原因，无法履行原单位与员工的劳动合同时，《劳动合同法》第四十条秉持情事变更原则，实事求是地给出了处理方法，即"劳动合同订立时所依据的客观情况发生重大变化，致使劳动合同无法履行，经用人单位与劳动者协商，未能就变更劳动合同内容达成协议的"。但《劳动合同法》对何谓"客观情况发生变化"没有明确界定，从审判实践看，一般是指因不可抗力或企业条件发生变化等无法避免的情况，如自然条件、企业迁移、被兼并、分立、企业资产转移、生产结构重大调整、转产等。当出现上述情形后，用人单位还须注意：必须经与劳动者协商未能就变更劳动合同内容达成协议。如果经过协商可以达成协议，就不能解除劳动合同；必须提前30日以书面形式通知劳动者本人或者额外支付劳动者1个月工资；必须按规定给予员工工作年限经济补偿金。

第六节　劳动合同的解除与终止

劳动合同的解除是指劳动合同签订后、尚未履行完毕前，由于一定事由的出现，提前终止劳动合同的法律行为。劳动合同的解除只对未履行的部分发生效力，不涉及已履行的部分。劳动合同的终止是指劳动合同的法律效力终止。劳动合同的终止可以分为正常终止和非正常终止。正常终止是指劳动合同期满或法律规定的劳动合同终止条件出现，劳动合同即行终止；非正常终止是指劳动合同的提前终止，即劳动合同的解除。一般情况下，劳动合同的终止是指正常终止，不包括劳动合同的解除。区别劳动合同终止和劳动合同解除的意义在于：解除劳动合同，用人单位通常都要支付经济补偿金，劳动合同终止一般不需要支付经济补偿金（但依据《劳动合同法》的规定：除用人单位维持或者提高劳动合同约定条件续订劳动合同，劳动者不同意续订的情形外，因劳动合同期满而终止固定期限劳动合同的也要支付经济补偿金）。

一、劳动合同的解除

劳动合同的解除是指劳动合同当事人在劳动合同期限届满之前依法提前终止劳动合同关系的法律行为。劳动合同的解除，可以分别依据不同标准进行法律意义上的分类。

以解除方式为标准，可分为协议（协商）解除与单方解除。协议解除，也称协商解除，是一种双方解约行为，指劳动合同双方当事人经协商达成一致从而解除劳动合同的法律行为。立法对这种解除一般不规定条件，只要求解除合同的合意在内容、形式、程序上合法即可。实践中包括，在当事人双方均无单方解除权的情况下经合意解除，以及无单方解除权的当事人在征得有单方解除权的当事人同意后，解除劳动合同。单方解除，即享有单方解除权的当事人以单方意思表示解除劳动合同。所谓单方解除权，是指当事人依法享有的、无需对方当事人同意而单方决定解除劳动合同的权利。立法通常要求，当事人应当以要式行为行使单方解除权。

以解除依据为标准，可分为法定解除与约定解除。法定解除与约定解除都属于单方解除行为，只不过其依据的解除条件不同，前者是劳动法律法规，后者则是劳动合同或集体合同。法定解除，即劳动者或者用人单位在符合劳动法律法规规定的合同解除条件时，单方解除劳动合同。约定解除，即劳动者或用人单位在符合集体合同或劳动合同依法约定的合同解除条件时，单方解除劳动合同。约定解除，必须以关于解除条件的约定合法为前提。

以解除原因为标准，可分为过错性解除与无过错性解除。过错性解除，即由于对方当事人的过错行为而导致劳动合同解除，包括劳动者因用人单位有过错而辞职和用人单位因劳动者有过错而辞退，这里的过错一般只限于严重过错。无过错性解除，即在对方当事人无过错行为或其过错行为轻微的情况下单方解除劳动合同。过错解除与无过错解除，均属于单方解除劳动合同。

根据我国《劳动合同法》的规定，劳动合同的解除包括两种情况：一是协商解除；二是单方解除，其中又分为用人单位单方解除劳动合同和劳动者单方解除劳动合同。

（一）双方协商解除

这种情况比较简单，依据《劳动合同法》第三十六条规定，只要"用人单位与劳动者协商一致"，即可以"解除劳动合同"。我国劳动法律对于双方协商解除劳动合同没有规定实体、程序上的限定条件，只要双方达成一致，内容、形式、程序没有违反法律禁止性、强制性规定，解除行为即有效。

（二）单位单方解除——辞退

用人单位在具备法定条件时，享有单方解除权，无须双方协商达成一致意见。这实际上是用人单位的辞退权或解雇权。依照《劳动合同法》第四十三条的规定，用人单位单方解除劳动合同，应当事先将理由通知工会。用人单位违反法律、行政法规规定或者劳动合同约定的，工会有权要求用人单位纠正。用人单位应当研究工会的意见，并将处理结果书面通知工会。

《工会法》第二十一条规定："职工认为企业侵犯其劳动权益而申请劳动争议仲裁或者向人民法院提起诉讼的，工会应当给予支持和帮助。"《劳动合同法》第七十八条规定："工会依法维护劳动者的合法权益，对用人单位履行劳动合同、集体合同的情况进行监督。用人单位违反劳动法律、法规和劳动合同、集体合同的，工会有权提出意见或者要求纠正；劳动者申请仲裁、提起诉讼的，工会依法给予支持和帮助。"因此"被裁劳动者有提起劳动仲裁或诉讼的"，工会还有支持和帮助的义务。

不论何种情况下，用人单位行使单方解除权都必须遵守上述程序（但是，符合经济性裁员条件的则另外适用第四十一条规定的经济性裁员程序)。否则，可能导致用人单位的辞退永远没有结果，而且争议的诉讼时效开始的时间也可能拖到很久。用人单位单方解除劳动合同包括3种情况：一是用人单位无条件单方解除劳动合同（过错性辞退、即时辞退）；二是用人单位附条件单方解除劳动合同（无过错性辞退、预告辞退）；三是经济性裁员。

1. 即时辞退，又称过错（过失）性辞退，即用人单位无条件单方解除劳动合同

即时解除是指在特定情形下，用人单位可以随时解除劳动合同。劳动者有法定过错情形时，用人单位有权即时单方解除劳动合同，其特点是：第一，只要具备法定许可性条件，单位无需向劳动者预告即可随时通知解除劳动合同；第二，其法定许可性条件限于劳动者经试用不合格或有其他严重过错；第三，用人单位无须支付经济补偿金。根据《劳动合同法》第三十九条规定，劳动者有下列情形之一的，用人单位可以无条件单方解除劳动合同。

（1）劳动者在试用期内被证明不符合录用条件。试用期内，用人单位不能随意辞退劳动者，如果劳动者确定不符合录用条件，应由用人单位举证。因此，录用条件应当具体化、书面化、公示化、证据化。《劳动合同法》第三十九条第一款：劳动者"在试用期间被证明不符合录用条件的"，用人单位可以解除劳动合同；但"用人单位在试用期解除劳动合同的，应当向劳动者说明理由"（第二十一条）。

（2）劳动者严重违反用人单位的规章制度。劳动者在工作中出现违纪现象，往往让管理层很头疼。但是，对于一般违纪员工，用人单位并非可以一概辞退，必须严重违纪方可辞退。因此，"严重"二字很重要，什么情况属于"严重"，应当在规章制度中进行明确，以利于操作。

（3）劳动者严重失职，营私舞弊，给用人单位造成重大损害。劳动者在履行劳动合同期间，没有按照岗位职责履行义务，违反忠于职守、维护和增进单位利益的义务，有未尽职责的严重过失行为或者利用职务之便谋取私利的故意行为，使用人单位的有形财产、无形财产遭受重大损害，但不够刑罚处罚的程度。

（4）劳动者有非法兼职行为。所谓非法兼职，是指"劳动者同时与其他用人单位建立劳动关系，对完成本单位的工作任务造成严重影响，或者经用人单位提出，拒不改正的"。因此，"非法兼职"实际上包括两种情形：一是劳动者同时与其他用人单位建立劳动关系，对完成本单位的工作任务造成严重影响；二是劳动者同时与其他用人单位建立劳动关系，经用人单位提出，拒不改正的。以上两种情形具备任何一种，即达到过失解除的条件，这是《劳动合同法》的新规定。

（5）劳动者欺诈、胁迫单位订立或者变更劳动合同（致其无效）。劳动者以欺诈、胁迫的手段或者乘人之危，使用人单位在违背真实意思的情况下订立或者变更劳动合同。这种情况违背了订立或变更的基本原则，会导致劳动合同无效或部分无效。劳动者的欺诈手段，基本上是提供虚假资料，如假文凭、假证件、假经历等；因此，用人单位应当建立行之有效的入职审查制度，并且适当运用知情权的法律规定。

（6）劳动者被依法追究刑事责任。根据《劳动法意见》第二十九条的规定，"被依法追究刑事责任"包括：被人民检察院免于起诉的[①]、被人民法院判处刑罚的、被人民法院依据《刑

---

① 不（予）起诉是指人民检察院对公安机关侦查终结移送起诉的案件，经审查认为犯罪嫌疑人不构成犯罪或者依法不应追究其刑事责任，从而决定不向人民法院起诉的一种决定。免予起诉是检察机关对虽构成犯罪，但依法不需要判处刑罚或者可以免除刑罚的被告人作出的免予追究刑事责任的决定。但是，1996年修改刑诉法的时候，已经将免于起诉并入不起诉之中，作为其不予起诉的情形之一。

法》第三十二条免于刑事处分的。劳动者被人民法院判处拘役、罚金、管制、三年以下有期徒刑缓刑等，均属于刑罚的范围，遇到此类情形，用人单位可以解除与劳动者的劳动合同。但需要注意的是：法律仅限于被追究刑事责任，被刑事拘留、行政拘留均排除在外。实践中需注意：被人民检察院免予起诉的或被人民法院依据刑法规定免予刑事处分的，用人单位可依本项规定解除劳动合同。劳动者被人民检察院作出不予起诉决定的，用人单位不能依本项规定解除劳动合同。

2. 预告辞退，又称无过错（非过失）性辞退，即用人单位附条件单方解除劳动合同

无过错性辞退，是指劳动者并无主观过错或过失，但由于客观原因致使劳动合同无法履行，用人单位依法单方解除劳动合同。无过错性辞退是一种用人单位附条件单方解除劳动合同的行为，据《劳动合同法》的规定，其所附条件有两个：一是提前三十日以书面形式通知劳动者本人或额外支付劳动者一个月工资（按照该劳动者上一个月的工资标准确定）；二是根据在本单位工作年限支付经济补偿金。这种辞退的特点是：第一，预告是单位的程序性义务，即提前三十日书面通知或支付代通知金；第二，仅适用于劳动者没有过错的情形；第三，用人单位需要支付经济补偿金；第四，不适用于非全日制劳动者。根据《劳动合同法》第四十条规定，用人单位可以在如下三种情形下，预告解除劳动合同。

（1）劳动者身体不胜任。《劳动合同法》规定"劳动者患病或者非因工负伤，在规定的医疗期满后不能从事原工作，也不能从事由用人单位另行安排的工作的"。只有员工在患病或非因工负伤时才适用本规定，职业病或因工负伤则不适用。用人单位需充分掌握医疗期的有关规定，医疗期是指劳动者根据其工龄等条件，依法可以享受的停工医疗并发给病假工资的期间，而不是劳动者病伤治愈实际需要的医疗期，一般为3~24个月。医疗期满后，员工即便不能从事原工作了，用人单位也不能直接解除劳动合同，而是需要先另行给劳动者安排一个工作，如果员工对该项工作还是不能从事，才能解除劳动合同，但用人单位需注意提前三十日书面通知本人，并支付经济补偿金。

（2）劳动者能力不胜任。《劳动合同法》规定"劳动者不能胜任工作，经过培训或者调整工作岗位，仍不能胜任工作的"。不能胜任工作，是指有证据表明，劳动者不能按要求完成劳动合同中约定的工作任务或同工种同岗位人员的工作量。这就要求用人单位与劳动者签订劳动合同时要明确员工的工作内容，特定行业还要明确工作量。为防止举证不能的风险，企业需要在劳动合同中或岗位说明书中确定员工工作量且保存相应的培训资料。这里的"调整工作岗位"是不需劳动者同意的，实践中用人单位在适用时需注意劳动者不能胜任工作的，需经过培训或调整工作岗位的程序，只有在培训或者调整工作岗位后仍不能胜任工作的，才可解除劳动合同。

（3）客观情况致合同无法履行。《劳动合同法》规定"劳动合同订立时所依据的客观情况发生重大变化，致使劳动合同无法履行，经用人单位与劳动者协商，未能就变更劳动合同内容达成协议的"。客观情况发生重大变化，法律只赋予用人单位解除权，这对劳动者好像不公平，很多情况下，劳动者更想解除。实务操作中，解除劳动合同之前需经协商程序，用人单位需举证，未经协商而直接解除劳动合同的，视为违法解除劳动合同。如因客观情况变化，需要辞退的员工较多时，按经济性裁员处理。

3. 经济性裁员

经济性裁员被视为用人单位预告辞退的一种特殊情形，是指用人单位遭遇经济困难（如濒临破产进行法定整顿或生产经营状况发生严重困难，为改善经营状况）而成批裁减员工的行为。《劳动法》第二十七条对于经济性裁员作出了规定：用人单位濒临破产进行法定整顿期间或者生产经营状况发生严重困难，确需裁减人员的，应当提前三十日向工会或者全体职工说明情况，听取工会或者职工的意见，经向劳动行政部门报告后，可以裁减人员；用人单位依据本条规定裁减人员，在六个月内录用人员的，应当优先录用被裁减的人员。

《劳动合同法》第四十一条对于经济性裁员的标准、条件和程序做出了更加细致的规定：有下列情形之一，需要裁减人员二十人以上或者裁减不足二十人但占企业职工总数百分之十以上的，用人单位提前三十日向工会或者全体职工说明情况，听取工会或者职工的意见后，裁减人员方案经向劳动行政部门报告，可以裁减人员：① 依照企业破产法规定进行重整的；② 生产经营发生严重困难的；③ 企业转产、重大技术革新或者经营方式调整，经变更劳动合同后，仍需裁减人员的；④ 其他因劳动合同订立时所依据的客观经济情况发生重大变化，致使劳动合同无法履行的。裁减人员时，应当优先留用下列人员：① 与本单位订立较长期限的固定期限劳动合同的；② 与本单位订立无固定期限劳动合同的；③ 家庭无其他就业人员，有需要扶养的老人或者未成年人的。用人单位依照本条第一款规定裁减人员，在六个月内重新招用人员的，应当通知被裁减的人员，并在同等条件下优先招用被裁减的人员。

4. 单位预告辞退（含经济性裁员）的禁止

根据《劳动合同法》第四十二条规定，劳动者有下列情形之一的，用人单位不得依照本法第四十条（无过错性辞退）、第四十一条（经济性裁员也属于无过错辞退之一）的规定解除劳动合同。

（1）从事接触职业病危害作业的劳动者未进行离岗前职业健康检查，或者疑似职业病病人在诊断或者医学观察期间的。《职业病防治法》第三十五条规定"对未进行离岗前职业健康检查的劳动者不得解除或者终止与其订立的劳动合同"；第五十六条规定"在疑似职业病病人诊断或者医学观察期间，不得解除或者终止与其订立的劳动合同"。

（2）在本单位患职业病或者因工负伤并被确认丧失或者部分丧失劳动能力的。《工伤保险条例》第三十五条规定"职工因工致残被鉴定为一级至四级伤残的，保留劳动关系，退出工作岗位"；第三十六条规定"职工因工致残被鉴定为五级、六级伤残的"，"保留与用人单位的劳动关系，由用人单位安排适当工作，难以安排工作的，用人单位按月发给伤残津贴"；"经工伤职工本人提出，该职工可以与用人单位解除或者终止劳动关系"；第三十七条规定"职工因工致残被鉴定为七级至十级伤残的"，"劳动、聘用合同期满终止，或者职工本人提出解除劳动、聘用合同的"，可以解除劳动关系。

（3）患病或者非因工负伤，在规定的医疗期内的。医疗期就是指用人单位所聘用的职工因病或者非因工负伤需要停止工作治病休息的时限。在这段时限内，劳动者由于需要治疗而不能参加劳动，用人单位不得因此与劳动者解除劳动合同关系。如果用人单位违反我国关于医疗期的相关规定，劳动者可以为此提起劳动争议仲裁，劳动仲裁机构将会依法裁决劳动合同的解除行为无效。可能有些单位没有与雇员签订书面劳动合同，但只要与雇员形成事实劳动关系，员工处于医疗期内同样不能解聘。

【关键词解读】

医疗期

我国原劳动部 1994 年 12 月 1 日发布的《企业职工患病或非因工负伤医疗期规定》（劳部发〔1994〕479 号）和 1995 年 5 月 23 日发布的《关于贯彻〈企业职工患病或非因工负伤医疗期规定〉的通知》，都明确规定了劳动者因参加工作年限的不同而产生的不同医疗期，具体确定办法如下：

劳动者实际工作年限	劳动者在本单位工作年限	医疗期
10 年以下	5 年以下	3 个月
	5 年以上	6 个月
10 年以上	5 年以下	6 个月
	5 年以上 10 年以下	9 个月
	10 年以上 15 年以下	12 个月
	15 年以上 20 年以下	18 个月
	20 年以上	24 个月

当然，对患有某些特殊疾病的在职工，如癌症、精神病、瘫痪等，如果在 24 个月的医疗期内尚不能完全治愈的，经企业与劳动主管部门的批准，可以适当延长医疗期。同时，用人单位和劳动者也可以通过合同约定医疗期，但约定的医疗期只能长于或等于法定的期限，否则约定无效。

（4）女职工在孕期、产期、哺乳期的。孕期是指妇女怀孕期间；产期是指妇女生育期间，产假一般为 98 天；哺乳期是指从婴儿出生到 1 周岁之间的时限。女工"三期"满后，方可解除或终止劳动合同。

（5）在本单位连续工作满十五年，且距法定退休年龄不足五年的。老职工再就业能力比较弱，所以《劳动合同法》加强了对老职工的保护，例如，规定用人单位初次实行劳动合同制度或者国有企业改制重新订立劳动合同时，劳动者在该用人单位连续工作满十年且距法定退休年龄不足十年的要订立无固定期限的劳动合同。这里强调，劳动者要同时具备"在本单位连续工作满十五年"和"距离法定退休年龄不足五年"两个条件，如果仅具备其一，则不受本条款的保护。

（6）法律、行政法规规定的其他情形。考虑到其他法律、行政法规中也有禁止用人单位解除劳动合同的规定，所以作出了此兜底性规定。如《工会法》第十八条规定：基层工会专职主席、副主席或者委员自任职之日起，其劳动合同期限自动延长，延长期限相当于其任职期间；非专职主席、副主席或者委员自任职之日起，其尚未履行的劳动合同期限短于任期的，劳动合同期限自动延长至任期期满。但是，任职期间个人严重过失或者达到法定退休年龄的除外。再如，《集体合同规定》规定，职工一方协商代表在其履行协商代表职责期间劳动合同期限届满的，劳动合同期限自动延长至完成履行协商代表职责之时。

（三）劳动者单方解除——辞职

劳动者单方解除劳动合同包括两种：一是劳动者预告解除；二是劳动者即时解除。

1. 预告解除

预告解除，又称预告辞职，即劳动者附条件单方解除劳动合同，是以劳动者向用人单位预告为解除劳动合同的程序条件。其特点包括：第一，预告辞职是劳动者享有的法定权利；第二，预告辞职不受用人单位制约，仅需"通知"，不需"批准"或"同意"；第三，除以预告为程序条件外，不附加实体性条件；第四，用人单位可以不支付经济补偿金。《劳动合同法》第三十七条对于劳动者预告解除劳动合同作出了规定：劳动者提前三十日以书面形式通知用人单位，可以解除劳动合同；劳动者在试用期内提前三日通知用人单位，可以解除劳动合同。

劳动者行使单方解除劳动合同权的同时，必须遵守解除预告期。劳动者单方解除劳动合同，必须注意履行提前通知义务，期限是提前三十日才能有效，也就是说劳动者在通知用人单位后还要继续为其工作至少三十天，这样便于用人单位及时安排工作交接，保持劳动过程的连续性，避免给单位造成不必要的损失。劳动者在试用期内解除劳动合同，也应提前三日通知用人单位，以便用人单位有所准备，这是《劳动合同法》的新规定，意味着试用期内劳动者不再可以随时通知解除劳动合同。预告必须是书面形式，无论是劳动者还是用人单位，在预告解除劳动合同时，都必须采用书面形式告知对方，因为这直接关系到解除预告期的起始时间，也涉及劳动者的权益。

劳动者如果没有遵守上述程序性义务，属于违法解除劳动合同，按照《劳动合同法》第九十条规定，应承担赔偿责任。根据原劳动部《违反〈劳动法〉有关劳动合同规定的赔偿办法》第四条，劳动者违反规定或约定解除劳动合同，对用人单位造成损失的，应赔偿如下损失：用人单位为其支付的招录费用；用人单位为其支付的培训费用（双方另有约定的按约定办）；对生产、经营和工作造成的直接经济损失；劳动合同约定的其他赔偿费用。

2. 即时解除

即时解除，又称即时辞职、被动辞职、推定解雇，即劳动者无条件单方解除劳动合同，是指劳动者无需向用人单位预告就可以随时解除劳动合同，形式上是由劳动者提出辞职，实际上是由用人单位解雇的一种行为。由于即时辞职往往会给用人单位的正常生产经营造成不利影响，立法者出于平衡劳动者与用人单位利益的考虑，只限定用人单位存在法定过错的情况下，劳动者方可行使即时解除权。与预告辞职相比较，即时辞职的特点主要包括：第一，无预告期，劳动者可以随时解除劳动合同；第二，须具备法定许可性条件，即用人单位出现了法定的过错；第三，用人单位应当支付经济补偿金。

按照《劳动合同法》第三十八条规定，用人单位有下列6种情形之一的，劳动者可以即时通知解除劳动合同（辞而后别）：① 未按照劳动合同约定提供劳动保护或者劳动条件的；② 未及时足额支付劳动报酬的；③ 未依法为劳动者缴纳社会保险费的；④ 用人单位的规章制度违反法律、法规的规定，损害劳动者权益的；⑤ 用人单位以欺诈、胁迫的手段或者乘人之危，使劳动者在违背真实意思的情况下订立或者变更劳动合同，致使劳动合同无效的；⑥ 法律、行政法规规定劳动者可以解除劳动合同的其他情形。

《劳动合同法》第三十八条规定了劳动者无需通知立即解除劳动合同的两种情形。在这两种情形下,劳动者可以立即解除劳动合同,不需事先告知用人单位,这是我国《劳动法》所没有规定的:① 用人单位以暴力、威胁或者非法限制人身自由的手段强迫劳动者劳动的;② 用人单位违章指挥、强令冒险作业危及劳动者人身安全的。

二、劳动合同的终止

(一) 劳动合同终止的含义与原则

劳动合同终止有广义与狭义之分。广义上的劳动合同终止是指劳动合同的法律效力被依法终止;狭义上的劳动合同终止是指符合法律规定或合同约定情形时,双方当事人的权利义务关系即行消灭。我国《劳动法》及《劳动合同法》规定的劳动合同终止都是狭义上的。

根据劳动合同终止的依据是法定事由还是约定事由,可以将劳动合同终止分为约定终止和法定终止,劳动合同终止的原则也由此可以分为"约定主义原则"和"法定主义原则"。在民事合同中,双方当事人可以约定合同的终止条件,我国《劳动法》第二十三条同时规定了法定终止和约定终止两种情形,也是承认约定终止的。但在实践中,有些用人单位随意与劳动者约定劳动合同终止事由,并据此终止劳动合同,使得无固定期限劳动合同提前消灭,难以起到稳定就业的作用;同时,《劳动法》对于劳动者退休、死亡或者用人单位破产等情形下,劳动合同如何处理,缺乏明确规定。

《劳动合同法》修正了《劳动法》关于劳动合同终止的相关条款。一是确立了劳动合同终止的"法定主义"原则,不再允许"约定终止"。规定劳动合同只能因法定情形出现而终止,劳动合同当事人不得约定劳动合同终止条件;即使约定了终止条件,该约定也是无效的[①]。二是增加了劳动合同法定终止的情形。

(二) 劳动合同终止的法定情形

我国《劳动合同法》第四十四条规定了劳动合同终止的6种法定情形,《劳动合同法实施条例》又增加规定了两种劳动合同终止的法定情形,以上规定可以整合为如下方面。

(1) 劳动合同期满或以完成一定工作任务为期限的劳动合同任务完成。劳动合同期满是劳动合同终止的最主要的一种法定事由。我国《劳动合同法》依据合同期限将劳动合同分为三种,在固定期限劳动合同中,由于双方当事人已经预先约定了终止时间,所以一旦期限届满,除依法续订或依法延期外,劳动合同即行终止;无固定期限劳动合同不会发生期满终止的情形;约定的工作任务完成之时即为以完成一定工作任务为期限的劳动合同的终止之时,劳动合同自然终止。根据原劳动部的规定,劳动合同的终止时间,应当以劳动合同期限最后一日的24时为准。综上,劳动合同期满终止主要适用于固定期限劳动合同和以完成一定工作任务为期限的劳动合同两种情形。

(2) 劳动者开始依法享受基本养老保险或劳动者达到法定退休年龄。《劳动合同法》第四十四条第二项规定,"劳动者开始依法享受基本养老保险待遇"是劳动合同终止的法定情形之一;《劳动合同法实施条例》第二十一条规定"劳动者达到法定退休年龄的,劳动合同终止"。

---

① 《劳动合同法实施条例》第十三条规定:"用人单位与劳动者不得在劳动合同法第四十四条规定的劳动合同终止情形之外约定其他的劳动合同终止条件。"

这实际上修正了《劳动合同法》关于"依法享受基本养老保险待遇"的劳动者才能终止劳动合同的规定。

（3）劳动者死亡，或者被人民法院宣告死亡或宣告失踪。在民法领域，公民死亡、被法院宣告死亡或宣告失踪，将丧失民事权利能力和民事行为能力。在劳动法领域，劳动者死亡、被法院宣告死亡或宣告失踪的，劳动合同的一方主体资格将消灭，客观上已经没有提供劳动的可能，无法再享受权利和承担义务，自然也无法继续履行劳动合同，劳动合同自然终止。

（4）用人单位主体资格消灭。用人单位主体资格消灭包括被动消灭（被依法宣告破产、被吊销营业执照、被责令关闭、被撤销等4种）和主动消灭（用人单位决定提前解散）。不论是被动消灭还是主动消灭，都将导致用人单位失去用人主体资格，意味着此时用人单位已无法按照劳动合同履行其权利和义务，只能终止劳动合同。由于用人单位主体资格的消灭导致劳动合同终止的，用人单位需要支付经济补偿金。

破产宣告是法院依据当事人的申请或法定职权裁定宣布债务人破产以清偿债务的活动。法院对债务人进行破产宣告，意味着破产案件已经确定无疑地进入了清算程序，债务人将不可避免地陷入破产倒闭的境地，并会带来一系列其他的法律后果。《企业破产法》第四十八条第二款规定："债务人所欠职工的工资和医疗、伤残补助、抚恤费用，所欠的应当划入职工个人账户的基本养老保险、基本医疗保险费用，以及法律、行政法规规定应当支付给职工的补偿金，不必申报，由管理人调查后列出清单并予以公示。职工对清单记载有异议的，可以要求管理人更正；管理人不予更正的，职工可以向人民法院提起诉讼。"

吊销营业执照是指剥夺被处罚用人单位已经取得的营业执照，使其丧失继续从事生产或者经营的资格。营业执照是工商行政管理机构发给企业或个体工商户的准许其从事某项生产经营活动的凭证。吊销营业执照属于工商执法中的一项惩罚条款，只有当该企业或者商户不符合营业条件时，比如卫生条件不达标，不按时交纳税收等，工商部门才有权利吊销其营业执照。没有营业执照就不能正常营业；如果继续营业，则是违法行为。

被责令关闭是指合法成立的用人单位在存续过程中，未能一贯严格遵守有关法律法规，被有关政府部门依法查处；被撤销是指由政府机关撤销有瑕疵的公司登记，比如：用人单位未经合法程序成立或者形式合法但不符合法定的实体性条件，被政府部门发现后依法予以撤销。

用人单位决定提前解散。依据我国《公司法》第一百八十条和第一百八十三条规定，企业可能基于如下原因提前解散：① 公司章程规定的营业期限届满或公司章程规定的其他解散事由出现；② 股东会或者股东大会决议解散；③ 因公司合并或者分立需要解散；④ 依法被吊销营业执照、责令关闭或者被撤销；⑤ 司法解散（公司经营管理发生严重困难，继续存续会使股东利益受到重大损失，通过其他途径不能解决的，持有公司全部股东表决权10%以上的股东，可以请求人民法院解散公司）。用人单位提前解散的，其法人资格不复存在，必须终止一切经营和与经营业务有关的活动，原有的债权债务关系，包括与劳动者的劳动合同关系，也随之自然终止。

（5）法律、行政法规规定的其他情形。这是一个兜底性条款，避免有所遗漏。

（三）劳动合同终止的限制

依据《劳动合同法》第四十五条规定，如有下列6种情形之一（见第四十二条）出现时，劳动合同应当延长至相应的情形消失时终止（这些限制是针对"劳动合同期满"导致劳动合同终止而言的）：① 从事接触职业病危害作业的劳动者未进行离岗前职业健康检查，或者疑似职业病病人在诊断或者医学观察期间的。② 在本单位患职业病或者因工负伤并被确认丧失或者部分丧失劳动能力的。如果属于"丧失或者部分丧失劳动能力劳动者"的劳动合同终止，还需要按照"国家有关工伤保险的规定"执行。③ 患病或者非因工负伤，在规定的医疗期内的。④ 女职工在孕期、产期、哺乳期的。⑤ 在本单位连续工作满十五年，且距法定退休年龄不足五年的。⑥ 法律、行政法规规定的其他情形。

三、经济补偿（金）的支付与计算

经济补偿通常被称为经济补偿金。经济补偿金是指用人单位依据劳动法律法规的规定，解除或终止劳动合同时向劳动者支付的补偿费用。经济补偿制度是企业承担社会责任的主要途径之一，可以有效减缓被解除劳动合同的劳动者的焦虑情绪和生活困难，有利于社会稳定。同时，经济补偿也是国家调节劳动关系的一种经济手段，目的在于引导用人单位长期使用劳动者，慎重行使劳动合同解除权和终止权。《劳动法》规定，用人单位单方解除劳动合同的，依法支付经济补偿金；《劳动合同法》基本延续了《劳动法》的有关规定，同时增加了劳动合同期满用人单位支付经济补偿的规定。

（一）经济补偿金的法定情形

依据《劳动合同法》第四十六条及《劳动合同法实施条例》的相关规定（第二十、二十二、二十三、二十五、二十七、三十四条），用人单位应当支付经济补偿的法定情形如下。

（1）劳动者辞职型经济补偿金（《劳动合同法》第四十六条第一项）。劳动者依据《劳动合同法》第三十八条的规定单方提出解除劳动合同，用人单位需向劳动者支付经济补偿金，具体包括：① 用人单位未按照劳动合同约定提供劳动保护或者劳动条件的；② 用人单位未及时足额支付劳动报酬的；③ 用人单位未依法为劳动者缴纳社会保险费的；④ 用人单位的规章制度违反法律、法规的规定，损害劳动者权益的；⑤ 用人单位以欺诈、胁迫的手段或者乘人之危，使劳动者在违背真实意思的情况下订立或者变更劳动合同致使劳动合同无效的；⑥ 用人单位以暴力、威胁或者非法限制人身自由的手段强迫劳动者劳动的；⑦ 用人单位违章指挥、强令冒险作业危及劳动者人身安全的；⑧ 用人单位免除自己的法定责任、排除劳动者权利，致使劳动合同无效的；⑨ 用人单位订立劳动合同违反法律、行政法规强制性规定，致使劳动合同无效的；⑩ 法律、行政法规规定劳动者可以解除劳动合同的其他情形。

（2）协商解约型经济补偿金（第二项规定）。用人单位与劳动者协商一致解除劳动合同，如果解除的动议是由用人单位主动提出的，则应支付经济补偿金；如果是劳动者主动提出的，则用人单位不需要支付经济补偿金。

（3）单位解约型经济补偿金（第三、四项）。用人单位根据《劳动合同法》第四十条（无过错性辞退）、第四十一条第一款（经济性裁员）规定解除劳动合同时，需要向劳动者支付经济补偿金，具体包括：① 劳动者患病或者非因工负伤，在规定的医疗期满后不能从事原工作，也不能从事由用人单位另行安排的工作的；② 劳动者不能胜任工作，经过培训或者调整工作岗位，仍不能胜任工作的；③ 劳动合同订立时所依据的客观情况发生重大变化，致使劳动合同无法履行，经用人单位与劳动者协商，未能就变更劳动合同内容达成协议的；④ 依照企业破产法规定进行重整的、生产经营发生严重困难的，企业转产、重大技术革新或者经营方式调整及其他因劳动合同订立时所依据的客观经济情况发生重大变化，致使用人单位实施经济性裁员的；⑤ 用人单位自用工之日起"超过一个月不满一年"未与劳动者订立书面劳动合同的，在此期间，劳动者经用人单位书面通知拒绝订立书面劳动合同，用人单位书面通知劳动者终止劳动关系的；⑥ 法律、行政法规规定的其他情形。

（4）合同终止型经济补偿金（第五、六项）。由于劳动合同终止，用人单位须向劳动者支付经济金，具体包括如下情形：① 除用人单位维持或者提高劳动合同约定条件续订劳动合同，劳动者不同意续订的情形外，劳动合同期满终止固定期限劳动合同，这是《劳动合同法》新增的对劳动者的保护性规定；② 以完成一定工作任务为期限的劳动合同因工作任务完成而终止的（《劳动合同法实施条例》第二十二条）；③ 由于用人单位丧失合法经营资格而导致劳动合同终止的（如被宣告破产、被吊销营业执照、责令关闭、撤销或用人单位决定提前解散）；④ 由于用人单位不具备合法经营资格而导致劳动合同终止的。《劳动合同法》第九十三条规定："对不具备合法经营资格的用人单位的违法犯罪行为，依法追究法律责任；劳动者已经付出劳动的，该单位或者其出资人应当依照本法有关规定向劳动者支付劳动报酬、经济补偿、赔偿金；给劳动者造成损害的，应当承担赔偿责任。"由于用人单位不具备合法经营资格，通常会导致劳动合同全部无效（相当于劳动合同订立之时就为终止之时），而对于劳动者已经付出的劳动，却不能因为劳动合同的无效而被排除在劳动法保护之外，所以规定"该单位或者其出资人"应依法支付劳动报酬、经济补偿金等。

（5）竞业限制型经济补偿金。前面已有论及，参见《劳动合同法》第二十三条。但需要注意是，竞业限制经济补偿金在支付标准、支付方式方面，与这里所说的经济补偿金完全不同。

（二）经济补偿金的计算

（1）劳动者经济补偿金的计算。根据《劳动合同法》第四十七条的规定，经济补偿按劳动者在本单位工作的年限，每满一年支付一个月工资的标准向劳动者支付；六个月以上不满一年的按一年计算，不满六个月的向劳动者支付半个月工资的经济补偿。劳动者月工资高于用人单位所在直辖市、设区的市级人民政府公布的本地区上年度职工月平均工资三倍的，向其支付经济补偿的标准按职工月平均工资三倍的数额支付，向其支付经济补偿的年限最高不超过十二年。

这里所称"月工资"是指劳动者在劳动合同解除或者终止前十二个月的平均工资。《劳动合同法实施条例》第二十七条规定："月工资包括计时工资或者计件工资以及奖金、津贴和补贴等货币性收入。劳动者在劳动合同解除或者终止前 12 个月的平均工资低于当地最低工资标准的，按照当地最低工资标准计算。劳动者工作不满 12 个月的，按照实际工作的月数计算平均工资。"

按照《劳动合同法》第九十七条的规定，劳动关系跨越 2008 年前后的，在《劳动合同法》施行之日（2008 年 1 月 1 日）存续的劳动合同在本法施行后解除或者终止，依照本法应当支付经济补偿的，经济补偿年限自本法施行之日（2008年1月1日）起计算；本法施行前按照当时有关规定，用人单位应当向劳动者支付经济补偿的，按照当时有关规定执行。

（2）工伤或患职业病劳动者经济补偿金与补助金的计算。《劳动合同法实施条例》第二十三条规定，用人单位依法终止工伤职工的劳动合同的，除依照劳动合同法第四十七条的规定支付经济补偿外，还应当依照国家有关工伤保险的规定支付一次性工伤医疗补助金和伤残就业补助金。

（三）经济补偿金的支付时间与方式

《劳动合同法》第五十条第二款规定："劳动者应当按照双方约定，办理工作交接。用人单位依照本法有关规定应当向劳动者支付经济补偿的，在办结工作交接时支付。"可见，"办结交接工作"之时即为"支付经济补偿金"之时。所以，用人单位与劳动者解除或终止劳动关系具备法定情形时，用人单位应当按规定标准及时向劳动者支付经济补偿金。经济补偿金应由用人单位一次性发给劳动者。如果用人单位不及时支付给经济补偿金，按照《劳动合同法》第八十五规定，由劳动行政部门责令限期支付经济补偿；逾期不支付的，责令用人单位按应付金额百分之五十以上百分之一百以下的标准向劳动者加付赔偿金。

四、赔偿金的支付与计算

（一）经济补偿金与赔偿金

经济补偿金是指用人单位在依据劳动法律法规解除或终止劳动合同时向劳动者支付的一种经济补偿；赔偿金作为劳动法上的一个概念，是指用人单位因违反劳动法律法规解除或终止劳动合司，以及有其他侵害劳权情形时向劳动者支付的一种经济赔偿。

（二）赔偿金的法定情形与计算

依据《劳动合同法》第四十八、八十五、八十七条及《劳动合同法实施条例》第二十五条的规定，用人单位应当支付赔偿金的法定情形如下。

（1）试用期违法型赔偿金（违法约定试用期）。《劳动合同法》第八十三条规定："用人单位违反本法规定与劳动者约定试用期的，由劳动行政部门责令改正；违法约定的试用期已经履行的，由用人单位以劳动者试用期满月工资为标准，按已经履行的超过法定试用期的期间向劳动者支付赔偿金。"

（2）侵害劳权型赔偿金（用人单位侵害劳动者劳动报酬、加班费或经济补偿金等合法权益）。《劳动法》第九十一条规定：用人单位有下列侵害劳动者合法权益情形之一的，由劳动行政部门责令支付劳动者的工资报酬、经济补偿，并可以责令支付赔偿金：① 克扣或者无故拖欠劳动者工资的；② 拒不支付劳动者延长工作时间工资报酬的；③ 低于当地最低工资标准支付劳动者工资的；④ 解除劳动合同后，未依照本法规定给予劳动者经济补偿的。这里规定了用人单位侵害劳动者合法权益的4种情形，在这些情形之下，由劳动行政部门"责令"用人单位支付劳动者的工资报酬、经济补偿，同时"可以责令"支付赔偿金。

《劳动合同法》第八十五条规定：用人单位有下列情形之一的，由劳动行政部门责令限期支付劳动报酬、加班费或者经济补偿；劳动报酬低于当地最低工资标准的，应当支付其差额部分；逾期不支付的，责令用人单位按应付金额百分之五十以上百分之一百以下的标准向劳动者加付赔偿金：① 未按照劳动合同的约定或者国家规定及时足额支付劳动者劳动报酬的；② 低于当地最低工资标准支付劳动者工资的；③ 安排加班不支付加班费的；④ 解除或者终止劳动合同，未依照本法规定向劳动者支付经济补偿的。

（3）违法解约型赔偿金（用人单位违法解除或终止劳动合同）。在实践中常发生用人单位错误解除或终止劳动合同的情形。在《劳动合同法》施行之前，对于用人单位错误解除或终止劳动合同的决定，一般只是撤销用人单位的决定，恢复劳动者的劳动关系和工作岗位。但这在现实中往往难以执行，原因在于：一是劳动关系受到破坏，劳动者本人不愿意回去工作；二是劳动者的原岗位已经被其他劳动者替代，实际上已不可能回去。鉴于这种情形，《劳动合同法》第四十八条规定："用人单位违反本法规定解除或者终止劳动合同，劳动者要求继续履行劳动合同的，用人单位应当继续履行；劳动者不要求继续履行劳动合同或者劳动合同已经不能继续履行的，用人单位应当依照本法第八十七条规定支付赔偿金。"其中第八十七条规定："用人单位违反本法规定解除或者终止劳动合同的，应当依照本法第四十七条规定的经济补偿标准的二倍向劳动者支付赔偿金。"

违法解约型赔偿金与经济补偿金的竞合。法律责任竞合是指行为人的行为触犯了两个或两个以上法律条款的禁止性规定，行为人因此要受到两个或两个以上的法律的管辖，并根据管辖法律的规定承担具体的法律责任，权利人可选择适用相关的法律维护自己的合法权益。比如出卖人交付的物品有瑕疵，致使买受人的合法权益遭受侵害，买受人向出卖人既可主张侵权责任，又可主张违约责任，但这两种责任不能同时追究，只能追究其一，这种情况即是法律责任的竞合。法律责任竞合的特点包括以下方面。其一，数个法律责任的主体为同一法律主体。不同法律主体的不同法律责任可以分别追究，不存在相互冲突的问题。其二，责任主体实施了一个行为。如果是数个行为分别触犯不同的法律规定，并且符合不同的法律责任构成要件，则应针对各行为追究不同的法律责任，而不能按责任竞合处理。其三，该行为符合两个或两个以上的法律责任构成要件。行为人虽然仅实施了一个行为，但该行为同时触犯了数个法律规范，符合数个法律责任的构成要件，因而导致了数个法律责任的产生。其四，数个法律责任之间相互冲突。如果数个法律责任可以被其中之一所吸收，如某犯罪行为的刑事责任吸收了其行政责任；或可以并存，如某犯罪行为的刑事责任与附带民事赔偿责任被同时追究，则不存在责任竞合的问题。

法律责任竞合是现实生活中不可避免的问题，在《劳动合同法实施条例》第二十五条中规定了赔偿金与经济补偿金的竞合问题："用人单位违反劳动合同法的规定解除或者终止劳动合同，依照劳动合同法第八十七条的规定支付了赔偿金的，不再支付经济补偿。"根据该条的规定，经济补偿金与违法解约型赔偿金（且仅限于该类型赔偿金）不可兼得，但在其他情形下，经济补偿金与赔偿金不会发生竞合，各自独立适用。

（4）违法用工型赔偿金（由于用人单位不具备合法经营资格而招用劳动者）。《劳动合同法》第九十三条规定："对不具备合法经营资格的用人单位的违法犯罪行为，依法追究法律责任；劳动者已经付出劳动的，该单位或者其出资人应当依照本法有关规定向劳动者支付劳动报酬、经济补偿、赔偿金；给劳动者造成损害的，应当承担赔偿责任。"由于用人单位不具备合法经营资格，通常会导致劳动合同全部无效，而对于劳动者已经付出的劳动，却不能因为劳动合同的无效而被排除在劳动法保护之外，所以规定"该单位或者其出资人"应依照《劳动合同法》的规定向劳动者支付劳动报酬、经济补偿金、赔偿金。

五、劳动关系结束后的法定义务

劳动合同依法解除或者终止后，劳动关系结束，劳动合同中约定的权利义务也随之结束，但是这并不意味着双方当事人不再需要履行任何义务。实践中，诸如用人单位不开具解除或终止劳动合同的证明、扣押劳动者的档案，或者劳动者不辞而别、不办理工作交接，导致用人单位工作陷入混乱等情况经常出现，对新的劳动关系的建立及正常的生产生活造成了严重的影响。鉴于此，劳动合同解除及终止后的相关义务的履行及手续的办理显得尤为重要。法律也对此做了专门的规定，因此劳动合同解除及终止后，双方当事人还必须履行相应的法定义务。

（一）劳动合同解除及终止后用人单位的法定义务

（1）用人单位有出具解除或终止劳动合同证明的义务。《劳动合同法》第五十条规定，用人单位"应当在解除或者终止劳动合同时出具解除或终止劳动合同的证明"。《劳动合同法实施条例》第二十四条进一步明确："用人单位出具的解除、终止劳动合同的证明，应当写明劳动合同期限、解除或者终止劳动合同的日期、工作岗位、在本单位的工作年限。"

（2）用人单位有在十五日内为劳动者办理档案和社会保险关系转移手续的义务。为劳动者办理档案和社会保险关系转移手续是用人单位的一项法定义务。如果用人单位没有为劳动者办理档案转移手续，劳动者便无法到新的用人单位工作；如果用人单位没有为劳动者办理社会保险关系转移手续，则会导致劳动者中断社会保险待遇，劳动者的社会保险权益受损。为了保障劳动者的合法权益，用人单位必须在十五日内办理完毕。根据《劳动合同法》第八十四条第三款的规定，劳动者依法解除或者终止劳动合同的，用人单位扣押劳动者档案或者其他物品的，由劳动行政部门责令限期退还劳动者本人，按每一名劳动者五百元以上二千元以下的标准处以罚款；给劳动者造成损害的，用人单位应当依法承担赔偿责任。

（3）用人单位在劳动者办结工作交接时有向劳动者支付经济补偿金的义务。根据我国法律规定，用人单位与劳动者解除或终止劳动关系具备法定情形时，用人单位应当按规定标准向劳动者支付经济补偿金。同时《劳动合同法》第八十五条规定了相关的法律责任：解除或者终止劳动合同，未依照本法规定向劳动者支付经济补偿的，由劳动行政部门责令限期支付经济补偿；逾期不支付的，责令用人单位按应付金额百分之五十以上百分之一百以下的标准向劳动者加付赔偿金。

（4）用人单位对已经解除或者终止的劳动合同文本，有保存二年以上备查的义务。劳动合同文本是劳动双方当事人权利义务的书面凭证，在用人单位与劳动者发生争议时具有重要的证据效力。实践中，在劳动合同解除或终止后，用人单位与劳动者之间的争议往往因为劳动合同文本的丢失而无法查证，对劳动者极其不利。考虑到劳动合同文本是记载劳动合同双方权利义务关系的基本文件,《劳动合同法》第五十条规定：用人单位对已经解除或终止的劳动合同的文本，应当至少保存二年备查。这一规定加重了用人单位在以后劳动争议中的举证责任。如果不注重此项新增义务，在将来可能发生的劳动争议中，用人单位可能会因无法提供被查的劳动合同文本而处于不利的地位。

（二）劳动合同解除或终止后，劳动者的法定义务

在解除或终止劳动合同后，劳动者主要承担如下两项法律义务。

（1）按照合同约定办理工作交接的义务。在劳动合同终止后，为了使用人单位的工作继续进行，不至于因劳动合同的解除或终止而中断，造成不必要的损失，工作的交接手续对用人单位是非常重要的。因此，在劳动合同解除或终止后，劳动者并不能一走了之，要承担按照双方约定，遵循诚信原则办理工作交接的义务。工作交接的内容主要包括公司财产物品的归还、资料的交接、工作内容的交接及其他双方约定事项。

（2）按照双方约定或法律规定承担保密义务和竞业限制的义务。在劳动合同解除或终止且双方办理完毕交接手续后，双方之间不再存在劳动关系，但这并不意味着双方之间不再存在任何权利义务关系。劳动合同终止或解除后，劳动者仍应按照在职期间的约定或法律规定，履行保守用人单位商业秘密、知识产权的义务，有竞业限制约定的，履行竞业禁止义务。需要说明的是，保守用人单位的商业秘密是劳动者的法定义务，即使劳动者和用人单位之间没有签订保密协议或者在劳动合同中没有约定保密条款，劳动者在劳动合同结束后，也应当保守用人单位的商业秘密。

六、违反劳动合同法的法律责任

（一）四种法律责任

根据《劳动合同法》第七章关于"法律责任"的规定，劳动法律关系主体如果违反该法的规定，需要承担的责任可以分为4种：一是行政责任，如"责令改正""给予警告"（第八十、八十一、八十三、八十九、九十二等），"责令限期退还""罚款"（第八十四、九十二条），"责令限期支付"（第八十五条），行政处罚（第八十八条），行政处分（第九十五条），吊销营业执照（第九十二条），行政赔偿（第九十五条）；二是刑事责任（第八十八、九十五条）；三是民事（赔偿）责任（第八十、八十一、八十四、八十六、八十八至九十四条）；四是劳动法责任，即经济惩罚（如第八十二条规定的双倍工资，第八十三、八十五、八十七条规定的赔偿金等）。

（二）赔偿责任的分类

1. 用人单位承担赔偿责任的情形

第一，用人单位直接涉及劳动者切身利益的规章制度违反法律、法规规定的，给劳动者造成损害的，应当承担赔偿责任（第八十条）。

第二，用人单位提供的劳动合同文本未载明本法规定的劳动合同必备条款或者用人单位

未将劳动合同文本交付劳动者的，给劳动者造成损害的，应当承担赔偿责任（第八十一条）。

第三，用人单位违反劳动合同法规定，以担保或者其他名义向劳动者收取财物，给劳动者造成损害的，应当承担赔偿责任（第八十四条）。

第四，劳动者依法解除或者终止劳动合同，用人单位扣押劳动者档案或者其他物品的，给劳动者造成损害的，应当承担赔偿责任（第八十四条）。

第五，用人单位以暴力、威胁或者非法限制人身自由的手段强迫劳动，给劳动者造成损害的，应当承担赔偿责任（第八十八条）。

第六，用人单位违章指挥或者强令冒险作业危及劳动者人身安全的，给劳动者造成损害的，应当承担赔偿责任（第八十八条）。

第七，用人单位侮辱、体罚、殴打、非法搜查或者拘禁劳动者，给劳动者造成损害的，应当承担赔偿责任（第八十八条）。

第八，用人单位劳动条件恶劣、环境污染严重，给劳动者身心健康造成严重损害的，应当承担赔偿责任（第八十八条）。

第九，用人单位违反劳动合同法规定未向劳动者出具解除或者终止劳动合同的书面证明，给劳动者造成损害的，应当承担赔偿责任（第八十九条）。

第十，劳动合同因用人单位的过错而被确认无效，给劳动者造成损害的，应当承担赔偿责任（第八十六条）。

第十一，用人单位因不具备合法经营资格被依法追究法律责任，给劳动者造成损害的，应当承担赔偿责任（第九十三条）。

2. 劳动者承担赔偿责任的情形

第一，劳动者违反劳动合同法规定解除劳动合同，给用人单位造成损失的，应当承担赔偿责任（第九十条）。劳动者承担赔偿责任的限度在该损害的范围之内（比如招录费用、培训费用等）。

第二，劳动者违反劳动合同中约定的保密义务或者竞业限制，给用人单位造成损失的，应当承担赔偿责任（第九十条）。

第三，劳动合同因劳动者的过错（以欺诈、胁迫的手段使用人单位违背真实意思的情况下订立或者变更劳动合同）而被确认无效，给用人单位造成损失的，应当承担赔偿责任（第八十六条）。

3. 连带赔偿责任

连带赔偿责任是指权利人可以向任何一个责任人要求权利时，各个责任人不分份额、不分先后次序地根据权利人的请求对外承担全部责任。在权利人提出请求时，各个责任人不得以超出自己应承担的部分而拒绝，主要包括如下情形。

第一，用人单位与劳动者的连带赔偿责任。用人单位招用与其他用人单位尚未解除或者终止劳动合同的劳动者，给其他用人单位造成损失的，应当承担连带赔偿责任。

第二，劳务派遣单位与用工单位的连带责任。根据原《劳动合同法》及《劳动合同法实施条例》的规定，劳务派遣单位与用工单位，只要一方违反有关劳务派遣规定给被派遣劳动者造成损害的，双方即应当相互承担连带赔偿责任。但《劳动合同法》在2012年修改后规定，用工单位违反有关劳动派遣规定给被派遣劳动者造成损害的,劳务派遣单位与用工单位承担连带赔偿责任。

第三,发包组织与个人承包者的连带责任。没有经营资质的个人承包经营者违反劳动合同法规定招用劳动者,给劳动者造成损害的,发包的组织与个人承包经营者承担连带赔偿责任。

4. 劳动管理部门及其工作人员的赔偿责任——行政赔偿

劳动行政部门和其他有关主管部门及其工作人员玩忽职守、不履行法定职责,或者违法行使职权,给劳动者或者用人单位造成损害的,应当承担赔偿责任。

第七节 劳务派遣与非全日制用工

《劳动合同法》第五章"特别规定"中规定了集体合同、劳务派遣、非全日制用工三种情况,关于集体合同下面将有专章介绍。劳务派遣形式下的劳动合同涉及三方法律关系主体,与一般劳动合同不同;非全日制用工形式下的劳动合同,不论是劳动合同形式还是劳动合同数量,通常与一般劳动合同也不相同。因此,这里只介绍《劳动合同法》关于劳务派遣与非全日制用工的特殊规定。

一、劳务派遣

(一)劳务派遣的概念与特征

1. 起源与发展

劳务派遣,在人力资源界一般称之为人力派遣、劳动力(或人才)租赁,也有的称之为劳动派遣。劳务派遣最早起源于20世纪五六十年代的美国,当时由于经济结构调整,产业结构和用工形式发生了巨变。企业为谋求生存和发展,不得不大规模地裁员,被裁减员工中有一技之长者成为人才派遣的对象,人才派遣业务应运而生(可见该项业务最初主要是面向技术人才)。该项业务产生后,在日本、美国、欧洲等国家发展迅速。以美国为例,1983年被派遣者不到4000人,到了1984年就增至五六万人。目前,美国最大的一个人才派遣公司,现有员工600万左右;日本从事人才派遣的企业有4000多个,最大的一个也有20多万员工,营业额达到几千亿日元。20世纪90年代末,劳务派遣业务从日本、欧美传入中国,并随着市场经济的逐步完善而成为迅猛发展的一种新型用工形式。这种用工形式具有灵活、多变的特点,能够适应日益发展的多样化的市场需求,节省了劳动者找工作的成本和用工单位寻找合格员工的成本,但这种用工形式也突破了普通劳动关系的传统模式,使得劳动关系更加复杂化,也使得劳动者处于更加弱势的地位。因此,劳务派遣作为一种新型的劳动关系模式,在国内法学界及实务界一直存在较大的争议。

目前,我国国内规范劳务派遣的法律法规极少,基本上是立法的空白点。《劳动合同法》

在立法过程中，有关劳务派遣的条款也一直是争议最大的焦点之一，最终出台的《劳动合同法》在第五章共计用了 11 个条款来规范劳务派遣，成为这次《劳动合同法》制定过程中的一大亮点。《劳动合同法》实施后，劳务派遣日趋活跃，但也有被滥用的趋势，致使被派遣劳动者的权益难以得到有效保障。为加大对劳务派遣的规制，全国人民代表大会常务委员会于 2012 年 12 月 28 日通过了《关于修改〈中华人民共和国劳动合同法〉的决定》，该决定自 2013 年 7 月 1 日起施行。修改后的《劳动合同法》明确了劳务派遣的定位，指出"劳动合同用工是我国的企业基本用工形式。劳务派遣用工是补充形式，只能在临时性、辅助性或者替代性的工作岗位上实施"。

2. 概念与特征

劳务派遣是指劳务派遣单位（用人单位、派遣单位、派出单位）与劳动者订立劳动合同，再由劳务派遣单位与接收以劳务派遣的形式用工的单位（用工单位、要派单位、派入单位）订立劳务派遣协议，将（受派）劳动者派往用工单位提供劳动并接受其指挥命令，而用人单位从用工单位获取派遣费，并向（受派）劳动者支付劳动报酬的一种特殊劳动关系。作为一种特殊劳动关系，劳务派遣具有不同于一般劳动关系的特征：① 雇用与使用相分离；② 劳动与关系相分离；③ 劳动关系主体由两方演变为三方。

（二）劳务派遣法律关系的主体

劳务派遣法律关系主体是指依据劳动合同法的规定享有权利和承担义务的劳务派遣法律关系的参加者。劳务派遣法律关系主体不同于普通劳动法律关系的主体，包括劳务派遣单位（用人单位）、劳务要派单位（用工单位）及受派遣的劳动者三方主体。劳务派遣从本质上说是将用人单位与劳动者之间的直接雇佣关系转化为间接雇佣关系，劳务派遣机构以一个不实际用工的用人单位的身份出现在传统的劳动者与用人单位之间，实际的用人单位成为用工单位，而劳动者成了受派遣的劳动者，不实际用工的派遣机构由此充当了用人单位的角色。我国《劳动合同法》对于用工单位及劳动者并无特别要求，但对于劳务派遣单位却做出了严格的规范，所以下面对劳务派遣单位做重点介绍。

1. 劳务派遣单位的成立要件

劳务派遣单位，在我国《劳动合同法》中称用人单位，是指与劳动者签订劳动合同并将劳动者组织起来，派往实际用工单位的企业法人。劳务派遣单位的主体资格要严于一般用人单位的要求。依据《劳动合同法》第五十七条规定，劳务派遣单位的成立必须满足以下条件。

（1）准入制度严格，实行行政许可制。《劳动合同法》第五十七条最后一款明确规定："经营劳务派遣业务，应当向劳动行政部门依法申请行政许可；经许可的，依法办理相应的公司登记；未经许可，任何单位和个人不得经营劳务派遣业务。"

（2）注册资本要求高，不得少于人民币 200 万元。原《劳动合同法》规定为不少于 50 万元，显然修改后的《劳动合同法》对于劳务派遣公司的成立设置了更高的门槛。

（3）有固定的经营场所和设施，有合法的派遣管理制度。依据《劳动合同法》第五十七条第一款第二、三项规定，经营劳动派遣业务还要"有与开展业务相适应的固定的经营场所和设施""有符合法律、行政法规规定的劳务派遣管理制度"。

（4）符合"法律、行政法规规定的其他条件"，这是一个兜底性的规定。劳务派遣单位作为企业法人，依照《公司法》规定，其成立必须有公司章程、公司名称及相应的组织机构及住所。

2. 对劳务派遣单位的禁止要求

《劳动合同法》及其《实施条例》还明确规定了对于劳务派遣单位的禁止性要求。第一，用人单位不得实行内部劳务派遣。用人单位不得设立劳务派遣单位向本单位或者所属单位派遣劳动者；用人单位不得出资或合伙设立劳务派遣单位向本单位或者所属单位派遣劳动者；用人单位所属单位不得出资或合伙设立劳务派遣单位向本单位或者所属单位派遣劳动者。实践中有些用人单位自己成立劳务派遣公司，把自己的员工全部通过自己的劳权派遣公司派遣给本单位，用工性质转变，劳动者收入下降，企业用工成本降低。违反本条规定属于违反法律强制性规定，属于无效行为。第二，劳务派遣单位不得以非全日制用工形式招用被派遣劳动者。

（三）劳务派遣法律关系

劳务派遣法律关系是在劳务派遣单位、用工单位和被派遣劳动者三方之间形成的法律关系，这种法律关系在逻辑上可以划分为三个双边法律关系：一是劳务派遣单位与被派遣劳动者之间的法律关系；二是劳务派遣单位与用工单位之间的法律关系；三是用工单位与被派遣劳动者之间的法律关系。

1. 劳务派遣单位与被派遣劳动者之间的法律关系

根据《劳动合同法》第五十八条的规定，劳务派遣单位就是用人单位，应当遵守劳动法律法规的相关规定，履行用人单位对于劳动者的义务。因此，劳务派遣单位与劳动者应当在平等、自愿的基础上签订劳动合同，由劳务派遣单位向劳动者支付劳动报酬并对劳动者进行管理，劳动者依照劳务派遣单位的指示向用工单位提供劳动服务。但是，劳动者的劳动并非直接给付给劳务派遣单位，而是在其指示之下向用工单位给付，双方之间并不存在直接的劳动给付关系，所以两者之间是一种特殊的劳动合同关系。正是鉴于这种特殊性，《劳动合同法》对劳务派遣单位与劳动者的劳动合同关系做出了特殊的规范，使得派遣单位承担比一般直接用工单位更多的法律义务。

（1）劳动合同条款。劳动合同的必备条款除应当载明《劳动合同法》第十七条规定的 9 个方面的事项外，还应当载明被派遣劳动者的用工单位、派遣期限、工作岗位等情况。

（2）劳动合同期限。劳务派遣单位应当与被派遣劳动者订立二年以上的固定期限劳动合同，不得以非全日制用工形式招用被派遣劳动者。

（3）劳动报酬保障。劳务派遣单位按月支付劳动报酬，不得克扣用工单位按照劳务派遣协议支付给被派遣劳动者的劳动报酬；被派遣劳动者在无工作期间，劳务派遣单位应当按照所在地人民政府规定的最低工资标准，向其按月支付报酬；劳务派遣单位跨地区派遣劳动者的，被派遣劳动者享有的劳动报酬和劳动条件，按照用工单位所在地的标准执行。

（4）告知及禁止收费义务。劳务派遣单位应当将劳务派遣协议的内容告知被派遣劳动者；劳务派遣单位不得向被派遣劳动者收取费用。

《劳动合同法》的上述规定明确了劳动派遣单位对于被派遣劳动者的义务，同时劳务派遣单位也享有如下权利。

（1）依法管理劳动者的权利。在劳动派遣法律关系中，被派遣劳动者的管理权是分割的，员工关系管理（包括招录员工、工资支付、社会保险缴费、人事档案、劳动争议处理）主要由派遣单位来负责，而具体的劳动过程管理则是由实际用工单位来负责。作为派遣方，用人单位有权招聘并组织劳动者进行劳务派遣，并对劳动者的日常工作行使管理权，比如要求被派遣劳动者按照用工单位要求提供劳动服务、严格遵守劳动职业道德及劳动纪律、努力提高职业技能等。

（2）依法解除劳动合同的权利。劳动者有《劳动合同法》第三十九条规定和第四十条第一、二项规定情形的，劳务派遣单位依照《劳动合同法》的有关规定，可以解除劳动合同。劳务派遣单位违法解除或者终止被派遣劳动者的劳动合同的，应依照《劳动合同法》承担违法解除或终止劳动合同的法律责任。

2. 劳务派遣单位与用工单位之间的法律关系

在劳动派遣法律关系中，劳务派遣单位与实际用工单位都是独立、平等的民事主体，双方在自愿、平等、协商的基础上签订的劳务派遣协议，实际上就是有关劳动派遣单位向用工单位派遣劳动者并提供劳动服务、而用工单位接受劳动服务并支付对价的民事劳务合同。所以，两者之间是一种民事（劳务）合同关系。但是，由于这种民事合同关系涉及劳动者的权益保护问题，劳动派遣单位与用工单位之间的"劳务派遣协议"除了要遵守《合同法》的一般规定外，还要遵守《劳动合同法》的特殊规定。

（1）强制义务。劳务派遣协议是劳动派遣单位与实际用工单位就劳动派遣事项签订的书面合同。《劳动合同法》强制规定劳务派遣单位约定与用工单位签订劳权派遣协议，其中第五十九条规定：劳务派遣单位派遣劳动者应当与接受以劳务派遣形式用工的单位（以下称用工单位）订立劳务派遣协议。

（2）明确内容。依据《劳动合同法》的规定，劳务派遣协议应当约定如下4个方面的内容：一是派遣岗位和人员数量；二是派遣期限；三是劳动报酬和社会保险费的数额与支付方式；四是违反协议的责任。根据人社部公布的《劳务派遣暂行规定》（2014年3月1日施行）的要求，劳务派遣协议应当载明的事项包括13项：派遣的工作岗位名称和岗位性质；工作地点；派遣人员数量和派遣期限；按同工同酬原则确定的劳动报酬数额和支付方式；社会保险费数额与支付方式；工作时间和休息休假事项；被派遣劳动者工伤、生育或患病期间的相关待遇；劳动安全卫生以及培训事项；经济补偿等费用；派遣协议期限；派遣服务费的支付方式和标准；违反派遣协议的责任；法律、法规、规章规定应当载入派遣协议的其他事项。这是派遣协议的必备内容，此外双方还可以约定其他内容。

（3）期限限制。用工单位应当根据工作岗位的实际需要与劳务派遣单位确定派遣期限，不得将连续用工期限分割订立数个短期劳务派遣协议。

（4）岗位限制。岗位限制涉及劳务派遣的适用范围和业务定位问题。每个国家对劳务派遣的立法均要确认其与一般的直接雇佣在范围上的区别。从国外经验来看，大多数国家在劳务派遣初期都对其实行严格的规制，对适用范围的限制都经历了由管制到逐步放开的过程。对于劳动派遣，既要规制，但又不能规制得太死。因此，我国原《劳动合同法》第六十六条规定，劳务派遣一般在临时性、辅助性或者替代性的工作岗位上实施。

首先，用工单位在现实生活中确实存在临时性、替代性、辅助性的用工需求。如市场需求往往具有临时性或多元化的特征，而企业自身员工的结构配置达不到相应的要求，再如企业员工也有可能由于身体原因、家庭因素（如生病、生育）等原因暂时不能从事其指派的工作。面对这种临时性、替代性需求，用人单位从控制成本的角度出发，往往不会调整自身的劳动力资源结构，而是从劳动力市场中临时雇佣所需人员。因此，《劳动合同法》的这条规定因应了用人单位的这种的用工需求。

其次，劳动派遣范围在实践中存在着随意扩大的趋势也是不争的事实。很多企业为了降低用工成本，在长期性、稳定性的工作岗位也使用劳动派遣工，劳务派遣大有成为主流用工形式的趋势。对于这种不正常的发展趋势，《劳动合同法》又希望进行遏制。如何在两者之间寻求一种平衡？这是《劳动合同法》面临的一个两难问题。因此，第六十六条规定本身又具有一定的模糊性：首先，"一般"而不是"应当"，显示并不是强制性规定；其次，使用"一般"的限定词意味着还存在特殊的情形，但哪些属于特殊情形，法律缺乏明确的规定；再次，哪些属于临时性、辅助性或者替代性的工作岗位，也缺乏明确的法律界定。这些模糊性的规定往往造成劳务派遣的滥用，不利于保护劳动者的权益。

全国人民代表大会常务委员会于2012年12月28日通过的《关于修改〈中华人民共和国劳动合同法〉的决定》针对上述问题作出了重大修改。其一，明确"劳务派遣用工是补充形式"，且"只能"在临时性、辅助性或者替代性的工作岗位上实施，强调"劳动合同用工"才是我国企业的"基本用工形式"。其二，明确界定"三性"的含义。《劳动合同法》第六十六条规定，临时性工作岗位是指"存续时间不超过六个月"的岗位；辅助性工作岗位是指"为主营业务岗位提供服务"的非主营业务岗位；替代性工作岗位是指用工单位的劳动者因"脱产学习、休假等原因无法工作的一定期间"内可以由其他劳动者替代工作的岗位。其三，严限劳务派遣工数量。《劳动合同法》第六十六条规定："用工单位应当严格控制劳务派遣用工数量，不得超过其用工总量的一定比例，具体比例由国务院劳动行政部门规定。"根据《劳务派遣暂行规定》（2014）的要求，劳务派遣用工不得超过用工总量的10%，用工总量等于用工单位签订劳动合同的人数加上其使用的被派遣劳动者之和；计算用工比例的用工单位指依法可签订劳动合同的单位（子公司与母公司分开计算），而不是劳务派遣单位；超标准的用工单位给予两年的过渡期，期间不得使用新的被派遣劳动者。

（5）劳动基准限制。《劳动合同法》第六十一条规定：劳务派遣单位跨地区派遣劳动者的，被派遣劳动者享有的劳动报酬和劳动条件，按照用工单位所在地的标准执行。劳务派遣往往是由经济落后而劳动力过剩地区向经济较发达但劳动力短缺的地区进行派遣，这种情况下，用工单位所在地区的劳动条件和劳动报酬一般要优于劳务派遣单位所在地区。这种地区差距往往成为派遣单位和用工单位侵害劳动者合法权益的"驱动力"。因此，《劳动合同法》对此进行了规制。

3. 用工单位与被派遣劳动者之间的法律关系

用工单位（要派单位）与受派劳动者之间的法律关系比较特殊。劳动者虽然直接向用工单位提供劳动，但双方之间并不存在劳动合同关系，只存在事实上的劳动力使用与被使用的关系，而劳动者的报酬支付、人事管理、争议解决都由劳务派遣单位来进行。因此，很难明确界定用工单位与受派劳动者之间的法律关系，目前我国《劳动合同法》也没有给其以准确的定位。有一种观点认为,劳动者根据与劳动派遣单位的劳动合同而向用工单位提供劳动服务,所以双方形成劳动服务关系;也有的认为两者之间是一种实际用工关系。

但不可否认的是,在劳务派遣法律关系中,受派劳动者在用工单位提供劳动服务,接受用工单位的指挥和命令,本质上具有劳动关系的属性。因此,在美国是将用工单位和劳务派遣单位作为共同雇主对待的,但我国《劳动合同法》并未直接将用工单位作为共同雇主。我国《劳动合同法》将劳务派遣单位称为用人单位,而将实际用工的主体称为用工单位。在没有法律纠纷的情况下,这种分类和称谓不会产生法律上的疑难问题。但是,一旦发生法律纠纷,《劳动合同法》第九十二条规定,用工单位给被派遣劳动者造成损害的,劳务派遣单位与用工单位承担连带赔偿责任。这种连带责任的规定实质上是将其作为共同雇主对待了。

(1) 用工单位的义务。

《劳动合同法》虽未规定在劳务派遣过程中实际用工单位是劳动法意义上的用人单位,但在第六十二、六十三条等条款中从如下方面强化了用工单位的义务。

① 同工同酬的义务。《劳动合同法》第六十三条规定:"用工单位应当按照同工同酬原则,对被派遣劳动者与本单位同类岗位的劳动者实行相同的劳动报酬分配办法。用工单位无同类岗位劳动者的,参照用工单位所在地相同或者相近岗位劳动者的劳动报酬确定。劳务派遣单位与被派遣劳动者订立的劳动合同和与用工单位订立的劳务派遣协议,载明或者约定的向被派遣劳动者支付的劳动报酬应当符合前款规定。"《劳务派遣暂行规定》还规定了"同工同社保"的义务。

② 执行劳动基准的义务。执行国家劳动标准,提供相应的劳动条件和劳动保护。

③ 告知义务。告知被派遣劳动者的工作要求和劳动报酬。

④ 支付加班费、奖金及福利待遇的义务。支付加班费、绩效奖金,提供与工作岗位相关的福利待遇。加班费的支付与数额不可能在劳务派遣协议中事先约定;绩效奖金是一定时期或者一项任务完成而按照劳动者绩效计算发放的奖金,也无法事先约定;提供与工作岗位相关的福利待遇体现了劳务派遣工与用工单位其他职工同工同酬的权利。上述工资待遇之外的加班费、绩效奖金及福利待遇,需要由用工单位向受派劳动者在正常的工资待遇之外另行支付。

⑤ 培训义务。对在岗被派遣劳动者进行工作岗位所必需的培训。劳务派遣单位应当按照用工单位的要求派遣符合其要求的劳动者,但如果用工单位在接受被派遣劳动者后认为按照本单位的岗位需求须进一步进行培训的,则由用工单位负责对在岗的被派遣劳动者进行工作岗位所必需的培训,费用也应由用工单位承担。

⑥ 正常调薪的义务。连续用工的,实行正常的工资调整机制。

⑦ 禁止收费义务。用工单位不得向被派遣劳动者收取费用。

⑧ 不得转派遣。用工单位不得将被派遣劳动者再派遣到其他用人单位,必须"自用"。

⑨ 不得内部派遣。不得设立劳务派遣单位向本单位或者所属单位派遣劳动者,即不得自己出资或者其所属单位出资或合伙设立劳务派遣单位然后向本单位或者所属单位派遣劳动者。

(2) 用工单位的权利。

用工单位对于受派遣的劳动者享有如下两个方面的权利。一是依法行使生产指挥的权利。如前所述,劳务派遣单位享有对劳动者的员工关系管理权,而用工单位享受对劳动者的生产经营指挥权,因此用工单位可以要求受派劳动者按照本单位要求完成劳动任务、严格遵守劳动职业道德和本单位劳动纪律、严格遵守劳动安全规程、提高职业技能等。二是依法退工的权利。受派劳动者有《劳动合同法》第三十九条规定和第四十条第一、二项规定情形的，用工单位可以将劳动者退回劳动派遣单位，劳务派遣单位依照《劳动合同法》的有关规定，可以解除劳动合同。

4. 被派遣劳动者的权利

在劳务派遣法律关系中，劳动者既与劳务派遣单位之间存在劳动法律关系，也与用工单位之间存在法律关系，所以被派遣劳动者的权利，有的可以向劳务派遣单位主张，有的可以向用工单位主张，有的可以向双方主张。因此，被派遣劳动者主要享有以下权利。

（1）劳动报酬权。劳动者无论是否被派遣工作，都有权向劳动派遣单位索要劳动报酬。

（2）同工同酬权。《劳动合同法》第六十三条规定："被派遣劳动者享有与用工单位的劳动者同工同酬的权利。"在劳务派遣领域，对于劳动派遣工往往同工不同酬，而是以身份计酬，派遣工的工资待遇比非派遣工低很多，身份歧视问题突出。这也是新修改《劳动合同法》的基本社会背景。实践中，有些用人单位为规避同工同酬的规定，将某些岗位全部实行劳务派遣，使单位内部的"同工"彻底消失，使得"同酬"失去基础，《劳动合同法》对此规定"参照用工单位所在地相同或者相近岗位劳动者的劳动报酬确定"。

（3）组织或参加工会权。《劳动合同法》第六十四条规定："被派遣劳动者有权在劳务派遣单位或者用工单位依法参加或者组织工会，维护自身的合法权益。"但根据《关于组织劳动派遣工加入工会的规定》（总工发〔2009〕21号）的要求，劳务派遣工应当首选在劳务派遣单位参加或组织工会。

（4）知情权。《劳动合同法》第六十条规定："劳务派遣单位应当将劳务派遣协议的内容告知被派遣劳动者。"第六十二条规定："用工单位应当告知被派遣劳动者的工作要求和劳动报酬。"

（5）解除劳动合同权。《劳动合同法》第六十五条规定："被派遣劳动者可以依照本法第三十六条、第三十八条的规定与劳务派遣单位解除劳动合同。"所以，协商解除劳动合同（第三十六条）、被迫解除劳动合同（第三十八条）同样适用于被派遣劳动者，该支付经济补偿的，派遣单位同样需依法支付。

（6）其他权利。劳务派遣单位及用工单位的法定义务均为劳动者应当享有的权利。

二、非全日制用工

非全日制用工是灵活就业的一种重要形式。近年来，我国非全日制劳动用工形式发展迅速，特别是在餐饮、超市、社区服务等领域，用人单位使用的非全日制劳动者越来越多。非全日制用工具有重要的社会意义。一是适应企业降低人工成本、推进灵活用工的客观需要。市场经济条件下，企业为追求利润的最大化，需要尽可能降低人工成本。而非全日制用工的成本明显低于全日制用工。二是促进下岗职工和失业人员再就业。在劳动力市场供过于求、失业人员再就业能力较差的情况下，非全日制用工在促进再就业方面发挥着重要作用。三是有利于缓解劳动力市场供求失衡的矛盾。企业实行非全日制用工可以使企业在对人力资源的客观需求总量不变的前提下，给更多的劳动者提供就业或再就业的机会。

(一) 非全日制用工的概念

非全日制用工，在英文中写作"部分时间工作"（part-time work），是相对于全日制工作（full-time work）而言的用工形式。根据国际劳工组织 1944 年通过的《非全日制工作公约》的规定，非全日制工人是指工作时间少于全日制工作的正常工作时间的工人，其工作时间的计算可以周计算，也可以一定工作时间内的平均工作时间来计算。就具体工作时间而言，每个国家的规定各不相同。日本、美国、瑞典、澳大利亚等规定，每周工作时间不满 35 小时为非全日制工作；韩国规定少于全日制工作时间的工作即为非全日制工作。

我国《劳动法》主要规范全日制工作，对于非全日制用工没有涉及。2001 年上海市率先以地方性法规的形式在《上海市劳动合同条例》中专章规定了非全日制用工，原劳动与社会保障部也于 2003 年出台了《关于非全日制用工若干问题的意见》，各地随后相继对非全日制用工形式进行立法。《劳动合同法》在此基础上，对非全日制用工单列一节进行规范，是我国劳动立法的一个新突破。根据《劳动合同法》第六十八条的规定："非全日制用工，是指以小时计酬为主，劳动者在同一用人单位一般平均每日工作时间不超过四小时，每周工作时间累计不超过二十四小时的用工形式。"

(二) 非全日制用工与全日制用工的区别

（1）劳动合同形式不同。《劳动合同法》对于全日制用工规定比较严格，要求应当订立书面劳动合同；而考虑到非全日制用工的灵活性，《劳动合同法》规定可以不订立书面劳动合同，双方当事人可以订立口头协议。

（2）劳动关系的数量不同。一般来说，在全日制用工关系中，劳动者只能保持一重劳动关系，即劳动者只能与一个用人单位签订劳动合同（合同期间，劳动者隶属于该用人单位，不能同时与多家用人单位签订劳动合同）；而在非全日制用工关系中，劳动者由于与用人单位关系不固定，是以小时作为计酬单位，所以《劳动合同法》第六十九条规定"从事非全日制用工的劳动者可以与一个或者一个以上用人单位订立劳动合同"，即非全日制用工的劳动者可以同时保持多重劳动关系，但前提条件是"后订立的劳动合同不得影响先订立的劳动合同的履行"。

（3）试用期要求不同。全日制用工劳动合同中，双方当事人可以依照法律规定约定不超过 6 个月的试用期，但以完成一定工作任务为期限或期限不满 3 个月的劳动合同除外；非全日制用工则不得约定试用期（参见第七十条规定，由于双方随时可以终止用工，也使得试用期的约定在客观上无意义）。

（4）计酬方式不同。全日制用工中，工资通常以月来计算，工资应当至少每月支付一次；非全日制用工则以小时计酬为主（也可以日、周或按件计酬），劳动报酬结算周期最长不超过 15 日（参见第七十二条）。

（5）最低工资标准不同。全日制用工执行的是用人单位所在地政府规定的月最低工资标准；非全日制用工计酬标准不得低于用人单位所在地政府规定的最低小时工资标准（参见第七十二条）。

（6）终止用工的要求不同。全日制用工中，双方当事人应当依法解除或终止劳动合同，用人单位解除或终止劳动合同，应当依法支付经济补偿金；非全日制用工双方当事人任何一方都可以随时通知（可以书面也可口头形式）对方终止用工，且用人单位不需向劳动者支付经济补偿（参见第七十一条）。

（三）非全日制用工劳动者的社会保险

在非全日制用工形式中，对于用人单位和劳动者的主体要求与普通全日制劳动关系没有区别，《劳动合同法》中关于非全日制用工的规定只限于用人单位用工，不包括个人或家庭用工形式（个人或家庭用工属于民事雇佣关系，应由民法进行调整）。建立劳动关系的劳动者，其社会保险权应当依法受到保障，但鉴于其劳动关系的不稳定性，客观上使得从事非全日制工作的劳动者的社会保险权益无法像全日制劳动者那样得到有效保障。但是，《劳动合同法》对此并未作出明确的规定，这里依照原劳动和社会保障部于2007年3月26日发布的《关于非全日制用工若干问题的意见》的规定，介绍如下。

（1）基本养老保险。从事非全日制工作的劳动者应当参加基本养老保险，原则上参照个体工商户的参保办法执行。对于已参加过基本养老保险和建立个人账户的人员，前后缴费年限合并计算；跨统筹地区转移的，应办理基本养老保险关系和个人账户的转移、接续手续。符合退休条件时，按国家规定计发基本养老金。

（2）基本医疗保险。从事非全日制工作的劳动者可以以个人身份参加基本医疗保险，并按照待遇水平与缴费水平相挂钩的原则，享受相应的基本医疗保险待遇。

（3）工伤保险。用人单位应当按照国家有关规定为建立劳动关系的非全日制劳动者缴纳工伤保险费。从事非全日制工作的劳动者发生工伤，依法享受工伤保险待遇；被鉴定为伤残5~10级的，经劳动者与用人单位协商一致，可以一次性结算伤残待遇及有关费用。根据人力资源和社会保障部公布的《实施〈中华人民共和国社会保险法〉若干规定》（2011年7月1日起施行）第九条规定："职工（包括非全日制从业人员）在两个或者两个以上用人单位同时就业，各用人单位应当分别为职工缴纳工伤保险费。职工发生工伤，由职工受到伤害时工作的单位依法承担工伤保险责任。"

复习与思考

第一节

1. 何谓劳动合同？有哪些特征？
2. 简述劳动合同与劳务合同的区别。
3. 简述集体合同与劳动合同的联系与区别。
4. 按照劳动合同的期限，劳动合同可以如何分类？
5. 《劳动合同法》规定，用人单位在哪些情形下应当与劳动者签订不定期劳动合同？
6. 多项选择题

（1）2009年2月，下列人员向所在单位提出订立无固定期限劳动合同，哪些人具备法定条件？（　　　）

A. 赵女士于1995年1月到某公司工作，1999年2月辞职，2002年1月回到该公司工作

B. 钱先生于1985年进入某国有企业工作。2006年3月，该企业改制为私人控股的有限

责任公司,年满 50 岁的钱先生与公司签订了 3 年期的劳动合同

C. 孙女士于 2000 年 2 月进入某公司担任技术开发工作,签订了为期 3 年、到期自动续期 3 年且续期次数不限的劳动合同。2009 年 1 月,公司将孙女士提升为技术部副经理

D. 李先生原为甲公司资深业务员,于 2008 年 2 月被乙公司聘请担任市场开发经理,约定:先签订 1 年期合同,如果期满时李先生提出要求,可以与公司签订无固定期限的劳动合同

(2)关于当事人订立无固定期限劳动合同,下列选项符合法律规定的有(　　)。

A. 赵某到某公司应聘,提议在双方协商一致的基础上订立无固定期限劳动合同

B. 王某在某公司连续工作满十年,要求与该公司签订无固定期限劳动合同

C. 李某在某国有企业连续工作满十年,距法定退休年龄还有十二年,在该企业改制重新订立劳动合同时,主张企业有义务与自己订立无固定期限劳动合同

D. 杨某在与某公司连续订立的第二次固定期限劳动合同到期,公司提出续订时,杨某要求与该公司签订无固定期限劳动合同

第二节

1. 我国《劳动合同法》对用人单位招工有哪些禁止性规定?
2. 根据《劳动合同法》的规定,签订劳动合同应遵守哪些原则?
3. 简述建立劳动关系与签订劳动合同的关系。
4. 用人单位不与劳动者签订书面劳动合同、劳动者不与用人单位签订书面劳动合同,分别会产生哪些法律后果?
5. 案例分析:甲是某大学会计专业的学生,毕业 2 个多月了,但一直没有找到合适的工作单位。2008 年 8 月,为了积累工作经验,他联系了当地企业,说明自己可以不用工资来工作。该公司同意甲可以先来工作,但不发任何工资,最后看其工作表现再决定是否正式录用。工作半年后,甲看到公司也没有正式录用的表示,又不给自己发工资,感觉很不公平。甲咨询了相关法律专业人士后,到当地劳动争议仲裁委员会申请劳动仲裁,要求所在公司支付相应的工资待遇。公司方面拿出了甲当时签字的同意不拿工资来工作的书面材料作为证明,拒绝了甲的要求。请分析:甲所在公司接受大学毕业生"零工资就业"的做法对吗?是否存在违法的行为?

第三节

1. 名词解释:试用期,服务期,违约金,商业秘密,竞业限制,脱密期。
2. 列举劳动合同的必备条款和可备条款。
3. 关于试用期的期限、次数是如何规定的?哪些情形下禁止约定试用期?
4. 我国劳动法律对于试用期劳动者的权利有哪些保护性规定?
5. 用人单位违反试用期规定可能会造成哪些法律后果?
6. 简述服务期与劳动合同期的关系。
7. 劳动合同可以在哪些情形下约定由劳动者承担违约金?
8. 劳动者违反服务期约定后需要承担的违约金数额有何限制?在哪些情形下可以免除承担违约金责任?在哪些情形下需要承担违约金责任?

9. 我国劳动法律关于竞业限制的人员、范围、年限是如何规定的？
10. 用人单位应当如何支付竞业限制补偿金？
11. 简述保密义务与竞业限制的关系。
12. 多项选择题

（1）某公司的高层会议上，总经理提出在全公司的劳动合同中增加保守商业秘密条款，但董事长认为公司章程中已设立保密条款，不必在劳动合同中另加约定。某律师在为此提供的咨询意见中，对公司法规定的保密义务与劳动法规定的保密义务的区别有下列表述，其中哪些符合相关法律的规定？（　　）

A. 前一种义务仅适用于董事、高级管理人员，而后一种义务适用于一般劳动者
B. 前一种义务属于法定义务，后一种义务属于约定义务
C. 前一种义务是无偿义务，后一种义务是有偿义务
D. 违反前一种义务承担赔偿责任，违反后一种义务仅承担行政责任

（2）甲厂与工程师江某签订了保密协议。江某在劳动合同终止后应聘至同行业的乙厂，并帮助乙厂生产出与甲厂相同技术的发动机。甲厂认为保密义务理应包括竞业限制义务，江某不得到乙厂工作，乙厂和江某共同侵犯其商业秘密。关于此案，下列哪些选项是正确的？（　　）

A. 如保密协议只约定保密义务，未约定支付保密费，则保密义务无约束力
B. 如双方未明确约定江某负有竞业限制义务，则江某有权到乙厂工作
C. 如江某违反保密协议的要求，向乙厂披露甲厂的保密技术，则构成侵犯商业秘密
D. 如乙厂能证明其未利诱江某披露甲厂的保密技术，则不构成侵犯商业秘密

（3）某公司聘用首次就业的王某，口头约定劳动合同期限2年，试用期3个月，月工资1200元，试用期满后1500元。2012年7月1日起，王某上班，不久即与同事李某确立恋爱关系。9月，由经理办公会讨论决定并征得工会主席同意，公司公布施行《工作纪律规定》，要求同事不得有恋爱或婚姻关系，否则一方必须离开公司。公司据此解除王某的劳动合同。经查明，当地月最低工资标准为1000元，公司与王某一直未签订书面劳动合同，但为王某买了失业保险。请回答下列问题。

① 关于双方约定的劳动合同内容，下列符合法律规定的说法是（　　）。

A. 试用期超过法定期限
B. 试用期工资符合法律规定
C. 8月1日起，公司未与王某订立书面劳动合同，应每月付其两倍的工资
D. 8月1日起，如王某拒不与公司订立书面劳动合同，公司有权终止其劳动关系，且无需支付经济补偿

② 关于该《工作纪律规定》，下列说法正确的是（　　）。

A. 制定程序违法
B. 有关婚恋的规定违法
C. 依据该规定解除王某的劳动合同违法
D. 该公司执行该规定给王某造成损害的，应承担赔偿责任

③ 关于王某离开该公司后申请领取失业保险金的问题，下列说法正确的是（　　）。

A. 王某及该公司累计缴纳失业保险费尚未满1年，无权领取失业保险金

B. 三某被解除劳动合同的原因与其能否领取失业保险金无关

C. 若王某依法能领取失业保险金，在此期间还想参加职工基本医疗保险，则其应缴纳的基本医疗保险费从失业保险基金中支付

D. 若王某选择跨统筹地区就业，可申请退还其个人缴纳的失业保险费

13. 案例分析：李某与 A 保险公司签订了无固定期限劳动合同，在该公司担任省内某地方分公司的副总经理，双方签订了《竞业避让协议》，约定：李某在劳动合同期及与 A 公司解除或终止劳动合同后的 1 年内，不得直接或间接地为其他保险公司或 A 公司的竞争对手工作；如李某遵守协议，A 公司将于竞业避让期满后向其支付经济补偿金，数额为前一年度薪金总额的 1/4；李某如有违约，需向 A 公司支付两倍于前述经济补偿金的违约金。2009 年 6 月，李某依法解除了与 A 公司的劳动关系，同年 9 月，李某出任 B 保险公司在同一地方的分公司总经理，而 A 公司为其办理了到 B 公司的档案、社保及党员关系等转移手续后，向当地劳动争议仲裁委要求李某支付竞业避让违约金。李某以：（1）竞业避让协议中约定的违约金与经济补偿金数额不对等，故该协议有违公平原则应属无效；（2）A 公司为其办理相关转移手续应视为对其新就职行为的同意，故本人不构成对竞业避让协议的单方违约等理由进行抗辩，拒绝承担违约责任。请问：（1）该竞业避让协议是否有效？为什么？（2）李某的抗辩理由是否成立？为什么？

第四、五节

1. 简述劳动合同无效的情形、致因及法律后果。
2. 劳动合同履行应遵循哪些基本原则？
3. 何谓劳动合同变更？简述其原则和形式。
4. 用人单位主体变更对劳动合同有何影响？
5. 案例分析：乙于 2008 年 3 月与某公司签订正式劳动合同，其中第二条规定"工作时间实行每周 5 天，每天 10 小时工作制"。2008 年 10 月，乙提出 10 小时工作制违反了《劳动法》，要求缩短工作时间。公司方称，既然工作时间不合法，就是无效合同，请另谋高就。乙不服，向当地劳动仲裁委提请仲裁，要求将每天工作时间改为 8 小时，并继续履行劳动合同。劳动仲裁委经过审查原劳动合同，认为其中的工作时间条款违背了我国劳动法律关于每天工作时间不超过 8 小时、每周工作时间不超过 40 小时的规定，于是裁决劳动合同无效，终止劳动关系。乙认为，原劳动合同中除工作时间不合法外，其他主要条款仍然符合法律，对仲裁委的裁决不服，于是诉至当地人民法院。请分析：当地人民法院应当如何判决？为什么？

第六节

1. 何谓劳动合同解除？列举其分类。
2. 列举用人单位过错性辞退、无过错性辞退及经济性裁员的法定情形，并简述其法定程序。
3. 列举劳动者预告辞职与即时辞职的法定情形，并简述其程序性条件。
4. 简述劳动合同终止的含义与原则。
5. 列举劳动合同终止的法定情形及其禁止性规定。

6. 经济补偿金与赔偿金有何区别？

7. 列举支付经济补偿金及赔偿金的法定情形，并简述其计算办法。

8. 列举用人单位、劳动者承担赔偿责任的法定情形。

9. 列举连带赔偿责任的法定情形。

10. 简述用人单位与劳动者在劳动合同解除及终止后的义务。

11. 多选题：某国有企业因不能清偿到期债务而决定申请破产重整，对企业实施拯救。其拯救措施之一是进行裁员。根据有关法律规定，请回答下列问题。

（1）依照劳动合同法规定，企业在重整期间需要裁减人员时，应采取的程序是（　　）。

A. 应当向工会或全体职工说明情况，听取意见

B. 应当召集职工代表大会，对裁员方案进行表决

C. 裁员方案应当公布，并允许被裁减人员提出异议

D. 裁员方案实施前，应当向劳动行政部门报告

（2）对于被裁减人员，应当给予的待遇是（　　）。

A. 依照国家有关规定给予经济补偿

B. 制定重新安置预案，予以妥善安置

C. 承诺企业在6个月内录用人员时同等条件下予以优先录用

D. 承诺企业在重整成功后予以重新录用

（3）不得被裁减的企业人员有（　　）。

A. 管理层、技术骨干和劳动模范

B. 患病或者负伤，在规定的医疗期内的

C. 在孕期、产期、哺乳期内的女职工

D. 患职业病或者因工负伤并被确认丧失或者部分丧失劳动能力的

（4）对于企业裁减人员的决定，工会依法可采取的行动是（　　）。

A. 工会认为该决定不适当的，有权提出意见

B. 工会认为该决定违反法律、法规或者劳动合同的，有权要求重新决定

C. 被裁减人员提起诉讼的，工会应当依法给予支持和帮助

D. 被裁减人员提起诉讼有困难的，工会可以代表职工提起诉讼

12. 多选题（2017年国家司考题）：某市混凝土公司新建临时搅拌站，在试运行期间通过暗管将污水直接排放到周边，严重破坏当地环境。公司经理还指派员工潜入当地环境监测站内，用棉纱堵塞空气采集器，造成自动监测数据多次出现异常。有关部门对其处罚后，公司生产经营发生严重困难，拟裁员20人以上。当该公司裁员时，下列说法正确的是（　　）。

A. 无须向劳动者支付经济补偿金

B. 应优先留用与本公司订立无固定期限劳动合同的职工

C. 不得裁减在该公司连续工作满15年的女职工

D. 不得裁减非因公负伤且在规定医疗期内的劳动者

13. 多选题（2015年国家司考题）：某厂工人田某体检时被初诊为脑瘤，万念俱灰，既不

复检也未经请假就外出旅游。该厂以田某连续旷工超过 15 天，严重违反规章制度为由解除劳动合同。对于由此引起的劳动争议，下列哪些说法是正确的？（　　）

A. 该厂单方解除劳动合同，应事先将理由通知工会

B. 因田某严重违反规章制度，无论是否在规定的医疗期内该厂均有权解除劳动合同

C. 如该厂解除劳动合同的理由成立，无需向田某支付经济补偿金

D. 如该厂解除劳动合同的理由违法，田某有权要求继续履行劳动合同并主张经济补偿金 2 倍的赔偿金

14. 多选题（2014 年国家司考题）：某公司欲解除与职工李某之间的劳动合同，其所提出的如下解约理由或做法中，哪些是有法律依据的？（　　）

A. 李某经过培训仍不能胜任现工作

B. 李某不满 25 周岁而结婚，违反了公司关于男职工满 25 周岁才能结婚的规定

C. 公司因严重亏损而决定裁员，因此解除与李某的劳动合同

D. 李某非因公出车祸受伤住院，公司向李某送去 3 个月工资并通知其解除劳动合同

15. 案例分析：刘某于 2011 年 10 月应聘到一家电子厂工作，签订了两年的劳动合同，期限为 2011 年 10 月 15 日至 2013 年 10 月 14 日。2012 年 6 月的一天，车间主任认为刘某不好好干活，把刘某训了一顿，刘某不服，两人在车间争执起来。该公司《员工管理规则》规定，"员工不服从公司管理，公司可以视情节轻重给予警告、罚款或者解除劳动合同"。车间主任向公司反映后，该公司当天下午就与刘某解除了劳动合同，让刘某打包走人。刘某不服公司决定，向烟台市劳动人事争议仲裁委提出申请，要求公司撤销解除劳动合同的决定，并支付赔偿金。刘某说，车间主任也有错，凭啥光处罚我？况且自己从未见过单位的《员工管理规则》，觉得自己很冤枉。仲裁委经调查发现，刘某的工资是 2000 元，其所在公司的管理规则仅是领导班子会议决定，未经民主讨论程序，也未对员工公示（资料来源：2012 年 9 月 7 日《齐鲁晚报》第 C15 版）。请分析：劳动争议仲裁委应该如何裁决？

第七节

1. 何谓劳务派遣？有何特点？
2. 试述劳务派遣法律关系。
3. 何谓非全日制用工？与全日制用工有何不同？
4. 我国对于非全日制用工劳动者的社会保险问题有何特别规定？
5. 不定项选择题：2008 年 5 月，松园劳务派遣有限责任公司（简称"松园公司"）与天利房地产开发有限责任公司（简称"天利公司"）签订劳务派遣协议，将李某派遣到天利公司工作。根据有关法律规定，请回答下面第（1）~（3）题。

（1）松园公司与天利公司协商劳务派遣协议的下列条款中，不符合法律规定的有（　　）。

A. 李某在天利公司的工作岗位，可不在劳务派遣协议中约定，由天利公司根据需要灵活决定

B. 李某在天利公司的工作期限，可以在劳务派遣协议中约定为四个周期，每个周期为半

年，每个周期结束前订立新的劳务派遣协议

C. 李某在天利公司的劳动报酬，应当在劳务派遣协议中约定

D. 双方对劳务派遣协议的内容负保密义务，不得向包括李某在内的任何人披露

（2）松园公司和天利公司对李某的下列做法中，不符合法律规定的有（　　）。

A. 松园公司与李某签订到期可续签的一年期劳动合同

B. 松园公司从李某每月工资中提取5%作为员工集体福利费

C. 天利公司要求李某缴纳5000元岗位责任保证金

D. 天利公司告知李某无权参加本公司工会

（3）天利公司将李某再派遣到自己的子公司，被李某拒绝。天利公司遂以李某不服从工作安排为由将其退回松园公司。随后，松园公司以李某已无工作为由解除劳动合同。对此，下列表述错误的是（　　）。

A. 天利公司可以对李某进行再派遣，但不能因李某拒绝而将其退回

B. 松园公司不得因李某已无工作而解除劳动合同

C. 李某可以将天利公司或者松园公司作为被申请人，申请劳动争议仲裁

D. 李某可以就其因劳动合同解除而受到的损失，请求天利公司和松园公司共同承担赔偿责任

第四章 劳动基准法

劳动基准法是关于劳动条件基本（最低或最高）标准的法律规范的总称。劳动法脱离私法而独立发展成为社会法，根本原因在于其依凭劳动基准和集体合同确立了国家力量和社会力量限制劳动契约自由的合法途径，实现了对劳动关系的弱势一方——劳动者的倾斜保护。劳动基准法有混合制和分立制两种立法模式，这两种模式的区别在于是否制定有专门的劳动基准单行法。我国属于混合立法模式，劳动基准法分散于《劳动法》《劳动合同法》《劳动争议调解仲裁法》等法律法规之中。劳动基准法所确立的基准具有强制执行的法律效力，不允许劳动关系双方当事人通过劳动合同予以排除或变通。从具体效力来说，集体合同和劳动合同所约定的劳动条件只能等于或优于而不能低于劳动基准法所确立的劳动基准。从发展方向来看，随着经济、社会的不断进步，工资逐步提升、工时逐步缩短、劳动保护水平逐步提高是一种大趋势。从劳动基准的内容来看，主要包括工资基准、工时基准、安全卫生基准、女工和未成年工特殊保护基准、社会保险基准等。由于社会保险属于社会保障法的范畴，将在社会保障法部分予以介绍，劳动保护将在后面专章介绍，所以本章只包括工时基准、工资基准两部分内容。

第一节 工时基准

工时基准是劳动基准的有机组成部分，为劳动者休息休假权的实现提供强制性标准。现代工时立法主要具有如下功能：一是确立最高工时基准，严格限制延长工作时间；二是确立休息休假制度，确保劳动者休息权的实现；三是促进就业和防止劳动者在就业市场上出现"竞卖"现象。

一、工作时间

（一）工作时间的概念与法律意义

工作时间是我国劳动立法上的一个法律术语，但立法本身并未对其作出界定。工作时间作为法律范畴，是指劳动者在用人单位指挥或授意下从事本职工作所耗用的时间。换言之，工作时间就是劳动者在用人单位的指挥命令下，将自己的劳动力与用人单位的生产资料进行有机结合，实现劳动过程所耗用的具有一定拘束性的时间。因此，作为劳动法律概念的工作时间与生活常识上的工作时间具有不同的内涵：生活常识上的工作时间通常是指的实际工作时间；而作为法律概念的工作时间，除了实际工作时间外，还包括劳动者从事法定的或领导决定的其他非工作时间，如劳动者从事工作前准备和工作后收尾的时间、连续从事有害健康工作的间歇时间、女职工哺乳婴儿的时间、开会或参加社会活动的时间等。

工作时间具有如下法律意义。第一，工作时间是劳动者履行劳动给付的时间度量。劳动者履行劳动给付义务通常要从质和量两个方面来度量。量上的度量标准包括劳动时间的长度、劳动强度和劳动成果的数量。劳动者给付的劳动时间达不到劳动合同规定或企业规章制度的要求（如无故旷工、迟到早退等），就会受到单位的惩罚。第二，工作时间是用人单位计发劳动报酬的客观依据。工作时间在客观上是劳动者创造物质财富和精神财富的时间，在主观上也成为单位计发劳动报酬的重要依据，特别是计时工资，工作时间更是计发报酬的核心依据。第三，工作时间是国家保障劳动者休息权的法律手段。

（二）工作时间的分类

按照不同的分类标准，工作时间可以划分为不同的种类。

（1）以工作时间的周期为标准，可以分为工作小时、工作日和工作周三种，其中工作日即在一昼夜内的工作时间，是工作时间的基本形式。

（2）按照实际工作状态来分，工作时间可以划分为正常工作时间和辅助工作时间：前者是指劳动者实际从事工作的时间；后者是指没有实际从事工作，但与实际工作存有密切关联的时间，包括必要的准备时间、整理时间、停工待料时间、在职培训时间、工间休息时间等。

（3）按照具体实施形式，工作时间通常可以划分为一般（标准）工作时间和特殊（非标准）工作时间：前者是由国家法律规定的基本工时标准，通常包括最高工时基准和实际基准；后者包括缩短工作时间、计件工作时间、不定时工作时间和综合计算工作时间等。

（三）最高工时标准

最高工时标准，又称法定最长工时，指法律规定的在一定自然时间（一日或一周）内工作时间的最长限度，包括法定日最长工时和周最长工时两种。最高工时标准是法定的强制性标准，其法律效力主要表现在：第一，在全国范围内，除了具备法定特殊情形外，用人单位不得突破法定最高工时的限制；第二，对实行计件工资的劳动者，用人单位应当根据日或周最长工时，合理确定其劳动定额和劳动报酬；第三，用人单位因生产特点不能按照法定日和周最长工时的要求实行作息办法而采用其他工时形式的，必须符合法定条件；第四，实行综合计算工时制的，其平均工作日（周）工时应当与法定日（周）最长工时基本相同；第五，用人单位不遵守最高工时标准、违法延长工时的，应当追究其法律责任。

中华人民共和国成立后，法定周最长工时经过了48小时（1994年3月前）、44小时（1994年3月1日后）、40小时（1995年5月1日后）三个发展阶段，出现逐步缩短的趋势。我国《劳动法》第三十六条规定："国家实行劳动者每日工作时间不超过8小时、平均每周工作时间不超过44小时的工时制度。"第三十八条规定："用人单位应当保证劳动者每周至少休息一日。"这两个法条使用了"不超过""至少"的字样，表明这里规定的"8小时""44小时"都不是实际的标准工时，而是法律确定的最高工时标准。1995年5月1日施行的《国务院关于修改〈国务院关于职工工作时间的规定〉的决定》规定:"职工每日工作 8 小时,每周工作 40 小时。"这是我国实际执行的标准工时。

(四)标准工时

标准工时,即标准工作时间,是指法律规定的在一般情况下实际普遍适用的按照正常作息办法安排的工作日和工作周的工时制度,即标准工作日和标准工作周。其主要特点有以下几点。其一,以正常情况作为其适用条件。其二,普遍适用于一般劳动者。其三,按正常作息办法安排工时,属于均衡工作制。其四,一般以最高工时标准作为其时间长度:我国的标准工时为劳动者每日工作 8 小时,每周工作 40 小时,在 1 周(7 日)内工作 5 天。其五,通常被作为确定其他工作日(周)长度的基准。实行计件工作的劳动者,用人单位应当根据每日工作 8 小时,每周工作 40 小时的工时制度,合理确定劳动定额和计件报酬标准。

(五)非标准工时及其适用

非标准工时又称非标准工时制,是指法定只适用于特殊情形,并且工时长度和作息办法都不同于标准工时的工时形式。我国劳动立法对于非标准工时的形式及其适用范围作出了规定。

1. 缩短工作时间及其适用范围

缩短工作时间是指法律规定的在特殊情况下劳动者的工作时间长度少于标准工作时间的工时制度,即每日工作少于 8 小时。缩短工作日适用的范围如下:一是特定岗位(从事矿山井下、高山、有毒有害、特别繁重或过度紧张等作业)的劳动者;二是夜班(实行三班制的用人单位,从事夜班工作劳动者的时间比白班减少 1 小时——夜班一般指在当日晚上 10 点至次日早晨 6 点之间当班)的劳动者;三是哺乳期女工(2012 年 4 月国务院公布实施的《女职工劳动保护特别规定》第九条:用人单位应当在每天的劳动时间内为哺乳期女职工安排 1 小时哺乳时间;女职工生育多胞胎的,每多哺乳 1 个婴儿每天增加 1 小时哺乳时间);四是未成年工和怀孕女工(未成年工应实行少于 8 小时工作日制度;怀孕 7 个月以上的女工,在正常工作时间内应安排一定的休息时间)。

2. 不定时工作时间及其适用范围

不定时工作时间,又称不定时工作制,是指无固定工作时数限制的工时制度。它适用于工作性质和职责范围不受固定工作时间限制的劳动者,其适用范围包括:一是企业中的高级管理人员、外勤人员、推销人员、部分值班人员和其他因工作无法按标准工时衡量的劳动者;二是从事交通运输的工作人员,如长途运输人员、出租车司机和铁路、港口、仓库的部分装卸人员及因工作性质需要机动作业的职工;三是其他因生产特点、工作特殊需要或职责范围的关系,适用实行不定时工作制的职工等。

对于实行不定时工作制的劳动者,企业应根据标准工时制度合理确定劳动者的劳动定额或其他考核标准,以便安排劳动者休息。其工资由企业按照本单位的工资制度和工资分配办法,根据劳动者的实际工作时间和完成劳动定额情况计发。对于符合带薪年休假条件的劳动者,企业可安排其享受带薪年休假。

3. 综合计算工作时间

综合计算工作时间，又称综合计算工时工作制，是指以一定时间为周期，集中安排并综合计算工作时间和休息时间的工时制度。即分别以周、月、季、年为周期综合计算工作时间，但其平均日工作时间和平均周工作时间应与法定标准工作时间基本相同。对符合下列条件之一的职工，可以实行综合计算工时工作制：① 交通、铁路、邮电、水运、航空、渔业等行业中因工作性质特殊，需连续作业的职工；② 地质及资源勘探、建筑、制盐、制糖、旅游等受季节和自然条件限制的行业的部分职工；③ 其他适合实行综合计算工时工作制的职工。

实行综合计算工时工作制的企业，在综合计算周期内，某一具体日（或周）的实际工作时间可以超过8小时（或40小时），但综合计算周期内的总实际工作时间不应超过总法定标准工作时间；超过部分应视为延长工作时间，并按《劳动法》第四十四条第一项的规定支付工资报酬，其中法定休假日安排劳动者工作的，按《劳动法》第四十四条第三项的规定支付加班加点的工资报酬。

为了加强对非标准工时的管理，我国劳动法律法规作了如下规定。① 非标准工时只能在符合法律条件的情况下实行，上面列举了各种非标准工时的适用范围。② 实行非标准工时必须履行法定程序。实行不定时工作制和综合计算工时工作制的企业，应根据劳动法的有关规定，与工会和劳动者协商、履行审批手续，在保障职工身体健康并充分听取职工意见的基础上，采取集中工作、集中休息、轮流调休、弹性工作时间等适当方式，确保职工的休息休假权利和生产、工作任务的完成。

二、休息休假

（一）休息休假的概念与意义

1. 休息休假的概念

一般而言，休息休假是指劳动者为行使休息权在国家法定工作时间以外，不从事生产或工作而自由支配的时间。因此，休息与休假都可以在广义上归入休息范畴。但是，休息和休假作为严格的法律概念则有所不同：休息是指劳动者依法获得的以工作日和工作周为循环周期的不计付劳动报酬的自由支配时间；休假是指劳动者依法获得的具有某种特定意义的计付劳动报酬的自由支配时间。

2. 休息与休假的区别

休息与休假的区别有：① 休息时间的总量大于休假；② 休息时间固定且普遍享有，而休假除法定节日外，不具有固定性且享有的程度不同；③ 休息不带薪，而休假一般都是带薪的；④ 休假往往具有特定的目的，蕴含着某种伦理和文化意义。

3. 休息休假的意义

休息休假的必要性主要体现在如下方面。① 再生劳动力。劳动者必须休息（进食、睡眠、闲暇和社交），才能恢复和再生产劳动力。② 品味自由。艾伦·布坎南在《伦理学、效率与市场》一书中说："在某些方面可以说，摆脱劳作而扩大自由（即闲暇）比扩大消费更可取。"

③ 提高素质。劳动者可以利用休息休假时间进行学习、培训提高自身的技能和素质。④ 促进全面发展。劳动者除了努力工作外，还要通过家庭生活、社会交往、文化交流、政治参与等，实现全面发展。

（二）休息的种类

根据《劳动法》及有关法律法规的规定，劳动者的休息时间主要可以分为如下三种。

（1）工作日内的间歇时间，是指在工作日内给予劳动者休息和用餐的时间，即午休时间。午休时间一般为1~2小时，最少不得少于半小时。实行轮班制的单位，在调换班次时，不得使劳动者连续工作两班。

（2）工作日间的休息时间，即两个邻近工作日之间的休息时间。如果用人单位实行标准工时制，那么工作日间的休息时间一般不少于16小时。上述两种休息时间也被合称为8小时以外的时间。

（3）周公休日，又称周休息日，是指劳动者在1周（7日）内享有的休息日，公休日一般为每周2日，通常安排在周六和周日休息。但是，公休日是可串可补的休息时间，并非一定要在周六周日安排公休。不能实行国家标准工时制度的企业和事业组织，可根据实际情况灵活安排周休息日，应当保证劳动者每周至少休息1日。

（三）休假的种类

根据《劳动法》及有关法律法规的规定，劳动者的休假时间主要可以分为如下几种。

1. 法定节假日

法定节假日是指法律规定用于开展纪念、庆祝活动的休息时间。我国《劳动法》第四十条规定："用人单位在下列节日期间应当依法安排劳动者休假：（一）元旦；（二）春节；（三）国际劳动节；（四）国庆节；（五）法律、法规规定的其他休假节日。"根据2008年1月1日起施行的《国务院关于修改〈全国年节及纪念日放假办法〉的决定》（2013年做了修改，修改后的新办法于2014年1月1日起施行）的规定，我国法定节假日可以分为以下两类。

（1）全体公民放假的节日。包括：新年（元旦），放假1天（1月1日）；春节，放假3天（农历除夕、正月初一、初二；2014年起改为"正月初一、初二、初三"）；清明节，放假1天（农历清明当日）；劳动节，放假1天（5月1日）；端午节，放假1天（农历端午当日）；中秋节，放假1天（农历中秋当日）；国庆节，放假3天（10月1日、2日、3日）。全体公民放假的假日，如果适逢星期六、星期日，应当在工作日补假。

（2）部分公民放假的节日及纪念日。包括：妇女节（3月8日），妇女放假半天；青年节（5月4日），14周岁以上的青年放假半天；儿童节（6月1日），不满14周岁的少年儿童放假1天；中国人民解放军建军纪念日（8月1日），现役军人放假半天。部分公民放假的假日，如果适逢星期六、星期日，则不补假。

2. 探亲假

探亲假是指劳动者享有保留工资、工作岗位而同分居两地的父母或配偶团聚的假期。我国自1953年开始实施职工探亲假制度。目前，我国职工探亲假的执行依据是国务院1981年

3月公布的《关于职工探亲假待遇的规定》,其中明确了职工享受探亲假的条件、假期期限和有关待遇。

(1)适用条件。一是前提条件:凡在国家机关、人民团体和全民所有制企业、事业单位工作满1年的固定职工。二是配偶探亲假条件:与配偶不住在一起,又不能在公休假日团聚的,可以享受探望配偶的待遇。三是父母探亲假条件:与父亲、母亲都不住在一起,又不能在公休假日团聚的,可以享受探望父母的待遇(但是,职工与父亲或与母亲一方能够在公休假日团聚的,不能享受探望父母的待遇)。

(2)假期标准。职工探亲假期标准如下:① 职工探望配偶的,每年给予一方探亲假1次,假期为30天;② 未婚职工探望父母,原则上每年给假1次,假期为20天(如果因为工作需要,本单位当年不能给予假期,或者职工自愿两年探亲一次的,可以两年给假一次,假期为45天);③ 已婚职工探望父母的,每4年给假1次,假期为20天。

探亲假期是指职工与配偶、父母团聚的时间,另外,根据实际需要给予路程假(上述假期均包括公休假日和法定节日在内);凡实行休假制度的职工(例如学校的教职工),应该在休假期间探亲;如果休假期较短,可由本单位适当安排,补足其探亲假的天数。

(3)假期待遇。① 职工在规定的探亲假期和路程假期内,按照本人的标准工资发给工资;② 职工探望配偶和未婚职工探望父母的往返路费,由所在单位负担;③ 已婚职工探望父母的往返路费,在本人月标准工资30%以内的,由本人自理,超过部分由所在单位负担。

3. 婚丧假

婚丧假是职工在本人结婚和直系亲属死亡时享受的假期,包括结婚假和丧葬假。我国婚丧假目前的执行依据是1980年2月国家劳动总局和财政部发布的《关于国营企业职工请婚丧假和路程假问题的通知》,其中规定如下。

(1)假期标准。婚丧假:职工本人结婚或职工的直系亲属(父母、配偶和子女)死亡时,可以根据具体情况,由本单位行政领导批准,酌情给予1~3天的婚丧假。路程假:职工结婚时双方不在一地工作的,职工在外地的直系亲属死亡时需要职工本人去外地料理丧事的,都可以根据路程远近,另给予路程假。

(2)假期待遇。在批准的婚丧假和路程假期间,职工的工资照发;途中的车船费等,全部由职工自理。再婚的可享受法定婚假,再婚假和路程假期间,工资照发。

4. 产 假

产假即妇女生育假,享受产假的基本法律依据是《劳动法》第六十二条的规定,即"女职工生育享受不少于九十天的产假",此为产假的最低标准。依据2012年4月国务院公布实施的《女职工劳动保护特别规定》第七条的规定,女职工生育享受九十八天产假,其中产前可以休假十五天;难产的,增加产假十五天;生育多胞胎的,每多生育一个婴儿,增加产假十五天。女职工怀孕未满四个月流产的,享受十五天产假;怀孕满四个月流产的,享受四十二天产假。

5. (带薪)年休假

年休假是指职工工作满一定年限,每年可享有的带薪连续休息的时间。带薪年休假的特点是:享受年休假有一定的条件限制,即须连续工作达到一定时间以上;年休假是一段时间的连续放假,一般情况下不能间隔和跨年度积累;年休假期间劳动者享受正常的工资和福利待遇。

我国在20世纪50年代初期曾经在部分职工中试行过12天的年休假,但没有形成法律制度。我国《劳动法》第四十五条规定:"国家实行带薪年休假制度。劳动者连续工作一年以上的,享受带薪年休假。具体办法由国务院规定。"这只是关于带薪年休假的原则性规定。为了充分保障劳动者带薪年休假的休息权,国务院于2007年12月发布了《职工带薪年休假条例》(2008年1月1日起实施)。人力资源和社会保障部为进一步细化带薪年休假制度,于2008年9月18日发布实施了《企业职工带薪年休假实施办法》。

(1)休假条件。《职工带薪年休假条例》(以下简称《条例》)第2条规定:机关、团体、企业事业单位、民办非企业单位、有雇工的个体工商户等单位的职工连续工作一年以上的,享受带薪年休假。单位应当保证职工享受年休假。职工在年休假期间享受与正常工作期间相同的工资收入。

(2)休假假期。带薪休假的天数与劳动者的工龄长短正相关,依据《条例》第三条规定:职工累计工作已满一年不满十年的,年休假五天;已满十年不满二十年的,年休假十天;已满二十年的,年休假十五天。国家法定休假日、休息日不计入年休假的假期。年休假天数根据职工累计工作时间确定,职工在同一或不同用人单位工作期间,以及依照法律、行政法规或者国务院规定视同工作期间,应当记为累计工作时间。职工新进用人单位且连续工作满十二个月以上的,当年度年休假天数按照在本单位剩余日历天数折算确定,折算后不足一整天的部分不享受年休假。折算公式为:(当年度在本单位剩余日历天数÷365)×职工本人全年应享受的年休假天数。职工依法享受的探亲假、婚丧假、产假等国家规定的假期以及因工伤停工留薪期间不计入年休假假期。

(3)休假排除。《条例》第四条规定,职工有下列情形之一的,不享受当年的年休假:① 职工依法享受寒暑假,其休假天数多于年休假天数的;② 职工请事假累计二十天以上且单位按照规定不扣工资的;③ 累计工作满一年不满十年的职工,请病假累计二个月以上的;④ 累计工作满十年不满二十年的职工,请病假累计三个月以上的;⑤ 累计工作满二十年以上的职工,请病假累计四个月以上的。

(4)休假安排。带薪年休假是法定假日,具有强制执行的效力,不允许劳资双方约定排除,一般劳动者也不能单方放弃。用人单位根据生产、工作的具体情况,并考虑职工本人意愿,统筹安排职工年休假。年休假在一个年度内可以集中安排,也可以分段安排,一般不跨年度安排。单位因生产、工作特点确有必要跨年度安排职工年休假的,可以跨一个年度安排。

(5)休假工资。职工在年休假期间享受与正常工作期间相同的工资收入。用人单位确因工作需要不能安排职工休年休假的,经职工本人同意,可以不安排职工休年休假。对职工应休未休的年休假天数,单位应当按照该职工日工资收入的300%支付年休假工资报酬。用人单位安排职工休年休假,但是职工因本人原因且书面提出不休年休假的,用人单位可以只支付其正常工作期间的工资收入。计算未休年休假工资报酬的日工资收入按照职工本人的月工资除以月计薪天数进行折算。月工资是指职工在用人单位支付其未休年休假工资报酬前十二个月剔除加班工资后的月平均工资。在用人单位工作时间不满十二个月的,按实际月份计算月平均工资。用人单位与职工解除或终止劳动合同时,当年度未安排职工休满应休年休假的,应当按照职工当年已工作时间折算应休未休年休假天数并支付未休年休假工资报酬,但折算后不足一整天的部分不支付年休假工资报酬。用人单位当年已安排职工年休假的，多于折算应休未休年休假的天数不再扣回。

（6）保障与救济。县级以上地方人民政府人力资源社会保障部门应当依据职权对单位执行本条例的情况主动进行监督检查。工会组织依法维护职工的年休假权利。单位不安排职工休年休假又不依照本条例规定给予年休假工资报酬的，由县级以上地方人民政府人事部门或者劳动保障部门依据职权责令限期改正；对逾期不改正的，除责令该单位支付年休假工资报酬外，单位还应当按照年休假工资报酬的数额向职工加付赔偿金；对拒不支付年休假工资报酬、赔偿金的，属于公务员和参照公务员法管理的人员所在单位的，对直接负责的主管人员以及其他直接责任人员依法给予处分；属于其他单位的，由人社部门或者职工申请人民法院强制执行。

带薪休假制度最早由 1936 年国际劳工大会通过的《带薪休假公约》(第 52 号公约）所确定。1952 年国际劳工大会又通过了《(农业）带薪休假公约》(第 101 号公约）。1970 年国际劳工大会修订了第 52 号和 101 号公约，通过了《带薪休假公约（修订）》(第 132 号公约），确立了新的带薪休假国际标准，规定：获得带薪年休假的最低期限的服务期间，不得超过 6 个月；休息休假不得低于每个工作年度的 3 周工作时间，正式和按惯例的节假日计算在最低年休假之内；整个休假期间，至少应领取正常报酬或平均报酬；确定休假的时间应考虑到工作的需要和向雇佣人员提供休息的和松弛的可能性；放弃或通过津贴等其他任何方式补偿而放弃最低带薪年休假的协议均无效。

我国尚未加入上述国际劳工公约，所以不受上述公约的约束。我国目前规定的享受带薪年休假的连续工作的最低期限是 12 个月，年休假的假期分别为 5 天、10 天和 15 天。

三、加班加点（延长工作时间）

（一）加班加点的概念

加班是指劳动者在法定节日或公休日从事生产或工作。加点是指劳动者在标准工作日以外延长工作的时间，如提前上班或延迟下班。加班加点又统称为延长工作时间。工作日的时间长度和上下班时间一般具有固定性，这虽然同生产、工作的常规需要相适应，却难以满足用人单位生产、工作的特殊需要，因此加班加点就有了存在的必要。但是，加班加点意味着挤占劳动者的休息时间，同法定最高工时标准相冲突。为保证劳动者休息权的实现，在工时立法中对于加班加点既允许又限制，以防止延长工作时间的滥用。

（二）加班加点的限制

（1）人员限制。我国法律禁止安排未成年工、怀孕 7 个月以上的女工和哺乳未满周岁婴儿的女工延长工作时间。

（2）条件限制。我国《劳动法》第四十条规定"用人单位由于生产经营需要，经与工会和劳动者协商后可以延长工作时间"，从实体条件和程序条件两个方面对延长工作时间作了限制。其中，"生产经营需要"为实体性条件，但未明确规定"生产经营需要"的具体情形，在实务中，有必要通过集体合同，或通过工会与用人单位共同商定"生产经营需要"的具体情形；"与工会和劳动者协商"是程序性条件，用人单位应当事先就延长工时的理由、工作量的计算和所需职工人数向工会和劳动者说明，并征得工会和劳动者同意。

（3）长度限制。劳动法第四十一条规定：用人单位由于生产经营需要而延长工时的，一般每日不得超过一小时；因特殊原因需要延长工作时间的，在保障劳动者身体健康的条件下延长工时的每日不得超过三小时，但是每月不得超过三十六小时。

（4）限制的例外。根据《劳动法》第四十二条和《国务院关于职工工作时间的规定》及其《实施办法》（1995年3月发布实施）的规定，在下述特殊情况下，延长工作时间不受《劳动法》第四十一条的限制：① 发生自然灾害、事故或者因其他原因，使人民的安全健康和国家资财遭到严重威胁，需要紧急处理的；② 生产设备、交通运输线路、公共设施发生故障影响生产和公共利益，必须及时抢修的；③ 在法定节日和公休假日内工作不能间断，必须连续生产、运输或营业的；④ 必须利用法定节日或公休假日的停产期间进行设备检修、保养的；⑤ 为了完成紧急生产任务的（国防紧急生产任务，或者上级在国家计划外安排的其他紧急生产任务，以及商业、供销企业在旺季完成收购、运输、加工农副产品紧急任务的）；⑥ 法律、行政法规规定的其他情形。

（三）加班加点的补偿

（1）补偿方式。加班加点的补偿同时具有劳动者利益补偿和限制延长工时的双重功能。我国现行法律规定的加班加点补偿方式有两种：一是补休，二是支付加班加点工资。一般来说，加点和利用法定假日加班无须补休，直接按标准支付加班加点工资即可；而周六周日的公休日加班的应当安排补休，不能补休的，按标准支付加班工资。

（2）补偿标准。《劳动法》依据休息时间的宝贵程度，分别规定了不同情况下的加班加点工资标准：① 安排劳动者延长工作时间的（加点），支付不低于工资的150%的工资报酬；② 休息日安排劳动者工作又不能安排补休的，支付不低于工资的200%的工资报酬；③ 法定休假日安排劳动者工作的，支付不低于工资的300%的工资报酬。

（3）计算基数。作为计算加班加点工资基数的正常工时工资，有日工资和小时工资两种。日工资标准=本人月工资/平均每月法定工作天数（目前通常计为21.75）；小时工资标准=日工资标准/8。

（4）计件工资的补偿标准。实行计件工资的劳动者在完成计件定额任务后的加班加点，分别按照不低于其本人法定工时计件单价的150%、200%、300%支付加班加点工资。

（四）加班加点的监管

县级以上各级人民政府劳动行政部门对本行政区域内的用人单位组织劳动者加班加点的情况依法监督检查，对违法行为分别不同情况，予以行政处罚。

（1）用人单位未与工会或劳动者协商，强迫劳动者延长工作时间的，给予警告，责令改正，并可按每名劳动者延长工作时间每小时罚款100元以下的标准处罚；

（2）用人单位每日延长劳动者工作时间超过3小时或每月延长工作时间超过36小时的，给予警告，责令改正，并可按每名劳动者每超过工作时间1小时罚款100元以下的标准处罚。

第二节 工资基准

工资基准是关于工资水平和工资支付的强制性规范,旨在为劳动合同的订立确定一个基本的工资标准以适当限制劳动契约自由,以维护劳动者的经济权益。在现代工资立法中,工资水平保障和工资支付保障是两大主体功能,此外还具有实现宏观调控的辅助性功能。目前,我国尚未出台有关工资的单行立法,工资保障制度主要是通过《劳动法》《劳动合同法》及其配套法律法规确立的。

一、工资概述

(一)工资的概念

工资,又称薪金、薪水,是指用人单位基于劳动关系,按照劳动者提供劳动的数量和质量,依法以货币形式向劳动者支付的劳动报酬。这是关于工资概念的一般性学理界定,其具体内容包括基本工资(标准工资)、奖金、津贴等报酬形式。

由于我国劳动立法对于工资尚未给出明确的法律界定,致使工资的内涵和外延缺乏统一性。有的将各种补贴、福利和其他支付都纳入工资的内容,使之泛化为由用人单位支付或代为支付给劳动者的各种收入项目;有的则将奖金和津贴排除在工资之外,将工资缩减为基本工资,致使工资保障的范围被压缩,同时也降低了劳动报酬权的实现程度。实质上,要比较科学地界定工资内涵,可以借鉴境外的经验,考虑两个最基本的衡量标准:一是对价性(工作关联性);二是经常性。

工资与劳动报酬是关系密切的两个概念。劳动报酬包括两种类型:一是基于民事(劳务)关系所从事的各种服务性劳动所获得的劳动报酬;二是基于劳动关系所从事的职业劳动所获得的劳动报酬。后者即为工资,可见工资是劳动报酬的一部分,也是最基本的劳动报酬。

(二)工资的性质

工资的性质体现在两个方面。首先,工资是劳动力价值的货币体现,即劳动力的价格。劳动力也有价值和使用价值之分,劳动者通过从事职业劳动把劳动力的使用价值转移给用人单位,从而实现其价值,工资即为劳动力价值的一种体现。其次,工资是实现社会分配的一种中介形式。社会分配有的是有偿的,有的是无偿的。无偿分配通常以公共品的形式来实现,有偿分配则主要通过工资等形式实现。

(三)工资的特征

工资具有如下特征:① 工资是基于劳动关系而对劳动者付出劳动的物资补偿;② 工资标准必须是事先规定的,事先规定的形式可以是工资法规、工资政策、集体合同、劳动合同;③ 工资须以法定货币形式定期支付给劳动者本人;④ 工资支付以劳动者提供的劳动数量和质量为依据,支付工资是用人单位的法定义务,劳动者取得工资则必须履行劳动合同约定的劳动义务。

（四）工资的形式

工资形式是指计量劳动和支付劳动报酬的方式。企业可根据本单位的生产经营特点和经济效益，依法自主确定本单位的工资分配形式。我国的工资形式主要有以下三种。

1. 计时工资制

计时工资是按单位时间工资标准和劳动者工作时间计付劳动报酬的工资形式。工资标准是每一个劳动者在单位时间内应得到的工资额。为了贯彻按劳分配的原则，国家或企业为不同职务、不同工种和不同等级的劳动者分别规定了不同工资标准。凡是工资等级相同的劳动者，劳动时间相同，可以得到相同数量的工资。按照不同的计算工资时间单位，计时工资可分为月工资制、日工资制、小时工资制；按其是否与奖励相结合，又可分为简单计时工资制和计时加奖工资制。计时工资制适应性较强，实行的范围较广，几乎任何部门、单位和各类工种、职务均可采用。但它不能把劳动者实际所得同劳动者实际劳动消耗和劳动成果有效地紧密联系起来，具有一定的局限性。

2. 计件工资制

计件工资是指按照劳动者生产合格产品的数量或合乎质量要求的作业量，以预先规定的计件单价为标准来计算劳动报酬的一种工资形式。劳动提成工资是计件工资的形式之一。计件工资是计时工资的转化形式，其特点是把直接用时间单位计量劳动者的劳动转化为用凝结着一定时间的劳动成果来计量劳动者的劳动。计件工资能较好地把劳动与报酬直接联系起来，是贯彻按劳分配原则的一种主要工资形式，缺点是容易因追求数量而忽视质量，甚至影响安全生产。计件工资制的适用范围较窄，主要适用于劳动工序相对独立、产品量或工作量能精确计算、产品质量有明确标准并能科学测定的企业。

3. 年薪制

年薪，又称年工资收入，是指以企业财务年度为时间单位所计发的工资收入。年薪作为一种特殊的工资形式，其本质在于它对应的劳动不只是一般意义的劳动力支出，而是一种经营活动。这种劳动对企业经济效益有关键性作用，其直接劳动成果只能由整个企业或经营单位的经营状况反映出来。由此决定了年薪具有以下特征：① 年薪应当以企业经济效益的基本时间单位即财务年度，作为计发报酬的时间单位；② 年薪只适用于实际行使经营权并对企业经济效益负有职责的人员，即董事、经理等高级职员；③ 年薪的构成中，除了包括作为一般意义劳动力支出的补偿的基本劳动报酬外，还应当包括与行使经营权和承担经营责任从而对企业经济效益起关键性作用相对应的利润分享收入。在国外，年薪一般适用于企业的高级职员；在我国，目前仅适用于企业经营者。

（五）工资构成

我国劳动立法所规定的工资，一般由基本工资和辅助工资两个单元所构成，另外还包括延长工作时间（加班加点）的工资报酬及特殊情况下支付的工资。

1. 基本工资

基本工资是指劳动者在法定或约定工作时间内提供正常劳动所得的报酬，是劳动者工资构成的最基本组成部分，也被称为标准工资。基本工资具有如下特征：① 常规性，即基本工资对应于劳动者按照劳动合同约定，在法定工作时间内和正常条件下所完成的恒量劳动或定额劳动；② 结构性，即基本工资一般可分解为若干个职能有别的工资单元，并且各个工资单元的计量规则不尽相同；③ 等级性，即基本工资的主要单元甚至各个单元都存在一定的等级差别和相应的多级标准，这种等级差别一般与劳动质量差别、技能差别或者岗位条件差别相对应；④ 固定性，即劳动者所享有的基本工资主要单元的等级和相应标准，在一定期限内固定不变，但这并不意味着基本工资不能调整；⑤ 主干性，基本工资应当在劳动者所得全部工资性收入总额中占有较大份额；⑥ 基准性，即基本工资可以成为确定辅助工资单元数额的计算基准，国家、单位内部劳动规章和集体合同关于工资标准的确定，一般仅限于基本工资。

2. 辅助工资

辅助工资，即基本工资以外、在工资构成中居于辅助性地位的工资组成部分，常见的有奖金、津贴、补贴等。

（1）奖金。奖金是用人单位针对劳动者超额劳动或增收节支所支付的奖励性报酬，主要有月奖、季度奖和年度奖，经常性奖金和一次性奖金，综合奖和单项奖等。与基本工资相比，奖金的主要特征有：① 非常规性，奖金通常是对劳动者在完成正常工作的基础上所提供的超常劳动所给付的报酬，这里的"超额"主要表现为劳动质量、劳动成果上的超额，而非工作时间的超额；② 浮动性，即劳动者奖金有无与多少是由用人单位决定的，且标准是可变的；③ 非普遍性，奖金只适合于符合奖励条件的劳动者，通常由单位内部规章来规制。

（2）津贴和补贴。津贴是对劳动者在特殊条件下的额外劳动消耗或额外费用支出给予物质补偿的一种工资形式，主要有岗位津贴、保健性津贴、技术性津贴等。这里不能等同于事业单位基本工资中的"津贴"（如"专业技术人员津贴"等）。补贴是为了保障劳动者的生活水平不受特殊因素的影响而支付给劳动者的工资形式。它与劳动者的劳动没有直接联系，其发放根据主要是国家有关政策规定，如物价补贴、边远地区生活补贴等。与奖金相比，津贴和补贴具有如下特征：① 附加性，津贴和补贴属于附加劳动报酬，奖金则是超常的劳动报酬；② 独立性，津贴和补贴除法规政策另有规定外，不与基本工资挂钩，且奖金同基本工资往往存在一种比率关系；③ 稳定性，津贴和补贴确定后相对固定，奖金则有浮动性；④ 有限性，各种津贴和补贴一般不能超过本人的基本工资额，奖金在企业中则上不封顶、下不保底。

3. 加班加点工资

加班加点工资指在法定工时外工作应支付的工资。计算加班加点工资应以基本工资为基数（即劳动合同约定的基本工资报酬），而不以包含随意性较大的辅助工资在内的工资收入为基数。

4. 特殊情况下支付的工资

特殊情况下支付的工资是对非正常工作情况下的劳动者依法支付工资的一种工资形式，主要有事假、病假、婚假、探亲假等工资以及履行国家和社会义务期间的工资等。

（六）工资外收入

工资是劳动者收入的主要部分，而不是全部。根据1995年原劳动部发布的《关于贯彻执行〈劳动法〉若干问题的意见》的规定，劳动者的下列收入不属于工资范畴：① 单位支付给劳动者个人的社会保险福利费用，如丧葬抚恤救济费、生活困难补助费、计划生育补贴等；② 劳动保护方面的费用，如用人单位支付给劳动者的工作服、解毒剂、清凉饮料费用等；③ 按规定未列入工资总额的各种劳动报酬及其他劳动收入，如国家规定发放的创造发明奖、国家星火奖、自然科学奖、科学进步奖、合理化建议和技术改进奖、中华技能大奖等，以及稿费、讲课费、翻译费等。

二、工资分配原则

根据《宪法》《劳动法》的规定，我国工资分配主要遵循如下原则。

（一）按劳分配、同工同酬原则

按劳分配是指按照劳动者提供劳动的数量与质量来确定劳动者应当获得的工资额；同工同酬是指用人单位对于从事相同工作、付出等量劳动且取得相同劳绩的劳动者，应支付等量的劳动报酬。《劳动法》第四十六条规定：工资分配应当遵循按劳分配原则，实行同工同酬。我国《宪法》第四十八条规定：国家保护妇女的权利和利益，实行男女同工同酬。

（二）工资水平随经济发展逐步提高原则

工资水平的高低往往与经济发展水平密切相关。一般而言，经济发展水平高的时期和地区，其工资水平也较高；反之，经济发展水平较低的时期和地区，工资水平也较低。《劳动法》第四十六条规定：工资水平在经济发展的基础上逐步提高。

（三）工资总量宏观调控原则

宏观调控原则是指国家在宏观上对工资分配进行干预，以消除工资分配中的不合理因素的原则。实行工资总量的宏观调控要使消费与生产比例关系趋于合理。建立最低工资制度，确保劳动者的最低工资水平，保障劳动者的基本生活需要；建立工资税收制度，对过高的工资收入进行控制，避免收入差距过大。因此，《劳动法》第四十六条规定，国家对工资总量实行宏观调控。

（四）用人单位自主决定工资分配方式和工资水平原则

在国家宏观调控的基础上，用人单位有权根据本单位的实际情况，依法自主确定本单位的工资构成、工资标准、工资形式、工资增长机制、工资水平等。《劳动法》第四十七条规定：用人单位根据本单位的生产经营特点和经济效益，依法自主确定本单位的工资分配方式和工资水平。

三、最低工资保障

最低工资保障是国家通过立法，强制规定用人单位支付给劳动者的工资不得低于国家规定的最低工资标准，以保障劳动者能够满足其自身及其家庭成员基本生活需要的法律制度。最低工资保障是国家对劳动力市场的运行进行干预的一种重要手段。最低工资保障制度的实施，对促进劳动力市场的发育，促进工资支付的法制化，加强对企业工资收入的宏观调控，制止部分企业过分压低职工工资，保护劳动者合法权益，具有积极的作用。

（一）最低工资的含义

最低工资是指劳动者在法定工作时间或依法签订的劳动合同约定的工作时间内提供了正常劳动的前提下，用人单位依法应支付的最低劳动报酬。所谓正常劳动，是指劳动者按依法签订的劳动合同约定，在法定工作时间或劳动合同约定的工作时间内从事的劳动。劳动者依法享受带薪年休假、探亲假、婚丧假、生育（产）假、节育手术假等国家规定的假期期间，以及法定工作时间内依法参加社会活动期间，视为提供了正常劳动，用人单位支付给劳动者的工资不得低于其适用的最低工资标准。劳动者与用人单位形成或建立劳动关系后，试用、见习期间，在法定工作时间内提供了正常劳动，其所在的用人单位应当支付不低于最低工资标准的工资。

（二）最低工资立法

最低工资立法是指国家制定的规定最低工资的标准的法律规范的总称。为了适应社会主义市场经济发展的需要，保护劳动者个人及其家庭成员的基本生活和劳动者的合法权益，促进劳动者素质的提高和企业公平竞争，原劳动部于1993年11月公布了《企业最低工资规定》，规定在中华人民共和国境内各种经济类型的企业以及在其中领取报酬的劳动者中实行最低工资制度。1994年颁布的《劳动法》第四十八条也明确规定："国家实行最低工资保障制度"，"用人单位支付的劳动者的工资不得低于当地最低工资标准"。这是中华人民共和国成立以来第一次以立法的形式把最低工资保障制度规定下来。2004年1月，原劳动和社会保障部发布的《最低工资规定》（自2004年3月1日起施行），将最低工资制度的适用范围作了扩展。从用人单位方面来讲，除各类企业外，新增了民办非企业单位和有雇工的个体工商户，以及与劳动者建立了劳动合同关系的国家机关、事业单位、社会团体。从劳动者范围来讲，包括与上述各类用人单位建立劳动关系的所有劳动者。

（三）最低工资构成

最低工资包括劳动者在法定工作时间内提供了正常劳动的情况下所获得的基本工资、奖金、津贴和补贴。但是，最低工资中不包括下列各项：① 加班加点工资；② 中班、夜班、高温、低温、井下、有毒有害等特殊工作环境条件下的津贴；③ 国家法律、法规和政策规定的劳动者保险、福利待遇；④ 用人单位通过贴补伙食、住房等支付给劳动者的非货币性收入。

目前在我国，不应该计算在最低工资中的保险福利项目主要有两大项：一是用人单位依法为劳动者缴纳的社会保险费（养老、医疗、失业、工伤、生育等）；二是法律、法规和国家规定的劳动者享有的其他福利待遇，主要包括：对职工进行培训的费用；执行国家有关规定的劳动安全卫生规定而发给职工的费用和用品，以及企业自身规定的工作用品；职工所得的计划生育补贴、生活困难补助等；按国家住房制度改革规定由用人单位发给职工的住房公积金等；用人单位为职工支付的医疗卫生费；丧葬抚恤救济金；探亲路费、冬季取暖补贴等。因此，用人单位承担的劳动者社会保险费用和住房公积金费用不列入工资总额，自然也不能纳入最低工资标准。

（四）最低工资标准

最低工资标准，又称最低工资率，是指政府依法规定的单位劳动时间的最低工资数额。我国规定的最低工资标准高于当地的社会救济金和失业保险金标准，但低于平均工资。最低工资标准可以按月确定，也可以按周、日或小时确定，各种单位时间的最低工资标准可以相互转换。多数情况下，最低工资标准采取月最低工资标准和小时最低工资标准的形式，前者适用于全日制就业劳动者，后者适用于非全日制就业劳动者。实行计件工资或提成工资等工资形式的用人单位，在科学合理的劳动定额基础上，其支付劳动者的工资不得低于相应的最低工资标准。目前，我国已有30个省、自治区、直辖市建立并实施了最低工资保障制度，正式公布了最低工资标准。

1. 最低工资标准的确定方式

从国际上看，最低工资标准的确定方式主要有两种：一是立法上直接规定最低标准，如加拿大、美国等；二是立法不直接规定具体标准，只规定确定最低工资标准的原则和具体规则，并授权有关机构确定具体的最低工资标准，这种方式有利于解决地区之间经济发展不平衡导致的基本生活费用差异问题。我国采用的是第二种方式。

2. 最低工资标准的确定依据

最低工资的基本职能是维持劳动力的生产和再生产，并为不断提高劳动者的劳动技能提供经费。由于各国经济发展水平不同，各国确定最低工资标准的依据不尽相同。根据国际劳工组织1970年通过的《特别参照发展中国家情况确定最低工资公约》（第131号）的规定，确定最低工资标准的依据应包括两个方面：① 工人及其家庭的必需品，需考虑该国的一般工资水平、生活费、社会保障津贴，以及其他社会阶层的相应生活标准；② 经济因素，包括经济发展的要求、生产率水平、获得和维持高水平就业的需要。这两点规定基本上为各国最低工资立法所接受。此外，很多国家还将地区间经济发展的不平衡、企业的支付能力和物价等因素作为确定最低工资标准应当考虑的因素。

根据我国《劳动法》第四十八条的规定，最低工资的标准"由省、自治区、直辖市人民政府规定，报国务院备案"。为了使最低工资标准的制定具有保障性、科学性和可行性，我国《最低工资规定》对确定和调整最低工资标准所应综合参考的因素作了明确规定，主要包括五个方面：① 城镇居民生活费用支出，即劳动者本人及平均赡养人口的最低生活费用（最低生活费用包括衣、食、住、行和子女教育所需的最低费用）；② 劳动者个人缴纳的社会保险费、住房公积金；③ 职工平均工资水平；④ 就业状况及失业率（最低工资标准应当与现实失业率相适应，并且有利于实现高水平的就业）；⑤ 地区之间经济发展水平的差异。

3. 最低工资标准的测算方法

目前，国际上采用的预算方法主要有八种，分别是：恩格尔系数法、比重法、累加法、超必需品剔除法、平均数法、生活状况分析法、分类综合计算法、经济计量分析法。我国《最低工资规定》推荐使用的方法主要包括两种：一是比重法，即根据城镇居民统计调查资料，确定一定比例的最低人均收入户为贫困户，统计出贫困户的人均生活费用支出水平，乘以每一就业者的赡养系数，再加上一个调整数；二是恩格尔系数法，即根据国家营养学会提供的年度标准食物谱及标准食物摄取量，结合标准食物的市场价格，计算出最低食物支出标准，除以恩格尔系数，得出最低生活费用标准，再乘以每一就业者的赡养系数，再加上一个调整数。根据以上方法计算出最低工资标准后，再考虑职工个人缴纳社会保险费、住房公积金、职工平均工资水平、社会救济金和失业保险金标准、就业状况、经济发展水平等进行必要的修正。

4. 最低工资标准的制定程序

根据《最低工资规定》，最低工资标准的制定包括三个环节。① 拟定初案。在国务院人力资源和社会保障部门的指导下，省、自治区、直辖市人力资源和社会保障部门会同同级工会、企业联合会（或企业协会）研究拟定，并将拟定的方案报送人力资源和社会保障部。② 征求意见。人力资源和社会保障部在收到拟定方案后，应征求全国总工会、中国企业联合会（或企业家协会）的意见。人力资源和社会保障部对方案可以提出修订意见，若在方案收到后14日内未提出修行意见的，视为同意。③ 省府审批。省、自治区、直辖市人力资源和社会保障部门应将人力资源和社会保障部无异议的本地区最低工资标准方案报省、自治区、直辖市人民政府批准。④ 发布实施。省、自治区、直辖市人力资源和社会保障部门应在批准后7日内在当地政府公报上和至少一种全地区性报纸上发布，并在发布后10日内将最低标准报人力资源和社会保障部。用人单位应在最低工资标准发布后10日内将该标准向本单位全体劳动者公示。

5. 最低工资标准的调整

最低工资标准发布实施后，如确定最低工资标准参考的因素发生变化，或本地区职工生活费用价格指数累计变动较大时，应当适时调整。最低工资标准每两年至少调整一次，但每年最多调整一次。

（五）最低工资的法律效力

最低工资标准依法制定即具有法律效力。《劳动法》第二款明确规定："用人单位支付劳动者的工资不得低于当地最低工资标准。"这种法律效力具体表现在：① 集体合同和劳动合同中所规定的工资标准，都不得低于当地最低工资标准；② 劳动者只要在法定或约定工作时内提供了正常劳动，用人单位支付给劳动者的工资不得低于当地最低工资标准；③ 劳动者因探亲、婚丧按规定休假期间，以及依法参加社会活动期间，视为提供了正常劳动，用人单位也不得向劳动者支付低于最低工资标准的工资；④ 劳动者在法定或约定工作时间内未提供正常劳动，如果不是由于本人原因造成的，用人单位也应当按照不低于最低工资标准的要求向劳动者支付工资；⑤ 实行计件工资或提成工资等工资形式的用人单位，必须进行合理折算，其相应的折算额不得低于按时、日、周、月确定的最低工资标准；⑥ 劳动行政部门负责对最低工资标准执行情况进行监督检查；⑦ 工会有权对最低工资标准执行情况进行监督，发现用人单位违反最低工资标准的，有权要求当地劳动行政部门处理。

如果用人单位违背了国家关于最低工资的强制性规定，可能会面临如下法律后果：① 劳动者可以立即与用人单位解除劳动合同，并有权要求用人单位按照一年工龄一个月工资的标准支付其工作年限的经济补偿金；同时，劳动者的解约行为不属于违反服务期的约定，用人单位不得要求劳动者支付违约金。② 用人单位支付工资低于最低工资标准的，由劳动行政部门责令其限期支付差额部分。③ 经劳动行政部门限期支付最低工资标准的差额部分，用人单位逾期不支付的，劳动部门可以责令用人单位按应付金额 50%～100% 的标准向劳动者加付赔偿金（参见《劳动合同法》第八十五条）。

四、工资支付保障

在工资立法中，两大制度最为关键，构成工资法律制度的核心：一是工资水平保障制度，关系到劳动者能够获取工资数额的多少；二是工资支付保障制度，关系到劳动者能否安全、及时、足额、便利地获得实际工资收入。工资支付保障是对劳动者获得全部应得工资及其所得工资支配权的保障，较之最低工资保障更进了一步，因为其所保护的客体已不只限于最低工资，而扩展到全部应得工资；其所干预的对象，也已由工资数额转向了工资支付行为。国际劳工组织早在 1949 年就通过了《工资保障公约》（第 95 号）及同名建议书。为保障劳动者报酬权的实现，我国除了在《劳动法》《劳动合同法》中对于工资支付保障作了原则性规定外，还制定了《工资支付暂行规定》（1994 年）及其《补充规定》（1995 年）、《建设领域农民工工资支付管理暂行办法》（2004 年），在其他有关法规政策中也可散见工资支付保障的内容。

（一）工资支付的一般规则

根据《劳动法》第五章"工资"及原劳动部于 1994 年发布的《工资支付暂行规定》（1995 年 1 月 1 日起施行）的规定，用人单位支付工资需要遵循如下规则。

（1）货币支付。工资应以法定货币支付，不得以实物及有价证券代替货币支付。

（2）定期支付。工资应在用人单位与劳动者约定的日期支付。工资一般按月支付，至少每月支付一次。实行周、日、小时工资制的，可按周、日、小时支付。

（3）直接支付。工资应支付给劳动者本人，也可由劳动者家属或委托他人代领，用人单位可委托银行代发工资。

（4）足额支付。除法定或约定允许扣除工资的情况下，严禁非法克扣或无故拖欠劳动者工资。我国规定，用人单位在支付工资时应当向职工提供一份个人的工资清单。

（5）优先支付。用人单位依法破产时，劳动者有权获得其工资。在破产清偿中用人单位应按《中华人民共和国企业破产法》规定的清偿顺序，首先支付欠付本单位劳动者的工资。

（6）紧急支付。即在劳动者遇有紧急情况、不能维持生活时，用人单位必须向该劳动者预支其可得工资的相当部分。

（二）特殊情况下工资支付

特殊情况下工资支付是指在非正常情况下，按照国家规定应当按计时工资标准或其一定比例支付工资，其特点为：首先，以存在某种非正常情况作为支付工资的依据，通常以劳动者在法定工作时间履行劳动给付义务而支付工资为正常情况，此外的工资支付则为非正常情况；其次，以劳动者本人计时工资标准作为工资支付的标准，通常包括按照计时工资标准全额照发、按计时工资标准的一定比例进行支付、按计时工资标准的一定倍数支付三种情况。目前，我国法定的应当支付工资的特殊情况主要有如下几种。

（1）劳动者在法定休息日和依法享受年休假、探亲假、婚假、丧假期间，用人单位应按劳动合同约定的标准支付工资。

（2）劳动者在法定工作时间内依法参加社会活动期间，用人单位应当视同其提供了正常劳动而支付工资。社会活动包括：依法行使选举权或被选举权；当选代表出席乡（镇）、区以上政府、党派、工会、青年团、妇女联合会等组织召开的会议；出任人民法庭证明人；出席劳动模范、先进工作者大会；《工会法》规定的不脱产工会基层委员会委员因工作活动占用的生产或工作时间；其他依法参加的社会活动。

（3）非因劳动者原因造成单位停工、停产在一个工资支付周期内的，用人单位应按劳动合同规定的标准支付劳动者工资。超过一个工资支付周期的，若劳动者提供了正常劳动，则支付给劳动者的劳动报酬不得低于当地的最低工资标准；若劳动者没有提供正常劳动，应按国家有关规定办理。

（4）劳动者在调动工作期间、脱产学习期间、被错误羁押期间、错判服刑期间，用人单位应当按照国家规定或劳动合同约定的标准支付工资。

（5）劳动者被公派在国（境）外工作、学习期间，其国内工资按国家规定的标准支付。

（6）劳动者延长工时的，用人单位应当依法定标准支付加班加点工资。

（三）工资的扣除

只有在法定允许扣除工资的情况下，才可以扣除工资；在法定禁止扣除工资的情况下，不得在劳动合同中作出允许扣除工资的约定；即使在法定允许扣除工资的情形下，每次扣除的工资额也不得超过法定限度。

（1）代扣工资的允许。用人单位不得非法克扣劳动者工资，但有下列情况之一的，用人单位可以代扣劳动者工资：① 用人单位代扣代缴的个人所得税；② 用人单位代扣代缴的应由劳动者个人负担的社会保险费用、住房公积金费用；③ 用人单位依法院判决、裁定可以从应负法律责任的劳动者工资中扣除其应负担的扶养费、赡养费、抚养费和损害赔偿等款项；④ 法律、法规规定可以从劳动者工资中扣除的其他费用。

（2）扣除工资的允许与金额限制。因劳动者本人原因给用人单位造成经济损失的，用人单位可按照劳动合同的约定要求其赔偿经济损失，经济损失的赔偿可从劳动者本人的工资中扣除。但每月扣除金额不得超过劳动者月工资的 20%，若扣除后的余额低于当地月最低工资标准的，则应按最低工资标准支付。

（四）欠薪支付保障

工资权包括工资请求权和工资自主支配权两个方面，前者属于债权性质，后者属于物权性质。工资请求权就是请求用人单位支付工资的权利，该权利的发生必须以劳动者履行劳动给付义务为前提条件，所以是一种特殊的债权。《劳动法》第五十条明确规定用人单位"不得克扣或者无故拖欠劳动者的工资",但由于我国相关配套法规尚未完善,导致大量企业无故拖欠、克扣劳动者特别是农民工工资的现象。为了有效保障劳动者工资请求权的实现,我国目前已经形成了多种相关制度。

1. 优先受偿制度

为了保障工资请求权的实现,我国法律规定在企业破产还债的过程中,工资应予以优先支付。这就使工资请求权的实现获得了法定优先权的保障。我国劳动立法没有直接规定工资请求权的优先地位。最早规定工资优先请求权的是1988年11月实施的《企业破产法(试行)》,在1991年4月公布实施的《民事诉讼法》中又予以确认,其中第二百零四条规定:破产财产优先拨付破产费用后,按照下列顺序清偿:① 破产企业所欠职工工资和劳动保险费用;② 破产企业所欠税款;③ 破产债权(2007年修正后的《民事诉讼法》删去了"企业法人破产还债程序",该条款也被删除)。2007年6月正式实施的《企业破产法》对此再次确认,其中第一百一十三条规定:"破产财产在优先清偿破产费用和共益债务后,依照下列顺序清偿:① 破产人所欠职工的工资和医疗、伤残补助、抚恤费用,所欠的应当划入职工个人账户的基本养老保险、基本医疗保险费用,以及法律、行政法规规定应当支付给职工的补偿金;② 破产人欠缴的除前项规定以外的社会保险费用和破产人所欠税款;③ 普通破产债权。破产财产不足以清偿同一顺序的清偿要求的,按照比例分配。"

2. 欠薪保障金制度

在许多国家的工资立法中,还规定了欠薪保障基金制度,以确保用人单位拖欠工资时劳动者能够取得应得工资。欠薪保障基金是指特定机构依法筹集建立的,专门用于雇主由于无力或故意而欠薪时向劳动者垫付欠薪的基金。1996年10月,深圳市借鉴香港有关企业破产欠薪保障立法的经验,制定颁布了《深圳经济特区企业欠薪保障条例》,这是我国大陆第一个有关欠薪保障的法规,最早建立了欠薪保障金制度。2004年9月,原劳动保障部、建设部发布实施的《建设领域农民工工资支付管理暂行办法》要求 "企业应按有关规定缴纳工资保障金,存入当地政府指定的专户,用于垫付拖欠的农民工工资",在建设领域率先要求建立工资保证金制度。上海市政府于2007年发布了《上海市企业欠薪保障金筹集和垫付的若干规定》(2009年修正后重新公布)规定"本市设立欠薪保障金",欠薪保障金的来源包括:① 企业缴纳的欠薪保障费及其利息收入;② 垫付欠薪款项的追偿所得;③ 财政补贴;④ 其他收入。

3. 支付令制度

用人单位拖欠或者未足额支付劳动报酬时,劳动者维护自己工资请求权的法律救济途径主要有四种:一是向当地劳动保障监察大队举报、投诉;二是向当地劳动争议仲裁委员会提起劳动争议仲裁(目前在我国,劳动仲裁是向法院提出诉讼请求的前置程序);三是对劳动争议仲裁结果不满时,向法院提起诉讼;四是不经投诉或劳动仲裁程序,直接向法院申请发放支付令。

支付令制度是《劳动合同法》在原有的三种保障劳动者工资权的法律救济途径的基础上,新增加的维权途径,可以进一步有效保障劳动者工资权的实现。支付令是指人民法院根据劳动者的给付工资的申请,以支付令的形式催促用人单位限期履行支付工资义务的一种特殊法律程序。《劳动合同法》第三十条规定:"用人单位应当按照劳动合同约定和国家规定,向劳动者及时足额支付劳动报酬。用人单位拖欠或者未足额支付劳动报酬的,劳动者可以依法向当地人民法院申请支付令,人民法院应当依法发出支付令。"

根据《民事诉讼法》的规定:劳动者提出申请后,人民法院应当在 5 日内通知劳动者是否受理;人民法院受理申请后,经审查劳动者提供的事实、证据,对债权债务关系明确、合法的,应当在受理之日起 15 日内向用人单位发出支付令。用人单位应当自收到支付令之日起 15 日内清偿债务,或者向人民法院提出书面异议。用人单位在前款规定的期间不提出异议又不履行支付令的,劳动者可以向人民法院申请执行。

(五)实际工资保障

实际工资是指劳动者所得货币工资能够购买到的生活资料和服务的数量,实际工资保障就是要处理好工资与物价的关系,一方面尽量要保持物价的平稳,另一方面是力求使劳动者货币工资增长率大于物价的上涨率。后者就是工资法中的实际工资保障问题。因此,实际工资保障较之最低工资保障和工资支付保障是更高层次的劳动报酬权保障。在西方国家,处理工资与物价关系的法定方式主要有两种:一是劳资双方工资谈判;二是工资物价指数化(即工资随着生活消费品价格指数增加而提高)。我国处理工资与物价关系的基本方式有工资调整和物价补贴两种方式,这两种方式都是在物价主要由国家调控的条件下所采用的,在市场经济条件下,物价变动主要由市场调节,上述方式明显具有局限性。因此,我国也开始引入工资集体协商制度。

通过工资协商实现工资的劳资共决,是历史发展、权利回归的必然。第二次世界大战以后,世界范围内经济与社会结构发生巨大变化,劳资关系长期对立的两败俱伤使双方认识到放弃对立、谋求合作对双方更有利,于是劳资协商成为工业国家的共识与潮流。我国改革开放以来,经济成就有目共睹,然而经济繁荣也隐蔽不少问题。其中,劳动报酬占 GDP 比重连续多年下降的尴尬,凸显广大职工劳动报酬话语权缺失的结构性缺陷,积重难返,亦使问题从经济上升到政治层面,公众思变心切。2000 年 10 月,原劳动和社会保障部通过《工资集体协商试行办法》,我国首次开始试行工资谈判制度。2009 年 7 月,中华全国总工会发布了《关于积极开展行业性工资集体协商工作的指导意见》,要求各地工会大力开展行业性工资集体协商。

工资协商制度具有灵活性,比较适合市场经济波动的特点,也有利于发挥劳动者和用人单位双方对物价上涨和工资增长的相互制约作用。但是,实行工资协商制度需要具备如下条件:一是建立完备的集体合同制度,尤其是地区性、行业性集体合同制度;二是理顺工会与用人单位的实际利益关系,强化工会的独立地位与谈判实力;三是国家形成一套指导、协调工资协商的完备制度和有效手段。

(六)拒不支付劳动报酬的刑事处罚制度

2011 年 2 月通过的《刑法修正案(八)》(2011 年 5 月 1 日起施行)首次将拒不支付劳动报酬纳入"破坏生产经营罪"的一种。根据《刑法修正案(八)》的规定,在刑法第二百七十六条后增加一条,作为第二百七十六条之一:"以转移财产、逃匿等方法逃避支付劳动者的劳动报酬或者有能力支付而不支付劳动者的劳动报酬,数额较大,经政府有关部门责令支付仍不支付的，处三年以下有期徒刑或者拘役，并处或者单处罚金；造成严重后果的，处三年以上七年以下有期徒刑，并处罚金。""单位犯前款罪的，对单位判处罚金，并对其直接负责的主管人员和其他直接责任人员，依照前款的规定处罚。""有前两款行为，尚未造成严重后果，在提起公诉前支付劳动者的劳动报酬，并依法承担相应赔偿责任的，可以减轻或者免除处罚。"最高人民法院于 2013 年 1 月 14 日通过了《关于审理拒不支付劳动报酬刑事案件应用法律若干问题的解释》（当年 1 月 23 日正式实施，以下简称《劳动报酬刑事案件法律解释》），对"拒不支付劳动报酬罪"的定罪量刑标准进行了明确。

（1）明确了"劳动报酬"的 6 项具体内容。根据《劳动报酬刑事案件法律解释》第一条规定，劳动者依照《劳动法》和《劳动合同法》等法律的规定应得的劳动报酬，包括"工资、奖金、津贴、补贴、延长工作时间的工资报酬及特殊情况下支付的工资"等，应当认定为刑法第二百七十六条之一第一款规定的"劳动者的劳动报酬"。

（2）列举了拒不支付劳动报酬的 4 种具体情形。《刑法修正案（八）》规定，有"逃避支付或者是隐匿财产"的情节就可能被认定为是拒不支付劳动报酬，但什么样的行为是逃避支付的行为呢？为此，《劳动报酬刑事案件法律解释》第二条明白列举了属于"以转移财产、逃匿等方法逃避支付劳动者的劳动报酬"的 4 种情形：一是行为人"隐匿财产、恶意清偿、虚构债务、虚假破产、虚假倒闭或者以其他方法转移、处分财产的"；二是行为人"逃跑、藏匿的"；三是行为人"隐匿、销毁或者篡改账目、职工名册、工资支付记录、考勤记录等与劳动报酬相关的材料的"；四是"以其他方法逃避支付劳动报酬的"，这是一个兜底条款，不管使用什么方法，如果他的目的在于逃避支付劳动报酬的，都可以认定以逃匿方法逃避支付劳动者劳动报酬的情形。

（3）界定了拒不支付劳动报酬的两种定罪标准与加重处罚的 3 种情形。在司法实践中，人们最关心的是入罪门槛问题，即欠多少薪就会被追究刑事责任？《劳动报酬刑事案件法律解释》第三条规定，具有下列情形之一的，应当认定为刑法第二百七十六条之一第一款规定的"数额较大"：一是拒不支付"一名劳动者三个月以上"的劳动报酬，并且"数额在五千元至二万元以上的"；二是拒不支付"十名以上劳动者"的劳动报酬，并且"数额累计在三万元至十万元以上的"。各省、自治区、直辖市高级人民法院可以根据本地区经济社会发展状况，在前款规定的数额幅度内（即五千到两万、三万到十万的幅度内），研究确定本地区执行的具体数额标准，报最高人民法院备案。符合上述标准之一的，量刑标准为"处三年以下有期徒刑或者拘役，并处或者单处罚金"。

符合上述定罪标准，且具有下列情形之一的可以被认定为"造成严重后果"，需加重处罚，量刑标准为"处三年以上七年以下有期徒刑，并处罚金"：一是"造成劳动者或者其赡养人、被扶养人、被抚养人的基本生活受到严重影响、重大疾病无法及时医治或者失学的"；二是"对要求支付劳动报酬的劳动者使用暴力或者进行暴力威胁的"；三是"造成其他严重后果的"。

（4）确定了人力资源和社会保障部门的直接责任。按照《刑法修正案（八）》的规定，拒不支付劳动报酬，"经政府有关部门责令支付仍不支付的"，将被追究刑事责任。可是实践中，遭遇欠薪的劳动者，特别是农民工，有的找清欠办公室、有的找劳动监察部门、有的申请调解不成再找信访办公室，不知道到底该去找哪个政府"有关部门"。《劳动报酬刑事案件法律解释》第四条规定明确了"人力资源社会保障部门"的直接责任，但在实践中，责令支付的文件除了劳动监察大队向用人单位送达《行政处罚决定书》，还包括《劳动争议仲裁决定书》、生效《民事判决书》以及各级信访机关向用人单位送达批转的文件，因此除了"人力资源社会保障部门"为直接责任部门外，还包括有权发出责令支付文件的"政府其他有关部门"。

同时，《劳动报酬刑事案件法律解释》还规定了"视同责令支付"的办法，即行为人逃匿，无法将责令支付文书送交其本人、同住成年家属或者所在单位负责收件的人的，如果有关部门已通过在行为人的住所地、生产经营场所等地张贴责令支付文书等方式责令支付，并采用拍照、录像等方式记录的，应当视为"经政府有关部门责令支付"。

（5）明确了刑事责任主体。《劳动报酬刑事案件法律解释》第七至九条明确了不同情况下的刑事责任主体。如果"用人单位的实际控制人实施拒不支付劳动报酬行为，构成犯罪的"，该"实际控制人"即为刑事责任主体，应当依照刑法第二百七十六条之一的规定追究刑事责任。如果"单位拒不支付劳动报酬、构成犯罪的"，则"单位"及其"直接负责的主管人员和其他直接责任人员"均为责任主体，对直接负责的主管人员和其他直接责任人员依照《劳动报酬刑事案件法律解释》规定的"相应个人犯罪的定罪量刑标准定罪处罚"，对单位判处"罚金"。如果"不具备用工主体资格的单位或者个人，违法用工且拒不支付劳动者的劳动报酬，数额较大，经政府有关部门责令支付仍不支付的"，应当依法以拒不支付劳动报酬罪追究刑事责任。

（6）凸了宽严相济的原则。在《刑法修正案（八）》中即规定，拒不支付劳动报酬尚未造成严重后果，在提起公诉前支付劳动者的劳动报酬，并依法承担相应赔偿责任的，可以减轻或者是免除处罚。《劳动报酬刑事案件法律解释》进一步明确规定：如果是在刑事立案前支付劳动者的劳动报酬，并依法承担相应赔偿责任的，可以认定为"情节显著轻微，危害不大，不认为是犯罪"；如果是在提起公诉前支付劳动者的劳动报酬，并依法承担相应赔偿责任的，可以"减轻或者免除刑事处罚"；如果是在一审宣判前支付劳动者的劳动报酬，并依法承担相应赔偿责任的，可以"从轻处罚"。即便是"拒不支付劳动者的劳动报酬，造成严重后果"的，但在"宣判前支付劳动者的劳动报酬，并依法承担相应赔偿责任的"，仍然可以"酌情从宽处罚"。这充分体现了宽严相济的精神，目的也是让劳动者能够及时地尽快地拿到应得的劳动报酬。《劳动报酬刑事案件法律解释》同时规定，对于免除刑事处罚的，可以根据案件的不同情况，予以"训诫、责令具结悔过或者赔礼道歉"。

复习与思考

1. 名词解释：休息休假；标准工时；最低工资。
2. 试述非标准工时包含的主要情形及其适用范围。
3. 简述我国加班加点制度的主要内容。
4. 我国休假的种类有哪些？简述我国带薪年休假的主要内容。
5. 简述工资的含义、特征与分配原则。
6. 简述工资构成与工资形式。
7. 简述工资扣除的限制。
8. 试述最低工资保障制度的主要内容。
9. 我国欠薪支付保障制度包括哪些内容？

10. 用人单位违反国家最低工资的强制性规定会面临哪些法律风险?

11. 简述我国拒不支付劳动报酬的刑事处罚制度。

12. 多选题:

(1) 下列哪些说法违反劳动法的规定?（　　）

A. 我国公民未满十六岁的，用人单位一律不得招用

B. 双方当事人不可以约定周六加班

C. 劳动合同期限约定为二年的，试用期应在半年以上

D. 双方当事人可就全部合同条款做出违约金约定

(2) 关于工资保障制度，下列哪些表述符合劳动法的规定?（　　）

A. 按照最低工资保障制度，用人单位支付劳动者的工资不得低于当地最低工资标准

B. 乡镇企业不适用最低工资保障制度

C. 加班工资不包括在最低工资之内

D. 劳动者在婚丧假以及依法参加社会活动期间，用人单位应当依法支付工资

13. 案例分析：某公司与员工订立的劳动合同中约定："每周工作六天，每天工作 7 小时。"劳动关系存续期间，公司除支付每日正常工作时间工资外，还依法支付了周一至周五延长工作时间的工资，但未按休息日加班支付周六加班工资。2010 年 2 月，刘某等三人离职后向劳动争议仲裁委员会申请仲裁，要求公司支付最近两年的周六加班工资。本案在仲裁和诉讼中，双方争议的焦点问题是：(1) 用人单位是否可以安排劳动者每周工作 6 天? (2) 用人单位安排劳动者周六上班是否属于休息日加班? 本案休息日加班时间应如何确定? 本案在仲裁、诉讼审理中，存在下面两种不同的观点：第一种观点认为，用人单位安排劳动者每周工作 6 天，违背法律规定；用人单位安排劳动者周六上班属于休息日加班，按照周六工作时间支付相应的加班工资。第二种观点认为：用人单位可以安排劳动者每周工作 6 天；用人单位安排劳动者周六上班，每周工作时间未超过 40 小时的，不属于休息日加班；超过 40 小时的，超过的部分属于休息日加班；本案公司安排员工每周工作 42 小时，其中超过标准工作时间的 2 小时属于休息日加班时间，应当支付相应的加班工资。你认同哪种观点? 为什么?

第五章 劳动保护法

劳动保护法是指以保护劳动者在职业劳动过程中的安全和健康为宗旨，以劳动安全卫生规则等为内容的法律规范的总称，也被称为职业安全卫生法或劳动安全卫生法。劳动保护法的立法目的是减少和避免因工伤亡事故以及职业危害、职业中毒和职业病。劳动保护法与其他劳动法规相比有如下特征。① 保护对象的特定性。劳动保护法保护的对象是特定的，即保护的是劳动者在生产、劳动过程中的生命安全和健康。② 法规内容具有技术性。劳动保护法主要由劳动安全、劳动卫生技术规程和标准组成，是具有技术性的法律规范。③ 法律规范多为强制性和禁止性规范。

第一节 概 述

劳动保护包括劳动安全与劳动卫生两类。劳动安全是为防止和消除劳动过程中的伤亡事故而制定的各种法律规范；劳动卫生是为保护劳动者在劳动过程中的健康，预防和消除职业病、职业中毒和其他职业危害而制定的各种法律规范。

一、国外劳动保护立法

劳动保护立法是工业社会的产物。英国作为世界工业革命的发源地，于1802年率先制定了《学徒健康和道德法案》。随后，英国相继颁布了《工厂法》（1833年）、《矿业法》（1842年）、《印染工厂法》（1845年）、新《工厂法》（1847年）、《补充工厂法》（1850年）等劳动保护立法。德国于1839年颁布了《普鲁士工厂矿山规则》，1891年颁布了《德意志帝国工业法》。法国于1841年和1874年颁布了《幼少年工业保护法》和《劳工保护法》。此外，意大利、瑞士、比利时、丹麦等国也相继制定了劳动保护方面的法律。20世纪以后，各国劳动保护立法在形式上从综合性工厂法过渡到专门性劳动保护法或劳动法典中专章规定劳动保护条款，如美国于1969年、1971年分别颁布了《煤矿安全与卫生法》《职业安全与卫生法》；英国在1974年颁布了《劳动安全与卫生法》；日本在1972年颁布了《劳动安全卫生法》。同时，这一时期劳动保护的标准和条件也有明显提高。

国际劳工组织是推动世界各国劳动保护立法的重要力量，其制定的一系列国际劳动保护公约，构成了劳动保护的国际机制，对各成员国的劳动保护立法具有促进作用。如1925年的《工人事故赔偿公约》《工人职业病赔偿公约》《本国与外国工人关于事故赔偿的同等待遇公约》和《面包房夜间工作公约》，1930年的《防止码头工人事故公约》，1937年的《建筑业安全规定公约》，1960年的《保护工人免受离子辐射公约》，1967年的《准许工人搬运的最大重量公约》，1971年的《防止苯中毒引起危害公约》，1974年的《预防和控制由致癌物质和致癌剂造成职业危害公约》，1977年的《保护工人免遭因工作场所中的空气污染、噪声和振动而造成的职业危害公约》，1979年的《港口装卸的劳动安全与劳动卫生公约》，1981年的《职业安全卫生与工作环境公约》等。

二、我国劳动保护立法

我国劳动保护立法最早可以追溯到民国北京政府于1914年公布的《矿业条例》。1923年民国北京政府公布的《暂行工厂通则》则被视为我国"工厂法的第一声"。南京国民政府成立后更于1929年完成的《劳动法典草案》中专门设置了"劳动保护"部分（第四编），此后将劳动立法模式改为单行法模式，先后公布了《工厂法》（1929年）、《矿场法》（1936年）等劳动保护立法。

在中国共产党领导下，从1922年到1948年，历次全国劳动大会通过的纲领和决定中都有劳动保护的内容；各革命根据地和解放区所制定的劳动立法中也都有劳动保护的内容。中华人民共和国成立前夕，中国人民政治协商会议通过的《共同纲领》规定："公私企业一般实行8小时至10小时工作制"，"保护女工的特殊利益"，"实行工矿检查制度，以改进工矿的安全和卫生设备"。中华人民共和国成立后制定的第一部宪法（1954年宪法）规定：逐步扩大就业，加强劳动保护，改善劳动条件和工资待遇，以保障公民享有这些权利。我国现行《宪法》（1982年宪法）明确规定"国家通过各种途径，创造劳动就业条件，加强劳动保护，改善劳动条件，并在发展生产的基础上，提高劳动报酬和福利待遇"，为劳动保护立法提供了根本保障。

1951年9月，劳动部在北京召开了第一次全国劳动保护工作会议，国家在劳动保护方面展开了积极的立法工作，先后发布了一系列相关法规，其中最重要的是国务院发布的《工厂安全卫生规程》《建筑安装工程安全技术规程》《工人职员伤亡事故报告规程》。1982年，国务院又发布了《锅炉压力容器安全监察暂行条例》《矿山安全条例》《矿山安全监察条例》，劳动保护立法进一步加强。1987年12月，国务院发布《尘肺病防治条例》，规定"作业场所的粉尘浓度超过国家卫生标准，又未积极治理，严重影响职工安全健康时，职工有权拒绝操作"。同年有关部门发布规章，扩大了职业病防治范围，规范了职业病患者处理办法。1991年，国务院发布《企业职工伤亡事故报告规程》，取代了1956年的《工人职员伤亡事故报告规程》。

1995年开始实施的《劳动法》在第六章专章规定了劳动安全卫生制度，以劳动基本法的形式对劳动安全卫生作了原则性规定。为落实《劳动法》的规定，原劳动部还公布了一系列配套性劳动安全卫生法规，如《劳动监察员条例》《未成年工特殊保护规定》等。同时，我国劳动安全卫生标准化立法工作也取得重大进展，颁布了包括管理标准、劳动生产设备、工具安全卫生、生产工艺安全、防护用品等内容的国家标准，如《安全帽标准》《安全标志标准》《高处作业标准》《体力劳动强度分级》《高温作业分级》《生产性粉尘危害程度分级》《有毒作业分级》《冷水作业分级》《低温作业分级》等。这些标准化立法为我国劳动安全卫生法制化奠定了重要基础。

1993年5月1日起实施的《矿山安全法》（2009年修订）是我国第一部有关矿山安全卫生的法律；2002年11月1日起实施的《安全生产法》（2009年、2014年两次修订）是我国第一部专门的劳动安全法律；2002年5月1日起实施的《职业病防治法》（2011年、2016年、2017年、2018年四次修订）是我国首部专门的劳动卫生法律。上述法律与国务院发布的劳动安全卫生法规和各部委制定的大量劳动保护的规章、标准，共同构成了我国目前的劳动保护法律制度体系。

我国劳动保护法体系在纵向上可以分为国家根本法（《宪法》中关于劳动保护的条款）、劳动基本法（《劳动法》中有关劳动保护的条款）、综合性法律（如《安全生产法》《职业病防治法》《矿山安全法》）、专门性法规、单行规章、劳动保护标准等层次；从横向上则可以大致分为劳动安全规程与管理法、劳动卫生规程与管理法、特殊劳动主体（女工和未成年工）保护法等类别。

三、我国劳动保护基本制度

劳动保护管理制度是法律所规定或确认的国家和用人单位为保护劳动者在劳动过程中的安全和健康而采取的各项管理措施的总称。劳动保护管理制度主要包括劳动安全卫生管理基本制度、劳动安全管理制度、劳动卫生管理制度。由于后面还要分别专门介绍劳动安全和劳动卫生管理制度，这里只介绍劳动保护基本制度。劳动保护基本制度是指规定在《劳动法》《安全生产法》《职业病防治法》等劳动安全卫生法律之中的共同适用于劳动安全和劳动卫生的相关制度，具体包括安全卫生教育制度、安全卫生设施"三同时"制度、安全卫生认证制度、安全卫生标准制度等。

（一）安全卫生教育制度

安全生产教育是提高公众劳动安全卫生认识的有效途径。《劳动法》第五十二条、第五十五条规定：用人单位必须对劳动者进行劳动安全卫生教育，防止劳动过程中的事故，减少职业危害；从事特种作业的劳动者必须经过专门培训并取得特种作业资格。《安全生产法》第二十五至二十七条规定：生产经营单位应当对从业人员进行安全生产教育和培训，保证从业人员具备必要的安全生产知识，熟悉有关的安全生产规章制度和安全操作规程，掌握本岗位的安全操作技能，了解事故应急处理措施，知悉自身在安全生产方面的权利和义务。未经安全生产教育和培训合格的从业人员，不得上岗作业。生产经营单位采用新工艺、新技术、新材料或者使用新设备，必须了解、掌握其安全技术特性，采取有效的安全防护措施，并对从业人员进行专门的安全生产教育和培训。生产经营单位的特种作业人员必须按照国家有关规定经专门的安全作业培训，取得特种作业操作资格证书，方可上岗作业。

从内容上说，安全教育包括劳动纪律、职业道德、劳动安全卫生基础知识、劳动安全卫生法规、劳动安全卫生规程等。从教育方式上说，劳动安全卫生教育包括对新入职劳动者的入厂教育、车间教育、班组教育的所谓三级安全教育；对特殊工作岗位劳动者的专业安全技术培训教育；对管理员和安检人员的安全卫生知识、专业基础知识及其责任的教育；对新工艺、新机器、新原料等使用及其安全性能的培训教育；对一般劳动者进行岗位责任制和操作规范的教育等。

（二）安全卫生认证制度

劳动安全卫生认证制度指在生产经营过程进行之前，依法对参与生产经营活动的主体能力、资格及其他安全卫生状况进行审查、评价并确认资格或条件的制度。我国现行的安全卫生认证主要包括如下方面。① 生产单位的资格认证和许可。依据《安全生产法》的规定，国务院于 2004 年 1 月公布施行了《安全生产许可证条例》，规定对矿山企业、建筑施工企业和危险化学品、烟花爆竹、民用爆破器材生产企业，实行安全生产许可制度。未取得安全生产许可证的，不得从事生产活动。② 特殊岗位或特种作业人员的资格认证。依据《劳动法》《安全生产法》《矿山安全法》的规定，国家安全生产监督管理局于 2002 年 12 月发布了《关于生产经营单位主要负责人、安全生产管理人员及其他从业人员安全生产培训考核工作的意见》《关于特种作业人员安全技术培训考核工作的意见》，对生产经营单位主要负责人、安全生产管理员、特种作业人员等的安全技术培训及考核发证工作进行了规范。特种作业包括电工作业、金属焊接、切割作业、起重机械（含电梯）作业、企业内机动车驾驶、高空架设作业、锅炉作业、压力容器作业、制冷作业、爆破作业、矿山通风和排水作业、矿山救护作业、危险物品作业等。③ 具有特殊危害性设备或产品的安全认证。《安全生产法》规定：生产经营单位使用的涉及生命安全、危险性较大的特种设备，以及危险物品的容器、运输工具，必须按照国家有关规定，由专业生产单位生产，并经取得专业资质的检测、检验机构检测、检验合格，取得安全使用证或者安全标志，方可投入使用。检测、检验机构对检测、检验结果负责。涉及生命安全、危险性较大的特种设备的目录由国务院负责特种设备安全监督管理的部门制定，报国务院批准后执行。目前，压力容器、漏电保护器、劳动保护用品、客运架空索道等产品，必须通过国家技术监督局认证，取得安全使用证或安全标志的才能生产、销售和使用。

（三）安全卫生标准制度

《劳动法》第五十二条规定："用人单位必须严格执行国家劳动安全卫生规程和标准。"劳动安全卫生标准制度是国家相关行政部门依照法定程序制定和公布的执行劳动安全卫生法规时参照或依据的各项指标或规程。劳动安全卫生标准包括国家标准、行业标准和地方标准。国家标准主要由国家劳动行政部门制定、国家技术监督局发布实施；行业标准是指没有国家标准又需要在全国统一实施的标准，由国家劳动行政部门制定实施，国家技术监督局备案；地方标准是在没有国家标准及行业标准的情况下，地方劳动或卫生行政部门根据本地区需要组织制定的在本地区统一执行的劳动安全卫生标准。国家制定劳动安全卫生的基本标准，各行业及地方可制定高于该标准的行业标准或地方标准。

根据原劳动部 1992 年制定的《标准化工作管理办法》，我国劳动安全卫生标准包括 7 类：① 劳动安全及劳动卫生工程技术标准，如《工业企业设计卫生标准》《生产设备安全卫生设计总则》等；② 工业产品在设计、生产、检验、储运、使用过程中的安全卫生标准，如《手持式电动工具的管理、使用、检查和维护技术规程》《排水管道维护安全技术规程》《橡胶工业静电安全规程》等；③ 特种设备（锅炉、压力容器、起重机械等）安全技术标准和使用安全技术标准；④ 工矿企业工作条件及工作场所的安全卫生标准；⑤ 职业安全卫生管理和特种作业人员安全技能考核标准；⑥ 气瓶产品标准；⑦ 劳动防护用品标准。

（四）安全卫生设施"三同时"制度

《劳动法》第五十三条规定：劳动安全卫生设施必须符合国家规定的标准，新建、改建、扩建工程的劳动安全卫生设施必须与主体工程"同时设计、同时施工、同时投入生产和使用"，此为我国劳动安全卫生设施"三同时"制度。我国《矿山安全法》《安全生产法》都规定有"三同时"制度。该制度的基本内容包括：① 建设单位在申报建设项目时，应按规定同时提出安全卫生设施方案，所需经费应纳入总投资计划，审批部门应一并审批下达；② 设计单位在设计主体工程项目时应同时编制"职业安全卫生篇"，详细说明可能产生的职业危害和应采取的措施及预期效果，并严格规定与主体工程同时设计；③ 施工单位对安全卫生设施应按设计要求与主体工程同时施工，并保证质量；④ 工程竣工后，当地劳动、卫生等相关部门应对工程的安全卫生设施进行试行和验收，不合格者不得投入使用；⑤ 对违反"三同时"制度规定者，应当依法追究法律责任。

第二节　劳动安全

一、劳动安全基准制度

劳动安全基准是指国家为防止和消除劳动过程中伤亡事故所制定的各种劳动场所安全条件、生产设备使用规则及程序等技术性标准，由于这些规则大多数以规程的形式公布，所以也称为劳动安全技术规程。各行业由于生产特点及工艺过程不同，相应的安全技术规程也有所不同。按照产业性质，可以划分为煤矿、冶金、化工、建筑、机器制造等安全技术规程；按照机器设备性质，可以划分为电器、起重、锅炉和压力管道、焊接、机床等安全技术规程。我国劳动安全技术规程主要规定在《劳动法》《安全生产法》《建设工程安全生产管理条例》《矿山安全法》及其《实施条例》以及劳动安全方面的国家标准和行业标准之中，大致可以概括为工厂安全技术规程、建筑安装工程技术规程和矿山安全技术规程等方面。

（1）工厂劳动安全基准。工厂是机器设备最集中的场所，也是最容易发生安全事故的场所。围绕着工厂安全，我国已颁布了一系列安全技术规程，内容主要包括：涉及工厂工作场所或工作环境的安全技术规范；机械设备安全技术规范；电器设备方面的安全技术规范；锅炉压力容器方面的技术规范；起重机械安全技术规范。早在1956年，国务院就通过了《工厂安全卫生规程》，该规程已根据《国务院关于废止部分行政法规的决定》于2008年1月15日被废止，其内容已被《职业病防治法》《安全生产法》所代替。国家质量技术监督局于1999年发布的《生产设备安全卫生设计总则》（GB5083-1999），从基本原则、一般要求和特殊要求三个层面规定了生产设备安全卫生设计的标准。

（2）建筑安装劳动安全基准。建筑安装工程具有高空作业、露天作业、劳动强度大和劳动条件差等特征，劳动者面临着较大的安全及健康威胁。我国早在1956年就制定了《建筑安装工程安全技术规程》，该规程已根据《国务院关于废止部分行政法规的决定》于2008年1月15日被废止，其内容已被《建筑法》《安全生产法》《建设工程质量管理条例》《建设工程安全生产管理条例》等法律法规所代替。

（3）矿山劳动安全基准。矿山是安全事故的高发场所，我国已经形成了以《矿山安全法》及其《实施条例》为核心的矿山劳动安全技术规范，主要包括矿山设计与建设的安全技术规范、矿山开采方面的安全技术规范、矿山设备仪器方面的安全技术规范，以及作业场所方面的安全技术规范等。

（4）个人防护用品的安全要求。用人单位必须对处于可能危害劳动者安全岗位上的劳动者提供安全帽、呼吸护具、眼防护具、听力护具、防护鞋、防护手套、防护坠落具、护肤品等相应的防护用品，对特种劳动防护用品、用具的效能，应定期检验和鉴定并且按规定报废和更新，失效的一律不准使用。

二、劳动安全管理制度

劳动安全管理制度，也称安全生产管理制度，是指规定在《安全生产法》《矿山安全法》等法律法规之中的适用于安全生产管理的相关制度，具体包括安全生产责任制度、安全生产审批验收制度、安全生产检查制度、安全生产举报报告制度、安全生产事故应急救援制度、安全生产事故调查处理制度等。

（一）安全生产责任制度

安全生产责任制度就是根据"管生产必须管安全"的原则，以制度形式明确规定各责任主体在生产活动中应负的安全责任。我国《安全生产法》明确规定"生产经营单位必须遵守本法和其他有关安全生产的法律、法规，加强安全生产管理，建立健全安全生产责任制度，完善安全生产条件，确保安全生产"，并进一步明确了各相关主体安全生产责任：生产经营单位的主要负责人对本单位的安全生产工作全面负责；生产经营单位的从业人员有依法获得安全生产保障的权利，并应当依法履行安全生产方面的义务；工会依法组织职工参加本单位安全生产工作的民主管理和民主监督，维护职工在安全生产方面的合法权益；国务院和地方各级政府应当加强对安全生产工作的领导，支持、督促各有关部门依法履行安全生产监督管理职责。

（二）安全生产审批与验收制度

该制度是指负有安全生产监督管理职责的部门对涉及安全生产的事项依照法律、法规和法定劳动安全标准，以批准、核准、许可、认证、颁发证照等方式进行审批或验收的制度。依照《安全生产法》的规定，对安全生产负有监督管理职责的部门依照有关法律、法规的规定，对涉及安全生产的事项需要审查批准或者验收的，必须严格依照有关法律、法规和国家标准或者行业标准规定的安全生产条件和程序进行审查；不符合有关法律、法规和国家标准或者行业标准规定的安全生产条件的，不得批准或者验收通过。对未依法取得批准或者验收合格的单位擅自从事有关活动的，负责行政审批的部门发现或者接到举报后应当立即予以取缔，并依法予以处理。对已经依法取得批准的单位，负责行政审批的部门发现其不再具备安全生产条件的，应当撤销原批准。负有安全生产监督管理职责的部门对涉及安全生产的事项进行审查、验收，不得收取费用；不得要求接受审查、验收的单位购买其指定品牌或者指定生产、销售单位的安全设备、器材或者其他产品。

(三)安全生产检查制度

该制度是指通过对生产经营单位遵守有关安全生产的法律、法规和国家标准或行业标准的情况进行监督检查,总结安全生产经验、消除安全隐患,促进劳动保护的制度。《安全生产法》对安全生产监督检查工作作出了规定。

(1)负有安全生产监督管理职责的部门依法对生产经营单位执行有关安全生产的法律、法规和国家标准或者行业标准的情况进行监督检查,行使以下职权。① 进入生产经营单位进行检查,调阅有关资料,向有关单位和人员了解情况。② 对检查中发现的安全生产违法行为,当场予以纠正或者要求限期改正;对依法应当给予行政处罚的行为,依照本法和其他有关法律、行政法规的规定作出行政处罚决定。③ 对检查中发现的事故隐患,应当责令立即排除;重大事故隐患排除前或者排除过程中无法保证安全的,应当责令从危险区域内撤出作业人员,责令暂时停产停业或者停止使用;重大事故隐患排除后,经审查同意,方可恢复生产经营和使用。④ 对有根据认为不符合保障安全生产的国家标准或者行业标准的设施、设备、器材予以查封或者扣押,并应当在15日内依法作出处理决定。

(2)生产经营单位对负有安全生产监督管理职责的部门的监督检查人员依法履行监督检查职责,应当予以配合,不得拒绝、阻挠。安全生产监督检查人员应当忠于职守,坚持原则,秉公执法。安全生产监督检查人员执行监督检查任务时,必须出示有效的监督执法证件;对涉及被检查单位的技术秘密和业务秘密,应当为其保密。

(3)安全生产监督检查人员应当将检查的时间、地点、内容、发现的问题及其处理情况,作出书面记录,并由检查人员和被检查单位的负责人签字;被检查单位的负责人拒绝签字的,检查人员应当将情况记录在案,并向负有安全生产监督管理职责的部门报告。

(4)监督检查不得影响被检查单位的正常生产经营活动。负有安全生产监督管理职责的部门在监督检查中,应当互相配合,实行联合检查;确需分别进行检查的,应当互通情况,发现存在的安全问题应当由其他有关部门进行处理的,应当及时移送其他有关部门并形成记录备查,接受移送的部门应当及时进行处理。

(四)安全生产举报与报告制度

该制度是指各生产经营单位和个人对存在的生产安全问题向有关部门举报或报告,以加强生产安全的制度。依据《安全生产法》的规定:① 负有安全生产监督管理职责的部门应当建立举报制度,公开举报电话、信箱或者电子邮件地址,受理有关安全生产的举报;受理的举报事项经调查核实后,应当形成书面材料;需要落实整改措施的,报经有关负责人签字并督促落实。② 任何单位或者个人对事故隐患或者安全生产违法行为,均有权向负有安全生产监督管理职责的部门报告或者举报。③ 居民委员会、村民委员会发现其所在区域内的生产经营单位存在事故隐患或者安全生产违法行为时,应当向当地人民政府或者有关部门报告。④ 县级以上各级人民政府及其有关部门对报告重大事故隐患或者举报安全生产违法行为的有功人员,给予奖励。具体奖励办法由国务院负责安全生产监督管理的部门会同国务院财政部门制定。

(五)安全生产事故应急救援制度

该制度是指出现安全生产事故时,政府有关部门、相关单位和个人采取应急救援的制度。

依据《安全生产法》的规定：① 县级以上地方各级政府应当组织有关部门制定本行政区域内特大生产安全事故应急救援预案，建立应急救援体系。② 危险物品的生产、经营、储存单位以及矿山、建筑施工单位应当建立应急救援组织；生产经营规模较小，可以不建立应急救援组织的，应当指定兼职的应急救援人员。危险物品的生产、经营、储存单位以及矿山、建筑施工单位应当配备必要的应急救援器材、设备，并进行经常性维护、保养，保证正常运转。③ 生产经营单位发生生产安全事故后，事故现场有关人员应当立即报告本单位负责人。单位负责人接到事故报告后，应当迅速采取有效措施，组织抢救，防止事故扩大，减少人员伤亡和财产损失，并按照国家有关规定立即如实报告当地负有安全生产监督管理职责的部门，不得隐瞒不报、谎报或者拖延不报，不得故意破坏事故现场、毁灭有关证据。④ 负有安全生产监督管理职责的部门接到事故报告后，应当立即按照国家有关规定上报事故情况。负有安全生产监督管理职责的部门和有关地方人民政府对事故情况不得隐瞒不报、谎报或者拖延不报。⑤ 有关地方政府和负有安全生产监督管理职责的部门的负责人接到重大生产安全事故报告后，应当立即赶到事故现场，组织事故抢救。任何单位和个人都应当支持、配合事故抢救，并提供一切便利条件。

（六）安全事故调查处理制度

该制度是指生产安全事故发生后，政府相关部门和有关单位依照法定的权限和程序，调查事故的后果和原因并对有关责任主体依法处理的制度。依照《安全生产法》的规定：① 事故调查处理应当按照实事求是、尊重科学的原则，及时、准确地查清事故原因，查明事故性质和责任，总结事故教训，提出整改措施，并对事故责任者提出处理意见。事故调查和处理的具体办法由国务院制定。② 生产经营单位发生生产安全事故，经调查确定为责任事故的，除了应当查明事故单位的责任并依法予以追究外，还应当查明对安全生产的有关事项负有审查批准和监督职责的行政部门的责任，对有失职、渎职行为的，依照本法的规定追究法律责任。任何单位和个人不得阻挠和干涉对事故的依法调查处理。③ 县级以上地方各级政府负责安全生产监督管理的部门应当定期统计分析本行政区域内发生生产安全事故的情况，并定期向社会公布。

第三节 劳动卫生

一、劳动卫生基准制度

劳动卫生基准是指国家为了改善劳动条件、预防及避免劳动过程中发生职业病和职业中毒而制定的各种技术性标准，也称为劳动卫生技术标准，包括各种工业生产卫生、医疗预防、职工健康检查等技术措施的规定。我国各行各业的劳动卫生规程很多，除了在《职业病防治法》《安全生产法》《矿山安全法》《煤炭法》等法律中规定了基本要求外，还针对某些劳动卫生问题制定了专门规定，如《关于防止厂矿企业中矽尘危害的决定》《关于加强防毒工作的决定》《尘肺病防治条例》《放射性同位素与射线装置放射防护条例》《汞温度计生产防毒规定》《使用有毒物品作业场所劳动保护条例》《防暑降温措施暂行办法》等。此外，还制定了一些关于劳动卫生的国家标准和行业标准，如 1963 年劳动部发布的《国营企业职工防护用品发放标准》，卫生部和国家劳动总局于 1980 年专门制定颁布的《工业企业噪声卫生标准》等。总结起来，可以概括为如下几个方面。

（1）防止有害物质危害。凡散发有害健康的蒸汽、气体的设备应加以密闭，必要时应安装通风、净化装置；有毒物品和危险物品应分别储藏在专设处所，并严格管理；对有毒或有传染性危险的废料，应在卫生机关的指导下进行处理；对接触有毒有害气体或液体的职工应供给有关防护用品。

（2）防止粉尘危害。凡是有粉尘作业的用人单位，要努力实现生产设备的机械化、密闭化和自动化，设置吸尘、滤尘和通风设备，矿山采用湿式凿岩和机械通风；对接触粉尘的工人发给防尘口罩、防尘工作服和保健食品，并定期进行健康检查。

（3）防止噪音和强光危害。对产生强烈噪音的生产，应尽可能在设有消声设备的工作房中进行，并实行强噪声和低噪声分开作业。在有噪声、强光等场所操作的工人，应供给护耳器、防护眼镜等；要用低噪声的设备和工艺代替强噪声的设备和工艺，从声源上根治噪声危害。

（4）防止电磁辐射危害。凡是存在电磁辐射的工作场所，应当设置电场屏蔽体或磁场屏蔽体将电磁能量限制在所规定的空间内；实行远距离控制作业和自动化作业，用能吸收能量的材料与屏蔽材料叠加一起，吸收辐射能量和防止透射；对作业人员采取必要的个人防护措施。

（5）防暑降温、防冻取暖和防潮湿。工作场所应当保持一定温度和湿度，不宜过热、过冷和过湿。室内工作地点的温度经常高于摄氏 35 度的，应当采取降温措施；低于摄氏 5 度的，应当设置取暖设备；对高潮湿场所，应当采取防潮措施。

（6）通风和照明。工作场所的光线应当充足，采光部分不要遮蔽；工作地点局部照明应符合操作要求，但也不宜强光刺目；通道应有足够的照明。生产过程温度和风速要求不严格的工作场所应保证自然通风；有瓦斯和其他有毒气体集聚的工作场所，必须采用机械通风。通风装置必须有专职或兼职人员管理，并应定期检修和清扫，遇有损坏应当立即修理或更换。

（7）卫生保健。为增强从事有害健康作业的职工抵抗职业性中毒的能力，应满足其特殊营养需要，免费发给保健食品。对高温作业的职工，应免费供给高温饮料，以补充水分和盐分。另外，用人单位应根据需要，设置浴室、厕所、更衣室、妇女卫生室等生产辅助设施，并经常保持设施完好和清洁卫生。

二、劳动卫生管理制度

劳动卫生管理制度，即职业病防治管理制度，是指规定在《职业病防治法》等法律法规之中的适用于劳动卫生管理的相关制度。职业病是指企业、事业单位和个体经济组织等用人单位的劳动者在职业活动中，因接触粉尘、放射性物质和其他有毒、有害因素而引起的疾病。2001 年 10 月，全国人民代表大会常务委员会通过《职业病防治法》，自 2002 年 5 月 1 日实施，这是中华人民共和国成立后颁布的第一部职业病防治法。《职业病防治法》实施以后，我国职业病防治法制化水平日益提升，但也面临着职业病发病形势严峻、新职业病不断出现、侵害劳动者健康权益问题突出等现实问题。在此背景下，全国人民代表大会常务委员会于2011、2016、2017、2018年先后四次通过决定修改《职业病防治法》。我国职业病防治管理制度主要包括职业卫生监督制度、职业病前期预防制度、劳动过程中职业病防护和管理制度、职业病诊断与职业病病人保障制度等。

（一）职业卫生监督制度

按照《职业病防治法》第九条的规定，国家实行"职业卫生监督制度"，并建立了由安监、卫生、劳动三家分工负责的职业卫生监督工作体制。《职业病防治法》第九条和第六十三条对职业卫生监督制度作出了规定。

（1）国务院安全生产监督管理部门、卫生行政部门、劳动行政部门依照本法和国务院确定的职责，负责全国职业病防治的监督管理工作。国务院有关部门在各自的职责范围内负责职业病防治的有关监督管理工作。

（2）县级以上地方政府安全生产监督管理部门、卫生行政部门、劳动行政部门依据各自职责，负责本行政区域内职业病防治的监督管理工作。县级以上地方政府有关部门在各自的职责范围内负责职业病防治的有关监督管理工作。

（3）县级以上政府安全生产监督管理部门、卫生行政部门、劳动行政部门（以下统称职业卫生监督管理部门）应当加强沟通，密切配合，按照各自职责分工，依法行使职权，承担责任。

（4）县级以上政府职业卫生监督管理部门依照职业病防治法律、法规、国家职业卫生标准和卫生要求，依据职责划分，对职业病防治工作进行监督检查。

（5）安全生产监督管理部门履行监督检查职责时，有权采取下列措施：① 进入被检查单位和职业病危害现场，了解情况，调查取证；② 查阅或者复制与违反职业病防治法律、法规的行为有关的资料和采集样品；③ 责令违反职业病防治法律、法规的单位和个人停止违法行为。

（二）职业病前期预防制度

我国职业病防治工作坚持"预防为主、防治结合"的方针，所以我国十分重视职业病前期预防工作，建立了包括职业病危害项目申报制度、职业病危害预评价制度在内的职业病前期预防制度。

（1）用人单位预防责任制度。《职业病防治法》要求"用人单位应当依照法律、法规要求，严格遵守国家职业卫生标准，落实职业病预防措施，从源头上控制和消除职业病危害"，产生职业病危害的用人单位的设立除应当符合法律、行政法规规定的设立条件外，其工作场所还应当符合下列职业卫生要求：① 职业病危害因素的强度或者浓度符合国家职业卫生标准；② 有与职业病危害防护相适应的设施；③ 生产布局合理，符合有害与无害作业分开的原则；④ 有配套的更衣间、洗浴间、孕妇休息间等卫生设施；⑤ 设备、工具、用具等设施符合保护劳动者生理、心理健康的要求；⑥ 法律、行政法规和国务院卫生行政部门、安全生产监督管理部门关于保护劳动者健康的其他要求。

（2）职业病危害项目申报制度。职业病危害是指对从事职业活动的劳动者可能导致职业病的各种危害。按照《职业病防治法》的规定，国家建立"职业病危害项目申报制度"，其中第十六条规定：用人单位工作场所存在职业病目录所列职业病的危害因素的，应当及时、如实向所在地安全生产监督管理部门申报危害项目，接受监督。职业病危害因素分类目录由国务院卫生行政部门会同国务院安全生产监督管理部门制定、调整并公布。职业病危害项目申报的具体办法由国务院安全生产监督管理部门制定。

（3）职业病危害评价制度。按照《职业病防治法》的规定，职业病危害评价包括预评价和控制效果评价，由依法设立的取得国务院安全生产监督管理部门或者设区的市级以上地方政府安全生产监督管理部门按照职责分工给予资质认可的职业卫生技术服务机构进行。《职业病防治法》第十七条规定了预评价制度：① 新建、扩建、改建建设项目和技术改造、技术引进项目（以下统称建设项目）可能产生职业病危害的，建设单位在可行性论证阶段应当进行职业病危害预评价。② 医疗机构建设项目可能产生放射性职业病危害的，建设单位应当向卫生行政部门提交放射性职业病危害报告。卫生行政部门应当自收到职业病危害预评价报告之日起 30 日内，作出审核决定并书面通知建设单位；未提交预评价报告或者预评价报告未经卫生行政部门审核同意的，不得开工建设。③ 职业病危害预评价报告应当对建设项目可能产生的职业病危害因素及其对工作场所和劳动者健康的影响作出评价，确定危害类别和职业病防护措施。《职业病防治法》第十八条规定了控制效果评价制度：建设项目在竣工验收前，建设单位应当进行职业病危害控制效果评价；医疗机构可能产生放射性职业病危害的，建设项目竣工验收时，其放射性职业病防护设施经卫生行政部门验收合格后，方可投入正式生产和使用；其他建设项目的职业病防护设施应由建设单位负责依法组织验收，验收合格后，方可投入生产和使用。

（三）劳动过程中职业病防护和管理制度

由于劳动过程主要在用人单位的掌控之下，因此《职业病防治法》强化了用人单位在职业病防治和管理中的责任及处罚力度，加强了对劳动者的保护。在第三章"劳动过程中的防护与管理"部分主要规定了用人单位的下述职业病防护和管理责任。

1. 职业病防治管理制度的建立健全

用人单位应采取的职业病防治管理措施包括：① 配备专职或者兼职的职业卫生管理人员，负责本单位的职业病防治工作；② 制定职业病防治计划和实施方案；③ 建立健全职业卫生管理制度和操作规程；④ 建立健全职业卫生档案和劳动者健康监护档案；⑤ 建立健全工作场所职业病危害因素监测及评价制度；⑥ 建立健全职业病危害事故应急救援预案。

2. 职业病防治的资金保障

用人单位应当保障职业病防治所需的资金投入，不得挤占、挪用，并对因资金投入不足导致的后果承担责任。

3. 职业病防护设施与用品保障

用人单位必须采用有效的职业病防护设施，并为劳动者提供个人使用的职业病防护用品。用人单位为劳动者个人提供的职业病防护用品必须符合防治职业病的要求；不符合要求的，不得使用。

4. 职业病防护新技术、新工艺、新设备、新材料的采用

用人单位应当优先采用有利于防治职业病和保护劳动者健康的新技术、新工艺、新设备、新材料，逐步替代职业病危害严重的技术、工艺、设备、材料。

5. 应急救援装置、设备与设施的配置及保养

对可能发生急性职业损伤的有毒、有害工作场所，用人单位应当设置报警装置，配置现场急救用品、冲洗设备、应急撤离通道和必要的泄险区。对放射工作场所和放射性同位素的运输、贮存，用人单位必须配置防护设备和报警装置，保证接触放射线的工作人员佩戴个人剂量计。对职业病防护设备、应急救援设施和个人使用的职业病防护用品，用人单位应当进行经常性的维护、检修，定期检测其性能和效果，确保其处于正常状态，不得擅自拆除或者停止使用。

6. 职业病危害因素的监测、检测和评价

用人单位应当实施由专人负责的职业病危害因素日常监测，并确保监测系统处于正常运行状态；用人单位应当按照国务院安全生产监督管理部门的规定，定期对工作场所进行职业病危害因素检测、评价。检测、评价结果存入用人单位职业卫生档案，定期向所在地安全生产监督管理部门报告并向劳动者公布。发现工作场所职业病危害因素不符合国家职业卫生标准和卫生要求时，用人单位应当立即采取相应治理措施；仍然达不到国家职业卫生标准和卫生要求的，必须停止存在职业病危害因素的作业。职业病危害因素经治理后，符合国家职业卫生标准和卫生要求的，方可重新作业。

7. 职业病危害的告知

职业病危害告知是指用人单位及其他职业病防护相关单位，对可能产生职业病危害的作业场所或设备、材料应履行如实告知的责任，以保障劳动者的知情权。其中包括用人单位的告知责任和设备、材料提供方的告知责任。

（1）用人单位的告知责任。它包括两个方面。一是作业场所的危害告知，《职业病防治法》第二十四条规定：产生职业病危害的用人单位，应当在醒目位置设置公告栏，公布有关职业病防治的规章制度、操作规程、职业病危害事故应急救援措施和工作场所职业病危害因素检测结果；对产生严重职业病危害的作业岗位，应当在其醒目位置设置警示标识和中文警示说明，警示说明应当载明产生职业病危害的种类、后果、预防以及应急救治措施等内容。二是劳动合同告知，《职业病防治法》第三十三条规定：用人单位与劳动者订立劳动合同（含聘用合同）时，应当将工作过程中可能产生的职业病危害及其后果、职业病防护措施和待遇等如实告知劳动者，并在劳动合同中写明，不得隐瞒或者欺骗；劳动者在已订立劳动合同期间因工作岗位或者工作内容变更，从事与所订立劳动合同中未告知的存在职业病危害的作业时，用人单位应当依照前款规定，向劳动者履行如实告知的义务，并协商变更原劳动合同相关条款。用人单位违反前两款规定的，劳动者有权拒绝从事存在职业病危害的作业，用人单位不得因此解除与劳动者所订立的劳动合同。

（2）设备、材料提供方的危害告知责任。依据《职业病防治法》第二十八条和第二十九条的规定：向用人单位提供可能产生职业病危害的设备的，应当提供中文说明书，并在设备的醒目位置设置警示标识和中文警示说明，警示说明应当载明设备性能、可能产生的职业病

危害、安全操作和维护注意事项、职业病防护以及应急救治措施等内容。向用人单位提供可能产生职业病危害的化学品、放射性同位素和含有放射性物质的材料的，应当提供中文说明书，说明书应当载明产品特性、主要成分、存在的有害因素、可能产生的危害后果、安全使用注意事项、职业病防护以及应急救治措施等内容，产品包装应当有醒目的警示标识和中文警示说明，贮存上述材料的场所应当在规定的部位设置危险物品标识或者放射性警示标识。国内首次使用或者首次进口与职业病危害有关的化学材料，使用单位或者进口单位按照国家规定经国务院有关部门批准后，应当向国务院卫生行政部门、安全生产监督管理部门报送该化学材料的毒性鉴定以及经有关部门登记注册或者批准进口的文件等资料；进口放射性同位素、射线装置和含有放射性物质的物品的，按照国家有关规定办理。

8. 职业健康的监护

依据《职业病防治法》第三十五条和第三十六条的规定，职业健康监护包括职业健康检查和健康监护档案的建立两个方面。

（1）职业健康检查。对从事接触职业病危害的作业的劳动者，用人单位应当按照国务院安全生产监督管理部门、卫生行政部门的规定组织上岗前、在岗期间和离岗时的职业健康检查，并将检查结果书面告知劳动者，职业健康检查费用由用人单位承担。用人单位不得安排未经上岗前职业健康检查的劳动者从事接触职业病危害的作业；不得安排有职业禁忌的劳动者从事其所禁忌的作业；对在职业健康检查中发现有与所从事的职业相关的健康损害的劳动者，应当调离原工作岗位，并妥善安置；对未进行离岗前职业健康检查的劳动者不得解除或者终止与其订立的劳动合同。

（2）职业健康监护档案。用人单位应当为劳动者建立职业健康监护档案，并按照规定的期限妥善保存。职业健康监护档案应当包括劳动者的职业史、职业病危害接触史、职业健康检查结果和职业病诊疗等有关个人健康资料。劳动者离开用人单位时，有权索取本人职业健康监护档案复印件，用人单位应当如实、无偿提供，并在所提供的复印件上签章。

9. 急性职业病危害事故的救援和控制

发生或者可能发生急性职业病危害事故时，用人单位应当立即采取应急救援和控制措施，并及时报告所在地安全生产监督管理部门和有关部门。安全生产监督管理部门接到报告后，应当及时会同有关部门组织调查处理；必要时，可以采取临时控制措施。卫生行政部门应当组织做好医疗救治工作。对遭受或者可能遭受急性职业病危害的劳动者，用人单位应当及时组织救治、进行健康检查和医学观察，所需费用由用人单位承担。

（四）职业病诊断与职业病病人保障制度

《职业病防治法》进一步强化了对劳动者诊断职业病权利的保护，破解了职业病诊断资料获取难的症结，明确了职业病诊鉴中劳动争议的处置办法及职业病诊断争议的处置办法，建立了疑似职业病人保护制度，完善了职业病患者待遇保障制度。

1. 职业病诊断制度

《职业病防治法》从明确职业病诊断机构资质、扩大劳动者选择诊断机构的范围、规范职业病诊断行为、增加用人单位在职业病诊断中的责任等方面健全了职业病诊断制度。

（1）职业病诊断机构的资质要求。医疗卫生机构承担职业病诊断，应当经省、自治区、直辖市政府卫生行政部门批准。省、自治区、直辖市政府卫生行政部门应当向社会公布本行政区域内承担职业病诊断的医疗卫生机构的名单。承担职业病诊断的医疗卫生机构应当具备下列条件：持有《医疗机构执业许可证》；具有与开展职业病诊断相适应的医疗卫生技术人员；具有与开展职业病诊断相适应的仪器、设备；具有健全的职业病诊断质量管理制度。

（2）劳动者选择诊断机构的范围。劳动者可以在用人单位所在地、本人户籍所在地或者经常居住地依法承担职业病诊断的医疗卫生机构进行职业病诊断。承担职业病诊断的医疗卫生机构不得拒绝劳动者进行职业病诊断的要求。

（3）职业病诊断与鉴定。① 诊断标准与鉴定办法：职业病诊断标准和职业病诊断、鉴定办法由国务院卫生行政部门制定，职业病伤残等级的鉴定办法由国务院劳动行政部门会同国务院卫生行政部门制定。② 职业病诊断应当综合分析下列因素：病人的职业史；职业病危害接触史和工作场所职业病危害因素情况；临床表现以及辅助检查结果等。③ "疑病从有"：没有证据否定职业病危害因素与病人临床表现之间的必然联系的，应当诊断为职业病。④ 集体诊断：承担职业病诊断的医疗卫生机构在进行职业病诊断时，应当组织3名以上取得职业病诊断资格的执业医师集体诊断。⑤ 诊断证明书：职业病诊断证明书应当由参与诊断的医师共同签署，并经承担职业病诊断的医疗卫生机构审核盖章。

（4）用人单位在职业病诊断中的责任。① 如实提供相关资料：用人单位应当如实提供职业病诊断、鉴定所需的劳动者职业史和职业病危害接触史、工作场所职业病危害因素检测结果等资料；安全生产监督管理部门应当监督检查和督促用人单位提供上述资料；劳动者和有关机构也应当提供与职业病诊断、鉴定有关的资料。② 不得拒阻现场调查：职业病诊断、鉴定机构需要了解工作场所职业病危害因素情况时，可以对工作场所进行现场调查，也可以向安全生产监督管理部门提出，安全生产监督管理部门应当在10日内组织现场调查，用人单位不得拒绝、阻挠。③ 配合异议资料的判定：劳动者对用人单位提供的工作场所职业病危害因素检测结果等资料有异议，或者因劳动者的用人单位解散、破产，无用人单位提供上述资料的，诊断、鉴定机构应当提请安全生产监督管理部门进行调查，安全生产监督管理部门应当自接到申请之日起30日内对存在异议的资料或者工作场所职业病危害因素情况作出判定，有关部门应当配合。④ 不协助的后果：职业病诊断、鉴定过程中，用人单位不提供工作场所职业病危害因素检测结果等资料的，诊断、鉴定机构应当结合劳动者的临床表现、辅助检查结果和劳动者的职业史、职业病危害接触史，并参考劳动者的自述、安全生产监督管理部门提供的日常监督检查信息等，作出职业病诊断、鉴定结论。

（5）职业病诊断与鉴定过程中的争议处理。职业病诊断与鉴定过程中的争议处理通常包括两种。① 劳动争议处理：职业病诊断、鉴定过程中，在确认劳动者职业史、职业病危害接触史时，当事人对劳动关系、工种、工作岗位或者在岗时间有争议的，可以向当地的劳动人事争议仲裁委员会申请仲裁；接到申请的劳动人事争议仲裁委员会应当受理，并在30日内作出裁决。当事人在仲裁过程中对自己提出的主张，有责任提供证据。劳动者无法提供由用人单位掌握管理的与仲裁主张有关的证据的，仲裁庭应当要求用人单位在指定期限内提供；用人单位在指定期限内不提供的，应当承担不利后果。劳动者对仲裁裁决不服的，可以依法向人民法院提起诉讼。用人单位对仲裁裁决不服的，可以在职业病诊断、鉴定程序结束之日起

15日内依法向人民法院提起诉讼；诉讼期间，劳动者的治疗费用按照职业病待遇规定的途径支付。② 职业病诊断争议处理：当事人对职业病诊断有异议的，可以向作出诊断的医疗卫生机构所在地地方人民政府卫生行政部门申请鉴定。职业病诊断争议由设区的市级以上地方政府卫生行政部门根据当事人的申请，组织职业病诊断鉴定委员会进行鉴定；当事人对设区的市级职业病诊断鉴定委员会的鉴定结论不服的，可以向省、自治区、直辖市人民政府卫生行政部门申请再鉴定。

（6）职业病诊断鉴定委员会的组成。职业病诊断鉴定委员会由相关专业的专家组成，省、自治区、直辖市政府卫生行政部门应当设立相关的专家库，需要对职业病争议作出诊断鉴定时，由当事人或者当事人委托有关卫生行政部门从专家库中以随机抽取的方式确定参加诊断鉴定委员会的专家。职业病诊断鉴定委员会应当按照国务院卫生行政部门颁布的职业病诊断标准和职业病诊断、鉴定办法进行职业病诊断鉴定，向当事人出具职业病诊断鉴定书，职业病诊断、鉴定费用由用人单位承担；职业病诊断鉴定委员会组成人员应当遵守职业道德，客观、公正地进行诊断鉴定，并承担相应的责任；职业病诊断鉴定委员会组成人员不得私下接触当事人，不得收受当事人的财物或者其他好处，与当事人有利害关系的，应当回避。人民法院受理有关案件需要进行职业病鉴定时，应当从省、自治区、直辖市人民政府卫生行政部门依法设立的相关的专家库中选取参加鉴定的专家。

2. 职业病病人保障制度

《职业病防治法》从疑似职业病病人保护和职业病患者待遇保障等方面健全了职业病病人保障制度。

（1）职业病病情报告制度。用人单位和医疗卫生机构发现职业病病人或者疑似职业病病人时，应当及时向所在地卫生行政部门和安全生产监督管理部门报告。确诊为职业病的，用人单位还应当向所在地劳动行政部门报告。接到报告的部门应当依法作出处理。县级以上地方政府卫生行政部门负责本行政区域内的职业病统计报告的管理工作，并按照规定上报。

（2）疑似职业病病人保护制度。医疗卫生机构发现疑似职业病病人时，应当告知劳动者本人并及时通知用人单位，用人单位应当及时安排对疑似职业病病人进行诊断；在疑似职业病病人诊断或者医学观察期间，不得解除或者终止与其订立的劳动合同；疑似职业病病人在诊断、医学观察期间的费用，由用人单位承担。

（3）职业病患者待遇保障制度。① 用人单位应保障职业病病人依法享受国家规定的职业病待遇：按照国家有关规定安排职业病病人进行治疗、康复和定期检查；对不适宜继续从事原工作的职业病病人，应当调离原岗位，并妥善安置；对从事接触职业病危害的作业的劳动者，应当给予适当岗位津贴。② 工伤保险待遇保障：职业病病人的诊疗、康复费用，伤残以及丧失劳动能力的职业病病人的社会保障，按照国家有关工伤保险的规定执行；劳动者被诊断患有职业病，但用人单位没有依法参加工伤保险的，其医疗和生活保障由该用人单位承担。③ 民事赔偿权利：职业病病人除依法享有工伤保险外，依照有关民事法律尚有获得赔偿的权利的，有权向用人单位提出赔偿要求。④ 职业病病人变动工作单位，其依法享有的待遇不变：用人单位在发生分立、合并、解散、破产等情形时，应当对从事接触职业病危害的作业的劳动者进行健康检查，并按照国家有关规定妥善安置职业病病人。⑤ 用人单位已经不存在或者无法确认劳动关系的职业病病人，可以向地方政府民政部门申请医疗救助和生活等方面的救助；地方各级政府应当根据本地区的实际情况，采取其他措施，使前款规定的职业病病人获得医疗救治。

第四节 特殊劳动保护

我国《劳动法》第五十八条规定："国家对女职工和未成年工实行特殊劳动保护。"女职工是指以工资收入为主要生活来源的女性职工，女职工特殊保护是指根据女性身体结构、生理机能的特殊性及生养子女的特殊需要，在劳动方面给予的法律保护；未成年工是指年满16周岁未满18周岁的劳动者，未成年工特殊保护是指国家为维护未成年工的合法权益，在劳动方面给予的特殊法律保护。两者通常被合称为特殊劳动保护制度。在我国，除了《宪法》和《劳动法》之外，与特殊劳动保护制度相关的比较重要的法律法规还有《妇女权益保障法》(1992年颁布，2005年修正)、《未成年人保护法》(1991年颁布，2006、2012年修正)、《禁止使用童工规定》(2002年公布)、《女职工劳动保护特别规定》(2012年公布)等。

一、女职工特殊劳动保护制度

女职工特殊保护是劳动保护制度的重要内容之一，它除了具有劳动保护的共同特征外，还有区别于男职工的特殊保护的特征。国家对女职工实行特殊保护有利于保障女职工身心健康，调动女职工劳动积极性，保障下一代身心健康及民族优秀体质的延续，保护社会生产力。2012年4月国务院公布实施的《女职工劳动保护特别规定》强化了对于女职工的劳动保护，要求用人单位遵守女职工禁忌从事的劳动范围的规定，不得因女职工怀孕、生育、哺乳降低其工资、予以辞退、与其解除劳动或者聘用合同，在劳动场所应当预防和制止对女职工的性骚扰。

（一）女职工劳动禁忌的范围

《劳动法》第五十九条规定："禁止安排女职工从事矿山井下、国家规定的第四级体力劳动强度的劳动和其他禁忌从事的劳动。"《女职工劳动保护特别规定》也有相同的规定，其中通过附录明确列举了女职工禁忌从事的劳动范围：① 矿山井下作业；② 体力劳动强度分级标准中第四级体力劳动强度的作业（即体力劳动强度为8小时工作日平均耗能值为2700大卡/人，劳动时间率为77%，净劳动时间为370分钟）；③ 每小时负重6次以上、每次负重超过20公斤的作业，或者间断负重、每次负重超过25公斤的作业。已婚待孕女职工禁忌从事的劳动范围：铅、汞、苯、镉等作业场所属于《有毒作业分级》标准中第Ⅲ、Ⅳ级的作业。

（二）女职工"四期"保护制度

（1）经期保护。这是为保护女职工月经期间身体健康所采取的保护措施。《劳动法》第六十条规定："不得安排女职工在经期从事高处、低温、冷水作业和国家规定的第三级体力劳动强度的劳动。"《女职工劳动保护特别规定》通过附录明确列举了经期女职工禁忌从事的劳动范围：① 《冷水作业分级》国家标准中规定的第二级、第三级、第四级冷水作业；②《低温作业分级》国家标准中规定的第二级、第三级、第四级低温作业；③《体力劳动强度分级》国家标准中规定的第三级、第四级体力劳动强度的作业；④《高处作业分级》国家标准中规定的第三级、第四级高处作业。

（2）孕期保护。这是为保护女职工怀孕期间身体健康及胎儿安全所采取的保护措施。《劳动法》第六十一条规定："不得安排女职工在怀孕期间从事国家规定的第三级体力劳动强度的劳动和孕期禁忌从事的劳动；对怀孕七个月以上的女职工，不得安排其延长工作时间和夜班劳动。"《女职工劳动保护特别规定》通过附录明确列举了怀孕女职工禁忌从事的劳动范围：① 作业场所空气中铅及其化合物、汞及其化合物、苯、镉、铍、砷、氰化物、氮氧化物、一氧化碳、二硫化碳、氯、己内酰胺、氯丁二烯、氯乙烯、环氧乙烷、苯胺、甲醛等有毒物质浓度超过国家职业卫生标准的作业；② 从事抗癌药物、己烯雌酚生产，接触麻醉剂气体等的作业；③ 非密封源放射性物质的操作，核事故与放射事故的应急处置；④ 高处作业分级标准中规定的高处作业；⑤ 冷水作业分级标准中规定的冷水作业；⑥ 低温作业分级标准中规定的低温作业；⑦ 高温作业分级标准中规定的第三级、第四级的作业；⑧ 噪声作业分级标准中规定的第三级、第四级的作业；⑨ 体力劳动强度分级标准中规定的第三级、第四级体力劳动强度的作业；⑩ 在密闭空间、高压室作业或者潜水作业，伴有强烈振动的作业，或者需要频繁弯腰、攀高、下蹲的作业。此外，女职工在孕期不能适应原劳动的，用人单位应当根据医疗机构的证明，予以减轻劳动量或者安排其他能够适应的劳动；对怀孕 7 个月以上的女职工，用人单位不得延长劳动时间或者安排夜班劳动，并应当在劳动时间内安排一定的休息时间；怀孕女职工在劳动时间内进行产前检查，所需时间计入劳动时间。

（3）产期保护。这是为保护女职工生育期间身体健康及婴儿安全所采取的保护措施。依据《女职工劳动保护特别规定》，女职工生育享受 98 天产假，其中产前可以休假 15 天；难产的，增加产假 15 天；生育多胞胎的，每多生育 1 个婴儿，增加产假 15 天。女职工怀孕未满 4 个月流产的，享受 15 天产假；怀孕满 4 个月流产的，享受 42 天产假。此外，产假期满恢复工作时应允许有 1~2 周时间逐渐恢复原定额工作量。

（4）哺乳期保护。这是为保护女职工哺乳期间身体健康及婴儿健康所采取的保护措施。《劳动法》第六十三条规定："不得安排女职工在哺乳未满一周岁的婴儿期间从事国家规定的第三级体力劳动强度的劳动和哺乳期禁忌从事的其他劳动，不得安排其延长工作时间和夜班劳动。"《女职工劳动保护特别规定》通过附录明确列举了女职工在哺乳期禁忌从事的劳动范围：① 作业场所空气中铅及其化合物、汞及其化合物、苯、镉、铍、砷、氰化物、氮氧化物、一氧化碳、二硫化碳、氯、己内酰胺、氯丁二烯、氯乙烯、环氧乙烷、苯胺、甲醛等有毒物质浓度超过国家职业卫生标准的作业；② 非密封源放射性物质的操作，核事故与放射事故的应急处置；③ 体力劳动强度分级标准中规定的第三级、第四级体力劳动强度的作业；④ 作业场所空气中锰、氟、溴、甲醇、有机磷化合物、有机氯化合物的浓度超过国家卫生标准的作业。

（三）女职工特殊保护权益的救济制度

《妇女权益保障法》《女职工劳动保护特别规定》对女职工特殊劳动保护的权利救济方式

和侵权责任作出了明文规定。根据《女职工劳动保护特别规定》，用人单位侵害女职工合法权益的，女职工可以依法投诉、举报、申诉，依法向劳动人事争议调解仲裁机构申请调解仲裁，对仲裁裁决不服的，依法向人民法院提起诉讼；造成女职工损害的，依法给予赔偿；用人单位及其直接负责的主管人员和其他直接责任人员构成犯罪的，依法追究刑事责任。

二、未成年工特殊劳动保护制度

国家对未成年工实行特殊劳动保护有利于保障未成年工的身心安全、健康成长及合法权益。国家建立未成年工保护制度应遵守尊重未成年工人格尊严、适应未成年工人身心健康发展、保障未成年工特殊权益、保护与教育相结合等原则。我国未成年工特殊保护制度主要包括禁止使用童工、未成年工劳动禁忌、未成年工登记制度、定期健康检查制度等内容。

（一）禁止使用童工的规定

《劳动法》第十五条规定：禁止用人单位招用未满16周岁的未成年人；文艺、体育和特种工艺单位招用未满16周岁的未成年人，必须依照国家有关规定，履行审批手续，并保障其接受义务教育的权利。《未成年人保护法》第二十八条规定：任何组织和个人不得招用未满16周岁的未成年人，国家另有规定的除外。国务院据此发布了《禁止使用童工规定》。

（1）禁止用人单位招用童工。① 国家机关、社会团体、企业事业单位、民办非企业单位或者个体工商户（以下统称用人单位）均不得招用不满16周岁的未成年人（以下统称使用童工）；用人单位招用人员时，必须核查被招用人员的身份证；对不满16周岁的未成年人，一律不得录用。② 用人单位使用童工的，由劳动行政部门按照每使用一名童工每月处5000元罚款的标准给予处罚；在使用有毒物品的作业场所使用童工的，按照《使用有毒物品作业场所劳动保护条例》规定的罚款幅度或者按照每使用一名童工每月处5000元罚款的标准从重处罚（无营业执照、被依法吊销营业执照的单位以及未依法登记、备案的单位使用童工的，依照规定标准加一倍罚款，该非法单位由有关的行政主管部门予以取缔）。③ 劳动行政部门应当责令用人单位限期将童工送回原居住地交其父母或者其他监护人，所需交通和食宿费用全部由用人单位承担；用人单位经劳动行政部门依照前款规定责令限期改正，逾期仍不将童工送交其父母或者其他监护人的，从责令限期改正之日起，由劳动行政部门按照每使用一名童工每月处一万元罚款的标准处罚，并由工商行政管理部门吊销其营业执照或者由民政部门撤销民办非企业单位登记；用人单位是国家机关、事业单位的，由有关单位依法对直接负责的主管人员和其他直接责任人员给予降级或者撤职的行政处分或者纪律处分。④ 童工患病或者受伤的，用人单位应当负责送到医疗机构治疗，并负担治疗期间的全部医疗和生活费用；童工伤残或者死亡的，用人单位由工商行政管理部门吊销营业执照或者由民政部门撤销民办非企业单位登记；用人单位是国家机关、事业单位的，由有关单位依法对直接负责的主管人员和其他直接责任人员给予降级或者撤职的行政处分或者纪律处分；用人单位还应当一次性地对伤残的童工、死亡童工的直系亲属给予赔偿，赔偿金额按照国家工伤保险的有关规定计算。

（2）禁止为童工介绍就业。禁止任何单位或者个人为不满16周岁的未成年人介绍就业，单位或者个人为不满16周岁的未成年人介绍就业的，由劳动行政部门按照每介绍一人处5000

元罚款的标准给予处罚；职业中介机构为不满 16 周岁的未成年人介绍就业的，并由劳动行政部门吊销其职业介绍许可证。无营业执照、被依法吊销营业执照的单位以及未依法登记、备案的单位介绍童工就业的，依照前述标准加一倍罚款，该非法单位由有关的行政主管部门予以取缔。

（3）文艺及体育单位招用童工的特殊规定。文艺、体育单位经未成年人的父母或者其他监护人同意，可以招用不满 16 周岁的专业文艺工作者、运动员。用人单位应当保障被招用的不满 16 周岁的未成年人的身心健康，保障其接受义务教育的权利。文艺、体育单位招用不满 16 周岁的专业文艺工作者、运动员的办法，由国务院劳动行政部门会同国务院文化、体育行政部门制定。学校、其他教育机构以及职业培训机构按照国家有关规定组织不满 16 周岁的未成年人进行不影响其人身安全和身心健康的教育实践劳动、职业技能培训劳动，不属于使用童工。

（二）未成年工劳动禁忌的规定

《劳动法》第十五条规定：不得安排未成年工从事矿山井下、有毒有害、国家规定的第四级体力劳动强度的劳动和其他禁忌从事的劳动。《未成年人保护法》第三十八条规定：任何组织和个人依照国家有关规定招收已满 16 周岁未满 18 周岁的未成年人的，应当在工种、劳动时间、劳动强度和保护措施等方面执行国家有关规定，不得安排其从事过重、有毒、有害的劳动或者危险作业。原劳动部据此于 1994 年 12 月发布了《未成年工特殊保护规定》（1995 年起实施），规定用人单位不得安排未成年工从事以下范围的劳动：① 《生产性粉尘作业危害程度分级》国家标准中第一级以上的粉尘作业；② 《有毒作业分级》国家标准中第一级以上的有毒作业；③ 《高处作业分级》国家标准中第二级以上的高处作业；④ 《冷水作业分级》国家标准中第二级以上的冷水作业；⑤ 《高温作业分级》国家标准中第三级以上的高温作业；⑥ 《低温作业分级》国家标准中第三级以上的低温作业；⑦ 《体力劳动强度分级》国家标准中第四级体力劳动强度的作业；⑧ 矿山井下及矿山地面采石作业；⑨ 森林业中的伐木、流放及守林作业；⑩ 工作场所接触放射性物质的作业；⑪ 有易燃易爆、化学性烧伤和热烧伤等危险性大的作业；⑫ 地质勘探和资源勘探的野外作业；⑬ 潜水、涵洞、涵道作业和海拔 3000 米以上的高原作业（不包括世居高原者）；⑭ 连续负重每小时在 6 次以上并每次超过 20 公斤，间断负重每次超过 25 公斤的作业；⑮ 使用凿岩机、捣固机、气镐、气铲、铆钉机、电锤的作业；⑯ 工作中需要长时间保持低头、弯腰、上举、下蹲等强迫体位和动作频率每分钟大于 50 次的流水线作业；⑰ 锅炉司炉。

未成年工患有某种疾病或具有某些生理缺陷（非残疾型）时，用人单位不得安排其从事以下范围的劳动：①《高处作业分级》国家标准中第一级以上的高处作业；②《低温作业分级》国家标准中第二级以上的低温作业；③《高温作业分级》国家标准中第二级以上的高温作业；④《体力劳动强度分级》国家标准中第三级以上体力劳动强度的作业；⑤ 接触铅、苯、汞、甲醛、二硫化碳等易引起过敏反应的作业。患有某种疾病或具有某些生理缺陷（非残疾型）的未成年工，是指有以下一种或一种以上情况者：① 心血管系统疾病，包括先天性心脏病、克山病、收缩期或舒张期二级以上心脏病杂音；② 呼吸系统疾病，包括中度以上气管炎或支气管哮喘、呼吸音明显减弱、各类结核病、体弱儿及呼吸道反复感染者；③ 消化系统疾病，包括各类肝炎、肝脾肿大、胃十二指肠溃疡、各种消化道疝；④ 泌尿系统疾病，包括急慢性肾炎、泌尿系感染；⑤ 内分泌系统疾病，包括甲状腺功能亢进、中度以上糖尿病；⑥ 精神神经系统疾病，包括智力明显低下、精神忧郁或狂暴；⑦ 肌肉、骨骼运动系统疾病，包括身高和体重低于同龄人标准、一个及一个以上肢体存在明显功能障碍、躯干四分之一以上部位活动受限（包括强直或不能旋转）；⑧ 其他疾病，包括结核性胸膜炎、各类重度关节炎、血吸虫病、严重贫血（血色素每升低于95克）。

（三）未成年工登记制度

《未成年工特殊保护规定》第九条要求"对未成年工的使用和特殊保护实行登记制度"。用人单位招收使用未成年工，除符合一般用工要求外，还须向所在地的县级以上劳动行政部门办理登记，劳动行政部门根据《未成年工健康检查表》《未成年工登记表》，核发《未成年工登记证》。各级劳动行政部门须按《未成年工特殊保护规定》审核体检情况和拟安排的劳动范围。未成年工须持《未成年工登记证》上岗，《未成年工登记证》由国务院劳动行政部门统一印制。

（四）定期健康检查制度

《劳动法》第六十五条规定：用人单位应当对未成年工定期进行健康检查。《未成年工特殊保护规定》第六条要求，用人单位应按下列要求对未成年工定期进行健康检查：① 安排工作岗位之前；② 工作满1年；③ 年满18周岁，距前一次的体检时间已超过半年。健康检查项目应按本规定所附《未成年工健康检查表》列出的项目进行。用人单位应根据未成年工的健康检查结果安排其从事适合的劳动，对不能胜任原劳动岗位的，应根据医务部门的证明，予以减轻劳动量或安排其他劳动。

此外，用人单位还要提供适合未成年工身体发育的生产工具等；未成年工上岗前，用人单位应对其进行有关的职业安全卫生教育、培训。

复习与思考

1. 简述我国劳动保护立法概况。
2. 我国劳动安全管理制度包括哪些主要方面？
3. 我国劳动卫生管理制度包括哪些主要方面？
4. 我国特殊劳动保护制度包括哪些主要方面？
5. 多选题：东星公司新建的化工生产线在投入生产过程中，下列哪些行为违反《劳动法》规定？（　　）

　A. 安排女技术员参加公司技术攻关小组并到位于地下的设备室进行检测
　B. 在防止有毒气体泄漏的预警装置调试完成之前，开始生产线的试运行
　C. 试运行期间，从事特种作业的操作员已经接受了专门培训，但未取得相应的资格证书
　D. 试运行开始前，未对生产线上的员工进行健康检查

第六章　劳动争议法

当劳动关系主体围绕权利、义务发生争议时，就需要劳动争议处理机制来化解和协调。劳动争议处理法是劳动法律体系的重要组成部分，是劳动法律体系中劳动关系主体尤其是劳动者权利保障的最后防线，其内容主要由劳动争议受案范围、处理机构、处理原则、处理程序、诉讼当事人及相关法律文书执行等程序法规范组成。在我国，劳动争议处理法主要是指《劳动争议调解仲裁法》，另外还包括《劳动法》《劳动合同法》《民事诉讼法》等法律法规中的相关条款。

第一节　概　述

一、劳动争议概念

（一）劳动争议的含义

劳动争议，又称劳资争议、劳资纠纷、劳动纠纷等，是指劳动者（或其工会组织）与用人单位（或雇主团体）之间围绕劳动权利、义务及相关利益所发生的争议。需要说明的是，我国目前的劳动立法，如《劳动法》《劳动合同法》《劳动争议调解仲裁法》都没有对劳动争议给出明确的定义，现行的《劳动争议调解仲裁法》对于劳动争议的范围限制过于狭窄，主要针对企业劳动者与企业之间的争议，对于以工会为代表的劳动者集体与用人单位（或其团体）之间的集体争议涉及较少。

（二）劳动争议与民事争议、人事争议

1. 劳动争议与民事争议

劳动争议与民事争议的区别主要在于双方当事人的法律地位不同：民事争议的双方当事人地位完全平等；但在劳动争议中，劳动者与用人单位在劳动合同关系中的法律地位平等，但在生产经营过程中，劳动者隶属于用人单位管理，这种单向隶属关系决定了双方实质地位的不对等。因此，劳动争议的处理程序，相比普通的民事争议处理程序，通常要对劳动者作出特别的保护性规定。我国目前劳动争议与民事争议在法院都适用民事诉讼程序，但劳动争

议在提起诉讼前必须经过劳动争议仲裁这一前置程序,另外在举证责任方面两者也有不同。

2. 劳动争议与人事争议

人事争议是指国家机关、事业单位、社团组织及军队等特定单位与工作人员之间因人事关系、聘用合同等发达的争议。人事争议仲裁委员会原设于人事行政部门,劳动争议仲裁委员会原设于劳动行政部门。2008年人力资源和社会保障部组建后,劳动争议与人事争议仲裁机构逐渐合并。《劳动争议调解仲裁法》第五十二条规定:"事业单位实行聘用制的工作人员与本单位发生劳动争议的,依照本法执行;法律、行政法规或者国务院另有规定的,依照其规定。"人力资源和社会保障部于2008年12月通过了《劳动人事争议仲裁办案规则》,该规则自2009年1月1日起施行,明确统一了劳动争议仲裁和人事争议仲裁的办理程序。

《劳动人事争议仲裁办案规则》的适用范围包括:① 企业、个体经济组织、民办非企业单位等组织与劳动者之间,以及机关、事业单位、社会团体与其建立劳动关系的劳动者之间,因确认劳动关系,订立、履行、变更、解除和终止劳动合同,工作时间、休息休假、社会保险、福利、培训以及劳动保护,劳动报酬、工伤医疗费、经济补偿或者赔偿金等发生的争议;② 实施公务员法的机关与聘任制公务员之间、参照公务员法管理的机关(单位)与聘任工作人员之间因履行聘任合同发生的争议;③ 事业单位与工作人员之间因除名、辞退、辞职、离职等解除人事关系以及履行聘用合同发生的争议;④ 社会团体与工作人员之间因除名、辞退、辞职、离职等解除人事关系以及履行聘用合同发生的争议;⑤ 军队文职人员聘用单位与文职人员之间因履行聘用合同发生的争议;⑥ 法律、法规规定由仲裁委员会处理的其他争议。但是在附则同时规定:对于本规则未作规定的人事争议仲裁涉及事项,依照《人事争议处理规定》(2007年10月1日起施行)有关规定执行。

二、劳动争议分类

按照不同的标准,劳动争议可以进行不同的分类:如果以劳动争议的当事人来区分,可以分为个人争议、集体争议与团体争议;如果以劳动争议的性质来区分,则可以分为权利争议和利益争议;按照当事人的国籍不同,可以分为国内劳动争议与涉外劳动争议。

(一)个人争议、集体争议与团体争议

在许多国家,按照当事人的多少,劳动争议仅有个人争议与集体争议的区别。前者是指单个劳动者或多个劳动者限于个人行为与用人单位(或雇主)的争议;后者是指劳动者集体(通常由工会代表)与用人单位(或雇主团体)的争议。但是,根据我国的实践和立法经验,集体争议是指多个劳动者限于同一类个人行为与用人单位的争议,与国外通常所说的集体争议有所不同,因此有必要区分集体争议与团体争议。

个人争议,又称个别争议,是指劳动者个人与用人单位发生的劳动争议,其特点是:① 个人争议是关于单个劳动关系的争议,不是关于一类劳动关系或团体劳动关系的争议;② 劳动者一方当事人未达到集体争议的法定人数,我国规定的当事人仅限于1~2人;③ 争议处理须由劳动者本人参加,不得由他人代表参加(当事人为两人时,彼此不得互为代表);④ 争议的处理适用普通程序,不适用特别程序。

集体争议，又称多人争议，是指多个劳动者（我国规定为 3 人以上）基于共同理由与用人单位发生的劳动争议。发生劳动争议的劳动者一方在 10 人以上，并有共同请求的，可以推荐代表参加调解、仲裁或者诉讼活动。

团体争议，也称集体合同争议，是工会与用人单位（或雇主团体）之间因集体合同而发生的劳动争议。在我国，团体争议与集体争议的区别包括以下几点。① 集体争议是关于同一类劳动关系的争议；团体争议是关于集体合同（或集体劳动关系）的争议。② 集体争议的当事人，一方为 3 人以上的劳动者，另一方为用人单位；团体争议当事人一方为工会组织，另一方为用人单位（或雇主团体）。③ 集体争议的各个当事人应当具有与用人单位发生劳动争议的共同理由（且仅限于部分劳动者的具体利益）；团体争议则以全体职工的整体利益为争议标的。④ 集体争议的劳动者一方当事人在 10 人以上的，应推举代表参加劳动争议处理程序，被推举的代表在争议处理过程中仅代表涉及争议的部分劳动者的利益和意思；团体争议中工会的法定代表人是工会主席，在争议处理过程中，其行为涉及工会所代表的全体劳动者利益，对全体劳动者具有法律意义。

（二）权利争议和利益争议

如果以劳动争议标的的性质来区分，可以分为权利争议和利益争议。权利争议是实现既定权利的争议，即当事人因实现劳动法律、集体合同和劳动合同所规定的权利和义务所发生的争议。在当事人权利与义务既定的情况下，如果一方不按规定行使权利和履行义务，侵犯另一方既定合法权利，或者双方当事人对如何行使权利和义务理解存在分歧，就会发生权利争议。

利益争议是确定权利的争议，即当事人主张有待确定的权利和义务所发生的争议。我国台湾地区学者黄越钦在《劳动法新论》中指出：权利争议的实质属于"履约"问题，而利益争议则属于"缔约""换约"问题。

区别权利争议和利益争议的法律意义在于处理争议的程序有所不同：权利争议具有可诉性，一般按照协商、调解、仲裁、诉讼程序处理；利益争议具有不可诉性，一般只能通过协商和调解来解决，不适用诉讼程序。

（三）国内劳动争议与涉外劳动争议

按照当事人国籍的不同，劳动争议可分为国内劳动争议与涉外劳动争议。国内劳动争议是指我国的用人单位与具有我国国籍的劳动者之间发生的劳动争议；涉外劳动争议是指具有涉外因素的劳动争议，包括我国在国（境）外设立的机构与我国派往该机构工作人员之间发生的劳动争议、外商投资企业的用人单位与劳动者之间发生的劳动争议。

三、劳动争议处理原则

劳动争议的处理原则是在劳动争议处理过程中必须遵循的基本准则。根据《劳动争议调解仲裁法》第三条的规定："解决劳动争议，应当根据事实，遵循合法、公正、及时、着重调解的原则，依法保护当事人的合法权益。"据此，我国劳动争议处理应当遵循如下四项原则。

（一）合法原则

合法原则要求劳动争议处理机构依照职权，在查清事实的基础上，正确运用法律进行处理。这一原则是以事实为依据、以法律为准绳的基本原则在劳动争议处理中的具体运用。

（二）公正原则

公正原则要求劳动争议处理机构在处理劳动争议时，应当站在公正的立场上，保证双方当事人处于平等的法律地位，坚持法律面前人人平等的司法原则，不允许任何人享有超越法律的特权。同时需要指出的是，由于劳动关系中用人单位与劳动者存在事实上的不平等关系，所以在劳动争议处理的程序性规定中也体现了对劳动者的倾斜保护，如举证责任的特殊规定、先予执行制度的设立等，都是具体体现。这些规定恰恰通过形式上的倾斜保护实现了争议双方实质对抗上的公平，体现了公正原则。

（三）及时原则

及时原则是指劳动争议处理机构受理劳动争议案件后，应当在法律、法规规定的时限内处理结案，不能拖延。这对于保护当事人的合法权益、维护和谐劳动关系具有重要意义。首先，劳动争议一旦发生，当事人应及时向用人单位调解委员会申请调解，或者向劳动争议仲裁委申请仲裁。其次，争议处理机构受理案件后，要严格依照法律规定的期限办案，不得超期办案。最后，裁决生效后义务方应及时履行其义务，如未按时履行，权利方应及时申请执行。

（四）调解原则

调解作为解决劳动争议的基本手段，贯穿于劳动争议处理的全过程。但调解必须坚持自愿原则，不能强制调解。当事人是否自愿申请调解，调解组织、仲裁机构和人民法院的调解是否能够促使双方达成调解协议，所有这些都应当完全出于当事人的自愿。

四、劳动争议范围

根据《劳动争议调解仲裁法》和《劳动法》《劳动合同法》的相关规定，以及最高人民法院的司法解释和相关行政部门发布的规章，我国劳动争议的受案范围包括以下两个方面。

（一）个别劳动争议的受案范围

1. 调解仲裁受案范围

参见"劳动争议仲裁"一节"劳动争议仲裁受案范围"的内容。

2. 法院的受案范围

参见"劳动争议诉讼"一节"劳动争议案件的受案范围"的内容。

3. 不属于劳动争议的纠纷

根据 2006 年 8 月 14 日发布的《最高人民法院关于审理劳动争议案件适用法律若干问题的解释（二）》（法释〔2006〕6 号）规定，下列纠纷不属于劳动争议：① 劳动者请求社会保险经办机构发放社会保险金的纠纷；② 劳动者与用人单位因住房制度改革产生的公有住房转让纠纷；③ 劳动者对劳动能力鉴定委员会的伤残等级鉴定结论或者对职业病诊断鉴定委员会的职业病诊断鉴定结论的异议纠纷；④ 家庭或者个人与家政服务人员之间的纠纷；⑤ 个体工匠与帮工、学徒之间的纠纷；⑥ 农村承包经营户与受雇人之间的纠纷。《最高人民法院关于审理劳动争议案件适用法律若干问题的解释（三）》（法释〔2010〕12 号）规定：用人单位与其招用的已经依法享受养老保险待遇或领取退休金的人员发生用工争议，向人民法院提起诉讼的，人民法院应当按劳务关系处理。

（二）团体劳动争议的受案范围

根据《劳动法》第八十四条规定：因签订集体合同发生争议，当事人协商解决不成的，当地人民政府劳动行政部门可以组织有关各方协调处理。因履行集体合同发生争议，当事人协商解决不成的，可以向劳动争议仲裁委员会申请仲裁；对仲裁裁决不服的，可以自收到仲裁裁决书之日起 15 日内向人民法院提起诉讼。

依据《劳动法》的上述规定，原劳动和社会保障部于 2004 年实施的《集体合同规定》规定：集体协商过程中发生争议，双方当事人不能协商解决的，当事人一方或双方可以书面向劳动保障行政部门提出协调处理申请；未提出申请的，劳动保障行政部门认为必要时也可以进行协调处理；因履行集体合同发生的争议，当事人协商解决不成的，可以依法向劳动争议仲裁委员会申请仲裁。

《劳动合同法》第五十六条规定：用人单位违反集体合同，侵犯职工劳动权益的，工会可以依法要求用人单位承担责任；因履行集体合同发生争议，经协商解决不成的，工会可以依法申请仲裁、提起诉讼。

五、劳动争议处理机制

劳动争议处理应遵循"三方机制"。所谓"三方机制"是指国家（政府部门，具体指劳动行政部门）、工会（代表劳动者）和雇主团体（用人单位团体）三方代表参与劳动争议处理过程、共同协调劳动争议当事人双方利益的机制，是劳动关系协调的"三方原则"在劳动争议处理过程中的具体体现。我国《劳动争议调解仲裁法》第八条规定："县级以上人民政府劳动行政部门会同工会和企业方面代表建立协调劳动关系三方机制，共同研究解决劳动争议的重大问题。"但是，关于三方机制具体内容的理解并不一致。有的理解为组织机制，即主张只需劳动争议处理机构（如仲裁庭或审判庭的组成）由三方代表参加即可，而不必要求三方代表都参与办案；有的理解为办案机制，即主张劳动争议的仲裁和审判事务，都应由三方共同办理；还有的理解为综合机制，即主张应当从劳动争议处理的各个方面综合落实三方原则，而不能只强调其中某个方面。

六、劳动争议处理方式

我国《劳动法》第七十七条规定："用人单位与劳动者发生劳动争议，当事人可以依法申请调解、仲裁、提起诉讼，也可以协商解决。"根据这一规定，我国劳动争议的解决方式主要包括协商、调解、仲裁和诉讼四种方式。这四种方式又可以分为两大类：一是合议方式；一是裁判方式。

（一）劳动争议处理的合议方式

所谓合议方式，就是当事人双方通过自己协商或者在特定机构协调下相互妥协或单方妥协，从而达成解决劳动争议的协议，因此又称为协议方式。根据《劳动争议调解仲裁法》的规定，我国劳动争议处理的合议方式包括两种：一是协商（和解），二是调解。

（1）协商。协商的前提是双方自愿，和解协议的达成和遵守也完全由双方自愿。如果一方不愿意协商，或者协商失败，可以选择其他方式。根据《劳动争议调解仲裁法》第四条规定："发生劳动争议，劳动者可以与用人单位协商，也可以请工会或者第三方共同与用人单位协商，达成和解协议。"因此，协商又有两种方式：一是个人协商，即劳动者个人直接与用人单位协商；二是共同协商，即劳动者请工会或第三方共同与用人单位协商。

（2）调解。调解是指在第三方主持下，通过说服、劝导，使劳动争议在当事人双方互谅互让的基础上得到解决。根据《劳动争议调解仲裁法》第五条规定："发生劳动争议，当事人不愿协商、协商不成或者达成和解协议后不履行的，可以向调解组织申请调解。"我国立法中的劳动争议调解包括企业调解机构调解、基层调解组织调解、仲裁程序中的调解和诉讼调解中的调解。

（二）劳动争议处理的裁判方式

所谓裁判方式，就是由特定机构为解决劳动争议而对其依法进行审理并作出具有法律效力的处理决定。根据《劳动争议调解仲裁法》的规定，我国劳动争议处理的裁判方式包括两种：一是仲裁裁决，即由劳动争议仲裁机构依法对劳动争议作出裁决；二是诉讼判决，即由审判机构（普通法院、劳动法院或劳动法庭）对劳动争议作出判决。

综上所述，我国劳动争议的处理方式包括协商、调解、仲裁、诉讼四种。《劳动争议调解仲裁法》第五条规定：发生劳动争议，当事人不愿协商、协商不成或者达成和解协议后不履行的，可以向调解组织申请调解；不愿调解、调解不成或者达成调解协议后不履行的，可以向劳动争议仲裁委员会申请仲裁；对仲裁裁决不服的，除本法另有规定的外，可以向人民法院提起诉讼。由此可见，协商、调解都不是劳动争议处理的必经程序。但是在通常情况下，劳动争议仲裁是法定的必经程序，也是提起劳动争议诉讼的前置程序，未经仲裁的劳动争议法院将不予受理。诉讼是劳动争议处理的最后程序，但不是必经程序。

第二节　劳动争议调解

劳动争议调解是指劳动争议发生后，在双方当事人自愿的前提下由第三方进行劝导，促使双方解决劳动争议的一种方式。劳动争议调解不是劳动争议处理的必经程序，必须遵循双方当事人自愿的原则。我国《劳动法》第七十七条规定"调解原则适用于仲裁和诉讼程序"，所以劳动争议处理中的调解活动广泛存在于劳动争议处理的多个环节，这是广义上的劳动争议调解。狭义上的劳动争议调解仅指特定的调解组织在劳动争议发生后、尚未提交劳动仲裁之前，应争议当事人的申请对劳动争议进行的调解活动。这里仅指狭义上的劳动争议调解。相关内容除在《劳动争议调解仲裁法》中有专章规定外，人力资源和社会保障部还于2011年11月30日发布了《企业劳动争议协商调解规定》，并于2012年1月1日起实施。

一、劳动争议调解机构

劳动争议调解委员会（以下简称调解委员会）是依法成立的调解劳动争议的群众性组织。在《劳动争议调解仲裁法》颁布实施之前，企业劳动争议调解委员会是唯一的劳动争议调解组织。《劳动争议调解仲裁法》基于非典型劳动关系的大量出现，将劳动争议的调解工作与社区对接，扩大了劳动争议调解组织的范围，其中第十条规定：发生劳动争议，当事人可以到下列调解组织申请调解：① 企业劳动争议调解委员会；② 依法设立的基层人民调解组织；③ 在乡镇、街道设立的具有劳动争议调解职能的组织。

（一）企业劳动争议调解委员会

1. 设　立

根据人力资源和社会保障部于2011年11月30日发布的《企业劳动争议协商调解规定》，大中型企业应当依法设立调解委员会，并配备专职或者兼职工作人员。有分公司、分店、分厂的企业，可以根据需要在分支机构设立调解委员会。总部调解委员会指导分支机构调解委员会开展劳动争议预防调解工作。调解委员会可以根据需要在车间、工段、班组设立调解小组。小微型企业可以设立调解委员会，也可以由劳动者和企业共同推举人员，开展调解工作。

2. 组　成

调解委员会由劳动者代表和企业代表组成，人数由双方协商确定，双方人数应当对等。劳动者代表由工会委员会成员担任或者由全体劳动者推举产生，企业代表由企业负责人指定。调解委员会主任由工会委员会成员或者双方推举的人员担任。《劳动争议调解仲裁法》第十条规定：企业劳动争议调解委员会由职工代表和企业代表组成。职工代表由工会成员担任或者由全体职工推举产生，企业代表由企业负责人指定。企业劳动争议调解委员会主任由工会成员或者双方推举的人员担任。

3. 职　责

调解委员会履行下列职责：① 宣传劳动保障法律、法规和政策；② 对本企业发生的劳动争议进行调解；③ 监督和解协议、调解协议的履行；④ 聘任、解聘和管理调解员；⑤ 参与协调履行劳动合同、集体合同、执行企业劳动规章制度等方面出现的问题；⑥ 参与研究涉及劳动者切身利益的重大方案；⑦ 协助企业建立劳动争议预防预警机制。

4. 调解员

调解员应当公道正派、联系群众、热心调解工作，具有一定劳动保障法律政策知识和沟通协调能力。调解员由调解委员会聘任的本企业工作人员担任，调解委员会成员均为调解员。调解员的聘期至少为一年，可以续聘。调解员不能履行调解职责时，调解委员会应当及时调整。调解员依法履行调解职责，需要占用生产或者工作时间的，企业应当予以支持，并按照正常出勤对待。

（二）依法设立的基层人民调解组织

基层人民调解组织是我国特有的解决民间纠纷的组织。根据《中华人民共和国人民调解法》（2011年1月1日起施行）的规定，人民调解委员会是依法设立的调解民间纠纷的群众性组织，村民委员会、居民委员会设立人民调解委员会，人民调解委员会由委员3至9人组成，设主任1人，必要时，可以设副主任若干人。村民委员会、居民委员会的人民调解委员会委员由村民会议或者村民代表会议、居民会议推选产生。

（三）在乡镇、街道设立的具有劳动争议调解职能的组织

根据《中华人民共和国人民调解法》第三十四条规定：乡镇、街道以及社会团体或者其他组织根据需要可以参照本法有关规定设立人民调解委员会，调解民间纠纷。实践中，在乡镇、街道设立的具有劳动争议调解职能的组织主要有两种情况：一是依托于乡镇劳动服务站的调解组织（如乡镇、街道劳动就业社会保障服务所或中心）；一是依托地方工会的劳动争议调解组织。

二、劳动争议调解程序

（一）申请调解

发生劳动争议，当事人不愿协商、协商不成或者达成和解协议后不履行的，可以向调解组织申请调解。当事人双方愿意调解的，可以书面或口头形式向调解组织申请调解。申请内容应当包括申请人基本情况、调解请求、事实与理由。口头申请的，调解组织应当当场记录。但调解申请应当自发生劳动争议之日起30日内提出。

（二）受理申请

调解组织接到调解申请后，对属于劳动争议受理范围且双方当事人同意调解的，应当在

3个工作日内受理。对不属于劳动争议受理范围或者一方当事人不同意调解的，应当做好记录，并在3日内书面通知申请人。发生劳动争议，当事人没有提出调解申请，调解委员会可以在征得双方当事人同意后主动调解。

（三）进行调解

调解组织根据案件情况指定调解员或者调解小组进行调解，在征得当事人同意后，也可以邀请有关单位和个人协助调解。调解员应当全面听取双方当事人的陈述，采取灵活多样的方式方法，开展耐心、细致的说服疏导工作，帮助当事人自愿达成调解协议。调解组织调解劳动争议一般不公开进行。但是，双方当事人要求公开调解的除外。

调解组织调解劳动争议，应当自受理调解申请之日起15日内结束。但是，双方当事人同意延期的可以延长。在前款规定期限内未达成调解协议的，视为调解不成，当事人可以向当地劳动争议仲裁委员会申请仲裁。

（四）制作调解协议书

经调解达成调解协议的，由调解组织制作调解协议书。调解协议书应当写明双方当事人基本情况、调解请求事项、调解的结果和协议履行期限、履行方式等。调解协议书由双方当事人签名或者盖章，经调解员签名并加盖调解委员会印章后生效，对双方当事人具有约束力，当事人自觉履行。调解协议书一式3份，双方当事人和调解委员会各执一份。

三、与劳动争议仲裁程序的衔接

（1）调解不是必经程序，当事人可以不经调解直接申请仲裁。发生劳动争议，当事人不愿协商、协商不成或者达成和解协议后，一方当事人在约定的期限内不履行和解协议的，可以依法申请调解，也可以依法向劳动人事争议仲裁委员会（以下简称仲裁委员会）申请仲裁。

（2）调解程序启动后，自劳动争议调解组织收到调解申请之日起15日内未达成调解协议的，当事人可以依法申请仲裁（《劳动争议调解仲裁法》第十四条第三款）。

（3）达成调解协议后，一方当事人在约定的期限内不履行调解协议的，调解组织应当做好记录，由双方当事人签名或者盖章，并书面告知当事人可以向仲裁委员会申请仲裁。

四、劳动争议调解协议的效力

（一）调解协议对当事人的约束力

生效的调解协议对双方当事人具有约束力，当事人应当履行。这里的"约束力"是指劳动合同所应当具备的约束力。《最高人民法院关于审理劳动争议案件适用法律若干问题的解释（二）》第十七条规定：当事人在劳动争议调解委员会主持下达成的具有劳动权利义务内容的调解协议，具有劳动合同的约束力，可以作为人民法院裁判的根据。

（二）调解协议可以在法定期限内申请仲裁审查

双方当事人可以自调解协议生效之日起15日内共同向仲裁委员会提出仲裁审查申请。仲裁委员会受理后，应当对调解协议进行审查，并根据《劳动人事争议仲裁办案规则》第五十四条规定，对程序和内容合法有效的调解协议出具调解书。

（三）调解协议在劳动争议仲裁中具有一定的效力

达成调解协议后，双方当事人可以提出仲裁审查申请；未提出审查的，根据《劳动争议调解仲裁法》第十五条的规定：一方当事人在约定的期限内不履行调解协议的，另一方当事人可以依法申请仲裁。仲裁委员会受理仲裁申请后，应当对调解协议进行审查，调解协议合法有效且不损害公共利益或者第三人合法利益的，在没有新证据出现的情况下，仲裁委员会可以依据调解协议作出仲裁裁决。

（四）调解协议会导致仲裁时效的中断

达成调解协议后，一方当事人在约定期限内不履行调解协议的，属于仲裁时效中断的情形之一。从中断时起，仲裁时效期间重新计算。

（五）劳动者可以依据调解协议书申请支付令

《劳动争议调解仲裁法》第十六条规定：因支付拖欠劳动报酬、工伤医疗费、经济补偿或者赔偿金事项达成协议，用人单位在协议约定期限内不履行的，劳动者持调解协议书依法向人民法院申请支付令。人民法院应当依法发出支付令。

第三节 劳动争议仲裁

劳动争议仲裁是指劳动争议仲裁机构根据劳动争议当事人的申请，依法对劳动争议案件的事实、适用法律及当事人的权利义务作出裁决的争议处理方式。劳动争议仲裁是劳动争议案件处理必经的法律程序：发生劳动争议，当事人不愿调解、调解不成或者达成调解协议后不履行的，可以向劳动争议仲裁委员会申请仲裁。劳动争议发生后，当事人任何一方都可以直接向劳动争议仲裁委员会申请仲裁。不经劳动争议仲裁，除法规另有规定外，当事人不能直接向法院提起诉讼。劳动争议仲裁后，除一裁终局的以外，当事人对于仲裁裁决不服的，可以向法院提起诉讼。我国目前劳动争议仲裁的法律法规，除了2008年5月1日起施行的《劳动争议调解仲裁法》外，还包括由人力资源和社会保障部于2009年1月1日颁布实施的《劳动人事争议仲裁办案规则》、2010年1月20日颁布实施的《劳动人事争议仲裁组织规则》。

一、劳动争议仲裁的特征

劳动争议发生后，双方当事人不愿调解或调解不成功，除法律另有规定外，应向专门机构提起劳动争议仲裁。与劳动争议调解相比较，劳动争议仲裁具有如下特点：① 仲裁机构是一种按照法定原则组成的半官方机构，而非民间组织；② 仲裁申请可以由任何一方当事人提出，无需双方当事人达成合意；③ 仲裁机构在调解不成的情况下可以作出裁决，仲裁调解和裁决依法生效后具有强制执行的效力。

与劳动争议诉讼相比较，劳动争议仲裁的特征表现在：① 仲裁机构不属于司法机构，在处理劳动争议过程中无权采取强制措施；② 仲裁程序较为简便，不像诉讼程序那么严密和复杂；③ 仲裁调解和裁决均不具有最终解决争议的效力，也不能由仲裁机构自身强制执行。

劳动争议仲裁是一种兼有行政性和准司法性的执法行为。劳动行政主管部门的代表在仲裁机构组成中具有首席地位，且仲裁机构设在劳动行政部门，体现了其行政性的色彩；而仲裁机构的设立、职责、权限、组织原则和方式则与司法审判机构相类似，体现了其准司法性的特点。劳动争议当事人不服劳动争议仲裁委员会的仲裁决定，向法院起诉时，法院在审理时，应以争议的双方为诉讼当事人，不应把劳动争议仲裁委员会列为被告或第三人。

二、劳动争议仲裁机构

劳动争议仲裁委员会是劳动争议的仲裁机构。劳动争议仲裁委员会是国家授权、依法独立地对劳动争议案件进行仲裁的专门机构。

（一）劳动争议仲裁委员会的设立

1. 设立原则

《劳动争议调解仲裁法》第十七条规定：劳动争议仲裁委员会不按行政区划层层设立，按照统筹规划、合理布局和适应实际需要的原则设立；省、自治区人民政府可以决定在市、县设立；直辖市、设区的市也可以设立一个或者若干个劳动争议仲裁委员会。劳动争议仲裁委员会负责管辖本区域内发生的劳动争议。

2. 组织原则

根据《劳动争议调解仲裁法》第十九条第一款的规定，我国劳动争议仲裁委员会遵循国际惯例中的"三方原则"，由劳动行政部门代表、工会代表和企业方面代表组成。劳动争议仲裁委员会组成人员应当是单数。仲裁委员会设主任一名，副主任和委员若干名。仲裁委员会主任由劳动行政部门代表担任。

3. 经费保障

劳动争议仲裁委员会的经费由财政予以保障，劳动争议仲裁不收费。

（二）劳动争议仲裁委员会的职责

《劳动争议调解仲裁法》第十九条第二款的规定，劳动争议仲裁委员会依法履行下列职责：

① 聘任、解聘专职或者兼职仲裁员；② 受理劳动争议案件；③ 讨论重大或者疑难的劳动争议案件；④ 对仲裁活动进行监督。劳动争议仲裁委员会依法进行仲裁，依法决定劳动争议案件的受理、仲裁庭的组成、仲裁员的回避；依法对案件进行调查研究、进行调解和作出裁决。仲裁委员会应当每年至少召开两次全体会议，研究本委职责履行情况和重要工作事项。仲裁委员会主任或者三分之一以上的仲裁委员会组成人员提议召开仲裁委员会会议的，应当召开。仲裁委员会的决定实行少数服从多数原则。

（三）劳动争议仲裁委员会的办事机构

劳动争议仲裁委员会下设办事机构（通常称为仲裁办公室），负责办理劳动争议仲裁委员会的日常工作。仲裁办公室实际上具有双重身份和双重职能，因为它既是仲裁委员会的办事机构，又是劳动行政部门的职能机构。

（四）劳动争议仲裁员的聘任

仲裁员分为专职仲裁员和兼职仲裁员，是由仲裁委员会聘任，依法调解和仲裁争议案件的专业工作人员。仲裁委员会可以依法聘任一定数量的专职仲裁员，也可以根据办案工作需要，依法从干部主管部门、人力资源社会保障行政部门、军队及聘用单位文职人员工作主管部门、工会、企业组织等相关机构的人员以及专家、学者、律师中聘任兼职仲裁员。

《劳动争议调解仲裁法》第二十条规定，劳动争议仲裁委员会应当设仲裁员名册。仲裁员应当公道正派，并符合下列条件之一：① 曾任审判员的；② 从事法律研究、教学工作并具有中级以上职称的；③ 具有法律知识、从事人力资源管理或者工会等专业工作满五年的；④ 律师执业满三年的。

（五）劳动争议仲裁庭的组成

劳动争议仲裁委员会处理劳动争议，实行仲裁庭制度，即凡发生劳动争议向劳动争议仲裁委员会提出申请，该申请被受理后都要通过仲裁庭对劳动争议作出最后裁决。仲裁庭是劳动争议仲裁委员会裁决劳动争议的唯一形式，实行一案一庭制。

仲裁庭分为一般仲裁庭和独任仲裁庭。处理下列争议案件应当由3名仲裁员组成仲裁庭，设首席仲裁员：① 10人以上集体劳动、人事争议；② 有重大影响的争议；③ 仲裁委员会认为应当由3名仲裁员组庭处理的其他案件。简单案件可以由一名仲裁员独任仲裁。

三、劳动争议仲裁参加人

劳动争议仲裁参加人，是指依法参加劳动争议仲裁活动，并依法行使仲裁权利、履行仲裁义务的自然人、法人或其他组织。依据《劳动争议调解仲裁法》的规定，我国劳动争议仲裁参加人包括四种：当事人、第三人、代理人、代表人。

（一）劳动争议仲裁当事人

劳动争议仲裁当事人是指以自己的名义参加劳动争议仲裁活动并受劳动争议仲裁裁决约

束的直接利害关系人。不直接介入劳动争议,且与案件结果无直接利害关系的第三者,如代理人、证人、鉴定人等均不是当事人。

1. 当事人范围

劳动争议仲裁当事人包括劳动争议仲裁申请人和被申请人。《劳动争议调解仲裁法》第二十二条第一款规定:"发生劳动争议的劳动者和用人单位为劳动争议仲裁案件的双方当事人。"因此,劳动争议当事人双方应当分别是劳动者和用人单位,其中任何一方认为对方侵害了自己的合法权益时,都可以以自己作为申请人,将对方作为被申请人,申请劳动争议仲裁。但是,劳动者与劳动者之间、用人单位与用人单位之间的争议,即便以劳动权利义务为标的,也不属于劳动争议。

2. 共同当事人

共同当事人是关于确定当事人主体资格的一些特殊规定:① 《劳动争议调解仲裁法》第二十二条第二款规定:劳务派遣单位或者用工单位与劳动者发生劳动争议的,劳务派遣单位和用工单位为共同当事人。② 发生劳动争议的用人单位被吊销营业执照、责令关闭、撤销以及用人单位决定提前解散、歇业,不能承担相关责任者,依法将其出资人、开办单位或主管部门作为共同当事人。③ 劳动者与个人承包经营者发生争议,依法向仲裁委员会申请仲裁的,应当将发包的组织和个人承包经营者作为当事人。

(二)劳动争议仲裁第三人

劳动争议仲裁第三人是指与劳动争议案件的处理结果有法律上的利害关系,以自己的名义参加仲裁活动的自然人、法人或其他组织。宽泛地说,第三人也可以归入当事人的范围,但我国《劳动争议调解仲裁法》对劳动争议当事人作了严格的规定,在当事人之外单独规定了第三人制度。《劳动争议调解仲裁法》第二十三条规定:"与劳动争议案件的处理结果有利害关系的第三人,可以申请参加仲裁活动或者由劳动争议仲裁委员会通知其参加仲裁活动。"例如,《劳动合同法》第九十一条规定:"用人单位招用与其他用人单位尚未解除或者终止劳动合同的劳动者,给其他用人单位造成损失的,应当承担连带赔偿责任。"这里,招用单位即可以第三人的身份参加原单位与劳动者之间的劳动争议仲裁活动。但是,如果第三人没有参加劳动争议仲裁,仲裁裁决对其不发生法律效力,更不能对其设立强制性的义务负担。

(三)劳动争议仲裁代理人

劳动争议仲裁代理人是指为维护被代理人的利益,根据法律规定、仲裁委员会指定或者当事人的委托,以被代理人的名义参加仲裁活动的自然人。劳动争议仲裁代理人包括委托代理人、法定代理人和指定代理人。《劳动争议调解仲裁法》第二十四条对委托代理人作了规定:"当事人可以委托代理人参加仲裁活动。委托他人参加仲裁活动,应当向劳动争议仲裁委员会提交有委托人签名或者盖章的委托书,委托书应当载明委托事项和权限。"《劳动争议调解仲裁法》第二十五条对法定代理人和指定代理人作了规定:"丧失或者部分丧失民事行为能力的劳动者,由其法定代理人代为参加仲裁活动;无法定代理人的,由劳动争议仲裁委员会为其指定代理人。劳动者死亡的,由其近亲属或者代理人参加仲裁活动。"

(四) 劳动争议仲裁代表人

劳动争议仲裁代表人是指特定情形下由劳动者推举出代表劳动者参加仲裁活动的自然人。《劳动争议调解仲裁法》第七条规定:"发生劳动争议的劳动者一方在十人以上,并有共同请求的,可以推举代表参加调解、仲裁或者诉讼活动。"被推举的代表可以有三至五名。代表人参加仲裁的行为对其所代表的当事人发生效力,但代表人的变更、放弃仲裁请求或者承认对方当事人的仲裁请求、进行和解,必须经被代表的当事人同意。

除了上述劳动争议仲裁参加人之外,还有其他特定人员可能参与劳动争议仲裁活动,并在其中享有权利、承担义务,如鉴定人、证人、翻译人、勘验人等。

四、劳动争议仲裁受案范围

《劳动争议调解仲裁法》第二条规定:中华人民共和国境内的用人单位与劳动者发生的下列劳动争议,适用本法:① 因确认劳动关系发生的争议;② 因订立、履行、变更、解除和终止劳动合同发生的争议;③ 因除名、辞退和辞职、离职发生的争议;④ 因工作时间、休息休假、社会保险、福利、培训以及劳动保护发生的争议;⑤ 因劳动报酬、工伤医疗费、经济补偿或者赔偿金等发生的争议;⑥ 法律、法规规定的其他劳动争议。根据上述规定,劳动争议调解仲裁机构受理的案件,首先是发生在中华人民共和国境内,即我国主权范围内的全部领域;其次,争议双方应为用人单位和劳动者;最后,劳动争议标的限于上述范围。同时,《劳动争议调解仲裁法》第五十二条规定:"事业单位实行聘用制的工作人员与本单位发生劳动争议的,依照本法执行;法律、行政法规或者国务院另有规定的,依照其规定。"

五、劳动争议仲裁相关制度

(一) 劳动争议仲裁时效制度

劳动争议仲裁时效是指劳动争议双方当事人在法定期限内不向劳动争议仲裁委员会申请仲裁请求保护其权利,而丧失该请求权的制度。法律关于仲裁时效的规定属于强制性规范,双方当事人不得通过协议排除其适用,也不得协议缩短或延迟其期限。

1. 劳动争议仲裁时效的计算

(1) 一般劳动争议仲裁时效的计算。《劳动争议调解仲裁法》第二十七条第一款规定:"劳动争议申请仲裁的时效期间为一年。仲裁时效期间从当事人知道或者应当知道其权利被侵害之日起计算。"

(2) 劳动报酬争议仲裁时效的计算。《劳动争议调解仲裁法》第二十七条第四款规定:"劳动关系存续期间因拖欠劳动报酬发生争议的,劳动者申请仲裁不受本条第一款规定的仲裁时效期间的限制；但是，劳动关系终止的，应当自劳动关系终止之日起一年内提出。"因此，劳动关系存续期间发生的拖欠劳动报酬争议，仲裁申请时效不从当事人知道或应当知道劳动报酬被拖欠之日起计算，而是从劳动关系终止之日起计算，申请时效为一年。

2. 劳动争议仲裁时效的中断

劳动争议仲裁时效的中断，是指仲裁时效进行期间，因出现法定事由使已经过去的时效统归无效，待时效期间中断的事由消除后，仲裁时效重新计算。《劳动争议调解仲裁法》第二十七条第二款规定："仲裁时效，因当事人一方向对方当事人主张权利，或者向有关部门请求权利救济，或者对方当事人同意履行义务而中断。从中断时起，仲裁时效期间重新计算。"因此，仲裁时效的中断实际上包括如下三种情形。

第一，因当事人一方向对方当事人主张权利而中断。根据《企业劳动争议协商调解规定》第三十一条规定：有下列情形之一的属于仲裁时效中断，从中断时起，仲裁时效期间重新计算：① 一方当事人提出协商要求后，另一方当事人不同意协商或者在5日内不做出回应的；② 在约定的协商期限内，一方或者双方当事人不同意继续协商的；③ 在约定的协商期限内未达成一致的；④ 达成和解协议后，一方或者双方当事人在约定的期限内不履行和解协议的；⑤ 一方当事人提出调解申请后，另一方当事人不同意调解的；⑥ 调解委员会受理调解申请后，在15日内一方或者双方当事人不同意调解的；⑦ 调解委员会受理调解申请后，在15日内未达成调解协议的；⑧ 达成调解协议后，一方当事人在约定期限内不履行调解协议的。

第二，因当事人向有关部门请求权利救济而中断。包括向有关部门（如劳动监察部门）投诉、向仲裁委员会申请仲裁、向法院起诉或者申请支付令等方式请求权利救济。

第三，因对方当事人同意履行义务而中断。

3. 劳动争议仲裁时效的中止

劳动争议仲裁时效的中止，是指在仲裁时效期间因发生法定事由使权利人不能行使请求权而暂停计算仲裁时效，待法定情形消除后继续计算时效。《劳动争议调解仲裁法》第二十七条第三款规定："因不可抗力或者有其他正当理由，当事人不能在本条第一款规定的仲裁时效期间申请仲裁的，仲裁时效中止。从中止时效的原因消除之日起，仲裁时效期间继续计算。"人力资源和社会保障部于2009年1月1日颁行的《劳动人事争议仲裁办案规则》第十一条规定：因不可抗力，或者有无民事行为能力或者限制民事行为能力劳动者的法定代理人未确定等其他正当理由，当事人不能在规定的仲裁时效期间申请仲裁的，仲裁时效中止。从中止时效的原因消除之日起，仲裁时效期间继续计算。

（二）劳动争议仲裁管辖

劳动争议仲裁管辖是指各个劳动争议仲裁委员会受理劳动争议案件的分工和权限。根据《劳动争议调解仲裁法》的规定，我国劳动争议仲裁委员会不按行政区划层层设立，所以不存在劳动争议应由哪一级劳动争议仲裁委受理的问题（即"级别管辖"问题），只需要解决劳动争议应由何地仲裁委受理的问题，即地域管辖问题。

1. 一般管辖原则

《劳动争议调解仲裁法》第二十一条规定："劳动争议仲裁委员会负责管辖本区域内发生的劳动争议。劳动争议由劳动合同履行地或者用人单位所在地的劳动争议仲裁委员会管辖。"劳动合同履行地为劳动者实际工作场所，用人单位所在地为用人单位注册、登记地。用人单位未经注册、登记的，其出资人、开办单位或主管部门所在地为用人单位所在地。

2. 特殊管辖原则

《劳动争议调解仲裁法》第二十一条规定："双方当事人分别向劳动合同履行地和用人单位所在地的劳动争议仲裁委员会申请仲裁的，由劳动合同履行地的劳动争议仲裁委员会管辖。"案件受理后，劳动合同履行地和用人单位所在地发生变化的，不改变争议仲裁的管辖。

3. 共同管辖和移送管辖

多个仲裁委都有管辖权的，由先受理的仲裁委管辖；仲裁委发现已受理的案件不属于其管辖范围的，应当移送至有管辖权的仲裁委，并书面通知当事人。

4. 指定管辖

对于上述移送案件，受移送的仲裁委员会应依法受理；受移送的仲裁委认为被移送的案件依法不属于本仲裁委管辖或仲裁委之间因管辖权争议协商不成的，应报请共同的上一级仲裁委主管部门指定管辖。

5. 管辖异议

当事人提出管辖异议的，应当在答辩期满前书面提出。当事人逾期提出的，不影响仲裁程序的进行。当事人因此对仲裁裁决不服的，可以依法向法院起诉或申请撤销。

（三）劳动争议仲裁回避制度

劳动争议仲裁回避，是指法律规定劳动争议仲裁员与案件有利害关系或其他可能影响公正办案的情形时，不得参与办案的制度。

1. 回避的事由

《劳动争议调解仲裁法》第三十三条规定：仲裁员有下列情形之一，应当回避，当事人也有权以口头或者书面方式提出回避申请：① 是本案当事人或者当事人、代理人的近亲属的；② 与本案有利害关系的；③ 与本案当事人、代理人有其他关系，可能影响公正裁决的；④ 私自会见当事人、代理人，或者接受当事人、代理人的请客送礼的。

2. 回避的提出

当事人认为仲裁员应当回避的，有权以口头或书面方式提出回避申请，仲裁员也可以自行回避。当事人提出回避申请，应当说明理由。劳动争议仲裁委员会对回避申请应当及时作出决定，并以口头或者书面方式通知当事人。仲裁员是否回避由仲裁委主任或其授权的办事机构负责人决定；仲裁委主任担任仲裁员的回避问题由仲裁委决定。被申请回避的仲裁员在仲裁委作出是否回避的决定前，应当暂停参与本案的处理，但因案件需要采取紧急措施的除外。

（四）劳动争议仲裁的先予执行制度

劳动争议仲裁的先予执行，是指劳动争议仲裁裁决生效之前，劳动争议仲裁庭根据当事人的申请，在符合条件的情形下裁决先予执行对方给付义务的制度。根据《劳动争议调解仲裁法》第四十四条的规定，仲裁庭裁决先予执行的案件应当符合下列条件：① 属于追索劳动报酬、工伤医疗费、经济补偿或者赔偿金的案件；② 当事人之间权利义务关系明确；③ 不先予执行将严重影响申请人的生活；④ 当事人提出先予执行的申请。符合上述条件的，仲裁庭可以裁决先予执行，移送人民法院执行。劳动者申请先予执行的，可以不提供担保。

六、劳动争议仲裁程序

根据《劳动争议调解仲裁法》的规定，劳动争议仲裁的程序包括申请、受理、审理、裁决、执行五个前后相连的环节。

（一）申　请

1. 申请形式：书面为原则，口头为例外

申请人申请仲裁应当提交书面仲裁申请，并按照被申请人的人数提交副本。仲裁申请书应当载明下列事项：① 劳动者的姓名、性别、年龄、职业、工作单位和住所，用人单位的名称、住所和法定代表人或者主要负责人的姓名、职务；② 仲裁请求和所根据的事实、理由；③ 证据和证据来源、证人姓名和住所。书写仲裁申请确有困难的，可以口头申请，由劳动争议仲裁委员会记入笔录，并告知对方当事人。

2. 出具回执

《劳动人事争议仲裁办案规则》第二十九条规定：申请人的书面仲裁申请材料齐备的，仲裁委员会应当出具收件回执。对于仲裁申请书不规范或者材料不齐备的，仲裁委员会应当当场或者在5日内一并告知申请人需要补正的全部材料。申请人按要求补正全部材料的，仲裁委员会应当出具收件回执。

（二）受　理

1. 时限的要求

《劳动争议调解仲裁法》第二十九条规定："劳动争议仲裁委员会收到仲裁申请之日起5日内，认为符合受理条件的，应当受理，并通知申请人；认为不符合受理条件的，应当书面通知申请人不予受理，并说明理由。对劳动争议仲裁委员会不予受理或者逾期未作出决定的，申请人可以就该劳动争议事项向人民法院提起诉讼。"（附注：5日、3日均为工作日，下同）

2. 受理的条件

《劳动人事争议仲裁办案规则》第三十条规定：仲裁委员会对符合下列条件的仲裁申请应当予以受理，并在收到仲裁申请之日起5日内向申请人出具受理通知书：① 属于劳动争议仲裁范围；② 有明确的仲裁请求和事实理由；③ 在申请仲裁的法定时效期间内；④ 属于仲裁委员会管辖范围。

对不符合①、②、③项规定之一的仲裁申请，仲裁委员会不予受理，并在收到仲裁申请之日起5日内向申请人出具不予受理通知书。对不符合上述④项规定的仲裁申请，仲裁委员会应当在收到仲裁申请之日起5日内，向申请人作出书面说明并告知申请人向有管辖权的仲裁委员会申请仲裁。对仲裁委员会逾期未作出决定或决定不予受理的，申请人可以就该争议事项向人民法院提起诉讼。

仲裁委员会发现已受理案件不属于其管辖范围的，应当移送至有管辖权的仲裁委员会，并书面通知当事人。仲裁委员会受理案件后，发现不应当受理的，应当撤销案件，并自决定撤销案件后5日内依法书面通知当事人。

3. 文本的送达

劳动争议仲裁委员会受理仲裁申请后，应当在5日内将仲裁申请书副本送达被申请人。被申请人收到仲裁申请书副本后，应当在10日内向劳动争议仲裁委员会提交答辩书。劳动争议仲裁委员会收到答辩书后，应当在5日内将答辩书副本送达申请人。被申请人未提交答辩书的，不影响仲裁程序的进行。

4. 反申请的提出与受理

被申请人可以在答辩期间提出反申请，仲裁委员会应当自收到被申请人反申请之日起5日内决定是否受理并通知被申请人。决定受理的，仲裁委员会可以将反申请和申请合并处理。该反申请如果是应当另行申请仲裁的争议，仲裁委员会应当书面告知被申请人另行申请仲裁；该反申请如果是不属于本规则规定应当受理的争议，仲裁委员会应当向被申请人出具不予受理通知书。被申请人在答辩期满后对申请人提出反申请的，应当另行提出，另案处理。

（三）开　庭

1. 仲裁庭的组成

《劳动争议调解仲裁法》第三十条规定：劳动争议仲裁委员会裁决劳动争议案件实行仲裁庭制。仲裁庭由3名仲裁员组成，设首席仲裁员。简单劳动争议案件可以由1名仲裁员独任仲裁。劳动争议仲裁委员会应当在受理仲裁申请之日起5日内将仲裁庭的组成情况书面通知当事人。

2. 开庭通知

《劳动争议调解仲裁法》第三十五条规定：仲裁庭应当在开庭5日前，将开庭日期、地点书面通知双方当事人。当事人有正当理由的，可以在开庭3日前请求延期开庭。是否延期，由劳动争议仲裁委员会决定。

第三十六条规定：申请人收到书面通知，无正当理由拒不到庭或者未经仲裁庭同意中途退庭的，可以视为撤回仲裁申请。被申请人收到书面通知，无正当理由拒不到庭或者未经仲裁庭同意中途退庭的，可以缺席裁决。

3. 开庭形式

《劳动争议调解仲裁法》第二十六条规定：劳动争议仲裁公开进行，但当事人协议不公开进行或者涉及国家秘密、商业秘密和个人隐私的除外。

4. 技术鉴定

《劳动争议调解仲裁法》第三十八条规定：仲裁庭对专门性问题认为需要鉴定的，可以交由当事人约定的鉴定机构鉴定；当事人没有约定或者无法达成约定的，由仲裁庭指定的鉴定机构鉴定。根据当事人的请求或者仲裁庭的要求，鉴定机构应当派鉴定人参加开庭。当事人经仲裁庭许可，可以向鉴定人提问。

5. 质证辩论

《劳动争议调解仲裁法》第三十八条规定：当事人在仲裁过程中有权进行质证和辩论。质证和辩论终结时，首席仲裁员或者独任仲裁员应当征询当事人的最后意见。

6. 举证责任

发生劳动争议，当事人对自己提出的主张，有责任提供证据。在劳动争议案件中，用人单位的举证责任重大，与争议事项有关的证据属于用人单位掌握管理的，用人单位应当提供；用人单位不提供的，应当承担不利后果。《劳动争议调解仲裁法》第三十九条规定：当事人提供的证据经查证属实的，仲裁庭应当将其作为认定事实的根据。劳动者无法提供由用人单位掌握管理的与仲裁请求有关的证据，仲裁庭可以要求用人单位在指定期限内提供。用人单位在指定期限内不提供的，应当承担不利后果。

7. 开庭笔录

《劳动争议调解仲裁法》第四十条规定：仲裁庭应当将开庭情况记入笔录。当事人和其他仲裁参加人认为对自己陈述的记录有遗漏或者差错的，有权申请补正。如果不予补正，应当记录该申请。笔录由仲裁员、记录人员、当事人和其他仲裁参加人签名或者盖章。

（四）裁　决

1. 裁决前的和解

《劳动争议调解仲裁法》第四十一条规定：当事人申请劳动争议仲裁后，可以自行和解。达成和解协议的，可以撤回仲裁申请。

2. 裁决前的调解

《劳动争议调解仲裁法》第四十二条规定：仲裁庭在作出裁决前，应当先行调解。调解达成协议的，仲裁庭应当制作调解书。调解书应当写明仲裁请求和当事人协议的结果。调解书由仲裁员签名，加盖劳动争议仲裁委员会印章，送达双方当事人。调解书经双方当事人签收后，发生法律效力。调解不成或者调解书送达前，一方当事人反悔的，仲裁庭应当及时作出裁决。

3. 裁决的期限

第一，一般要求。《劳动争议调解仲裁法》第四十三条规定：仲裁庭裁决劳动争议案件，应当自劳动争议仲裁委员会受理仲裁申请之日起 45 日内结束。案情复杂需要延期的，经劳动争议仲裁委员会主任批准，可以延期并书面通知当事人，但是延长期限不得超过 15 日。逾期未作出仲裁裁决的，当事人可以就该劳动争议事项向人民法院提起诉讼。仲裁庭裁决劳动争议案件时,其中一部分事实已经清楚,可以就该部分先行裁决。

第二,期限中断与中止。按照《劳动人事争议仲裁办案规则》第四十五条的规定,有下列情形的,仲裁期限按照下列规定计算:① 申请人需要补正材料的,仲裁委员会收到仲裁申请的时间从材料补正之日起计算;② 增加、变更仲裁申请的,仲裁期限从受理增加、变更仲裁申请之日起重新计算;③ 仲裁申请和反申请合并处理的,仲裁期限从受理反申请之日起重新计算;④ 案件移送管辖的,仲裁期限从接受移送之日起计算;⑤ 中止审理期间不计入仲裁期限内;⑥ 有法律、法规规定应当另行计算的其他情形的。

按照《劳动人事争议仲裁办案规则》第四十六条规定,因出现案件处理依据不明确而请示有关机构,或者案件处理需要等待工伤认定、伤残等级鉴定、司法鉴定结论、公告送达以及其他需要中止仲裁审理的客观情形,经仲裁委员会主任批准,可以中止案件审理,并书面通知当事人。中止审理的客观情形消除后,仲裁庭应当恢复审理。

4. 裁决规则

《劳动争议调解仲裁法》第四十五条规定:裁决应当按照多数仲裁员的意见作出,少数仲裁员的不同意见应当记入笔录。仲裁庭不能形成多数意见时,裁决应当按照首席仲裁员的意见作出。

5. 终局裁决与非终局裁决

第一,终局裁决(一裁终局)。为使劳动者的权益得到快捷的保护,加快劳动争议案件的处理时间,《劳动争议调解仲裁法》规定了一裁终局制度。《劳动争议调解仲裁法》第四十七条规定:下列劳动争议,除《劳动争议调解仲裁法》另有规定的外,仲裁裁决为终局裁决,裁决书自作出之日起发生法律效力:① 追索劳动报酬、工伤医疗费、经济补偿或者赔偿金,不超过当地月最低工资标准12个月金额的争议;② 因执行国家的劳动标准在工作时间、休息休假、社会保险等方面发生的争议。

上述案件的仲裁裁决为终局裁决,裁决书自作出之日起发生法律效力。但是,这里的终局效力只是针对用人单位,劳动者如果对一裁终局的仲裁裁决不服的,仍然可以自收到仲裁裁决书之日起15日向人民法院起诉。而用人单位对一裁终局的仲裁裁决,不能再向法院起诉,也不能申请再次仲裁,但在具备如下法定情形之一时,用人单位可以向劳动争议仲裁委员会所在地的中级人民法院申请撤销:① 适用法律、法规确有错误的;② 劳动争议仲裁委员会无管辖权的;③ 违反法定程序的;④ 裁决所根据的证据是伪造的;⑤ 对方当事人隐瞒了足以影响公正裁决的证据的;⑥ 仲裁员在仲裁该案时有索贿受贿、徇私舞弊、枉法裁决行为的。人民法院经组成合议庭审查核实裁决有前款规定情形之一的,应当裁定撤销。仲裁裁决被人民法院裁定撤销的,当事人可以自收到裁定书之日起15日内就该劳动争议事项向人民法院提起诉讼。用人单位有证据证明终局裁决有上述情形之一,可以自收到仲裁裁决书之日起30日内向劳动争议仲裁委员会所在地的中级人民法院申请撤销裁决。

第二,非终局裁决。劳动争议仲裁与一般仲裁不同,除了上述一裁终局的特殊情形外,都不是一裁终局的。因此,《劳动争议调解仲裁法》第五十条规定:"当事人对终局裁决以外的其他劳动争议案件的仲裁裁决不服的,可以自收到仲裁裁决书之日起 15 日内向人民法院提起诉讼;期满不起诉的,裁决书发生法律效力。"

6. 裁决书的制作

《劳动争议调解仲裁法》第四十六条规定:裁决书应当载明仲裁请求、争议事实、裁决理由、裁决结果和裁决日期。裁决书由仲裁员签名,加盖劳动争议仲裁委员会印章。对裁决持不同意见的仲裁员,可以签名,也可以不签名。

(五) 执 行

《劳动争议调解仲裁法》第五十一条规定:当事人对发生法律效力的调解书、裁决书,应当依照规定的期限履行。一方当事人逾期不履行的,另一方当事人可以依照《民事诉讼法》的有关规定向人民法院申请执行。受理申请的人民法院应当依法执行。

但是,依据最高法院《关于审理劳动争议案件适用法律若干问题的解释》(法释〔2001〕14 号)的规定,当事人申请人民法院执行劳动争议仲裁机构作出的发生法律效力的裁决书、调解书,被申请人提出证据证明劳动争议仲裁裁决书、调解书有下列情形之一,并经审查核实的,人民法院可以根据《民事诉讼法》的规定,裁定不予执行:① 裁决的事项不属于劳动争议仲裁范围,或者劳动争议仲裁机构无权仲裁的;② 适用法律确有错误的;③ 仲裁员仲裁该案时,有徇私舞弊、枉法裁决行为的;④ 人民法院认定执行该劳动争议仲裁裁决违背社会公共利益的。人民法院在不予执行的裁定书中,应当告知当事人在收到裁定书之次日起 30 日内,可以就该劳动争议事项向人民法院起诉。

第四节 劳动争议诉讼

劳动争议诉讼是指法院在劳动争议双方当事人和其他关系人的参加下,依法审理和解决劳动争议案件的活动。目前,我国劳动争议处理机制采取的是"一调一裁两审"制。"一调"是指,发生劳动争议,首先应当由依法设立的调解组织或劳动争议仲裁委员会调解;"一裁"是指,在调解不成的情况下,由劳动争议仲裁委员会对劳动争议作出仲裁裁决;"两审"是指,当事人不服劳动争议仲裁委员会作出的仲裁裁决,可以向人民法院提起诉讼,人民法院作出一审判决后,当事人还不服的,可以上诉至上一级人民法院。由于调解不是必经的程序,所以通常也称为"一裁两审"制。人民法院是审理劳动争议案件的司法机构。我国尚未设立劳动法院或劳动法庭,由各级人民法院的民事审判庭审理劳动争议案件,与一般民事案件的审理程序完全相同,实行两审终审制。

一、劳动争议案件的管辖

劳动争议仲裁管辖与诉讼管辖各有其规则,当事人不服仲裁裁决而起诉时,不应当要求诉讼管辖与仲裁管辖完全对应，事实上也无法完全对应，因为仲裁机构并不像法院一样逐级设置。根据最高人民法院《关于审理劳动争议案件适用法律若干问题的解释》（法释〔2001〕14号）的规定：劳动争议案件由用人单位所在地或者劳动合同履行地的基层人民法院管辖。劳动合同履行地不明确的，由用人单位所在地的基层人民法院管辖。双方当事人就同一仲裁裁决分别向有管辖权的法院起诉的，后受理的法院应当将案件移送给先受理的法院。

现实生活中，劳动合同履行地有劳动义务履行地和工资管辖所在地（即工资支付地）的区分，并且两地也可能不在同一管辖地。在这种情况下，如何确定管辖权尚缺乏明确的法律规定。

二、劳动争议诉讼的参加人

（一）当事人

劳动争议仲裁当事人与诉讼当事人都只限于劳动者和用人单位，不服仲裁裁决的劳动者和用人单位，只能以仲裁阶段的对方当事人为被告人向法院起诉，而不能以仲裁机构为被告人。当事人双方不服劳动争议仲裁委员会作出的同一仲裁裁决，均向同一人民法院起诉的，先起诉的一方当事人为原告，但对双方的诉讼请求，法院应当一并作出裁决。

用人单位与其他单位合并的，合并前发生的劳动争议，由合并后的单位为当事人；用人单位分立为若干单位的，其分立前发生的劳动争议，由分立后的实际用人单位为当事人。用人单位分立后，对承受劳动权利义务的单位不明确的，分立后的单位为共同当事人。

劳动者与未办理营业执照、营业执照被吊销或者营业期限届满仍接续经营的用人单位发生争议的，应当将用人单位或其出资人列为当事人；未办理营业执照、营业执照被吊销或者营业期限届满仍接续经营的用人单位，以挂靠等方式借用他人营业执照经营的，应当将用人单位和营业执照出借方列为共同当事人。

劳动者在用人单位与其他平等主体之间的承包经营期间，与发包方和承包方或者一方发生劳动争议，依法向法院起诉的，应当将承包方和发包方作为共同当事人。

（二）第三人

对于当事人与第三人的界定，依据《劳动争议调解仲裁法》的规定，劳动仲裁与民事诉讼存在冲突。劳动争议仲裁程序中的当事人仅限于劳动关系当事人双方，第三人是劳动关系双方当事人之外的主体。但是，根据《民事诉讼法》有关规定来理解，劳动关系当事人以外的主体既可以是当事人，也可以是第三人。例如，最高法院《关于审理劳动争议案件适用法律若干问题的解释》（法释〔2001〕14号）第十一条规定："用人单位招用尚未解除劳动合同的劳动者，原用人单位与劳动者发生的劳动争议，可以列新的用人单位为第三人；原用人单位以新的用人单位侵权为由向人民法院起诉的，可以列劳动者为第三人；原用人单位以新的用人单位和劳动者共同侵权为由向人民法院起诉的，新的用人单位和劳动者列为共同被告。"该条规定表明，在新用人单位与劳动者对原用人单位侵权而被原单位起诉的争议案件中，新用人单位可能成为"第三人、被告或共同被告",劳动者也有可能成为"被告、第三人或共同被告"。

三、劳动争议案件的受案范围

根据我国劳动法律法规及最高人民法院的相关司法解释,对于下列劳动争议事项,当事人不服劳动争议仲裁委员会作出的裁决,依法向人民法院起诉的,人民法院应当受理。

(1)因劳动合同履行引发的争议。劳动者与用人单位在履行劳动合同过程中发生的纠纷。

(2)因事实劳动关系引发的争议。劳动者与用人单位之间没有订立书面劳动合同,但已经形成劳动关系后发生的纠纷。

(3)因办理社会保险引发的争议。劳动者退休后,与尚未参加社会保险统筹的原用人单位因追索养老金、医疗费、工伤保险待遇和其他社会保险费而发生的纠纷。劳动者以用人单位未为其办理社会保险手续,且社会保险经办机构不能补办导致其无法享受社会保险待遇为由,要求用人单位赔偿损失而发生争议的。

(4)与劳动关系解除或终止相关的争议。用人单位和劳动者因劳动关系是否已经解除或者终止,以及应否支付解除或终止劳动关系经济补偿金产生的争议。

(5)因劳动关系结束后的用人单位义务引发的争议。劳动者与用人单位解除或者终止劳动关系后,请求用人单位返还其收取的劳动合同定金、保证金、抵押金、抵押物产生的争议,或者办理劳动者的人事档案、社会保险关系等移转手续产生的争议。

(6)因工伤待遇引发的争议。劳动者因为工伤、职业病、请求用人单位依法承担给予工伤保险待遇的争议。

(7)因企业自主进行改制引发的争议。

(8)因要求用人单位加付赔偿金引发的争议。《劳动合同法》第八十五条:用人单位有下列情形之一的,由劳动行政部门责令限期支付劳动报酬、加班费或者经济补偿;劳动报酬低于当地最低工资标准的,应当支付其差额部分;逾期不支付的,责令用人单位按应付金额百50%以上100%以下的标准向劳动者加付赔偿金:① 未按照劳动合同的约定或者国家规定及时足额支付劳动者劳动报酬的;② 低于当地最低工资标准支付劳动者工资的;③ 安排加班不支付加班费的;④ 解除或者终止劳动合同,未依照本法规定向劳动者支付经济补偿的。

(9)企业停薪留职人员、未达到法定退休年龄的内退人员、下岗待岗人员以及企业经营性停产放长假人员,因与新的用人单位发生用工争议,依法向人民法院提起诉讼的,人民法院应当按劳动关系处理。

四、劳动争议诉讼程序的启动

在劳动争议处理过程中,仲裁和诉讼的关系可以概括为:仲裁是诉讼前的法定处理方式,是劳动争议处理的必经程序;诉讼是仲裁后的重新处理方式,是劳动争议处理过程的最后程序,但不是必经程序。两者既相互联系又彼此独立。

（一）起诉条件

当事人因劳动争议案件向法院提起诉讼的，应当符合如下条件：① 起诉人必须是劳动争议当事人，当事人因故不能亲自起诉的，可以委托代理人起诉；② 必须是不服劳动争议仲裁委员会仲裁而起诉，未经仲裁委员会仲裁不得直接向法院起诉（除非法律有特别规定）；③ 必须有明确的被告、具体的诉讼请求和事实根据，原告、被告仍为仲裁当事人，不得将仲裁委作为被告向法院起诉；④ 提起诉讼的时间必须在法定期限内，即受到仲裁裁决书之日起15日内起诉，超过15日的法院不予受理；⑤ 属于法院受理的劳动争议范围；⑥需要向有管辖权的法院起诉。

（二）程序启动

根据《劳动争议调解仲裁法》及其他相关法律法规的规定，劳动争议诉讼程序通常在如下情形下启动：① 对劳动争议仲裁委员会不予受理或者逾期未作出决定的，申请人可以就该劳动争议事项向人民法院提起诉讼（第二十九条），但应在收到不予受理的书面通知之日起15日内提出；② 劳动者对终局的仲裁裁决不服的，可以自收到仲裁裁决书之日起15日内向人民法院提起诉讼（第四十八条）；③ 用人单位就终局的仲裁裁决向劳动争议仲裁委员会所在地的中级人民法院申请撤销裁决，仲裁裁决被人民法院裁定撤销的，当事人可以自收到裁定书之日起15日内就该劳动争议事项向人民法院提起诉讼（第四十九条）；④ 当事人对一裁终局以外的劳动争议案件的仲裁裁决不服的，可以自收到仲裁裁决书之日起15日内向人民法院提起诉讼（第四十五条）。但是，仲裁以当事人撤回申诉或达成调解协议而结案的，当事人无权起诉。

五、法院对劳动争议案件的处理

（一）对当事人因劳动争议仲裁委不予受理而起诉的处理

（1）劳动争议仲裁委员会以当事人申请仲裁的事项不属于劳动争议为由，作出不予受理的书面裁决、决定或者通知，当事人不服，依法向人民法院起诉的，人民法院应当分别情况予以处理：属于劳动争议案件的，应当受理；虽不属于劳动争议案件，但属于人民法院主管的其他案件，应当依法受理。

（2）劳动争议仲裁委员会以当事人的仲裁申请超过期限为由，作出不予受理的书面裁决、决定或者通知，当事人不服，依法向人民法院起诉的，人民法院应当受理；对确已超过仲裁申请期限，又无不可抗力或其他正当理由的，依法驳回其诉讼请求。

（3）劳动争议仲裁委以申请裁决的主体不适格为由，作出不予受理的书面裁决、决定或者通知，当事人不服，依法向人民法院起诉的，经审查，确属主体不适格的，裁定不予受理或者驳回起诉。

（4）劳动争议仲裁委员会以无管辖权为由对劳动争议案件作出不予受理的裁定，当事人提起诉讼的，人民法院经审查认为该劳动争议仲裁委对案件确无管辖权的，应当告知当事人向有管辖权的劳动争议仲裁委申请仲裁；经审查认为该劳动争议仲裁委员会有管辖权的，应当告知当事人申请仲裁，并将审查意见书面通知该劳动争议仲裁委，劳动争议仲裁委仍不受理，当事人就该劳动争议事项提起诉讼的，应予受理。

（二）对重新作出仲裁裁决的处理

劳动争议仲裁委员会为纠正原仲裁裁决错误重新作出裁决，当事人不服，依法向人民法院起诉的，人民法院应当受理。

（三）仲裁事项不属于法院受案范围的处理

劳动争议仲裁委员会仲裁的事项不属于人民法院受理的案件范围，当事人不服，依法向人民法院起诉的，裁定不予受理或者驳回起诉。

（四）对一裁终局劳动争议仲裁裁决撤销案件的处理

用人单位对一裁终局的仲裁裁决书自收到之日起 30 日内可以向劳动争议仲裁委员会所在地的中级人民法院申请撤销该裁决。仲裁裁决书未载明该裁决为终局裁决或非终局裁决，用人单位不服该仲裁裁决向基层人民法院提起诉讼的，应当按照以下情形分别处理：① 经审查认为该仲裁裁决为非终局裁决的，基层人民法院应予受理；② 经审查认为该仲裁裁决为终局裁决的，基层人民法院不予受理，但应告知用人单位可以自收到不予受理裁定书之日起 30 日内向劳动争议仲裁委员会所在地的中级人民法院申请撤销该仲裁裁决；已经受理的，裁定驳回起诉。

中级人民法院审理用人单位申请撤销终局裁决的案件，应当组成合议庭开庭审理。经过阅卷、调查和询问当事人，对没有新的事实、证据或者理由，合议庭认为不需要开庭审理的，可以不开庭审理。人民法院经组成合议庭审查核实裁决有下述情形之一的，应当裁定撤销：① 有证据证明该仲裁裁决适用法律、法规确有错误的；② 劳动争议仲裁委员会无管辖权的；③ 违反法定程序的；④ 裁决所依据的证据是伪造的；⑤ 对方当事人隐瞒了足以影响公正裁决的证据的；⑥ 仲裁员在仲裁该案件时有索贿受贿、徇私舞弊、枉法裁决行为的。仲裁裁决被人民法院裁定撤销的，当事人可以自收到裁定书之日起 15 日内就该劳动争议事项向人民法院提起诉讼。

六、劳动争议案件的证明责任

依据《民事诉讼法》的规定，谁主张权利、谁承担举证责任，但是考虑到劳动争议案件的特殊性，最高人民法院《关于审理劳动争议案件适用法律若干问题的解释》（法释〔2001〕14 号）第十三条规定："因用人单位作出的开除、除名、辞退、解除劳动合同、减少劳动报酬、计算劳动者工作年限等决定而发生的劳动争议，用人单位负举证责任。"这对劳动者来讲适用了举证责任倒置的规则，体现了倾斜保护的立法精神。但是，这里只规定了 6 种由用人单位承担举证责任的情况，并且"开除、除名、辞退、解除劳动合同"实际上都意味着劳动关系的终结，因为"开除、除名"是传统计划经济的惯用语，而辞退则是解除劳动合同的一种情形。最高人民法院《关于审理劳动争议案件适用法律若干问题的解释(三)》(法释〔2010〕12号)在总结审判实践经验的基础上进而规定:劳动者主张加班费的,应当就加班事实的存在承担举证责任。但劳动者有证据证明用人单位掌握加班事实存在的证据,用人单位不提供的,由用人单位承担不利后果。

七、劳动争议案件的审理制度

人民法院审理劳动争议案件实行两审终审制。人民法院一审审理终结后,对一审判决不服的,当事人可在15日内向上一级人民法院提起上诉;对一审裁定不服的,当事人可在10日内向上一级人民法院提起上诉。经二审审理所作出的裁决是终审裁决,自送达之日起发生法律效力,当事人必须履行。

八、劳动诉讼对仲裁裁决效力的影响

当事人不服仲裁裁决而在法定期限内向法院起诉,仲裁裁决处于尚未生效的状态,这种效力未定的仲裁裁决因诉讼结局不同而有不同的法律后果。如果以当事人撤诉结案,则仲裁裁决在法定期限届满后生效;如果以调解或判决结案,则仲裁裁决不生效。

(1)对部分裁决事项不服而起诉的。劳动争议仲裁委作出裁决后,当事人对裁决中的部分事项不服,依法向法院起诉的,劳动争议仲裁裁决(整体)不发生法律效力。

(2)部分劳动者对仲裁裁决不服而起诉的。劳动争议仲裁委对多个劳动者的劳动争议作出仲裁裁决后,部分劳动者对于仲裁裁决不服,依法向法院起诉的,仲裁裁决对提出起诉的劳动者不发生法律效力;对未起诉的部分劳动者发生法律效力,如其申请执行的,法院应当受理。

复习与思考

1. 简述劳动争议的概念与分类。
2. 我国劳动争议处理有哪些原则?
3. 何谓劳动争议处理的"一调一裁两审"制?
4. 简述我国劳动争议调解机构的设置及调解程序。
5. 简述我国劳动仲裁机构的设置及其职责。
6. 简述我国劳动争议案件的仲裁管辖及时效制度。
7. 劳动争议仲裁的参加人包括哪些?
8. 劳动争议仲裁的受案范围包括哪些情形?
9. 一裁终局的案件有哪些?
10. 劳动争议诉讼对劳动仲裁的效力有何影响?
11. 多选题:甲公司与梁某签订劳动合同后,与乙公司签订劳务派遣协议,派梁某到乙公司做车间主任,派遣期3个月。2012年1月至2013年7月,双方已连续6次续签协议,梁某一直在乙公司工作。2013年6月,梁某因追索上一年加班费与乙公司发生争议,申请劳

动仲裁。下列哪些选项是正确的？（　　）
A. 乙公司是在辅助性工作岗位上使用梁某，符合法律规定
B. 乙公司是在临时性工作岗位上使用梁某，符合法律规定
C. 梁某申请仲裁不受仲裁时效期间的限制
D. 梁某申请仲裁时应将甲公司和乙公司作为共同当事人

12. 不定项选择题（2016年国家司考题）：王某，女，1990年出生，于2012年2月1日入职某公司，从事后勤工作，双方口头约定每月工资为人民币3000元，试用期1个月。2012年6月30日，王某因无法胜任经常性的夜间高处作业而提出离职，经公司同意，双方办理了工资结算手续，并于同日解除了劳动关系。同年8月，王某以双方未签书面劳动合同为由，向当地劳动争议仲裁委申请仲裁，要求公司再支付工资12000元。请回答下面的问题。

（1）关于女工权益，根据《劳动法》，下列说法正确的是（　　）。
A. 公司应定期安排王某进行健康检查
B. 公司不能安排王某在经期从事高处作业
C. 若王某怀孕6个月以上，公司不得安排夜班劳动
D. 若王某在哺乳婴儿期间，公司不得安排夜班劳动

（2）关于该劳动合同的订立与解除，下列说法正确的是（　　）。
A. 王某与公司之间视作已订立无固定期限劳动合同
B. 该劳动合同期限自2012年3月1日起算
C. 该公司应向王某支付半个月工资的经济补偿金
D. 如王某不能胜任且经培训仍不能胜任工作，公司提前30日以书面形式通知王某，可将其辞退

（3）如当地月最低工资标准为1500元，关于该仲裁，下列说法正确的是（　　）。
A. 王某可直接向劳动争议仲裁委申请仲裁
B. 如王某对该仲裁裁决不服，可向法院起诉
C. 如公司对该仲裁裁决不服，可向法院起诉
D. 如公司有相关证据证明仲裁裁决程序违法时，可向有关法院申请撤销裁决

13. 多选题（2015年国家司考题）：友田劳务派遣公司（住所地为甲区）将李某派遣至金科公司（住所地为乙区）工作。在金科公司按劳务派遣协议向友田公司支付所有费用后，友田公司从李某的首月工资中扣减了500元，李某提出异议。对此争议，下列哪些说法是正确的？（　　）
A. 友田公司作出扣减工资的决定，应就其行为的合法性负举证责任
B. 如此案提交劳动争议仲裁，当事人一方对仲裁裁决不服的，有权向法院起诉
C. 李某既可向甲区也可向乙区的劳动争议仲裁机构申请仲裁
D. 对于友田公司给李某造成的损害，友田公司和金科公司应承担连带责任

第七章　劳动组织法

劳动组织有两种含义：一种是指在集体劳动中合理安排使用劳动力，提高劳动者的劳动（工作）效率的形式、方法和措施的统称；另一种是指在劳动过程中由劳动者或雇主依法组成的，旨在代表、维护和增进劳动者或雇主在劳资关系中的共同利益的工会组织或雇主组织。这里所使用的是后一种含义上的劳动组织概念，这种劳动组织通常也被称为劳动团体，主要由两部分构成：一是劳动者组织或劳动者团体，即工会组织或劳工团体；一是雇主组织或雇主团体，即雇主协会，我国一般称之为用人单位团体。此外，劳动组织还应该包括为劳动者及雇主实现劳动力与生产资料相结合及各自合法权益提供服务的各种社会组织，如劳动就业服务机构、职业培训服务机构、劳动保护服务机构等，但这里仅涉及工会组织和雇主组织这两种劳动组织。

第一节　工会组织

工会组织是以保护劳工团结权以及劳工团体权益为主旨的社会组织，通常简称为工会。工会是工业社会的产物，最早出现于19世纪初西欧的一些资本主义国家，历经了禁止、限制、承认三个阶段。英国于1871年颁布的《工会法》（Trade Unions Act），一般认为是现代工会立法的开始。美国于1935年颁布的《华格纳法》是其第一部有关工会的法律，确立了雇员集体谈判和组织工会的权利，并创设了国家劳资关系委员会。工会在西方国家普遍取得合法地位是在第二次世界大战之后。当今，世界许多国家的宪法都明确了工会的合法地位。

一、中国工会立法

中华人民共和国成立之前，中国共产党于1921年8月领导建立了中国劳动组合书记部，领导全国工人运动。1925年5月在广州召开的第二次全国劳动大会上成立了中华全国总工会，取代了中国劳动组合书记部。1930年，中央革命根据地制定了《赤色工会组织法》。中华人民共和国成立后，中央人民政府于1950年6月颁布了《中华人民共和国工会法》，分为总则、工会的权利与职责、工会基层组织、工会经费、附则等五章。1983年10月，中国工会第十次全国代表大会通过了《中国工会章程》。1992年4月，全国人民代表大会通过了新的《中华人民共和国工会法》（2001年、2009年先后两次修正），分为总则、工会组织、工会的权利与义务、基层工会组织、工会的经费和财产、法律责任、附则等七章。1998年10月，中国工会第十三次全国代表大会对原《中国工会章程》进行修订并重新颁布。中国工会第十五次全国代表大会于 2008 年 10 月通过了《中国工会章程（修正案）》。

二、工会性质、地位与职责

（一）工会的性质

我国《工会法》第二条规定："工会是职工自愿结合的工人阶级的群众组织。"《中国工会章程》规定，中国工会是中国共产党领导的职工自愿结合的工人阶级群众组织，是重要的社会政治团体。这表明中国工会具有鲜明的自愿性、阶级性和群众性。

（1）自愿性。工会组织坚持入会自愿、退会自由的原则，职工加入工会或退出工会完全根据本人自愿，不受任何限制或强制。

（2）阶级性。我国工会只能由工人阶级的成员组成，非工人阶级的成员不得加入工会。在现阶段，我国工人阶级包括企业、事业单位、国家机关、社会团体中的以工资收入为主要生活来源的体力劳动者和脑力劳动者。农民、个体劳动者及外商企业中的外商代理人等非工人阶级成员不得参加工会。

（3）群众性。《工会法》第三条规定："在中国境内的企业、事业单位、机关中以工资收入为主要生活来源的体力劳动者和脑力劳动者，不分民族、种族、性别、职业、宗教信仰、教育程度，都有依法参加和组织工会的权利。任何组织和个人不得阻挠和限制。"这表明工会是工人阶级最广泛的群众组织。

（二）工会的地位

根据《工会法》《劳动法》《中国工会章程》的规定，我国工会组织目前的法律地位主要表现一元化、独立性和法人资格。

（1）一元化。我国台湾地区劳动法学家黄越钦在《劳动法新论》一书中指出，西方国家的工会组织有一元化与多元化之分：所谓一元化是指只有一个全国统一的工会联合组织，各工厂一级雇用单位也只有一个工会组织；所谓多元化是指在全国并存几个不同的工会组织，不存在一个全国统一的工会联合组织，各工厂一级雇用单位也不只存在一个工会组织。目前在我国，中华全国总工会是唯一合法的、联合广大职工并代表国家利益的群众组织，在全国范围内具有统一的组织体系；任何单位和个人都不得在职工群众中另立组织，不得进行分类工会组织的活动。

（2）独立性。《劳动法》第七条规定："工会代表和维护劳动者的合法权益，依法独立自主地开展活动。"《工会法》明确，工会"依照工会章程独立自主地开展工作"，"国家保护工会的合法权益不受侵犯"。这表明，我国工会在遵守宪法、法律的前提下，依照工会章程，具有独立的法律地位。

（3）法人资格。依据我国《民法通则》的规定，社会团体法人成立的方式有两种：一是依法不需要办理登记的，从成立之日起，具有法人资格；二是依法需要办理法人登记的，经核准登记，取得法人资格。《工会法》第十四条规定："中华全国总工会、地方总工会、产业工会具有社会团体法人资格；基层工会组织具备民法通则规定的法人条件的，依法取得社会团体法人资格。"因此，中华全国总工会、地方总工会、产业工会取得社会团体法人资格，属于第一种方式；而基础工会组织取得法人资格则需要通过第二种方式。

（三）工会的职责

（1）工会的基本职责是代表和维护劳动者合法权益。《工会法》第二条规定："中华全国总工会及其各工会组织代表职工的利益，依法维护职工的合法权益。"第六条规定："维护职工合法权益是工会的基本职责；工会在维护全国人民总体利益的同时，代表和维护职工的合法权益。"依据《工会法》的规定，我国工会履行"维权"职责的方式和途径主要包括：① 工会通过平等协商和集体合同制度，协调劳动关系，维护企业职工劳动权益；② 工会依照法律规定通过职工代表大会或者其他形式，组织职工参与本单位的民主决策、民主管理和民主监督；③ 工会必须密切联系职工，听取和反映职工的意见和要求，关心职工的生活，帮助职工解决困难，全心全意为职工服务。此外，工会还可以通过组织职工民主管理、参与经营管理、参与政府事务、进行劳动法律监督等手段维护劳动者的合法权益。

（2）在基本职责之外，工会的职责还包括参与、教育等职责。所谓参与职责，就是指工会应组织和教育职工"依照宪法和法律的规定行使民主权利，发挥国家主人翁的作用，通过各种途径和形式，参与管理国家事务、管理经济和文化事业、管理社会事务；协助人民政府开展工作，维护工人阶级领导的、以工农联盟为基础的人民民主专政的社会主义国家政权"；动员和组织职工"积极参加经济建设，努力完成生产任务和工作任务"。所谓教育职责，就是指工会应教育职工"不断提高思想道德、技术业务和科学文化素质，建设有理想、有道德、有文化、有纪律的职工队伍"。

三、工会组织制度

（一）组织原则

《工会法》第九条规定工会各级组织按照"民主集中制原则"建立，具体要求是：各级工会委员会由会员大会或者会员代表大会民主选举产生，企业主要负责人的近亲属不得作为本企业基层工会委员会成员的人选；各级工会委员会向同级会员大会或者会员代表大会负责并报告工作，接受其监督；工会会员大会或者会员代表大会有权撤换或者罢免其所选举的代表或者工会委员会组成人员；上级工会组织领导下级工会组织。

（二）组织规章

组织规章是指工会组织自己制定的内部工作条例，通常称为工会章程，内容一般包括总则、会员、组织机构、组织制度、经费等。我国《工会法》要求工会"必须遵守和维护宪法，以宪法为根本的活动准则"，"依照工会章程独立自主地开展工作"。同时明确"工会会员全国代表大会制定或者修改《中国工会章程》，章程不得与宪法和法律相抵触"。《中国工会章程》作为中国工会的内部组织规章，必须由中国工会全国代表大会制定并通过，并由各级工会组织和会员共同遵守。

（三）组织体系

依据《工会法》规定：企业、事业单位、机关有会员 25 人以上的，应当建立基层工会委员会（基层工会委员会每届任期 3 年或者 5 年）；不足 25 人的，可以单独建立基层工会委员会，也可以由两个以上单位的会员联合建立基层工会委员会，也可以选举组织员 1 人，组织会员开展活动。女职工人数较多的，可以建立工会女职工委员会，在同级工会领导下开展工作；女职工人数较少的，可以在工会委员会中设女职工委员。企业职工较多的乡镇、城市街道，可以建立基层工会的联合会。县级以上地方建立地方各级总工会，各级地方总工会委员会每届任期 5 年。同一行业或者性质相近的几个行业，可以根据需要建立全国的或者地方的产业工会，各级产业工会委员会每届任期 5 年。全国建立统一的中华全国总工会。

上述中华全国总工会、地方总工会、产业工会与基层工会共同构成中国工会的组织体系。中国工会实行产业与地方相结合的组织领导原则，中华全国总工会是工会的最高领导机关；行政区划建立的省级、市（县）级地方总工会是工会的地方领导机关；同一国民经济部门或性质相近的几个国民经济部门，根据需要建立全国和地方的产业工会，作为本部门的工会领导机关；基层工会是建立在企业、事业单位、机关、团体中的工会基层组织。在上述各级工会组织体系中，中华全国总工会领导各地方总工会和各产业工会全国组织；地方总工会领导当地的下级地方总工会和产业工会地方组织；铁路、民航两个产业工会全国组织对所属地方产业工会实行系统领导，但须尊重地方总工会的意见；其他产业工会全国组织与地方总工会对所属地方产业工会实行产业和地方双重领导；直辖市和大中城市的地方总工会主要通过同级产业工会对基础工会实行领导；小城市和县总工会，除建立市、县产业工会外，直接领导基层工会。

（四）组织的设立与撤并

《工会法》第十一条规定：基层工会、地方各级总工会、全国或者地方产业工会组织的建立，必须报上一级工会批准；上级工会可以派员帮助和指导企业职工组建工会，任何单位和个人不得阻挠。第十二条规定：任何组织和个人不得随意撤销、合并工会组织，基层工会所在的企业终止或者所在的事业单位、机关被撤销，该工会组织相应撤销，并报告上一级工会；依前款规定被撤销的工会，其会员的会籍可以继续保留，具体管理办法由中华全国总工会制定。

（五）基层工会组织

基层工会是在企业、事业、机关等基层单位建立的工会组织，是工会开展活动的基础单位，也是工会密切联系群众的基本纽带。

（1）会议规则。基层工会委员会定期召开会员大会或者会员代表大会，讨论决定工会工作的重大问题；经基层工会委员会或者 1/3 以上的工会会员提议，可以临时召开会员大会或者会员代表大会。基层工会委员会召开会议或者组织职工活动，应当在生产或者工作时间以外进行，需要占用生产或者工作时间的，应当事先征得企业、事业单位的同意。基层工会的非专职委员占用生产或者工作时间参加会议或者从事工会工作，每月不超过 3 个工作日，其工资照发，其他待遇不受影响。

（2）工会专职工作人员的设置规则。职工200人以上的企业、事业单位的工会，可以设专职工会主席。工会专职工作人员的人数由工会与企业、事业单位协商确定。

（3）工会干部的保护。工会干部的保护包括三个层面。一是工作岗位的保护，即"工会主席、副主席任期未满时，不得随意调动其工作；因工作需要调动时，应当征得本级工会委员会和上一级工会的同意"。二是工会干部身份的保护，即"罢免工会主席、副主席必须召开会员大会或者会员代表大会讨论，非经会员大会全体会员或者会员代表大会全体代表过半数通过，不得罢免"。三是劳动关系的保护，即"基层工会专职主席、副主席或者委员自任职之日起，其劳动合同期限自动延长，延长期限相当于其任职期间；非专职主席、副主席或者委员自任职之日起，其尚未履行的劳动合同期限短于任期的，劳动合同期限自动延长至任期期满。但是，任职期间个人严重过失或者达到法定退休年龄的除外"。

（六）工会会员

根据《工会法》及《中国工会章程》的规定，凡在中国境内的企业、事业单位、机关和其他社会组织中，以工资收入为主要生活来源或者与用人单位建立劳动关系的体力劳动者和脑力劳动者，不分民族、种族、性别、职业、宗教信仰、教育程度，承认工会章程，都可以加入工会成为会员。职工加入工会，由本人自愿申请，经工会基层委员会批准并发给会员证。

（1）会员享有以下权利：① 选举权、被选举权和表决权；② 对工会工作进行监督，提出意见和建议，要求撤换或者罢免不称职的工会工作人员；③ 对国家和社会生活问题及本单位工作提出批评与建议，要求工会组织向有关方面如实反映；④ 在合法权益受到侵犯时，要求工会给予保护；⑤ 享受工会举办的文化、教育、体育、旅游、疗休养事业、生活救助、法律服务、就业服务等优惠待遇；享受工会给予的各种奖励；⑥ 在工会会议和工会报刊上，参加关于工会工作和职工关心问题的讨论。

（2）会员履行下列义务：① 学习政治、经济、文化、法律、科学、技术和工会基本知识；② 积极参加民主管理，努力完成生产和工作任务；③ 遵守宪法和法律，维护社会公德和职业道德，遵守劳动纪律；④ 正确处理国家、集体、个人三者利益关系，向危害国家、社会利益的行为做斗争；⑤ 维护中国工人阶级和工会组织的团结统一，发扬阶级友爱，搞好互助互济；⑥ 遵守工会章程，执行工会决议，参加工会活动，按月交纳会费。

四、工会的权利与义务

工会的权利与义务涉及两个方面：一是工会与用人单位之间的权利义务关系；二是工会与政府之间的权利义务关系。

（一）工会对用人单位的权利和义务

1. 工会对用人单位的权利

工会对用人单位的权利主要包括代表权、参与权和监督权等方面。

（1）代表权。工会的代表权主要体现在如下方面。① 代表劳动者行使集体劳权，签订集体合同及处理集体合同争议。工会帮助、指导职工与企业以及实行企业化管理的事业单位签订劳动合同；工会代表职工与企业以及实行企业化管理的事业单位进行平等协商，签订集体合同；集体合同草案应当提交职工代表大会或者全体职工讨论通过；工会签订集体合同，上级工会应当给予支持和帮助；企业违反集体合同，侵犯职工劳动权益的，工会可以依法要求企业承担责任；因履行集体合同发生争议，经协商解决不成的，工会可以向劳动争议仲裁机构提请仲裁，仲裁机构不予受理或者对仲裁裁决不服的，可以向人民法院提起诉讼。② 代表劳动者行使集体劳权，协商处理停、怠工事件。企业、事业单位发生停工、怠工事件，工会应当代表职工同企业、事业单位或者有关方面协商，反映职工的意见和要求并提出解决意见；对于职工的合理要求，企业、事业单位应当予以解决；工会协助企业、事业单位做好工作，尽快恢复生产、工作秩序。③ 代表或支持劳动者维护劳动权益。企业、事业单位处分职工，工会认为不适当的，有权提出意见；企业单方面解除职工劳动合同时，应当事先将理由通知工会，工会认为企业违反法律、法规和有关合同，要求重新研究处理时，企业应当研究工会的意见，并将处理结果书面通知工会；职工认为企业侵犯其劳动权益而申请劳动争议仲裁或者向人民法院提起诉讼的，工会应当给予支持和帮助；企业、事业单位违反劳动法律、法规规定，有侵犯职工劳动权益情形，工会应当代表职工与企业、事业单位交涉，要求企业、事业单位采取措施予以改正，企业、事业单位应当予以研究处理，并向工会作出答复，企业、事业单位拒不改正的，工会可以请求当地人民政府依法作出处理。

（2）参与权。工会的参与权主要表现为：企业、事业单位的工会委员会，应当支持和组织职工参加民主管理和民主监督；企业、事业单位研究经营管理和发展的重大问题应当听取工会的意见，召开讨论有关工资、福利、劳动安全卫生、社会保险等涉及职工切身利益的会议，必须有工会代表参加；企业、事业单位违反职工代表大会制度和其他民主管理制度，工会有权要求纠正，保障职工依法行使民主管理的权利；法律、法规规定应当提交职工大会或者职工代表大会审议、通过、决定的事项，企业、事业单位应当依法办理；工会参加企业的劳动争议调解工作，地方劳动争议仲裁组织应当有同级工会代表参加。

（3）监督权。工会有对用人单位执行劳动法律、法规和履行劳动合同进行监督的权利，工会的监督权主要表现在如下方面。工会依照国家规定对新建、扩建企业和技术改造工程中的劳动条件和安全卫生设施与主体工程同时设计、同时施工、同时投产使用进行监督；对工会提出的意见，企业或者主管部门应当认真处理，并将处理结果书面通知工会。工会发现企业违章指挥、强令工人冒险作业，或者生产过程中发现明显重大事故隐患和职业危害，有权提出解决的建议，企业应当及时研究答复；发现危及职工生命安全的情况时，工会有权向企业建议组织职工撤离危险现场，企业必须及时作出处理决定。工会有权对企业、事业单位侵犯职工合法权益的问题进行调查，有关单位应当予以协助。职工因工伤亡事故和其他严重危害职工健康问题的调查处理，必须有工会参加。工会应当向有关部门提出处理意见，并有权要求追究直接负责的主管人员和有关责任人员的责任。对工会提出的意见，应当及时研究，给予答复。

（4）要求提供保障的权利。工会依法享有要求保障自身物质利益和开展活动的权利；工会有权要求用人单位为工会办公和开展活动提供必要的物质条件；工会有权要求用人单位为工会工作人员支付工资等各项物质待遇；有权要求用人单位支持工会依法开展工作。

（5）民事诉讼权。工会对违反工会法规定侵犯其合法权益的，有权提请人民政府或者有关部门予以处理，或者向人民法院提起诉讼。违法侵占工会经费和财产拒不返还的，工会可以向人民法院提起诉讼，要求返还，并赔偿损失。

2. 工会对用人单位的义务

工会对用人单位的义务主要包括：帮助、指导职工与用人单位签订劳动合同；参加企业的劳动争议调解工作；在用人单位发生停工、怠工事件时，会同用人单位及有关方面协商解决职工提出的合理要求，尽快恢复正常生产秩序；工会协助企业、事业单位、机关办好职工集体福利事业，做好工资、劳动安全卫生和社会保险工作；工会会同企业、事业单位教育职工以国家主人翁态度对待劳动，爱护国家和企业的财产，组织职工开展群众性的合理化建议、技术革新活动，进行业余文化技术学习和职工培训，组织职工开展文娱、体育活动。

（二）工会对政府的权利和义务

1. 工会对政府的权利

工会对政府的权利主要包括如下方面。① 参与权。国家机关在组织起草或者修改直接涉及职工切身利益的法律、法规、规章时，应当听取工会意见；县级以上各级人民政府制定国民经济和社会发展计划，对涉及职工利益的重大问题，应当听取同级工会的意见；县级以上各级人民政府及其有关部门研究制定劳动就业、工资、劳动安全卫生、社会保险等涉及职工切身利益的政策、措施时，应当吸收同级工会参加研究，听取工会意见。地方劳动争议仲裁组织应当有同级工会代表参加。② 知情权。县级以上地方各级人民政府可以召开会议或者采取适当方式，向同级工会通报政府的重要的工作部署和与工会工作有关的行政措施，研究解决工会反映的职工群众的意见和要求。此外，各级政府应当为工会办公和开展活动提供必要的物质条件，并保护工会的合法权益不受侵犯。

2. 工会对政府的义务

工会对政府的义务主要包括：协助政府开展工作，动员、教育、组织职工贯彻执行政府的政策、规章，实现政府提出的各项任务；根据政府委托，工会与有关部门共同做好劳动模范和先进生产（工作）者的评选、表彰、培养和管理工作。

五、工会的经费与财产

（1）工会经费的来源。工会经费的来源包括如下五方面：① 工会会员缴纳的会费；② 建立工会组织的企业、事业单位、机关按每月全部职工工资总额的2%向工会拨缴的经费（企业、事业单位拨缴的经费在税前列支）；③ 工会所属的企业、事业单位上缴的收入；④ 人民政府的补助；⑤ 其他收入。

（2）工会经费的使用。工会经费主要用于为职工服务和工会活动，经费使用的具体办法由中华全国总工会制定。

（3）工会经费的管理。工会应当根据经费独立原则，建立预算、决算和经费审查监督制度，各级工会建立经费审查委员会；各级工会经费收支情况应当由同级工会经费审查委员会审查，并且定期向会员大会或者会员代表大会报告，接受监督；工会会员大会或者会员代表大会有权对经费使用情况提出意见；工会经费的使用应当依法接受国家的监督。

（4）工会经费和财产的保护。企业、事业单位无正当理由拖延或者拒不拨缴工会经费，基层工会或者上级工会可以向当地人民法院申请支付令；拒不执行支付令的，工会可以依法申请人民法院强制执行；工会的财产、经费和国家拨给工会使用的不动产，任何组织和个人不得侵占、挪用和任意调拨。

六、违反工会法的法律责任

依据《工会法》的规定，违反工会法的法律责任包括如下四个方面。

（1）侵犯团结权的法律责任。侵犯团结权的行为包括阻挠职工依法参加和组织工会，阻挠上级工会帮助、指导职工筹建工会。其法律责任包括行政责任和刑事责任两个层面：阻挠职工依法参加和组织工会或者阻挠上级工会帮助、指导职工筹建工会的，由劳动行政部门责令其改正；拒不改正的，由劳动行政部门提请县级以上人民政府处理；以暴力、威胁等手段阻挠造成严重后果，构成犯罪的，依法追究刑事责任。非法撤销、合并工会组织的，由县级以上人民政府责令改正，依法处理。

（2）侵犯工会工作人员合法权益的法律责任。侵犯工会工作人员合法权益的法律责任包括行政责任、民事责任和刑事责任三个层面：对依法履行职责的工会工作人员无正当理由调动工作岗位，进行打击报复的，由劳动行政部门责令改正、恢复原工作；造成损失的，给予赔偿；对依法履行职责的工会工作人员进行侮辱、诽谤或者进行人身伤害，构成犯罪的依法追究刑事责任，尚未构成犯罪的由公安机关依照《治安管理处罚法》的规定处罚。职工因参加工会活动而被解除劳动合同的，或工会工作人员因履行本法规定的职责而被解除劳动合同的，由劳动行政部门责令恢复其工作，并补发被解除劳动合同期间应得的报酬，或者责令给予本人年收入2倍的赔偿。

（3）侵占工会经费和财产的法律责任。违反工会法的规定，侵占工会经费和财产拒不返还的，工会可以向人民法院提起诉讼，要求返还，并赔偿损失。

（4）工会工作人员的违法责任。工会工作人员违反工会法规定，损害职工或者工会权益的，由同级工会或者上级工会责令改正，或者予以处分；情节严重的，依照《中国工会章程》予以罢免；造成损失的，应当承担赔偿责任；构成犯罪的，依法追究刑事责任。

第二节　雇主组织

"雇主"这个名称是市场经济体制的产物，是国际上企业在建立劳动关系过程中，经营者自然身份的通常表述。雇主组织是指由雇主（用人单位）依法组成的，旨在代表、维护雇主利益，并努力调整雇主与雇员以及雇主与工会之间关系的团体组织。维护雇主利益、建立协调的劳资关系、促进社会合作，是雇主组织建立的宗旨和目标。在国外，雇主组织通常被称为雇主协会，并被作为与劳动者组织（一般为工会组织）相对应的劳动法主体。在现代劳动关系协调机制中，雇主组织是一个必不可少的组成部分，对协调劳动关系具有不可替代的作用。中国企业既要参与国际市场竞争，就必须形成一种与国际企业相同的机制，这样，企业经营者也就无法回避"雇主"这一身份和名称，但目前中国国内一般倾向于把雇主组织称为用人单位团体或企业协会。

一、国外的雇主组织

在工业化过程中，随着工会组织的不断发展壮大，雇主也逐步建立和发展起雇主组织。国外的雇主组织多数是以协会的形式存在的。大多数雇主协会最初是在地方一级建立，或者是在地区一级建立。但随着信息交流的加快、交通的逐步发达和工会组织的不断壮大，地方一级的雇主协会已经不能适应经济和社会发展的需要。因此，许多地方性或地区性的雇主协会合并成立了全国性的雇主协会，或直接在全国一级成立了雇主协会。英国在19世纪中叶便有了全国性的行业雇主协会，多数欧洲国家全国性雇主组织是在19世纪末和20世纪初建立的。

雇主协会成立之初，由于其组织和运作还不规范，使之受到来自内部和外部各方的压力。会员企业对于劳工政策、发展目标的不统一以及考虑各自的经济利益，都不愿使自己的观点让位于同一协会中竞争对手们的观点。但随着雇主组织作用的发挥，共同利益超越了自身的利益，使雇主组织逐步被大多数会员企业认同。到第一次世界大战时，许多西方国家都建立了稳定的全国性和行业性雇主协会。战争也使这些协会获得了法律地位，因为战时政府让雇主协会参与了经济活动，特别是紧缺物资的分配及生产、流通计划的制定和实施，使雇主组织为战争的顺利发展做出了积极贡献，其作用被社会广泛认可。

第一次世界大战结束后，尤其是在20世纪30年代，西方国家普遍面临经济困难。这时，雇主组织在发展经济方面也起到了积极的作用。雇主协会在与工会的斗争中也取得了很多的经验，使雇主组织内部和外部环境发生了有利的变化，特别是雇主组织在与工会的协商、合作工作中取得了很大的成效。在此期间，劳资双方之间的集体谈判走上了正轨，许多基本的劳资关系法规和社会立法也是在这段时间内完成的。

在第二次世界大战中及战后的一段时间里，许多西方国家的雇主协会得到了稳定的发展。英国、荷兰、瑞典、澳大利亚的雇主协会都得到了很大的加强。尽管意大利、德国和日本的雇主协会战时成了法西斯政权的附庸，但战后它们还是得到了迅速的恢复和发展。尤其是20世纪六七十年代，各国普遍加强了政府在劳资关系和经济生活中的作用。在这种情况下，政府更希望与具有权威性的中央一级的雇主组织打交道，这极大地加强了全国性雇主协会作为雇主发言人的地位，同时也要求各级雇主协会为其成员提供更多的、范围更广的服务，了解、掌握企业的需求，以便更有效地处理与政府和工会的关系。在现代市场经济国家，雇主组织已经形成了多种形式，包括行业雇主协会、职业或技艺雇主协会、雇主协会联合会、地方性雇主协会、全国性雇主协会等。

国际劳工组织一直视雇主组织与工会组织为平等的交涉（谈判）主体。三方原则是国际劳工组织长期奉行的原则。国际劳工大会、国际劳工局理事会及所属各委员会、区域会议等国际劳工组织的活动，均由会员国政府、雇主和工人三方代表参加，各成员国代表团需由政府代表2人，劳工、雇主代表各1人组成，三方代表享有独立平等的发言权和表决权。其中，工人代表和雇主代表分别由工会、雇主协会的全国性组织或代表性的组织选派。

在西方国家，雇主组织主要从事如下四种活动：① 参与谈判；② 解决纠纷；③ 提供帮助和建议；④ 代表和维护雇主权益。雇主组织的任务主要包括以下七项：① 积极为雇主服务，提高雇主适应事业挑战的能力；② 促进和谐、稳定的雇主—雇员关系，即劳动关系；③ 在国家和国际上代表和促进雇主利益；④ 提高雇员的工作效率和工作的自觉性；⑤ 创造就业机会及更好的就业条件；⑥ 预防劳资纠纷，并以公平迅速的方式解决产生的争议；⑦ 为其会员达到发展目标提供服务。

二、国际雇主组织

在西方国家，由于雇主组织在促进雇主之间的相互协商与合作，推进行业标准规范化，加强劳资关系和人事管理方面的服务，参与社会和劳动立法，共同管理雇主有关事务等方面发挥了重要作用，获得了稳定发展。到第一次世界大战时，许多西方国家都建立了稳定的全国性和行业性雇主协会，由于雇主组织在战争中起到了积极的作用，因此战争使雇主组织获得了法律地位和稳定的发展。在 20 世纪初期，西方国家普遍面临经济困难，雇主协会由于积极与工会组织开展劳动关系的协调工作，对于发展各国经济也起到了积极的作用。为了更好地发挥各国雇主组织的作用，在各国雇主组织之间建立和保持永久的联系，共同协商和讨论社会和经济发展问题，需要建立一个国际性的雇主组织来协调各国雇主组织共同参与国际事务。特别是随着国际劳工组织的成立，需要在国际劳工组织的机构和活动中，统一各国雇主组织的立场和观点，在国际上代表雇主组织来协调与工会的关系。因此，有必要建立一个国际性雇主组织来加强各国雇主组织的联系，推动雇主组织的发展，维护雇主利益，促进经济和社会发展，于是在 1920 年成立了国际雇主组织（简称 IOE）。

国际雇主组织是目前国际上在社会和劳动领域代表雇主利益的国际组织，成员由世界各国国家级的雇主联合会或其他形式的雇主组织组成，现有成员 126 个。国际雇主组织的目的是在国际场合，尤其是在国际劳工组织促进和捍卫雇主利益，保证国际劳工和社会政策有利于企业的生存，并为企业发展和创造就业营造有利氛围。国际雇主组织的建立主要有以下动机和目的：① 在国际上协调各国雇主组织的立场，共同维护各国雇主的共同利益；② 参与国际劳工组织活动，作为三方机制的一方，代表雇主组织及雇主立场，参与有关活动；③ 与国际工会组织协调、合作，就共同关心的劳工等方面问题，开展协商和合作，维护各自的利益主体；④ 加强各国雇主组织的交流与合作，特别是在有关的立法、政策和信息上加强交流与合作；⑤ 与各国政府建立积极的良好关系，为各国雇主组织的建立和开展活动创造良好的条件。国际雇主组织的主要任务有以下四项：① 在国际上维护雇主利益；② 促进企业自主发展；③ 帮助建立和加强国家级雇主组织；④ 促进雇主组织之间的信息交流和雇主之间的经贸合作。

三、中国雇主组织

中国的雇主组织是中国企业联合会。中国企业联合会（简称中国企联）是经国务院批准成立、国家民政部注册登记、具有法人资格的全国性社会团体，会址设在北京市。目前，中国企联的业务主管单位是国务院国有资产监督管理委员会，其社团登记管理机关是民政部。中国企联接受业务主管单位、社团登记管理机关的业务指导和监督管理，其最高权力机构是全国会员代表大会，全国会员代表大会每五年举行一次。中国企业联合会的前身为1979年3月成立的中国企业管理协会。1999年4月24日，经国务院领导同意，国家经济贸易委员会审批，国家民政部核准，更名为中国企业联合会。组建中国企业联合会主要发起单位有：中国乡镇企业协会、中国外商投资企业协会、中国个体劳动者协会、中国女企业家协会、中国青年企业家协会、中国民营科技实业家协会。

随着国际劳工组织的地位和影响的扩大，国际雇主组织在国际劳工组织的作用也越来越大。在国际劳工组织中的雇主组织活动皆由国际雇主组织所控制，故非国际雇主组织的成员在国际劳工组织中的活动受到一定的限制。但在过去较长的一段时间里，中国企联作为中国的雇主组织，一直未能加入国际雇主组织。随着改革的逐步深化、经济的持续快速发展，特别是中国国际地位的显著提高，国际雇主组织的态度逐渐改变，东盟等一些国家的雇主组织也一再呼吁和支持中国企联的加入。

1999年4月，国际雇主组织对中国企联的宗旨、性质以及在中国企业界的地位、作用等情况进行了全面考察，肯定了中国企联作为中国国家级雇主组织代表的地位，按章程规定，已具备了加入国际雇主组织的条件。2003年6月，国际雇主组织总理事会一致通过决议，接受中国企联为该组织正式会员，并确认中国企联作为国际雇主组织的中国唯一代表。中国企联还作为中国雇主组织的唯一合法代表，与人力资源和社会保障部、中华全国总工会一道，组成我国"三方代表团"。因此，中国企联目前是中国企业界最具代表性的社团组织，也是唯一代表中国雇主组织参加国际劳工大会的社团组织。

四、雇主组织立法

国外多把工会组织和雇主组织统称为职业团体、劳动团体或劳动组织。英国、法国、西班牙等国家制定有专项的职业团体法规，卢旺达在劳动法典中设置了关于职业团体的专门篇章，这些国家都规定了共同适用于工会组织和雇主组织的通则。归纳各国关于雇主组织的立法规定，其内容大致可以概括为以下方面。

（1）雇主组织必须由一定数量的雇主组成。如意大利规定，雇主协会至少须由雇用同一地方特定产业1/10以上劳动者的雇主组成。

（2）雇主组织由雇主自愿参加，有的国家还确认雇主有退出雇主协会的自由。

（3）雇主组织具有公法人资格，是独立于雇主之外的劳动法主体。

（4）雇主组织的机关主要为会员大会和理事会，前者决定重大事项，后者处理日常事务。

（5）雇主组织仅以维护和扩张所代表的各雇主在劳资关系中的利益为宗旨，而不得有政治目的，不属于政党，也不同于企业集团等经济联合体和旨在维护产业利益的产业组织。

（6）雇主组织不得从事反工会活动，国外多在立法上禁止雇主组织阻止雇员加入工会或参加工会活动、参与或干涉工会事务、破坏工会组织的罢工。

（7）雇主协会负有协调劳资关系的法定职责，如英国规定，雇主协会应该同工会一起共同维护产业一级或其他级别的有效安排，以解决争端和商谈雇用条款以及雇用条件等。

（8）雇主组织的成员有缴纳会费的义务，有的国家要求各成员等额缴纳，有的则要求按雇工数量或年工资总额的一定比例缴纳。

（9）雇主组织对其成员中破坏协同一致行动者，有权给予处罚，如罚款、强制取消会员资格等。

（10）雇主组织成员不论何种原因，脱离雇主协会，须提前一定期限发出通告。

我国目前还不存在作为劳动法主体的雇主组织或用人单位团体。在政府、劳动者和用人单位三方参与的劳动关系协调机制中，尽管企业主管部门或企业家协会曾经或仍在充当用人单位方面的代表，但都缺乏法律依据。在社会主义市场经济条件下，雇主组织或用人单位团体的缺乏，不利于劳动关系的协调，不利于劳动关系双方当事人的利益保护，不利于劳动力市场的健康运行，也不利于与国际劳动关系协调机制接轨。因此，我国应当把雇主组织立法或用人单位团体立法尽快纳入劳动立法的议程。

第三节　国际劳工组织

国际劳工组织（ILO）自1919年成立以后，致力于研制劳动立法的国际标准，并以此推动世界各国的劳动立法。中国是国际劳工组织的创始会员国之一，也是该组织的常任理事国。

一、国际劳工组织

第一次世界大战结束后，参战国于1919年初在巴黎召开和平会议，签订和平条约。与会诸国，"鉴于劳动问题之严重，影响于世界经济至巨，于是有国际劳工组织之创设"。因此，在和会第一次预备会议上就决定组织一个委员会，从国际方面考察工人状况，并研究必需的国际方法，以便对劳动问题采取一致的行动，还建议组织一个永久性的机构，继续进行调查研究。作出这个决定的理由，据称是为了维护社会正义，以建立世界永久和平。因为劳动状况的恶劣，不符合社会正义，会产生动荡不安，使世界和平遭受危害。

根据这个决定，由英、美、法、日、意等国推派15人组成委员会，经过多次讨论和争辩，拟订了一个《国际劳工组织章程草案》和一个包括9项原则的宣言，于1919年4月提交巴黎和会讨论通过，编入《凡尔赛和平条约》第13篇，即所谓"国际劳动宪章"。1919年6月，国际劳工组织（International Labour Organisation, ILO）正式宣告成立。当时《凡尔赛条约》还未签订，国际联盟还未产生，而作为国际联盟一个附设机构的国际劳工组织却先告成立了。国际劳工组织包括三个主要机构。

一是国际劳工大会（International Labour Conference）。这是国际劳工组织的最高权力机关，每年开会一次，由每个会员国派代表团出席。完全代表团包括政府代表2人，工人代表和雇主代表各1人，按三方性原则组成，并可由顾问若干人陪同。大会的任务，除听取国际劳工局局长报告外，主要是讨论和通过关于各项劳动问题的国际劳工公约和建议书，并审查已通过的公约和建议书在各会员国的执行情况。此外，还对某些重大问题作出决议。

二是理事会（Governing Body）。这是国际劳工组织的执行机关，在大会闭会期间决定该组织的各项重要问题。理事会成员按照三方性原则由政府理事、工人理事和雇主理事组成，主要任务是确定国际劳工大会议程，为大会通过公约和建议书进行准备，以及对其他重要事项作出决定。理事会设若干工作委员会，协助理事会进行工作。

三是国际劳工局（International Labour Office）。这是国际劳工组织的常设工作机构，也是大会、理事会及其他会议的秘书处。国际劳工局设局长、副局长和助理局长，内设十几个工作部门，分别负责各项劳动事务，其主要任务是：准备大会、理事会的议事日程；提出局长报告书；拟订公约和建议书草案，并促进其有效实施；应会员国邀请，协助制定该国劳动法规；实施技术合作计划；编辑出版有关劳动问题的书刊和资料等。

国际劳工组织除以上三个主要机构外，还设有许多产业性、专门性和区域性的委员会和工作机构。此外，还有国际劳工研究所、国际社会保障协会和国际先进技术及职业培训中心等三个附属机构。

国际劳工组织的主要职能和任务是制定国际劳工法规。1919年巴黎和会通过的《国际劳动宪章》中所列九条原则，为国际劳工组织制定国际劳工法规确定了基本准则。这九条原则是：① 在法律上和事实上，人的劳动不能视为一种商品或视为一种商业交易；② 劳工的组织和雇主的组织在法律上应一律平等待遇；③ 付与劳工的工资须适合当地当时的生活标准；④ 各国一律实行每日8小时或每周48小时工作制，未实行的国家须立即实行；⑤ 每周至少应给予工人24小时的休息时间，星期日包括在内；⑥ 禁止未成年童工工作，保护青年工人给予教育及卫生上的改进；⑦ 男女工人做同等的工作，应给予同等的工资；⑧ 各国制定的保护劳工改良工人生活的法律，除该国工人享受外，对于侨居该国的其他各国工人亦应一律平等看待；⑨ 各国应建立工厂检查制度，以监督雇主方面实行劳动法律，并须录用女子参加此项检查工作。以上各项原则，在第二次世界大战前制定的国际劳工公约和建议书中，大部分已经得到实现。

在第二次世界大战临近结束的1944年，国际劳工组织在美国费城召开了第26届大会，会议发表《费城宣言》，确定了新的立法宗旨和原则。宣言第一部分提出的四项基本原则重申了劳动不是商品和言论结社自由两条原则。第二部分确认：全人类不分种族、信仰或性别都有权在自由和尊严、经济保障和机会均等的条件下谋求其物质福利和精神发展。第三部分规定了十项具体的目标：① 充分就业和提高生活标准；② 使工人受雇于他们得以充分地发挥技能和成就，并得以为共同福利作出最大贡献的职业；③ 作为达到上述目的的手段，在一切有关者充分保证的情况下，提供训练和包括易地就业和易地居住在内的迁移和调动劳动力的方便；④ 关于工资、收入、工时和其他工作条件的政策，其拟定应能保证将进步的成果公平地分配给一切人，将维持最低生活的工资给予一切就业的并需要此种保护的人；⑤ 切实承认集体谈判的权利和在不断提高生产率的情况下劳资合作，以及工人和雇主在制定和实施社会经济措施方面的合作；⑥ 扩大社会保障措施，以便使所有需要此种保护的人得到基本收入，并提供完备的医疗；⑦ 充分地保护各业工人的生命和健康；⑧ 提供儿童福利和产妇保护；⑨ 提供充分的营养、住宅和文化娱乐设施；⑩ 保证教育和职业机会均等。《费城宣言》确定的这些宗旨和原则已明显高于《国际劳动宪章》所规定的九项原则，它是国际劳工组织在第二次世界大战后各项活动的主要依据，特别是制定国际劳工公约和建议书所应遵循的基本原则。

国际劳工大会通过的立法文件，一向采取国际劳工公约和建议书两种形式。在最初几届大会上通过的公约和建议书是彼此独立的，即有些问题采用公约形式，有些问题采用建议书的形式。但在以后的历届大会上，两者基本上是互相配合的，即对同一问题同时通过一个公约和一个建议书。公约包括关于这一问题的基本的和主要的规定，建议书则包括关于这一问题的具体的和补充的规定。公约和建议书虽然都属于国际劳工立法文件，但其效力是不同的。公约是提交会员国批准的，在会员国批准该公约后，即有必须遵守和执行的义务；而建议书则是提供会员国制定法律和采取其他措施时参考的，不需要会员国批准，因而没有必须遵守和执行的义务。

二、国际劳工标准

国际劳工组织制定的国际劳工立法，一般被称为国际劳工标准，也称为社会标准。国际劳工标准采用两种形式：国际劳工公约和国际劳工建议书。公约是国际条约，以出席国际劳工大会 2/3 以上代表表决通过的方式制定，此后，经会员国自主决定，可在任何时间履行批准手续，即对该国产生法律约束力，对不批准的国家则无约束力；建议书以同样方式制定，但无需批准，其作用是供会员国在相关领域制定国家政策和法律、法规时参考。在实践中，多采用在制定一个公约的同时另外制定一个同样名称，但内容更为详尽具体的补充建议书的办法。

国际劳工标准按其内容可分为下列各类：① 基本劳工人权，指结社自由和集体谈判权，主要是指建立工会的自由、废除强迫劳动、实行集体谈判、劳动机会和待遇的平等、废除童工劳动等；② 就业、社会政策、劳动管理、劳资关系、工作条件，包括工资、工时、职业安全卫生、社会保障，以及工伤赔偿、抚恤、失业保险等；③ 针对特定人群和职业，包括妇女、童工和未成年工、老年工人、残疾人、移民工人、海员、渔民、码头工人等。

国际劳工组织制定的国际劳工标准，促进了会员国对国际劳工公约的批准实施，对维护各国工人和其他劳动者的基本权益起到了积极作用。20 世纪 90 年代以后，国际劳工组织更采取了一系列措施推动对公约的批准进程。但是，由于历史原因，整个国际劳工标准体系主要以发达国家的社会经济发展水平和需要为基础。因此，尽管国际劳工组织称其为国际劳工最低标准，并标榜标准的普遍性和灵活性，广大发展中国家在公约的制定及批准实施方面仍有不少困难，与发达国家存在许多矛盾。特别是近年来，少数西方国家的工会组织和政府主张，应将各国执行劳工公约的状况与其国际贸易和市场准入相联系，在劳工组织中引起一片反对之声。

三、国际劳工组织与中国

第一次世界大战期间，民国北京政府参加协约国一方作战。战后，中国作为战胜国派代表出席了 1919 年年初在巴黎召开的和平会议，成为国际联盟的原始会员国。依照国际劳工组织的有关规定，凡是国际联盟的会员国，同时为国际劳工组织的会员国，由此中国也就成为国际劳工组织的原始会员国。

从 1919 年到 1928 年，国际劳工组织先后召开了 11 届国际劳工大会，除 1920 年第二次大会外，当时民国北京政府都指派驻外使领人员作为政府代表参加会议，但因没有劳资两方代表参加，无法取得完全代表的资格。国民党政府在南京成立后，继承了民国北京政府的国际劳工组织会员国资格。从 1929 年起，除 1932 年第 16 届大会没有派完全代表外，国民政府每年都派包括政府、雇主和工人三方代表的完全代表团出席国际劳工大会。

1971 年，中国恢复了在该组织的合法席位。1983 年以前，中国未参加该组织的活动。1983 年 6 月，我国派代表团出席了第 69 届国际劳工大会，正式恢复了在国际劳工组织的活动。自 1983 年至今，中国每年均派代表团出席各种会议，并积极参与该组织在国际劳工立法和技术合作方面的活动，中国与国际劳工组织的关系得到较大发展，开展了包括人员互访、考察、劳工组织派专家来华举办研讨会和讲习班、制定实施技术合作计划以及援助我国建立职业技术培训中心等各类活动。1985 年 1 月，国际劳工组织在中国设立派出机构——国际劳工组织北京局，负责与我国有关政府机关、工会组织、企业团体、学术单位等的联系，以及执行对我国的技术援助和合作项目。截至 2010 年，我国已批准承认 25 个国际劳工公约，见表 7-1：

表 7-1　截至 2010 年中国已批准承认的 25 个国际劳工公约

序号	公约号	公约名称	中国批准承认时间
1	7	1920 年《（海上）最低年龄公约》	1936-12-02
2	11	1921 年《（农业）结社权利公约》	1934-04-27
3	14	1921 年《（工业）每周休息公约》	1934-05-17
4	15	1921 年《（扒炭工和司炉工）最低年龄公约》	1936-12-02
5	16	1921 年《（海上）未成年人体检公约》	1936-12-02
6	19	1925 年《（事故赔偿）同等待遇公约》	1934-04-27
7	22	1926 年《海员协议条款公约》	1936-12-02
8	23	1926 年《海员遣返公约》	1936-12-02
9	26	1928 年《确定最低工资办法公约》	1930-05-05
10	27	1929 年《（船运货物）标明重量公约》	1931-06-24
11	32	1932 年《（码头工人）事故预防公约》（修订）	1935-11-30
12	45	1935 年《（妇女）井下作业公约》	1936-12-02
13	59	1937 年《（工业）最低年龄公约》（修订）	1940-02-21
14	80	1946 年《最后条款修正公约》	1947-08-04
15	100	1951 年《男女工同酬公约》	1990-11-02
16	111	1958 年《（就业与职业）歧视公约》	2006-01-12
17	122	1964 年《就业政策公约》	1997-12-17
18	138	1973 年《最低就业年龄公约》	1999-04-28
19	144	1976 年《三方协商促进国际劳工标准实施公约》	1990-11-02

续表

序号	公约号	公约名称	中国批准承认时间
20	150	1978年《劳动行政管理公约》	2002-03-07
21	155	1981年《职业安全和卫生及工作环境公约》	2006-10-31
22	159	1983年《（残疾人）职业康复和就业公约》	1988-02-02
23	167	1988年《建筑业安全和卫生公约》	2001-10-27
24	170	1990年《工作场所安全使用化学品公约》	1995-01-11
25	182	1999年《禁止童工劳动公约》	2002-08-08

复习与思考

1. 工会的性质是什么？
2. 工会的法律地位是怎样的？
3. 工会的基本职责是什么？
4. 简述我国工会的组织制度。

第八章　集体合同法

集体合同，也称团体协约或集体协约，是劳动法上除了劳动合同之外的另一种重要的契约形式。根据国际劳工组织《集体合同建议书》的规定，以一个雇主或一群雇主，或者一个或几个雇主组织为一方，一个或几个有代表性的工人组织为另一方，如果没有这样的工人组织，则根据国家法律和法规由工人选举并授权的代表为另一方，上述各方之间缔结的关于劳动条件和就业条件的一切书面协议，称为集体合同。简言之，集体合同是指劳工组织与雇主或雇主组织为规范劳动关系而签订的以全体劳工的共同利益为内容的书面协议；集体合同法就是关于劳工组织与雇主或雇主组织之间缔结集体协议的法律规范。

第一节　概　述

一、集体合同与劳动合同的关系

集体合同和劳动合同作为劳动法中的两种合同形式，既存在着联系，也有着明显的区别。从历史角度看，集体合同是在劳动合同的基础上产生和发展起来的，它是对劳动合同的有效补充。从现实程序看，也只有在劳动合同确立了用人单位与劳动者之间的劳动法律关系之后，才会进一步签订集体协议。集体合同与劳动合同既有联系也有区别，两者都要遵循平等协商、合法公平、意思表示一致等基本原则，具有合同的一般属性；两者都是以劳动法律关系双方主体的权利义务为主要内容，均受劳动法的规范和调整。但是，两者也存在显著的差别，主要表现在如下方面。

（1）主体不同。集体合同是由雇主或雇主团体与劳工团体（工会或其他团体组织）订立的，劳动合同是由雇主与单个劳工即用人单位与劳动者个人订立的。

（2）内容不同。劳动合同仅以个别劳工和雇用单位的权利义务为内容，一般涉及劳动关系的各个方面（如劳动报酬、职业培训、保险福利、劳动保护等）；集体合同以集体劳动关系中全体劳工的共同权利和义务为内容，可能涉及劳动关系的各个方面，也可能只包括劳动关系的某个方面（如工资专项合同等）。

（3）效力不同。集体合同的效力大于、高于劳动合同。所谓"大于"是就效力范围而言，集体合同的效力范围及于签订合同的单个雇主或雇主团体所代表的全体雇主和劳工组织所代表的全体劳工；劳动合同的效力范围仅及于签订劳动合同的单个劳工及其雇主。此外，集体合同的效力一般高于劳动合同，劳动合同的签订不得违反集体合同。

（4）目的不同。集体合同的目的是通过劳工组织或劳工代表与雇主的协商一致，保护劳动者的合法权益，协调、稳定劳动关系；劳动合同的目的是建立劳动关系，明确双方的权利义务。

（5）程序不同。签订集体合同需要提交劳动者代表大会或全体劳动者讨论通过，由双方首席代表签字，必须采取书面形式，并报劳动行政部门批准；劳动合同只需劳动者个人与用人单位（雇主）协商签订，应当采取书面形式，但法律不排除口头形式的劳动合同。

（6）争议处理机制不同。因签订集体合同引发的争议，当事人协商解决不成的，当地政府劳动行政部门可以组织有关方面协调处理；因履行集体合同发生的争议，当事人协商解决不成的，可以向劳动争议仲裁委员会申请仲裁；对仲裁裁决不服的，可以自收到仲裁裁决书之日起15日内向法院起诉。对于劳动合同争议，当事人可以依法申请调解、仲裁、提起诉讼，也可以协商解决。

还应当明确的是，我国改革中出现的全员承包合同，不属于集体合同。原因包括以下几点。① 全员承包合同的当事人，一方是发包人，即企业财产所有者（国家），以政府或其某个部门为代表；另一方是承包人，即企业全体职工，以企业经营者为代表。而集体合同的当事人则是企业和工会。② 全员承包合同作为经济责任制的一种形式，体现企业生产经营承包关系，以企业财产的所有权与经营权分离为核心内容；而集体合同是集体劳动关系的法律形式，以劳动力的所有权与使用权分离为核心内容。③ 全员承包合同主要以企业法为法律依据，而集体合同主要以劳动法为法律依据。所以，在实践中不应当以全员承包合同取代集体合同，对于实行全员承包制的企业，仍有必要订立集体合同。

二、集体合同的分类

按照不同的标准，集体合同可以分作不同的种类。

（1）以集体合同管理体制为标准，可分为单一管理的集体合同和多头管理的集体合同。单一管理的集体合同是指设立官方或半官方的机构统一对集体合同的运行进行宏观管理，如英国由劳资关系裁判所管理，法国由中央集体协议委员会管理，日本由劳动事务裁决委员会管理等；多头管理的集体合同是指以劳动行政部门为主、其他相关职能部门为辅对集体合同进行宏观管理，如我国目前由地方劳动行政部门、上级工会组织等联合管理集体合同，且以劳动行政部门管理为主。

（2）以集体合同内容为标准，可以分为综合性集体合同和专项集体合同。这是我国《集体合同规定》（2004年）对集体合同所采取的分类方法，《劳动合同法》（2012年）承继了这种分类方法。综合性集体合同，也称为普通集体合同或一揽子集体合同。根据我国的《集体合同规定》，综合性集体合同是指"用人单位与本单位职工根据法律、法规、规章的规定，就劳动报酬、工作时间、休息休假、劳动安全卫生、职业培训、保险福利等事项，通过集体协商签订的书面协议"。专项集体合同也称单项集体合同，根据我国的《集体合同规定》，专项集体合同是指"用人单位与本单位职工根据法律、法规、规章的规定，就集体协商的某项内容签订的专项书面协议"。

（3）以集体合同主体为标准，可以分为企业集体合同和行业集体合同。企业集体合同是指本企业劳工组织或职工代表与本企业管理方代表所签订的集体合同；行业集体合同，也称产业集体合同,是指行业雇主协会或产业雇主协会与行业劳工组织或产业劳工组织之间订立的集体合同。企业集体合同的效力仅及于本企业内部,行业集体合同的效力则及于整个行业系统内部。我国集体合同的基本形式是企业集体合同。

（4）以集体合同层次为标准,可以分为区域性集体合同和全国性集体合同。区域性集体合同是指由区域性的劳工组织代表该区域的劳动者与这个区域的雇主组织签订的集体合同,如我国许多地方有街道集体合同等；全国性集体合同是指全国性雇主组织与全国性劳工组织所签订的集体合同,如瑞典全国工会联合会与全国雇主联合会签订的集体合同,其效力相当于法律,并且优先适用。

在我国,一个用人单位往往可以与本单位职工签订多个专项集体合同。《劳动合同法》第五十二条规定,"企业职工一方与用人单位可以订立劳动安全卫生、女职工权益保护、工资调整机制等专项集体合同"。因此,专项集体合同主要限于劳动安全卫生、女职工权益保护、工资调整机制等方面。

在我国,行业性集体合同及区域性集体合同仅限于县级以下区域。《劳动合同法》第五十三条规定,"在县级以下区域内,建筑业、采矿业、餐饮服务业等行业可以由工会与企业方面代表订立行业性集体合同,或者订立区域性集体合同"。因此,我国目前可以签订行业性或区域性集体合同也主要限于建筑业、采矿业、餐饮服务业等行业,尚不可能存在全国性集体合同。

三、集体合同的演进

集体合同是社会转型和劳资矛盾的产物,最早出现于英国、美国和德国。18世纪末期,英国雇用劳动者团体与工厂主签订的劳动协定是集体合同的早期萌芽；1799年,美国费城的制鞋工人与雇主经过谈判达成了协议；1850年,英国纺织、矿山、炼铁业的工会与雇主也通过谈判达成了协议；1873年,德国书籍印刷工人联合会与雇主进行谈判并成功签订了第一个集体合同。起初,集体合同的内容主要限于工资及一般雇用条件方面,且政府对于集体合同采取不承认的态度,因此并不具有法律效力。随着劳工运动的不断发展,各主要工业国家开始以法律的形式调整集体合同关系。集体合同立法最早开始于19世纪下半叶,1875年英国公布了《企业主和工人法》,允许工人团体和企业主签订契约；专门的集体合同立法则始于20世纪初期,1904年新西兰颁布了比较规范的集体协议法,奥地利和荷兰也于1907年制定了有关集体协议的法律。

世界各主要工业国家在20世纪前半叶的集体合同立法,其立法模式大致可以归纳如下。一种是单独立法模式或单行法模式,即制定一部单行法专门规范集体合同问题,当时采取这种立法模式的代表性国家有德国、芬兰、瑞士等。德国在1918年年底颁布了《劳动协约、劳工及使用人委员会暨劳动争议调停令》,1921年4月又颁布了《团体协约法》,对团体协约做出了比较详尽的规定；芬兰和瑞士分别在1924年和1928年颁行了《集体协约法》。另一种是综合立法模式或法典模式,即国家在制定的综合性劳动法典中设专门部分（例如专设一章）规范集体合同问题,这种模式的代表性国家有苏俄、法国等国家。苏俄曾于1918年7月公布集体合同法令,后于1922年颁布的《苏俄劳动法典》中设专章对集体合同做出了规定；法国曾于1919年颁布了《劳动协约法》,后来又将该法并入《劳动法典》。当然,当时也有许多国家既没有采取单行法模式,也没有采取法典模式,而是在劳动关系法、工会法等劳工立法中设置相应的条款规制集体合同问题。这可以称之为分散立法模式或法条模式,即关于集体合同的法律规制以法条形式分散在一部或多部劳动法规之中。美国是这种模式的典型代表,其于1935年颁布了《国家劳资关系法》(《华格纳法》),规定雇员有进行集体谈判和组织工会的权利。

第二次世界大战以后,有关集体合同和集体谈判的国际立法也取得了迅速发展。1944年,国际劳工大会通过了《费城宣言》,要求各国"切实承认集体谈判权利"。1949年,国际劳工大会通过了第98号公约,即《组织权利和集体谈判权利公约》;1971年又通过了第135号公约,即《工人代表公约》;1981年,国际劳工大会进一步通过了第154号公约,即《促进集体谈判公约》。这些公约对于世界各国的集体合同立法起到了重要的推动作用。

我国集体合同立法最早可以追溯到南京国民政府于1929年完成的《劳动法典草案》,其中将集体劳动合同称作"劳动协约",当时仅仅完成了第一章"团体协约法草案"。在此基础上,南京国民政府于1930年颁布了《团体协约法》。1931年11月,中华苏维埃第一次全国代表大会上通过的《中华苏维埃共和国劳动法》对集体合同也做出了专门规定。

中华人民共和国成立后,集体合同制度有了较大发展。起临时宪法作用的《中国人民政治协商会议共同纲领》规定:"私人经营的企业,为实现劳资两利的原则,应由工会代表工人职员与资方订立集体合同。"中华全国总工会于1949年8月发布《关于私营工商企业劳资双方订立集体合同的暂行规定办法》,对集体合同的内容、期限、订立原则及手续等做出了规定。1950年中央人民政府颁布的《中华人民共和国工会法》,也有集体合同方面的内容。

改革开放以后,1995年施行的《劳动法》对于集体合同的签订、生效及效力问题做出了明确规定;2001年修订的《工会法》在进一步规范集体合同的基础上,对集体协商做出规定。劳动行政主管部门也相继颁布了一些办法和规定,如原劳动部1994年发布的《集体合同规定》(原劳动和社会保障部于2004年做了重新修订),原劳动和社会保障部于2000年发布的《工资集体协商试行办法》等。此外,中华全国总工会在1995年8月制定并向各级工会发出了《工会参加平等协商和签订集体合同试行办法》,为各地基层工会组织建立平等协商和集体合同制度提供了操作办法。在上述立法的基础上,2008年施行的《劳动合同法》专设一节,对集体合同做出了更加全面的规定。目前,我国已有制定"集体合同法"的计划。

四、集体合同的功能

集体合同制度之所以盛行于现代各国,并且在劳动法体系中处于与劳动合同制度并重甚至比劳动合同制度更为重要的地位,是因为在保护劳动者利益和协调劳动关系方面,集体合同具有劳动法规和劳动合同所无法取代的功能。

(1)集体合同可以弥补劳动立法的不足。这突出表现在两个方面。① 劳动法所规定的关于劳动者利益的标准属于最低标准,按此标准对劳动者进行保护只是法律所要求的最低水平。而立法意图并不是希望对劳动者利益的保护只停留在最低水平上,但对劳动者能否获得高于法定最低标准的利益,劳动立法却力不能及。通过集体合同,可以对劳动者利益做出高于法定最低标准的约定,从而使劳动者利益保护的水平能够实际高于法定最低标准。② 劳动法规关于劳动者利益和劳动关系协调规则的规定，有许多是粗线条、原则性的规定，相对现实生活中丰富复杂的劳动关系而言，难免有所疏漏。通过集体合同可以在一定范围内就劳动者利益和劳动关系协调的共性问题做出约定，从而更具体地规范劳动关系，对劳动立法的不完备起补充作用。

（2）集体合同可以弥补劳动合同的不足。这突出表现在三个方面。① 在签订劳动合同时，因单个劳动者是相对弱者而不足以同用人单位抗衡，难免会违心地接受用人单位提出的不合理条款；而由工会代表全体劳动者签订集体合同，就可改善单个劳动者在劳动关系中的地位，利于双方平等协商，避免劳动者被迫接受不合理条款。② 劳动者之间因各自实力不同而在与用人单位相对时实际地位有差别，仅以劳动合同来确定劳动者的权利义务，难免有的劳动者受到歧视，即不能平等地享有权利和承担义务（如同工不同酬等）；通过集体合同就可以确保在一定范围内全体劳动者的权利和义务实现平等。③ 劳动关系的内容包括工时、定额、工资、保险、福利、安全卫生等多个方面，若都由劳动合同具体规定，每个劳动合同的篇幅必将冗长，这对于劳动合同的签订和鉴证来说，都是难以承受的负担，也不利于劳动关系的及时确立，会增加确立劳动关系的成本；集体合同对劳动关系的主要内容做出具体规定后，劳动合同只需就单个劳动者的特殊情况做出约定即可。这样，就可以简化劳动合同内容，降低确立劳动关系的成本。

当前，普遍适用劳动合同确立劳动关系固然重要和紧迫，但是，实行集体合同制度则显得更重要、更紧迫。在集体合同和劳动合同这两种制度的实行顺序上，集体合同是"纲"，劳动合同是"目"，"纲举"方能"目张"。因此，政府、企业和工会都有必要把集体合同制度作为全面推行劳动合同制度的基础工作而优先实行，至少应当使集体合同制度与劳动合同制度同步实行。

五、集体合同的模式

世界各国的集体合同，可分为单一层次集体合同模式和多层次集体合同模式。在实行单一层次集体合同模式的国家，法律只允许存在一个层次的集体合同——基层集体合同，即由基层工会与用人单位签订的，只对本单位全体职工和单位行政具有法律效力的集体合同。目前实行这种模式的国家并不多，我国实行这种模式。在实行多层次集体合同模式的国家，法律允许基层集体合同与若干宏观层次集体合同并存，后者即产业集体合同、职业集体合同、地方集体合同和全国集体合同，它们分别由产业工会与产业用人单位团体（或大型联合企业）、职业工会组织与有关用人单位团体（或大型联合企业）、地方性联合工会与联合用人单位团体、全国性联合工会与联合用人单位团体签订，各自对当事人双方所代表的全体劳动者和用人单位具有法律效力。现代西方国家大多实行这种模式，其中，有的国家（如欧美各国）基层集体合同不多，大量的是宏观层次集体合同；有些国家（如日本）大量的是基层集体合同，宏观层次集体合同则较少。

基层集体合同与宏观层次集体合同相比较，在保护劳动者权益和协调劳动关系方面，各有其优缺点，能够互补。就单一层次集体合同模式和多层次集体合同模式而言，后者较为理想。然而在我国，由于用人单位团体尚处于缺位状态，立法未能对多层次集体合同模式予以确认。但从发展的要求看，应当由单一层次集体合同模式转向多层次集体合同模式。因而，在完善基层集体合同制度的同时，有必要进行宏观层次集体合同制度的试点，积极培育用人单位与工会的全国性、行业性、地方性团体，并在此基础上由劳动行政部门组织签订宏观层次集体合同。只有这样，才能使我国劳动关系协调的社会化程度和组织化程度逐步提高。

第二节　集体合同的内容和期限

一、集体合同内容

集体合同的内容是集体协商双方代表就商谈事项最终达成一致的条款。根据我国《集体合同规定》（2004年），集体协商双方可以就下列多项或某项内容进行集体协商，签订集体合同或专项集体合同。此外，集体合同的内容还包括集体合同变更与解除的程序、履行集体合同发生争议时的协商处理办法、违反集体合同的责任及双方认为应当协商的其他内容。

（1）劳动报酬。主要包括：① 用人单位工资水平、工资分配制度、工资标准和工资分配形式；② 工资支付办法；③ 加班、加点工资及津贴、补贴标准和奖金分配办法；④ 工资调整办法；⑤ 试用期及病、事假等期间的工资待遇；⑥ 特殊情况下职工工资（生活费）支付办法；⑦ 其他劳动报酬分配办法。

（2）工作时间与休息休假。主要包括：① 工时制度；② 加班加点办法；③ 特殊工种的工作时间；④ 劳动定额标准；⑤ 日休息时间、周休息日安排、年休假办法；⑥ 不能实行标准工时职工的休息休假；⑦ 其他假期。

（3）劳动安全与卫生。主要包括：① 劳动安全卫生责任制；② 劳动条件和安全技术措施；③ 安全操作规程；④ 劳保用品发放标准；⑤ 定期健康检查和职业健康体检。

（4）补充保险和福利。主要包括：① 补充保险的种类、范围；② 基本福利制度和福利设施；③ 医疗期延长及其待遇；④ 职工亲属福利制度。

（5）女职工和未成年工特殊保护。主要包括：① 女职工和未成年工禁忌从事的劳动；② 女职工的经期、孕期、产期和哺乳期的劳动保护；③ 女职工、未成年工定期健康检查；④ 未成年工的使用和登记制度。

（6）职业技能培训。主要包括：① 职业技能培训项目规划及年度计划；② 职业技能培训费用的提取和使用；③ 保障和改善职业技能培训的措施。

（7）劳动合同管理。主要包括：① 劳动合同签订时间；② 确定劳动合同期限的条件；③ 劳动合同变更、解除、续订的一般原则及无固定期限劳动合同的终止条件；④ 试用期的条件和期限。

（8）奖惩与裁员。主要包括：① 劳动纪律、考核奖惩制度、奖惩程序；② 裁员的方案、裁员的程序、裁员的实施办法和补偿标准。

以上集体合同的内容基本可归纳为三类。一是标准性条款，即规定劳动标准的条款，包括劳动报酬、工作时间、休息休假、劳动安全卫生、保险福利等。这是集体合同的核心内容，它制约着劳动合同的劳动标准。职工个人与企业、事业组织订立的劳动合同中劳动条件和劳动报酬等标准不得低于集体合同的规定。二是目标性条款，即规定在合同期限内应达到的具体目标和实现该目标的主要措施的条款。它以企事业单位工会或职工代表与企事业单位行政或雇主共同提出的目标为依据，具体规定诸如劳动安全卫生的目标、建成某项劳动保护工程、增设某项集体福利设施、改善住房条件、职业培训计划等。这种目标一般不分解到劳动合同中去。实现目标的具体措施可分为企事业单位行政或雇主采取的措施、工会或职工采取的措施、企事业单位行政或雇主和工会或职工共同采取的措施。三是程序性条款，即规定集体合同自身运行的程序规则的条款，包括集体合同的订立、履行、变更、解除、终止、续订，以及违反集体合同责任的承担和集体合同争议处理等。这是保证集体合同履行和维护集体合同主体双方合法权益不可缺少的程序保证。

二、集体合同的期限

集体合同的期限是指集体合同的有效存续期间。从世界范围看，集体合同的期限主要有两种。一是不定期集体合同。这类合同期限较少被采用，少数国家一般只规定这类合同的生效时间，对何时终止不作规定。按照惯例，这类合同可以在当事人提前一定期限通知对方时即行终止。二是定期集体合同。这类合同一般对最长期限和最短期限进行限制，通常规定最短期限为一年，以保证集体合同的稳定性。为了使集体合同的规定与社会现实相吻合，通常规定最长期限为3至5年。例如：德国的集体合同立法规定工资集体合同期限为1年，工资级别划分标准合同期限为3至5年；日本规定，集体合同有效期不能超过3年，超过3年的视为有效期3年。

根据我国《集体合同规定》第十六条至第二十条的规定，集体合同期限为1至3年；在集体合同规定的期限内，双方代表可对集体合同履行情况进行检查；经双方协商一致，也可对集体合同进行修订；集体合同期限届满或双方约定的终止条件出现，集体合同即行终止。在集体合同期限内，由于签订集体合同的环境和条件发生变化，致使集体合同难以履行时，集体合同任何一方均可提出变更或解除集体合同的要求。签订集体合同的一方就集体合同的执行情况和变更提出商谈时，另一方应给予答复，双方在7日内进行协商。集体合同双方协商一致，对原集体合同进行变更或修订后，应在7日内报送劳动行政部门审查。经集体合同双方协商一致，可以解除集体合同，但应在7日内向审核该集体合同的劳动行政部门提交书面说明。

第三节 集体合同的订立和效力

集体合同必须以书面形式订立。只有以书面形式订立的集体合同，才具有法律效力。因为集体合同涉及企事业单位、工会、全体职工各自的权利义务，采用书面形式订立，便于履行和检查。同时，集体合同订立后，须经县级以上人民政府劳动行政部门登记、审查、备案。所以，集体合同必须采用书面形式订立。

一、集体合同的订立主体

集体合同订立的主体，又称集体合同签约人，即分别代表集体合同当事人签订集体合同的主体，包括劳动者方签约人和用人单位方签约人。

劳动者方签约人，一般法定为具有集体合同当事人资格的工会组织的机关。在工会组织体系采用一元化模式的国家，各级工会组织都依法成立即具有集体合同当事人资格。在工会组织体系采用多元化模式的国家，各级工会组织只有当其会员数额在一定范围内占劳动者总数的比例达到法定标准（一般不少于半数）时，才有资格作为该范围内全体劳动者的代表而成为集体合同当事人。有的国家还规定，工会组织的集体合同当事人资格，必须经政府以法定方式（如发给证明书）予以确认。只有具有集体合同当事人资格的工会组织，其机关（即工会委员会）才有资格成为集体合同签约人。其签约权限的确定，有的基于工会法，有的基于工会章程，有的基于工会会员大会或会员代表大会的决议。在我国现阶段，立法只赋予基层工会委员会以集体合同签约人资格。此外，对没有建立工会组织的企业，允许由职工推举的代表充当集体合同签约人。

用人单位方签约人，法定为用人单位团体的机关和用人单位的单位行政（法定代表人）。用人单位团体机关有资格与对应等级工会机关签订集体合同，单位行政或业主一般只有与基层工会机关签订集体合同的资格，但有些大型联合企业的行政方也有同产业或职业工会机关签订集体合同的资格。用人单位团体机关的签约权限，一般由本团体章程规定，特殊情况下也可由本团体成员大会或成员代表大会的决议确定。在我国现阶段，与工会相对的集体合同当事人只限于用人单位，因而，单位行政（法定代表人）才是集体合同签约人。根据劳动部的规定，具备企业法人资格、跨省市的大型企业或集团公司的法定代表人可以委托所属下一级企业或子公司的负责人与工会签订集体合同，但只能委托一级，不得层层委托。

二、集体合同的订立程序

根据《集体合同规定》（2004年）第五条的规定，进行集体协商，签订集体合同或专项集体合同，应当遵循下列原则：① 合法原则，即遵守法律、法规、规章及国家有关规定；② 协商原则，即进行集体协商的双方主体应相互尊重、平等协商；③ 合作原则，即集体协商过程中双方应当诚实守信、公平合作；④ 利益兼顾原则，即集体协商过程中要兼顾双方合法权益；⑤ 和平原则，即集体协商过程中，双方应维护公共秩序，避免采取过激行为。

（一）集体合同的订立

集体合同的订立是指雇主（我国通称用人单位）或雇主团体与工会（或其他工人组织）就集体劳动关系的具体内容进行商议并订立集体合同的过程。这一过程在国际上通常称为集体谈判（collective bargaining）。我国《集体合同规定》明确要求，用人单位与本单位职工签订集体合同或专项集体合同，应当采取"集体协商"的方式，集体协商主要采取"协商会议"的形式。因此，集体协商（collective consultation）就成为我国集体合同订立的基本程序。

1. 协商程序的启动

集体协商任何一方均可就签订集体合同或专项集体合同以及相关事宜，以书面形式向对方提出进行集体协商的要求。一方提出进行集体协商要求的，另一方应当在收到集体协商要求之日起20日内以书面形式给予回应，无正当理由不得拒绝进行集体协商。

协商代表在协商前应进行下列准备工作：① 熟悉与集体协商内容有关的法律、法规、规章和制度；② 了解与集体协商内容有关的情况和资料，收集用人单位和职工对协商意向所持的意见；③ 拟定集体协商议题，集体协商议题可由提出协商一方起草，也可由双方指派代表共同起草；④ 确定集体协商的时间、地点等事项；⑤ 共同确定一名非协商代表担任集体协商记录员。记录员应保持中立、公正，并为集体协商双方保密。

2. 协商会议的规程

集体协商会议由双方首席代表轮流主持，并按下列程序进行：① 宣布议程和会议纪律；② 一方首席代表提出协商的具体内容和要求，另一方首席代表就对方的要求做出回应；③ 协商双方就商谈事项发表各自意见，开展充分讨论；④ 双方首席代表归纳意见。达成一致的，应当形成集体合同草案或专项集体合同草案，由双方首席代表签字。

集体协商未达成一致意见或出现事先未预料的问题时，经双方协商，可以中止协商会议。中止期限及下次协商会议的时间、地点、内容由双方商定。

（二）职代会或全体职工的讨论通过

《劳动合同法》第五十一条规定："集体合同草案应当提交职工代表大会或者全体职工讨论通过。"所以，经双方协商代表协商一致的集体合同草案或专项集体合同草案应当提交职工代表大会或者全体职工讨论。职工代表大会或者全体职工讨论集体合同草案或专项集体合同草案，应当有三分之二以上职工代表或者职工出席，且须经全体职工代表半数以上或者全体职工半数以上同意，集体合同草案或专项集体合同草案方获通过。集体合同草案或专项集体合同草案经职工代表大会或者职工大会通过后，由集体协商双方首席代表签字。

（三）政府劳动行政部门审查

为了保障集体合同内容的公平、合法，加强政府对集体劳动关系的指导，有的国家规定集体合同在由双方代表签字后即生效，但实行政府备案制；有的国家要求集体合同签订后必须得到政府有关部门的审批方能生效。我国属于后一种情况，即实行集体合同审查制。

（1）集体合同的报送与登记。集体合同或专项集体合同签订或变更后，应当自双方首席代表签字之日起10日内，由用人单位一方将文本一式三份报送劳动保障行政部门审查。劳动保障行政部门对报送的集体合同或专项集体合同应当办理登记手续。

（2）集体合同的审查管辖。集体合同或专项集体合同审查实行属地管辖，具体管辖范围由省级劳动保障行政部门规定。中央管辖的企业以及跨省、自治区、直辖市的用人单位的集体合同应当报送劳动保障部或劳动保障部指定的省级劳动保障行政部门。

（3）集体合同审查的范围。劳动行政部门应当对报送的集体合同或专项集体合同的下列事项进行合法性审查：① 集体协商双方的主体资格是否符合法律、法规和规章规定；② 集体协商程序是否违反法律、法规、规章规定；③ 集体合同或专项集体合同内容是否与国家规定相抵触。

（4）审查意见的提出与送达。劳动行政部门对集体合同或专项集体合同有异议的，应当自收到文本之日起 15 日内将《审查意见书》送达双方协商代表。《审查意见书》应当载明以下内容：① 集体合同或专项集体合同当事人双方的名称、地址；② 劳动行政部门收到集体合同或专项集体合同的时间；③ 审查意见；④ 作出审查意见的时间。《审查意见书》应当加盖劳动行政部门印章。

（5）审查异议的再协商。用人单位与本单位职工就劳动行政部门提出异议的事项经集体协商重新签订集体合同或专项集体合同的，用人单位一方应当将重新签订的劳动合同文本报送劳动行政部门审查。

（四）集体合同的生效

集体合同依据当事人的意思表示一致而成立，从理论上讲，只要当事人的意思表示真实有效，不论是口头协约还是书面协约，均应当有效。但是，如果要明确彼此权利义务关系、预防将来发生劳资争议，自然以书面协议为妥当。德国、法国等国均要求团体协约必须是书面契约，因此采用书面形式签订集体合同几乎是世界各国的通例。此外，有的国家将政府的认可设置为集体合同生效的最后一道程序，如苏俄关于集体协议的立法。受此影响，南京国民政府于 1930 年颁行的《团体协约法》也规定："团体协约应由当事人双方或一方呈请主管官署认可，主管官署发现团体协约条款中有违背法令、或与雇主事业之进行不相容，或与工人从来生活标准之维持不相容者，应删除或修改之；如得当事人同意时，得就其删除或修改后之团体协约认可。"

我国《劳动合同法》第五十四条规定："集体合同订立后，应当报送劳动行政部门；劳动行政部门自收到集体合同文本之日起十五日内未提出异议的，集体合同即行生效。"因此，劳动行政部门应当在收到集体合同书后十五日内审查完毕，劳动行政部门自收到文本之日起十五日内未提出异议的，集体合同或专项集体合同（自第 16 日起集体合同）即行生效。生效的集体合同或专项集体合同，应当自其生效之日起由协商代表及时以适当的形式向本方全体人员公布。

三、集体合同的效力

集体合同的效力是指法律效力，也就是指集体合同适用于何时、何地及何人。集体合同只要完全具备有效要件，即主体合格、内容和形式合法、意思表示真实、订立程序合法，就具有法律效力，其条款在一定范围内成为劳动关系的规范，并设定权利义务。

（一）对人效力

对人效力即集体合同对什么人具有约束力。一般认为，受集体合同约束的人包括集体合同的当事人（当事团体）和关系人。前者指订立集体合同并且受集体合同约束的主体，即工会组织和用人单位或其团体；后者指无权订立集体合同却直接由集体合同获得利益并且受集体合同约束的主体，即工会组织所代表的全体劳动者和用人单位团体所代表的各个用人单位。

（二）时间效力

时间效力即集体合同在多长的时间内具有约束力。它一般由集体合同依法自行规定，在有的情况下，由法律规定。其表现形式有三种类型：① 当期效力，即集体合同在其存续期间内具有约束力；② 溯及效力，即集体合同可追溯到对其成立前已签订的劳动合同发生效力；③ 余后效力，即集体合同终止后对依其订立并仍然存续的劳动合同还有约束力。为了避免在时间效力上出现脱节现象，有的国家规定，集体合同终止后，在代替它的新集体合同生效前仍然有效；如未订立有效的新集体合同，允许终止后一年内继续有效。上述三种时间效力形式中，当期效力是无条件的，溯及效力和余后效力都只限于一定条件。

（三）空间效力

空间效力主要指集体合同在哪些地域、产业（职业）发生效力。全国集体合同、地方集体合同分别在全国或特定行政区域范围内有效；产业集体合同对特定产业的用人单位及其职工有效；职业集体合同对从事特定职业的职工及其用人单位有效。

第四节　集体合同的履行、变更、解除及终止

一、集体合同的履行

履行集体合同，对于集体合同的当事人和关系人来说，既是约定义务，也是法定义务。在集体合同立法中，一般对集体合同的履行有明确规定，有的还特别强调用人单位方对集体合同的履行。集体合同的履行，应当坚持实际履行、适当履行和协作履行的原则。在集体合同履行过程中，应针对不同的合同条款采用不同的履行方法。其中，标准性条款的履行，主要是在集体合同有效期内始终按集体合同规定的各项标准签订和履行劳动合同，确保劳动者利益的实现不低于集体合同所规定的标准；目标性条款的履行，着重在将集体合同所列各项目标具体落实在企业计划和工会工作计划之中，并采取措施实施计划。对于内容不够明确的条款，凡国家的法规、政策、劳动标准中有明确规定的，应按这些规定执行；凡国家无明确规定的应当由当事人双方、关系人双方或当事人与关系人依法重新协商，按新商定的要求履行。

集体合同关系人对集体合同的履行，具有多数人履行的特点。同一方关系人之间在履行集体合同过程中的关系，有按份履行和连带履行之区分。集体合同的按份履行，即各关系人只履行按份由其承担的合同义务，而不负责全面履行合同义务。连带履行，即各关系人都应当履行本方关系人承担的合同义务的全部，债务履行请求权人有权向各关系人提出全部或部分履行本方关系人义务的要求。在同一方关系人中，连带履行者有权向未履行者要求按份给予补偿。在实践中，连带履行一般只发生在劳动者方关系人之间，并且必须以立法有特别规定为依据，若无特别规定，只能按份履行。

集体合同履行过程中，监督是非常必要的。西方国家中作为职工参与形式之一的企业（职工）委员会，就负有监督集体合同履行的职责。在我国，企业工会、企业职代会及其职工代表、签约双方代表以及劳动行政部门、企业主管部门、地方和产业工会，都应当对集体合同的履行进行监督。全国总工会就企业工会和职代会对集体合同履行的监督规定了下述要点：① 企业工会应当定期组织有关人员对集体合同的履行情况进行监督检查，发现问题后，及时与企业协商解决；② 企业工会可以与企业协商建立集体合同履行的联合监督检查制度，定期或不定期对履行集体合同的情况进行监督检查；③ 工会小组和车间工会应当及时向企业工会报告本班组和车间履行集体合同的情况；④ 职代会有权对集体合同履行进行民主监督；企业工会应当定期向职代会或全体职工通报集体合同履行情况，组织职工代表对集体合同履行进行监督检查。

二、集体合同的变更和解除

集体合同的变更，是指由于主客观条件发生了变化，对依法成立、尚未履行或未完全履行的集体合同条款进行修改增删。集体合同的解除，则是指集体合同没有履行或没有完全履行之前，因订立集体合同所依据的主客观条件发生了变化，致使合同履行成为不可能或不必要，当事人依照法律规定的条件和程序，终止原集体合同。依法订立的集体合同，具有法律约束力。因此，变更或解除集体合同，必须符合一定的法定条件和程序。

（一）变更和解除的条件

集体合同变更或解除必须符合以下条件。

1. 当事人双方协商一致的条件下可以变更或解除集体合同

一般说来，集体合同签订后，经当事人双方重新协商同意，是可以变更或解除的。法律允许当事人经协商一致变更或解除集体合同，目的是使工会和企业能够根据客观情况的变化及时调整合同关系，使集体合同能够更加适应客观实际的需要，更好地发挥其积极作用。当然，当事人双方经协商同意变更或解除集体合同，一般来说也需要按照集体合同的签订程序，在广泛征求群众意见的基础上，经职工（代表）大会讨论通过并报劳动行政部门登记审核，才能生效。这是保证集体合同的变更或解除合法性的重要条件。

2. 国家法律、政策发生变化，可以变更或解除集体合同

国家法律、法规和政策是订立集体合同的重要依据之一。在集体合同订立之后，若国家有关法律、法规和政策发生了变化，此时继续执行原集体合同中与现行法律、法规和政策相抵触的条款，其行为已具有违法性，因此必须变更有关的集体合同内容或解除集体合同。所以，国家法律、法规和政策的变化是变更集体合同的重要条件之一。

3. 由于出现不可抗力的外因，可以变更或解除集体合同

不可抗力是指人力无法抗拒的某种外部力量，包括各种自然灾害及战争等社会现象。不可抗力事件发生后，允许根据实际情况变更或解除集体合同。另外，当事人一方虽无过失但

无法防止的外因,也是变更或解除集体合同的条件。如企业为了改善劳动条件与第三方签订了有关订购劳动保护设备的合同,但第三方因故中断或延误履行合同,影响了劳动保护设备的更新,在这种情况下允许变更原订的集体合同。

4. 由于发生破产等使原企业法人不复存在的事件,可以变更或解除集体合同

企业出现了破产等事件,原来签订集体合同的企业法人就不存在了,这就使集体合同的履行失去了客观基础。在这种情况下,可以根据实际情况解除或变更集体合同。

5. 由于当事人一方违约,使集体合同部分或全部履行成为不必要

当事人一方违反集体合同,同时另一方当事人认为继续全面或部分履行集体合同已成为不必要。在这两个条件都具备的情况下,允许对集体合同作某些变更或解除集体合同。但这种情况必须严格掌握,须提供有关证明并报送劳动行政部门审批。

(二)变更和解除的程序

集体合同的变更和解除,除了必须符合一定的条件外,还必须经过一定的法定程序。不同的集体合同变更或解除形式,其变更或解除的程序也不相同。

1. 双方协议变更集体合同的程序

双方协议变更或解除集体合同,其程序基本与集体合同的订立程序相同。① 一方提出建议,向对方说明需要变更的条款、变更或解除集体合同的理由等。一方提出变更或解除集体合同的建议后,另一方必须在集体合同或有关法律规定的期限内做出答复。② 双方协议。如果一方提出变更或解除集体合同的建议后,另一方也有相同的愿望,双方就可以就变更或解除集体合同的具体内容和条件等进行协商谈判,在此基础上达成一致性的书面协议。③ 协议书应提交职工(代表)大会讨论通过,并报送劳动行政部门,经审议确认后,协议即告成立,原合同或原合同的有关条款即行终止。

2. 单方变更或解除集体合同的程序

在一般情况下,当事人一方单方面变更或解除集体合同是不允许的。但在符合变更或解除集体合同的法定条件的特殊情况下,如在企业破产、发生不可抗力事件等条件下,允许当事人一方单方面变更或解除集体合同。享有单方变更或解除集体合同的一方,可直接行使其权利,但也须分不同情况履行下列手续:① 企业破产,应提供人民法院宣告企业破产的裁定书副本;② 当事人因不可抗力事件发生而需要变更或解除集体合同时,应提供有关证明;③ 因对方违约集体合同的履行成为不必要时,无过错一方要求变更或解除合同,应及时通知对方,并向劳动行政部门提出申请。单方变更或解除集体合同的当事人,在行使权利的过程中与对方发生争议时,可提请劳动争议仲裁委员会仲裁或人民法院判决。

三、集体合同的终止

集体合同的终止,即由于一定法律事实的发生而导致集体合同的效力消灭。它包括下述几种情形。一是集体合同因有效期届满而终止:集体合同在约定期限届满时,除依法延期者

外,应当终止;依法延期者在所延长期限届满时,也应当终止。二是集体合同因目的实现而终止:集体合同所规定的义务完全获得履行,表明其目的已实现,就应当终止。例如,以完成一定工作(工程)为期限的集体合同,在约定的工作(工程)完成时,即行终止。三是集体合同因依法解除而终止,包括协议解除、无条件单方解除、有条件单方解除、裁决或判决解除。

第五节　集体合同的争议处理

集体合同争议是指集体合同双方当事人因签订、变更或履行集体合同而发生的劳动争议。其中,集体合同双方当事人在签订或变更集体合同的过程中就合同条款的确定而发生的劳动争议被称为利益争议,其标的是在合同中如何设定尚未确立的劳动者利益;双方当事人因履行集体合同而发生的劳动争议被称为权利争议,其标的是实现合同中已经设定的劳动者权利。集体合同争议不同于个别劳动合同争议,个别劳动合同争议仅涉及个别劳动者与用人单位(雇主)之间的权利义务关系,集体合同争议因涉及多数劳动者的权利义务关系,往往成为影响经济社会发展的重要因素。由于集体合同争议影响范围广泛,世界各国都十分重视集体合同争议的处理,通常都会在立法中作出专门的规范,并设置专门的处理机构。

一、利益争议的处理机制

在签订或变更集体合同过程中发生的集体劳动争议,由于劳动者的权利尚未形成,只是一种利益争议,所以处理此种争议不宜选择仲裁或诉讼的方式。《劳动法》第八十四条规定:"因签订集体合同发生争议,当事人协商解决不成的,当地人民政府劳动行政部门可以组织有关各方协调处理。"《集体合同规定》第四十九条规定:"集体协商过程中发生争议,双方当事人不能协商解决的,当事人一方或双方可以书面向劳动保障行政部门提出协调处理申请;未提出申请的,劳动保障行政部门认为必要时也可以进行协调处理。"因此,我国对于因签订或变更集体合同而引发的集体劳动争议的处理方式主要是协调处理。

(一)协调处理机制

县级以上劳动行政部门对本行政区域内用人单位与本单位职工签订、履行集体合同的情况进行监督,所以县级以上劳动行政部门都可以成为集体合同争议的协调处理机构,其所设置的劳动争议协调处理机构是处理利益争议的日常工作机构。同时,劳动行政部门应当组织同级工会和企业组织等三方面的人员,形成三方机制,共同协调处理利益争议。协调处理一般遵循属地管辖的原则,具体管辖范围由省级劳动行政部门规定,但中央管辖的企业以及跨省、自治区、直辖市用人单位因集体协商发生的争议,由中央劳动行政部门指定的省级劳动行政部门组织同级工会和企业组织等三方面的人员协调处理,必要时,中央劳动行政部门也可以组织有关方面协调处理。

（二）协调处理程序

协调处理应当按照以下程序进行。① 协调处理的启动。发生利益争议，双方当事人不能协商解决的，当事人一方或双方可以书面向劳动行政部门提出协调处理申请；未提出申请的，劳动行政部门认为必要时也可以进行协调处理。② 调查了解争议的情况。劳动行政部门在接到当事人提出的申请后，需要进行相应的调查，包括是否为集体合同争议，是否属于该劳动行政部门的管辖范围等，然后做出是否受理的决定。③ 研究制定协调处理争议的方案。劳动行政部门在决定受理申请后或者劳动行政部门认为有必要时，应当组织同级工会和企业组织等三方面的人员，共同协调处理利益争议，研究制定协调处理争议的方案。④ 对争议进行协调处理。协调处理利益争议时，双方当事人应各选派人数相等的代表3至10名参加，并各指定1名首席代表。用人单位方面由法定代表人担任或指派，劳动者方面由工会委派或职工民主推举产生。在协调处理争议期间，用人单位不得解除劳动者方面的代表的劳动关系。⑤ 制作《协调处理协议书》。《协调处理协议书》应当载明协调处理申请、争议的事实和协调结果，双方当事人就某些协商事项不能达成一致的，应将继续协商的有关事项予以载明。《协调处理协议书》由集体协商争议协调处理人员和争议双方首席代表签字盖章后生效。争议双方均应遵守生效后的《协调处理协议书》。

二、权利争议的处理机制

集体合同的权利争议与个别劳动合同的权利争议都是因履行合同而发生，以既定的权利为标的的劳动争议。但是，集体合同的权利争议是工会代表全体劳动者与用人单位（雇主）之间以全体劳动者共同权利为标的的争议，这是其与个别劳动合同权利争议的主要区别所在。

《劳动法》第八十四条规定："因履行集体合同发生争议，当事人协商解决不成的，可以向劳动争议仲裁委员会申请仲裁；对仲裁裁决不服的，可以自收到仲裁裁决书之日起十五日内向人民法院提起诉讼。"《集体合同规定》规定："因履行集体合同发生的争议，当事人协商解决不成的，可以依法向劳动争议仲裁委员会申请仲裁。"《劳动合同法》第五十六条规定："用人单位违反集体合同，侵犯职工劳动权益的，工会可以依法要求用人单位承担责任；因履行集体合同发生争议，经协商解决不成的，工会可以依法申请仲裁、提起诉讼。"

上述规定表明，因集体合同履行引发的权利争议不适用基层调解程序，如果不能自行协商解决，就可以通过仲裁、诉讼方式解决。但在我国司法实务中，因履行集体合同引发的权利争议中，由工会提起的仲裁或者诉讼程序的案例几乎没有。

复习与思考

1. 简述集体合同与劳动合同的关系。
2. 集体合同的标准性条款与目标性条款有何不同？
3. 集体合同的时间效力有哪几种形式？
4. 集体合同变更条件主要有哪些？
5. 集体合同解除的方式有哪几种？

6. 简述我国集体合同争议的类型及其处理方式。

7. 案例分析

（1）2015年，某木材加工厂因当年效益很好，为更好地调动积极性，便于9月和工会订立了为期2年的集体合同，合同中约定工资普遍比去年上涨40%。一年以后，该厂效益略有下降，于是在新进的一批工人的合同中约定，因工厂效益不好，这些工人的工资标准按2014年工资水平定。试用期满之后，这批工人工资报酬悬殊太大，极为不满，集体向当地劳动仲裁委员会申裁。本案如何处理？

（2）某市啤酒厂为外资企业，2016年12月工会代表职工与老板谈判，要求"增加工资，改善劳动条件"。后双方签订了一份集体合同，合同中约定"普调员工工资10%，拨部分款项新建一所宿舍楼，以改善员工住宿条件"。2017年6月合同约定开始实行，然而有部分员工却没有享受这种利益。有员工向老板提出异议，老板说：我是与工会订的集体合同，你们没有加入工会，非工会会员不受集体合同约束。外资企业的说法是否正确？为什么？

8. 多选题（2017年国家司考题）：关于集体劳动合同，根据《劳动合同法》，下列哪些说法是正确的？（　　）

A. 甲公司尚未建立工会时，经其2/3以上的职工推举的代表，可直接与公司订立集体合同

B. 乙公司系建筑企业，其订立的行业性集体合同，报劳动行政部门备案后即行生效

C. 丙公司依法订立的集体合同，对全体劳动者，不论是否为工会会员，均适用

D. 因履行集体合同发生争议，丁公司工会与公司协商不成时，工会可依法申请仲裁、提起诉讼

第九章 民主参与法

20世纪中后期，西欧各国出现了强大的工业民主化运动，尽管各国实现工业民主化的道路不尽相同，但民主化的内在特征却是共同的。在西方国家，工业民主化的显著特征是企业雇员在一定范围内参与资本构成、参与管理决策、参与利润分配，从而扩大了参与的内容。分享权利、分享利润、尊重人格构成工业民主的三大原则。管理过程分权制是工业民主化的前提和开始，雇员参与管理和劳动过程人性化是民主化的目标和结果。在这里，分享权利体现在雇员参与管理的共同决定原则之中。雇员及其代表依一定的比例参与企业管理或参与决策机构，同雇主一起，对企业的经济、人事、福利和一般政策的制定行使其共决权。商品经济国家雇员的共决权，其实是一种分享权，它是按利害关系决定代表人数比例，从而分享雇主拥有的经营管理权。分享利润体现在雇员参与制定企业的分配和投资方案中，雇员与雇主分享除工资以外的生产成果。尊重人格则是指在生产过程中实行合乎人性的管理，充分尊重和满足个性发展，建立健康、充实而富有创造性的劳动，从而赋予劳动者一定的法律地位。西方市场经济国家在工业民主化运动中，承认生产是在雇员控制下的物质组合，雇员是整个生产的主人，在生产过程中，不仅要追求物质利益，而且还要求人格健全发展。因此，在法律中承认并规定雇员参与管理权，是保护人格发展的强制手段。

第一节 概　述

一、工业民主的发展

西方市场经济国家的工会组织和社会民主党把雇员参与管理和劳动过程人性化作为工业民主化的目标。德国社会民主党在1975—1985年经济大纲中提出了劳动经济领域人性化和职工代表参与企业、工厂一级及整个经济领域决策的目标。法国共产党和社会党在1972年6月通过的一项共同施政纲领中指出：经济民主和政治民主并驾齐驱的发展，意味着每个雇员和公民都有权利和能力参加制定决议、选择方法、监督执行情况及其结果。

德国、法国、意大利、英国各国工会以不同方式，或集体谈判，或参加董事会、监事会、工厂委员会等争取共决权。瑞典总工会认为，通过雇员的"共决权力"和"参与企业资本的构成和管理"是扩大雇员利益、实现经济民主的方法之一。概括起来，工业民主化或雇员参与管理的基本实践形式有：① 雇员代表参加董事会、监事会和管理委员会；② 通过职工全体大会和职工代表大会，实行企业自治或企业民主管理；③ 通过工厂委员会或其他类型的专门机构,雇员依照集体合同的规定,参加本企业咨询活动或管理活动;④ 通过雇主或雇主团体和工会代表或工会组织就雇员根本利益缔结书面契约——集体合同;⑤ 通过车间、班组的自我管理小组,直接参与本小组生产管理活动;⑥ 共决合同制,这是瑞典独具特色的一种共决方式,是指雇主和工会依据法律规定,通过谈判决定共决的内容、范围,并签订"共决合同",实现雇员的民主参与。

上述工会所争取的参与权及基本实践形式,主要是微观领域的参与权,即工人和工会参与企业的生产经营管理,要求对企业生产经营重大问题的决策具有一定的发言权。工会的参与权还包括宏观参与。所谓宏观参与,是指工会在议会、政府就有关经济、社会等问题制定立法、政策时,施加自己的影响,融入工会的意见,使之有利于劳工。战后,西方发达国家工会争取参与权斗争的发展趋势是,从微观参与向宏观参与发展,不仅争取参与范围的扩大,而且注重参与程度的加深。

二、工业民主的作用

工人参与权的发展与扩大,既是现代化大生产的客观要求,也是工人阶级及其工会长期斗争的结果。从西方产业关系的角度来看,它是缓和劳资矛盾的有效方式之一,是资方被迫做出的实际上有利于其根本利益的一种让步。

由于社会化大生产的内在特性,社会化专门分工形成所有权、经营管理权两权分离。尽管所有权最终决定经营管理权的经济规律不可逆转,但雇员参与管理已成为客观现实。同时,市场经济国家为摆脱由于科学技术发展造成的大批裁员、解雇的困扰,减少罢工、缓和劳资矛盾,政府、雇主和工会之间谋求更大范围的合作,各种形式的雇员参与管理制度便全面发展起来。

开放式的经济要求开拓型的管理,世界在一定条件下越来越成为相互联系的整体,科技水平、人才素质、管理方式三位一体,决定了企业生存发展的命运。进入 20 世纪 90 年代以后,人力资源尤其成为企业发展的关键因素。因此,更新企业管理观念,实现雇员参与、人尽其才的经营方针,尊重和发展人的价值,是科技发展和现代世界对企业乃至社会和国家管理的必然要求。

三、民主参与的内涵

民主参与是指劳动者直接或间接参与管理所在企业内部事务,对此含义可以有以下几点理解。① 从其主体来看,是以职工身份参与管理,即作为劳动关系中与用人单位相对的一方当事人参与管理。在实行内部职工股的企业,劳动者和股东参与管理虽然联系密切,但毕竟是两种性质相似的不同法律行为。② 从其对象来看,是参与企业内部事务管理,此属微观范畴,不同于职工参与国家或社会事务管理。③ 从其行为来看,是对企业管理的参与,而不是企业管理本身,也不是职工方与企业方的双方行为。职工作为被管理者,通过这种参与,使其意志贯穿于管理过程并与管理者意志相协调。如果职工作为企业管理人员执行其职务,或者与企业处于平等地位进行协商谈判,都不属于职工参与行为。

四、民主参与的职能

在劳动法体系中,民主参与制度与劳动合同制度、集体合同制度和劳动争议处理制度并存,共同执行着协调劳动关系的职能。

较之劳动合同和集体合同,民主参与在协调劳动关系方面的特点主要表现在三方面。① 民主参与管理由劳动关系当事人双方各自的单方行为所构成,其意志协调表现为职工意志对企业意志的影响和制约,企业意志对职工意志的吸收和体现;而劳动合同和集体合同都是劳资双方当事人的双方行为,其意志协调表现为经协商一致所达成的协议。② 民主参与管理是在劳动过程中处于被管理者地位的职工参与企业管理,这属于管理关系中的纵向协调;而劳动合同和集体合同属于平等关系中的横向协调。③ 民主参与管理由于其形式多样,能够在劳动关系存续期间,对劳动关系进行经常、随机、及时的协调;而劳动合同和集体合同对劳动关系的协调,则主要集中在合同的订立和变更环节。

较之劳动争议处理,民主参与在协调劳动关系方面的特点主要表现在两方面。① 民主参与管理是劳动关系运行中的自我协调和内部协调;而劳动争议处理则是由特定机构对劳动关系进行外部协调。② 民主参与管理是在尚未形成争议的情形下对劳动关系的协调,也即劳动关系正常运行中的协调;劳动争议处理则是在劳动关系由于发生争议而处于非正常状态时,所进行的协调。相对劳动争议的发生来说,民主参与管理属于事前协调,有预防争议的作用;劳动争议处理属于事后协调,目的在于解决争议。

可见,民主参与管理在协调劳动关系方面的职能,为劳动合同、集体合同和劳动争议处理所不能代替,而且还能弥补它们的不足。因而,它一直作为劳动关系协调机制中的一种主要构成要素而存续和发展。

五、民主参与的立法与内容

在 200 多年前,早期社会主义者就提出过工人参与的思想。19 世纪工业化初期,英、法、德等国开始以职工参与为内容的工业民主化运动,并逐步萌生关于职工参与的立法。德国是最早进行这种立法的国家。1848 年,设在法兰克福的国民议会在讨论《营业法》时,曾有人提议在企业设置"工厂委员会"这种属于职工参与范畴的机构,但该提议当时未被通过,这可能是历史上最早向立法机关正式提出的关于职工参与的立法提案;1891 年重新修订《营业法》时,增加了"企业主可视情况设置工人委员会"的条款,从而第一次在立法上对职工参与作了肯定。

第一次世界大战期间和以后,相关立法取得显著进展。1916 年的立法规定,职工人数超过 50 人的企业,都必须成立职员委员会;1918 年年底政府颁布的法令中将工人和职员委员会的适用范围扩大到 20 名以上职工的企业;1919 年的《魏玛宪法》规定,为公共经济需要可依法使企业"立于自治基础之上",允许"依公共经济原则规定雇主及劳工参加管理经济财务之生产、制造、分配、消费、定价、输出、输入";1920 年通过了《企业职委会法》,从而使职工参与制度固定化。此后,挪威、瑞典、丹麦等国也陆续实行职工参与制度。

第二次世界大战以后,职工参与制度在许多国家盛行。1946 年的《法兰西共和国宪法》规定"工人通过其代表,参加关于工作条件之集体决定及企业之管理",1947 年《意大利共和国宪法》规定"共和国承认劳动者有权按照法定程序并在法定范围内参加各种经济企业之管理"。1951年，第34届国际劳工大会通过决议，促请会员国在企业设立劳资共同参加的管理组织。1952年国际劳工组织通过的第94号建议书《企业一级雇主与工人间协商和合作建议书》规定，批准国应采取必要步骤促进企业一级雇主和工人之间就共同关心的问题（集体谈判办法范围以外的或不由其他确定雇用条件与期限的有关机构处理的），进行协商和合作；应制定法律和条例，要求建立各种协商与合作机构并决定其范围、职责、机构和适合各企业的工作方法，鼓励雇主和工人双方自愿协议或借助于这种法律和条例进行协商与合作。这对各国的职工民主参与制度起了推动作用，自20世纪50年代以来，一些西方国家在实行企业（职工）委员会制的同时，还制定了职工方代表参加董事会或监事会的法律。在当今西方国家，民主参与制度已普遍成为现代企业制度的必要组成部分。

在社会主义国家，民主参与管理制度一直是劳动立法的重要内容，并且，民主参与管理立法在劳动立法体系中占有比西方国家职工参与立法更重要的地位，即不仅制定了关于民主参与管理的专项法规，而且把民主参与管理制度作为劳动法典的一个重要组成部分。

在我国，早在革命根据地和解放区的劳动立法中，就有若干关于民主参与的规定。中华人民共和国成立后，历次宪法中都把劳动者参与管理作为民主制度的一个重要组成部分而予以原则性规定，并且在劳动立法和企业立法中具体规定了职工代表大会制度和其他民主管理形式。《劳动法》第八条规定："劳动者依照法律规定，通过职工大会、职工代表大会或者其他形式，参与民主管理，或者就保护劳动者合法权益与用人单位进行平等协商。"

第二节　职工代表大会

职工代表大会（简称职代会）是经过职工民主选举所产生的职工代表组成的，代表全体职工行使管理权力的机构，是企业实行劳动者参与管理的基本形式。在股份合作企业，它还是企业的权力机构。职工代表大会是企业实行民主管理的基本形式，是职工行使民主管理权力的机构。其他民主管理形式都是对职工代表大会这一基本形式的补充，是职工依法行使民主管理权力的机构。其主要任务是：贯彻执行党和国家的方针、政策，正确处理国家、企业、职工三者利益关系，在法律范围内行使职权，保障职工的主人翁地位，调动职工积极性，办好社会主义企业。

一、职代会的性质

根据《全民所有制工业企业职工代表大会条例》的规定："职工代表大会是企业实行民主管理的基本形式，是职工行使民主管理权力的机构。"这个规定表达了以下含义。

（一）职代会是企业民主管理的基本形式

职工代表大会同企业民主管理的其他形式比较，具有代表性强、职责明确、组织健全、工作范围广泛、易于操作等特点，能够全面体现民主管理的基本要求，为广大职工所熟悉和接受。按照我国现行法律规定，职代会能够吸引全体职工参与企业管理；其参与的事项涉及企业管理的各个方面，并且包括企业的许多重大问题；对企业管理事务既有浅层次和较浅层次的参与，也有较深层次和深层次的参与。可见，其参与人员的范围很广，参与事项的内容更全面，参与深度的层次最多，故在参与分量和参与作用上大于劳动者参与管理的其他形式。因而，它一直被法定为我国劳动者参与管理的基本形式。

（二）职代会是全体职工行使民主管理权力的机构

这表明，首先，职代会是一个行使权力的机构。即职代会具有法律赋予的一定权力，它依法行使权力行为，不仅对全体职工有约束力，而且对企业行政也有约束力。其次，职代会行使的权力是劳动者参与管理权力。这不同于所有者、经营者的所有权和经营权，也不同于职工的其他权利。最后，职代会行使的民主管理权力是全体职工的整体权力，应当反映和体现职工集体的意志和利益。

在股份有限公司中，职代会具有不同于股东大会的法律性质。主要区别有以下几点。① 股东大会是企业的权力机构，其成员为企业的投资者；而职代会是企业内的"民意机构"，其成员为企业的劳动者。② 股东大会拥有对企业重大事项的决策权，其行使职权的行为在企业内具有最高效力；而职代会所拥有的是代表全体职工对企业管理事务的参与权，其行使职权的行为在企业内一般不具有最高效力。③ 股东大会代表和维护投资者利益，其行为目标主要是利润最大化；而职代会代表和维护全体职工利益，其行为目标主要是职工收入和福利最大化。所以，除了股份合作企业外，股东大会既不能代替职代会，也不能兼有职代会职能。即使在职工持有本企业股份的公司，职工尽管兼有股东身份，仍有必要在股东大会之外同时实行职代会制度。

二、职代会的适用范围

在我国，职代会一直是作为公有制企业实行劳动者参与管理的一种法定必要形式而存在的，至于非公有制企业是否适用的问题，目前尚有不同看法。在现行立法中，仍然倾向于职代会只在公有制企业适用。例如，关于职代会的法律规范，只见诸国有企业法规和集体企业法规；在《公司法》中，仅对国有独资公司和两个以上国有企业或其他国有投资主体投资设立的有限责任公司，明确提出了实行职代会制度的要求。《劳动法》第八条虽然原则性要求劳动者依照法律规定通过职代会等形式参与民主管理或者与用人单位平等协商，但至今我国对非公有制企业只有要求劳资双方平等协商的法律规定，而无要求实行职代会制度的法律规定。所以，该条文并未表明职代会适用于非公有制企业[①]。但按照市场经济的要求，无论在哪种所有制企业的劳动者，都应当享有平等的包括民主管理权在内的劳动权利。非公有制企业职工同国有企业职工一样，也都是国家主人，而不是所有者意义上的企业主人。因而，在劳动者参与管理方面不应当歧视非公有制企业职工，非公有制企业同公有制企业一样也需要有

---

① 劳动部办公厅《关于〈劳动法〉若干条文的说明》（1994年9月5日）指出，在《劳动法》第八条中"通过职工大会、职工代表大会，参与民主管理"，主要适用于国有企业；"用人单位进行平等协商"，主要适用于非国有企业。

职代会这种能吸收全体职工参与企业管理的形式。同时，我国的职代会与国外私有制企业中的企业职委会、初级董事会等在本质上虽不可同日而语，但在形式和功能上却相类似，都由经选举产生的职工代表组成，都有权代表全体职工对企业管理进行全面的多层次的参与。国外的实践表明，这种形式完全可以有效地适用于我国的非公有制企业。因此，我国应当将职代会的适用范围扩展到各种所有制和各种法律形态的企业。

三、职代会的职权

职代会的职权，依职权指向的对象不同，可分为对事权和对人权两类。职代会的对事权，即职代会对企业行政所管事务拥有进行审议的职权。它包括下述几个方面内容。① 审议、建议权。对属于企业生产经营的全局性重大事项进行审查、讨论，并提出意见和建议。② 审议、通过权。对涉及职工利益和生产经营的具体方案和规章制度进行审查、讨论，并在此基础上以一定方式做出同意或否决的决议。③ 审议、决定权。对非生产经营而属于职工切身利益方面的重大事项进行审查、讨论，并直接做出决定，然后提交企业行政执行。

职代会的对人权，即职代会对企业行政领导和管理人员拥有进行监督和选择的职权。其主要内容有以下两方面。① 评议监督权。评议、监督企业行政的各级领导人员，并提出奖惩和任免的建议。② 推荐选举权。按照国家规定和企业所有者（投资者）或其他机构的部署，民主推荐厂长（经理）人选，或者民主选举厂长（经理）。

四、职代会的代表

职代会的职工代表，由班组（工段）等基层单位的职工直接选举产生，大型企业的职工代表也可以由分厂（车间）等中层单位的职工代表相互推选产生。凡按照法律规定享有政治权利的职工均可当选为职工代表，不得附加任何条件。职工代表中应有工人、技术人员，管理人员和其他方面的职工，其中，车间、科室行政领导干部一般为职工代表总数的1/5，青年职工和女职工代表应占适当比例。职工代表对选举单位的职工负责，选举单位的职工有权监督或撤换本单位的职工代表。

职工代表的权利是：① 在职代会上有选举权、被选举权和表决权；② 有权参加职代会及其工作机构对企业执行职代会决议和提案落实情况进行检查，有权参加对企业行政领导人员的质询；③ 因参加职代会组织的各项活动占用生产或工作时间，有权按正常出勤享有应得的待遇。

职工代表的义务是：① 努力学习党和国家的方针、政策、法规，不断提高政治觉悟、技术业务水平和参与管理的能力；② 密切联系群众，代表职工合法权益，如实反映职工群众的意见和要求，认真执行职代会的决议，做好职代会交给的各项工作；③ 模范遵守国家法规、企业规章制度和劳动纪律，做好本职工作。

五、职代会的组织机构

大中型企业实行职工代表大会制度，其代表人数可根据企业规模大小按一定比例由本单位自定，但最低不得少于30人组成；职工100人以下的小型企业可实行职工大会制度。职代会每届三至五年，每年至少召开两次。特大型企业每年至少召开一次。每年会议必须有三分之二以上职工代表出席，方可召开。

职代会主席团在职工代表大会预备会上由全体职工代表选举产生。其具体职责是：主持召开大会，负责大会期间的各项工作；研究需要大会通过和表决的事项，草拟大会决议；听取和综合各项职工代表团（组）对各项议案的审议意见和建议，对提案进行修改；主持大会的表决和选举工作；处理大会的其他重要事务。

职代会专门工作小组（委员会）成员在职代会上提名，由职代会选举产生，人数一般为5~9名。其职责是：平时，经常深入职工群众了解和听取关于本工作小组（委员会）负责范围内的工作意见和要求；会前，征集、汇总职工代表提案；会中，上报大会提案，并做好大会交办的各项服务工作；会后，检查监督大会决议和提案的贯彻落实情况，研究处理属本组织权限内的问题；办理职代会交办的其他事务；按规定，向职代会报告工作。

联席会议人员一般由职工代表团（组）长、是职工代表的企业党政负责人和职代会专门小组负责人等组成。联席会议一般每季度召开一次，遇到工作需要，也可随时召开，每次会议必须有三分之二以上的人员出席方可召开，占应出席人员三分之二以上通过的决议方可有效。

第三节　民主参与的其他形式

除了职代会制度外，董事会和监事会中的职工代表制度、平等协商制度、合理化建议制度、职工持股会制度等也是民主参与管理的重要形式。

一、董事会和监事会中的职工代表制

董事会和监事会分别为企业的决策机构和监督机构，劳方作为其正式成员代表参加董事会或监事会，从而形成高层次的劳资共决和职工监督。在不同国家，法律要求董事会或监事会中劳方代表应有人数或应占比重往往不尽相同。董事会成员中，德国要求采矿、钢铁公司以及雇员超过2000人的公司都必须有1名劳方董事，其中，采矿、钢铁公司的劳方董事由监事会中的雇员代表通过表决方式任命，其他公司的劳方董事则由股东指定；丹麦要求一般有2名（白领工人、蓝领工人各1名）劳方董事，由地方工会任命；瑞典要求雇员25人以上的公司须有雇员代表和副代表各2名，雇员1000人以上或具有不同行业雇员的公司须有雇员代表和副代表各3名，均由雇主选举产生。监事会成员中，德国等国家要求劳资双方选派的代表人数相等；遇有表决出现双方票数相等的情况时，有的国家由另设的一名"中立"代表裁决，有的国家则由资方主席多投决定性一票。此外，也有规定劳方代表少于资方代表的国家，如奥地利，股东代表占2/3、雇员代表占1/3。监事会成员中的劳方代表，一般分别由企业委员会推荐、行业工会指派和职工选举产生，其中分别有工人、职员、高级职员各自的代表，

行业工会指派的代表可以不是企业内部职工,妇女若在职工中占绝大多数的则至少应有1名妇女代表。

企业机构内职工代表制较之职代会制度,在实现劳动者参与管理方面具有下述主要特点:① 职工代表进入企业机构,直接从事所在企业机构的活动,从而能够使职工意志从企业机构内部体现在企业管理行为之中;② 职工代表作为企业机构的正式成员,在企业管理活动中与其他成员具有同等的法律地位,从而能够使职工与投资者、经营者之间的协调转化为企业机构内部的协调;③ 职工代表所进入的企业机构一般为常设机构,从而能够使职工参与企业管理固定化、经常化,使职工参与行为与企业管理过程同步。

我国立法对企业机构内职工代表制仅有零散规定。例如,国有企业法中有关于职工代表参加企业管理委员会的规定,公司法中有关于国有独资公司董事会成员中应有职工代表、公司监事会成员中应有适当比例职工代表的规定。

二、平等协商制度

平等协商,又称劳资协商,是指职工方与企业方就有关企业生产经营和职工利益的事务,平等地交涉、对话和商讨,以实现相互理解和合作,并在可能的条件下达成一定协议的活动。作为职工参与形式的平等协商和作为集体合同订立程序的集体谈判是两种不同的制度,其主要区别有以下几点。① 平等协商的职工方代表一般经民主选举产生;集体谈判的工会代表则由工会选派,只有在没有工会组织或者工会组织不符合法定要求的企业才由职工推举产生。② 平等协商并不一定以达成协议为目的,通常只需增进相互理解或形成合作意向即可;而集体谈判则是为了签订集体合同。③ 平等协商中如有争议,只能由双方自行协商解决,不能采取罢工、闭厂等对抗行动;集体谈判中的争议则可能表现为罢工、闭厂等激烈形式,可以由第三人协调处理。④ 平等协商中,双方可以就企业经营决策和发展战略之类的问题交换信息和意见;集体谈判的内容则只限于劳动条件,而不包括企业有权单方决定的事项。⑤ 平等协商往往频繁举行(如一月一次),甚至可随时举行;集体谈判则一般一年一次,也可间隔时间更长。尽管存在上述区别,平等协商与集体谈判仍有紧密联系。这主要表现在,集体谈判通常以平等协商作为其准备阶段。

在许多国家和地区的立法中,要求平等协商采用劳资协商机构的形式,即依法由劳资双方代表组成一定机构专司平等协商的职能。如法国的工厂委员会,我国台湾的劳资会议。在有的国家,立法只规定平等协商的一般规则,而不要求必须采用劳资协商机构的形式,《英国劳资关系法实施规则》即如此。在我国,1950年政务院曾批准《劳动部关于在私营企业中设立劳资协商会议的指示》。现阶段,我国企业已有平等协商的实践,但不规范。其主要形式有四种。① 民主对话会,即厂长(经理)和其他行政领导与工会和部分职工代表相互提出和解答问题并共同商讨的会议,通常由工会主持。② 民主质询会,即职工代表或职工对企业行政领导提出问题,要求做出说明或答复的会议。它是民主监督的一种形式。③ 民主咨询会,亦称生产(技术)民主会,即根据企业生产、技术和经营管理中出现的问题,组织部分职工或职工代表进行讨论,研究解决措施的会议,一般由企业行政领导主持。④ 民主接待日,即企业党政领导干部和工会干部、职工代表配合编组，定期轮流值班接待来访职工，对来访职工的意见、建议和要求及时研究、解决或答复的活动。它是一种企业日常民主管理形式。

三、合理化建议制度

企业开展合理化建议活动在我国已有数十年历史。这项活动因具有范围广、投资少、见效快等优点而长盛不衰。目前，合理化建议活动有以下发展趋势：制度建设越来越健全，许多企业由行政或工会负责人主抓这项工作；提高管理效能、消化和应用先进技术成为重点，合理化建议有奖征集成为时尚；奖励标准已突破1986年国务院发布的《合理化建议和技术改进奖励条例》的规定，超过幅度越来越大。如在天津市，合理化建议的最高奖励额已达10万元。

四、职工持股会制度

职工持股会制度适用于职工持股的公司制企业。在这些企业中，职工购买了本公司的股票，成为公司的股东，与公司之间又增加了一层产权关系。他们作为股东有权参加股东会，参与产权管理。但在一般情况下，职工每人持股数量有限，且持股份额不平均，尽管人数众多，如果分别参加股东会，难以形成维护共同利益的统一力量和一致的意见。因此，可以组织职工持股会，由工会主持。持股会的主要工作有：按国家有关法规和公司章程，选派代表参加股东会；将持股职工的意见和要求集中起来，在股东大会上充分表达持股职工的意见。组织职工持股会有利于维护持股职工的共同利益，也有利于充分发挥工会的作用，更好地维护职工的合法权益。

工会主持职工持股会，要注意协调处理好职工之间的利益关系。在股份制企业中，职工入股自愿，不可避免地会有部分职工不参股，而且持股也不均等。这样，不同职工的利益关注点会有所不同。参股多的职工关注按资分配，参股少或不参股的职工关注按劳分配。因此，持股会要能顾全大局，在利益要求上也要照顾到不持股职工的利益。

复习与思考

1. 民主参与管理的形式有哪几类？
2. 如何理解职工代表大会的基本性质？
3. 职工代表大会与股东大会有何区别？
4. 职工代表大会有哪些职权？
5. 职工代表大会的职工代表有哪些权利和义务？
6. 平等协商与集体谈判有何区别？
7. 企业机构内职工代表制度较之职工代表大会制度，有哪些特点？
8. 企业机构内职工代表制度包括哪些内容？

9. 案例分析

2017年3月，陆某进入乙公司工作，根据当时公司规章制度规定的薪酬体系，陆某的工资由基本工资、工龄工资等组成。2017年4月，乙公司进行了薪酬计算方式调整，取消原本的工龄工资，改为基本工资加年度绩效奖金。为此，公司召开了职工代表大会对薪酬制度进行讨论、表决。获大会通过后，乙公司组织员工学习签收、公示公告开始执行。陆某认为，原本固定每月发放的工龄工资变成了年底绩效奖金后，具有不确定性，因此拒绝签收公司的规定和公告。为此，乙公司多次找到陆某沟通，而陆某坚持要求补发工龄工资，双方协商未果。陆某遂向当地劳动争议仲裁委员会提请仲裁，要求：乙公司应向其支付工龄工资及经济补偿金。经审理，当地劳动争议仲裁委裁决驳回陆某的所有仲裁请求。该裁决合法吗？

第十章　劳动监察法

劳动监察，又称劳动监督检查，国外通常称为劳工检查，是指法定专门机构代表国家对劳动法律的遵守情况依法进行的检查、纠察、处罚等监督活动。劳动监察具有如下基本属性：一是法定性，劳动监察主体必须严格依据劳动法律的强制性规范实施监督检查；二是行政性，劳动监察是行使行政权力的具体行政行为，属于行政执法的范畴；三是专门性，劳动监察主体必须是法定的专门机关，劳动监察是以国家名义对劳动法律的遵守实施进行的统一监督。

第一节　概　述

一、劳动监察与相关概念的区分

（一）劳动监察与行政监察的区分

劳动监察与行政监察同属于国家监察，但是两个不同的概念：行政监察机关是县级以上各级政府所属的行政监察职能部门，劳动监察机构是县级以上各级政府所属的劳动行政部门（通常内设专门的劳动监察职能机构）；行政监察对象是各级行政机构及其公务员的行政执法活动，劳动监察的对象是雇用单位等劳动法律主体的守法状况；行政监察机关对相对人有行政处分权和行政处罚建议权，劳动监察主体对相对人有行政处罚权和行政处分建议权；行政监察相对人不服监察决定时可以申请复审复核而不得提起行政复议或行政诉讼，劳动监察相对人不服监察决定时可以提起行政复议或行政诉讼。

（二）劳动监察与政府有关部门的监督检查

《劳动法》第八十七条规定："县级以上各级人民政府有关部门在各自职责范围内，对用人单位遵守劳动法律、法规的情况进行监督。"有关部门一般包括各行业（或产业）主管部门、工商行政、卫生、审计、财政、税务、公安等政府行政机关。

劳动监察与行业主管部门的行政监督检查，都是对劳动法律的贯彻执行情况进行监督和检查，目的都是保证劳动法律的有效实施，但它们的法律地位不同，担负的职责也不相同。前者是劳动行政部门代表国家行使监察权，是从国家整体利益出发的，不受部门或行业利益的影响，可以采取适当的强制手段，具有法律权威性；后者是行业主管部门行使行政管理职能，对所属用人单位贯彻执行劳动法律情况进行督查，及时纠正所属单位的违法行为等，其本身相对于国家劳动监察来说，也是受监督者。

《劳动法》第九十四条规定了工商行政部门对用人单位招录劳动者的监督职能，即"用人单位非法招用未满十六周岁的未成年人的，由劳动行政部门责令改正，处以罚款；情节严重的，由工商行政管理部门吊销营业执照"。

《劳动法》第九十六条规定了公安机关对劳动法律执行情况的监督权，即"用人单位有下列行为之一，由公安机关对责任人员处以十五日以下拘留、罚款或者警告；构成犯罪的，对责任人员依法追究刑事责任：（一）以暴力、威胁或者非法限制人身自由的手段强迫劳动的；（二）侮辱、体罚、殴打、非法搜查和拘禁劳动者的"。

《劳动保障监察条例》第三十五条规定："劳动安全卫生的监督检查，由卫生部门、安全生产监督管理部门、特种设备安全监督管理部门等有关部门依照有关法律、行政法规的规定执行。"因此，卫生行政部门、安全生产监督管理部门等有权要求用人单位依法如实报告劳动安全卫生状况，有权对用人单位的职业病防治情况及安全生产情况进行检查。国家统计、审计、税收、财政等机关在监督用人单位依法核定工资总额、建立内部财务会计及统计制度方面负有相应的职责，可以行使相应的监督检查权。

（三）劳动监察与工会等群众组织的监督检查

工会、妇联等群众组织监督是我国劳动监督检查制度的有机组成部分。《劳动法》第八十八条明确了工会对劳动法律执行情况的监督检查权，规定："各级工会依法维护劳动者的合法权益，对用人单位遵守劳动法律、法规的情况进行监督。" 2001年实施的《工会法》对落实工会劳动监督检查权作出了详细的规定。

妇联组织是保护妇女合法权益的组织，充分发挥妇联组织的劳动监督检查职能，对维护女性劳动者的权益具有重要意义。妇联组织的监督检查权包括：受理女职工对用人单位侵犯其合法劳动权益的申诉、控告、检举；要求有关部门或用人单位依法查处、保护妇女的合法劳动权益；代表或支持、帮助受害女职工向检察院、法院提出控告、起诉；对违反劳动法律、法规，侵害女职工劳动权益的违法行为，妇联有权向有关部门进行检举和控告，等等。

二、劳动监察立法概况

1883年英国在颁布的《工厂法》之中，最早创设了工厂检查制度，即政府委托高级人员为工厂监察员，实地检查工厂劳动法规实施情况，是为现代劳动监察制度之滥觞。国际劳工组织成立以后，比较重视劳动监察问题，1947年通过了《劳动监察公约》及相应的建议书，1969年通过了《（农业）劳动监察公约》及相应的建议书。1947年的《劳动监察公约》规定，凡批准该公约的成员国应当在工业和商业工作场所保持劳动监察制度，劳动监察制度的职能为：监督工时、工资、安全、卫生、福利、未成年人就业等法律法规的执行；向雇主和工人提供有关信息；向主管当局提供现行法律法规的缺陷和弊端。公约还对监察员的职责、权力、纪律、年度报告等作出了规定。1969年的《（农业）劳动监察公约》将劳动监察制度推广到农业领域。1995年国际劳工大会进一步将劳动监察范围扩大到了非商务服务部门。

中国劳动监察立法可以追溯至20世纪30年代。在中国共产党领导下，1930年全国苏维埃区域代表大会通过了《劳动保护法》，对劳动保护的监察事项作了规定，并在《劳动保护法解释书》中指出:"劳动监察机关在资本主义国家内亦有设立之者,但并不能真正代表工人行使职权,结果只是些掩耳盗铃的官僚装饰罢了。故劳动监察机关之设立实为执行本法的唯一保证,否则将使本法失去意义。"在此后的1931年2月,南京国民政府也公布了《工厂检查法》。

中华人民共和国成立前夕,中国人民政治协商会议于1949年9月通过了起临时宪法作用的《共同纲领》,规定实行工矿检查制度,以改进工矿的安全卫生设备。中华人民共和国成立后,1950年政务院财经委员会发布了《关于各省、市人民政府劳动局与当地国营企业工作关系的决定》,规定劳动局有权监督、检查国营企业内有关劳动保护、劳动保险、工资待遇、童工女工、雇用解雇、集体合同、文化教育等劳动政策法令的执行;各个国营企业行政方面有供给上述有关材料并按规定报告的义务,初步建立了范围广泛的劳动监察制度。此后,相继出台了《矿山安全监察条例》《锅炉压力容器安全监察暂行条例》及其《实施细则》等法规,形成了较为完善的劳动保护监察制度。

1978年改革开放以后,劳动监察立法取得了较大发展。1993年8月,当时的劳动部制定了《劳动监察规定》,对劳动监察的一般规则和劳动保护监察以外的劳动监察规则作出了规定,弥补了过去劳动监察的不足。1994年制定的《劳动法》专章规定了"监督检查",明确了劳动行政部门的监督检查权,各地劳动行政部门相继建立起了劳动监察机构。与此相配套,相继制定了《劳动监察员管理办法》《劳动监察程序规定》《处理举办劳动违法行为规定》等法规,并有制定"劳动监察法"的立法规划。

2004年11月1日,国务院颁布《劳动保障监察条例》,全面规定了劳动保障监察的范围、原则、主体、内容、程序及监察机构和监察员的职责、权利、义务等,对于完善我国劳动监察法律制度具有重要意义。2005年,当时的劳动和社会保障部又出台了《关于实施〈劳动保障监察条例〉若干规定》,进一步细化了劳动保障监察制度,增强了其可操作性。2008年实施的《劳动合同法》设置了"监督检查"专章,针对劳动合同法的监督检查作出了规定,补充和完善了《劳动保障监察条例》。

除了上述劳动监察立法外,全国总工会还于1995年制定颁布了《工会劳动法律监督试行办法》,对工会进行劳动法律监督的原则、权利、监督范围、监督方式以及工会劳动法律监督员的条件、职权等作出了规定,为工会进行劳动监督提供了依据。

三、劳动监察与劳动仲裁的关系

劳动监察属于行政执法行为,劳动仲裁属于劳动争议处理行为,两者具有明显的区别:劳动监察机构隶属于劳动行政部门,劳动仲裁机构由劳动行政部门、工会和雇用单位代表三方组成;劳动监察以督查劳动法律的落实情况为直接目的,劳动仲裁以处理劳动争议为直接目的;劳动监察所依据的实体法只限于强制性规范,劳动仲裁所依据的实体法既可以是强制性规范,也可以是任意性规范;劳动监察主体在职权范围内的事项应主动监察,对违反劳动法律的行为享有处罚权,而劳动仲裁机构只能应劳动争议当事人请求而进行仲裁,对劳动争议有调解权;劳动监察相对人不服劳动监察决定时可依法申请行政复议或提起行政诉讼,劳动争议当事人不服仲裁裁决时可依法提起民事诉讼。

从法律法规的条款上看，目前我国劳动监察程序与劳动争议处理程序之间存在明确的分工。《劳动保障监察条例》第十一条规定劳动保障行政部门可以"实施劳动保障监察"的事项，具体包括：① 用人单位制定内部劳动保障规章制度的情况；② 用人单位与劳动者订立劳动合同的情况；③ 用人单位遵守禁止使用童工规定的情况；④ 用人单位遵守女职工和未成年工特殊劳动保护规定的情况；⑤ 用人单位遵守工作时间和休息休假规定的情况；⑥ 用人单位支付劳动者工资和执行最低工资标准的情况；⑦ 用人单位参加各项社会保险和缴纳社会保险费的情况；⑧ 职业介绍机构、职业技能培训机构和职业技能考核鉴定机构遵守国家有关职业介绍、职业技能培训和职业技能考核鉴定的规定的情况；⑨ 法律、法规规定的其他劳动保障监察事项。《劳动争议调解仲裁法》第二条明确列举了通过"劳动争议处理程序"解决的事项，具体包括：① 因确认劳动关系发生的争议；② 因订立、履行、变更、解除和终止劳动合同发生的争议；③ 因除名、辞退和辞职、离职发生的争议；④ 因工作时间、休息休假、社会保险、福利、培训以及劳动保护发生的争议；⑤ 因劳动报酬、工伤医疗费、经济补偿或者赔偿金等发生的争议；⑥ 法律、法规规定的其他劳动争议。

但是，在实际执行过程中，两者难免存在职能重叠的现象。为进一步厘清两者的关系，《劳动保障监察条例》第二十一条规定："用人单位违反劳动保障法律、法规或者规章，对劳动者造成损害的，依法承担赔偿责任；劳动者与用人单位就赔偿发生争议的，依照国家有关劳动争议处理的规定处理。对应当通过劳动争议处理程序解决的事项或者已经按照劳动争议处理程序申请调解、仲裁或者已经提起诉讼的事项，劳动保障行政部门应当告知投诉人依照劳动争议处理或者诉讼的程序办理。"《关于实施〈劳动保障监察条例〉若干规定》第十六条明确列举了上述"赔偿争议"的具体内容，规定：下列因用人单位违反劳动保障法律行为对劳动者造成损害，劳动者与用人单位就赔偿发生争议的，依照国家有关劳动争议处理的规定处理：① 因用人单位制定的劳动规章制度违反法律、法规规定，对劳动者造成损害的；② 因用人单位违反对女职工和未成年工的保护规定，对女职工和未成年工造成损害的；③ 因用人单位原因订立无效合同，对劳动者造成损害的；④ 因用人单位违法解除劳动合同或者故意拖延不订立劳动合同，对劳动者造成损害的；⑤ 法律、法规和规章规定的其他因用人单位违反劳动保障法律的行为，对劳动者造成损害的。

当然，劳动监察与劳动仲裁之间既有明确的分工，也存在一种互补关系。例如，劳动监察机构有权就用人单位违法使用童工的行为进行行政处罚，但是如果使用童工过程中造成了伤残现象，并且围绕赔偿问题发生争议，就需要通过劳动仲裁或诉讼程序来解决。再如，用人单位不遵守关于女工及未成年工劳动保护的规定造成劳动者伤害的，劳动监察机构有权就其违反劳动保障法律法规的行为作出行政处罚决定；同时，双方当事人如就赔偿问题发生争议，则需要通过劳动仲裁或诉讼程序解决。因此，劳动监察的行政处罚（处理）功能与劳动争议处理的民事赔偿功能形成了一种相互补充关系。同时，对于那些已经按照劳动争议处理程序申请调解、仲裁或者已经提起诉讼的事项，劳动保障行政部门应当告知投诉人依照劳动争议处理或者诉讼的程序办理。

为了更好地保护劳动者的合法权益，劳动者在某些特殊情形之下在劳动监察和劳动仲裁两种处理程序之间享有自主选择权。《劳动争议调解仲裁法》第九条规定："用人单位违反国家规定，拖欠或者未足额支付劳动报酬，或者拖欠工伤医疗费、经济补偿或者赔偿金的，劳动者可以向劳动行政部门投诉，劳动行政部门应当依法处理。"因此，当用人单位存在未及时足额支付劳动报酬、工伤医疗费、经济补偿金、赔偿金等情形时，劳动者既可以向劳动行政部门投诉，选择通过劳动监察程序处理，也可以选择通过劳动仲裁或诉讼程序处理。

在《劳动争议调解仲裁法》第九条规定的情形之下，如果劳动者选择了劳动监察程序，劳动行政部门应当依法处理。如果劳动者选择了劳动争议处理程序，劳动争议调解组织或劳动争议仲裁委员会在受理案件时，可以建议劳动者直接向劳动监察部门投诉，由劳动监察部门进行处理，以节省维权成本并尽快得到被拖欠的工资、工伤医疗费、经济补偿金、赔偿金；劳动者如果不接受前述建议，坚持通过劳动争议程序解决，劳动争议调解组织或劳动争议仲裁委员会不得以劳动者不接受建议而予以拒绝，应当依法予以受理。

第二节　劳动保障监察

劳动保障监察是指由劳动保障行政部门（2008年以后改为人力资源和社会保障部门）对发生劳动关系的用人单位、劳动者以及其他社会组织遵守劳动保障法律、法规、规章情况进行监察并对违法行为予以处罚的执法活动的总称，实质上就是中国特色的劳动监察制度。我国劳动保障监察的形式主要包括如下方面。① 日常巡视检查。劳动保障行政部门对用人单位及其劳动场所的日常巡视检查，应当制定年度计划和中长期规划，确定重点检查范围，并按照现场检查的规定进行。② 审查用人单位按照要求报送的书面材料。劳动保障行政部门对用人单位按照要求报送的有关遵守劳动保障法律情况的书面材料应进行审查，并对审查中发现的问题及时予以纠正和查处。③ 专项检查。劳动保障行政部门可以针对劳动保障法律实施中存在的重点问题集中组织专项检查活动，必要时，可以联合有关部门或组织共同进行。④ 接受举报与投诉，等等。

一、劳动保障监察机构

劳动监察机构在国外通常被称为"劳工检查机构"，是经法律授权的代表国家对劳动法律的遵守情况实行监督的专门机构。我国劳动保障监察机构一般设置于各级劳动行政部门，在同级劳动行政部门的领导下开展工作。劳动保障监察机构不同于行政机构的内设部门，它依法具有对外独立行使劳动监察职权，其职权范围直接来自法律、法规的授权，而不依劳动行政部门内部分工的调整而随意变更。

《劳动法》第八十五条规定：县级以上各级人民政府劳动行政部门依法对用人单位遵守劳动法律、法规的情况进行监督检查，对违反劳动法律、法规的行为有权制止，并责令改正。《劳动合同法》第七十三条规定：国务院劳动行政部门负责全国劳动合同制度实施的监督管理；县级以上地方人民政府劳动行政部门负责本行政区域内劳动合同制度实施的监督管理。《劳动保障监察条例》第三条规定：国务院劳动保障行政部门主管全国的劳动保障监察工作；县级以上地方各级人民政府劳动保障行政部门主管本行政区域内的劳动保障监察工作。综上所述，根据依法行政的主体法定原则，劳动行政部门是劳动监察的主体，其他有关部门虽然也有监督用人单位遵守劳动法律的职责,但不是劳动监察的主体。

劳动保障行政部门实施劳动保障监察,应当履行下列职责:① 宣传劳动保障法律、法规和规章,督促用人单位贯彻执行;② 检查用人单位遵守劳动保障法律、法规和规章的情况;③ 受理对违反劳动保障法律、法规或者规章的行为的举报、投诉;④ 依法纠正和查处违反劳动保障法律、法规或者规章的行为。同时,劳动保障行政部门实施劳动保障监察,享有下列权利:① 进入用人单位的劳动场所进行检查;② 就调查、检查事项询问有关人员;③ 要求用人单位提供与调查、检查事项相关的文件资料,并作出解释和说明,必要时可以发出调查询问书;④ 采取记录、录音、录像、照像或者复制等方式收集有关情况和资料;⑤ 委托会计师事务所对用人单位工资支付、缴纳社会保险费的情况进行审计;⑥ 法律、法规规定可以由劳动保障行政部门采取的其他调查、检查措施。

二、劳动保障监察员

劳动保障监察员,又称劳动监察员,国外通常称为劳工检查员或劳工检查官,指具体执行劳动保障监察的专职或兼职工作人员。依据规定,我国县级以上各级人民政府劳动行政部门根据工作需要配备专职劳动监察员和兼职劳动监察员。专职劳动监察员是劳动行政部门专门从事劳动监察工作的人员;兼职劳动监察员是劳动行政部门非专门从事劳动监察工作的人员,主要负责与其业务有关的单项监察,须对用人单位处罚时,应会同专职监察员进行。《劳动保障监察条例》及原劳动部于1994年颁布的《劳动监察员管理办法》对劳动保障监察员制度做出了详细的规定。

(1) 任职条件。劳动监察员应当具备以下任职条件:① 认真贯彻执行国家法律、法规和政策;② 熟悉劳动业务,熟练掌握和运用劳动法律、法规知识;③ 坚持原则,作风正派,勤政廉洁;④ 在劳动行政部门从事劳动行政业务工作三年以上,并经国务院劳动行政部门或省级劳动行政部门劳动监察专业培训合格。

(2) 任命程序。劳动行政部门专职劳动监察员的任命,由劳动监察机构负责提出任命建议并填写劳动监察员审批表,经同级人事管理机构审核,报劳动行政部门领导批准;兼职劳动监察员的任命,由有关业务工作机构按规定推荐人选,并填写劳动监察员审批表,经同级劳动监察机构和人事管理机构进行审核,报劳动行政部门领导批准。经批准任命的劳动监察员由劳动监察机构办理颁发劳动监察证件手续。劳动监察员任命后,地方各级劳动行政部门按照规定填写《劳动监察证件统计表》,逐级上报省级劳动行政部门,由省级劳动行政部门汇总并报国务院劳动行政部门备案。

(3) 职责权利。《劳动保障监察条例》第十二条规定:"劳动保障监察员依法履行劳动保障监察职责,受法律保护。"劳动保障监察员在进行劳动监察的过程中主要要履行如下职权:坚持严肃执法、文明执法原则,做到有法必依、执法必严、违法必究;有权进入用人单位了解遵守劳动法律、法规的情况,查阅必要的资料,并对劳动场所进行检查;劳动保障监察员进行调查、检查,不得少于2人,并应当佩戴劳动保障监察标志、出示劳动保障监察证件;为举报人保密;保守在履行职责过程中获知的商业秘密;劳动保障监察员办理的劳动保障监察事项与本人或者其近亲属有直接利害关系的,应当回避。

(4) 培训考核。劳动监察员培训工作应纳入劳动行政部门公务员培训计划,按照有关公务员培训规定办理。各级劳动行政部门应建立劳动监察员培训制度,制定培训计划,按岗位技能要求,组织进行职业技能、专业理论知识等方面的培训,不断提高监察人员的政治素质和业务素质。劳动监察证件由国务院劳动行政部门统一监制,劳动监察员遗失劳动监察证件应立即向发证单位报告。劳动监察员调离原工作岗位,或不再直接承担劳动监察任务时,由任命机关免去任职,监察机构负责收回其监察证件,并交回发证机关注销。劳动监察员实行每3年进行一次考核验证制度。持证人未按规定考核验证或经考核不能胜任劳动监察工作的,注销其劳动监察证件。

(5)监督管理。对越权或非公务场合使用劳动监察证件,或利用职权谋取私利、违法乱纪的劳动监察人员,应给予批评教育;情节严重的,由任命机关撤销任命、收缴其劳动监察证件,并给予行政处分;触犯刑律的,由司法机关依法追究刑事责任。

三、劳动保障监察的原则

《劳动保障监察条例》第八条规定:劳动保障监察遵循公正、公开、高效、便民的原则;实施劳动保障监察,坚持教育与处罚相结合,接受社会监督。因此,劳动保障监察需要遵循如下基本原则。① 合法原则,该原则要求监察主体及其权限要合法,监察过程中适用法律要正确,监察程序要符合法律规定。② 公开原则,该原则要求监察依据的法律、法规、规章都应当公布,监察的职责及内容应当公开,监察执法的程序和处理时限要公开。③ 公正原则,该原则要求在实施监察时应当平等地对待所有行政相对人,同时监察主体应合理行使自由裁量权。④ 高效、便民的原则,该原则要求监察主体及其人员向社会公布举报投诉电话和监察机构地址、设立举报投诉信箱,建立企业守法诚信档案,以便于社会公众特别是求职者了解,在办公场所公示监察员名单、监察程序及相关法律法规,并严格按照规定的时限完成监察事项。⑤ 教育与处罚相结合原则,该原则要求监察主体不能只教育不处罚,但要求处罚的目的是促使用人单位认清违法后果、自觉守法,不能为处罚而处罚,也不能以罚代管、以罚代教,更不得以罚款牟取私利。

四、劳动保障监察的对象和范围

依据《劳动保障监察条例》第二条和第三十四条的规定,劳动保障监察的对象包括:① 企业和个体工商户;② 职业介绍机构、职业技能培训机构和职业技能考核鉴定机构;③ 国家机关、事业单位、社会团体执行劳动保障法律、法规和规章的情况,由劳动保障行政部门根据其职责,依照本条例实施劳动保障监察。

根据《劳动法》及《劳动保障监察条例》的规定,我国劳动监察的范围比较广泛,几乎涵盖了所有劳动权益的监督检查,具体包括如下劳动监察事项:① 用人单位制定内部劳动规章制度的情况;② 用人单位与劳动者订立劳动合同的情况;③ 用人单位遵守禁止使用童工规定的情况;④ 用人单位遵守女职工和未成年工特殊劳动保护规定的情况;⑤ 用人单位遵守工作时间和休息休假规定的情况;⑥ 用人单位支付劳动者工资和执行最低工资标准的情况;⑦ 用人单位参加各项社会保险和缴纳社会保险费的情况;⑧ 职业介绍机构、职业技能培训机构和职业技能考核鉴定机构遵守国家有关职业介绍、职业技能培训和职业技能考核鉴定的规定的情况；⑨ 法律、法规规定的其他劳动保障监察事项。

《劳动合同法》第七十四条对上述监督范围作出进一步的补充和完善，规定："县级以上地方人民政府劳动行政部门依法对下列实施劳动合同制度的情况进行监督检查：（一）用人单位制定直接涉及劳动者切身利益的规章制度及其执行的情况；（二）用人单位与劳动者订立和解除劳动合同的情况；（三）劳务派遣单位和用工单位遵守劳务派遣有关规定的情况；（四）用人单位遵守国家关于劳动者工作时间和休息休假规定的情况；（五）用人单位支付劳动合同约定的劳动报酬和执行最低工资标准的情况；（六）用人单位参加各项社会保险和缴纳社会保险费的情况；（七）法律、法规规定的其他劳动监察事项。"

五、劳动保障监察的管辖

劳动保障监察的管辖是指各级劳动保障行政部门之间对于用人单位遵守劳动保障法律、法规和规章情况进行监察的分工及权限划分。《劳动保障监察条例》规定了如下管辖形式。

（1）地域管辖。地域管辖是指同级劳动保障行政部门在行使劳动保障监察权时的横向权限划分。《劳动保障监察条例》规定"对用人单位的劳动保障监察，由用人单位用工所在地的县级或者设区的市级劳动保障行政部门管辖"。这表明，劳动保障监察主要由县级和设区的市级劳动保障行政部门管辖，具体而言就是用人单位在哪个行政区域用工，即由该行政区域内的劳动保障行政部实施劳动监察。

（2）级别管辖。级别管辖是指不同级别的劳动保障行政部门关于劳动保障监察权的纵向划分。《劳动保障监察条例》规定"上级劳动保障行政部门根据工作需要，可以调查处理下级劳动保障行政部门管辖的案件"，但并未对级别管辖作出具体的划分，只是进行了授权性规定，明确"省、自治区、直辖市人民政府可以对劳动保障监察的管辖制定具体办法"。

（3）指定管辖。在劳动监察过程中，如果同一区域中的用人单位难以确定由哪个地区的哪一级监察机构负责管辖，就会发生劳动监察管辖的争议。为此，《劳动保障监察条例》规定，"劳动保障行政部门对劳动保障监察管辖发生争议的，报请共同的上一级劳动保障行政部门指定管辖"。

（4）移送管辖。为避免因管辖权不清楚而耽误违法案件的及时受理，或者有些劳动行政部门越权受理案件，劳动保障行政部门对违反劳动保障法律、法规或者规章的行为，发现违法案件不属于劳动保障监察事项的，应当及时移送有关部门处理；涉嫌犯罪的，应当依法移送司法机关。

六、劳动保障监察的程序

（一）受理与立案

1. 投诉的受理与立案

劳动者对用人单位违反劳动保障法律、侵犯其合法权益的行为，有权向劳动保障行政部门投诉（对因同一事由引起的集体投诉，投诉人可推荐代表投诉）；投诉应当由投诉人向劳动保障行政部门递交投诉文书，书写投诉文书确有困难的，可以口头投诉，由劳动保障监察机构进行笔录,并由投诉人签字。投诉文书应当载明下列事项:① 投诉人的姓名、性别、年龄、职业、工作单位、住所和联系方式,被投诉用人单位的名称、住所、法定代表人或者主要负责人的姓名、职务;② 劳动保障合法权益受到侵害的事实和投诉请求事项。

符合下列条件的投诉,劳动保障行政部门应当在接到投诉之日起5个工作日内依法受理,并于受理之日立案查处:① 违反劳动保障法律的行为发生在2年内的(不符合该项规定的投诉,劳动保障行政部门应当在接到投诉之日起5个工作日内决定不予受理,并书面通知投诉人);② 有明确的被投诉用人单位,且投诉人的合法权益受到侵害是被投诉用人单位违反劳动保障法律的行为所造成的(不符合该项规定的投诉,劳动保障监察机构应当告知投诉人补正投诉材料);③ 属于劳动保障监察职权范围并由受理投诉的劳动保障行政部门管辖(不属于劳动保障监察职权范围的投诉,劳动保障监察机构应当告诉投诉人;对属于劳动保障监察职权范围但不属于受理投诉的劳动保障行政部门管辖的投诉,应当告知投诉人向有关劳动保障行政部门提出)。其中"2年内"的期限,自违反劳动保障法律、法规或者规章的行为发生之日起计算;违反劳动保障法律、法规或者规章的行为有连续或者继续状态的,自行为终了之日起计算。

2. 其他劳动监察案件的立案

任何组织或个人对违反劳动保障法律的行为,有权向劳动保障行政部门举报。劳动保障行政部门对举报人反映的违反劳动保障法律的行为应当依法予以查处,并为举报人保密;对举报属实,为查处重大违反劳动保障法律的行为提供主要线索和证据的举报人,给予奖励。劳动保障行政部门通过日常巡视检查、书面审查、举报等发现用人单位有违反劳动保障法律的行为,需要进行调查处理的,应当及时立案查处。立案应当填写立案审批表,报劳动保障监察机构负责人审查批准。劳动保障监察机构负责人批准之日即为立案之日。

(二)调查与检查

(1)劳动保障监察员调查、检查的行为规范。劳动保障监察员进行调查、检查不得少于2人。劳动保障监察机构应指定其中1名为主办劳动保障监察员。劳动保障监察员对用人单位遵守劳动保障法律情况进行监察时,应当遵循以下规定:① 进入用人单位时,应佩戴劳动保障监察执法标志,出示劳动保障监察证件,并说明身份;② 就调查事项制作笔录,应由劳动保障监察员和被调查人(或其委托代理人)签名或盖章,被查人拒不签名、盖章的,应注明拒签情况。劳动保障监察员进行调查、检查时,承担下列义务:① 依法履行职责,秉公执法;② 保守在履行职责过程中获知的商业秘密;③ 为举报人保密。

(2)劳动保障监察的回避制度。劳动保障监察员在实施劳动保障监察时,有下列情形之一的,应当回避:① 本人是用人单位法定代表人或主要负责人的近亲属的;② 本人或其近亲属与承办查处的案件事项有直接利害关系的;③ 因其他原因可能影响案件公正处理的。当事人认为劳动保障监察员应当回避的,有权向劳动保障行政部门申请,要求其回避。当事人申请劳动保障监察员回避,应当采用书面形式。回避决定应在收到申请之日起3个工作日内作出。作出回避决定前,承办人员不得停止对案件的调查处理。对回避申请的决定,应当告知申请人。承办人员的回避,由劳动保障监察机构负责人决定;劳动保障监察机构负责人的回避,由劳动保障行政部门负责人决定。

（3）劳动保障监察的具体措施。劳动保障行政部门实施劳动保障监察，有权采取下列措施：① 进入用人单位的劳动场所进行检查；② 就调查、检查事项询问有关人员；③ 要求用人单位提供与调查、检查事项相关的文件资料，必要时可以发出调查询问书；④ 采取记录、录音、录像、照像和复制等方式收集有关的情况和资料；⑤ 对事实确凿、可以当场处理的违反劳动保障法律、法规或规章的行为当场予以纠正；⑥ 可以委托注册会计师事务所对用人单位工资支付、缴纳社会保险费的情况进行审计；⑦ 法律、法规规定可以由劳动保障行政部门采取的其他调查、检查措施。

（4）证据登记保存制度。劳动保障行政部门调查、检查时，有下列情形之一的可以采取证据登记保存措施：① 当事人可能对证据采取伪造、变造、毁灭行为的；② 当事人采取措施不当可能导致证据灭失的；③ 不采取证据登记保存措施以后难以取得的；④ 其他可能导致证据灭失的情形的。采取证据登记保存措施应当按照下列程序进行：① 劳动保障监察机构依法提出证据登记保存申请，报劳动保障行政部门负责人批准；② 劳动保障监察员将证据登记保存通知书及证据登记清单交付当事人，由当事人签收（当事人拒不签名或者盖章的，由劳动保障监察员注明情况）；③ 采取证据登记保存措施后，劳动保障行政部门应当在 7 日内及时作出处理决定，期限届满后应当解除证据登记保存措施。在证据登记保存期内，当事人或者有关人员不得销毁或者转移证据；劳动保障监察机构及劳动保障监察员可以随时调取证据。

（5）异地委托协助调查制度。劳动保障行政部门在实施劳动保障监察中涉及异地调查取证的，可以委托当地劳动保障行政部门协助调查；受委托方的协助调查应在双方商定的时间内完成。

（6）调查的时限制度。劳动保障行政部门对违反劳动保障法律的行为的调查，应当自立案之日起 60 个工作日内完成；情况复杂的，经劳动保障行政部门负责人批准，可以延长 30 个工作日。

（三）案件的处理

依照《劳动保障监察条例》及《关于实施〈劳动保障监察条例〉若干规定》，劳动保障行政部门对违反劳动保障法律的行为，根据调查、检查的结果，可以作出以下处理：① 行政处罚决定，即"对依法应当受到行政处罚的，依法作出行政处罚决定"；② 行政处理决定，即"对应当改正未改正的，依法责令改正或者作出相应的行政处理决定"；③ 撤销立案，即"对情节轻微，且已改正的，撤销立案；经调查、检查，劳动保障行政部门认定违法事实不能成立的，也应当撤销立案"；④ 移送处理，即"发现违法案件不属于劳动保障监察事项的，应当及时移送有关部门处理；涉嫌犯罪的，应当依法移送司法机关"。劳动保障行政处理或处罚决定依法作出后，当事人应当在决定规定的期限内予以履行。

（1）可以当场处理的违法案件。用人单位存在的违反劳动保障法律的行为事实确凿并有法定处罚（处理）依据的，可以当场作出限期整改指令或依法当场作出行政处罚决定。当场作出限期整改指令或行政处罚决定的，劳动保障监察员应当填写预定格式、编有号码的限期整改指令书或行政处罚决定书，当场交付当事人。当场处以警告或罚款处罚的，应当按照下列程序进行：① 口头告知当事人违法行为的基本事实、拟作出的行政处罚、依据及其依法享有的权利;② 听取当事人的陈述和申辩;③ 填写预定格式的处罚决定书;④ 当场处罚决定书应当由劳动保障监察员签名或者盖章;⑤ 将处罚决定书当场交付当事人,由当事人签收。劳动保障监察员应当在 2 日内将当场限期整改指令和行政处罚决定书存档联交所属劳动保障行政部门存档。

（2）不能当场作出处理的违法案件。对不能当场作出处理的违法案件,劳动保障监察员经调查取证,应当提出初步处理建议,并填写案件处理报批表。案件处理报批表应写明被处理单位名称、案由、违反劳动保障法律行为事实、被处理单位的陈述、处理依据、建议处理意见。对违反劳动保障法律的行为作出行政处罚或者行政处理决定前,应当告知用人单位,听取其陈述和申辩;法律、法规规定应当依法听证的,应当告知用人单位有权依法要求举行听证;用人单位要求听证的,劳动保障行政部门应当组织听证。

（3）劳动保障监察行政处罚（处理）决定书。劳动保障监察行政处罚（处理）决定书应载明下列事项:① 被处罚（处理）单位名称、法定代表人、单位地址;② 劳动保障行政部门认定的违法事实和主要证据;③ 劳动保障行政处罚（处理）的种类和依据;④ 处罚（处理）决定的履行方式和期限;⑤ 不服行政处罚（处理）决定,申请行政复议或者提起行政诉讼的途径和期限;⑥ 作出处罚（处理）决定的行政机关名称和作出处罚（处理）决定的日期。劳动保障行政处罚（处理）决定书应当加盖劳动保障行政部门印章。劳动保障行政处罚（处理）决定书应当在宣告后当场交付当事人;当事人不在场的,劳动保障行政部门应当在 7 日内依照《民事诉讼法》的有关规定,将劳动保障监察限期整改指令书、劳动保障行政处罚决定书、劳动保障行政处罚决定书送达当事人。

（4）劳动保障监察案件的处理时限。劳动保障行政部门立案调查完成,应在 15 个工作日内作出行政处罚（行政处理或者责令改正）或者撤销立案决定;特殊情况,经劳动保障行政部门负责人批准可以延长。

（5）劳动保障监察行政处罚（处理）的执行。劳动保障行政处理或处罚决定依法作出后,当事人应当在决定规定的期限内予以履行。当事人对劳动保障行政部门作出的行政处罚决定,责令支付劳动者工资报酬、赔偿金或者征缴社会保险费等行政处理决定逾期不履行的,劳动保障行政部门可以申请人民法院强制执行,或者依法强制执行。

当事人确有经济困难,需要延期或者分期缴纳罚款的,经当事人申请和劳动保障行政部门批准,可以暂缓或者分期缴纳。除依法当场收缴的罚款外,作出罚款决定的劳动保障行政部门及其劳动保障监察员不得自行收缴罚款。当事人应当自收到行政处罚决定书之日起 15 日内,到指定银行缴纳罚款。

（6）劳动保障监察行政处罚（处理）的救济。作出行政处罚、行政处理决定的劳动保障行政部门发现决定不适当的,应当予以纠正并及时告知当事人。当事人对劳动保障行政处理或行政处罚决定不服,申请行政复议或者提起行政诉讼的,行政处理或行政处罚决定不停止执行。法律另有规定的除外。

七、劳动保障监察的处罚（处理）标准

根据被监察对象违反劳动保障法律法规的情节轻重,《劳动保障监察条例》分别情形规定了不同的行政处罚（处理）标准。

（一）由劳动保障行政部门责令改正

用人单位与劳动者建立劳动关系不依法订立劳动合同的，由劳动保障行政部门责令改正。用人单位违反《工会法》，有下列行为之一的，由劳动保障行政部门责令改正：① 阻挠劳动者依法参加和组织工会，或者阻挠上级工会帮助、指导劳动者筹建工会的；② 无正当理由调动依法履行职责的工会工作人员的工作岗位，进行打击报复的；③ 劳动者因参加工会活动而被解除劳动合同的；④ 工会工作人员因依法履行职责被解除劳动合同的。打击报复举报人、投诉人的，由劳动保障行政部门责令改正。

（二）责令改正并处罚款

（1）用人单位违反劳动保障法律、法规或者规章延长劳动者工作时间的，由劳动保障行政部门给予警告，责令限期改正，并可以按照受侵害的劳动者每人100元以上500元以下的标准计算，处以罚款。

（2）用人单位有下列行为之一的，由劳动保障行政部门责令改正，按照受侵害的劳动者每人1000元以上5000元以下的标准计算，处以罚款：① 安排女职工从事矿山井下劳动、国家规定的第四级体力劳动强度的劳动或者其他禁忌从事的劳动的；② 安排女职工在经期从事高处、低温、冷水作业或者国家规定的第三级体力劳动强度的劳动的；③ 安排女职工在怀孕期间从事国家规定的第三级体力劳动强度的劳动或者孕期禁忌从事的劳动的；④ 安排怀孕7个月以上的女职工夜班劳动或者延长其工作时间的；⑤ 女职工生育享受产假少于90天的；⑥ 安排女职工在哺乳未满一周岁的婴儿期间从事国家规定的第三级体力劳动强度的劳动或者哺乳期禁忌从事的其他劳动，以及延长其工作时间或者安排其夜班劳动的；⑦ 安排未成年工从事矿山井下、有毒有害、国家规定的第四级体力劳动强度的劳动或者其他禁忌从事的劳动的；⑧ 未对未成年工定期进行健康检查的。

（3）职业介绍机构、职业技能培训机构或者职业技能考核鉴定机构违反国家有关职业介绍、职业技能培训或者职业技能考核鉴定的规定的，由劳动保障行政部门责令改正，没收违法所得，并处1万元以上5万元以下的罚款。

（4）有下列行为之一的，由劳动保障行政部门责令改正，并处2000元以上2万元以下的罚款：① 无理抗拒、阻挠劳动保障行政部门依照本条例的规定实施劳动保障监察的；② 不按照劳动保障行政部门的要求报送书面材料的，隐瞒事实真相，出具伪证或者隐匿、毁灭证据的；③ 经劳动保障行政部门责令改正拒不改正，或者拒不履行劳动保障行政部门的行政处理决定的。

（5）用人单位向社会保险经办机构申报应缴纳的社会保险费数额时，瞒报工资总额或者职工人数的，由劳动保障行政部门责令改正，并处瞒报工资数额1倍以上3倍以下的罚款。骗取社会保险待遇或者骗取社会保险基金支出的，由劳动保障行政部门责令退还，并处骗取金额1倍以上3倍以下的罚款。

《社会保险费征缴暂行条例》第二十三条规定：缴费单位未按照规定办理社会保险登记、变更登记或者注销登记，或者未按照规定申报应缴纳的社会保险费数额的，由劳动保障行政部门责令限期改正；情节严重的，对直接负责的主管人员和其他直接责任人员可以处1000元以上 5000 元以下的罚款；情节特别严重的，对直接负责的主管人员和其他直接责任人员可以处 5000 元以上 10000 元以下的罚款。

《社会保险法》第八十六条规定：用人单位未按时足额缴纳社会保险费的，由社会保险费征收机构责令限期缴纳或者补足，并自欠缴之日起，按日加收万分之五的滞纳金；逾期仍不缴纳的，由有关行政部门处欠缴数额 1 倍以上 3 倍以下的罚款。

（三）责令限期支付、逾期不支付者加付赔偿金

用人单位有下列行为之一的，由劳动保障行政部门分别责令限期支付劳动者的工资报酬、劳动者工资低于当地最低工资标准的差额或者解除劳动合同的经济补偿；逾期不支付的，责令用人单位按照应付金额 50%以上 1 倍以下的标准计算，向劳动者加付赔偿金：① 克扣或者无故拖欠劳动者工资报酬的；② 支付劳动者的工资低于当地最低工资标准的；③ 解除劳动合同未依法给予劳动者经济补偿的。

2008 年开始实施的《劳动合同法》第八十五条规定：用人单位有下列情形之一的，由劳动行政部门责令限期支付劳动报酬、加班费或者经济补偿；劳动报酬低于当地最低工资标准的，应当支付其差额部分；逾期不支付的，责令用人单位按应付金额 50%以上 100%以下的标准向劳动者加付赔偿金：① 未按照劳动合同的约定或者国家规定及时足额支付劳动者劳动报酬的；② 低于当地最低工资标准支付劳动者工资的；③ 安排加班不支付加班费的；④ 解除或者终止劳动合同，未依照本法规定向劳动者支付经济补偿的。

当然，以上只是劳动行政部门实施劳动保障监察过程中可以给予的行政处罚（处理）标准，如果监察对象还违反了其他法律法规，还要承担其他法律责任。例如，职业介绍机构、职业技能培训机构或者职业技能考核鉴定机构违反国家有关职业介绍、职业技能培训或者职业技能考核鉴定的规定的，情节严重的，吊销许可证；未经劳动保障行政部门许可，从事职业介绍、职业技能培训或者职业技能考核鉴定的组织或者个人，由劳动保障行政部门、工商行政管理部门依照国家有关无照经营查处取缔的规定查处取缔。再如，如果被监察对象构成违反治安管理行为的，由公安机关依法给予治安管理处罚；构成犯罪的，依法追究刑事责任。

第三节 工会劳动法律监督

工会劳动法律监督，是各级工会依法对劳动法律法规的执行情况进行的有组织的群众监督，是我国劳动法律监督体系的重要组成部分。1995 年 8 月，中华全国总工会依据宪法、劳动法和工会法颁布了《工会劳动法律监督试行办法》，对工会劳动法律监督的原则、权利、监督范围、劳动法律监督员、监督程序等作出了详细规定，是工会组织进行劳动法律监督的基本依据。

一、工会劳动法律监督的权利与范围

工会在进行劳动法律监督方面依法享有以下权利：① 对用人单位执行劳动法律法规的情

况进行监督；② 参与调查处理；③ 提出意见要求改正；④ 要求政府劳动监察部门处理；⑤ 支持职工依法举报、控告；⑥ 舆论监督。

工会劳动法律监督的对象既包括政府部门，也包括社会保险经办机构。对政府部门，工会应当"与有关部门密切配合，对政府部门贯彻实施劳动法律法规的情况进行监督"；对社会保险经办机构，各级工会代表"依法参加同级社会保险监督机构，对社会保险金的使用情况进行监督"。当然，工会劳动法律监督的最主要对象还是用人单位，对用人单位的监察范围也十分广泛，具体包括：① 执行国家有关就业规定的情况；② 执行国家有关订立、履行、变更、解除劳动合同规定的情况；③ 履行集体合同的情况；④ 执行国家有关工作时间、休息、休假规定的情况；⑤ 执行国家有关工资报酬规定的情况；⑥ 执行国家有关各项劳动安全卫生及伤亡事故和职业病处理规定的情况；⑦ 执行国家有关女职工和未成年工特殊保护规定的情况；⑧ 执行国家有关职业培训和职业技能考核规定的情况；⑨ 执行国家有关职工保险、福利待遇规定的情况；⑩ 其他执行劳动法律法规规定的情况。

二、工会劳动法律监督机构与监督员

县级以上工会领导机关设立工会劳动法律监督委员会，由相关业务部门的人员组成，也可以吸收社会有关人士参加。委员会的日常工作由工会有关部门负责。基层工会或职代会设立工会劳动法律监督委员会或监督小组。各级工会劳动法律监督委员会受同级工会委员会领导，并接受上级工会劳动法律监督委员会的业务指导。职代会设立的劳动法律监督委员会对职工代表大会负责。

县级以上工会劳动法律监督委员会成员为本级工会劳动法律监督员，县级以上工会可以聘请社会有关人士担任工会兼职劳动法律监督员。工会劳动法律监督员应具备以下条件：熟悉劳动法律法规；热心为职工群众说话办事；奉公守法，清正廉洁。县级以上工会劳动法律监督员，由上一级工会培训、考核，并颁发《工会劳动法律监督员证书》，证书由全国总工会统一印制。工会劳动法律监督员因履行监督职责受到打击报复时，有权向上级工会反映、向劳动行政部门检举或向人民法院起诉，上级工会应当给以支持和帮助。工会劳动法律监督员工作成绩显著，由工会或有关部门给予表彰奖励；对不称职者，由工会取消其劳动法律监督员资格。

三、工会劳动法律监督的程序

工会劳动法律监督程序的启动包括三种情况：一是工会劳动法律监督委员会有权根据职工的申诉、举报对用人单位执行劳动法律法规的情况进行调查；二是县级以上工会经同级人大、政协同意，可以参加其组织的劳动法律法规执法检查；三是县级以上工会可以与政府劳动部门及其他职能部门联合组织劳动法律法规执法检查。

（1）调查。工会劳动法律监督员对用人单位进行调查时应不少于 2 人，用人单位应当提供方便，协助其了解情况、查阅资料。工会劳动法律监督员执行任务时，应将调查结果在现场如实记录，经用人单位核阅后，由调查人员和用人单位的有关人员共同签名或盖章。用人单位拒绝签名或盖章的，应当在记录上注明。对调查中发现的违反劳动法律法规的问题，应当向用人单位指出并提出整改意见；严重问题向劳动监察部门通报，并要求查处。

（2）处理。基层工会劳动法律监督委员会对本单位遵守劳动法律法规的情况实行监督，对劳动过程中发生的违反劳动法律法规的问题，应当及时向生产管理人员提出改进意见；对于严重损害劳动者合法权益的行为，在向企业行政提出意见的同时可以向上级工会和当地政府劳动监察部门报告，要求其迅速查处。职工代表大会设立的劳动法律监督委员会，对本单位执行劳动法律法规的情况进行监督检查，定期向职工代表大会报告工作，针对存在的问题提出意见或议案，经职工代表大会作出决议，督促行政方面执行。

（3）报告。各级工会劳动法律监督委员会应将工作情况、违法案件的处理结果及统计资料每年向上级工会劳动法律监督委员会报告。重大案件应当及时向上级工会劳动法律监督委员会及政府劳动监察部门报告。

复习与思考

1. 简述劳动监察与劳动仲裁的关系。
2. 简述我国劳动保障监察的程序。
3. 简述工会组织劳动保障监督的范围。

第十一章　社会保险法（上）

社会保险是工业社会的产物，是国家通过立法对社会成员在年老、疾病、死亡、伤残、失业及遭遇其他经济无保障状况时给予物质帮助的一种社会风险分散制度。社会保险既具有"社会性"的特征，又具有"保险性"的特征。社会保险的"社会性"，是指社会保险体现了一种政府通过制定公共政策谋求多数人福利的社会互助机制；所谓"保险性"，是指这种社会互助机制需要运用保险的基本原理，以制度化的安排来解决社会风险所造成的经济无保障问题。社会保险法是调整社会保险法律关系的法律规范的总称，根据社会保险法律关系的不同类型，社会保险法包括养老保险法、失业保险法、工伤保险法、医疗保险法（或健康保险法）等。社会保险关系的性质既不同于平等主体之间的私法关系，也不同于基于行政职权而形成的公法关系，而是具有公私混合的法律社会化属性（或称社会法属性），这种属性主要体现在社会保险法以社会利益为本位、以实质正义为价值追求、以强制性为主要调整手段等方面。《中华人民共和国社会保险法》（简称《社会保险法》）于 2011 年 11 月 1 日起实施，2018 年 12 月 29 日第一次修正。

第一节　社会保险经办

"经办"一词从字面上来说，就是"经手办理"的意思。社会保险"经办"一词最早出自国务院于 1991 年发布的《关于企业职工养老保险制度改革的决定》，其中指出："劳动部门所属的社会保险管理机构，是非营利性的事业机构，经办基本养老保险和企业补充养老保险的具体业务，并受养老保险基金委员会的委托，管理养老保险基金。"《劳动法》第七十四条规定："社会保险基金经办机构依照法律规定收支、管理和运营社会保险基金，并负有使社会保险基金保值增值的责任。"此后，社会保险经办这一概念在我国社会保险领域得以广泛运用，意指法定主体依照社会保险法律、法规、规章及有关授权办理社会保险事务活动的总称，具体而言，主要包括依法办理社会保险登记、依法征缴社会保险费、依法核支社会保险待遇等方面。《社会保险法》对"社会保险经办"做出了专章规定。

一、社会保险经办机构

（一）主要职责

根据《社会保险法》第八条规定，社会保险经办机构的职责是"提供社会保险服务，负责社会保险登记、个人权益记录、社会保险待遇支付等工作",在由社会保险经办机构负责社会保险费征缴的地区,征缴社会保险费也是社会保险经办机构的一项重要职责。《社会保险法》同时规定,中华人民共和国境内的用人单位和个人"有权查询缴费记录、个人权益记录,要求社会保险经办机构提供社会保险咨询等相关服务"。

(二)设立及经费来源

根据《社会保险法》第七十二条规定,社会保险经办机构按照统筹地区进行设立,社会保险经办机构根据工作需要,经所在地的社会保险行政部门和机构编制管理机关批准,可以在本统筹地区设立分支机构和服务网点。社会保险经办机构的人员经费和经办社会保险发生的基本运行费用、管理费用,由同级财政按照国家规定予以保障。

(三)制度建设

依据《社会保险法》第七十三条和第七十五条的规定,社会保险经办机构应当建立健全业务、财务、安全和风险管理制度,应当按时足额支付社会保险待遇;全国社会保险信息系统按照国家统一规划,由县级以上人民政府按照分级负责的原则共同建设。

(四)权力与义务

根据《社会保险法》第七十四条规定,社会保险经办机构有权通过业务经办、统计、调查获取社会保险工作所需的数据,有关单位和个人应当及时、如实提供。同时,社会保险经办机构要履行如下义务:一是及时为用人单位建立档案,完整、准确地记录参加社会保险的人员、缴费等社会保险数据,妥善保管登记、申报的原始凭证和支付结算的会计凭证;二是及时、完整、准确地记录参加社会保险的个人缴费和用人单位为其缴费,以及享受社会保险待遇等个人权益记录,定期将个人权益记录单免费寄送本人;三是为用人单位和个人免费提供查询核对其缴费和享受社会保险待遇记录及社会保险咨询等相关服务。

(五)法律责任

《社会保险法》严格规定了社会保险经办机构及其工作人员的法律责任。社会保险经办机构及其工作人员如有下列行为之一的,由社会保险行政部门责令改正;给社会保险基金、用人单位或者个人造成损失的,依法承担赔偿责任;对直接负责的主管人员和其他直接责任人员依法给予处分:① 未履行社会保险法定职责的;② 未将社会保险基金存入财政专户的;③ 克扣或者拒不按时支付社会保险待遇的;④ 丢失或者篡改缴费记录、享受社会保险待遇记录等社会保险数据、个人权益记录的;⑤ 有违反社会保险法律、法规的其他行为的。社会保险经办机构及其工作人员泄露用人单位和个人信息的,对直接负责的主管人员和其他直接责任人员依法给予处分;给用人单位或者个人造成损失的,应当承担赔偿责任。社会保险经办机构以及医疗机构、药品经营单位等社会保险服务机构以欺诈、伪造证明材料或者其他手段骗取社会保险基金支出的,由社会保险行政部门责令退回骗取的社会保险金,处骗取金额2倍以上5倍以下的罚款。

二、社会保险登记

我国境内的国家机关、企业、事业单位,有雇工的个体经济组织以及其他社会组织等用人单位应当依法进行社会保险登记;用人单位的职工或者雇工,由用人单位依法为其办理社会保险登记;无雇工的个体工商户、未在用人单位参加社会保险的非全日制从业人员、其他灵活就业人员和城乡未就业居民,在自愿参加社会保险时也应申请办理社会保险登记。社会保险登记实行属地管理原则,县级以上社会保险行政部门的社会保险经办机构主管社会保险登记;社会保险经办机构通过与工商行政管理部门、民政部门、公安部门和机构编制管理机关沟通信息,加强对用人单位和个人的社会保险登记管理。《社会保险法》第五十七条规定用人单位"向当地社会保险经办机构申请办理社会保险登记"。原劳动和社会保障部制定有《社会保险登记管理暂行办法》,在此基础上人力资源和社会保障部拟定了《社会保险登记管理办法(征求意见稿)》,对社会保险登记制度作出了规定。

(一)登记管理

社会保险经办机构应当设立登记管理部门,在服务大厅开设专门窗口,负责受理、办理社会保险登记业务。社会保险经办机构应当充分利用其分支机构、服务网点,延伸社会保险信息系统,为用人单位和个人办理社会保险登记提供便利。灵活就业人员、城乡未就业居民也可以就近到社会保险经办机构委托的基层劳动就业社会保障公共服务平台办理社会保险登记。社会保险经办机构、劳动就业管理服务机构等可以采取合署办公、信息共享等方式,实现用人单位职工劳动合同备案、用工登记以及个人社会保险登记、社会保障卡发放等相关业务的统一办理。社会保险经办机构应准确记录用人单位和个人登记信息,并为其建立社会保险档案,妥善保管登记业务产生的各类业务材料。社会保险经办机构应做好保密工作,不得违法向他人泄露用人单位和个人社会保险登记信息。办理社会保险登记的参保人员,在购买住房、子女入学等需要提供社会保险缴费证明的,社会保险经办机构按照规定提供。社会保险经办机构应当通过社会保险信息系统,实现社会保险登记信息的实时动态管理。分险种设立社会保险经办机构的地区,应建立业务联动机制,保证用人单位和个人社会保险登记信息的唯一性。

(二)用人单位登记

社会保险登记包括成立登记、变更登记及注销登记三种情形。

1. 成立登记

用人单位自成立之日起30日内,向用人单位注册登记地的社会保险经办机构申请办理社会保险登记。不具备法人资格、但已取得营业执照或者登记证书的用人单位分支机构,可以向分支机构注册登记地的社会保险经办机构申请办理社会保险登记。跨统筹地区的用人单位,其社会保险登记地由相关地区协商确定。意见不一致时,由上一级社会保险经办机构确定。

(1)登记资料。用人单位申请办理社会保险登记时,应当提供以下材料:① 营业执照、登记证书或者单位印章等批准成立的证件;② 国家质量技术监督部门颁发的组织机构统一代码证书;③ 省、自治区、直辖市社会保险经办机构规定的其他材料。

（2）登记事项。用人单位应当如实登记下列事项：① 单位名称、住所或者地址、电话、邮编；② 营业执照、登记证书或者单位印章等信息；③ 组织机构代码；④ 法定代表人或者负责人；⑤ 单位类型；⑥ 主管部门、隶属关系；⑦ 参加险种；⑧ 开户银行、户名和账号；⑨ 省、自治区、直辖市社会保险经办机构规定的其他事项。

（3）审核发证。社会保险经办机构应当自收到用人单位社会保险登记申请之日起15日内进行审核，符合规定的，予以登记，发给社会保险登记证。社会保险登记证载明下列事项：① 单位名称、住所；② 组织机构代码、单位类型；③ 法定代表人或者负责人；④ 有效期限；⑤ 发证机构及发证日期等。

2. 变更登记

用人单位的成立登记事项发生变更的，应当自工商行政管理机关办理变更登记或者有关机关批准或者宣布变更之日起30日内，持下列材料到原社会保险经办机构办理社会保险变更登记：① 社会保险登记事项变更申请表；② 工商变更登记表和营业执照或者有关机关批准或者宣布变更证明；③ 社会保险登记证；④ 社会保险经办机构规定的其他材料。社会保险经办机构及时审核后，办理变更登记手续，将变更登记表归入用人单位社会保险业务档案。社会保险变更事项涉及登记证所载明内容的，社会保险经办机构应当收回原社会保险登记证，重新核发社会保险登记证。

3. 注销登记

用人单位发生解散、破产、撤销、合并以及其他情形，依法终止社会保险缴费义务时，应当及时向原社会保险经办机构申请办理社会保险注销登记。用人单位应当自工商行政管理机关办理注销登记之日起30日内，向原社会保险经办机构申请办理社会保险注销登记；按照规定不需要在工商行政管理机关办理注销登记的用人单位，应当自有关机关批准或者宣布终止之日起30日内，向原社会保险经办机构申请办理社会保险注销登记。用人单位被工商行政管理机关吊销营业执照的，应当自营业执照被吊销之日起30日内，向原社会保险经办机构申请办理注销登记。

用人单位在办理社会保险注销登记前，应当结清应当缴纳的社会保险费、滞纳金、罚款。用人单位办理社会保险注销登记，应当提交社会保险注销登记申请、法律文书或其他有关注销文件，经社会保险经办机构核准，注销社会保险登记，缴销社会保险登记证件。用人单位出现以下情形之一的，社会保险经办机构可以注销其社会保险登记并向社会公告：① 用人单位依法终止后6个月内未申请办理注销登记；② 连续两年未按规定办理社会保险登记证验证；③ 社会保险经办机构规定的其他情形。

4. 迁移登记

用人单位因住所变动或者生产、经营地址变动而涉及改变社会保险经办机构的，应当自上述变动发生之日起30日内，向原社会保险经办机构办理社会保险注销登记，并向迁达地社会保险经办机构办理社会保险登记。

（三）个人登记

根据《社会保险法》的规定，国家建立全国统一的个人社会保障号码，个人社会保障号码为公民身份号码;有用人单位的劳动者,其个人社会保险登记由用人单位为其办理,其用人单位应当自用工之日起 30 日内为其职工向社会保险经办机构申请办理社会保险登记;无用人单位的劳动者,包括自愿参加社会保险的无雇工的个体工商户、未在用人单位参加社会保险的非全日制从业人员以及其他灵活就业人员,应当向社会保险经办机构申请办理社会保险登记。根据《社会保险登记管理办法》的规定,社会保险经办机构应当自收到个人社会保险登记申请之日起 15 日内,对登记事项进行审核,符合规定的,予以登记;社会保险经办机构应当在灵活就业人员、城乡未就业居民办理社会保险登记时,告知其参加社会保险的权利和义务。参加社会保险的,社会保险经办机构应当为其办理参保手续,提供相应的社会保险服务;个人办理社会保险登记后,社会保险经办机构应当为其发放社会保障卡,个人社会保障号码为公民身份号码。

1. 职工登记及变更

用人单位应当自用工之日起 30 日内为其职工向社会保险经办机构申请办理社会保险登记,并提供职工身份信息、用工类型以及社会保险经办机构规定的其他材料。职工登记事项发生变更的,用人单位应当在变更之日起 30 日内,持相应的变更信息材料,向原社会保险经办机构办理变更登记。

2. 灵活就业人员登记及变更

灵活就业人员应当持居民身份证、有关部门批准的就业证明等材料,按规定向户籍地或者就业地的社会保险经办机构申请办理社会保险登记。灵活就业人员的身份信息、参保险种等发生变更的,应当在变更之日起 30 日内,持相应的变更信息材料,向原社会保险经办机构办理变更登记。

3. 城乡未就业居民登记及变更

城乡未就业居民应当持居民身份证、户籍证明和社会保险经办机构规定的其他材料,向户籍地社会保险经办机构申请办理社会保险登记;学生可以向学校所在地的社会保险经办机构申请办理社会保险登记。前述登记事项发生变更的,城乡未就业居民应当在变更之日起 30 日内,持相应的变更信息材料,向原社会保险经办机构办理变更登记。

4. 个人注销登记

个人发生以下情形之一的,应当及时向原社会保险经办机构申请办理社会保险注销登记:① 依法申请终止社会保险关系的;② 死亡的;③ 法律、行政法规规定的其他情形。职工社会保险注销登记申请由用人单位为其办理;灵活就业人员或者城乡未就业居民,由本人或者其近亲属、监护人、继承人等申请注销登记。个人发生社会保险注销登记情形的,社会保险经办机构应当结算其社会保险待遇,并注销社会保险登记。

(四)证卡管理

1. 社会保险登记证管理

社会保险登记证的样式由国务院社会保险行政部门制定。社会保险登记证由省、自治区、直辖市社会保险行政部门统一印制,必要时可以印制副本。社会保险登记证号冠以省、自治区、直辖市简称标识，并在省、自治区、直辖市范围内统一编码。省、自治区、直辖市社会保险经办机构应当将本省、自治区、直辖市的地区编码表报国务院社会保险行政部门备案。社会保险登记证由用人单位保管，用人单位在办理招聘和辞退职工时应当出示社会保险登记证。社会保险经办机构对已核发的用人单位社会保险登记证的正本和副本，实行每年验证和定期换证制度。用人单位应当在规定的期限内到社会保险经办机构办理验证或者换证手续。

2. 社会保险卡管理

社会保障（社会保险）卡样式与基本信息由国务院社会保险行政部门统一规定。个人基本信息应当与社会保险转移接续平台衔接，可以通过社会保险经办机构转移接续平台识别。个人社会保险变更登记事项涉及社会保障卡内记录信息的，社会保险经办机构应同时进行卡内信息变更。社会保障卡卡面信息需作更改的，社会保险经办机构收回原社会保障卡，并按更改后的内容，重新发放社会保障卡。社会保障卡由个人保管。个人在办理以下事项时应当出示社会保障卡：① 办理社会保险业务；② 查询社会保险个人权益记录；③ 就业、再就业；④ 法律、法规和规章规定的其他事项。

3. 禁止事项和补办

社会保险登记证与社会保障卡不得伪造、变造、转让、涂改、买卖和损毁。社会保险登记证件或者社会保障卡遗失的，应当及时向原社会保险经办机构报告，并申请补办。

（五）法律责任与救济

《社会保险法》第八十四条规定，用人单位不办理社会保险登记的，由社会保险行政部门责令限期改正；逾期不改正的，对用人单位处应缴社会保险费数额1倍以上3倍以下的罚款，对其直接负责的主管人员和其他直接责任人员处500元以上3000元以下的罚款。用人单位或者个人对社会保险经办机构不依法办理社会保险登记的，可以依法申请行政复议或者提起行政诉讼。

三、社会保险费申缴

社会保险费是指由用人单位及其职工依法参加社会保险并缴纳的职工基本养老保险费、职工基本医疗保险费、工伤保险费、失业保险费和生育保险费。社会保险费申缴是指用人单位进行社会保险费的申报和缴纳。1999年发布实施的《社会保险费征缴暂行条例》明确了我国基本养老保险费、失业保险费和基本医疗保险费的申报及缴纳办法，工伤保险费和生育保险费的申报缴纳可参照执行，实际上全面规范了我国各项社会保险费的申报和缴纳管理工作。《社会保险法》从基本法层面规范和完善了我国社会保险费征缴制度。为了细化社会保险费申报缴纳的措施，人力资源和社会保障部于2013年9月公布《社会保险费申报缴纳管理规定》（同年11月1日起施行，原劳动和社会保障部《社会保险费申报缴纳管理暂行办法》同时废止）。该规定仅适用于用人单位申报和缴纳社会保险费，不适用于以个人身份参加社会保险者申报和缴纳社会保险费。

（一）社会保险费申报

我国社会保险费征缴实行先申报后缴费制度。《社会保险法》规定，用人单位应当"自行申报社会保险费"，《社会保险费征缴暂行条例》规定：缴费单位必须按月向社会保险经办机构申报缴纳的社会保险费数额，经社会保险经办机构核定后，在规定的期限内缴纳社会保险费。

1. 申报材料

用人单位应当按月在规定期限内到当地社会保险经办机构办理缴费申报，申报事项包括：① 用人单位名称、组织机构代码、地址及联系方式；② 用人单位开户银行、户名及账号；③ 用人单位的缴费险种、缴费基数、费率、缴费数额；④ 职工名册及职工缴费情况；⑤ 社会保险经办机构规定的其他事项。职工应缴纳的社会保险费由用人单位代为申报。代职工申报的事项包括：职工姓名、社会保障号码、用工类型、联系地址、代扣代缴明细等。用人单位代职工申报的缴费明细以及变动情况应当经职工本人签字认可，由用人单位留存备查。用人单位应当向社会保险经办机构如实申报上述事项。

2. 申报核定

社会保险经办机构负责社会保险缴费申报、核定等工作。用人单位申报材料齐全、缴费基数和费率符合规定、填报数量关系一致的，社会保险经办机构核准后出具缴费通知单；用人单位申报材料不符合规定的，退用人单位补正。

3. 申报方式

在一个缴费年度内，用人单位初次申报后，其余月份可以只申报前述事项的变动情况；无变动的，可以不申报。用人单位一般需要到社会保险经办机构办理缴费申报。用人单位到社会保险经办机构办理社会保险缴费申报有困难的，经社会保险经办机构同意，可以邮寄申报。邮寄申报以寄出地的邮戳日期为实际申报日期。有条件的地区，用人单位也可以按照社会保险经办机构的规定进行网上申报。用人单位因不可抗力，不能按期办理缴费申报的，可以延期申报；不可抗力情形消除后，应当立即向社会保险经办机构报告。社会保险经办机构应当查明事实，予以核准。

4. 申报时限

用人单位应当自用工之日起 30 日内为其职工申请办理社会保险登记并申报缴纳社会保险费。未办理社会保险登记的，由社会保险经办机构核定其应当缴纳的社会保险费。用人单位未按照规定申报应缴纳的社会保险费数额的，社会保险经办机构暂按该单位上月缴费数额的110%确定应缴数额；没有上月缴费数额的，社会保险经办机构暂按该单位的经营状况、职工人数、当地上年度职工平均工资等有关情况确定应缴数额。用人单位补办申报手续后，由社会保险经办机构按照规定结算。

（二）社会保险费征收机构

根据《社会保险费征缴暂行条例》的规定，社会保险费的征收机构由省、自治区、直辖市人民政府规定,可以确定由社会保险经办机构征收,也可以确定由税务机关征收。不管由哪个机构征收,都必须统一到社会保险经办机构办理缴纳社会保险费的申报手续。根据《社会保险法》第五十九条的规定,"县级以上人民政府加强社会保险费的征收工作,社会保险费实行统一征收,实施步骤和具体办法由国务院规定",但目前还很难实现。根据《社会保险费申报缴纳管理规定》第三条及第三十二条的规定,省、自治区、直辖市人民政府决定由社会保险经办机构征收社会保险费的,社会保险经办机构应当依法征收社会保险费,社会保险经办机构负责征收的社会保险费,实行统一征收。社会保险费由税务机关征收的,社会保险经办机构应当及时将用人单位和职工应缴社会保险费数额提供给税务机关;税务机关应当及时向社会保险经办机构提供用人单位和职工的缴费情况。

(三)社会保险费缴纳[①]

1. 缴费原则

《社会保险法》规定:用人单位应当按时足额缴纳社会保险费,非因不可抗力等法定事由不得缓缴、减免。《社会保险费征缴暂行条例》规定:"缴费单位和缴费个人应当以货币形式全额缴纳社会保险费。"这些规定包括三层含义:① 社会保险费必须以货币形式缴纳,征收机构不得直接以实物形式征收社会保险费,若缴费单位以物抵费,则必须以通过中介机构变卖或拍卖后的实得金额缴纳;② 征收机构必须对社会保险费实行全额征缴,不得实行差额征缴;③ 非遇到法定特殊事由,社会保险费不得缓缴和减免。

2. 缴费方式

用人单位应当持社会保险经办机构出具的缴费通知单在规定的期限内采取下列方式之一缴纳社会保险费:① 到其开户银行或者其他金融机构缴纳;② 与社会保险经办机构约定的其他方式。社会保险经办机构、用人单位可以与银行或者其他金融机构签订协议,委托银行或者其他金融机构根据社会保险经办机构开出的托收凭证划缴用人单位和为其职工代扣的社会保险费。

3. 缴费数额

依据《社会保险法》第六十二条规定,缴费单位应按月申报缴费数额,缴费单位不按月规定申报应缴纳的社会保险费数额的,社会保险经办机构可暂按该单位上月缴费数额的110%确定应缴数额;没有上月缴费数额的,社会保险经办机构可暂按该单位的经营状况、职工人数等有关情况确定应缴数额。缴费单位补办申报手续并按核定数额缴纳社会保险费后,由社会保险经办机构按照规定结算。

[①] 《企业所得税法实施条例》(2007年)第三十五条规定:企业依照国务院有关主管部门或者省级人民政府规定的范围和标准为职工缴纳的基本养老保险费、基本医疗保险费、失业保险费、工伤保险费、生育保险费等基本社会保险费和住房公积金,准予扣除。企业为投资者或者职工支付的补充养老保险费、补充医疗保险费,在国务院财政、税务主管部门规定的范围和标准内,准予扣除。《个人所得税法实施条例》(2011年)第二十五条规定:按照国家规定,单位为个人缴付和个人缴付的基本养老保险费、基本医疗保险费、失业保险费、住房公积金,从纳税义务人的应纳税所得额中扣除。

4. 代扣代缴

职工应当缴纳的社会保险费由用人单位代扣代缴。用人单位依法履行代扣代缴义务时,任何单位或者个人不得干预或者拒绝。用人单位未按时足额代缴的,社会保险经办机构应当责令其限期缴纳,并自欠缴之日起按日加收 0.5‰的滞纳金。用人单位不得要求职工承担滞纳金。

5. 缴费入户与记账

征收的社会保险费,应当存入社会保险经办机构按照规定开设的社会保险基金收入户。社会保险经办机构应当按照有关规定定期将收到的基金存入依法开设的社会保险基金财政专户。社会保险经办机构对已征收的社会保险费,根据用人单位实际缴纳额(包括代扣代缴额)和代扣代缴明细,按照国家有关规定进行记账。

6. 缴费告知与查询

用人单位应当按月将缴纳社会保险费的明细情况告知职工本人。用人单位应当每年向本单位职工代表大会通报或者在本单位住所的显著位置公布本单位全年社会保险费缴纳情况,接受职工监督。社会保险经办机构应当及时、完整、准确地记录用人单位及其职工的缴费情况,并将缴费情况定期告知用人单位和职工。用人单位和职工有权按照《社会保险个人权益记录管理办法》等规定查询缴费情况。社会保险经办机构应当至少每年一次向社会公布社会保险费征收情况,接受社会监督。

(四)未按时足额缴纳社会保险费的处理

针对不能按时足额缴纳社会保险费的现象,《社会保险法》第六十三条与第八十六条加大了惩处力度,主要体现在四个方面。一是限期缴纳或补缴。用人单位未按时足额缴纳社会保险费的,由社会保险费征收机构责令其限期缴纳或者补足,并自欠缴之日起,按日加收 0.5‰的滞纳金;用人单位逾期仍未缴纳或者补足社会保险费的,由有关行政部门处欠缴数额 1 倍以上 3 倍以下的罚款。二是强行划拨。用人单位逾期仍未补缴社会保险费的,社会保险经办机构应当依法向银行和其他金融机构查询其存款账户,根据查询情况向所属的社会保险行政部门申请划拨社会保险费,并将划拨决定书送达用人单位。三是延期担保。用人单位账户余额少于应当缴纳的社会保险费的,社会保险费征收机构可以要求该用人单位提供担保,签订延期缴费协议。四是强制执行。用人单位未足额缴纳社会保险费且未提供担保的,社会保险费征收机构可以申请人民法院扣押、查封、拍卖其价值相当于应当缴纳社会保险费的财产,以拍卖所得抵缴社会保险费。据此,《社会保险费申报缴纳管理规定》作出了更详细的规定。

1. 限期补缴

用人单位有下列情形之一的,社会保险经办机构应当于查明欠缴事实之日起 5 个工作日内发出社会保险费限期补缴通知,责令用人单位在收到通知后 5 个工作日内补缴,同时告知其逾期仍未缴纳的，将按照《社会保险法》第六十三条、第八十六条的规定处理：① 未按规定申报且未缴纳社会保险费的；② 申报后未按时足额缴纳社会保险费的；③ 因瞒报、漏报职工人数、缴费基数等事项而少缴社会保险费的。

2. 强行划拨

用人单位未在收到限期补缴通知后 5 个工作日内补缴的，社会保险经办机构可以按照《社会保险法》第六十三条第二款的规定，向用人单位开户银行或者其他金融机构查询其存款账户。社会保险经办机构可以根据查询结果向所属的社会保险行政部门申请作出划拨社会保险费的决定，并提交下列材料：① 用人单位名称、法定代表人、地址、联系方式；② 用人单位开户银行、户名及账号；③ 申请划拨的事实、理由及依据；④ 申请划拨的社会保险费数额；⑤ 社会保险行政部门要求提供的其他材料。社会保险行政部门接到社会保险经办机构划拨申请后，应当按照《中华人民共和国行政强制法》的规定，及时作出划拨社会保险费决定，并书面通知用人单位开户银行或者其他金融机构予以划拨。社会保险行政部门作出的划拨社会保险费决定，应当按照《中华人民共和国行政强制法》的规定送达用人单位，并抄送社会保险经办机构。

3. 延期担保

经查询，用人单位账户余额少于应当缴纳的社会保险费数额的，或者划拨后用人单位仍未足额清偿社会保险费的，社会保险经办机构可以要求用人单位以抵押、质押的方式提供担保。用人单位应当到社会保险经办机构认可的评估机构对其抵押财产或者质押财产进行评估，经社会保险经办机构审核后，对能够足额清偿社会保险费的，双方依法签订抵押合同或者质押合同；需要办理登记的，应当依法办理抵押登记或者质押登记。社会保险经办机构与用人单位签订抵押合同或者质押合同后，应当签订延期缴费协议，并约定协议期满用人单位仍未足额清偿社会保险费的，社会保险经办机构可以参照协议期满时的市场价格，以抵押财产、质押财产折价或者以拍卖、变卖所得抵缴社会保险费。延期缴费协议期限最长不超过 1 年。用人单位提供担保并签订延期缴费协议的，其职工在延缴期间按照规定享受社会保险待遇。

4. 强制执行

根据《社会保险费申报缴纳管理规定》第二十五条规定，用人单位经责令仍未补缴且有下列情形之一的，社会保险经办机构可以按照《社会保险法》第六十三条第三款的规定，向所在地有管辖权的人民法院申请扣押、查封、拍卖用人单位财产，以拍卖所得抵缴应缴纳的社会保险费、滞纳金：① 经查询，用人单位开户银行账户余额少于应缴纳的社会保险费数额且未签订担保合同的；② 经划拨，用人单位仍未足额清偿应缴纳的社会保险费且未签订担保合同的；③ 延期缴费协议期满，因担保财产的市场价格或者权利状况发生变化，用人单位仍未足额清偿应缴纳的社会保险费的。社会保险经办机构申请人民法院强制执行的，应当提供下列材料：① 强制执行申请书；② 用人单位欠缴社会保险费及加收滞纳金的事实、理由和依据；③ 社会保险经办机构限期补缴通知；④ 用人单位的意见；⑤ 用人单位有《社会保险费申报缴纳管理规定》第二十五条所列情形时的相关材料；⑥ 申请强制执行的用人单位财产情况；⑦ 法律、行政法规规定以及人民法院要求的其他材料。强制执行申请书应当由社会保险经办机构负责人签名，加盖社会保险经办机构的印章，并注明日期。

（五）法律责任

1. 社会保险行政部门及其工作人员法律责任

社会保险行政部门及其工作人员作出划拨社会保险费决定时，有下列行为之一的，按照《中华人民共和国行政强制法》的规定，由上级社会保险行政部门或者有关部门责令改正，对直接负责的主管人员和其他直接责任人员依法给予处分；给用人单位或者个人造成损失的，依法承担赔偿责任；构成犯罪的，依法追究刑事责任：① 违反法定程序作出划拨社会保险费决定的；② 未在规定时限内及时作出划拨社会保险费决定并书面通知用人单位开户银行或者其他金融机构的；③ 决定划拨的社会保险费数额错误的；④ 向当事人泄露信息影响划拨社会保险费的；⑤ 有违反法律、法规和规章的其他行为的。

2. 社会保险经办机构及其工作人员的法律责任

社会保险经办机构及其工作人员有下列行为之一的，由社会保险行政部门责令改正，视情节轻重对直接负责的主管人员和其他直接责任人员依法给予相应处分：① 未按照本规定核定或者确定用人单位应当缴纳的社会保险费数额的；② 对已征收的社会保险费未按照国家规定记账的；③ 未依法责令欠缴社会保险费的用人单位限期补缴社会保险费、加收滞纳金的；④ 申请人民法院强制执行不符合规定的；⑤ 签订担保合同和延期缴费协议不符合规定的；⑥ 未按照规定审核、处置担保财产的；⑦ 法律、法规和规章规定的其他情形。社会保险经办机构擅自更改社会保险费缴费基数、费率，导致少收或者多收社会保险费的，由社会保险行政部门责令其追缴应当缴纳的社会保险费或者退还不应当缴纳的社会保险费；对直接负责的主管人员和其他直接责任人员依法给予处分。

3. 用人单位的法律责任

用人单位未按照规定向社会保险经办机构进行缴费申报或者未按照规定缴纳社会保险费的，社会保险行政部门应当依法查处。用人单位未按时足额缴纳社会保险费的，由社会保险经办机构按照《社会保险法》第八十六条的规定，责令其限期缴纳或者补足，并自欠缴之日起按日加收 0.5‰的滞纳金；逾期仍不缴纳的，由社会保险行政部门处欠缴数额 1 倍以上 3 倍以下的罚款。用人单位未按月将代扣代缴社会保险费明细情况告知职工本人，或者未按照规定通报、公布本单位全年社会保险费缴纳情况的，职工有权向社会保险行政部门举报、投诉。

四、社会保险稽核

为了规范社会保险稽核工作，依据《社会保险费征缴暂行条例》，原劳动和社会保障部于

2003 年 2 月颁布《社会保险稽核办法》(下简称《办法》)。根据《办法》的规定,我国自 2003 年 4 月 1 日起开始实行社会保险稽核制度。

(一) 稽核内容

《社会保险稽核办法》所称稽核是指社会保险经办机构依法对社会保险费缴纳情况和社会保险待遇领取情况进行的核查。其中,社会保险缴费情况稽核内容包括:① 缴费单位和缴费个人申报的社会保险缴费人数、缴费基数是否符合国家规定;② 缴费单位和缴费个人是否按时足额缴纳社会保险费;③ 欠缴社会保险费的单位和个人的补缴情况;④ 国家规定的或者劳动保障行政部门交办的其他稽核事项。

(二) 稽核部门及人员

县级以上社会保险经办机构负责社会保险稽核工作,经办机构的稽核部门具体承办社会保险稽核工作。社会保险经办机构及社会保险稽核人员开展稽核工作,行使下列职权:① 要求被稽核单位提供用人情况、工资收入情况、财务报表、统计报表、缴费数据和相关账册、会计凭证等与缴纳社会保险费有关的情况和资料;② 可以记录、录音、录像、照相和复制与缴纳社会保险费有关情况的资料,对被稽核对象的参保情况和缴纳社会保险费等方面的情况进行调查、询问;③ 要求被稽核对象提供与稽核事项有关的资料。稽核人员承担下列义务:① 办理稽核事务应当实事求是,客观公正,不得利用工作之便谋取私利;② 保守被稽核单位的商业秘密以及个人隐私;③ 为举报人保密。

社会保险稽核人员有下列情形之一的,应当自行回避:① 与被稽核单位负责人或者被稽核个人之间有亲属关系的;② 与被稽核单位或者稽核事项有经济利益关系的;③ 与被稽核单位或者稽核事项有其他利害关系,可能影响稽核公正实施的。被稽核对象有权以口头形式或者书面形式申请有前款规定情形之一的人员回避,然后由稽核人员所在的社会保险经办机构的负责人决定,对稽核人员的回避做出决定前,稽核人员不得停止实施稽核。

(三) 稽核方式及程序

社会保险稽核采取日常稽核、重点稽核和举报稽核等方式进行。社会保险经办机构应当制定日常稽核工作计划,根据工作计划定期实施日常稽核;对特定的对象和内容应当进行重点稽核;对于不按规定缴纳社会保险费的行为,任何单位和个人有权举报,社会保险经办机构应当及时受理举报并进行稽核。对社会保险费缴纳情况的稽核按照下列程序进行:① 提前 3 日将进行稽核的有关内容、要求、方法和需要准备的资料等事项通知被稽核对象,特殊情况下的稽核也可以不事先通知;② 应有两名以上稽核人员共同进行,出示执行公务的证件,并向被稽核对象说明身份;③ 对稽核情况应做笔录,笔录应当由稽核人员和被稽核单位法定代表人(或法定代表人委托的代理人)签名或盖章,被稽核单位法定代表人拒不签名或盖章的,应注明拒签原因;④ 对于经稽核未发现违反法规行为的被稽核对象,社会保险经办机构应当在稽核结束后 5 个工作日内书面告知其稽核结果;⑤ 发现被稽核对象在缴纳社会保险费或按规定参加社会保险等方面存在违反法规行为,要据实写出稽核意见书,并在稽核结束后 10 个工作日内送达被稽核对象,被稽核对象应在限定时间内予以改正。

第二节 社会保险基金

社会保险基金是在国民收入的初次分配及再分配中形成的,主要来源于用人单位及劳动者个人缴费,以及政府公共财政补贴,属于一种消费性的社会储备基金。根据社会保险的项目及使用方向,社会保险基金可以分为不同的种类,如养老保险基金、健康保险基金、失业保险基金、工伤保险基金、生育保险基金、护理保险基金等。我国《社会保险法》第六十四条明确规定:社会保险基金包括基本养老保险基金、基本医疗保险基金、工伤保险基金、失业保险基金和生育保险基金。

一、社会保险基金筹集与运营

社会保险制度的核心就在于如何收钱、管钱和用钱。社会保险基金的筹集直接关系到各项社会保险制度能否顺畅运转、各项社会保险待遇能否按时足额支付,因此是整个社会保险制度安排中最基础的工作,也是最关键的环节。

(一) 社会保险基金来源

社会保险基金从整体上讲是来源于整个社会,具体主要有三个渠道:一是用人单位(雇主);二是劳动者个人(雇员);三是国家(政府公共财政)。根据社会保险项目的不同,社会保险基金有不同的来源渠道,大致可以划分为三种类型。

(1) 单方负担型。其中又可以细分三种情况。① 由劳动者单方负担。这种方式是为了增强劳动者的责任感,减轻国家和用人单位的负担。但另一方面,这种形式增加了劳动者的经济负担,经济发达国家往往不采取这种方式。② 由用人单位单方负担。这种方式有利于加强用人单位的安全生产,也有利于减轻劳动者的经济负担和后顾之忧,有利于减轻国家的财政负担。因此,工伤保险由用人单位缴纳全部保险费是许多国家通用的方法。③ 由政府单方负担。这种方式的前提条件是国家有较为宽裕的财政资金,因为一般国家是难以负担社会保险全部费用的。

(2) 双方分担型。其中又可以划分为三种情况。① 由劳动者和用人单位分担。这是一种由来已久并普遍采用的方式,有助于加强用人单位内部的风险管理,避免风险事故的发生,也有利于劳动力资源的合理流动与配置,有利于用人单位自身的经济发展。② 由劳动者和政府分担。其特点是用人单位不负担保险费用支出,绝大部分由政府支付,劳动者只负担少量的保险费。这种方式减轻了用人单位的经济负担,有利于用人单位自身的发展和资金积累,也有助于政府推行社会保险。③ 由用人单位和政府分担。其特点在于劳动者不承担交费义务。这种方式是政府和用人单位为减轻劳动者的经济负担,扩大社会保险范围而采用的。

（3）三方共担型，即由劳动者、用人单位和政府三方共同负担。这是目前世界上多数国家采用的缴纳社会保险费的方式，也是最早在德国 1889 年创建的养老保险中采用的方式。这种方式能较好地调动各方积极性，便于推广社会保险，有助于社会保险的正常运行和发展。

在我国实行的养老、失业、工伤、医疗和生育五项保险中，养老保险和医疗保险实行社会统筹和个人账户相结合，失业保险要求用人单位和职工个人都缴费，这三项最重要的社会保险项目是国家、用人单位和劳动者个人三方负担的，工伤和生育两项保险劳动者个人不缴纳社会保险费。

（二）社会保险基金运营

社会保险基金运营包括社会保险基金的运用、保值和增值，主要是指对于一部分处于暂时闲置状态的社会保险基金，采用何种方式使之保值、增值和有效运用。社会保险基金的运营要遵循安全性、收益性和流动性原则。安全性原则是社会保险基金运营的最根本原则，是指社会保险基金的投资应规避风险、保证投资本金的安全，并确保投资能够获得预期收益。收益性原则是社会保险基金投资的核心，是指在符合安全性原则的前提下追求社会保险基金投资收益的最大化。流动性原则是社会保险基金投资的保证，是指重视社会保险基金的通融、变现、周转等特性，储备足额现金或活期存款以保证及时足额给付各项社会保险金。

从国际上看，社会保险基金的运营方式经历了三个发展阶段：第一是稳健性阶段，在 20 世纪 80 年代以前，社会保险基金主要用于购买国债和存入银行生息；第二是股市化阶段，20 世纪 80 年代至 90 年代初期，社会保险基金运营呈现股市化的趋势，越来越多的社会保险基金投资于企业股票和债券；第三是风险型阶段，20 世纪 90 年代以来，各国纷纷放宽社会保险基金投资海外证券的比例限制，社会保险基金运营趋向国际化。社会保险基金的保值增值方式，在国际上通常有五种：一是购买政府公债或视为政府岁入盈余，充国库之用；二是储存于国家银行或民营银行，由银行选择借款人；三是直接以银行家身份出现，向需要资金的公司贷款或购买有价证券；四是投资于不动产，直接取得经营权，以获得收益；五是对于享受社会保险金待遇的劳动者或其家属提供消费性或借贷服务。但不同国家采取的方式也不尽相同，只有根据本国的具体情况进行管理，才能真正确保其保值、增值。

《社会保险法》第六十九条规定：社会保险基金在保证安全的前提下，按照国务院规定投资运营实现保值增值；社会保险基金不得违规投资运营，不得用于平衡其他政府预算，不得用于兴建、改建办公场所和支付人员经费、运行费用、管理费用，或者违反法律、行政法规规定挪作其他用途。第七十条规定：社会保险经办机构应当定期向社会公布参加社会保险情况以及社会保险基金的收入、支出、结余和收益情况。由于我国长期把社会保险基金安全性作为首要目标，投资途径和模式比较单一，主要用于银行存款、国债和企业债券。但是，由于通胀将影响社会保险基金的保值增值，所以从长远看，这种单纯追求安全的投资模式并不安全。因此，为了社会保险基金保值增值，必须拓宽投资渠道、增加投资品种、提高投资收益，同时要解决社会保险基金管理和投资运营主体的泛行政化，以及统筹层次过低、资金和管理机构分散等问题，以应对社会保险基金预期收支加大给社会保险基金保值增值带来的巨大压力。

二、社会保险基金财务管理

基金财务管理是指运用专门方法对各项社会保险基金运行活动财务处理的过程。基金财务管理的职责任务是：认真贯彻执行国家有关法律、法规和方针、政策，依法筹集和使用基金；建立健全财务管理制度，努力做好基金的计划、控制、核算、分析和考核工作，并如实反映基金收支情况；严格遵守财经纪律，加强监督和检查，确保基金的安全。做好基金财务管理工作，是经办机构的重要职责。根据《社会保险法》及相关政策法规，我国社会保险基金财务管理制度主要包括如下方面。

（一）分账管理、专款专用

各项社会保险基金按险种分别建账、分账核算，专款专用，自求平衡，不得相互挤占和调剂，不得用于平衡财政预算。《社会保险法》第六十四条规定：社会保险基金包括基本养老保险基金、基本医疗保险基金、工伤保险基金、失业保险基金和生育保险基金；各项社会保险基金按照社会保险险种分别建账，分账核算，执行国家统一的会计制度；除基本医疗保险基金与生育保险基金合并建账及核算外，其他各项社会保险基金按照社险险种分别建账、分账核算。

（二）收支两条线

《社会保险法》第六十八条规定：社会保险基金存入财政专户，具体管理办法由国务院规定。因此，我国社会保险基金纳入单独的社会保障财政专户，实行收支两条线管理。社会保险经办机构每月征收的社会保险费应进入经同级财政部门、劳动保障部门共同认定在国有商业银行设立的社会保险基金收入户（以下简称收入户）。收入户的主要用途是：暂时由经办机构征收的社会保险费收入；暂存下级经办机构上解或上级经办机构下拨的基金收入；暂存该账户的利息收入以及其他收入等。收入户除向财政专户划转基金外，不得发生其他支付业务（在实际中，有时会发生部分退款业务，如错误划款、多缴费退款）。根据规定，收入户月末应无余额。实行"一票征缴"的地区，负责征缴的经办机构应按规定的时间将收入户中的各险种基金分别转入财政专户或有关险种单独设立的收入户（属于过渡性质），再转入财政专户。实行税务机关征收社会保险费的地区不设收入户。全国由于存在单险种经办和多险种经办等多种经办模式，以及税务部门征收的情况，各项社会保险基金征收结算、支付的方式呈现出多样性、复杂性。经办机构须认真执行《财务制度》规定的收支两条线管理制度。

（三）财务预算、决算

社会保险基金财务预算和财务决算是基金财务管理的两个重要内容。《社会保险法》规定：社会保险基金通过预算实现收支平衡，县级以上人民政府在社会保险基金出现支付不足时，给予补贴；社会保险基金按照统筹层次设立预算，除基本医疗保险基金与生育保险基金预算合并编制外，其他社会保险基金预算按照社会保险项目分别编制；社会保险基金预算、决算草案的编制、审核和批准，依照法律和国务院规定执行。

财务预算管理是根据年度社会保险费征收任务编制和按规定程序审批的年度基金财务收

支计划的活动。预算编制要充分考虑增减变化的因素，合理预测基金收支规模。预算执行过程中，因特殊情况造成基金收支失衡，经办机构要认真编制预算调整方案，并按规定的程序报批。基金预算草案由统筹地区经办机构编制，经本级人力资源社会保障部门审核汇总，财政部门审核后由财政和人力资源社会保障部门联合报本级人民政府审批。基金预算被批准后，由财政和人力资源社会保障部门批复，经办机构具体执行。社会保险费由税务机关征收的，基金预算起草及报批程序等按国务院规定执行。对各项社会保险基金预算要分别按险种编制，具体操作严格执行《预算意见》规定的范围、程序、方法和内容。财务决算管理是由反映基金财务收支状况和运行成果报表和文字报告组成的对基金预算执行情况的总结过程。经办机构须按照规定于年度终了时进行财务决算。

第三节 社会保险监管

社会保险监管是指社会保险行政管理制度和监督。社会保险行政管理是建立社会保险制度，制定社会保险规划，确定社会保险政策和管理法则，并组织实施。社会保险监督主要是对社会保险政策法规的执行情况和社会保险基金的收支情况进行监督检查，制止和纠正社会保险业务活动中的违规行为。

一、社会保险行政管理

社会保险行政管理是指行政部门依法行使对社会保障实务的管理与监督，是社会保险制度正常运行的保证。政府要管理社会保险实务，必须依法设置相应的社会保险行政管理部门。社会保险行政管理的内容包括依法制定更为具体的社会保险政策及运行规范，对社会保险制度的运行进行日常的监督检查。社会保险行政管理的任务是确保《社会保险法》得到有效实施和规范运行，并对失范现象进行纠正。《社会保险法》明确规定：国务院社会保险行政部门负责全国的社会保险管理工作，国务院其他有关部门在各自的职责范围内负责有关的社会保险工作；县级以上地方人民政府社会保险行政部门负责本行政区域的社会保险管理工作，县级以上地方人民政府其他有关部门在各自的职责范围内负责有关的社会保险工作。

我国现行的社会保险行政管理体制是2008年在中央政府机构改革中确定的，2018年在深化党和国家机构改革中进行了重新调整，主要表现为政府对社会保险事务的管理与监督。目前，在中央政府机构的序列中，管理社会保险事务的职能部门主要有人力资源和社会保障部、国家医疗保障局、财政部、审计署等部门。其中，人力资源和社会保障部是负责管理全国劳动和社会保险事务的主要部门，包括养老保险、工伤保险、失业保险以及社会保险基金等均是其管理职责范围内的事务。人力资源和社会保障部设22个内设机构，其中与社会保险管理密切相关的内设机构主要有：政策研究司、法规司、规划财务司、养老保险司、失业保险司、工伤保险司、农村社会保险司（拟订农村养老保险和被征地农民社会保障的政策、规划和标准；会同有关方面拟订农村社会保险基金管理办法；拟订征地方案中有关被征地农民社会保障措施的审核办法)、社会保险基金监管局。国家医疗保障局组建于2018年，主管全国医疗保险、生育保险、大病保险等事务，内设机构包括待遇保障司、基金监管司等7个单位。

省、自治区和直辖市及各级地方政府人力资源和社会保障部门、医疗保障部门在业务上接受人力资源和社会保障部、国家医疗保障局领导，负责在本行政区域内落实国家制定的各项社会保险政策。同时，在中央政府各部门中，财政部设置有社会保障财务司，负责管理中央财政社会保险支出及财务制度；审计署设有专门的社会保障审计司，负责对社会保险事务进行审计。此外，一些半官方性质的组织和社会团体，也不同程度地参与社会保险事务的管理，如中华全国总工会、中华全国妇女联合会、中国残疾人联合会等机构就不同程度地参与社会保险管理事务。因此，《社会保险法》规定："工会依法维护职工的合法权益，有权参与社会保险重大事项的研究，参加社会保险监督委员会，对与职工社会保险权益有关的事项进行监督。"

二、社会保险监督检查

社会保险监督检查是社会保险事业健康发展的重要保障，其中包括两个方面的内容：一是对于社会保险业务办理的监督检查；二是对于社会保险基金管理的监督检查。根据《社会保险法》第十章"社会保险监督"的规定及其他相关的政策法规，我国社会保险监督主体包括权力部门、行政部门、财政部门、审计机关、社会保险监督委员会、社会组织或个人、经办机构内部控制等多个方面，基本形成了比较完整的社会保险监督体系。

（一）权力部门监督

权力部门监督就是各级人民代表大会按照法律规定对于社会保险事业进行的监督检查。《社会保险法》第七十六条规定：各级人民代表大会常务委员会听取和审议本级人民政府对社会保险基金的收支、管理、投资运营以及监督检查情况的专项工作报告，组织对本法实施情况的执法检查等，依法行使监督职权。由此可见，权力部门监督的方式主要有两种：一是听取有关社会保险的专项工作报告；二是组织有关社会保险法的执法检查。

（二）行政部门监督

行政部门监督就是各级社会保险行政主管部门依法对社会保险事业进行的监督检查。根据国务院规定，人力资源和社会保障部是全国社会保险事业的行政主管部门，负责统筹拟定城乡社会保险及其补充保险政策和标准；组织拟订全国统一的社会保险关系转续办法和基础养老金全国统筹办法；统筹拟订机关企事业单位基本养老保险政策并逐步提高基金统筹层次；会同有关部门拟订社会保险及其补充保险基金管理和监督制度，编制全国社会保险基金预决算草案。地方各级人力资源和社会保障部门则是本行政区域内社会保险事业的行政主管部门。因此，中央及地方各级人力资源和社会保障部门构成了社会保险行政监督的主体。行政监督包括如下两个方面。

一是对有关用人单位及个人的监督。《社会保险法》第七十七条规定：县级以上人民政府社会保险行政部门应当加强对用人单位和个人遵守社会保险法律、法规情况的监督检查；社会保险行政部门实施监督检查时，被检查的用人单位和个人应当如实提供与社会保险有关的资料，不得拒绝检查或者谎报、瞒报。

二是对社会保险基金的监督。《社会保险法》第七十九条规定：社会保险行政部门对社会保险基金的收支、管理和投资运营情况进行监督检查，发现存在问题的，应当提出整改建议，依法作出处理决定或者向有关行政部门提出处理建议。社会保险基金检查结果应当定期向社会公布。社会保险行政部门对社会保险基金实施监督检查，有权采取下列措施：① 查阅、记录、复制与社会保险基金收支、管理和投资运营相关的资料，对可能被转移、隐匿或者灭失的资料予以封存；② 询问与调查事项有关的单位和个人，要求其对与调查事项有关的问题作出说明、提供有关证明材料；③ 对隐匿、转移、侵占、挪用社会保险基金的行为予以制止并责令改正。

（三）财政部门监督与审计机关监督

《社会保险法》第七十八条规定：财政部门、审计机关按照各自职责，对社会保险基金的收支、管理和投资运营情况实施监督。财政部门对社会保险基金实施财务监督，确保各项基金的财务收支活动按规定有序进行，监督内容包括社会保障收支的年度预算执行情况、中长期计划执行情况、财政性社会保障基金的使用情况、社会保险基金的使用情况等。财政部门主要是通过对社会保险基金财政专户的监督和对社会保障机构财务会计报表的审核及平时审查来行使监督权。

各级审计机关定期或不定期地对各项社会保险基金收支活动进行审计监督，包括审计征收基金存储、会计凭证、账簿报表以及缴费单位是否按规定缴费等，发现问题依法提出审计处理意见。各级社会保险经办机构和运营机构应自觉接受审计部门的监督检查。

（四）社会保险监督委员会

社会保险监督委员会由统筹地区人民政府组织成立，组成人员包括用人单位代表、参保人员代表，以及工会代表、专家等，主要职责是：掌握、分析社会保险基金的收支、管理和投资运营情况，对社会保险工作提出咨询意见和建议，实施社会监督。《社会保险法》第八十条规定：社会保险经办机构应当定期向社会保险监督委员会汇报社会保险基金的收支、管理和投资运营情况；社会保险监督委员会可以聘请会计师事务所对社会保险基金的收支、管理和投资运营情况进行年度审计和专项审计，审计结果应当向社会公开。社会保险监督委员会发现社会保险基金收支、管理和投资运营中存在问题的，有权提出改正建议；对社会保险经办机构及其工作人员的违法行为，有权向有关部门提出依法处理建议。

（五）社会组织或个人监督

社会组织及个人往往是需要依法参保的义务主体，但《社会保险法》同时也赋予了他们监督社会保险事业的主体地位。社会组织及个人监督社会保险的方式主要包括两种。

一是举报和投诉。《社会保险法》第八十二条规定：任何组织或者个人有权对违反社会保险法律、法规的行为进行举报、投诉。社会保险行政部门、卫生行政部门、社会保险经办机构、社会保险费征收机构和财政部门、审计机关对属于本部门、本机构职责范围的举报、投诉，应当依法处理；对不属于本部门、本机构职责范围的，应当书面通知并移交有权处理的部门、机构处理。有权处理的部门、机构应当及时处理，不得推诿。

二是申请行政复议或提起行政诉讼。行政复议和行政诉讼既是权利救济的途径，也可以有效发挥监督作用。《社会保险法》第八十三条规定：用人单位或者个人认为社会保险费征收机构的行为侵害自己合法权益的，可以依法申请行政复议或者提起行政诉讼；用人单位或者个人对社会保险经办机构不依法办理社会保险登记、核定社会保险费、支付社会保险待遇、办理社会保险转移接续手续或者侵害其他社会保险权益的行为，可以依法申请行政复议或者提起行政诉讼。

（六）经办机构内部控制

内部控制是指各级社会保险机构对系统内部职能部门及其工作人员从事社会保险管理服务工作及业务行为进行规范、监控和评价的方法、程序、措施的总称。内部控制由组织机构控制、业务运行控制、基金财务控制、信息系统控制等组成。

第四节 社会保险争议处理

社会保险行政争议是指社会保险经办机构在依照法律、法规及有关规定经办社会保险事务过程中，与公民、法人或者其他组织之间发生的争议。社会保险经办机构是指法律、法规授权的劳动保障行政部门所属的专门办理养老保险、医疗保险、失业保险、工伤保险、生育保险等社会保险事务的工作机构。社会保险行政争议的处理程序主要包括三种：一是行政复查程序；二是行政复议程序；三是行政诉讼程序。社会保险的行政复查与行政复议不得向申请人收取任何费用，行政复议活动所需经费由本单位的行政经费予以保障。2001年5月，原劳动和社会保障部发布实施了《社会保险行政争议处理办法》，着重规范了社会保险行政复议制度，对社会保险行政复查制度也做出了规定，并明确了社会保险行政复议与行政诉讼之间的关系。由于社会保险行政部门已于2008年由劳动和社会保障行政部门改为人力资源和社会保障行政部门，下文虽然沿用了当时"劳动保障行政部门"的表述，但实指现在的人力资源社会保障行政部门，特此说明。

一、社会保险行政复议的机构与范围

劳动保障行政部门的法制工作机构或者负责法制工作的机构为本单位的社会保险行政复议机构（以下简称保险复议机构），具体负责社会保险行政复议的处理工作。公民、法人或者

其他组织对经办机构作出的具体行政行为不服，可以向直接管理该经办机构的劳动保障行政部门申请行政复议。有下列情形之一的，公民、法人或者其他组织可以申请行政复议：① 认为经办机构未依法为其办理社会保险登记、变更或者注销手续的；② 认为经办机构未按规定审核社会保险缴费基数的；③ 认为经办机构未按规定记录社会保险费缴费情况或者拒绝其查询缴费记录的；④ 认为经办机构违法收取费用或者违法要求履行义务的；⑤ 对经办机构核定其社会保险待遇标准有异议的；⑥ 认为经办机构不依法支付其社会保险待遇或者对经办机构停止其享受社会保险待遇有异议的；⑦ 认为经办机构未依法为其调整社会保险待遇的；⑧ 认为经办机构未依法为其办理社会保险关系转移或者接续手续的；⑨ 认为经办机构的其他具体行政行为侵犯其合法权益的。

二、社会保险行政复议的申请

公民、法人或者其他组织对经办机构作出的具体行政行为不服可以申请行政复议；认为经办机构的具体行政行为所依据的除法律、法规、规章和国务院文件以外的其他规范性文件不合法，在对具体行政行为申请行政复议时，可以向劳动保障行政部门一并提出对该规范性文件的审查申请。

（一）申请人与被申请人

申请社会保险行政复议的公民、法人或者其他组织是申请人。公民、法人或者其他组织对社会保险经办机构的具体行政行为不服申请行政复议的，作出具体行政行为的经办机构是被申请人。有权申请行政复议的公民死亡的，其近亲属可以申请行政复议。有权申请行政复议的公民为无民事行为能力人或者限制民事行为能力人的，其法定代理人可以代为申请行政复议。有权申请行政复议的法人或者其他组织终止的，承受其权利的法人或者其他组织可以申请行政复议。同申请行政复议的具体行政行为有利害关系的其他公民、法人或者其他组织，可以作为第三人参加行政复议。申请人、第三人可以委托代理人代为参加行政复议。

（二）申请时限

申请人认为经办机构的具体行政行为侵犯其合法权益的，可以自知道该具体行政行为之日起60日内向经办机构申请复查或者向劳动保障行政部门申请行政复议。经办机构作出具体行政行为时，未告知申请人有权申请行政复议或者行政复议申请期限的，行政复议申请期限从申请人知道行政复议权或者行政复议申请期限之日起计算，但最长不得超过2年。因不可抗力或者其他正当理由耽误法定申请期限的，申请期限自障碍消除之日起继续计算。

（三）申请形式

申请人向劳动保障行政部门申请行政复议，一般应当以书面形式提出，也可以口头提出。口头提出的，接到申请的保险复议机构应当当场记录申请人的基本情况、请求事项、主要事实和理由、申请时间等事项，并由申请人签字或者盖章。劳动保障行政部门的其他工作机构接到以书面形式提出的行政复议申请的，应当立即转送本部门的保险复议机构处理。

三、社会保险行政复议的受理

劳动保障行政部门的保险争议处理机构接到行政复议申请后，应当注明收到日期，并在5个工作日内进行审查，由劳动保障行政部门按照下列情况分别作出决定：① 对符合法定受理条件，但不属于本行政机关受理范围的，应当告知申请人向有关机关提出；② 对不符合法定受理条件的，应当作出不予受理决定，并制作行政复议不予受理决定书，送达申请人，决定书中应当说明不予受理的理由；③ 对符合法定受理条件，且属于本行政机关受理范围的，行政复议申请自劳动保障行政部门的保险复议机构收到之日起即为受理，并制作行政复议受理通知书，送达申请人和被申请人，该通知书中应当告知受理日期。"5个工作日"的审查期限从劳动保障行政部门的保险复议机构收到行政复议申请之日起计算；因行政复议申请书的主要内容欠缺致使劳动保障行政部门难以作出决定而要求申请人补正有关材料的，从保险争议处理机构收到补正材料之日起计算。

此外，经办机构作出具体行政行为时，没有制作或者没有送达行政文书，申请人不服提起行政复议的，只要能证明具体行政行为存在，劳动保障行政部门应当依法受理；申请人对被申请人变更或者重新作出的具体行政行为不服，向劳动保障行政部门提出行政复议申请的，劳动保障行政部门应当受理。

申请人认为劳动保障行政部门无正当理由不受理其行政复议申请的，可以向上级劳动保障行政部门申诉，上级劳动保障行政部门在审查后，作出以下处理决定。① 申请人提出的行政复议申请符合法定受理条件的，应当责令下级劳动保障行政部门予以受理；其中，申请人不服的具体行政行为是依据劳动保障法律、法规、部门规章、本级以上人民政府制定的规章或者本行政机关制定的规范性文件作出的，或者上级劳动保障行政部门认为有必要直接受理的，可以直接受理。② 上级劳动保障行政部门认为下级劳动保障行政部门不予受理行为确属有正当理由，应当将审查结论告知申请人。

四、社会保险行政复议的处理

（一）送达受理通知书

社会保险争议处理机构应当自收到申请之日起7个工作日内，将申请书副本或者申请笔录复印件和行政复议受理通知书送达被申请人。

（二）被申请人提交答辩书

被申请人应当自接到行政复议申请书副本或者申请笔录复印件之日起10日内提交答辩书，并提交作出该具体行政行为的证据、所依据的法律规范及其他有关材料。被申请人不提供或者无正当理由逾期提供的，视为该具体行政行为没有证据、依据。申请人可以依法查阅被申请人提出的书面答辩、作出具体行政行为的证据、依据和其他有关材料。

（三）行政复议的方式与依据

劳动保障行政部门处理社会保险行政争议案件，原则上采用书面审查方式。必要时，可以向有关单位和个人调查了解情况，听取申请人、被申请人和有关人员的意见，并制作笔录。劳动保障行政部门处理社会保险行政争议案件，以法律、法规、规章和依法制定的其他规范性文件为依据。

（四）相关规定的合法性审查

劳动保障行政部门在审查申请人一并提出的作出具体行政行为所依据的有关规定的合法性时，应当根据具体情况，分别作出以下处理：① 该规定是由本行政机关制定的，应当在30 日内对该规定依法作出处理结论；② 该规定是由本行政机关以外的劳动保障行政部门制定的，应当在 7 个工作日内将有关材料直接移送制定该规定的劳动保障行政部门，请其在 60 日内依法作出处理结论，并将处理结论告知移送的劳动保障行政部门；③ 该规定是由政府及其他工作部门制定的，应当在 7 个工作日内按照法定程序转送有权处理的国家机关依法处理。审查该规定期间，行政复议中止，劳动保障行政部门应将有关中止情况通知申请人和被申请人。

（五）行政复议的中止

劳动保障行政部门在依法向有关部门请示行政复议过程中所遇到的问题应当如何处理期间，行政复议中止。行政复议中止的情形结束后，劳动保障行政部门应当继续对该具体行政行为进行审查，并将恢复行政复议审查的时间通知申请人和被申请人。

（六）行政复议的终止

申请人向劳动保障行政部门提出行政复议申请后，在劳动保障行政部门作出处理决定之前，撤回行政复议申请的，经说明理由，劳动保障行政部门可以终止审理，并将有关情况记录在案。劳动保障行政部门行政复议期间，被申请人变更或者撤销原具体行政行为的，应当书面告知劳动保障行政部门和申请人。劳动保障行政部门可以终止对原具体行政行为的审查，并书面告知申请人和被申请人。

五、社会保险行政复议决定书

（一）行政复议决定书的具体内容

劳动保障行政部门的保险复议机构应当对其组织审理的社会保险行政争议案件提出处理建议，经本行政机关负责人审查同意或者重大案件经本行政机关集体讨论决定后，由本行政机关依法作出行政复议决定。行政复议决定书应当载明下列事项：申请人的姓名、性别、年龄、工作单位、住址（法人或者其他组织的名称、地址、法定代表人的姓名、职务）；被申请人的名称、地址、法定代表人的姓名、职务；申请人的复议请求和理由；被申请人的答辩意见；劳动保障行政部门认定的事实、理由、适用的法律、法规、规章和依法制定的其他规范性文件；复议结论；申请人不服复议决定向人民法院起诉的期限；作出复议决定的年、月、日。

（二）行政复议决定书的送达与执行

劳动保障行政部门应当依照民事诉讼法有关送达的规定，将行政复议文书送达申请人和被申请人。经办机构必须执行生效的行政复议决定书。拒不执行或者故意拖延不执行的，由直接主管该经办机构的劳动保障行政部门责令其限期履行，并按照人事管理权限对直接负责的主管人员给予行政处分，或者建议经办机构对有关人员给予行政处分。

六、社会保险行政复议与行政复查的关系

（一）行政复查的机构与范围

社会保险经办机构采用复查的方式处理社会保险行政争议。社会保险经办机构的法制工作机构或者负责法制工作的机构为本单位的社会保险行政复查机构（以下简称保险复查机构），具体负责社会保险行政复查的处理工作。公民、法人或者其他组织认为经办机构未按规定审核社会保险缴费基数的、对经办机构核定其社会保险待遇标准有异议的、认为经办机构不依法支付其社会保险待遇或者对经办机构停止其享受社会保险待遇有异议的、认为经办机构未依法为其调整社会保险待遇的，可以直接向劳动保障行政部门申请行政复议，也可以先向作出该具体行政行为的经办机构申请复查，对复查决定不服，再向劳动保障行政部门申请行政复议。

（二）申请复查的形式

申请人向经办机构申请复查，一般应当以书面形式提出，也可以口头提出。口头提出的，接到申请的保险复查机构应当当场记录申请人的基本情况、请求事项、主要事实和理由、申请时间等事项，并由申请人签字或者盖章。

（三）行政复查的处理

申请人向作出该具体行政行为的经办机构申请复查的，该经办机构应指定其内部专门机构负责处理，并应当自接到复查申请之日起 20 日内作出维持或者改变该具体行政行为的复查决定。决定改变的，应当重新作出新的具体行政行为。经办机构作出的复查决定应当采用书面形式。经办机构应当依照民事诉讼法有关送达的规定，将复查决定送达申请人和被申请人。

（四）行政复查与行政复议的关系

社会保险行政复查不是行政复议的必经前置程序。公民、法人或者其他组织对于复查范

围内的事项,可以申请复查,对复查决定不服,再申请行政复议,也可以不经复查直接申请行政复议。申请人对经办机构的复查决定不服,或者经办机构逾期未作出复查决定的,申请人可以向直接管理该经办机构的劳动保障行政部门申请行政复议。申请人在经办机构复查该具体行政行为期间,向劳动保障行政部门申请行政复议的,经办机构的复查程序终止。经办机构复查期间,行政复议的申请期限中止,复查期限不计入行政复议申请期限。

七、社会保险行政复议与行政诉讼的关系

《行政复议法》第十六条规定:"公民、法人或者其他组织申请行政复议,行政复议机关已经依法受理的,或者法律、法规规定应当先向行政复议机关申请行政复议、对行政复议决定不服再向人民法院提起行政诉讼的,在法定行政复议期限内不得向人民法院提起行政诉讼。公民、法人或者其他组织向人民法院提起行政诉讼,人民法院已经依法受理的,不得申请行政复议。"由此可见,我国行政复议与行政诉讼的基本关系是以公民、法人或者其他组织自由选择为原则,而以行政复议前置为例外。

根据《行政复议法》第三十条的规定,公民、法人或者其他组织认为行政机关的具体行政行为侵犯其已经依法取得的土地、矿藏、水流、森林、山岭、草原、荒地、滩涂、海域等自然资源的所有权或者使用权的,"应当先申请行政复议;对行政复议决定不服的,可以依法向人民法院提起行政诉讼"。根据国务院或者省、自治区、直辖市人民政府对行政区划的勘定、调整或者征用土地的决定,省、自治区、直辖市人民政府确认"土地、矿藏、水流、森林、山岭、草原、荒地、滩涂、海域等自然资源的所有权或者使用权"的行政复议决定为最终裁决,公民、法人或者其他组织不能再向人民法院提起行政诉讼。除了上述情形之外,公民、法人或者其他组织可以在行政复议与行政诉讼之间自由选择。如果首先选择了行政复议并被依法受理的,在行政复议期限内不得向人民法院提起行政诉讼;如果首先选择了行政诉讼并被依法受理的,就不能再申请行政复议了。

具体到社会保险行政争议处理过程中,行政复议是不是行政诉讼的必经前置程序呢?根据《社会保险费征缴暂行条例》第二十五条的规定,"缴费单位和缴费个人对劳动保障行政部门或者税务机关的处罚决定不服的,可以依法申请复议;对复议决定不服的,可以依法提起诉讼"。根据2004年实施的《工伤保险条例》第五十三条的规定,"有下列情形之一的,有关单位和个人可以依法申请行政复议;对复议决定不服的,可以依法提起行政诉讼:(一)申请工伤认定的职工或者其直系亲属、该职工所在单位对工伤认定结论不服的;(二)用人单位对经办机构确定的单位缴费费率不服的;(三)签订服务协议的医疗机构、辅助器具配置机构认为经办机构未履行有关协议或者规定的;(四)工伤职工或者其直系亲属对经办机构核定的工伤保险待遇有异议的"。

对于如何理解上述两个条例的规定,存有不同的看法。一种观点认为,两个条例条文用语上是"可以"而不是"应当",所以应属于行政复议选择型(或非前置型)的规定;另一种观点认为,两个条例规定提起行政诉讼的前提是对行政复议决定不服,而对行政复议决定不

服必须建立在先行申请行政复议的基础之上，所以应属于行政复议前置的规定。但是，2010年12月通过的《国务院关于修改〈工伤保险条例〉》的决定》已于2011年1月1日起施行，据此修订后的《工伤保险条例》第五十五条规定，"有下列情形之一的，有关单位或者个人可以依法申请行政复议，也可以依法向人民法院提起行政诉讼：（一）申请工伤认定的职工或者其近亲属、该职工所在单位对工伤认定申请不予受理的决定不服的；（二）申请工伤认定的职工或者其近亲属、该职工所在单位对工伤认定结论不服的；（三）用人单位对经办机构确定的单位缴费费率不服的；（四）签订服务协议的医疗机构、辅助器具配置机构认为经办机构未履行有关协议或者规定的；（五）工伤职工或者其近亲属对经办机构核定的工伤保险待遇有异议的"。这一修改已经明确在工伤保险行政争议处理过程中，行政复议属于非前置性程序，完全可以不经行政复议而直接提起行政诉讼。

根据《社会保险行政争议处理办法》第九条和第三十一条的规定，社会保险行政争议处理的申请人与经办机构之间发生的属于人民法院受案范围的行政案件，申请人也可以"依法直接"向人民法院提起行政诉讼；申请人对劳动保障行政部门作出的行政复议决定不服的，可以依法向人民法院提起行政诉讼。因此，在社会保险行政争议处理程序中，行政复议不是提起行政诉讼的必经前置程序。

复习与思考

1. 简述我国社会保险经办制度。
2. 简述我国社会保险行政管理体制和监督体系。
3. 简述我国社会保险争议处理制度。
4. 案例分析：某企业财务工作人员由于工作疏忽，在为本单位职工代扣代缴社保费时，遗漏了本单位新录用的20名职工。一位新职工发现这一情况，并向当地社保机构投诉。当地社保机构查证属实后，要求该企业为20名新职工补缴社保费，并缴纳滞纳金2000元。另外，社保机构在该企业调查时，还有职工反映从来没有看到过自己的社保缴费明细，社保机构当场责令："以后要按月将缴费明细告知每位职工。"接下来两个月，新职工仍然没有被告知自己的缴费明细，却发现每月工资条中多了50元的扣款，于是询问企业财务人员，答曰："每人扣缴100元的社保滞纳金。"该企业的做法对吗？将面临怎样的风险？
5. 单选题（2014年国家司考题）：下列说法中符合《社会保险法》规定的是（　　）。

A. 个人跨统筹地区就业的，其基本养老保险关系随本人转移，缴费年限累计计算，个人达到法定退休年龄时，基本养老金分段计算、统计支付

B. 社会保险基金可以用于平衡政府财政预算，但不得用于兴建、改建办公场所和支付人员经费、运行费用、管理费用或者违反法律、行政法规规定挪作其他用途

C. 根据《社会保险法》的规定，需要由企业和个人共同缴纳保费的有养老保险、医疗保险、生育保险和失业保险，

D. 参加基本养老保险的个人，如果想要按月领取基本养老金，必须满足达到法定退休年龄时累计缴费满15年的要求

第十二章 社会保险法（下）

我国社会保险制度目前由养老、医疗、工伤、失业、生育五项险种构成，通常简称为"五险"。2016年7月，人社部印发《关于开展长期护理保险制度试点的指导意见》，探索建立为长期失能人员的基本生活照料和医疗护理提供保障的社会保险制度，可能会成为一项新增加的险种；2017年2月，国务院办公厅发出《关于印发〈生育保险和职工基本医疗保险合并实施试点方案〉的通知》，随后在全国范围内启动两项保险合并实施试点，但生育保险作为一个独立的险种仍有必要保留。

第一节 养老保险

养老保险又称养老社会保险、老年保险或年金保险，指国家通过立法强制建立养老基金，劳动者在达到法定退休年龄或因年老丧失劳动能力后，从中领取养老金以保障自己基本生活的一种社会保险制度。养老保险的制度萌芽最早可以追溯到1669年法国制定的《年金法典》，其中明确规定对于不能从事海上工作的老年海员发放养老金。奥地利和比利时分别在1854年和1868年实施的面向矿山劳动者的养老金制度也具有现代养老保险制度的某些特征。但由于其实施范围仅限于某种特殊行业，都算不上现代养老社会保险产生的标志。1889年德国颁布的《老年、残疾和遗属保险法》通常被认为是现代养老保险制度产生的标志。

一、职工基本养老保险

（一）覆盖范围

《社会保险法》虽然已将基本养老保险覆盖到全体公民，但职业性养老保险，即与劳动关系相关联的职工养老保险，无疑是中国基本养老保险体系的主体与核心。根据《社会保险法》第十条的规定，职工应当参加基本养老保险，无雇工的个体工商户、未在用人单位参加基本养老保险的非全日制从业人员以及其他灵活就业人员可以参加基本养老保险。因此，职工基本养老保险的覆盖对象主要包括职工和灵活就业人员两个方面。职工与用人单位之间存在比较规范和稳定的劳动关系，所以参加基本养老保险是强制性的要求；而灵活就业人员的劳动关系通常是不规范和不稳定的，所以参加基本养老保险是选择性的安排。

（二）制度模式

《社会保险法》第十一条规定：基本养老保险实行社会统筹与个人账户相结合；基本养老保险基金由用人单位和个人缴费以及政府补贴等组成。因此，我国职工基本养老保险的基本模式被称为"统账结合"模式，即分别设立社会统筹基金和个人账户基金。根据现行政策，我国基本养老保险筹资方式采取征费制，基本养老保险资金主要来源于企业缴费与劳动者个人缴费，企业缴费全部计入社会统筹账户，个人缴费全部计入个人账户。

（三）统筹基金

所谓"统筹"，就是在一定的范围内，统一筹划社会保险基金的征缴、管理和使用；每个统筹区各自负责本区域社会保险基金的平衡，结余主要归本统筹区支配和使用，缺口一般都需要本级政府和本级财政填补。基本养老保险统筹基金是指由养老保险管理机构在一定范围内统一征集、管理、调剂使用的养老保险基金。《社会保险法》第六十四条规定："基本养老保险基金逐步实行全国统筹，其他社会保险基金逐步实行省级统筹，具体时间、步骤由国务院规定。"依据《社会保险法》的规定及现行养老保险政策，我国基本养老保险统筹基金主要来自四个部分：一是用人单位为其职工缴纳的全部基本养老保险费（以下简称单位缴费）；二是城镇个体工商户等灵活就业人员缴费的一部分；三是政府公共财政补贴；四是结余资金产生的利息或运营收益。

1. 单位缴费

《社会保险法》第十二条规定："用人单位应当按照国家规定的本单位职工工资总额的比例缴纳基本养老保险费，记入基本养老保险统筹基金。"按照我国现行政策，企业缴费的比例一般不得超过企业工资总额的20%，具体比例由省、自治区、直辖市政府确定，少数省、自治区、直辖市离退休人数较多、养老保险负担过重，确需超过企业工资总额20%的，需要报人力资源和社会保障部、财政部审批。企业缴费全部计入社会统筹基金。

2. 城镇个体工商户等灵活就业人员缴费的一部分

《社会保险法》第十二条规定："无雇工的个体工商户、未在用人单位参加基本养老保险的非全日制从业人员以及其他灵活就业人员参加基本养老保险的，应当按照国家规定缴纳基本养老保险费，分别记入基本养老保险统筹基金和个人账户。"按照我国现行政策，我国城镇个体工商户和灵活就业人员的缴费基数为当地上年度在岗职工平均工资，缴费比例为20%，其中8%计入个人账户，其余部分计入社会统筹账户。

3. 政府公共财政补贴

《社会保险法》第十三条规定："国有企业、事业单位职工参加基本养老保险前，视同缴费年限期间应当缴纳的基本养老保险费由政府承担；基本养老保险基金出现支付不足时，政府给予补贴。"因此，我国政府公共财政对于职工基本养老保险基金的补贴主要存在两种情况：一是国有企业、事业单位职工参加基本养老保险前"视同缴费年限"期间（"视同缴费年限"是我国城镇职工基本养老保险制度改革中出现的一个专业术语，指职工全部工作年限中，其实际缴费年限之前的按国家规定计算的连续工龄。这一术语适用于基本养老保险制度实施前参加工作、实施后退休的人员）的基本养老保险费；二是基本养老保险基金支付不足时的政府补贴。

（四）个人账户

个人账户既是职工参加基本养老保险及其缴费情况的记录凭证，也是职工在符合国家规定的退休条件并办理了退休手续后领取基本养老金的主要依据。已经参加基本养老保险的职工每人都拥有一个终身不变的个人账户。个人账户内容包括两个方面：一是个人账户基本信息，包括姓名、性别、出生年月、社会保障号码、参加工作时间、社会保险编号、建户人、建户时间、工作单位变更情况、社会保险关系变更情况；二是个人缴费记录信息，包括首次缴费时间、缴费年限与视同缴费年限、个人缴费工资基数、当年缴费月数、当年记账利息、个人账户累计储存额等。

1. 记 账

《社会保险法》第十二条规定："职工应当按照国家规定的本人工资的比例缴纳基本养老保险费，记入个人账户；无雇工的个体工商户、未在用人单位参加基本养老保险的非全日制从业人员以及其他灵活就业人员参加基本养老保险的，应当按照国家规定缴纳基本养老保险费，分别记入基本养老保险统筹基金和个人账户。"由此可见，个人账户的记账包括两种情况：一是有用人单位的职工，个人缴费全部计入个人账户；二是无雇工的个体工商户、未在用人单位参加基本养老保险的非全日制从业人员以及其他灵活就业人员的缴费的一部分计入个人账户。《社会保险法》第十四条同时规定，个人账户的"记账利率不得低于银行定期存款利率，免征利息税"。

2. 支 取

个人账户将来主要用于向符合享受基本养老金条件的参保人支付个人账户养老金，所以《社会保险法》第十四条明确规定"个人账户不得提前支取"。人力资源和社会保障部于 2011 年 6 月发布的《实施〈中华人民共和国社会保险法〉若干规定》第六条进一步规定：职工基本养老保险个人账户不得提前支取；个人在达到法定的领取基本养老金条件前离境定居的，其个人账户予以保留，达到法定领取条件时，按照国家规定享受相应的养老保险待遇，其中丧失中华人民共和国国籍的，可以在其离境时或者离境后书面申请终止职工基本养老保险关系；社会保险经办机构收到申请后，应当书面告知其保留个人账户的权利以及终止职工基本养老保险关系的后果，经本人书面确认后，终止其职工基本养老保险关系，并将个人账户储存额一次性支付给本人。

3. 继 承

个人账户具有强制储蓄性质，属于个人所有。我国原来的政策规定，参保人员死亡后，个人账户储存额中"个人缴费部分"可以继承，而非"个人账户全部余额"。《社会保险法》第十四条明确规定："个人死亡的，个人账户余额可以继承。"人力资源和社会保障部于 2011 年 6 月发布的《实施〈中华人民共和国社会保险法〉若干规定》第六条也规定："参加职工基本养老保险的个人死亡后，其个人账户中的余额可以全部依法继承。"因此，职工在职期间死亡、在离退休前死亡或者在离退休后死亡，其基本养老保险个人账户储存额尚未领取或未领取完时可以继承，继承额为其死亡时个人账户中的全部储存额。继承额一次性支付给死亡者生前指定的受益人或法定继承人。具体的继承顺序，依照《中华人民共和国继承法》的相关规定执行。如确实没有合法继承者，个人账户的余额部分并入基本养老保险社会统筹基金中使用。

（五）待遇给付

根据《社会保险法》第十五条和第十七条的规定，我国职工基本养老保险待遇主要包括三大部分，所需资金均从基本养老保险基金中支付。① 基本养老金。② 丧葬补助金和遗属抚恤金：参加基本养老保险的个人，因病或者非因工死亡的，其遗属可以领取丧葬补助金和抚恤金，由于失业保险、工伤保险都有关于丧葬补助金的规定，故《社会保险法》第四十九条规定：个人死亡同时符合领取基本养老保险丧葬补助金、工伤保险丧葬补助金和失业保险丧葬补助金条件的，其遗属只能选择领取其中的一项。③ 病残津贴：在未达到法定退休年龄时因病或者非因工致残完全丧失劳动能力的，可以领取病残津贴。其中，基本养老金是最主要的养老保险待遇项目，下面做详细介绍。

1. 领取条件

《社会保险法》第十六条规定："参加基本养老保险的个人，达到法定退休年龄时累计缴费满十五年的，按月领取基本养老金。"因此，领取基本养老金的条件主要有两个：一是达到法定退休年龄；二是累计缴费满十五年。

（1）法定退休年龄。我国现阶段关于国家机关、事业单位和企业工作人员正常退休的年龄条件，主要依据是1978年国务院发布的《关于颁发〈关于安置老弱病残干部的暂行办法〉和〈关于工人退休、退职的暂行办法〉的通知》（国发〔1978〕104号，以下简称104号文）。根据规定：男工人和干部年满60岁，女工人年满50岁、干部满55岁，连续工龄满10年者，可以享受退休待遇。可见，我国目前法定的正常退休年龄为男满60岁，女工人满50岁、女干部满55岁。

（2）累计缴费满15年。《社会保险法》第十六条同时规定："参加基本养老保险的个人，达到法定退休年龄时累计缴费不足十五年的，可以缴费至满十五年，按月领取基本养老金；也可以转入新型农村社会养老保险或者城镇居民社会养老保险，按照国务院规定享受相应的养老保险待遇。"

2. 计发办法

根据《社会保险法》第十五条和第十八条的规定，"基本养老金由统筹养老金和个人账户养老金组成"；基本养老金的水平要根据"个人累计缴费年限、缴费工资、当地职工平均工资、个人账户金额、城镇人口平均预期寿命"等因素确定。同时，国家建立"基本养老金正常调整机制"，根据"职工平均工资增长、物价上涨情况"，适时提高基本养老保险待遇水平。统筹养老金，亦称基础养老金，计发办法是"以当地上年度在岗职工月平均工资和本人指数化月平均缴费工资的平均值为基数，缴费每满1年发给1%"；个人账户养老金的计发办法为"个人账户储存额除以计发月数"，计发月数根据"职工退休时城镇人口平均预期寿命、本人退休年龄、利息"等因素确定。

3. 领取地的确定

根据人力资源和社会保障部、财政部于 2009 年 12 月制定的《城镇企业职工基本养老保险关系转移接续暂行办法》(2010 年 1 月 1 日起实施)的相关规定，跨省流动就业的参保人员达到待遇领取条件时，按下列规定确定其待遇领取地：① 基本养老保险关系在户籍所在地的，由户籍所在地负责办理待遇领取手续，享受基本养老保险待遇；② 基本养老保险关系不在户籍所在地，而在其基本养老保险关系所在地累计缴费年限满 10 年的，在该地办理待遇领取手续，享受当地基本养老保险待遇；③ 基本养老保险关系不在户籍所在地，且在其基本养老保险关系所在地累计缴费年限不满 10 年的，将其基本养老保险关系转回上一个缴费年限满 10 年的原参保地办理待遇领取手续，享受基本养老保险待遇；④ 基本养老保险关系不在户籍所在地，且在每个参保地的累计缴费年限均不满 10 年的，将其基本养老保险关系及相应资金归集到户籍所在地，由户籍所在地按规定办理待遇领取手续，享受基本养老保险待遇。

二、机关事业单位养老保险

国务院于 2015 年 1 月 14 日发布《关于机关事业单位工作人员养老保险制度改革的决定》(以下简称国发 2 号文)，自 2014 年 10 月 1 起机关事业单位启动养老保险改革，实行个人缴费、统账结合的基本养老保险制度，同时建立职业年金制度。此次养老保险改革坚持全覆盖、保基本、多层次、可持续方针，遵循公平与效率相结合、权利与义务相对应、保障水平与经济发展水平相适应、改革前后待遇水平相衔接、解决突出矛盾与保证可持续发展相促进的基本原则，以增强公平性、适应流动性、保证可持续性为重点，以逐步建立独立于机关事业单位之外、资金来源多渠道、保障方式多层次、管理服务社会化的养老保险体系为目标，范围涉及按照公务员法管理的单位、参照公务员法管理的机关（单位）、事业单位及其编制内的工作人员。2015 年 3 月，人社部发布《关于印发〈机关事业单位工作人员基本养老保险经办规程〉的通知》，规范了机关事业单位养老保险的经办管理服务工作。

（一）经办机构与改革范围

机关事业单位基本养老保险业务实行属地化管理，由县级及以上社保经办机构负责办理。在京中央国家机关事业单位基本养老保险业务由人力资源社会保障部社会保险事业管理中心负责经办，京外的中央国家机关事业单位基本养老保险业务由属地社保经办机构负责经办。根据国发 2 号文的要求，机关事业单位养老保险制度改革适用于按照公务员法管理的单位、参照公务员法管理的机关（单位）、事业单位及其编制内的工作人员。《通知》进一步明确，参加机关事业单位养老保险的事业单位是指根据《中共中央国务院关于分类推进事业单位改革的指导意见》有关规定进行分类改革后的公益一类、二类事业单位[①]。对于目前划分为生产

---

① 《中共中央国务院关于分类推进事业单位改革的指导意见》要求，在清理规范基础上，按照社会功能将现有事业单位划分为承担行政职能、从事生产经营活动和从事公益服务三个类别。对承担行政职能的，逐步将其行政职能划归行政机构或转为行政机构；对从事生产经营活动的，逐步将其转为企业；对从事公益服务的，继续将其保留在事业单位序列、强化其公益属性，细分为两类：承担义务教育、基础性科研、公共文化、公共卫生及基层的基本医疗服务等基本公益服务，不能或不宜由市场配置资源的，划入公益一类；承担高等教育、非营利医疗等公益服务，可部分由市场配置资源的，划入公益二类。

经营类，但尚未转企改制到位的事业单位，已参加企业职工基本养老保险的仍继续参加；尚未参加的，暂参加机关事业单位基本养老保险，待其转企改制到位后，按有关规定纳入企业职工基本养老保险范围。要严格按照机关事业单位编制管理规定确定参保人员范围，编制外人员应依法参加企业职工基本养老保险；对于编制管理不规范的单位，要先按照有关规定进行清理规范，待明确工作人员身份后再纳入相应的养老保险制度。

（二）制度模式与基金征缴

机关事业单位工作人员养老保险与职工基本养老保险一样，采取统账结合的制度模式。基本养老保险费由单位和个人共同负担。机关事业单位及其工作人员应按规定及时足额缴纳养老保险费。各级社会保险征缴机构应切实加强基金征缴，做到应收尽收。单位缴纳基本养老保险费（以下简称单位缴费）的比例为本单位工资总额的20%，个人缴纳基本养老保险费（以下简称个人缴费）的比例为本人缴费工资的8%，由单位代扣。本单位工资总额为参加机关事业单位养老保险工作人员的个人缴费工资基数之和。机关单位（含参公管理的单位）工作人员的个人缴费工资基数包括：本人上年度工资收入中的基本工资、国家统一的津贴补贴（艰苦边远地区津贴、西藏特贴、特区津贴、警衔津贴、海关津贴等国家统一规定纳入原退休费基数的项目）、规范后的津贴补贴（地区附加津贴）、年终一次性奖金；事业单位工作人员的个人缴费工资基数包括：本人上年度工资收入中的基本工资、国家统一的津贴补贴（艰苦边远地区津贴、西藏特贴、特区津贴等国家统一规定纳入原退休费计发基数的项目）、绩效工资。其余项目暂不纳入个人缴费工资基数。参保人员月缴费基数按照本人上年度月平均工资核定；新设立单位和参保单位新增的工作人员按照本人起薪当月的月工资核定。本人上年度月平均工资或起薪当月的月工资低于上年度全省在岗职工月平均工资60%的，按60%核定；超过300%的，按300%核定。单位月缴费基数为参保人员月缴费基数之和。在上年度全省在岗职工月平均工资公布前，参保人员缴费基数暂按上年度月缴费基数执行。待上年度全省在岗职工月平均工资公布后，据实重新核定月缴费基数，并结算差额。

（三）个人账户建立与管理

个人账户包括个人基本信息、缴费信息和支付信息、转移接续信息、终止注销信息等内容。社保经办机构应为参保人员建立个人账户，用于记录个人缴费及利息等社会保险权益。个人账户储存额只用于工作人员养老，不得提前支取。国发2号文实施时在机关事业单位工作的人员，个人账户建立时间从2014年10月1日开始；之后参加工作的人员，从其参加工作之月起建立个人账户。参保人员存在两个及以上个人账户的，其原个人账户储存额部分，应与现个人账户合并计算。存在重复缴费的，由现参保地社保经办机构与本人协商确定保留其中一个基本养老保险关系和个人账户，同时其他关系予以清理，个人账户储存额退还本人，相应的个人缴费年限不重复计算。参保人员对个人账户记录的信息有异议时，参保单位可凭相关资料向社保经办机构申请核查。社保经办机构核实后，对确需调整的，按规定程序审批后予以修改，保留调整前的记录，记录调查信息，将调整结果通知参保单位。

（四）基本养老待遇的计发办法

（1）国发 2 号文实施（2014 年 10 月 1 日）后参加工作、个人缴费年限累计满 15 年的人员，退休后按月发给基本养老金。基本养老金由基础养老金和个人账户养老金组成。退休时的基础养老金月标准以当地上年度在岗职工月平均工资和本人指数化月平均缴费工资的平均值为基数，缴费每满 1 年发给 1%。个人账户养老金月标准为个人账户储存额除以计发月数，计发月数根据本人退休时城镇人口平均预期寿命、本人退休年龄、利息等因素确定。

（2）老人老办法。国发 2 号文实施前已经退休的人员，继续按照国家规定的原待遇标准发放基本养老金，同时执行基本养老金调整办法。机关事业单位离休人员仍按照国家统一规定发给离休费，并调整相关待遇。国发 2 号文实施后达到退休年龄但个人缴费年限累计不满 15 年的人员，其基本养老保险关系处理和基本养老金计发比照《实施〈中华人民共和国社会保险法〉若干规定》（人力资源社会保障部令第 13 号）执行。

（3）国发 2 号文实施前参加工作、实施后退休且缴费年限（含视同缴费年限，下同）累计满 15 年的人员，按照合理衔接、平稳过渡的原则，在发给基础养老金和个人账户养老金的基础上，再依据视同缴费年限长短发给过渡性养老金。《通知》明确，全国实行统一的过渡办法。对 2014 年 10 月 1 日前（以下简称改革前）参加工作、改革后退休的"中人"设立 10 年过渡期，过渡期内实行新老待遇计发办法对比，保底限高。即：新办法（含职业年金待遇）计发待遇低于老办法待遇标准的，按老办法待遇标准发放，保持待遇不降低；高于老办法待遇标准的，超出的部分，第一年退休的人员（2014 年 10 月 1 日至 2015 年 12 月 31 日）发放超出部分的 10%，第二年退休的人员（2016 年 1 月 1 日至 2016 年 12 月 31 日）发放 20%，依次类推，到过渡期末年退休的人员（2024 年 1 月 1 日至 2024 年 9 月 30 日）发放超出部分的 100%。过渡期结束后，退休的人员执行新办法。

三、城乡居民基本养老保险

2009 年 9 月，国务院正式发布了《关于开展新型农村社会养老保险试点的指导意见》，在全国范围开始探索建立个人缴费、集体补助、政府补贴相结合的新农保制度。2011 年 6 月，国务院发布《关于开展城镇居民社会养老保险试点的指导意见》，在全国范围内启动建立个人缴费、政府补贴相结合的城镇居民养老保险制度的试点。《社会保险法》第二十二条规定："省、自治区、直辖市人民政府根据实际情况，可以将城镇居民社会养老保险制度和新型农村社会养老保险制度合并实施。"2014 年 2 月，国务院发布《关于建立统一的城乡居民基本养老保险制度的意见》（以下简称《意见》），决定将新型农村社会养老保险和城镇居民社会养老保险两项制度合并实施，建立公平、统一、规范的城乡居民养老保险制度。

（一）制度模式与参保范围

城乡居民基本养老保险实行社会统筹与个人账户相结合的制度模式，采用个人缴费、集体补助、政府补贴相结合的资金筹集渠道，建立基础养老金和个人账户养老金相结合的待遇支付机制。年满 16 周岁（不含在校学生），非国家机关和事业单位工作人员及不属于职工基本养老保险制度覆盖范围的城乡居民，可以在户籍地参加城乡居民养老保险。国家为每个参保人员建立终身记录的养老保险个人账户,个人缴费、地方人民政府对参保人的缴费补贴、集体补助及其他社会经济组织、公益慈善组织、个人对参保人的缴费资助,全部记入个人账户。个人账户储存额按国家规定计息。参保人死亡,个人账户资金余额可以依法继承。

(二) 基金构成与保费征缴

城乡居民养老保险基金由个人缴费、集体补助、政府补贴构成。

(1) 个人缴费。参加城乡居民养老保险的人员应当按规定缴纳养老保险费。缴费标准目前设为每年 100 元、200 元、300 元、400 元、500 元、600 元、700 元、800 元、900 元、1000 元、1500 元、2000 元 12 个档次。省(区、市)人民政府可以根据实际情况增设缴费档次,最高缴费档次标准原则上不超过当地灵活就业人员参加职工基本养老保险的年缴费额,并报人力资源社会保障部备案。人力资源社会保障部会同财政部依据城乡居民收入增长等情况适时调整缴费档次标准。参保人自主选择档次缴费,多缴多得。

(2) 集体补助。有条件的村集体经济组织应当对参保人缴费给予补助,补助标准由村民委员会召开村民会议民主确定,鼓励有条件的社区将集体补助纳入社区公益事业资金筹集范围。鼓励其他社会经济组织、公益慈善组织、个人为参保人缴费提供资助。补助、资助金额不超过当地设定的最高缴费档次标准。

(3) 政府补贴。政府对符合领取城乡居民养老保险待遇条件的参保人全额支付基础养老金,其中,中央财政对中西部地区按中央确定的基础养老金标准给予全额补助,对东部地区给予 50%的补助。地方人民政府应当对参保人缴费给予补贴,对选择最低档次标准缴费的,补贴标准不低于每人每年 30 元;对选择较高档次标准缴费的,适当增加补贴金额;对选择 500 元及以上档次标准缴费的,补贴标准不低于每人每年 60 元,具体标准和办法由省(区、市)人民政府确定。对重度残疾人等缴费困难群体,地方人民政府为其代缴部分或全部最低标准的养老保险费。

居民养老保险个人缴费实行银行预存代扣制,县社保机构委托合作金融机构办理养老保险费扣缴业务。城乡居民养老保险费实行按年度(自然年度)缴纳,县社保机构结合本地实际确定集中缴费期,根据参保人员选定的缴费档次进行保费收缴。对于在集中缴费期内未能完成缴费的参保人员,应指导其及时办理缴费手续。有条件的地区也可采取由参保人员到金融机构直接进行选档缴费、允许年内多次缴费等形式组织本地区的保费收缴工作。对于暂不具备通过金融机构进行养老保险费扣缴条件的地区,可暂由县社保机构、乡镇(街道)事务所会同金融机构进行收费,并为参保人员开具财政部门统一印制的社会保险费专用收据。采用人工收取保费方式的地区,乡镇(街道)事务所和村(居)协办员应按当地规定时限将保费存入收入户。

(三) 待遇给付与领取条件

城乡居民养老保险待遇由基础养老金和个人账户养老金构成,支付终身。基础养老金由中央确定最低标准,建立基础养老金最低标准正常调整机制,根据经济发展和物价变动等情况,适时调整全国基础养老金最低标准。地方人民政府可以根据实际情况适当提高基础养老金标准;对长期缴费的,可适当加发基础养老金,提高和加发部分的资金由地方人民政府支出。个人账户养老金的月计发标准,目前为个人账户全部储存额除以 139(与现行职工基本养老保险个人账户养老金计发系数相同)。城乡居民养老保险待遇领取人员死亡的,从次月起停止支付其养老金。有条件的地方人民政府可以结合本地实际探索建立丧葬补助金制度。

待遇领取条件为:新农保或城居保制度实施时已年满 60 周岁,在本意见印发之日(2014 年 2 月 21 日)前未领取国家规定的基本养老保障待遇的,不用缴费,自本意见实施之月起,可以按月领取城乡居民养老保险基础养老金;距规定领取年龄不足 15 年的,应逐年缴费,也允许补缴,累计缴费不超过 15 年;距规定领取年龄超过 15 年的,应按年缴费,累计缴费不少于 15 年。

四、关系转续与制度衔接

《社会保险法》第十九条规定:"个人跨统筹地区就业的,其基本养老保险关系随本人转移,缴费年限累计计算;个人达到法定退休年龄时,基本养老金分段计算、统一支付。具体办法由国务院规定。"根据人力资源和社会保障部于 2011 年 6 月发布的《实施〈中华人民共和国社会保险法〉若干规定》第五条的规定,参加职工基本养老保险的个人跨省流动就业,符合按月领取基本养老金条件时,基本养老金分段计算、统一支付的具体办法,按照《国务院办公厅关于转发人力资源社会保障部财政部城镇企业职工基本养老保险关系转移接续暂行办法的通知》(国办发〔2009〕66 号)执行。下面,依据《城镇企业职工基本养老保险关系转移接续暂行办法》《城乡养老保险制度衔接暂行办法》(人社部发〔2014〕17 号)以及《国务院关于建立统一的城乡居民基本养老保险制度的意见》(国发〔2014〕8 号)、《关于机关事业单位基本养老保险关系和职业年金转移接续有关问题的通知》(人社部规〔2017〕1 号)的规定,对我国基本养老保险关系转续与制度衔接规范梳理如下。

(一)城镇职工流动就业时关系转续与资金转移

城镇职工跨省、自治区、直辖市流动就业时,其职工基本养老保险关系转续与资金转移办法如下。首先,参保人员在新就业地按规定建立基本养老保险关系和缴费后,由用人单位或参保人员向新参保地社保经办机构提出基本养老保险关系转移接续的书面申请。其次,新参保地社保经办机构在 15 个工作日内,审核转移接续申请,对符合本办法规定条件的,向参保人员原基本养老保险关系所在地的社保经办机构发出同意接收函,并提供相关信息;对不符合转移接续条件的,向申请单位或参保人员作出书面说明。再次,原基本养老保险关系所在地社保经办机构在接到同意接收函的 15 个工作日内,办理好转移接续的各项手续。最后,新参保地社保经办机构在收到参保人员原基本养老保险关系所在地社保经办机构转移的基本养老保险关系和资金后,应在 15 个工作日内办结有关手续,并将确认情况及时通知用人单位或参保人员。参保人员跨省流动就业转移基本养老保险关系时,按下列方法计算转移资金。① 个人账户储存额:1998 年 1 月 1 日之前按个人缴费累计本息计算转移,1998 年 1 月 1 日后按计入个人账户的全部储存额计算转移。② 统筹基金:以本人 1998 年 1 月 1 日后各年度实际缴费工资为基数,按 12% 的总和计算转移;参保缴费不足 1 年的,按实际缴费月数计算转移。

（二）城乡居民跨地区关系转续

参加城乡居民养老保险的人员，在缴费期间户籍迁移、需要跨地区转移城乡居民养老保险关系的，可在迁入地申请转移养老保险关系，一次性转移个人账户全部储存额，并按迁入地规定继续参保缴费，缴费年限累计计算；已经按规定领取城乡居民养老保险待遇的，无论户籍是否迁移，其养老保险关系不转移。具体而言，包括三种情形。其一，参保人员在缴费期间跨省、市地、县转移的，转出地县社保机构应将其城乡居民养老保险关系和个人账户储存额一次性转入新参保地，由新参保地为其办理参保缴费手续。同时，转出地社保机构应当按照规定保留原有记录备查。其二，在本县范围内迁移户籍的参保人员，不需转移城乡居民养老保险关系，应直接办理户籍地址变更登记手续。其三，参保人员已经按规定领取城乡居民养老保险待遇的，无论户籍是否迁移，其养老保险关系不转移，继续在原参保地领取待遇，待遇领取资格核对工作由户籍迁入地社保机构协助完成。具体办法，可以查阅人力资源社会保障部发布《关于印发〈城乡居民基本养老保险经办规程〉的通知》（人社部发〔2014〕23号）的规定。

（三）居保与职保的制度衔接

1. 居保转入职保

参加城镇职工养老保险和城乡居民养老保险人员，达到城镇职工养老保险法定退休年龄后，城镇职工养老保险缴费年限满15年（含延长缴费至15年）的，可以申请从城乡居民养老保险转入城镇职工养老保险，按照城镇职工养老保险办法计发相应待遇。参保人员从城乡居民养老保险转入城镇职工养老保险的，城乡居民养老保险个人账户全部储存额并入城镇职工养老保险个人账户，城乡居民养老保险缴费年限不合并计算或折算为城镇职工养老保险缴费年限。参保人员从城乡居民养老保险转入城镇职工养老保险的，社保经办机构需先按《国务院办公厅关于转发人力资源社会保障部财政部城镇企业职工基本养老保险关系跨省转移接续暂行办法的通知》（国办发〔2009〕66号）等有关规定，确定城镇职工养老保险待遇领取地，并将城镇职工养老保险的养老保险关系归集至待遇领取地。然后，参保人员再向城镇职工养老保险待遇领取地（即城镇职工养老保险关系归集地）提出申请办理制度衔接手续，由城镇职工养老保险待遇领取地负责归集参保人员城镇职工养老保险关系，告知参保人员办理相关手续，并为其开具包含各参保地缴费年限的《城镇职工基本养老保险参保缴费凭证》。

2. 职保转入居保

城镇职工养老保险缴费年限不足15年的，可以申请从城镇职工养老保险转入城乡居民养老保险，待达到城乡居民养老保险规定的领取条件时，按照城乡居民养老保险办法计发相应待遇。参保人员从城镇职工养老保险转入城乡居民养老保险的，城镇职工养老保险个人账户全部储存额并入城乡居民养老保险个人账户，参加城镇职工养老保险的缴费年限合并计算为城乡居民养老保险的缴费年限。从城镇职工养老保险转入城乡居民养老保险的，社保经办机构应首先按照《国务院办公厅关于转发人力资源社会保障部财政部城镇企业职工基本养老保险关系跨省转移接续暂行办法的通知》（国办发〔2009〕66号）等有关规定，确定城镇职工养老保险待遇领取地，由城镇职工养老保险待遇领取地（即城镇职工养老保险关系归集地）

负责归集参保人员城镇职工养老保险关系，告知参保人员办理相关手续，并为其开具包含各参保地缴费年限的《城镇职工基本养老保险参保缴费凭证》，参保人员需向城乡居民养老保险待遇领取地提出衔接申请。

（四）机关事业单位工作人员关系转续与资金转移

机关事业单位参保人员符合以下条件的，应办理基本养老保险关系转移接续：在机关事业单位之间流动的；在机关事业单位和企业（含个体工商户和灵活就业人员）之间流动的；因辞职辞退等原因离开机关事业单位的。县级以上社会保险经办机构负责机关事业单位基本养老保险关系和职业年金的转移接续业务经办。参保人员在同一统筹范围内机关事业单位之间流动的，只转移基本养老保险关系，不转移基本养老保险基金。省（自治区、直辖市）内机关事业单位基本养老保险关系转移接续经办规程由各省（自治区、直辖市）制定。转出地和转入地社会保险经办机构通过全国基本养老保险关系跨省转移接续系统，进行基本养老保险关系和职业年金转移接续信息交换。相关的关系转续流程与资金转移办法可以参照上述城镇职工跨省流动就业时的转续与转移办法，具体需查看《关于机关事业单位基本养老保险关系和职业年金转移接续有关问题的通知》（人社部规〔2017〕1号）及《机关事业单位基本养老保险关系和职业年金转移接续经办规程（暂行）》（人社厅发〔2017〕7号）的规定。

五、职业年金与企业年金

我国企业年金制度是指企业依法为增加员工养老金福利、提高自身市场竞争力而在国家基本养老金的基础上建立的一种补充养老金制度。我国《企业年金试行办法》规定"企业年金是指企业及其职工在依法参加基本养老保险的基础上，自愿建立的补充养老保险制度"。而职业年金制度，按照《国务院关于机关事业单位工作人员养老保险制度改革的决定》（以下简称国发2号文）的规定，"机关事业单位在参加基本养老保险的基础上，应当为其工作人员建立职业年金"，实际上是指在国家机关公务员（含参照公务员法管理的工作人员）、事业单位工作人员（合称机关事业单位工作人员或国家公职人员）养老保险制度改革过程中，在将机关事业单位工作人员纳入国家基本养老保险制度的同时，为其建立的一种补充性的养老金制度。

（一）企业年金

根据2004年5月1日起施行《企业年金试行办法》的规定，建立企业年金，应当由企业与工会或职工代表通过集体协商确定，并制定企业年金方案。国有及国有控股企业的企业年金方案草案应当提交职工大会或职工代表大会讨论通过。企业年金方案应当包括以下内容：① 参加人员范围；② 资金筹集方式；③ 职工企业年金个人账户管理方式；④ 基金管理方式；⑤ 计发办法和支付方式；⑥ 支付企业年金待遇的条件；⑦ 组织管理和监督方式；⑧ 中止缴费的条件；⑨ 双方约定的其他事项。企业年金方案适用于企业试用期满的职工。企业年金方案应当报送所在地区县以上地方人民政府劳动保障行政部门。中央所属大型企业年金方案应当报送劳动保障部。劳动保障行政部门自收到企业年金方案文本之日起15日内未提出异议的，企业年金方案即行生效。

企业年金基金由下列各项组成：① 企业缴费；② 职工个人缴费；③ 企业年金基金投资运营收益。企业年金基金实行完全积累，采用个人账户方式进行管理。企业缴费应当按照企业年金方案规定比例计算的数额计入职工企业年金个人账户；职工个人缴费额计入本人企业年金个人账户。职工在达到国家规定的退休年龄时，可以从本人企业年金个人账户中一次或定期领取企业年金。职工未达到国家规定的退休年龄的，不得从个人账户中提前提取资金。出境定居人员的企业年金个人账户资金，可根据本人要求一次性支付给本人。职工变动工作单位时，企业年金个人账户资金可以随同转移。职工升学、参军、失业期间或新就业单位没有实行企业年金制度的，其企业年金个人账户可由原管理机构继续管理。职工或退休人员死亡后，其企业年金个人账户余额由其指定的受益人或法定继承人一次性领取。

（二）职业年金

职业年金所需费用由机关事业单位和工作人员个人共同承担。单位缴纳职业年金费用的比例为本单位工资总额的 8%，个人缴费比例为本人缴费工资的 4%，由单位代扣。单位和个人缴费基数与机关事业单位工作人员基本养老保险缴费基数一致。根据经济社会发展状况，国家适时调整单位和个人职业年金缴费的比例。职业年金基金由下列各项组成：单位缴费；个人缴费；职业年金基金投资运营收益；国家规定的其他收入。职业年金基金采用个人账户方式管理。个人缴费实行实账积累。对财政全额供款的单位，单位缴费根据单位提供的信息采取记账方式，每年按照国家统一公布的记账利率计算利息，工作人员退休前，本人职业年金账户的累计储存额由同级财政拨付资金记实；对非财政全额供款的单位，单位缴费实行实账积累。单位缴费按照个人缴费基数的 8% 计入本人职业年金个人账户；个人缴费直接计入本人职业年金个人账户。职业年金基金投资运营收益，按规定计入职业年金个人账户。

机关事业单位工作人员在达到国家规定的退休条件并依法办理退休手续后，由本人选择按月领取职业年金待遇的方式（本人选择任一领取方式后不再更改）：① 可一次性用于购买商业养老保险产品，依据保险契约领取待遇并享受相应的继承权；② 可选择按照本人退休时对应的计发月数计发职业年金月待遇标准，发完为止，同时职业年金个人账户余额享有继承权。出国（境）定居人员的职业年金个人账户资金，可根据本人要求一次性支付给本人。工作人员在职期间死亡的，其职业年金个人账户余额可以继承。除了符合上述职业年金领取条件之一的，不得从个人账户中提前提取资金。

工作人员变动工作单位时，职业年金个人账户资金可以随同转移。工作人员升学、参军、失业期间或新就业单位没有实行职业年金或企业年金制度的，其职业年金个人账户由原管理机构继续管理运营。新就业单位已建立职业年金或企业年金制度的，原职业年金个人账户资金随同转移，县级以上社会保险经办机构负责机关事业单位职业年金的转移接续业务经办。省内建立一个职业年金计划或建立多个职业年金计划且实行统一收益率的，参保人员在本省（自治区、直辖市）机关事业单位之间流动时，只转移职业年金关系，不转移职业年金基金；需要记实职业年金的，按规定记实后再办理转移接续。省内建立多个职业年金计划且各年金计划分别计算收益率的，参保人员在省内各年金计划之间的转移接续，由各省（自治区、直辖市）自行制定实施细则。转出地和转入地社会保险经办机构通过全国基本养老保险关系跨省转移接续系统，进行职业年金转移接续信息交换。具体办法，请查看《关于机关事业单位基本养老保险关系和职业年金转移接续有关问题的通知》及《机关事业单位基本养老保险关系和职业年金转移接续经办规程（暂行）》的规定。

第二节 医疗保险

医疗保险也被称为疾病保险、健康保险，在不同的国家或地区往往使用不同的概念，这些概念的基本含义非常接近，但有时所表达的内涵和外延又不尽相同。医疗保险是社会保险体系中的一个项目，专指社会医疗保险，是由国家立法规范并运用强制手段，向法定范围内的参保人提供必要的疾病医疗服务和经济补偿的一种社会化保险机制。医疗保险有广义与狭义之分。广义上的医疗保险不仅补偿参保人由于治疗疾病所花费的医疗费用，而且填补因疾病而导致的收入减损，其中用于填补因疾病而导致的收入减损的金钱给付通常被称为疾病津贴；狭义上的医疗保险仅仅补偿参保人治疗疾病所需医疗费用。我国通常所称的基本医疗保险一般是指狭义上的医疗保险。医疗保险具有费用补偿间接性、费用补偿非定额性、补偿期短而受益期长、医疗保险涉及关系复杂性、医疗服务消费不确定性等特征。

一、职工基本医疗保险

职工基本医疗保险制度覆盖所有城镇从业人员，具体包括国家机关公务员（含参照公务员法管理的工作人员）、事业单位及社会团体工作人员、企业职工、各类灵活就业人员。根据《社会保险法》第二十三条的规定，职工"应当"参加职工基本医疗保险，无雇工的个体工商户、未在用人单位参加职工基本医疗保险的非全日制从业人员以及其他灵活就业人员"可以"参加职工基本医疗保险。因此，职工参加基本医疗保险是强制性的要求，而各类灵活就业人员参加职工基本医疗保险不是强制性的要求，而是选择性的安排。

（一）资金筹集与制度模式

《社会保险法》要求"用人单位和职工按照国家规定共同缴纳基本医疗保险费"，因此，用人单位缴费和职工个人缴费构成了我国职工基本养老保险基金的主要来源。根据国务院《关于建立城镇职工基本医疗保险制度的决定》（国发〔1998〕44号）确立的"费用分担"原则，用人单位（或雇主）缴费率控制在职工工资总额的6%左右，职工个人缴费率一般为本人工资收入的2%左右。医疗保险缴费在税前列支，享有免除收入所得税的待遇。各统筹地区的具体缴费标准由当地政府确定，同时允许随着社会经济的发展，适当调整用人单位（或雇主）和职工的缴费标准。

根据国务院《关于建立城镇职工基本医疗保险制度的决定》（国发〔1998〕44号）的规定，基本医疗保险基金由统筹基金和个人账户构成。职工个人缴纳的基本医疗保险费，全部计入个人账户。用人单位缴纳的基本医疗保险费分为两部分，一部分用于建立统筹基金，一部分划入个人账户。划入个人账户的比例一般为用人单位缴费的30%左右，具体比例由统筹地区根据个人账户的支付范围和职工年龄等因素确定。因此，我国职工基本医疗保险制度目前实行的仍然是"统账结合"的基本模式。但是，《社会保险法》中并未像基本养老保险一样，明确规定基本医疗保险也采用"统账结合"模式。

《社会保险法》规定，各类灵活就业人员"由个人按照国家规定缴纳基本医疗保险费"。原劳动和社会保障部于 2003 年出台了《关于城镇灵活就业人员参加基本医疗保险的指导意见》，规定灵活就业人员参加基本医疗保险要坚持权利和义务相对应、缴费水平与待遇水平相挂钩的原则，在参保政策和管理办法上既要与城镇职工基本医疗保险制度相衔接，又要适应灵活就业人员的特点。灵活就业人员参加基本医疗保险的缴费率原则上按照当地的缴费率确定，缴费基数可参照当地上一年度职工平均工资核定。在各地实践中，灵活就业人员参加医疗保险的方式实际上有两种。一是按照统账结合的方式参加基本医疗保险。个人缴费基数是其所在统筹地区上年度职工的月平均工资，缴费比例为其所在统筹地区规定的用人单位和个人缴费比例之和。二是只参加统筹基金支付范围内的基本医疗保险。个人缴费基数为其所在统筹地区上年度职工月平均工资，缴费比例根据各统筹地区基金的实际需要确定，一般不低于用人单位缴费比例的 70%。因此，灵活就业人员可以选择参加统账结合式的基本医保，也可以选择只参加社会统筹的基本医保。如选择后者，则不存在建立医保个人账户的问题；如选择前者，则需要建立医保个人账户。

《社会保险法》第二十七条规定：参加职工基本医疗保险的个人，达到法定退休年龄时累计缴费达到国家规定年限的，退休后不再缴纳基本医疗保险费，按照国家规定享受基本医疗保险待遇；未达到国家规定年限的，可以缴费至国家规定年限。因此，原则上说，退休后的劳动者不再需要交纳基本养老保险费。但是关于"国家规定年限"问题，全国还没有统一的规定，各地规定的缴费年限并不一致。从目前各地方规定的情况看，一般为男职工 30 年、女职工 25 年，但有些经济条件比较好的地方规定了较低的年限，如要求基本医疗保险累计缴费男满 25 年、女满 20 年。如果个人由于各种原因，在达到法定退休年龄时，其缴纳基本医疗保险费的年限未达到最低缴费年限，《社会保险法》允许其采取补缴的方式缴费至最低缴费年限，补缴的费用包括其实际缴费年限与最低缴费年限相差的期间内，应当由用人单位和个人缴纳的全部医疗保险费用。如云南省规定，参保人退休时缴费年限未达到本省规定的最低年限的，应以本人退休前一个月的缴费基数和参保地的单位缴费率，一次性补缴满上述规定的缴费年限后，享受城镇职工基本医疗保险规定的退休人员医疗保险待遇。

（二）待遇标准与费用结算

1. 起付标准与最高支付限额

根据《社会保险法》第二十六条规定，职工基本医疗保险的待遇标准按照国家规定执行。按照国务院《关于建立城镇职工基本医疗保险制度的决定》（国发〔1998〕44 号）的规定，统筹基金和个人账户要划定各自的支付范围，分别核算，不得互相挤占；统筹基金的起付标准原则上控制在当地职工年平均工资的 10%左右，最高支付限额原则上控制在当地职工年平均工资的 4 倍左右；起付标准以下的医疗费用从个人账户中支付或由个人自付，起付标准以上、最高支付限额以下的医疗费用主要从统筹基金中支付，个人也要负担一定比例；超过最高支付限额的医疗费用，可以通过商业医疗保险等途径解决。统筹基金的具体起付标准、最高支付限额以及在起付标准以上和最高支付限额以下医疗费用的个人负担比例，由统筹地区根据以收定支、收支平衡的原则确定。根据国务院于2009年3月发布的《关于印发〈医药卫生体制改革近期重点实施方案（2009—2011年）〉的通知》（国发〔2009〕12号）的规定：2010年开始，城镇职工医保、城镇居民医保和新农合对政策范围内的住院费用报销比例逐步提高，将城镇职工基本医疗保险的最高支付限额提高到当地职工年平均工资的6倍左右。

2. 支付条件

《社会保险法》第二十八条规定："符合基本医疗保险药品目录、诊疗项目、医疗服务设施标准以及急诊、抢救的医疗费用，按照国家规定从基本医疗保险基金中支付。"社会保险行政部门等主管部委于1999年联合发布了《城镇职工基本医疗保险定点医疗机构管理暂行办法》《城镇职工基本医疗保险定点零售药店管理暂行办法》《城镇职工基本医疗保险用药范围管理暂行办法》《关于城镇职工基本医疗保险诊疗项目管理的意见》《关于加强城镇职工基本医疗保险费用结算管理的意见》等规章，分别制定了基本医疗保险的定点医疗机构和定点药店管理制度、基本医疗保险用药范围管理制度、基本医疗保险诊疗项目管理制度、基本医疗保险费用结算管理制度，明确规定在非定点医疗机构和定点药店发生的医药费用，以及定点医疗机构和定点药店发生的规定药品目录和规定设备使用目录以外发生的医疗费用，原则上统筹基金不予支付。

3. 结算办法

《社会保险法》第二十九条规定："参保人员医疗费用中应当由基本医疗保险基金支付的部分，由社会保险经办机构与医疗机构、药品经营单位直接结算。社会保险行政部门和卫生行政部门应当建立异地就医医疗费用结算制度，方便参保人员享受基本医疗保险待遇。"这里明确规定了我国职工基本养老保险费用结算的两种重要制度：一是直接结算制度；二是异地就医结算制度。

基本养老保险费用直接结算制度改变了过去那种参保人看病，先由本人支付全部医疗费用，然后再就其中应由医疗保险基金支付的部分，去医疗保险经办机构报销的做法，参保人员就医时只需支付个人应承担的医疗费，免除了先行垫付医疗费用的负担，也简化了再去医疗保险经办机构报销的烦琐手续，突显了基本医疗保险服务的人本理念。

基本医疗保险异地就医结算制度包括以下情况：一是参保人短期出差、学习培训或度假等期间，在异地发生疾病并就地紧急诊治发生的医疗费用，一般由参保地按照参保地有关规定报销；二是参保人因当地医疗条件所限需异地转诊的，医疗费用结算按照参保地有关规定执行；三是异地长期居住的退休人员在居住地就医、常驻异地工作人员在工作地就医，原则上执行参保地政策；四是对经国家组织动员支援边疆等地建设，按国家规定办理退休手续后，已按户籍管理规定异地安置的参保退休人员，要探索与当地医疗保障体系相衔接的办法。

4. 不支付的费用

建立基本医疗保险制度是为了保证参保人员在发生疾病时能够得到及时治疗并分担部分医疗费用，但并非参保人员因恢复健康所发生的所有费用都可以由医疗保险基金承担。因此，《社会保险法》第三十条规定，下列医疗费用不纳入基本医疗保险基金支付范围：① 应当从工伤保险基金中支付的；② 应当由第三人负担的；③ 应当由公共卫生负担的；④ 在境外就医的。上述四项医疗费用，即便符合基本医疗保险药品目录、诊疗项目和医疗服务设施标准的要求，也不纳入基本医疗保险基金支付范围。此外，对于下列生活服务项目和服务设施费用，基本医疗保险基金也不予支付：① 就（转）诊交通费、急救车费；② 空调费、电视费、电话费、婴儿保温箱费、食品保温箱费、电炉费、电冰箱费及损坏公物赔偿费；③ 防护费、护工费、洗理费、门诊煎药费；④ 膳食费；⑤ 文娱活动费及其他特需生活服务费用。

（三）先行支付制度

考虑到现实生活当中，经常会出现有些劳动者的医疗费用应由第三人支付，但是第三人不支付或无法及时确认承担责任的第三人的情况，为了保障劳动者得到及时救治，《社会保险法》在第三十条规定："医疗费用依法应当由第三人负担，第三人不支付或者无法确定第三人的，由基本医疗保险基金先行支付。基本医疗保险基金先行支付后，有权向第三人追偿。"这里规定了基本医保基金先行垫付和代位追偿制度，即如果第三人（侵权人）不支付或因逃逸等无法确定侵权人时，基本医疗保险基金应当先行支付相关医疗费用，医疗保险经办机构并同时从受第三人侵害的参保人那里取得代位追偿权，有权向第三人就其应当负担的医疗费用进行追偿。其中，"第三人"既包括自然人，也包括法人或者其他组织；"第三人不支付"既包括第三人有能力而拒不支付，也包括第三人没有能力或者暂时没有能力而不能支付或不能立即支付。2011 年 7 月 1 日起施行《社会保险基金先行支付暂行办法》对于基本医疗保险基金的先行支付办法作出了具体的规定。

二、城乡居民基本医疗保险

我国先后建立了面向农村居民的新型农村合作医疗制度（简称新农合）和面向城镇居民的城镇居民基本医疗保险制度（简称城居医保）。2016 年 1 月，国务院发布《关于整合城乡居民基本医疗保险制度的意见》（国发〔2016〕3 号），开始在全国范围内整合两项制度，建立统一的城乡居民基本医疗保险制度（简称城乡居医保）。

（一）新农合

新农合是由政府组织、引导、支持，农民自愿参加，个人、集体和政府多方筹资，以大病统筹为主的农民医疗互助共济制度，是与改革开放前传统的农村合作医疗（通常被称为老农合）相对而言的，实质上是面向农村居民的一种基本医疗保险制度。根据《社会保险法》第二十四条和第二十六条的规定：国家建立和完善新型农村合作医疗制度；新型农村合作医疗的管理办法由国务院规定；新型农村合作医疗的待遇标准按照国家规定执行。新农合实行个人缴费、集体扶持和政府资助相结合的筹资机制。新农合基金是由农民自愿缴纳、集体扶持、政府资助的民办公助社会性资金，要按照以收定支、收支平衡和公开、公平、公正的原则进行管理，必须专款专用、专户储存，不得挤占挪用。农村合作医疗基金由农村合作医疗管理委员会及其经办机构进行管理。农村合作医疗基金主要补助参加新型农村合作医疗农民的大额医疗费用或住院医疗费用，其中住院医疗费用的支付水平均为 35%。有条件的地方，可实行大额医疗费用补助与小额医疗费用补助结合的办法，既提高抗风险能力，又兼顾农民受益面。对参加新型农村合作医疗的农民，年内没有动用农村合作医疗基金的，要安排进行一次常规性体检。从 2009 年下半年开始,新农合最高支付限额提高到当地农民人均纯收入的 6 倍以上;新农合统筹基金当年结余率原则上控制在 15%以内,累计结余不超过当年统筹基金的 25%。

(二)城居医保

为实现基本建立覆盖城乡全体居民医疗保障体系的目标,国务院决定从 2007 年起开展城镇居民基本医疗保险试点。《社会保险法》第二十五条规定:国家建立和完善城镇居民基本医疗保险制度;城镇居民基本医疗保险实行个人缴费和政府补贴相结合。城镇居民基本医疗保险的待遇标准按照国家规定执行。城居医保坚持"以收定支、收支平衡、略有节余"的原则,以家庭缴费为主,政府给予适当补助。根据《医药卫生体制改革近期重点实施方案(2009—2011 年)》的规定:2010 年,各级财政对城镇居民医保的补助标准提高到每人每年 120 元,并适当提高个人缴费标准。大学生参加城镇基本医疗保险的个人缴费标准和政府补助标准,按照当地中小学生参加城镇居民基本医疗保险相应标准执行。个人缴费原则上由大学生本人和家庭负担,有条件的高校可对其缴费进行补助。城居医保基金重点用于参保居民的住院和门诊大病医疗支出,有条件的地区可以逐步试行门诊医疗费用统筹。根据国务院于 2009 年 3 月发布的《关于印发〈医药卫生体制改革近期重点实施方案(2009—2011 年)〉的通知》(国发〔2009〕12 号)的规定:城镇居民基本医疗保险对政策范围内的住院费用报销比例逐步提高,逐步扩大和提高门诊费用报销范围和比例,将城镇居民医保最高支付限额提高到当地居民可支配收入的 6 倍左右;同时,医保基金要坚持以收定支、收支平衡、略有结余的原则,合理控制城镇居民医保基金的年度结余和累计结余,结余过多的地方要采取提高保障水平等办法,把结余逐步降到合理水平。

(三)城乡居民基本医保的整合与统一

根据国务院发布的《关于整合城乡居民基本医疗保险制度的意见》,从 2016 年开始在全国范围内整合两项制度,建立统一的城乡居民基本医疗保险制度。制度整合的主要目标可以概括为"七个统一、两个完善":统一覆盖范围、统一筹资政策、统一医保待遇、统一医保目录、统一定点管理、统一基金管理、统一经办管理,完善信息系统、完善支付方式。在基本医保待遇方面,遵循保障适度、收支平衡的原则,均衡城乡保障待遇,逐步统一保障范围和支付标准,为参保人员提供公平的基本医疗保障。妥善处理整合前的特殊保障政策,做好过渡与衔接。城乡居民医保基金主要用于支付参保人员发生的住院和门诊医药费用。稳定住院保障水平,政策范围内住院费用支付比例保持在 75%左右。进一步完善门诊统筹,逐步提高门诊保障水平。逐步缩小政策范围内支付比例与实际支付比例间的差距。

(四)城乡居民大病保险

城乡居民大病保险是在基本医疗保障的基础上,对大病患者发生的高额医疗费用给予进一步保障的一项制度性安排,是基本医疗保障制度的拓展和延伸,是对基本医疗保障的有益补充,也是建立健全多层次医疗保障体系、推进全民医保制度建设的内在要求。国家发展改革委联合卫生部、财政部、人力资源社会保障部、民政部、保监会于 2012 年 8 月发布了《关于开展城乡居民大病保险工作的指导意见》(发改社会〔2012〕2605 号)。2015 年 7 月,国务院办公厅发布《关于全面实施城乡居民大病保险的意见》（国办发〔2015〕57号），对全面实施城乡居民大病保险做出安排部署，要求大病保险覆盖所有城乡居民基本医疗保险参保人群，大病患者看病就医负担有效减轻，逐步建立完善的大病保险制度。

大病保险的保障对象为城乡居民基本医保参保人，保障范围与城乡居民基本医保相衔接。从城乡居民基本医保基金中划出一定比例或额度作为大病保险资金。城乡居民基本医保基金有结余的地区，利用结余筹集大病保险资金；结余不足或没有结余的地区，在年度筹集的基金中予以安排。完善城乡居民基本医保的多渠道筹资机制，保证制度的可持续发展。大病保险原则上实行市（地）级统筹，鼓励省级统筹或全省（区、市）统一政策、统一组织实施，提高抗风险能力。参保人患大病发生高额医疗费用，由大病保险对经城乡居民基本医保按规定支付后个人负担的合规医疗费用给予保障。以力争避免城乡居民发生家庭灾难性医疗支出为目标，合理确定大病保险补偿政策，实际支付比例不低于50%；按医疗费用高低分段制定支付比例，原则上医疗费用越高支付比例越高。随着筹资、管理和保障水平的不断提高，逐步提高大病报销比例，最大限度地减轻个人医疗费用负担。

三、基本医疗保险关系转续与制度衔接

《社会保险法》第三十二条规定："个人跨统筹地区就业的，其基本医疗保险关系随本人转移，缴费年限累计计算。"为保证城镇职工基本医疗保险、城镇居民基本医疗保险和新型农村合作医疗参保（合）人员流动就业时能够连续参保，基本医疗保障关系能够顺畅接续，保障参保（合）人员的合法权益，根据中共中央、国务院《关于深化医药卫生体制改革的意见》的要求，人力资源和社会保障部发布了《流动就业人员基本医疗保障关系转移接续暂行办法》（人社部发〔2009〕191号），该暂行办法于2010年7月1日起实施。2015年8月，人社部、国家发改委、财政部、国家卫计委发出《关于印发〈关于做好进城落户农民参加基本医疗保险和关系转移接续工作的办法〉的通知》（人社部发〔2015〕80号），对进城落户农民参加基本医保、转续医保关系及相关权益的处理做出了新的规定，部分取代人社部发〔2009〕191号文件的相关规定，于2016年1月1日起实施。

（一）进城落户农民参加基本医保办法

进城落户农民根据自身实际参加相应的城镇基本医疗保险。在城镇单位就业并有稳定劳动关系的，按规定随所在单位参加职工基本医疗保险（以下简称职工医保）；以非全日制、临时性工作等灵活形式就业的，可以灵活就业人员身份按规定参加就业地职工医保，也可以选择参加户籍所在地城镇（城乡）居民基本医疗保险（以下简称居民医保）。其他进城落户农民可按规定在落户地参加居民医保，执行当地统一政策。对参加居民医保的进城落户农民按规定给予参保补助，个人按规定缴费。已参加新型农村合作医疗（以下简称新农合）或居民医保的进城落户农民，实现就业并参加职工医保的，不再享受原参保地新农合或居民医保待遇。

（二）流动就业者职工医保关系转续

参加城镇基本医疗保险人员跨统筹地区流动就业，新就业地有接收单位并按规定参加医保的，医保经办机构为其办理参保手续；新就业地医保经办机构负责通知跨统筹地区流动就业人员原就业地经办机构为流动就业人员办理医保关系转移。流动就业人员办理基本医疗保

险关系转移接续前后，基本医疗保险参保缴费中断不超过 3 个月且补缴中断期间医疗保险费的，不受待遇享受等待期限制，按参保地规定继续参保缴费并享受相应的待遇。参保人转移基本医疗保险关系时，建立个人账户的，个人账户随本人基本医疗保险关系一同转移；个人账户资金原则上通过经办机构进行划转。流动就业人员参加职工医保的缴费年限各地互认，参保人在转出地职工医保记录的缴费年限累计计入转入地职工医保缴费年限记录。

（三）居民医保与职工医保制度衔接

进城落户农民和流动就业人员等参加转入地基本医疗保险后，转入地社会（医疗）保险经办机构应依据参保人申请，通知转出地经办机构办理医保关系转移手续，确保管理服务顺畅衔接，避免待遇重复享受。转出地社会（医疗）保险或新农合经办机构应在参保人办理中止参保（合）手续时为其开具参保（合）凭证。参保（合）凭证是参保人员的重要权益记录，由参保人妥善保管，用于转入地受理医保关系转移申请时，核实参保人身份和转出地社会（医疗）保险经办机构记录的相关信息。就业地医保经办机构负责通知新参加城镇职工基本医疗保险的原新农合人员户籍地新农合经办机构，按规定为通知人员办理医保关系转移手续。就业地医保经办机构按规定为各种原因终止城镇基本医疗保险关系的农村户籍人员出具参保凭证，以便农村户籍人员凭参保凭证回户籍所在地向新农合经办机构申请参加城乡居民基本医疗保险。

进城落户农民办理基本医疗保险关系转移接续前后，基本医疗保险参保缴费中断不超过 3 个月且补缴中断期间医疗保险费的，不受待遇享受等待期限制，按参保地规定继续参保缴费并享受相应的待遇。进城落户农民在农村参加新农合等基本医疗保险的参保缴费和权益享受信息等连续记入新参保地业务档案，保证参保记录的完整性和连续性。参保人转移基本医疗保险关系时，建立个人账户的，个人账户随本人基本医疗保险关系一同转移；个人账户资金原则上通过经办机构进行划转。

第三节　工伤保险

工伤是工业伤害的简称，也称职业伤害或产业伤害，是指劳动者在从事职业活动中造成的、使受害者损失的劳动时间超过伤害当天或者当班时间的任何一种伤害。在现代社会，所谓工伤一般包括两部分内容：一是显性的工业伤害，即在职业活动所涉及的区域内，由于自然或人为的突发性致害因素导致的工伤事故；二是隐性的工业伤害，即因工作环境危害造成的职业病。因此，工伤保险是指劳动者在职业活动过程中或法定的特殊情况下遭遇意外伤害或患职业病、导致暂时或永久丧失劳动能力以及死亡时，劳动者或其遗属能够从国家和社会获得物质帮助的一种社会保险制度。这个概念包含了两层含义：一是劳动者本人因工伤造成暂时或永久丧失劳动能力时，可以从国家和社会获得医疗救治、职业康复、经济补偿等物质帮助；二是劳动者本人因工伤死亡时，其遗属可以从国家和社会获取遗属抚恤、丧葬补助等物质帮助。工伤保险承保的风险是劳动者遭受的与职业活动有关的人身伤害风险，包括生命权、健康权、身体权受到侵害造成损失的风险，不包括财产权受到侵害的风险。

一、工伤保险覆盖范围

《社会保险法》第三十三条虽然明确规定"职工应当参加工伤保险"，但是根据《工伤保险条例》的相关规定，由于工伤管理主体不同，中国工伤保险的覆盖范围，实际上分为两种情况。

第一，按照《工伤保险条例》第二条的规定，中华人民共和国境内的企业、事业单位、社会团体、民办非企业单位、基金会、律师事务所、会计师事务所等组织和有雇工的个体工商户应当依照本条例规定参加工伤保险；中华人民共和国境内的企业、事业单位、社会团体、民办非企业单位、基金会、律师事务所、会计师事务所等组织的职工和个体工商户的雇工，均有依照本条例的规定享受工伤保险待遇的权利。因此，各类企业、事业单位、社会团体、民办非企业单位、基金会、律师事务所、会计师事务所等用人单位的职工和有雇工个人工商户的雇工的工伤问题由工伤保险全覆盖。

第二，按照《工伤保险条例》第六十五条的规定，公务员和参照公务员法管理的事业单位、社会团体的工作人员因工作遭受事故伤害或者患职业病的，由所在单位支付费用；具体办法由国务院社会保险行政部门会同国务院财政部门规定。因此，国家公务员及参公管理的事业单位、社会团体的工作人员的工伤问题不在工伤保险覆盖范围内，由所在单位按照国务院社会保险行政部门与财政部门会同制定的具体办法支付费用，一般仍遵照原规定执行公伤待遇。

二、工伤保险基金

工伤保险基金作为我国社会保险基金的重要组成部分，是指工伤保险费征收机构遵循"统筹共济""大数法则"等原则，向用人单位广泛筹集的、用以解决劳动者因工伤残或死亡之后本人或遗属的经济补偿问题的专项基金。根据《工伤保险条例》第七条规定，工伤保险基金由用人单位缴纳的工伤保险费、工伤保险基金的利息和依法纳入工伤保险基金的其他资金构成。同时，《工伤保险条例》第十三条规定了工伤保险基金的储备金制度，即"工伤保险基金应当留有一定比例的储备金，用于统筹地区重大事故的工伤保险待遇支付；储备金不足支付的，由统筹地区的人民政府垫付。储备金占基金总额的具体比例和储备金的使用办法，由省、自治区、直辖市人民政府规定"。

（一）工伤保险基金的筹集

《社会保险法》第三十三条规定："职工应当参加工伤保险，由用人单位缴纳工伤保险费，职工不缴纳工伤保险费。"《工伤保险条例》第十条也规定："用人单位应当按时缴纳工伤保险费。职工个人不缴纳工伤保险费。"因此，"个人不缴费"是我国工伤保险基金筹集需要遵循的一项原则，工伤保险费全部由用人单位缴纳。《工伤保险条例》第八条规定，工伤保险费"根据以支定收、收支平衡的原则，确定费率"。所以，"以支定收、收支平衡"是我国工伤保险基金筹集需要遵循的又一项原则。《社会保险法》第三十五条规定，用人单位"应当按照本单位职工工资总额，根据社会保险经办机构确定的费率缴纳工伤保险费"。《工伤保险条例》第十条规定，用人单位缴纳工伤保险费的数额为"本单位职工工资总额乘以单位缴费费率之积"。

因此，工伤保险基金的筹集水平主要取决于两个因素：一个是单位职工工资总额（通常被称为"缴费基数"），一个是缴费费率。

1. 缴费基数

一般情况下，用人单位缴纳工伤保险费的基数即等于用人单位的职工工资总额。这里的"职工"包括所有"与用人单位存在劳动关系（包括事实劳动关系）的各种用工形式、各种用工期限的劳动者"；另据人力资源和社会保障部于 2011 年 7 月 1 日发布施行的《实施〈中华人民共和国社会保险法〉若干规定》第九条，"职工（包括非全日制从业人员）在两个或者两个以上用人单位同时就业的，各用人单位应当分别为职工缴纳工伤保险费"。这里的"工资总额"是指"用人单位直接支付给本单位全部职工的劳动报酬总额"，具体而言包括计时工资、计件工资、奖金、津贴和补贴、加班加点工资以及特殊情况下支付的工资。

同时，《工伤保险条例》考虑到现实情况的复杂性，对特殊行业缴费基数的确定采取了灵活处理的方式，规定"对难以按照工资总额缴纳工伤保险费的行业，其缴纳工伤保险费的具体方式，由国务院社会保险行政部门规定"。人力资源和社会保障部据此于 2010 年 12 月发布了《部分行业企业工伤保险费缴费办法》（自 2011 年 1 月 1 日起施行），规定：建筑施工企业可以实行以建筑施工项目为单位，按照"项目工程总造价"的一定比例，计算缴纳工伤保险费。商贸、餐饮、住宿、美容美发、洗浴以及文体娱乐等小型服务业企业以及有雇工的个体工商户，可以按照营业面积的大小核定应参保人数，按照所在"统筹地区上一年度职工月平均工资"的一定比例和相应的费率，计算缴纳工伤保险费；也可以按照"营业额"的一定比例计算缴纳工伤保险费。小型矿山企业可以按照"总产量、吨矿工资含量"和相应的费率计算缴纳工伤保险费。

2. 缴费费率

《社会保险法》第三十四条规定，国家根据不同行业的工伤风险程度确定行业的差别费率，并根据使用工伤保险基金、工伤发生率等情况在每个行业内确定费率档次。行业差别费率和行业内费率档次由国务院社会保险行政部门制定，报国务院批准后公布施行。社会保险经办机构根据用人单位使用工伤保险基金、工伤发生率和所属行业费率档次等情况，确定用人单位缴费费率。《工伤保险条例》第八条也做出了基本相同的规定。按照党的十八届三中全会提出的"适时适当降低社会保险费率"的精神，为更好贯彻《社会保险法》《工伤保险条例》，使工伤保险费率政策更加科学、合理，适应经济社会发展的需要，经国务院批准，自 2015 年 10 月 1 日起，调整现行工伤保险费率政策。为此，人力资源社会保障部、财政部联合发出《关于调整工伤保险费率政策的通知》（人社部发〔2015〕71 号），按照《国民经济行业分类》（GB/T 4754—2011）对行业的划分，根据不同行业的工伤风险程度，由低到高，依次将行业工伤风险类别划分为一类至八类（参见表 12-1），不同工伤风险类别的行业执行不同的工伤保险行业基准费率。

（1）行业差别费率与档次确定。各行业工伤风险类别对应的全国工伤保险行业基准费率为：一类至八类分别控制在该行业用人单位职工工资总额的 0.2%、0.4%、0.7%、0.9%、1.1%、1.3%、1.6%、1.9%左右。各统筹地区人力资源社会保障部门要会同财政部门，按照"以支定收、收支平衡"的原则，合理确定本地区工伤保险行业基准费率具体标准，并征求工会组织、用人单位代表的意见,报统筹地区人民政府批准后实施。基准费率的具体标准可根据统筹地区经济产业结构变动、工伤保险费使用等情况适时调整。

（2）单位浮动费率与档次确定。通过费率浮动的办法确定每个行业内的费率档次。一类行业分为三个档次,即在基准费率的基础上,可向上浮动至120%、150%,二类至八类行业分为五个档次,即在基准费率的基础上,可分别向上浮动至120%、150%或向下浮动至80%、50%。统筹地区社会保险经办机构根据用人单位工伤保险费使用、工伤发生率、职业病危害程度等因素,确定其工伤保险费率,并可依据上述因素变化情况,每一至三年确定其在所属行业不同费率档次间是否浮动。对符合浮动条件的用人单位,每次可上下浮动一档或两档。统筹地区工伤保险最低费率不低于本地区一类风险行业基准费率。费率浮动的具体办法由统筹地区人力资源社会保障部门会同财政部门制定,并征求工会组织、用人单位代表的意见。

表 12-1 工伤保险行业风险分类

行业类别	行业名称
一	软件和信息技术服务业,货币金融服务,资本市场服务,保险业,其他金融业,科技推广和应用服务业,社会工作,广播、电视、电影和影视录音制作业,中国共产党机关,国家机构,人民政协、民主党派,社会保障,群众团体、社会团体和其他成员组织,基层群众自治组织,国际组织
二	批发业,零售业,仓储业,邮政业,住宿业,餐饮业,电信、广播电视和卫星传输服务,互联网和相关服务,房地产业,租赁业,商务服务业,研究和试验发展,专业技术服务业,居民服务业,其他服务业,教育,卫生,新闻和出版业,文化艺术业
三	农副食品加工业,食品制造业,酒、饮料和精制茶制造业,烟草制品业,纺织业,木材加工和木、竹、藤、棕、草制品业,文教、工美、体育和娱乐用品制造业,计算机、通信和其他电子设备制造业,仪器仪表制造业,其他制造业,水的生产和供应业,机动车、电子产品和日用产品修理业,水利管理业,生态保护和环境治理业,公共设施管理业,娱乐业
四	农业,畜牧业,农、林、牧、渔服务业,纺织服装、服饰业,皮革、毛皮、羽毛及其制品和制鞋业,印刷和记录媒介复制业,医药制造业,化学纤维制造业,橡胶和塑料制品业,金属制品业,通用设备制造业,专用设备制造业,汽车制造业,铁路、船舶、航空航天和其他运输设备制造业,电气机械和器材制造业,废弃资源综合利用业,金属制品、机械和设备修理业,电力、热力生产和供应业,燃气生产和供应业,铁路运输业,航空运输业,管道运输业,体育
五	林业,开采辅助活动,家具制造业,造纸和纸制品业,建筑安装业,建筑装饰和其他建筑业,道路运输业,水上运输业,装卸搬运和运输代理业
六	渔业,化学原料和化学制品制造业,非金属矿物制品业,黑色金属冶炼和压延加工业,有色金属冶炼和压延加工业,房屋建筑业,土木工程建筑业
七	石油和天然气开采业,其他采矿业,石油加工、炼焦和核燃料加工业
八	煤炭开采和洗选业,黑色金属矿采选业,有色金属矿采选业,非金属矿采选业

（二）工伤保险基金的统筹

根据《社会保险法》和《工伤保险条例》的规定，工伤保险基金"逐步实行省级统筹"。但是，跨地区、生产流动性较大的行业，可以采取"相对集中的方式异地参加统筹地区的工伤保险"，具体办法由国务院社会保险行政部门会同有关行业的主管部门制定。目前的实际状况是，工伤保险基金在直辖市和设区的市基本实行了全市统筹，其他地区的统筹层次则由省、自治区政府确定。

（三）工伤保险基金的使用

根据《工伤保险条例》第十二条的规定，工伤保险基金存入社会保障基金财政专户，用于本条例规定的工伤保险待遇，劳动能力鉴定，工伤预防的宣传、培训等费用，以及法律、法规规定的用于工伤保险的其他费用的支付；工伤预防费用的提取比例、使用和管理的具体办法，由国务院社会保险行政部门会同国务院财政、卫生行政、安全生产监督管理等部门规定；任何单位或者个人不得将工伤保险基金用于投资运营、兴建或者改建办公场所、发放奖金，或者挪作其他用途。因此，工伤保险基金的使用主要有四个方向：一是用于支付规定的工伤保险待遇；二是用于支付劳动能力鉴定费用；三是用于支付工伤预防的费用；四是法律法规规定的用于工伤保险的其他费用。

三、工伤认定

《社会保险法》第三十六条规定，职工因工作原因受到事故伤害或者患职业病，且"经工伤认定的"，享受工伤保险待遇。因此，工伤认定是享受工伤保险待遇的前提条件。我国工伤认定制度包括两个方面内容：一是工伤范围的认定；二是工伤认定的程序。工伤范围的认定解决哪些情形属于工伤的问题，工伤认定程序解决工伤认定环节的问题。

（一）工伤范围认定

《社会保险法》第三十七条列举了四种不认定为工伤的情形。《工伤保险条例》第十四条采取列举的办法规定了七种应当认定为工伤的情形；第十五条列举了三种"视同工伤"的情形；第十六条规定了"不认定或视同为工伤"的三种情形。

1. 应当认定为工伤的情形

《工伤保险条例》第十四条规定："职工有下列情形之一的，应当认定为工伤：（一）在工作时间和工作场所内，因工作原因受到事故伤害的；（二）工作时间前后在工作场所内，从事与工作有关的预备性或者收尾性工作受到事故伤害的；（三）在工作时间和工作场所内，因履行工作职责受到暴力等意外伤害的；（四）患职业病的；（五）因工外出期间，由于工作原因受到伤害或者发生事故下落不明的；（六）在上下班途中，受到非本人主要责任的交通事故或者城市轨道交通、客运轮渡、火车事故伤害的；（七）法律、行政法规规定应当认定为工伤的其他情形。"根据人力资源社会保障部《关于执行〈工伤保险条例〉若干问题的意见》的规定，其中：第（五）项规定的"因工外出期间"的认定，应当考虑职工外出是否属于用人单位指派的因工作外出，遭受的事故伤害是否因工作原因所致；第（六）项规定的"非本人主要责任"的认定，应当以有关机关（主要指公安交通管理部门或其他相关部门）出具的法律文书或者人民法院的生效裁决为依据。

2. 视同工伤的情形

《工伤保险条例》第十五条规定："职工有下列情形之一的，视同工伤：（一）在工作时间和工作岗位，突发疾病死亡或者在48小时之内经抢救无效死亡的；（二）在抢险救灾等维护国家利益、公共利益活动中受到伤害的；（三）职工原在军队服役，因战、因公负伤致残，已取得革命伤残军人证，到用人单位后旧伤复发的。"其中，职工有第（三）项情形的，无法享受一次性伤残补助金，其他工伤保险待遇可以依法享受。根据人力资源社会保障部《关于执行〈工伤保险条例〉若干问题的意见》的规定，符合《工伤保险条例》第十五条第（一）项情形的，职工所在用人单位原则上应自职工死亡之日起5个工作日内向用人单位所在统筹地区社会保险行政部门报告。

3. 不认定或视同为工伤的情形

《社会保险法》第三十七条规定："职工因下列情形之一导致本人在工作中伤亡的，不认定为工伤：（一）故意犯罪；（二）醉酒或者吸毒；（三）自残或者自杀；（四）法律、行政法规规定的其他情形。"《工伤保险条例》第十六条规定："职工符合本条例第十四条、第十五条的规定，但是有下列情形之一的，不得认定为工伤或者视同工伤：（一）故意犯罪的；（二）醉酒或者吸毒的；（三）自残或者自杀的。"所以，"不认定或视同为工伤"的情形应该包括四种。根据人力资源和社会保障部《实施〈中华人民共和国社会保险法〉若干规定》，《社会保险法》第三十七条第（二）项中的醉酒标准，按照《车辆驾驶人员血液、呼气酒精含量阈值与检验》（GB19522-2004）执行，公安机关交通管理部门、医疗机构等有关单位依法出具的检测结论、诊断证明等材料，可以作为认定醉酒的依据。根据人力资源和社会保障部《关于执行〈工伤保险条例〉若干问题的意见》的规定，《工伤保险条例》第十六条第（一）项"故意犯罪"的认定，应当以司法机关的生效法律文书或者结论性意见为依据；第（二）项"醉酒或者吸毒"的认定，应当以有关机关出具的法律文书或者人民法院的生效裁决为依据。无法获得上述证据的，可以结合相关证据认定。

（二）工伤认定的程序

《工伤保险条例》第十七至二十条对于工伤认定程序作出了明确规定，人力资源和社会保障部于2010年12月发布的《工伤认定办法》（2011年1月1日起施行）对工伤认定程序作出了更加细致的规定。

1. 工伤认定申请的提出

职工发生事故伤害或者按照《职业病防治法》规定被诊断、鉴定为职业病，所在单位应当自事故伤害发生之日或者被诊断、鉴定为职业病之日起30日内，向统筹地区社会保险行政部门提出工伤认定申请。遇有特殊情况，经报社会保险行政部门同意，申请时限可以适当延长。用人单位未在规定的时限内提交工伤认定申请，在此期间发生符合本条例规定的工伤待遇等有关费用由该用人单位负担。用人单位未在规定的时限内提出工伤认定申请的，受伤害职工或者其近亲属、工会组织在事故伤害发生之日或者被诊断、鉴定为职业病之日起一年内，可以直接向用人单位所在地统筹地区社会保险行政部门提出工伤认定申请。

工伤认定申请的管辖实行属地原则，用人单位、受伤害职工或其近亲属、工会组织应当向所属统筹地区社会保险行政部门提出工伤认定申请，如果按照规定应当向省级社会保险行政部门提出工伤认定申请的，根据属地原则应当向用人单位所在地设区的市级社会保险行政部门提出。

提出工伤认定申请应当提交下列材料：① 工伤认定申请表，表上应当包括事故发生的时间、地点、原因以及职工伤害程度等基本情况；② 与用人单位存在劳动关系（包括事实劳动关系）的证明材料；③ 医疗诊断证明或者职业病诊断证明书（或者职业病诊断鉴定书）。工伤认定申请人提供材料不完整的，社会保险行政部门应当一次性书面告知工伤认定申请人需要补正的全部材料。申请人按照书面告知要求补正材料后，社会保险行政部门应当受理。

2. 工伤认定申请的受理

工伤认定申请人提交的申请材料符合要求，属于社会保险行政部门管辖范围且在受理时限内的，社会保险行政部门应当受理。社会保险行政部门工作人员与工伤认定申请人有利害关系的，应当回避。社会保险行政部门收到工伤认定申请后，应当在15日内对申请人提交的材料进行审核。材料完整的，作出受理或者不予受理的决定；材料不完整的，应当以书面形式一次性告知申请人需要补正的全部材料。社会保险行政部门收到申请人提交的全部补正材料后，应当在15日内作出受理或者不予受理的决定。社会保险行政部门决定受理的，应当出具《工伤认定申请受理决定书》；决定不予受理的，应当出具《工伤认定申请不予受理决定书》。

根据人社部《关于执行〈工伤保险条例〉若干问题的意见》的规定，社会保险行政部门受理工伤认定申请后，发现劳动关系存在争议且无法确认的，应告知当事人可以向劳动人事争议仲裁委员会申请仲裁。在此期间，作出工伤认定决定的时限中止，并书面通知申请工伤认定的当事人。劳动关系依法确认后，当事人应将有关法律文书送交受理工伤认定申请的社会保险行政部门，该部门自收到生效法律文书之日起恢复工伤认定程序。

3. 相关证据的调查核实

社会保险行政部门受理工伤认定申请后，可以根据需要对申请人提供的证据进行调查核实；也可以根据工作需要，委托其他统筹地区的社会保险行政部门或者相关部门进行调查核实。社会保险行政部门在进行工伤认定时，对申请人提供的符合国家有关规定的职业病诊断证明书或者职业病诊断鉴定书，不再进行调查核实。职业病诊断证明书或者职业病诊断鉴定书不符合国家规定的要求和格式的，社会保险行政部门可以要求出具证据部门重新提供。社会保险行政部门工作人员在工伤认定中，可以进行以下调查核实工作：① 根据工作需要，进入有关单位和事故现场；② 依法查阅与工伤认定有关的资料，询问有关人员并作出调查笔录；③ 记录、录音、录像和复制与工伤认定有关的资料。

4. 工伤认定决定的作出

社会保险行政部门应当自受理工伤认定申请之日起60日内作出工伤认定决定，出具《认定工伤决定书》或者《不予认定工伤决定书》。社会保险行政部门对受理的事实清楚、权利义务明确的工伤认定申请，应当在 15 日内作出工伤认定的决定。职工或者其近亲属认为是工伤，用人单位不认为是工伤的，由该用人单位承担举证责任。用人单位拒不举证的，社会保险行政部门可以根据受伤害职工提供的证据或者调查取得的证据，依法作出工伤认定决定。社会保险行政部门受理工伤认定申请后，作出工伤认定决定需要以司法机关或者有关行政主管部门的结论为依据的，在司法机关或者有关行政主管部门尚未作出结论期间，作出工伤认定决定的时限中止，并书面通知申请人。

社会保险行政部门应当自工伤认定决定作出之日起 20 日内，将《认定工伤决定书》或者《不予认定工伤决定书》送达受伤害职工（或者其近亲属）和用人单位，并抄送社会保险经办机构。《认定工伤决定书》和《不予认定工伤决定书》的送达参照民事法律有关送达的规定执行。职工或者其近亲属、用人单位对不予受理决定不服或者对工伤认定决定不服的，可以依法申请行政复议或者提起行政诉讼。工伤认定结束后，社会保险行政部门应当将工伤认定的有关资料保存 50 年。

四、劳动能力鉴定

根据《社会保险法》第三十六条的规定，职工因工作原因受到事故伤害或者患职业病且经工伤认定后，经"劳动能力鉴定丧失劳动能力的"，可以享受"伤残待遇"。所以，劳动能力鉴定是判定职工能否享受工伤伤残待遇的必经环节。劳动能力鉴定是指劳动功能障碍程度和生活自理障碍程度的等级鉴定。《工伤保险条例》第二十一条规定，职工发生工伤，经治疗伤情相对稳定后"存在残疾、影响劳动能力"的，应当进行劳动能力鉴定。

（一）鉴定机构

劳动能力鉴定机构一般称为劳动能力鉴定委员会。劳动能力鉴定委员会分为两级：设区的市一级和省、自治区、直辖市一级。省、自治区、直辖市劳动能力鉴定委员会和设区的市级劳动能力鉴定委员会分别由省、自治区、直辖市和设区的市级社会保险行政部门、卫生行政部门、工会组织、经办机构代表以及用人单位代表组成。劳动能力鉴定委员会建立医疗卫生专家库，列入专家库的医疗卫生专业技术人员应当具备下列条件：① 具有医疗卫生高级专业技术职务任职资格；② 掌握劳动能力鉴定的相关知识；③ 具有良好的职业品德。劳动能力鉴定工作应当客观、公正。劳动能力鉴定委员会组成人员或者参加鉴定的专家与当事人有利害关系的，应当回避。

（二）鉴定标准

劳动功能障碍分为十个伤残等级，最重的为一级，最轻的为十级。生活自理障碍分为三个等级：生活完全不能自理、生活大部分不能自理和生活部分不能自理。《工伤保险条例》第二十二条规定，劳动能力鉴定标准由"国务院社会保险行政部门会同国务院卫生行政部门等部门"制定。由国家质量监督检验检疫总局、国家标准化管理委员会批准发布《劳动能力鉴定：职工工伤与职业病致残等级》（GB/T16180-2014），于 2015 年 1 月 1 日起正式实施，取代

《劳动能力鉴定：职工工伤与职业病致残程度鉴定》（GB/T16180-2006），成为我国职工工伤与职业病致残程度鉴定的基本标准（以下简称为"新标准"）。

依照规定，我国伤残等级分级原则如下。一级：器官缺失或功能完全丧失，其他器官不能代偿，存在特殊医疗依赖，生活完全或大部分不能自理者。二级：器官严重缺损或畸形，有严重功能障碍或并发症，存在特殊医疗依赖，或生活大部分不能自理者。三级：器官严重缺损或畸形，有严重功能障碍或并发症，存在特殊医疗依赖，或生活部分不能自理者。四级：器官严重缺损或畸形，有严重功能障碍或并发症，存在特殊医疗依赖，生活可以自理者。五级：器官大部分缺损或明显畸形，有较重功能障碍或并发症，存在一般医疗依赖，生活能自理者。六级：器官大部分缺损或明显畸形，有中等功能障碍或并发症，存在一般医疗依赖，生活能自理者。七级：器官大部分缺损或畸形，有轻度功能障碍或并发症，存在一般医疗依赖，生活能自理者。八级：器官部分缺损，形态异常，轻度功能障碍，有医疗依赖，生活能自理者。九级：器官部分缺损，形态异常，轻度功能障碍，无医疗依赖，生活能自理者。十级：器官部分缺损，形态异常，无功能障碍，无医疗依赖，生活能自理者。医疗依赖指伤病致残后，于停工留薪期满后仍然不能脱离治疗者。

生活自理障碍也称护理依赖，指伤病致残者因生活不能自理需依赖他人护理者。生活自理范围主要包括下列五项：① 进食；② 翻身；③ 大小便；④ 穿衣洗漱；⑤ 自我移动。这五项当中，全部需要护理者为生活完全不能自理或完全护理依赖；其中三项需要护理者为生活大部分不能自理或大部分护理依赖；其中一项需要护理者为生活部分不能自理或部分护理依赖。

（三）鉴定程序

1. 初次鉴定

劳动能力鉴定由用人单位、工伤职工或者其近亲属向设区的市级劳动能力鉴定委员会提出申请，并提供工伤认定决定和职工工伤医疗的有关资料。设区的市级劳动能力鉴定委员会收到劳动能力鉴定申请后，应当从其建立的医疗卫生专家库中随机抽取三名或者五名相关专家组成专家组，由专家组提出鉴定意见。设区的市级劳动能力鉴定委员会根据专家组的鉴定意见作出工伤职工劳动能力鉴定结论；必要时，可以委托具备资格的医疗机构协助进行有关的诊断。设区的市级劳动能力鉴定委员会应当自收到劳动能力鉴定申请之日起60日内作出劳动能力鉴定结论，必要时，作出劳动能力鉴定结论的期限可以延长30日。劳动能力鉴定结论应当及时送达申请鉴定的单位和个人。

2. 再次鉴定申请

申请鉴定的单位或者个人对设区的市级劳动能力鉴定委员会作出的鉴定结论不服的，可以在收到该鉴定结论之日起15日内向省、自治区、直辖市劳动能力鉴定委员会提出再次鉴定申请。省、自治区、直辖市劳动能力鉴定委员会应当自收到再次鉴定申请之日起60日内作出劳动能力鉴定结论；必要时，作出劳动能力鉴定结论的期限可以延长30日。省、自治区、直辖市劳动能力鉴定委员会作出的劳动能力鉴定结论为最终结论。劳动能力鉴定结论应当及时送达申请鉴定的单位和个人。

3. 复查鉴定

自劳动能力鉴定结论作出之日起一年后，工伤职工或者其近亲属、所在单位或者经办机构认为伤残情况发生变化的，可以申请劳动能力复查鉴定。劳动能力鉴定委员会应当自收到劳动能力复查鉴定申请之日起 60 日内作出劳动能力鉴定结论；必要时，作出劳动能力鉴定结论的期限可以延长 30 日。劳动能力复查鉴定结论应当及时送达申请鉴定的单位和个人。

五、工伤保险待遇

依据《社会保险法》及《工伤保险条例》的规定，我国工伤保险待遇包括工伤医疗待遇、伤残待遇、遗属待遇三大部分。工伤医疗待遇是指职工遭遇工伤之后到评定伤残等级之前的治疗期间所应享有的各项待遇；伤残待遇是指遭遇工伤的职工在评定伤残等级后所应享有的各项待遇；遗属待遇是指职工因遭遇工伤死亡后其遗属应享受的各项待遇。依据《社会保险法》的规定，工伤职工在"丧失享受工伤待遇条件、拒不接受劳动能力鉴定、拒绝治疗"三种情形下，停止享受工伤保险待遇，《工伤保险条例》第四十二条也有完全相同的规定。根据人力资源和社会保障部《关于执行〈工伤保险条例〉若干问题的意见》的规定，已经依法停止支付工伤保险待遇的，"在停止支付待遇的情形消失后，自下月起恢复工伤保险待遇，停止支付的工伤保险待遇不予补发"。

（一）工伤保险待遇的费用来源

根据《社会保险法》及《工伤保险条例》的相关规定，工伤保险待遇的费用来自工伤保险基金和用人单位两个方面。从工伤保险基金中支付费用的工伤保险待遇项目包括：① 治疗工伤的医疗费用和康复费用；② 住院伙食补助费；③ 到统筹地区以外就医的交通食宿费；④ 安装配置伤残辅助器具所需费用；⑤ 生活不能自理的，经劳动能力鉴定委员会确认的生活护理费；⑥ 一次性伤残补助金和一至四级伤残职工按月领取的伤残津贴；⑦ 终止或者解除劳动合同时，应当享受的一次性医疗补助金；⑧ 因工死亡的，其遗属领取的丧葬补助金、供养亲属抚恤金和因工死亡补助金（即一次性工亡补助金）；⑨ 劳动能力鉴定费。由用人单位支付费用的工伤保险待遇项目包括：① 治疗工伤期间的工资福利；② 五级、六级伤残职工按月领取的伤残津贴；③ 终止或者解除劳动合同时，应当享受的一次性伤残就业补助金。

（二）工伤保险待遇的项目与标准

根据《社会保险法》及《工伤保险条例》的规定，并结合人力资源和社会保障部等部门颁行的相关规章制度，下面将对我国工伤保险的项目和具体标准做出更为详尽的介绍。需要说明的是，工伤保险待遇的各项目中，凡以本人工资作为计算标准者，本人工资均是指"工伤职工因工作遭受事故伤害或者患职业病前 12 个月平均月缴费工资"。如果本人工资高于统筹地区职工平均工资 300%的，按照统筹地区职工平均工资的 300%计算；低于统筹地区职工平均工资 60%的，按照统筹地区职工平均工资的 60%计算。同时，根据人力资源和社会保障部《关于执行〈工伤保险条例〉若干问题的意见》，由工伤保险基金支付的各项待遇应按《工伤保险条例》相关规定支付，不得采取将长期待遇改为一次性支付的办法；核定工伤职工工伤保险待遇时，若上一年度相关数据尚未公布，可暂按前一年度的全国城镇居民人均可支配收入、统筹地区职工月平均工资核定和计发，待相关数据公布后再重新核定，社会保险经办机构或者用人单位予以补发差额部分。

1. 工伤医疗及相关待遇

根据《工伤保险条例》第三十条与第三十一条规定，职工因工作遭受事故伤害或者患职业病进行治疗，享受工伤医疗待遇；社会保险行政部门作出认定为工伤的决定后发生行政复议、行政诉讼的，行政复议和行政诉讼期间"不停止支付工伤职工治疗工伤的医疗费用"。但是，工伤职工治疗"非工伤引发的疾病"，不享受工伤医疗待遇，按照基本医疗保险办法处理。工伤医疗待遇包括因治疗工伤所发生的诊疗费、药品费、住院费、伙食补助费、交通食宿费以及康复性治疗费，此外还有辅助器具装配费、治疗期内的工资福利等相关待遇。工伤职工工伤复发，确认需要治疗的，依法享受上述各项工伤医疗及相关待遇。

依据人社部发布的《实施〈中华人民共和国社会保险法〉若干规定》第十二条，《社会保险法》第三十九条第一项"治疗工伤期间的工资福利"，按照《工伤保险条例》第三十三条有关职工在停工留薪期内应当享受的工资福利和护理等待遇的规定执行。因此，"治疗工伤期间的工资福利"也可以称为"停工留薪期的工资福利"待遇。职工因工伤需要暂停工作接受工伤治疗期间，原工资福利待遇不变，由所在单位按月支付，这段时限称为"停工留薪期"。按照《工伤保险条例》第三十三条的规定，停工留薪期一般不超过 12 个月；伤情严重或者情况特殊，经设区的市级劳动能力鉴定委员会确认，可以适当延长，但延长不得超过 12 个月。生活不能自理的工伤职工在停工留薪期需要护理的，由所在单位负责。工伤职工评定伤残等级后，停发停工留薪期工资，按照规定享受伤残待遇。工伤职工在停工留薪期满后仍需治疗的，继续享受工伤医疗待遇。

2. 伤残待遇

伤残待遇是指工伤职工在评定伤残等级后所应享有的各项待遇。根据《社会保险法》及《工伤保险条例》的规定，工伤职工的伤残待遇主要包括生活护理费、一次性伤残补助金、伤残津贴、一次性工伤医疗补助金和一次性伤残就业补助金等项。生活不能自理的工伤职工在停工留薪期需要护理的，由所在单位负责；评定伤残等级后需要护理的，由工伤保险基金按月支付生活护理费。按照《工伤保险条例》第三十四条的规定，生活护理费按照生活完全不能自理、生活大部分不能自理或者生活部分不能自理三个不同等级支付，其标准分别为统筹地区上年度职工月平均工资的 50%、40%或者 30%。其他伤残待遇分别与工伤职工被评定的伤残等级有对应关系，所以依据《工伤保险条例》第三十五至三十七条的规定，制作了"伤残待遇一览表"。

表 12-2 伤残待遇一览表

伤残等级	一次性伤残补助金（本人工资为标准）	伤残津贴（按月以本人工资为标准）	其他待遇
一	27 个月的本人工资	本人工资的 90%（由工伤保险基金支付）	（1）保留劳动关系，退出工作岗位； （2）由工伤保险基金按左列标准发给伤残津贴，伤残津贴实际金额低于当地最低工资标准的，由工伤保险基金补足差额； （3）用人单位和职工以伤残津贴为基数缴纳基本医疗保险费； （4）工伤职工达到退休年龄并办理退休手续后，停发伤残津贴，按照国家有关规定享受基本养老保险待遇；基本养老保险待遇低于伤残津贴的，由工伤保险基金补足差额。
二	25 个月的本人工资	本人工资的 85%（由工伤保险基金支付）	
三	23 个月的本人工资	本人工资的 80%（由工伤保险基金支付）	
四	21 个月的本人工资	本人工资的 75%（由工伤保险基金支付）	
五	18 个月的本人工资	本人工资的 70%（由用人单位发给）	（1）保留与用人单位劳动关系，由用人单位安排适当工作，难以安排的按左列标准发给伤残津贴，伤残津贴实际金额低于当地最低工资标准的，由单位补足差额； （2）由用人单位按照规定为其缴纳应缴的各项社会保险费； （3）经工伤职工本人提出，该职工可以与用人单位解除或者终止劳动关系，由工伤保险基金支付一次性工伤医疗补助金，由用人单位支付一次性伤残就业补助金，具体标准由省、自治区、直辖市政府规定。
六	16 个月的本人工资	本人工资的 60%（由用人单位发给）	
七	13 个月的本人工资	七级以下伤残不发给伤残津贴	劳动、聘用合同期满终止，或者职工本人提出解除劳动、聘用合同的，由工伤保险基金支付一次性工伤医疗补助金，由用人单位支付一次性伤残就业补助金，具体标准由省、自治区、直辖市政府规定。
八	11 个月的本人工资		
九	9 个月的本人工资		
十	7 个月的本人工资		

备注：根据人力资源和社会保障部《关于执行〈工伤保险条例〉若干问题的意见》的规定，职工在同一用人单位连续工作期间多次发生工伤的，符合《工伤保险条例》第三十六条、第三十七条规定领取相关待遇时，按照其在同一用人单位发生工伤的最高伤残级别，计发一次性伤残就业补助金和一次性工伤医疗补助金。

3. 遗属待遇

遗属待遇是指职工因遭遇工伤死亡后其遗属应享受的各项待遇。根据《社会保险法》及《工伤保险条例》的规定，职工因工死亡，其近亲属可以从工伤保险金中领取丧葬补助金、供养亲属抚恤金和一次性工亡补助金，这三个方面共同构成了工伤职工的遗属待遇。根据《工伤保险条例》第三十九条的规定，各项遗属待遇的标准如下。

（1）丧葬补助金。职工因工伤死亡后，其近亲属可以一次性领取丧葬补助金，丧葬补助金的具体标准为 6 个月的统筹地区上年度职工月平均工资。

（2）供养亲属抚恤金。供养亲属抚恤金按照职工本人工资的一定比例发给由因工死亡职工生前提供主要生活来源、无劳动能力的亲属。标准为：配偶每月 40%，其他亲属每人每月 30%，孤寡老人或者孤儿每人每月在上述标准的基础上增加 10%。核定的各供养亲属的抚恤金之和不应高于因工死亡职工生前的工资。供养亲属的具体范围由国务院社会保险行政部门规定。

（3）一次性工亡补助金。工伤职工因工当场死亡，或在停工留薪期内因工伤导致死亡的，其近亲属可以领取一次性工亡补助金，标准为上一年度全国城镇居民人均可支配收入的 20 倍，这是 2010 年新修订《工伤保险条例》的一项重要改进（此前的旧标准为 48～60 个月的统筹地区上年度职工月平均工资，具体标准由统筹地区政府根据当地经济社会发展状况确定，报省、自治区、直辖市政府备案）。但是，一级至四级伤残职工在停工留薪期满后死亡的，其近亲属仅能享受丧葬补助金、供养亲属抚恤金两项待遇，而不能享受一次性工亡补助金的待遇。

（三）工伤保险先行支付制度

《社会保险法》在第四十一条和第四十二条从两个方面规定了工伤保险先行支付制度。一方面是用人单位因未依法参保而应支付工伤保险待遇却不予支付时，由工伤保险基金先行支付，即"职工所在用人单位未依法缴纳工伤保险费，发生工伤事故的，由用人单位支付工伤保险待遇。用人单位不支付的，从工伤保险基金中先行支付；从工伤保险基金中先行支付的工伤保险待遇应当由用人单位偿还。用人单位不偿还的，社会保险经办机构可以依照本法第六十三条的规定追偿"，可以称之为工伤保险基金代替用人单位先行支付制度。另一方面是第三人造成工伤后不支付工伤医疗费用或无法确定第三人时，由工伤保险基金先行支付，即"由于第三人的原因造成工伤，第三人不支付工伤医疗费用或者无法确定第三人的，由工伤保险基金先行支付；工伤保险基金先行支付后，有权向第三人追偿"，可以称之为工伤保险基金代替第三人先行支付制度。但是，工伤保险基金代替第三人先行支付的范围仅限于工伤医疗费用，工伤保险基金代替用人单位先行支付的范围则没有此限制。不过，《工伤保险条例》中对于工伤保险先行支付制度缺乏相应的规定。

1. 工伤保险基金代替用人单位先行支付制度

《社会保险法》和《工伤保险条例》虽然都明确规定，用人单位未依法缴纳工伤保险费，发生工伤事故的，由用人单位支付工伤保险待遇。但现实生活中，有的用人单位故意不支付，或者无力支付，或用恶意诉讼的办法拖欠支付工伤待遇，变相地将工伤风险转嫁给了工伤职工及其家庭，与工伤保险制度设立的宗旨相背离。因此，《社会保险法》针对用人单位既不依法参保，又不支付或无力支付职工工伤待遇的情形，规定由工伤保险基金先行支付，确保工伤职工能够及时得到医治，并享受到工伤保险待遇。

工伤保险基金代替用人单位先行支付制度是指在工伤事故发生后，用人单位拒不支付或者无力支付未参保职工的工伤保险待遇时，由工伤保险基金先行支付，再由工伤保险经办机构向用人单位追偿的制度。一方面，在用人单位与职工的关系中，职工处于弱势地位，遭遇工伤后难以得到相应的工伤待遇，而法律赋予工伤保险基金很多追偿措施；另一方面，工伤保险实行用人单位单方缴费制，职工个人难以全面掌握用人单位是否为自己参保的情况，而只能依靠社会保险行政部门履职监管，工伤保险先行支付实际上也是政府部门为监管不力而担责的体现。因此，这一制度本质上就是将用人单位不支付工伤保险待遇的风险从工伤职工转移给工伤保险基金，由工伤保险基金先行支付，再向用人单位代为追偿。这样既能够保障工伤职工的区域，也能够有效促使用人单位履行参保义务。

从工伤保险基金中先行支付的工伤保险待遇应当由用人单位偿还，用人单位不偿还的，社会保险经办机构可以依照本法第六十三条的规定追偿，实质上就是按照未及时足额缴纳社会保险费带对待，即：由工伤保险经办机构责令用人单位限期偿还工伤保险待遇，除需补缴欠缴数额外，自欠缴之日起，按日加收万分之五的滞纳金。逾期仍未偿还的，工伤保险经办机构可以向银行和其他金融机构查询其存款账户；并可以申请县级以上有关行政部门作出划拨决定，书面通知其开户银行或者其他金融机构划拨应偿还的工伤保险待遇。用人单位账户余额少于应偿数额的，工伤保险经办机构可以要求该用人单位提供担保，签订延期偿还协议。用人单位不偿还且未提供担保的，工伤保险经办机构可以申请人民法院扣押、查封、拍卖其价值相当于应偿数额的财产，以拍卖所得抵缴应偿的工伤保险待遇。

2. 工伤保险基金代替第三人先行支付制度

工伤保险基金代替第三人先行支付制度是指由于第三人原因造成工伤事故后，第三人拒不支付或者无力支付工伤医疗费用，或者无法确定第三人时，由工伤保险基金先行支付，再由工伤保险经办机构向第三人代位追偿的制度。这一制度涉及民事侵权责任与工伤保险责任竞合的问题。由于用人单位之外的第三人侵权导致职工工伤的，同时违反了侵权责任法和社会保险法，该职工既是工伤事故中的受伤职工，又是侵权行为的受害人，既可以基于侵权过错向第三人要求民事损害赔偿，也可以基于单位参保缴费向工伤保险基金要求工伤保险待遇，这就涉及了两者的竞合问题。

国外对此问题的处理可以归纳为四种模式：一是取代（免除、替代）模式，即工伤保险取代民事侵权责任，民事侵权责任免除；二是选择模式，即工伤职工在两者之中自选一种；三是兼得（相加）模式，即同时享受"双份利益"，但违反"填平原则"；四是补充模式，即两者待遇相互补充，不得超过实际损失。这一问题分歧较大，《社会保险法》及《工伤保险条例》均未明确规定。但是，由于工伤劳动者的实际发生医疗费用数额明确，且费用凭据只有一份，所以工伤职工只能享受一份。因此，《社会保险法》规定了先行支付及向第三人追偿制度。其中，第三人不支付既包括拒不支付，也包括不能支付。因此，本法条仅限于处理工伤医疗费用的竞合问题。

第四节　失业保险

失业有广义与狭义之分。广义上的失业指劳动力要素与生产资料要素相分离的一种状态；狭义上的失业指有劳动能力和就业愿望且处于法定劳动年龄阶段的劳动者，无法获取有报酬的劳动职位的一种社会现象。劳动保障法意义上的失业仅指狭义上的失业，判断一个劳动者是否处于失业状态,通常看四个要素:一是看是否处于法定劳动年龄阶段;二是看是否具有劳动能力;三是看是否具有劳动愿望;四是看是否找到了有报酬的劳动岗位。失业问题是市场经济发展的必然产物,适度的失业有利于提高劳动者的素质和促进经济的发展,但如果失业率过高,就会成为威胁社会稳定的重大隐患,因此各国政府都十分重视治理失业问题。而治理失业问题的政策取向,一般包括相辅相成的两个方面:一方面是通过提高就业率以降低失业率;另一方面则是通过建立失业保险制度来减轻失业给社会带来的冲击。失业保险是由国家立法强制实施的,通过社会集中建立基金,保障因失业而暂时中断生活来源的劳动者的基本生活,并通过转业训练、职业介绍等手段为其重新就业创造条件的一种社会保险制度。

一、失业保险覆盖范围

失业保险覆盖范围是指失业保险的保障对象。从理论层面说,在工业社会中每个面临失业风险的劳动者,都应该成为失业保险的保障对象;但从现实层面看,失业保险覆盖范围的大小往往与一个国家或地区的经济发展水平、价值取向和文化传统有很大关系。如果从总体趋势上考察失业保险的发展历程,可以发现其覆盖范围经历了一个从小到大、从严格到宽松的演变过程。失业人员通常是指在劳动年龄内有劳动能力、无工作但正在以某种方式寻找工作的人员,包括就业转失业人员和新生劳动力中未实现就业的人员。但是,目前我国的失业人员只限定为就业转失业的人员,另外,在实践层面一般不将农村户籍劳动者统计在失业人员之列。

我国失业保险制度建立后,覆盖范围逐步扩大。国务院于1986年7月12日颁布的《国营企业职工实行待业保险暂行规定》将保险对象暂限于四类人员,即宣告破产的国营企业职工、濒临破产的国营企业在法定整顿期间被精简的职工、国营企业辞退的职工以及终止或解除劳动合同的合同制工人。1993年4月颁布的《国有企业职工待业保险暂行规定》将覆盖范围从原来的四类人员扩大到七类九种人员,即撤销和解散企业的职工,停产整顿企业被精简的职工,企业辞退、除名或者开除的职工,宣告破产企业的职工,濒临破产企业法定整顿期间被精简的职工,实行企业化管理的事业单位职工,依照法律法规或省、自治区、直辖市政府规定享受待业保险的其他职工,开始为国有企业中的正式受雇人员提供失业保险(所谓"正式受雇人员",亦即"职工",包括享受终身雇佣待遇的"固定工",以及签订长期劳动合同的所谓"合同制工人";而签订短期劳动合同的所谓"合同工"则不在失业保险覆盖范围内)。

1999年1月,国务院正式颁布《失业保险条例》,标志着一个在城市地区覆盖广泛的失业保险体系最终建立起来。根据《失业保险条例》第二条规定,城镇企事业单位及其职工依照本条例的规定,缴纳失业保险费;城镇企事业单位失业人员依照本条例的规定,享受失业保险待遇;城镇企业是指国有企业、城镇集体企业、外商投资企业、城镇私营企业以及其他城镇企业。这样失业保险的覆盖范围扩大至城镇各类所有制企业、事业单位及其全部职工。这体现了失业保险的强制性特征,即不论上述单位及个人是否愿意,都应当按照法律的强制规定参加失业保险。此后,劳动和社会保障、财政部、人事部于1999年8月发出了《关于事业单位参加失业保险有关问题的通知》,劳动和社会保障部、财政部于2000年11月发出了《关于银行系统单位参加失业保险有关问题的通知》。

根据《失业保险条例》的规定，农民合同制工人被"半纳入"失业保险覆盖范围，用人单位同样应为他们缴纳失业保险费，但他们自己不需交费，当他们失业时可以领取一次性生活补助。同时，《失业保险条例》还授权省、自治区、直辖市政府，可以把覆盖范围扩大到本行政区域内的社会团体及其专职人员、民办非企业单位及其职工、有雇工的城镇个体工商户及其雇工。目前，大多数的省、自治区、直辖市政府将上述人员纳入失业保险的覆盖范围内。《失业保险条例》规定的城镇所有企事业单位及其职工，体现了失业保险的普遍性原则，但普遍性原则仅限于城镇地区，且不覆盖政府公务人员。有学者认为，失业保险不覆盖公务员，这是世界上大多数国家失业保险制度的共同特征。但我国公务员的范围比世界多数国家宽泛得多，特别是许多"参公"管理的事业单位如果不被覆盖，《失业保险条例》规定的覆盖范围将大打折扣，这也背离了保险事业的"大数法则"。

二、失业保险基金

失业保险基金是通过国家立法强制建立起来的用于化解失业风险的资金，其来源是否充足、稳定直接决定着失业保险制度能否持续健康发展。下面根据《社会保险法》与《失业保险条例》的规定，介绍我国失业保险基金的筹集与管理。

（一）基金筹集

失业保险的基金筹集一般包括资金来源、筹资方法、缴费比例等内容。失业保险基金的资金来源大致有以下几种方式：政府、雇主（或用人单位）和雇员（劳动者个人）三方分担；雇主（或用人单位）与雇员（劳动者个人）分担；政府与雇主（或用人单位）分担；政府负担，等等。我国在待业保险时期，保险基金采取了用人单位缴费和财政补贴相结合的筹集方式，劳动者个人不需要缴费。《失业保险条例》颁行后，我国调整了原来的筹集方式，开始建立一种用人单位和职工共同缴费的基金筹集方式。

《社会保险法》第四十四条将实践中已经比较成熟的失业保险筹集方式上升为法律条款，明确规定"职工应当参加失业保险，由用人单位和职工按照国家规定共同缴纳失业保险费"。依照《失业保险条例》第六条规定：城镇企事业单位按照单位工资总额的2%缴纳失业保险费，城镇企事业单位职工按照本人缴费工资的1%缴纳失业保险费，城镇企事业单位招用的农民合同制工人本人不缴纳失业保险费。但是，这里的"单位工资总额"中应包括单位招用的农民合同制个人的工资部分。

我国失业保险原则上实行全国统一费率。统一费率有利于提高失业保险的统筹层次，有利于最大限度地分散失业风险；但统一费率也有明显的弊端，即无法体现企业失业率和其缴纳失业保险费之间的关系。因此，《失业保险条例》也考虑到现实情况的复杂性，规定了调整失业保险费率的灵活机制：省、自治区、直辖市人民政府根据本行政区域内失业人员数量和失业保险基金数额，报经国务院批准，可以适当调整本行政区域失业保险费的费率。

（二）基金管理

失业保险基金必须存入财政部门在国有商业银行开设的社会保障基金财政专户，实行收支两条线管理，由财政部门依法进行监督。存入银行和按照国家规定购买国债的失业保险基金，分别按照城乡居民同期存款利率和国债利息计息。失业保险基金的利息并入失业保险基金。失业保险基金专款专用，不得挪作他用，不得用于平衡财政收支。失业保险基金收支的预算、决算，由统筹地区社会保险经办机构编制，经同级社会保险行政部门复核、同级财政部门审核，报同级人民政府审批。

1. 基金构成

根据《失业保险条例》第五条规定，我国失业保险基金由四部分构成。一是城镇企事业单位、城镇企事业单位职工缴纳的失业保险费。失业保险费是失业保险金的最基本组成部分，城镇企事业单位及其职工应当按规定及时足额缴纳失业保险费，以保证基金的支付能力。二是失业保险基金的利息。失业保险金的利息是指用失业保险基金购买国家债券或存入银行所取得的利息收入，失业保险基金存入银行或按照国家规定购买国债，分别按照城乡居民同期存款利率和国债利息计息，利息并入失业保险基金，这是保证基金不贬值的重要措施。三是财政补贴。财政补贴是指同级财政给予失业保险基金的补贴。四是依法纳入失业保险基金的其他资金。其他资金是指滞纳金及经财政部门核准的其他资金来源，罚款不在此列；滞纳金是指因企业拖欠失业保险费而按规定收取的费用。

2. 基金统筹

《失业保险条例》第七条对统筹层次作了如下规定：失业保险基金在直辖市和设区的市实行全市统筹；其他地区的统筹层次由省、自治区人民政府规定。可见，《失业保险条例》根据不同地区经济发展水平和失业保险现状，对不同行政区域规定了不同的统筹层次。《社会保险法》规定，失业保险基金未来的发展方向是逐步实行省级统筹，具体时间、步骤由国务院规定。

3. 基金调剂

失业保险调剂金是指按照一定比例从失业保险费中筹集的，用于补贴部分地区失业保险基金不敷使用的专项基金，类似于失业保险的再保险。《失业保险条例》第八条明确规范了失业保险调剂金制度，规定："省、自治区可以建立失业保险调剂金；失业保险调剂金以统筹地区依法应当征收的失业保险费为基数，按照省、自治区人民政府规定的比例筹集；统筹地区的失业保险基金不敷使用时，由失业保险调剂金调剂、地方财政补贴；失业保险调剂金的筹集、调剂使用以及地方财政补贴的具体办法，由省、自治区人民政府规定。"

三、失业保险待遇给付

失业保险待遇给付是指劳动者能够从失业保险制度中获取的预期收益，主要包括给付种类（或给付范围）和给付水平两个方面。给付种类实质上就是"服务包"问题，即哪些费用可以得到失业保险基金的支持。根据《失业保险条例》第十条规定，失业保险基金用于下列支出：① 失业保险金；② 领取失业保险金期间的医疗补助金；③ 领取失业保险金期间死亡的失业人员的丧葬补助金和其供养的配偶、直系亲属的抚恤金；④ 领取失业保险金期间接受职业培训、职业介绍的补贴（补贴的办法和标准由省、自治区、直辖市人民政府规定）；⑤ 国务院规定或者批准的与失业保险有关的其他费用。另据《失业保险条例》第二十一条规定，单位招用的农民合同制工人连续工作满一年，本单位并已缴纳失业保险费，劳动合同期满未续订或者提前解除劳动合同的，由社会保险经办机构根据其工作时间长短，对其支付一次性生活补助金。补助的办法和标准由省、自治区、直辖市人民政府规定。实际上，我国失业保险待遇及给付结构由如下六个方面构成：一是失业保险金；二是领取失业保险金期间的医疗补助金；三是领取失业保险金期间死亡的失业人员的丧葬补助金和其供养的配偶、直系亲属的抚恤金；四是领取失业保险金期间接受职业培训、职业介绍的补贴；五是农民合同工一次性生活补助；六是国务院规定或者批准的与失业保险有关的其他费用。

（一）失业保险金

失业保险金是失业保险经办机构按规定支付给符合条件的失业人员的基本生活费用，是最主要的失业保险待遇给付项目。我国长期以来一直使用"失业救济金"概念。《失业保险条例》颁行后，开始改用"失业保险金"的概念。失业保险的核心内容就是由社会集中建立失业保险基金，分散失业风险，保障暂时处于失业状态的劳动者的基本生活。因此，失业保险基金应当首先保障失业人员的失业保险金的发放。我国失业保险金发放具有如下特点：一是在统筹地区采用统一的发放标准，不考虑家庭经济状况、失业人员失业前的收入状况等因素；二是参加了失业保险并符合《失业保险条例》规定其他条件的失业者才有资格领取；三是根据失业人员的累计缴费时间确定发放期限；四是采取按月发放的方式。

（二）领取失业保险金期间的医疗保险费

我国长期以来没有建立失业保险制度，也谈不上失业人员的医疗保障问题。改革开放以后，特别是适应社会主义市场经济体制的医疗保险制度建立以后，失业人员通常在失业前已经参加职工基本医疗保险，建立有职工医疗保险个人账户。职工失业后的医疗费用可以从其在职时建立的个人账户中支出，但因个人账户的资金有限，失业人员承担医疗费用的能力较弱，为了从一定程度上减轻失业人员的医疗费用负担，《失业保险条例》第十九条规定了失业人员的医疗补助金制度，即：失业人员在领取失业保险金期间患病就医的，可以按照规定向社会保险经办机构申请领取医疗补助金；医疗补助金的标准由省、自治区、直辖市人民政府规定。

实践中，医疗补助金一般分为门诊费补助和住院费补助。如以《社会保险法》颁布时福建省的规定为例，失业人员的门诊补助金按本人领取失业保险金6%的标准，随失业保险金按月发放；因患病确需到县级以上医院住院治疗的，可由本人或其家属提出书面申请，经失业保险经办机构审批，按照住院治疗费的20%~60%发给住院医疗补助金，但累计最高不得超出3000元。可见，失业期间的医疗补助金与职工基本医疗保险待遇相比较，保障水平较低、保障能力较弱，不足以保障失业人员的大病及重病。

失业人员在就业期间，其所在单位及本人已经缴纳了医疗保险费，因暂时失业就不能享受基本医疗保险待遇，不尽公平合理。为了保障失业人员在失业期间能够享受基本医疗保险待遇，《社会保险法》调整了原来的医疗补助金制度，在第四十八条规定：失业人员在领取失业保险金期间，参加职工基本医疗保险，享受基本医疗保险待遇；失业人员应当缴纳的基本医疗保险费从失业保险基金中支付，个人不缴纳基本医疗保险费。需要说明的是，失业保险基金所支付的基本医疗保险费既包括个人应当缴纳的部分，也包括用人单位应当缴纳的部分，统筹地区可以对缴纳标准等作出细致的规定。

（三）领取失业保险金期间的丧葬补助金和抚恤金

失业保险丧葬补助金是指对失业人员在领取失业保险金期间死亡的，由失业保险基金支付给其遗属一定数额的、用于安排丧葬事宜的资金；抚恤金是指对失业人员领取失业保险金期间死亡的，由失业保险基金发给其亲属的抚恤费用。我国在待业保险时期，国务院在《国有企业职工待业保险规定》中确定的待业保险基金开支项目中即包括待业期间的丧葬补助费及其供养的直系亲属的抚恤费、救济费。《失业保险条例》保留了这一支出项目。《社会保险法》基本延续了《失业保险条例》所规定的此待遇项目，在第四十九条规定，"失业人员在领取失业保险金期间死亡的，参照当地对在职职工死亡的规定，向其遗属发给一次性丧葬补助金和抚恤金；所需资金从失业保险基金中支付"。但是考虑到养老保险和工伤保险也有关于丧葬补助金的规定，为了避免丧葬补助金的待遇竞合问题，《社会保险法》同时规定，"个人死亡同时符合领取基本养老保险丧葬补助金、工伤保险丧葬补助金和失业保险丧葬补助金条件的，其遗属只能选择领取其中的一项"。死亡失业人员的家属提出享受丧葬补助金和抚恤金的申请时，需要提交相关材料：① 失业人员死亡证明；② 失业人员身份证明；③ 与失业人员的关系证明；④ 经办机构规定的其他材料。失业保险经办机构对上述材料审核无误后按规定确定补助标准，并据此开具补助金和抚恤金单证，一次性计发。

（四）职业培训与职业介绍补贴

按照人力资源和社会保障部发布的《实施〈中华人民共和国社会保险法〉若干规定》第十五条的要求，失业人员在领取失业保险金期间，应当积极求职，接受职业介绍和职业培训。失业人员接受职业介绍、职业培训的补贴由失业保险基金按照规定支付。职业培训与职业介绍补贴是指按规定支付给失业人员在领取失业保险金期间接受职业培训、职业介绍的补贴。两项补贴可以向就业服务机构拨付，也可以直接支付给个人，但都必须按照实际发生额从基金中直接列支，不能按比例预先提取，不得在基金之外设立专项资金。失业保险经办机构要根据职业培训和职业介绍的实际效果和有关凭证向培训、介绍机构或失业人员支付两项补贴，具体办法和标准由省、自治区、直辖市政府规定。

职业培训和职业介绍补贴的审核与支付办法如下。① 社会保险行政部门认定的再就业培训或创业培训定点机构按相关规定对失业人员开展职业培训后，由培训机构提出申请，并提供培训方案、教学计划、失业证件复印件、培训合格失业人员花名册等相关材料。失业保险经办机构进行审核后，按规定向培训机构拨付职业培训补贴。② 社会保险行政部门认定的职业介绍机构按相关规定对失业人员开展免费职业介绍后，由职业介绍机构提出申请，并提供失业人员求职登记记录、失业证件复印件、用人单位劳动合同复印件、介绍就业人员花名册等相关材料。失业保险经办机构进行审核后，按规定向职业介绍机构拨付职业介绍补贴。③ 失业人员在领取失业保险金期间参加职业培训的，可以按规定申领职业培训补贴。失业人员应提供经经办机构批准的本人参加职业培训的申请报告、培训机构颁发的结（毕）业证明和本人支付培训费用的有效票据。失业保险经办机构进行审核后，按规定计算应予报销的数额，予以报销。

（五）农民合同工一次性生活补助金

农民合同工是指企业、事业单位从具有农业户口的居民中招用的使用期限在一年以上，并且与招用单位签订了劳动合同，实行劳动合同制的工人，包括从农民中招用的定期轮换工。农民合同工由于个人不缴纳失业保险费，离开原单位后还可以回乡务农，有一定生活保障，应与城镇失业人员有所区别；但由于其所在单位缴纳的失业保险费的基数中已包括了他们的工资，采取支付一次性生活补助的办法，在一定程度上体现了权利义务对等的原则。

考虑到各地的实际情况不同，《失业保险条例》将一次性生活补助办法和标准的自由裁量权赋予各省、自治区、直辖市政府。当然，农民合同工申领一次性生活补助必须同时满足三个条件：一是已经连续工作满一年；二是本人单位已为其缴纳失业保险费；三是劳动合同期满未续订或提前解除劳动合同。参保单位招用的农民合同制工人终止或解除劳动关系后申领一次性生活补助时，需要填写一次性生活补助金申领核定表，并提供以下证件和资料：① 本人居民身份证件；② 与参保单位签订的劳动合同；③ 参保单位出具的终止或解除劳动合同证明；④ 经办机构规定的其他证件和资料。失业保险经办机构根据提供的资料以及参保单位缴费情况记录进行审核。经确认后，按规定支付一次性生活补助。

四、失业保险金申领发放

失业保险金是失业保险待遇给付的最主要项目，并且与其他失业保险待遇的给付直接相关，如前述失业保险基金为失业人员缴纳基本医疗保险费、支付丧葬补助金和抚恤金、支付职业介绍和职业培训补贴等待遇项目，都仅限于领取失业保险金期间。所以，《社会保险法》《失业保险条例》《失业保险金申领发放办法》关于失业保险金的领取条件、发放标准、领取期限、申领程序等问题的规定同样也适用于其他失业保险待遇项目的给付。

（一）领取条件

领取条件即失业保险受益者资格的认定条件，是指失业者符合哪些条件才能成为失业保险给付的受益主体。一般而言，失业者领取失业保险金通常需要同时满足如下条件：一是处于法定劳动年龄阶段并具有劳动能力；二是由于非自愿的原因造成失业且有就业愿望；三是失业后到失业保险机构或职业介绍机构办理求职登记手续，并接受职业培训或职业介绍，不无理拒绝职业介绍机构提供的合适就业机会；四是在失业前已参加失业保险并履行了一定期限的缴费义务。《社会保险法》第四十五条规定，失业人员符合下列条件的，从失业保险基金中领取失业保险金：① 失业前用人单位和本人已经缴纳失业保险费满一年的；② 非因本人意愿中断就业的；③ 已经进行失业登记，并有求职要求的。《失业保险条例》第十四条也有基本相同的规定。

（1）失业前用人单位和本人已经缴纳失业保险费满一年。这是申领失业保险金的基本条件。这个条件实际上包含三层含义：首先，失业人员必须原来在城镇企事业单位工作过，而不是新生劳动力（如刚毕业大学生），这意味着新生劳动力被排除在我国失业保险制度之外，而按照国际惯例新生劳动力是包含在失业人员当中的；其次，失业人员原所在单位及本人必须按规定的缴费基数、费率和缴费时间缴纳失业保险费；最后，失业前缴费满一年是指累计缴费满一年，而没有明确失业前多长时间内累计缴费满一年。

（2）非因本人意愿中断就业。按照失业者的主观意愿进行分类，失业可以分为自愿失业和非自愿失业。非自愿失业即失业者因本人无法控制的原因而被迫离开就业岗位；自愿失业即失业者因自愿离职而导致失业。国际上的惯例是将自愿失业者排除在失业保险范围之外，我国借鉴了这一国际经验。按照人力资源和社会保障部发布的《实施〈中华人民共和国社会保险法〉若干规定》第十三条，失业人员符合《社会保险法》第四十五条规定条件的，可以申请领取失业保险金并享受其他失业保险待遇。其中，"非因本人意愿中断就业"包括下列情形：① 依照《劳动合同法》第四十四条第一项、第四项、第五项规定终止劳动合同的；② 由用人单位依照《劳动合同法》第三十九条、第四十条、第四十一条规定解除劳动合同的；③ 用人单位依照《劳动合同法》第三十六条规定向劳动者提出解除劳动合同并与劳动者协商一致解除劳动合同的；④ 由用人单位提出解除聘用合同或者被用人单位辞退、除名、开除的；⑤ 劳动者本人依照《劳动合同法》第三十八条规定解除劳动合同的；⑥ 法律、法规、规章规定的其他情形。

（3）已经进行失业登记，并有求职要求。失业登记是失业者申领失业保险金的必经程序，也是失业者进入领取失业保险待遇流程的重要标志。就业权是劳动者的一项基本权利，是否行使这项权利应由劳动者自愿作出选择。所以，劳动者失业后同样享有选择就业或不就业的自由。但是，失业保险的重要功能之一是促进就业，所以要求失业者申领失业保险金还必须有求职要求，目的是督促失业者积极主动地利用各种就业机会和就业服务机制，不断提高自身素质、增强就业竞争能力。在认定失业人员是否有求职要求时，通常以是否在职业介绍机构登记求职，并参加再就业活动为衡量标准。

（二）领取期限

领取期限也称失业保险金的给付期限。失业的暂时性决定了失业保险不可能像其他社会保险项目那样长期给付，通常需要根据失业者的平均失业时间确定一个给付期限。失业保险金的给付期限包括等待期和最长给付期。等待期是从失业前最后一天到领取失业保险金第一天之间必须等待的一个时段。最长给付期的确定通常有两种方法：一是将最长给付期与参加失业保险时间的长短相对应；二是将最长给付期与失业时间的长短相对应。我国失业保险制度没有等待期的规定，最长给付期与参加失业保险的时间成正比关系。

《社会保险法》第四十六条和《失业保险条例》第十七条规定了三档领取失业保险金的期限：失业人员失业前用人单位和本人累计缴费满一年不足五年的，领取失业保险金的期限最长为十二个月；累计缴费满五年不足十年的，领取失业保险金的期限最长为十八个月；累计缴费十年以上的，领取失业保险金的期限最长为二十四个月。这三档期限都是最长给付期限，不是实际领取期限，实际领取期限需根据失业者的重新就业情况确定，基本原则是与所在单位及本人参加失业保险的时间正相关。

《社会保险法》和《失业保险条例》还对劳动者再次失业时前后领取期限的合并问题作出

了规定：失业者重新就业后，再次失业的，缴费时间重新计算，领取失业保险金的期限与前次失业应当领取而尚未领取的失业保险金的期限合并计算，最长不超过二十四个月。按照人力资源和社会保障部发布的《实施〈中华人民共和国社会保险法〉若干规定》第十四条，失业人员领取失业保险金后重新就业的，再次失业时，缴费时间重新计算。失业人员因当期不符合失业保险金领取条件的，原有缴费时间予以保留，重新就业并参保的，缴费时间累计计算。

（三）发放标准

失业保险金标准的高低关系到失业者能够领取的失业保险金的多少，关系到失业保险待遇水平的高低。失业保险金标准的确定通常需要综合考量经济和社会发展状况及社会平均工资水平，主要遵循三条原则。一是保障失业人员的基本生活。失业保险金是失业者的主要经济来源，所以必须足以保障其基本生活费用，否则就失去了失业保险的制度价值。二是低于失业者原工资水平。如果失业保险金与失业者原工资水平相当，就会变相鼓励失业，背离制度宗旨。三是权利义务相统一，即劳动者在就业期间履行参保缴费义务，是失业期间享受失业保险金的前提条件。

《社会保险法》第四十七条规定，失业保险金的标准，由省、自治区、直辖市人民政府确定，不得低于城市居民最低生活保障标准。《失业保险条例》第十八条规定，失业保险金的标准，按照低于当地最低工资标准、高于城市居民最低生活保障标准的水平，由省、自治区、直辖市人民政府确定。显然，不论是《社会保险法》还是《失业保险条例》，都将失业保险金标准的确定权授给了省、自治区、直辖市政府，这主要是考虑到目前我国各地经济和社会发展水平不平衡、不协调的状况而做出的安排。

城市居民最低生活保障标准也称城市最低生活保障线，是我国政府为救助城市中收入难以维持其基本生活需要的居民而确定一种社会救济标准。根据国务院《关于在全国建立城市居民最低生活保障制度的通知》和《城市居民最低生活保障条例》的要求，城市居民最低生活保障标准由各地政府根据当地基本社会必需品费用和财政承受能力自行确定，并且随着生活必需品价格的变化和人民生活水平的提高适时调整。失业保险的主要功能之一是保障失业者的基本生活，而不是最低生活；如果根据城市居民最低生活保障标准来确定失业保险金标准，则失业救济金就丧失了失业保险的意义，完全可以由城市居民最低生活保障制度取代。因此，我国的失业保险金标准要求"不得低于城市居民最低生活保障标准"。为了与城市居民低保制度有效衔接，《失业保险条例》第二十三条规定：失业人员符合城市居民最低生活保障条件的，按照规定享受城市居民最低生活保障待遇。

世界上推行失业保险制度的国家中，很多国家在确定失业保险金标准的时候，不仅考虑保障失业者本人的基本生活，而且考虑到如何保障失业者家属的最低生活。我国规定的失业保险金标准并没有考虑到对失业者家属的照顾，导致失业保险金发放标准普遍过低。所以，在《社会保险法》立法过程中，有的意见认为失业保险金标准低于当地最低工资标准不尽合理，应当根据缴费工资和家庭抚养人口确定。由于意见不统一，最后《社会保险法》仅规定失业保险金的标准"不得低于城市居民最低生活保障标准"，对于是否要标准低于当地最低工资标准没有做出明确规定，因此与《失业保险条例》的相关规定不尽一致。

（四）申领程序

《社会保险法》第五十条规定，用人单位应当及时为失业人员出具终止或者解除劳动关系的证明，并将失业人员的名单自终止或者解除劳动关系之日起 15 日内告知社会保险经办机构。失业人员应当持本单位为其出具的终止或者解除劳动关系的证明，及时到指定的公共就业服务机构办理失业登记。失业人员凭失业登记证明和个人身份证明，到社会保险经办机构办理领取失业保险金的手续。失业保险金领取期限自办理失业登记之日起计算。《失业保险条例》第十六条也有类似的规定。综合上述《社会保险法》与《失业保险条例》的相关内容，结合《失业保险金申领发放办法》的规定，失业保险金申领发放程序可以划分为如下几个步骤。

（1）用人单位出具失业证明。用人单位应当及时为失业人员出具终止或者解除劳动关系的证明，并将失业人员的名单自终止或者解除劳动关系之日起 15 日内告知社会保险经办机构。根据《劳动合同法》第五十条的规定，用人单位应当在解除或者终止劳动合同时出具解除或者终止劳动合同的证明，并在 15 日内为劳动者办理档案和社会保险关系转移手续。《社会保险法》第八十五条规定，用人单位拒不出具终止或者解除劳动关系证明的，依照《劳动合同法》的规定处理。这里主要是指《劳动合同法》第八十九条的规定，即：用人单位违反本法规定未向劳动者出具解除或者终止劳动合同的书面证明，由劳动行政部门责令改正；给劳动者造成损害的，应当承担赔偿责任。

（2）失业者办理失业登记。失业保险金领取期限自办理失业登记之日起计算。失业人员应当持本单位为其出具的终止或者解除劳动关系的证明，及时到指定的公共就业服务机构办理失业登记。失业人员凭失业登记证明和个人身份证明，到社会保险经办机构办理领取失业保险金的手续。按照《失业保险金申领发放办法》的规定，失业者应在终止或解除劳动合同之日起 60 日内到受理其单位失业保险业务的经办机构申领失业保险金。失业者申领失业保险金应填写《失业保险金申领表》，并出示如下证明材料：① 本人身份证明；② 所在单位出具的终止或解除劳动合同的证明；③ 失业登记及求职证明；④ 省级人力资源和社会保障行政部门规定的其他材料。

（3）经办机构审核认定。根据《优化失业保险经办业务流程指南》的要求，失业保险经办机构自受理失业者领取失业保险金申请之日起 10 日内对申领者的资格进行审核认定，并将结果及有关事项告知本人。经办机构审核的内容包括：申领者提供的证明材料是否真实可靠、申领者参加失业保险及缴费情况、是否进行过失业登记和求职登记等。对经审核不合格者，应当书面告知其理由，并告知申领者有异议时可在多长时间内到何处社会保险行政部门申请复议。

（4）领取失业保险金。经审核合格者，失业保险金领取期限自办理失业登记之日起计算。失业保险金应按月发放，由经办机构开具单证，失业人员凭单证到指定银行领取。失业人员领取失业保险金，经办机构应要求本人按月办理领取手续，同时向经办机构如实说明求职和接受职业指导和职业培训情况。对领取失业保险金期限即将届满的失业人员，经办机构应提前一个月告知本人。

(五)待遇停止

《社会保险法》第五十一条规定,失业人员在领取失业保险金期间有下列情形之一的,停止领取失业保险金,并同时停止享受其他失业保险待遇:① 重新就业的;② 应征服兵役的;③ 移居境外的;④ 享受基本养老保险待遇的;⑤ 无正当理由,拒不接受当地人民政府指定部门或者机构介绍的适当工作或者提供的培训的。与《失业保险条例》相比较,《社会保险法》不再将"被判刑收监执行或者被劳动教养"的失业人员排除在享受失业保险待遇的范围之外,主要是考虑到失业保险是保障失业者及其家属基本生活的制度安排,只要失业者在就业期间依法参保并履行了缴费义务,就应该依法享有相关失业保险待遇的权利。

五、失业保险关系转迁

失业保险关系是指用人单位和职工参加失业保险,根据法律规定可以享有的权利、应当承担的义务以及与失业保险的主管部门和经办机构等发生的权利义务关系。这种关系通常可以划分为用人单位失业保险关系和职工个人失业保险关系两个方面。《社会保险法》第五十二条规定,职工跨统筹地区就业的,其失业保险关系随本人转移,缴费年限累计计算。《失业保险条例》第二十二条规定,城镇企业事业单位成建制跨统筹地区转移,失业人员跨统筹地区流动的,失业保险关系随之转迁。《失业保险金申领发放办法》对失业保险关系转迁作出了具体规定,原劳动和社会保障部办公厅在2002年3月专门发出了《关于单位成建制跨统筹地区转移和职工在职期间跨统筹地区转换工作单位时失业保险关系转迁有关问题的通知》。

城镇企业事业单位成建制跨统筹地区转移的,失业保险关系应随之转迁。其中,跨省、自治区、直辖市的,其在转出前单位和职工个人缴纳的失业保险费不转移;在省、自治区内跨统筹地区的,是否转移失业保险费由省社会保险行政部门确定。转出地失业保险经办机构应为转出单位开具失业保险关系转迁证明。转出单位应在开具证明后60日内到转入地经办机构办理失业保险关系接续手续,并自在转出地停止缴纳失业保险费的当月起,按转入地经办机构核定的缴费基数缴纳失业保险费。转出前后的缴费时间合并计算。转入地经办机构应及时办理有关手续,并提供相应服务。

职工在职期间跨统筹地区转换工作单位的,失业保险关系应随之转迁。其中,跨省、自治区、直辖市的,其在转出前单位和职工个人缴纳的失业保险费不转移;在省、自治区内跨统筹地区的,是否转移失业保险费由省社会保险行政部门确定。转出地失业保险经办机构应为转出职工开具失业保险关系转迁证明。转出职工应在开具证明后60日内到转入地经办机构办理失业保险关系接续手续,并自在转出地停止缴纳失业保险费的当月起,按转入地经办机构核定的缴费基数缴纳失业保险费。转出前后的缴费时间合并计算。转入地经办机构应及时办理有关手续,并提供相应服务。

失业人员失业保险关系跨省、自治区、直辖市转迁的,失业保险费用应随失业保险关系相应划转。需划转的失业保险费用包括失业保险金、医疗补助金和职业培训、职业介绍补贴。其中,医疗补助金和职业培训、职业介绍补贴按失业人员应享受的失业保险金总额的一半计算。《社会保险法》已经取消了失业者的医疗补助金,代之以由失业保险基金为失业者缴纳基本医疗保险费。

失业人员失业保险关系在省、自治区范围内跨统筹地区转迁，失业保险费用的处理由省级社会保险行政部门规定，失业人员凭失业保险关系迁出地经办机构出具的证明材料到迁入地经办机构领取失业保险待遇，转入地经办机构对失业人员提供的《失业人员失业保险关系转迁证明》等其他相关证明材料进行审核，并按规定支付失业保险待遇。对失业人员失业前所在单位与本人户籍不在同一统筹地区的，其失业保险金的发放和其他失业保险待遇的提供由两地社会保险行政部门进行协商，明确具体办法。协商未能取得一致的，由上一级社会保险行政部门确定。

第五节　生育保险

生育保险是国家通过立法，在怀孕和分娩的妇女劳动者暂时中断劳动时，由国家和社会提供医疗服务、生育津贴和产假的一种社会保险制度。生育保险作为社会保险的重要组成部分，是适应社会化大生产客观需要的产物，是一个国家经济发展和社会进步到一定历史阶段的必然制度选择，是国家保障妇女儿童权益的制度安排，也是国家社会公共政策的重要组成部分。生育保险制度最早萌芽于德国，有关生育保险的规定最早出现在1883年的《疾病保险法》中。此后世界许多国家都把生育保险作为疾病保险的组成部分或妇女权益保障的内容。国际劳工组织分别于1919年和1952年制定了《妇女生育前后工作公约》(第3号公约)和《生育保护公约》(第103号公约)。1952年国际劳工大会通过的《社会保障（最低标准）公约》(第102号公约)也有关于生育保险实施范围、生育津贴、生育医疗服务的规定。我国《社会保险法》在第六章专门规定了生育保险的覆盖范围、筹资和待遇项目。

一、生育保险基金

生育保险基金是指依据国家法规政策专门为因生育而暂时离开工作岗位的女职工支付生育期医疗费用和生育津贴而筹集的具有社会性质的基金，是整个社会保险基金中的一个组成部分。我国生育保险基金由用人单位缴纳的生育保险费、生育保险基金的利息收入和依法纳入生育保险基金的其他资金构成；生育保险基金实行地（市）级统筹，逐步实行省级统筹；生育保险基金存入财政专户并实行预算管理，执行国家社会保险基金管理办法。

《社会保险法》第五十三条规定："职工应当参加生育保险，由用人单位按照国家规定缴纳生育保险费，职工不缴纳生育保险费。"因此，"用人单位单方缴费、职工个人不缴费"是中国目前生育保险基金筹集的一项基本原则；另一项基本原则是"以支定收、收支平衡"，即生育保险基金遵循"以支定收，收支基本平衡"的基本原则筹集和使用。

缴费基数是决定生育保险基金筹集水平的重要因素之一。根据我国目前的法规政策，用人单位按照本单位工资总额的一定比例缴纳生育保险费，职工个人不缴费。这与养老、医疗等其他社会保险项目的规定一致，有利于落实《社会保险法》第五十九条中关于"社会保险费实行统一征收"的规定。同时，用人单位以单位工资总额作为缴费基数，无论招用男、女职工,都要依法参加生育保险,体现了生育不单是女职工个人的事情,而是一个家庭乃至社会的责任的理念,特别是在女性就业比男性更为困难的背景下,通过建立生育保险制度实现风险共担,有利于均衡用人单位之间的生育成本负担,有利于消除就业性别歧视,保障妇女平等就业的权利。

缴费比例是决定生育保险基金筹集水平的另一个重要因素。1994年12月颁布的《企业职工生育保险试行办法》确定的缴费比例为"最高不得超过工资总额的1%",在此范围内由当地政府根据本区域计划内生育人数和生育津贴、生育医疗费等项费用的实际情况确定,并可以根据费用的支出情况适时调整。为了降低企业负担,人社部、财政部于2015年7月联合发出《关于适当降低生育保险费率的通知》(人社部发〔2015〕70号),要求生育保险基金合理结存量为相当于6至9个月待遇支付额,生育保险基金累计结余超过9个月的统筹地区,应将生育保险基金费率调整到用人单位职工工资总额的0.5%以内。降低生育保险费率的统筹地区要按程序调整生育保险基金预算,按月进行基金监测。基金累计结余低于3个月支付额度的,要制定预警方案,并向统筹地区政府和省级人力资源社会保障部门、财政部门报告。

二、生育保险待遇

根据《社会保险法》第五十四条的规定,生育保险待遇包括生育医疗费用和生育津贴两个方面,所需资金从生育保险基金中支付。考虑到公共卫生服务已包含了部分孕产妇检查项目,所以按照国家规定由公共卫生服务项目或者基本医疗保险基金等支付的生育医疗费用,生育保险基金不再支付。

(一)生育医疗费用

根据《社会保险法》第五十五条的规定,生育医疗费用包括下列各项:① 生育的医疗费用;② 计划生育的医疗费用;③ 法律、法规规定的其他项目费用。其中,生育的医疗费用指女职工在孕产期内因怀孕、分娩发生的医疗费用,包括诊治妊娠合并症、并发症的医疗费用;计划生育的医疗费用指职工放置或者取出宫内节育器、施行输卵管或者输精管结扎及复通手术、实施人工流产术或者引产术等发生的医疗费用。

生育保险基金支付生育医疗费用通常需要具备两个条件。一是职工所在用人单位已经依法为其缴纳生育保险费。因用人单位未依法为职工缴纳生育保险费,造成职工不能享受生育医疗待遇的,由用人单位按照法定的项目和标准支付其生育医疗费用。二是参加生育保险的人员在协议医疗服务机构发生的生育医疗费用,符合生育保险药品目录、诊疗项目及医疗服务设施标准的,由生育保险基金支付,即个人不需要支付费用;对于急诊、抢救的,可在非协议医疗服务机构就医。依照《社会保险法》第五十四条的规定,职工所在用人单位已经缴纳为其生育保险费的,职工本人及其未就业配偶都可以按照国家规定享受生育医疗费用待遇。

(二)生育津贴

生育津贴是职工按照国家规定享受产假或者计划生育手术休假期间获得的工资性补偿。

按照《社会保险法》第五十六条的规定,生育津贴标准"按照职工所在用人单位上年度职工月平均工资计发";按照国家规定享受生育津贴的情形包括:① 女职工生育享受产假;② 享受计划生育手术休假;③ 法律、法规规定的其他情形。

生育津贴支付期限按照2012年4月公布施行的《女职工劳动保护特别规定》中关于产假的规定执行,即:女职工生育享受98天产假;难产的,增加产假15天;生育多胞胎的,每多生育1个婴儿,增加产假15天。女职工怀孕未满4个月流产的,享受15天产假;怀孕满4个月流产的,享受42天产假。

根据2012年4月公布施行的《女职工劳动保护特别规定》第八条,女职工产假期间的生育津贴,对已经参加生育保险的,按照用人单位上年度职工月平均工资的标准由生育保险基金支付;对未参加生育保险的,按照女职工产假前工资的标准由用人单位支付。女职工生育或者流产的医疗费用,按照生育保险规定的项目和标准,对已经参加生育保险的,由生育保险基金支付;对未参加生育保险的,由用人单位支付。

三、生育保险与医疗保险的合并

(一)两险的区别与联系

作为社会保险的两个重要组成部分,生育保险与医疗保险既有联系又有区别。两者的区别主要包括五个方面。① 保障对象不同。生育保险的保障对象为育龄的女性劳动者;医疗保险的保障对象为全体参保职工。② 待遇享受时间不同。生育保险待遇享受时间是女性劳动者处于育龄阶段的时间,也就是说,能否享受生育保险取决于妇女的年龄、结婚时间、生育顺序等;而医疗保险的参保人员是没有年龄限制的,无论其在哪个年龄段生病,都有权享受医疗保险待遇,而且在享受次数上也没有限制,但要受到最高支付限额的限制。③ 保障内容不同。由于生育是人类正常的生理现象,和患病不同,因此两者对保障人群的救济重点不同。生育保险所提供的医疗服务基本上以保健、咨询、检查为主;医疗保险提供的医疗服务主要以诊疗为目的,参保人员通过在定点医院接受必要的检查、药物、理疗和手术等方面的医疗服务,实现治疗疾病、恢复健康的目的。④ 保障对象享受待遇的期限不同。生育保险中各种假期的享受和相关待遇的给付,往往与妇女的生育期密切相关;而医疗保险中的各种待遇对享受者没有时间限制,一般以参保人员病愈为期限。⑤ 费用筹集办法不同。我国医疗保险实行统筹基金和个人账户相结合的原则,每个参保人员必须缴纳一定比例的保险费;而在我国的生育保险制度中,职工个人不需缴纳生育保险费。生育保险与医疗保险的相似之处在于:两者都是针对暂时丧失劳动能力的职工所提供的保障,同时向参保对象提供必要的医疗服务,如女性劳动者在生育期间(分娩期除外)发生的并发症,其医疗费用应当按照统筹地区城镇职工医疗保险制度的规定,由医疗保险基金支付。

(二)两险的合并实施

正是基于两险之间的特殊关系,考虑到两险在医疗服务项目上有共同之处(特别是在医疗待遇支付上有很大共性），在管理服务上基本一致（执行统一的定点医疗机构管理，统一的药品、诊疗项目和服务设施范围），我国部分地区开始探索实行两项险种统一参保登记、统一征缴费用的管理模式，取得了良好效果。在此基础上，国务院办公厅于2017年2月发出《关于印发〈生育保险和职工基本医疗保险合并实施试点方案〉的通知》，选择河北省邯郸市等12个城市，正式在全国范围内启动两项保险合并实施试点。同时，生育保险具有维护女性平等就业权益和女职工劳动保护的独特功能，与医疗保险相比具有不同的功能和保障政策，作为一项社会保险险种还有保留必要。这次合并实施试点不是简单地将两项保险在制度层面合并，不涉及生育保险待遇政策的调整，而是在管理运行层面合并实施，遵循保留险种、保障待遇、统一管理、降低成本的总体思路，推进两项保险合并实施，目的在于通过整合两项保险基金及管理资源，强化基金共济能力，提升管理综合效能，降低管理运行成本。因此，《试点方案》明确了"四统一，一不变"：一是统一参保登记，二是统一基金征缴和管理，三是统一医疗服务管理，四是统一经办和信息服务；"一不变"是职工生育期间生育保险待遇不变。通过总结试点经验，全国人民代表大会常务委员会于2018年12月通过修改《社会保险法》的决定，确认生育保险基金与基本医疗保险基金"合并建账及核算""预算合并编制"。

复习与思考

第一节

1. 简述职工基本养老保险统筹基金的来源。
2. 简述职工基本养老保险个人账户的记账办法。
3. 简述职工基本养老保险待遇给付的内容。
4. 简述职工基本养老金的领取条件与计发办法。
5. 如何办理职工基本养老保险关系转续与资金转移？
6. 简述我国居民基本养老保险制度。
7. 简述机关事业单位工作人员养老保险制度。
8. 案例分析：张某，男，现年55周岁，2009年在一家生产企业参保。到60周岁时，张某的养老保险缴费年限能达到8年，还差7年才能达到15年。按原来的规定，到60周岁时缴费不满15年只能把个人账户退给本人，社会保险关系就此终结，也就是说，张某不能按月享受养老待遇。新实施的《社会保险法》则允许参保人缴费到满15年，再按规定办理退休手续，按月享受养老保险待遇。《社会保险法》让张某看到了希望，张某专门到当地相关部门索要了《社会保险法》宣传册子等一整套资料，并和子女们对《社会保险法》进行了深入研究。在子女们和工会干部的支持下，张某向企业劳资处的李处长进行了"咨询"，几句话之后就变成了争论。

张某的观点是：按照法律规定，到2016年，张某60周岁，缴费年限达到8年，企业必须允许张某继续工作并为张某参保缴费至65周岁，到65周岁时仍然差2年才够15年，由企业一次性补足 2 年的费用，为张某申请办理退休手续。张某在宣传资料的一些段落上做了标记：《社会保险法》第十六条规定"参加基本养老保险的个人，达到法定退休年龄时累计缴费满十五年的，按月领取基本养老金。参加基本养老保险的个人，达到法定退休年龄时累计缴费不足十五年的，可以缴费至满十五年，按月领取基本养老金；也可以转入新型农村社会养老保险或者城镇居民社会养老保险，按照国务院规定享受相应的养老保险待遇"。人力资源和社会保障部公布的《实施〈中华人民共和国社会保险法〉若干规定》（第 13 号部长令）第一章第二条规定，"参加职工基本养老保险的个人达到法定退休年龄时，累计缴费不足十五年的，可以延长缴费至满十五年。社会保险法实施前参保、延长缴费五年后仍不足十五年的，可以一次性缴费至满十五年"。据此，张某认为，社会保险法具有强制性，法律既然规定可以缴费至 15 年，企业就应该负责缴费，直至办理退休手续。

而李处长有不同的见解：60 周岁是法定退休年龄，生产企业不可能使用这么大年纪的劳动者，既然不在我们企业工作就不可能为其缴费，至于没工作的补缴年限就更不可能由企业负担了。李处长不仅手中有宣传资料，还有不少政策书籍，他找出了《国务院关于工人退休、退职的暂行办法》（国发〔1978〕104 号）指给张某看：国家明确规定正常退休的年龄为"男 60 周岁、女 50 周岁"。《国务院关于严格执行工人退休、退职暂行办法的通知》（国发〔1981〕164 号），在"必须严格按照《暂行办法》的规定，严格掌握退休、退职的条件"一款规定，"凡是符合退休、退职条件的，就应当动员他们退休、退职。如生产上确有需要，必须缓退的，要经上级主管部门批准。没有经过批准，超过退休年龄继续工作的时间不计算'连续工龄'。对于应当退休、退职的工人，经过多次动员，仍坚持不退的，可停发其工资，改发退休费或退职生活费"。李处长认为，国家对退休年龄有明确的规定，并且还对缓退进行了严格的规定，也就是说，达到退休年龄后，企业不可能再负担缴费和补缴的责任。

请分析：职工养老保险延续缴费年限应该由谁来买单？

9. 多选题（2017 年国家司考题）：农民姚某于 2016 年 3 月 8 日进入红海公司工作，双方未签订书面劳动合同，红海公司也未给姚某缴纳职工基本养老保险费，姚某向社保机构缴纳了职工基本养老保险费。同年 12 月 8 日，姚某以红海公司未为其缴纳社会保险为由申请辞职。经查，姚某的工资属于所在地最低工资标准额。关于此事，下列哪些说法是正确的？（   ）

  A. 姚某自 2016 年 3 月 8 日起即与红海公司建立劳动关系
  B. 红海公司自 2016 年 4 月 8 日起，应向姚某每月支付两倍的工资
  C. 姚某应参加新型农村社会养老保险，而不应参加职工基本养老保险
  D. 姚某就红海公司未缴职工养老保险费而发生争议的，可要求社保行政部门或社保费征收机构处理

第二节

1. 比较职工基本医保、居民基本医保的筹资机制。
2. 简述职工基本医疗保险的待遇标准与费用结算办法。
3. 基本医疗保险基金不支付的医疗费用包括哪些？何谓基本医保基金先行支付制度？
4. 流动就业人员的基本医疗保障关系如何转移接续？

第三节

1. 我国工伤保险覆盖范围如何？
2. 我国工伤保险基金如何筹集和管理？
3. 简述我国工伤认定的范围和程序。
4. 简述我国劳动能力鉴定办法。
5. 试述我国工伤保险待遇的项目、标准及费用来源。
6. 何谓工伤保险先行支付制度？
7. 案例分析：甲和乙在同一次工伤事故中受伤，后经劳动能力鉴定均被确定为四级伤残。但甲在停工留薪期内死亡，而乙在停工留薪期满后死亡。乙的配偶领到的遗属待遇比甲的配偶相差近二三十万元，乙的配偶认为两人既然因为同一次工伤事故死亡，就应该各方面的待遇一样，于是决定到当地工伤保险经办部门去讨个说法。假定你是当地工伤保险经办部门的工作人员，请依据我国工伤保险的法规政策为乙的配偶做出解释。
8. 选择题（2015年国家司考题）：职工薛某被认定为工伤且被鉴定为六级伤残。关于其工伤保险待遇，下列选项正确的是（　　）。

    A. 如商场未参加工伤保险，薛某可主张商场支付工伤保险待遇或者承担民事人身损害赔偿责任

    B. 如商场未参加工伤保险也不支付工伤保险待遇，薛某可主张工伤保险基金先行支付

    C. 如商场参加了工伤保险，主要由工伤保险基金支付工伤保险待遇，但按月领取的伤残津贴仍由商场支付

    D. 如电梯厂已支付工伤医疗费，薛某仍有权获得工伤保险基金支付的工伤医疗费

第四节

1. 简述我国失业保险基金的筹集和管理办法。
2. 简述我国失业保险待遇给付结构。
3. 失业保险金如何申领发放？
4. 我国失业保险关系如何转迁？
5. 案例分析：贾某于1999年2月应聘到一家公司工作。2005年3月，由于劳动合同期满，贾某被公司解聘后失业。期间，该外资公司及贾某个人一直按规定缴纳失业保险费。贾某在失业的次日即到当地的就业服务部门办理了失业登记，并提出了求职的要求。同时，他又到当地失业保险经办机构申领失业保险金。贾某领了3个月的失业保险金后又找到新工作单位，工作一年半后又失业（期间贾某所在单位及本人都按规定缴纳了失业保险费）。请问：贾某第二次失业后最长能够领取几个月的失业保险金？如果贾某第二次失业时仅工作半年，最长能领几个月的失业保险金？

第五节

1. 简述我国生育保险基金的筹集办法。
2. 我国生育保险待遇主要包括哪些？
3. 简述医保与生育保险的联系与区别。

4. 案例分析：甲公司于 2007 年 1 月 1 日开始参加生育保险，该公司的一位女性职工张某，月薪 2500 元，于 2007 年 3 月怀孕、2007 年年底生育，2008 年 1 月出院。假定其孕期检查花了 500 元，生孩子住院及手术费花了 2000 元。该公司一男性职工月薪也是 2500 元，其全职太太（没有工作）也于同期怀孕生子，且各项花费与张某都相同。请根据《社会保险法》相关规定，分析张某及男性职工的全职太太可以享受的生育保险待遇有何不同？

第十三章 社会救助法

社会救助法是指国家或社会公众对于那些因自身、自然和社会原因不能维持健康文明的最低生活水准的弱势人群提供救济和援助的法律制度。社会救助是为生活困难的社会成员提供最低生活保障的有效方式,也是社会保障制度的传统内容。但是,社会救助(social security)是传自西方的一个"舶来"概念,在我国历史传统中更多使用的是"社会救济"(social relief)这一概念。虽然有的学者认为这两个概念存在严格的区别[①],但学界在使用这两个概念的时候通常不加严格区分。中华人民共和国成立以后,官方文件中长期使用的都是"社会救济"这一概念,而使用"社会救助"这一概念还只是近几年的事情,如2002年的十六大报告提出要"发展城乡社会救济和社会福利事业",2006年在《中共中央关于构建社会主义和谐社会若干重大问题的决定》中提出要"逐步建立社会保险、社会救助、社会福利、慈善事业相衔接的覆盖城乡居民的社会保障体系",2007年的十七大报告提出"要以社会保险、社会救助、社会福利为基础,……,加快完善社会保障体系",从中我们大体上可以观察到"社会救济"与"社会救助"两个概念交替的轨迹。本章出于对历史事实的尊重,行文过程中有些地方还是按照当时的习惯使用了"社会救济"这一概念。

第一节 概 述

社会救助最基本的功能是对社会弱势群体的基本生活予以保障,社会救助是实现公民基本权利的一项重要制度。社会救助是现代国家的责任,而公民获得救助是基于权利而不是被施舍,我国社会救助立法也必须以此为基础。只有当社会救助制度化和法律化之后,才能杜绝社会救助的随意性,真正发挥社会救助的基本功能。

---

① 如有的学者从五个方面对两个概念作出了区别。第一,从时间上说,救济只能是临时性、短暂性的帮困,而救助是长期性、持续性的帮困,所以要救助贫者就得有雄厚的经济实力。第二,从目的上说,救济是我们行善积德的一种做法,这是世代传承下来的德行;而救助的目的就是要消减一个国家或者一个地区的贫困,争取让大家都过上非贫困的生活。后者的目的性更强,它的最终目的是消除贫困。第三,思想观念也不同。救济是自愿的,主要是出于对贫者的同情与怜悯,并没有帮助贫者的责任;而救助体现的更多的是一种社会责任。第四,从方式上来说,救济是帮助贫困者一时之需,是一种消极的帮助;救助是国家想从根本上解决贫困问题,是一种较为积极的帮助。第五,它们之间还有人权的区别。社会救济一般是有良知的社会大众对贫者的帮助,而没有上升为公民的一项基本权利;社会救助是政府的社会责任,同时也是现代公民的一项基本权利。

一、社会救助立法原则

社会救助立法原则是社会救助立法精神实质的高度概括,对于理解和认识社会救助法律规范具有指导和帮助意义。社会救助立法原则不仅指导着整个社会救助活动,而且还有弥补成文法的局限、对社会救助具体规范进行"补漏"的功能。各国的社会救助立法都遵循一定的原则,如英国的社会救助法律制度确立了无差别原则、补足性原则、政府责任原则和优化原则;日本的生活保护法确定了国家责任原则和平等无差别保护等原则。关于我国社会救助立法的原则,学界有不同的看法:有的认为应当遵循保障社会救助权原则、与经济社会发展相适应原则、协调性原则以及公正、公开、公平、及时原则;有的主张应遵循国家责任原则、保障基本生活原则、补充性原则、补足性原则、及时性原则以及公平、公正、公开原则。这里,结合我国社会救助立法状况,主要提出如下几项立法原则。

(1)无差别原则。无差别原则也称平等原则。社会救助是公民在无法维持国家规定的最低生活保障水平或陷入需要救助的境况时,可以从国家和社会获取满足其基本社会需要或其他保障的物质帮助和社会服务的权利。这是现代社会公民的一项基本人权,具有生存权的属性。每一个公民通过法定程序向当地有关部门申请,经过有关部门的家计调查,只要其收入或经济状况达不到当地政府规定的贫困线标准,都可以平等地享受救助给付。

(2)国家责任原则。国家责任原则与传统的慈善施恩观念截然不同。救助贫困群体、保障社会弱者的基本生活是国家和政府的义务。这种义务是一种法定义务,而非道德义务。这就意味着国家从大到制度建设、小到具体保障措施等方面都应肩负起自己的责任。当然,在强调国家责任的同时,我们也不能忽略其他社会主体的救助功能,多元化的社会救助主体将会带来更好的社会效果。

(3)保障基本生活原则。保障基本生活原则也称为最低限度生活保障原则,这里的最低限度生活不是指人为了生存所必需的最低条件(lowest)的生活水准,而是指健康的、文明的最低限度(minimum)的生活水准。社会救助与社会保险、社会福利不同,其救助标准是维持正常生活所需费用,而不是提供满足其生活所需的所有费用。所以,社会救助的标准通常较低,低于当地的最低工资标准,但必须满足救助对象的基本生活需要。

(4)补充性原则。社会救助虽然是政府应该承担的责任,但这种救助是第二位的给付义务,对于自身生存权的继续,个人负有第一位的责任。国家的救助给付目的在于协助个人度过困难时期,回到能够自助的状态,而并非永久承担救助的责任。因此,社会救助的申请必须满足特定的条件,抚养义务人及其他社会保障主体都必须优先给付,社会救助只是最后的一道防线。

(5)差额救助原则。差额救助也称补足性原则,凡生活在国家规定的贫困线以下的公民,均由政府补足其差额,保障其基本生活。因此,贫困家庭的困难程度不同,其获得的救助也不同。表面上看起来,对贫困者的救助不平等,但却体现了实质的公平。贫困线标准必须能满足救助对象的基本生活需要,贫困线的确定应当综合考虑各地区的生活水平、平均收入、经济发展状况等因素。

二、社会救助立法模式与体系

(一) 社会救助立法模式

社会救助立法模式有两种不同层面的含义：第一个层面的含义是就社会救助立法与社会保障立法的关系而言，即是将社会救助纳入一部社会保障大法之中（下文简称为综合立法模式），还是在社会保障法制框架下制定专门性的社会救助法（下文简称为专门立法模式）；第二个层面的含义是就社会救助立法的内部结构而言，即是将最低生活保障、自然灾害救助、流浪乞讨人员救助等所有内容纳入一部系统性的社会救助法（下文简称为统一立法模式），还是将这些内容分别立法，共同组合成社会救助法体系（下文简称为单行立法模式）。

从第一个层面来说，综合立法模式的代表性国家为美国和德国，美国在1935年颁布的《社会保障法》即涵盖了社会救助、社会保险等多项内容，德国则是将社会保险、社会救助等社会保障内容纳入总括性的《社会法典》；专门立法模式以英国和日本为代表，英国1948年颁布有《国民救济法》，日本1946年颁布有《生活保护法》。我国社会保障的内容广泛，制度定型远未完成，考虑到现有的立法惯例、法制结构和经验，要制定综合性的社会保障"大"法，再在此基础上制定若干部社会保障子法，既不现实，也无必要。因此，我国社会救助立法不宜采取综合立法模式，而以采用专门立法模式为宜。

从第二个层面来看，我国2008年公布的《社会救助法（征求意见稿）》分为总则、居民最低生活保障、专项救助、自然灾害救助、临时救助、法律责任六章，显然是采用了统一立法的模式。但与此同时，我国已经颁行了《城镇居民最低生活保障条例》《城市生活无着的流浪乞讨人员救助管理办法》《法律援助条例》《自然灾害救助条例》等一系列单行法规，客观上形成了单行立法的格局。且与已有的行政法规相比较，《社会救助法（征求意见稿）》虽然内容全面，但规定过于原则化，缺乏操作性。在未来的立法进程中，社会救助法如何既避免成为"最低生活保障法"，又避免成为现有救助行政法规、规则的"简编法"，尚需要仔细斟酌。如果将社会救助法定位为一部确定未来中国社会救助立法原则和框架的指导性法律，然后在此原则与框架下分别制定单行法规，似乎不失为一条比较切实可行的进路。

(二) 社会救助法制体系

社会救助体系是指由国家针对救助对象设置的各种救助项目所构成的有机整体。社会救助体系与社会救助法制体系密切相关，厘清社会救助体系的基本内容是构建和完善社会救助法制体系前提条件。然而，目前从中央主管部门到有关立法机构，再到各个地方政府，对社会救助体系基本内容的理解还存在明显差异。根据民政部门户网站关于"社会救助司"机构职能的表述，社会救助体系的基本内容包括城乡居民最低生活保障、农村五保供养、临时救助、住房救助、教育救助、司法救助、医疗救助等基本制度。而根据2008年公布的《中华人民共和国社会救助法（征求意见稿）》，社会救助体系包括五个方面的基本制度：一是（城乡）居民最低生活保障制度；二是专项救助制度（包含教育、医疗、住房、法律援助和司法救助）；三是自然灾害救助制度；四是临时救助制度（包括对因交通事故等意外事件或者其他特殊原因导致基本生活暂时出现较大困难家庭的临时救助、对生活无着的流浪乞讨人员实行临时救助）；五是"三无"人员的供养救助制度（即对无劳动能力、无生活来源又无法定赡养、扶养、抚养义务人或者其法定赡养、抚养、扶养义务人无赡养、抚养、扶养能力的公民实施的供养救助）。显然，《社会救助法（征求意见稿）》规定的社会救助体系比民政部门规定的社会救助体系"庞大"得多，但似乎没有明确将农村五保供养制度纳入其中（当然，如果将关于"三无"人员的供养救助制度做宽泛的解读，也可以理解为包含了五保制度）。

从各地方政府文件中关于社会救助体系内容的表述来看，一般都包括了城乡居民最低生活保障、农村五保供养、低收入家庭专项救助、自然灾害救助、城市生活无着的流浪乞讨人员救助以及低收入家庭医疗救助、教育救助、住房救助、司法救助等各项社会救助制度，但在此之外，地方政府还加入了其他社会救助制度：一是就业援助制度，如海南、山东、湖北、山西等地；二是社会互助、慈善捐赠制度，如浙江、山西、河北、青海、内蒙古等地；三是应急或紧急救助制度，如辽宁等地；四是优抚救助和社会福利救助制度，如新疆、青海等地。

由此可见，不仅中央政府与地方政府对社会救助体系基本内容的理解存在差异，而且中央行政机构和立法机构之间对社会救助体系的界定也存在歧见。这些差异和歧见急需消弭，中央政府应当在适当吸收地方政府的成熟经验的基础上，进一步充实和完善社会救助体系，然后将一个共识性的社会救助体系通过立法的形式固定下来。具体而言，社会救助体系可以设计为四大部分：① 基本生活救助制度，包括城乡居民最低生活保障、农村五保供养救助、"三无"人员的供养救助、因交通事故等意外事件或者其他特殊原因导致基本生活暂时出现较大困难家庭的临时救助、对生活无着的流浪乞讨人员实行临时救助等具体内容；② 专项救助制度，包括教育救助、医疗救助、住房救助、法律援助、就业援助等具体内容；③ 应急救助制度，包括自然灾害救助、公共卫生救助、重大安全事故救助等具体内容；④ 慈善救助制度，包括捐助捐赠、社会互助等具体内容。至于社会优抚、社会福利等内容，显然应该划入到社会福利体系当中。只有社会救助体系的基本内容厘清了，社会救助法制体系建设才能顺利展开。

三、《社会救助暂行办法》的施行

为了加强社会救助，保障公民的基本生活，促进社会公平，维护社会和谐稳定，国务院于 2014 年 2 月公布《社会救助暂行办法》（以下简称《办法》），自 2014 年 5 月 1 日起施行。根据规定，社会救助制度坚持托底线、救急难、可持续，与其他社会保障制度相衔接，社会救助水平与经济社会发展水平相适应。社会救助工作应当遵循公开、公平、公正、及时的原则。《办法》明确，国务院民政部门统筹全国社会救助体系建设，民政、卫生计生、教育、住房城乡建设、人力资源社会保障等部门按照各自职责负责相应的社会救助管理工作，统称社会救助管理部门。《社会救助暂行办法》主要规定了如下社会救助制度。

（一）最低生活保障制度

国家对共同生活的家庭成员人均收入低于当地最低生活保障标准，且符合当地最低生活保障家庭财产状况规定的家庭，给予最低生活保障。最低生活保障标准，由省、自治区、直辖市或者设区的市级人民政府按照当地居民生活必需的费用确定、公布，并根据当地经济社会发展水平和物价变动情况适时调整。

1. 申办程序

申请最低生活保障,按照下列程序办理。① 由共同生活的家庭成员向户籍所在地的乡镇人民政府、街道办事处提出书面申请;家庭成员申请有困难的,可以委托村民委员会、居民委员会代为提出申请。② 乡镇人民政府、街道办事处应当通过入户调查、邻里访问、信函索证、群众评议、信息核查等方式,对申请人的家庭收入状况、财产状况进行调查核实,提出初审意见,在申请人所在村、社区公示后报县级人民政府民政部门审批。③ 县级人民政府民政部门经审查,对符合条件的申请予以批准,并在申请人所在村、社区公布;对不符合条件的申请不予批准,并书面向申请人说明理由。

2. 低保金发放

对批准获得最低生活保障的家庭,县级人民政府民政部门按照共同生活的家庭成员人均收入低于当地最低生活保障标准的差额,按月发给最低生活保障金。对获得最低生活保障后生活仍有困难的老年人、未成年人、重度残疾人和重病患者,县级以上地方人民政府应当采取必要措施给予生活保障。

3. 低保认定

最低生活保障家庭收入状况、财产状况的认定办法,由省、自治区、直辖市或者设区的市级人民政府按照国家有关规定制定。最低生活保障家庭的人口状况、收入状况、财产状况发生变化的,应当及时告知乡镇人民政府、街道办事处。县级人民政府民政部门以及乡镇人民政府、街道办事处应当对获得最低生活保障家庭的人口状况、收入状况、财产状况定期核查。最低生活保障家庭的人口状况、收入状况、财产状况发生变化的,县级人民政府民政部门应当及时决定增发、减发或者停发最低生活保障金;决定停发最低生活保障金的,应当书面说明理由。

(二)特困人员供养制度

国家对无劳动能力、无生活来源且无法定赡养、抚养、扶养义务人,或者其法定赡养、抚养、扶养义务人无赡养、抚养、扶养能力的老年人、残疾人以及未满16周岁的未成年人,给予特困人员供养。

1. 供养内容、标准与方式

特困人员供养的内容包括:① 提供基本生活条件;② 对生活不能自理的给予照料;③ 提供疾病治疗;④ 办理丧葬事宜。特困人员供养标准,由省、自治区、直辖市或者设区的市级人民政府确定、公布。特困人员供养应当与城乡居民基本养老保险、基本医疗保障、最低生活保障、孤儿基本生活保障等制度相衔接。特困供养人员可以在当地的供养服务机构集中供养,也可以在家分散供养。特困供养人员可以自行选择供养形式。

2. 特困供养申办与终止

申请特困人员供养,由本人向户籍所在地的乡镇人民政府、街道办事处提出书面申请;本人申请有困难的,可以委托村民委员会、居民委员会代为提出申请。特困人员供养的审批程序适用低保审批程序。乡镇人民政府、街道办事处应当及时了解掌握居民的生活情况,发现符合特困供养条件的人员，应当主动为其依法办理供养。特困供养人员不再符合供养条件的，村民委员会、居民委员会或者供养服务机构应当告知乡镇人民政府、街道办事处，由乡镇人民政府、街道办事处审核并报县级人民政府民政部门核准后，终止供养并予以公示。

（三）受灾人员救助制度（自然灾害救助制度）

国家建立健全自然灾害救助制度，对基本生活受到自然灾害严重影响的人员提供生活救助。自然灾害救助实行属地管理，分级负责。设区的市级以上人民政府和自然灾害多发、易发地区的县级人民政府应当根据自然灾害特点、居民人口数量和分布等情况，设立自然灾害救助物资储备库，保障自然灾害发生后救助物资的紧急供应。

自然灾害发生后，县级以上人民政府或者人民政府的自然灾害救助应急综合协调机构应当根据情况紧急疏散、转移、安置受灾人员，及时为受灾人员提供必要的食品、饮用水、衣被、取暖、临时住所、医疗防疫等应急救助。灾情稳定后，受灾地区县级以上人民政府应当评估、核定并发布自然灾害损失情况。受灾地区人民政府应当在确保安全的前提下，对住房损毁严重的受灾人员进行过渡性安置。自然灾害危险消除后，受灾地区人民政府民政等部门应当及时核实本行政区域内居民住房恢复重建补助对象，并给予资金、物资等救助。自然灾害发生后，受灾地区人民政府应当为因当年冬寒或者次年春荒遇到生活困难的受灾人员提供基本生活救助。

（四）医疗救助制度

国家建立健全医疗救助制度，保障医疗救助对象获得基本医疗卫生服务。国家建立疾病应急救助制度，对需要急救但身份不明或者无力支付急救费用的急重危伤病患者给予救助。符合规定的急救费用由疾病应急救助基金支付。疾病应急救助制度应当与其他医疗保障制度相衔接。

1. 救助对象及救助申请

下列人员可以申请相关医疗救助：① 最低生活保障家庭成员；② 特困供养人员；③ 县级以上人民政府规定的其他特殊困难人员。申请医疗救助的，应当向乡镇人民政府、街道办事处提出，经审核、公示后，由县级人民政府民政部门审批。最低生活保障家庭成员和特困供养人员的医疗救助，由县级人民政府民政部门直接办理。县级以上人民政府应当建立健全医疗救助与基本医疗保险、大病保险相衔接的医疗费用结算机制，为医疗救助对象提供便捷服务。

2. 救助方式及标准

医疗救助采取下列方式：① 对救助对象参加城镇居民基本医疗保险或者新型农村合作医疗的个人缴费部分，给予补贴；② 对救助对象经基本医疗保险、大病保险和其他补充医疗保险支付后，个人及其家庭难以承担的符合规定的基本医疗自负费用，给予补助。医疗救助标准，由县级以上人民政府按照经济社会发展水平和医疗救助资金情况确定、公布。

(五）教育救助制度

国家对在义务教育阶段就学的最低生活保障家庭成员、特困供养人员，给予教育救助。对在高中教育（含中等职业教育）、普通高等教育阶段就学的最低生活保障家庭成员、特困供养人员，以及不能入学接受义务教育的残疾儿童，根据实际情况给予适当教育救助。

教育救助根据不同教育阶段需求，采取减免相关费用、发放助学金、给予生活补助、安排勤工助学等方式实施，保障教育救助对象基本学习、生活需求。

教育救助标准，由省、自治区、直辖市人民政府根据经济社会发展水平和教育救助对象的基本学习、生活需求确定、公布。申请教育救助，应当按照国家有关规定向就读学校提出，按规定程序审核、确认后，由学校按照国家有关规定实施。

(六）住房救助制度

国家对符合规定标准的住房困难的最低生活保障家庭、分散供养的特困人员给予住房救助。住房救助通过配租公共租赁住房、发放住房租赁补贴、农村危房改造等方式实施。住房困难标准和救助标准，由县级以上地方人民政府根据本行政区域经济社会发展水平、住房价格水平等因素确定、公布。

城镇家庭申请住房救助的，应当经由乡镇人民政府、街道办事处或者直接向县级人民政府住房保障部门提出，经县级人民政府民政部门审核家庭收入、财产状况和县级人民政府住房保障部门审核家庭住房状况并公示后，对符合申请条件的申请人，由县级人民政府住房保障部门优先给予保障。农村家庭申请住房救助的，按照县级以上人民政府有关规定执行。各级人民政府按照国家规定通过财政投入、用地供应等措施为实施住房救助提供保障。

(七）就业救助制度

国家对最低生活保障家庭中有劳动能力并处于失业状态的成员，通过贷款贴息、社会保险补贴、岗位补贴、培训补贴、费用减免、公益性岗位安置等办法，给予就业救助。最低生活保障家庭有劳动能力的成员均处于失业状态的，县级以上地方人民政府应当采取有针对性的措施，确保该家庭至少有一人就业。

申请就业救助的，应当向住所地街道、社区公共就业服务机构提出，公共就业服务机构核实后予以登记，并免费提供就业岗位信息、职业介绍、职业指导等就业服务。最低生活保障家庭中有劳动能力但未就业的成员，应当接受人力资源社会保障等有关部门介绍的工作；无正当理由，连续三次拒绝接受介绍的与其健康状况、劳动能力等相适应的工作的，县级人民政府民政部门应当决定减发或者停发其本人的最低生活保障金。吸纳就业救助对象的用人单位，按照国家有关规定享受社会保险补贴、税收优惠、小额担保贷款等就业扶持政策。

(八）临时救助制度

国家对因火灾、交通事故等意外事件，家庭成员突发重大疾病等原因，导致基本生活暂时出现严重困难的家庭，或者因生活必需支出突然增加超出家庭承受能力，导致基本生活暂时出现严重困难的最低生活保障家庭，以及遭遇其他特殊困难的家庭，给予临时救助。申请临时救助的，应当向乡镇人民政府、街道办事处提出，经审核、公示后，由县级人民政府民政部门审批；救助金额较小的，县级人民政府民政部门可以委托乡镇人民政府、街道办事处审批。情况紧急的，可以按照规定简化审批手续。临时救助的具体事项、标准，由县级以上地方人民政府确定、公布。国家对生活无着的流浪、乞讨人员提供临时食宿、急病救治、协助返回等救助。公安机关和其他有关行政机关的工作人员在执行公务时发现流浪、乞讨人员的，应当告知其向救助管理机构求助。对其中的残疾人、未成年人、老年人和行动不便的其他人员，应当引导、护送到救助管理机构；对突发急病人员，应当立即通知急救机构进行救治。

第二节 最低生活保障

最低生活保障制度（简称低保制度）是政府依法对贫困人口按最低生活保障标准进行差额救助的社会救助制度，是现代社会救助制度的核心。与传统的社会救助相比，最低生活保障制度具有经常性、规范化、制度化的属性。1999年国务院颁布实施《城市居民最低生活保障条例》，标志着中国城市居民最低生活保障制度开始迈入法制化轨道。2007年7月，国务院发出《关于在全国建立农村最低生活保障制度的通知》，标志着我国社会救助制度建设进入了城乡一体化的新阶段。2014年实施的《社会救助暂行办法》，专章规定了"最低生活保障制度"，将最低生活保障制度纳入行政法规的调整范围。

一、城市居民最低生活保障

《城市居民最低生活保障条例》（本章以下简称为《低保条例》）于1999年10月1日施行。我国城市居民最低生活保障制度遵循保障城市居民基本生活的原则，坚持国家保障与社会帮扶相结合、鼓励劳动自救的方针。下面以《低保条例》为主要依据概括介绍我国城市居民最低生活保障制度。

（一）管理体制与资金来源

我国城市居民最低生活保障制度实行地方各级人民政府负责制。县级以上地方各级人民政府民政部门具体负责本行政区域内城市居民最低生活保障的管理工作；财政部门按照规定落实城市居民最低生活保障资金；统计、物价、审计、劳动保障和人事等部门分工负责，在各自的职责范围内负责城市居民最低生活保障的有关工作。县级人民政府民政部门以及街道办事处和镇人民政府（以下统称管理审批机关）负责城市居民最低生活保障的具体管理审批工作。居民委员会根据管理审批机关的委托，可以承担城市居民最低生活保障的日常管理、服务工作。国务院民政部门负责全国城市居民最低生活保障的管理工作。

城市居民最低生活保障所需资金，由地方人民政府列入财政预算，纳入社会救济专项资金支出项目，专项管理，专款专用。国家鼓励社会组织和个人为城市居民最低生活保障提供捐赠、资助；所提供的捐赠、资助，全部纳入当地城市居民最低生活保障资金。

(二) 保障对象的范围与确定办法

1. 保障对象的范围

国际上确定保障对象的通行做法有两种：一是"定量"法，即划定一条或几条最低生活标准，凡收入低于最低生活标准的人便有权向政府申领救助；二是"定性"法，即根据社会上现实存在的各种贫困群体分门别类地来确定救助对象。《低保条例》兼采上述两种方法，在第二条规定："持有非农业户口的城市居民，凡共同生活的家庭成员人均收入低于当地城市居民最低生活保障标准的，均有从当地人民政府获得基本生活物质帮助的权利。"《低保条例》规定，县级人民政府民政部门经审查，对符合享受城市居民最低生活保障待遇条件的家庭，应当区分不同情况批准其享受城市居民最低生活保障待遇：一是对无生活来源、无劳动能力又无法定赡养人、扶养人或者抚养人的城市居民（通常称为"三无"人员，属于传统的民政救济对象），批准其按照当地城市居民最低生活保障标准全额享受；二是尚有一定收入的城市居民（包括领取失业救济金期间或救济期满仍未能重新就业，家庭人均收入低于最低生活保障标准的居民，在职人员、下岗人员在领取工资或最低工资、基本生活费以及退休人员领取退休金后，其家庭人均收入仍低于最低生活保障标准的居民），批准其按照家庭人均收入低于当地城市居民最低生活保障标准的差额享受。

2. 保障对象的确定

保障对象能否获得低保待遇，关键是其家庭人均收入是否低于最低生活保障线。依据《低保条例》的规定，这里的"收入"是指"共同生活的家庭成员的全部货币收入和实物收入，包括法定赡养人、扶养人或者抚养人应当给付的赡养费、扶养费或者抚养费，不包括优抚对象按照国家规定享受的抚恤金、补助金"。确定收入的关键环节是收入调查，实践中对收入的核实，主要由居委会采取入户询问家庭状况，观察清点有无高档大件用品或豪华装修，走访相关的邻居、关系人、工作单位，取得申请对象提供的其收入的书面证明等方式进行。如果家庭生活水平明显高于当地的最低生活保障标准，则不能被确定为低保对象。如 2003 年 1 月颁布实施《杭州市城乡居民最低生活保障实施办法》规定，有下列情形之一的，属于家庭实际生活水平明显高于当地最低生活保障标准：① 家庭拥有并使用机动车辆（肢残人用车除外）的；② 饲养宠物、购买金银饰品或古玩字画的；③ 出入歌舞厅、保龄球馆、电子游戏房等场所，进行高消费娱乐活动的；④ 出入饭店、酒吧等餐饮场所消费的；⑤ 出资供子女择校就读、借读或就读私立学校的；⑥ 使用移动电话的；⑦ 在享受最低生活保障待遇期间，自筹资金购房、建房或者装修（必要的维修除外）住房的；⑧ 日常生活用水、用电、用煤（燃气）及固定电话费用支出（各项之和）高于当地城乡居民"低收入组"平均支出标准（以人民政府统计部门抽样调查数据为依据）的。

3. 保障对象的义务

根据《低保条例》的规定，我国低保对象承担如下义务。① 接受群众监督。对经批准享受城市居民最低生活保障待遇的城市居民，由管理审批机关采取适当形式以户为单位予以公布，接受群众监督。任何人对不符合法定条件而享受城市居民最低生活保障待遇的，都有权向管理审批机关提出意见；管理审批机关经核查，对情况属实的，应当予以纠正。② 及时报告收入变化并接受核查。享受城市居民最低生活保障待遇的城市居民家庭人均收入情况发生变化的，应当及时通过居民委员会告知管理审批机关，办理停发、减发或者增发城市居民最低生活保障待遇的手续；管理审批机关应当对享受城市居民最低生活保障待遇的城市居民的家庭收入情况定期进行核查。③ 参加公益性社区服务劳动。在就业年龄内有劳动能力但尚未就业的城市居民，在享受城市居民最低生活保障待遇期间，应当参加其所在的居民委员会组织的公益性社区服务劳动。享受城市居民最低生活保障待遇的城市居民有下列行为之一的，由县级人民政府民政部门给予批评教育或者警告，追回其冒领的城市居民最低生活保障款物；情节恶劣的，处冒领金额1倍以上3倍以下的罚款：① 采取虚报、隐瞒、伪造等手段，骗取享受城市居民最低生活保障待遇的；② 在享受城市居民最低生活保障待遇期间家庭收入情况好转，不按规定告知管理审批机关，继续享受城市居民最低生活保障待遇的。

（三）保障方式与发放周期

根据《低保条例》的规定，城市居民最低生活保障待遇由管理审批机关以货币形式按月发放；必要时，也可以给付实物。因此，最低生活保障的具体方式包括两种：一是发放低保金，即以货币的形式给予生活救助，这是最普遍的救助方式；二是以发放实物替代低保金，如发放粮油、衣物等，这是一种补充性方式，仅在必要时才能适用。目前，全国已经基本实现了最低生活保障方式的货币化发放。最低生活保障金的发放周期一般为一个月发放一次，从全国情况来看，低保金的发放周期基本上实现了按月发放。

（四）最低生活保障标准

城市低保标准又称为城市居民最低生活保障线，是国家为救济社会成员收入难以维持其基本生活需求的人口而制定的一种社会救济标准。最低生活保障标准是城市居民最低生活保障制度中最基本的内容，也是区别于传统社会救济制度的重要标志。我国城市居民最低生活保障制度的基本政策框架是围绕最低生活保障标准来制定的。最低生活保障制度的具体规定以及保障工作的每个环节，均必须以最低生活保障标准为基础，无论是认定最低生活保障对象的资格，确定保障范围和保障人数，预算所需最低生活保障资金数量，还是最低生活保障工作的管理和运转，都必须围绕最低生活保障标准进行。城市居民最低生活保障标准具有以下特点。一是科学性。保障标准是由政府有关部门按照一定程序，经过广泛调查研究和严密方法测定的，具有一定的科学性。二是统一性。由于一个行政区域（市、县或区）只有一个保障标准，它适用于本区域内的全体居民，无论其就业与否、身份背景如何，在这个保障标准面前都一视同仁，这不仅较好地体现了社会救济的无歧视原则，也有效地克服了原来社会救济随意性大的弊病。三是权威性。最低生活保障标准是由政府组织制定和调整，并通过文件或法令形式向社会公布的一项政策规定，具有法规的效力和权威性，这使救济工作能够实行民主化的管理，并易于接受社会和群众的监督。

目前，我国城市居民的低保标准除了包含维持人口再生产的生存费用之外，还应包括部分发展费用，但不包括享受费用。依据《低保条例》的规定，"城市居民最低生活保障标准，按照当地维持城市居民基本生活所必需的衣、食、住费用，并适当考虑水电燃煤（燃气）费用以及未成年人的义务教育费用确定"。因此，我国城市居民低保标准包括两方面的费用：一是必须保障的基本生活费用，包含衣、食、住费用；二是适当保障的生活费用，包含水电燃煤（燃气）费用以及未成年人的义务教育费用。根据这一原则，城市居民的具体低保标准由地方政府制定，即：在直辖市、设区的市的城市居民最低生活保障标准，由市人民政府民政部门会同财政、统计、物价等部门制定，报本级人民政府批准并公布执行；县（县级市）的城市居民最低生活保障标准，由县（县级市）人民政府民政部门会同财政、统计、物价等部门制定，报本级人民政府批准并报上一级人民政府备案后公布执行。城市居民最低生活保障标准需要提高时，依照规定重新核定。全国各地确定低保标准的方法不一，如厦门市采用的是市场菜篮法、上海市采用的恩格尔系数法。

（五）申领与审批手续

《低保条例》规定，申请享受城市居民最低生活保障待遇，由户主向户籍所在地的街道办事处或者镇人民政府提出书面申请，并出具有关证明材料，填写《城市居民最低生活保障待遇审批表》；城市居民最低生活保障待遇，由其所在地的街道办事处或者镇人民政府初审，并将有关材料和初审意见报送县级人民政府民政部门审批。管理审批机关为审批城市居民最低生活保障待遇的需要，可以通过入户调查、邻里访问以及信函索证等方式对申请人的家庭经济状况和实际生活水平进行调查核实。申请人及有关单位、组织或者个人应当接受调查，如实提供有关情况。县级人民政府民政部门经审查，对不符合享受城市居民最低生活保障待遇条件的，应当书面通知申请人，并说明理由。管理审批机关应当自接到申请人提出申请之日起的30日内办结审批手续。

依据上述规定，申请低保待遇，一般要经过个人申请、居委会核实、街道办事处或镇人民政府初审、区或县民政局审批、市民政部门复核备案等几个环节。申请人必须是户主，户主应向户籍所在地的街道办事处或镇政府提出申请，并提交有关证明材料，如家庭成员户口簿、身份证、收入证明等。《低保条例》仅规定，管理审批机关应当自接到申请人提出申请之日起的30日内办结审批手续，但是并未明确这"30日"的时间如何分配到从申请到审批各个环节，所以各地关于审批程序的规定并不统一。

（六）低保权利的救济

"没有救济的权利不是权利"，这一法律格言强调了救济对于权利实现的重要作用。如果人们关注权利的实现，就必须关注权利的救济。可以说，权利自始就是与救济紧密相连的，没有救济，就没有权利。在现代国家，救济总是与司法紧密地联系在一起。因此，《低保条例》对于居民低保权利的救济也做出了规定："城市居民对县级人民政府民政部门作出的不批准享受城市居民最低生活保障待遇或者减发、停发城市居民最低生活保障款物的决定或者给予的行政处罚不服，可以依法申请行政复议；对复议决定仍不服的，可以依法提起行政诉讼。"

二、农村居民最低生活保障

目前，我国还没有出台有关农村最低生活保障的专门法规。但国务院于2007年7月发出的《关于在全国建立农村最低生活保障制度的通知》明确了建立农村最低生活保障制度的目标,即"通过在全国范围建立农村最低生活保障制度,将符合条件的农村贫困人口全部纳入保障范围,稳定、持久、有效地解决全国农村贫困人口的温饱问题",为我国农村最低生活保障制度的建立提供了政策指引。

(一)保障标准和对象范围

农村最低生活保障标准由县级以上地方人民政府按照能够维持当地农村居民全年基本生活所必需的吃饭、穿衣、用水、用电等费用确定,并报上一级地方人民政府备案后公布执行。农村最低生活保障标准要随着当地生活必需品价格变化和人民生活水平提高适时进行调整。农村最低生活保障对象是家庭年人均纯收入低于当地最低生活保障标准的农村居民,主要是因病残、年老体弱、丧失劳动能力以及生存条件恶劣等造成生活常年困难的农村居民。

(二)管理体制与业务规范

农村最低生活保障制度实行地方人民政府负责制,按属地进行管理。各地要从当地农村经济社会发展水平和财力状况的实际出发,合理确定保障标准和对象范围。同时,要做到制度完善、程序明确、操作规范、方法简便,保证公开、公平、公正。要实行动态管理,做到保障对象有进有出,补助水平有升有降。要与扶贫开发、促进就业以及其他农村社会保障政策、生活性补助措施相衔接,坚持政府救济与家庭赡养扶养、社会互助、个人自立相结合,鼓励和支持有劳动能力的贫困人口生产自救、脱贫致富。农村最低生活保障的管理既要严格规范,又要从农村实际出发,采取简便易行的方法。

1. 申请、审核和审批

申请农村最低生活保障,一般由户主本人向户籍所在地的乡(镇)人民政府提出申请;村民委员会受乡(镇)人民政府委托,也可受理申请。受乡(镇)人民政府委托,在村党组织的领导下,村民委员会对申请人开展家庭经济状况调查,组织村民会议或村民代表会议民主评议后提出初步意见,报乡(镇)人民政府;乡(镇)人民政府审核后,报县级人民政府民政部门审批。乡(镇)人民政府和县级人民政府民政部门要核查申请人的家庭收入,了解其家庭财产、劳动力状况和实际生活水平,并结合村民民主评议,提出审核、审批意见。在核算申请人家庭收入时,申请人家庭按国家规定所获得的优待抚恤金、计划生育奖励与扶助金以及教育、见义勇为等方面的奖励性补助,一般不计入家庭收入,具体核算办法由地方人民政府确定。

2. 民主公示

村民委员会、乡(镇)人民政府以及县级人民政府民政部门要及时向社会公布有关信息,接受群众监督。公示的内容重点为:最低生活保障对象的申请情况和对最低生活保障对象的民主评议意见,审核、审批意见,以及实际补助水平等情况。对公示没有异议的,要按程序及时落实申请人的最低生活保障待遇;对公示有异议的,要进行调查核实,认真处理。

3. 资金发放

最低生活保障金原则上按照申请人家庭年人均纯收入与保障标准的差额发放,也可以在核查申请人家庭收入的基础上，按照其家庭的困难程度和类别分档发放。要加快推行国库集中支付方式，通过代理金融机构直接、及时地将最低生活保障金支付到最低生活保障对象账户。

4. 动态管理

乡（镇）人民政府和县级人民政府民政部门要采取多种形式，定期或不定期调查了解农村困难群众的生活状况，及时将符合条件的困难群众纳入保障范围；并根据其家庭经济状况的变化，及时按程序办理停发、减发或增发最低生活保障金的手续。保障对象和补助水平变动情况都要及时向社会公示。

（三）资金来源和管理

农村最低生活保障资金的筹集以地方为主，地方各级人民政府要将农村最低生活保障资金列入财政预算，省级人民政府要加大投入。地方各级人民政府民政部门要根据保障对象人数等提出资金需求，经同级财政部门审核后列入预算。中央财政对财政困难地区给予适当补助。地方各级人民政府及其相关部门要统筹考虑农村各项社会救助制度，合理安排农村最低生活保障资金，提高资金使用效益。同时，鼓励和引导社会力量为农村最低生活保障提供捐赠和资助。农村最低生活保障资金实行专项管理、专账核算、专款专用，严禁挤占挪用。

第三节　农村五保供养

五保制度是针对农村缺乏或丧失劳动能力、无依无靠、没有生活来源的老弱、孤寡、残疾人员提供保吃、保穿、保医、保住、保葬（或保教）等综合援助的一种特困人员供养制度，也是一种特殊的社会救助制度。1994年1月，国务院颁布《农村五保供养工作条例》，首次以行政法规的形式对农村五保供养制度进行了规范。2006年，国务院将修订后的《农村五保供养工作条例》（下文简称《五保条例》）重新公布，自2006年3月1日起施行。

一、供养对象与业务规范

根据《五保条例》的规定，五保供养对象为"老年、残疾或者未满16周岁的村民，无劳动能力、无生活来源又无法定赡养、抚养、扶养义务人，或者其法定赡养、抚养、扶养义务人无赡养、抚养、扶养能力的，享受农村五保供养待遇"。五保供养的业务流程主要包括如下环节。

（一）申　请

享受农村五保供养待遇，应当由村民本人向村民委员会提出申请；因年幼或者智力残疾无法表达意愿的，由村民小组或者其他村民代为提出申请。

（二）审　核

经村民委员会民主评议，对符合规定条件的，在本村范围内公告；无重大异议的，由村民委员会将评议意见和有关材料报送乡、民族乡、镇人民政府审核。乡、民族乡、镇人民政府应当对申请人的家庭状况和经济条件进行调查核实；必要时，县级人民政府民政部门可以进行复核。申请人、有关组织或者个人应当配合、接受调查，如实提供有关情况。乡、民族乡、镇人民政府应当自收到评议意见之日起20日内提出审核意见，并将审核意见和有关材料报送县级人民政府民政部门审批。

（三）审　批

县级人民政府民政部门应当自收到审核意见和有关材料之日起20日内作出审批决定。对批准给予农村五保供养待遇的，发给《农村五保供养证书》；对不符合条件不予批准的，应当书面说明理由。

（四）核　销

根据《五保条例》的规定，在两种情况下需要核销五保供养待遇：一是农村五保供养对象不再符合规定条件的，村民委员会或者敬老院等农村五保供养服务机构（以下简称农村五保供养服务机构）应当向乡、民族乡、镇人民政府报告，由乡、民族乡、镇人民政府审核并报县级人民政府民政部门核准后，核销其《农村五保供养证书》；二是农村五保供养对象死亡，丧葬事宜办理完毕后，村民委员会或者农村五保供养服务机构应当向乡、民族乡、镇人民政府报告，由乡、民族乡、镇人民政府报县级人民政府民政部门核准后，核销其《农村五保供养证书》。

二、供养内容与供养标准

根据《五保条例》的规定，农村五保供养包括下列供养内容：① 供给粮油、副食品和生活用燃料；② 供给服装、被褥等生活用品和零用钱；③ 提供符合基本居住条件的住房；④ 提供疾病治疗，对生活不能自理的给予照料；⑤ 办理丧葬事宜。农村五保供养对象未满16周岁或者已满16周岁仍在接受义务教育的，应当保障他们依法接受义务教育所需费用。农村五保供养对象的疾病治疗，应当与当地农村合作医疗和农村医疗救助制度相衔接。

农村五保供养标准不得低于当地村民的平均生活水平，并根据当地村民平均生活水平的提高适时调整。农村五保供养标准，可以由省、自治区、直辖市人民政府制定，在本行政区域内公布执行，也可以由设区的市级或者县级人民政府制定，报所在的省、自治区、直辖市人民政府备案后公布执行。国务院民政部门和财政部门应当加强对农村五保供养标准制定工作的指导。

三、资金来源与供养形式

根据《五保条例》的规定，"农村五保供养资金，在地方人民政府财政预算中安排"，将供养经费由过去的集体统筹改为政府财政负担，这是 2006 年新颁行的《五保条例》相较于 1994 年颁行的《农村五保供养工作条例》作出的一项重大调整。《五保条例》同时规定，有农村集体经营等收入的地方，可以从农村集体经营等收入中安排资金，用于补助和改善农村五保供养对象的生活；农村五保供养对象将承包土地交由他人代耕的，其收益归该农村五保供养对象所有；中央财政对财政困难地区的农村五保供养，在资金上给予适当补助；农村五保供养资金应当专门用于农村五保供养对象的生活，任何组织或者个人不得贪污、挪用、截留或者私分。国家鼓励社会组织和个人为农村五保供养对象和农村五保供养工作提供捐助和服务。

农村五保供养对象可以在当地的农村五保供养服务机构集中供养，也可以在家分散供养。农村五保供养对象可以自行选择供养形式。集中供养的农村五保供养对象，由农村五保供养服务机构提供供养服务；分散供养的农村五保供养对象，可以由村民委员会提供照料，也可以由农村五保供养服务机构提供有关供养服务。

农村五保供养服务机构应当建立健全内部民主管理和服务管理制度，农村五保供养服务机构工作人员应当经过必要的培训。农村五保供养服务机构可以开展以改善农村五保供养对象生活条件为目的的农副业生产。地方各级人民政府及其有关部门应当对农村五保供养服务机构开展农副业生产给予必要的扶持。乡、民族乡、镇人民政府应当与村民委员会或者农村五保供养服务机构签订供养服务协议，保证农村五保供养对象享受符合要求的供养。村民委员会可以委托村民对分散供养的农村五保供养对象提供照料。

四、管理监督与法律责任

（一）管理体制

国务院民政部门主管全国的农村五保供养工作；县级以上地方各级人民政府民政部门主管本行政区域内的农村五保供养工作。乡、民族乡、镇人民政府管理本行政区域内的农村五保供养工作。各级人民政府应当把农村五保供养服务机构建设纳入经济社会发展规划；县级人民政府和乡、民族乡、镇人民政府应当为农村五保供养服务机构提供必要的设备、管理资金，并配备必要的工作人员。村民委员会协助乡、民族乡、镇人民政府开展农村五保供养工作。

（二）监督管理

县级以上人民政府应当依法加强对农村五保供养工作的监督管理。县级以上地方各级人民政府民政部门和乡、民族乡、镇人民政府应当制定农村五保供养工作的管理制度，并负责督促实施。财政部门应当按时足额拨付农村五保供养资金，确保资金到位，并加强对资金使用情况的监督管理。审计机关应当依法加强对农村五保供养资金使用情况的审计。农村五保供养待遇的申请条件、程序、民主评议情况以及农村五保供养的标准和资金使用情况等，应当向社会公告，接受社会监督。农村五保供养服务机构应当遵守治安、消防、卫生、财务会计等方面的法律、法规和国家有关规定，向农村五保供养对象提供符合要求的供养服务，并接受地方人民政府及其有关部门的监督管理。

(三) 法律责任

违反《五保条例》的规定，有关行政机关及其工作人员有下列行为之一的，对直接负责的主管人员以及其他直接责任人员依法给予行政处分；构成犯罪的，依法追究刑事责任：① 对符合农村五保供养条件的村民不予批准享受农村五保供养待遇的，或者对不符合农村五保供养条件的村民批准其享受农村五保供养待遇的；② 贪污、挪用、截留、私分农村五保供养款物的；③ 有其他滥用职权、玩忽职守、徇私舞弊行为的。

违反《五保条例》规定，村民委员会组成人员贪污、挪用、截留农村五保供养款物的，依法予以罢免；构成犯罪的，依法追究刑事责任。农村五保供养服务机构工作人员私分、挪用、截留农村五保供养款物的，予以辞退；构成犯罪的，依法追究刑事责任。村民委员会或者农村五保供养服务机构对农村五保供养对象提供的供养服务不符合要求的，由乡、民族乡、镇人民政府责令限期改正；逾期不改正的，乡、民族乡、镇人民政府有权终止供养服务协议；造成损失的，依法承担赔偿责任。

第四节　自然灾害救助

自然灾害救助是指国家和社会对遭遇各种自然灾害而陷入生活困难的社会成员给予一定的现金或实物援助，以帮其渡过难关的一种社会救助制度，它是社会救助体系中最不可缺少且最具紧迫性的制度安排。我国《自然灾害救助条例》已于 2010 年 9 月 1 日颁行。该条例首次以行政法规的形式对自然灾害救助进行了规范，明确我国自然灾害救助工作遵循"以人为本、政府主导、分级管理、社会互助、灾民自救"的原则，标志着我国自然灾害救助已经迈入了法制化轨道。虽然名为"自然灾害救助条例"，但其使用范围并不局限于"自然灾害救助"，"发生事故灾难、公共卫生事件、社会安全事件"等突发事件，需要由县级以上人民政府民政部门开展生活救助的，参照本条例执行。

一、灾前的救助准备

灾前的救助准备实为"备灾"。我国为农业大国，备灾备荒的思想源远流长。《明史·潘荣传》即提出了"积奇羡数万石以备荒"的说法。清代的黄六鸿在《福惠全书·荒政·总论》中进一步阐述了备荒思想："故备荒于未荒之前，虽有荒而不知其为荒。此古圣王以人事之有余补天时之不足也。"《自然灾害救助条例》在借鉴我国备灾备荒传统的基础上，对灾前救助准备做出了如下规定。

(一) 自然灾害救助应急预案制度

县级以上地方人民政府及其有关部门应当根据有关法律、法规、规章，上级人民政府及其有关部门的应急预案，以及本行政区域的自然灾害风险调查情况，制定相应的自然灾害救助应急预案。自然灾害救助应急预案应当包括下列内容：① 自然灾害救助应急组织指挥体系及其职责；② 自然灾害救助应急队伍；③ 自然灾害救助应急资金、物资、设备；④ 自然灾害的预警预报和灾情信息的报告、处理；⑤ 自然灾害救助应急响应的等级和相应措施；⑥ 灾后应急救助和居民住房恢复重建措施。

（二）自然灾害救助物资储备制度

国家建立自然灾害救助物资储备制度，由国务院民政部门分别会同国务院财政部门、发展改革部门制定全国自然灾害救助物资储备规划和储备库规划，并组织实施；设区的市级以上人民政府和自然灾害多发、易发地区的县级人民政府应当根据自然灾害特点、居民人口数量和分布等情况，按照布局合理、规模适度的原则，设立自然灾害救助物资储备库。

（三）应急避难场所的建设

县级以上地方人民政府应当根据当地居民人口数量和分布等情况，利用公园、广场、体育场馆等公共设施，统筹规划设立应急避难场所，并设置明显标志。启动自然灾害预警响应或者应急响应，需要告知居民前往应急避难场所的，县级以上地方人民政府或者人民政府的自然灾害救助应急综合协调机构应当通过广播、电视、手机短信、电子显示屏、互联网等方式，及时公告应急避难场所的具体地址和到达路径。

（四）自然灾害救助应急指挥技术支撑系统

县级以上人民政府应当建立健全自然灾害救助应急指挥技术支撑系统，并为自然灾害救助工作提供必要的交通、通信等装备。县级以上地方人民政府应当加强自然灾害救助人员的队伍建设和业务培训，村民委员会、居民委员会和企业事业单位应当设立专职或者兼职的自然灾害信息员。

二、灾中的应急救助

《自然灾害救助条例》对于灾难期间的应急救助做了如下规定。

（一）启动预警响应

县级以上人民政府或者人民政府的自然灾害救助应急综合协调机构应当根据自然灾害预警预报启动预警响应，采取下列一项或者多项措施：① 向社会发布规避自然灾害风险的警告，宣传避险常识和技能，提示公众做好自救互救准备；② 开放应急避难场所，疏散、转移易受自然灾害危害的人员和财产，情况紧急时，实行有组织的避险转移；③ 加强对易受自然灾害危害的乡村、社区以及公共场所的安全保障；④ 责成民政等部门做好基本生活救助的准备。

（二）启动自然灾害救助应急响应

自然灾害发生并达到自然灾害救助应急预案启动条件的，县级以上人民政府或者人民政府的自然灾害救助应急综合协调机构应当及时启动自然灾害救助应急响应，采取下列一项或者多项措施：① 立即向社会发布政府应对措施和公众防范措施；② 紧急转移安置受灾人员；③ 紧急调拨、运输自然灾害救助应急资金和物资，及时向受灾人员提供食品、饮用水、衣被、取暖、临时住所、医疗防疫等应急救助，保障受灾人员基本生活；④ 抚慰受灾人员，处理遇难人员善后事宜；⑤ 组织受灾人员开展自救互救；⑥ 分析评估灾情趋势和灾区需求，采取相应的自然灾害救助措施；⑦ 组织自然灾害救助捐赠活动。

（三）救灾期间的紧急征用及物资运输

在自然灾害救助应急期间，县级以上地方人民政府或者人民政府的自然灾害救助应急综合协调机构可以在本行政区域内紧急征用物资、设备、交通运输工具和场地，自然灾害救助应急工作结束后应当及时归还，并按照国家有关规定给予补偿。对应急救助物资，各交通运输主管部门应当组织优先运输。

（四）灾情的报告、发布与评定

自然灾害造成人员伤亡或者较大财产损失的，受灾地区县级人民政府民政部门应当立即向本级人民政府和上一级人民政府民政部门报告；自然灾害造成特别重大或者重大人员伤亡、财产损失的，受灾地区县级人民政府民政部门应当按照有关法律、行政法规和国务院应急预案规定的程序及时报告，必要时可以直接报告国务院。灾情稳定前，受灾地区人民政府民政部门应当每日逐级上报自然灾害造成的人员伤亡、财产损失和自然灾害救助工作动态等情况，并及时向社会发布。灾情稳定后，受灾地区县级以上人民政府或者人民政府的自然灾害救助应急综合协调机构应当评估、核定并发布自然灾害损失情况。

三、灾后的救助与重建

《自然灾害救助条例》对于灾后的救助和重建做了如下规定。

（一）灾后安置

受灾地区人民政府应当在确保安全的前提下，采取就地安置与异地安置、政府安置与自行安置相结合的方式，对受灾人员进行过渡性安置。就地安置应当选择在交通便利、便于恢复生产和生活的地点，并避开可能发生次生自然灾害的区域，尽量不占用或者少占用耕地。

（二）灾后重建

受灾地区人民政府应当鼓励并组织受灾群众自救互救，恢复重建。自然灾害危险消除后，受灾地区人民政府应当统筹研究制订居民住房恢复重建规划和优惠政策，组织重建或者修缮因灾损毁的居民住房，对恢复重建确有困难的家庭予以重点帮扶。居民住房恢复重建应当因地制宜、经济实用，确保房屋建设质量符合防灾减灾要求。受灾地区人民政府民政等部门应当向经审核确认的居民住房恢复重建补助对象发放补助资金和物资，住房城乡建设等部门应当为受灾人员重建或者修缮因灾损毁的居民住房提供必要的技术支持。居民住房恢复重建补助对象由受灾人员本人申请或者由村民小组、居民小组提名。经村民委员会、居民委员会民主评议，符合救助条件的，在自然村、社区范围内公示；无异议或者经村民委员会、居民委员会民主评议异议不成立的，由村民委员会、居民委员会将评议意见和有关材料提交乡镇人民政府、街道办事处审核，报县级人民政府民政等部门审批。

（三）基本生活救助

自然灾害发生后的当年冬季、次年春季，受灾地区人民政府应当为生活困难的受灾人员提供基本生活救助。受灾地区县级人民政府民政部门应当在每年10月底前统计、评估本行政区域受灾人员当年冬季、次年春季的基本生活困难和需求，核实救助对象，编制工作台账，制定救助工作方案，经本级人民政府批准后组织实施，并报上一级人民政府民政部门备案。

四、救助款物管理

县级以上人民政府财政部门、民政部门负责自然灾害救助资金的分配、管理并监督使用情况。县级以上人民政府民政部门负责调拨、分配、管理自然灾害救助物资。人民政府采购用于自然灾害救助准备和灾后恢复重建的货物、工程和服务，依照有关政府采购和招标投标的法律规定组织实施。自然灾害应急救助和灾后恢复重建中涉及紧急抢救、紧急转移安置和临时性救助的紧急采购活动，按照国家有关规定执行。

（一）救助款物的使用范围

自然灾害救助款物应当用于受灾人员的紧急转移安置，基本生活救助，医疗救助，教育、医疗等公共服务设施和住房的恢复重建，自然灾害救助物资的采购、储存和运输，以及因灾遇难人员亲属的抚慰等项支出。

（二）救助款物的使用原则

自然灾害救助款物的使用遵循"专款（物）专用，无偿使用"的原则。定向捐赠的款物，应当按照捐赠人的意愿使用。政府部门接受的捐赠人无指定意向的款物，由县级以上人民政府民政部门统筹安排用于自然灾害救助；社会组织接受的捐赠人无指定意向的款物，由社会组织按照有关规定用于自然灾害救助。

（三）救助款物使用情况的公开

受灾地区人民政府民政、财政等部门和有关社会组织应当通过报刊、广播、电视、互联网，主动向社会公开所接受的自然灾害救助款物和捐赠款物的来源、数量及其使用情况。受灾地区村民委员会、居民委员会应当公布救助对象及其接受救助款物数额和使用情况。

(四）救助款物使用情况的监督

各级人民政府应当建立健全自然灾害救助款物和捐赠款物的监督检查制度，并及时受理投诉和举报。县级以上人民政府监察机关、审计机关应当依法对自然灾害救助款物和捐赠款物的管理使用情况进行监督检查，民政、财政等部门和有关社会组织应当予以配合。

五、管理体制与法律责任

（一）管理体制

自然灾害救助工作实行各级人民政府行政领导负责制。国家减灾委员会负责组织、领导全国的自然灾害救助工作，协调开展重大自然灾害救助活动。国务院民政部门负责全国的自然灾害救助工作，承担国家减灾委员会的具体工作。国务院有关部门按照各自职责做好全国的自然灾害救助相关工作。村民委员会、居民委员会以及红十字会、慈善会和公募基金会等社会组织，依法协助人民政府开展自然灾害救助工作。国家鼓励和引导单位和个人参与自然灾害救助捐赠、志愿服务等活动。

县级以上地方人民政府或者人民政府的自然灾害救助应急综合协调机构，组织、协调本行政区域的自然灾害救助工作。县级以上地方人民政府民政部门负责本行政区域的自然灾害救助工作。县级以上地方人民政府有关部门按照各自职责做好本行政区域的自然灾害救助相关工作。县级以上人民政府应当将自然灾害救助工作纳入国民经济和社会发展规划，建立健全与自然灾害救助需求相适应的资金、物资保障机制，将人民政府安排的自然灾害救助资金和自然灾害救助工作经费纳入财政预算。各级人民政府应当加强防灾减灾宣传教育，提高公民的防灾避险意识和自救互救能力；村民委员会、居民委员会、企业事业单位应当根据所在地人民政府的要求，结合各自的实际情况，开展防灾减灾应急知识的宣传普及活动。

（二）法律责任

行政机关工作人员违反本条例规定，有下列行为之一的，由任免机关或者监察机关依照法律法规给予处分；构成犯罪的，依法追究刑事责任：① 迟报、谎报、瞒报自然灾害损失情况，造成后果的；② 未及时组织受灾人员转移安置，或者在提供基本生活救助、组织恢复重建过程中工作不力，造成后果的；③ 截留、挪用、私分自然灾害救助款物或者捐赠款物的；④ 不及时归还征用的财产，或者不按照规定给予补偿的；⑤ 有滥用职权、玩忽职守、徇私舞弊的其他行为的。

采取虚报、隐瞒、伪造等手段，骗取自然灾害救助款物或者捐赠款物的，由县级以上人民政府民政部门责令限期退回违法所得的款物；构成犯罪的，依法追究刑事责任。抢夺或者聚众哄抢自然灾害救助款物或者捐赠款物的，由县级以上人民政府民政部门责令停止违法行为；构成违反治安管理行为的，由公安机关依法给予治安管理处罚；构成犯罪的，依法追究刑事责任。以暴力、威胁方法阻碍自然灾害救助工作人员依法执行职务，构成违反治安管理行为的，由公安机关依法给予治安管理处罚；构成犯罪的，依法追究刑事责任。

第五节 流浪乞讨人员救助

流浪乞讨人员救助是针对在城市生活无着的流浪乞讨人员实施的一项社会救助制度。这项制度的前身是 20 世纪 80 年代形成的流浪乞讨人员收容遣送制度。国务院于 1982 年 5 月发布了《城市流浪乞讨人员收容遣送办法》（以下简称《收容遣送办法》），民政部、公安部于同年 10 月共同制定了《城市流浪乞讨人员收容遣送办法实施细则（试行）》，这标志着我国收容遣送制度的正式形成。收容遣送制度虽然明确是为了"救济、教育和安置城市流浪乞讨人员"，但侧重点仍在于"维护城市社会秩序和安定团结"，所以更具有社会管制的制度取向，加以其手段的强制性以及公安部门的参与，使其因治安管理色彩浓厚而饱受社会诟病。2003 年 3 月发生的"孙志刚事件"[①]引发了全社会对于收容遣送制度弊端的讨论和反思，并最终促成了流浪乞讨人员救助制度的建立和收容遣送制度的废止。2003 年 6 月 22 日，国务院颁布了《城市生活无着的流浪乞讨人员救助管理办法》（以下简称《救助管理办法》，同时宣布废止了《收容遣送办法》；同年 7 月 21 日，民政部公布了《城市生活无着的流浪乞讨人员救助管理办法实施细则》（以下简称《救助管理办法实施细则》）。这两项法规性文件于 2003 年 8 月 1 日起同时施行，标志着流浪乞讨人员救助制度正式确立。

一、立法理念与制度属性

《救助管理办法》在第一条即开宗明义，规定其立法目的是"为了对在城市生活无着的流浪、乞讨人员实行救助，保障其基本生活权益，完善社会救助制度"，从立法理念上与原来的收容遣送制度形成明显的区隔，即割弃了收容遣送制度的社会管制属性，凸显了其社会救助的制度属性。

在收容遣送制度下，被收容对象必须"服从收容"，"认真回答工作人员的询问"和"服从工作人员的管理"；《救助管理办法》则明确了自愿受助的原则，既不是"强制性救助"，也不是"收费性救助"。与收容遣送制度相比，救助制度更多地规定了救助机构的义务与责任，同时强调了受救助对象的权利。收容遣送制度因其封闭式"监所"管制模式而缺乏人道主义色彩，救助制度则力图建立一种重服务、重救助的"全开放"的服务管理模式，使受救助对象"不能因为政府行为而受到伤害"，充分体现了以人为本、尊重和保障人权的现代法治理念。

二、救助原则与救助对象

（一）救助原则

流浪乞讨人员的救助是一项临时性社会救助措施，必须坚持以下原则。一是自愿性原则，

---

① 指湖北青年孙志刚在广州工作期间，被当地某派出所于 2003 年 7 月错误收容，并在收容站被打死的事件。

实施救助必须由城市生活无着的流浪乞讨人员明确提出救助要求，并经审核符合救助条件；本人拒绝救助或不愿接受救助的，救助管理部门不能强行实施救助。二是无偿性原则，《救助管理办法》明确规定"县级以上城市人民政府应当采取积极措施及时救助流浪乞讨人员，并应当将救助工作所需经费列入财政预算，予以保障"，因此救助机构不得向受助人员及其家属和单位收取救助费用，也不得组织受助人员从事生产劳动以自挣生活费用及返回家庭或单位所需费用。三是临时性原则，目前我国对城市生活无着的流浪乞讨人员进行救助的目的是解决其由于各种原因导致的暂时生活困难，主要方式是为受助者提供短期（一般最多为10天）的免费食宿以及返乡的火车票，所以只是"救急"性的临时措施。四是社会化原则，即坚持政府、社会、家庭三方责任相结合的原则，国家在依法进行救助的同时，鼓励、支持社会组织和个人捐助或兴办公益性事业以救助流浪乞讨人员，家庭及其成员也应依法履行其赡养、抚养义务。

（二）救助对象

根据《救助管理办法实施细则》第二条的规定，《救助管理办法》规定的"城市生活无着的流浪乞讨人员"是指因自身无力解决食宿，无亲友投靠，又不享受城市最低生活保障或者农村五保供养，正在城市流浪乞讨度日的人员。虽有流浪乞讨行为，但不具备前款规定情形的，不属于救助对象。

三、救助站的设立与管理

县级以上城市人民政府应当根据需要设立流浪乞讨人员救助站。县级以上人民政府民政部门负责流浪乞讨人员的救助工作，并对救助站进行指导、监督，公安、卫生、交通、铁道、城管等部门应当在各自的职责范围内做好相关工作；县级以上人民政府民政部门应当加强对救助站工作人员的教育、培训和监督。救助站工作人员应当自觉遵守国家的法律法规、政策和有关规章制度，遵守"七不准"的禁止性规定（即不准拘禁或者变相拘禁受助人员；不准打骂、体罚、虐待受助人员或者唆使他人打骂、体罚、虐待受助人员；不准敲诈、勒索、侵吞受助人员的财物；不准克扣受助人员的生活供应品；不准扣压受助人员的证件、申诉控告材料；不准任用受助人员担任管理工作；不准使用受助人员为工作人员干私活；不准调戏妇女）。

救助站在实施救助的过程中应当遵守以下管理规范。① 救助站为受助人员提供的住处，应当按性别分室住宿，女性受助人员应当由女性工作人员管理；救助站应当保障受助人员在站内的人身安全和随身携带物品的安全，维护站内秩序。② 救助站不得向受助人员、其亲属或者所在单位收取费用，不得以任何借口组织受助人员从事生产劳动。③ 救助站应当劝导受助人员返回其住所地或者所在单位，不得限制受助人员离开救助站。④ 救助站对受助的残疾人、未成年人、老年人应当给予照顾；对查明住址的，及时通知其亲属或者所在单位领回；对无家可归的，由其户籍所在地人民政府妥善安置。⑤ 救助站应当建立健全岗位责任制、安全责任制、工作人员行为规范等规章制度，实行规范化管理。⑥ 救助站应当将受助人员入站、离站、获得救助等情况如实记载，制作档案妥善保管。

受救助人员进入救助站之后，应履行如下义务。① 不得携带危险物品进入救助站；随身携带的物品，除生活必需品外，由救助站保管，待该受助人员离站时归还。② 省、自治区、直辖市人民政府民政部门应当制定救助站受助人员的作息、卫生、学习等制度，受助人员应当遵守救助站的规章制度。③ 遵守法律法规，不得辱骂、殴打救助站工作人员或者其他受助人员，不得破坏救助设施，不得毁坏、盗窃公私财物，不得无理取闹、扰乱救助工作秩序；对受助人员的违法行为，救助站工作人员应当及时制止；受助人员违规违纪情节严重的，或者发现受助人员有犯罪嫌疑的，应当及时报请公安机关依法处理。

四、救助措施与救助程序

（一）救助措施

救助站对属于救助对象的求助人员，应当及时提供救助，不得拒绝；对不属于救助对象的求助人员，应当说明不予救助的理由。公安机关和其他有关行政机关的工作人员在执行职务时发现流浪乞讨人员的，应当告知其向救助站求助；对其中的残疾人、未成年人、老年人和行动不便的其他人员，还应当引导、护送到救助站。救助站应当根据受助人员的情况确定救助期限，一般不超过10天；因特殊情况需要延长的，报上级民政主管部门备案。

救助站应当根据受助人员的需要提供下列救助：① 提供符合食品卫生要求的食物；② 提供符合基本条件的住处；③ 对在站内突发急病的，及时送医院救治；④ 帮助与其亲属或者所在单位联系；⑤ 对没有交通费返回其住所地或者所在单位的，提供乘车凭证。

（二）救助程序

救助站对流浪乞讨人员实施救助要遵循如下流程。

1. 受助者提出救助需求

向救助站求助的流浪乞讨人员，应当如实提供本人的姓名等基本情况并将随身携带物品在救助站登记，向救助站提出求助需求。流浪乞讨人员向救助站求助时，应当如实提供本人的下列情况：① 姓名、年龄、性别、居民身份证或者能够证明身份的其他证件、本人户口所在地、住所地；② 是否享受城市最低生活保障或者农村五保供养；③ 流浪乞讨的原因、时间、经过；④ 近亲属和其他关系密切亲戚的姓名、住址、联系方式；⑤ 随身物品的情况。

2. 救助站核实求助者基本情况

救助站应当向求助的流浪乞讨人员告知救助对象的范围和实施救助的内容，询问与求助需求有关的情况，并对其个人情况予以登记；对拒不如实提供个人情况的，不予救助。救助站应当根据受助人员提供的有关情况，及时与受助人员的家属以及受助人员常住户口所在地或者住所地的乡（镇）人民政府、城市街道办事处以及该地的公安、民政部门取得联系，核实情况，发现受助人员故意提供虚假个人情况的，应当终止救助；对因年老、年幼、残疾等原因无法提供个人情况的，救助站应当先提供救助，再查明情况。

3. 救助站实施救助

救助站对属于救助对象的，应当及时安排救助；不属于救助对象的，不予救助并告知其理由。① 救助站为受助人员提供的食物和住处，应当能够满足受助人员的基本健康和安全需要；受助人员食宿定额定量的标准，由省级人民政府民政部门商财政部门具体规定。② 受助人员在站内突发急病的，救助站应当及时送医疗机构治疗；救助站发现受助人员在站内患传染病或者为疑似传染病病人的，应当送当地具有传染病收治条件的医疗机构治疗，并向当地疾病预防控制机构报告，采取必要的消毒隔离措施。③ 受助人员返回常住户口所在地、住所地或者所在单位时没有交通费的，由救助站发给乘车（船）凭证，铁道、公路、水运等运输单位验证后准予搭乘相应的公共交通工具。救助站应当将有关情况通知受助人员的亲属及前往地的有关组织、所在单位。

4. 受助人员的离站

由于救助站只是一项临时性的救助措施，所以受助人员只能暂时性地停留在救助站，过了一定期限必须离站。依据《救助管理办法》及其《实施细则》的规定，受助者的离站有两种情况。① 自愿放弃救助离站。受助人员自愿放弃救助离开救助站的，应当事先告知，救助站不得限制；未成年人及其他无民事行为能力人和限制民事行为能力人离开救助站，须经救助站同意；受助人员擅自离开救助站的，视同放弃救助，救助站应当终止救助。② 救助期满离站。救助站已经实施救助或者救助期满，受助人员应当离开救助站；对无正当理由不愿离站的受助人员，救助站应当终止救助。

5. 离站人员的后续安排

依据《救助管理办法》及其《实施细则》的规定，受助者离站后的安排有如下几种情况。① 由亲属或单位接回。对受助人员中的残疾人、未成年人或者其他行动不便的人，救助站应当通知其亲属或者所在单位接回。② 由流出地民政部门接回送其亲属或所在单位。亲属或者所在单位拒不接回的，省内的由流入地人民政府民政部门通知流出地人民政府民政部门接回，送其亲属或者所在单位；跨省的由流入地省级人民政府民政部门通知流出地省级人民政府民政部门接回，送其亲属或者所在单位。③ 由流出地民政部门接回送户籍地或住所地安置。对无法查明其亲属或者所在单位，但可以查明其户口所在地、住所地的受助残疾人、未成年人及其他行动不便的人，省内的由流入地人民政府民政部门通知流出地人民政府民政部门接回，送户口所在地、住所地安置；跨省的由流入地省级人民政府民政部门通知流出地省级人民政府民政部门接回，送户口所在地、住所地安置。④ 由救助站所在地政府安置。对因年老、年幼或者残疾无法认知自己行为、无表达能力，因而无法查明其亲属或者所在单位，也无法查明其户口所在地或者住所地的，由救助站上级民政主管部门提出安置方案，报同级人民政府给予安置。受助人员户口所在地、住所地的乡级、县级人民政府应当帮助返回的受助人员解决生产、生活困难，避免其再次外出流浪乞讨；对遗弃残疾人、未成年人、老年人的近亲属或者其他监护人，责令其履行抚养、赡养义务；对确实无家可归的残疾人、未成年人、老年人，应当给予安置。

五、监督管理与法律责任

县级以上地方人民政府民政部门应当加强对救助站的领导和监督管理，履行以下职责：

① 监督救助站落实救助措施和规章制度；② 指导检查救助工作情况；③ 对救助站工作人员进行教育、培训；④ 调查、处理救助站及其工作人员违法违纪问题；⑤ 帮助救助站解决困难，提供工作条件。

救助站不履行救助职责的，求助人员可以向当地民政部门举报；民政部门经查证属实的，应当责令救助站及时提供救助，并对直接责任人员依法给予纪律处分。救助站及其工作人员应当严格遵守《救助管理办法》关于禁止收费及"七不准"的禁止性规定，对违反这些规定者由该救助站的上级民政主管部门责令改正；情节较重的，对直接负责的主管人员和其他直接责任人给予纪律处分；构成犯罪的，依法追究刑事责任。救助站的上级民政主管部门不及时受理救助对象举报，不及时责令救助站履行职责，或者对应当安置的受助人员不报请当地人民政府予以安置的，对直接负责的主管人员和其他直接责任人员依法给予行政处分。

第六节　专项救助

专项救助是指国家或社会针对在医疗、住房、教育、司法、就业等领域遭遇困难的社会群体提供的专门性社会救助。世界各国社会救助体系中几乎都包含有专项救助的内容，但专项救助所包含的具体项目并不统一。目前，我国专项救助的项目主要包括法律援助、司法救助、医疗救助、住房救助、教育救助、就业援助等方面。

一、法律援助制度

法律援助是指政府为保障经济困难的公民提供的法律咨询、代理、刑事辩护等无偿法律服务。为此，国务院于2003年颁行了《法律援助条例》，对法律援助制度作了规范。

（一）法律援助范围

法律援助对象是经济困难的公民，公民经济困难的标准，由省、自治区、直辖市人民政府根据本行政区域经济发展状况和法律援助事业的需要规定。申请人住所地的经济困难标准与受理申请的法律援助机构所在地的经济困难标准不一致的，按照受理申请的法律援助机构所在地的经济困难标准执行。《法律援助条例》对公民法律援助的范围依据援助形式的不同分别作出了规定。

1. 代理与法律咨询

公民对下列需要代理的事项，因经济困难没有委托代理人的，可以向法律援助机构申请法律援助：① 依法请求国家赔偿的；② 请求给予社会保险待遇或者最低生活保障待遇的；③ 请求发给抚恤金、救济金的；④ 请求给付赡养费、抚养费、扶养费的；⑤ 请求支付劳动报酬的；⑥ 主张因见义勇为行为产生的民事权益的。省、自治区、直辖市人民政府可以对这六项规定以外的法律援助事项作出补充规定。公民可以就这六项规定事项及补充事项向法律援助机构申请法律咨询。

2. 刑事辩护

刑事诉讼中有下列情形之一的，公民可以向法律援助机构申请法律援助：① 犯罪嫌疑人在被侦查机关第一次讯问后或者采取强制措施之日起，因经济困难没有聘请律师的；② 公诉案件中的被害人及其法定代理人或者近亲属，自案件移送审查起诉之日起，因经济困难没有委托诉讼代理人的；③ 自诉案件的自诉人及其法定代理人，自案件被人民法院受理之日起，因经济困难没有委托诉讼代理人的。

此外，公诉人出庭公诉的案件，被告人因经济困难或者其他原因没有委托辩护人，人民法院为被告人指定辩护时，法律援助机构应当提供法律援助。被告人是盲、聋、哑人或者未成年人而没有委托辩护人的，或者被告人可能被判处死刑而没有委托辩护人的，人民法院为被告人指定辩护时，法律援助机构应当提供法律援助，无须对被告人进行经济状况的审查。

（二）法律援助申请

除了人民法院为被告人指定辩护时不需要申请外，其他情况下公民想要获得法律援助均需要提出申请。申请人为无民事行为能力人或者限制民事行为能力人的，由其法定代理人代为提出申请。无民事行为能力人或者限制民事行为能力人与其法定代理人之间发生诉讼或者因其他利益纠纷需要法律援助的，由与该争议事项无利害关系的其他法定代理人代为提出申请。《法律援助条例》对公民法律援助的申请，区分两种情况作出了相应的规定。

（1）公民就代理事项申请法律援助，应当按照下列规定提出：① 请求国家赔偿的，向赔偿义务机关所在地的法律援助机构提出申请；② 请求给予社会保险待遇、最低生活保障待遇或者请求发给抚恤金、救济金的，向提供社会保险待遇、最低生活保障待遇或者发给抚恤金、救济金的义务机关所在地的法律援助机构提出申请；③ 请求给付赡养费、抚养费、扶养费的，向给付赡养费、抚养费、扶养费的义务人住所地的法律援助机构提出申请；④ 请求支付劳动报酬的，向支付劳动报酬的义务人住所地的法律援助机构提出申请；⑤ 主张因见义勇为行为产生的民事权益的，向被请求人住所地的法律援助机构提出申请。

（2）公民就刑事辩护申请法律援助的，应当向审理案件的人民法院所在地的法律援助机构提出申请。被羁押的犯罪嫌疑人的申请由看守所在24小时内转交法律援助机构，申请法律援助所需提交的有关证件、证明材料由看守所通知申请人的法定代理人或者近亲属协助提供。

（3）公民申请代理、刑事辩护的法律援助应当提交下列证件、证明材料：① 身份证或者其他有效的身份证明，代理申请人还应当提交有代理权的证明；② 经济困难的证明；③ 与所申请法律援助事项有关的案件材料。申请应当采用书面形式，填写申请表；以书面形式提出申请确有困难的，可以口头申请，由法律援助机构工作人员或者代为转交申请的有关机构工作人员作书面记录。

（三）法律援助的审查

法律援助机构收到法律援助申请后，应当进行审查；认为申请人提交的证件、证明材料不齐全的，可以要求申请人作出必要的补充或者说明，申请人未按要求作出补充或者说明的，视为撤销申请;认为申请人提交的证件、证明材料需要查证的,由法律援助机构向有关机关、单位查证。对符合法律援助条件的,法律援助机构应当及时决定提供法律援助;对不符合法律援助条件的,应当书面告知申请人理由。

申请人对法律援助机构作出的不符合法律援助条件的通知有异议的,可以向确定该法律援助机构的司法行政部门提出,司法行政部门应当在收到异议之日起5个工作日内进行审查,经审查认为申请人符合法律援助条件的,应当以书面形式责令法律援助机构及时对该申请人提供法律援助。

(四)法律援助的实施

法律援助由法律援助机构负责实施,法律援助机构负责受理、审查法律援助申请,指派或安排人员为符合该条例规定的公民提供法律援助。办理法律援助案件的人员,应当遵守职业道德和执业纪律,提供法律援助不得收取任何财物。法律援助机构对公民申请的法律咨询服务,应当即时办理;复杂疑难的,可以预约择时办理。具体的实施办法如下。

(1)由人民法院指定辩护的案件,人民法院在开庭10日前将指定辩护通知书和起诉书副本或者判决书副本送交其所在地的法律援助机构;人民法院不在其所在地审判的,可以将指定辩护通知书和起诉书副本或者判决书副本送交审判地的法律援助机构。

(2)法律援助机构可以指派律师事务所安排律师或者安排本机构的工作人员办理法律援助案件;也可以根据其他社会组织的要求,安排其所属人员办理法律援助案件。对人民法院指定辩护的案件,法律援助机构应当在开庭3日前将确定的承办人员名单回复作出指定的人民法院。

(3)办理法律援助案件的人员遇有下列情形之一的,应当向法律援助机构报告,法律援助机构经审查核实的,应当终止该项法律援助:① 受援人的经济收入状况发生变化,不再符合法律援助条件的;② 案件终止审理或者已被撤销的;③ 受援人又自行委托律师或者其他代理人的;④ 受援人要求终止法律援助的。

(4)受指派办理法律援助案件的律师或者接受安排办理法律援助案件的社会组织人员在案件结案时,应当向法律援助机构提交有关的法律文书副本或者复印件以及结案报告等材料;法律援助机构收到前款规定的结案材料后,应当向受指派办理法律援助案件的律师或者接受安排办理法律援助案件的社会组织人员支付法律援助办案补贴。

二、司法救助制度

司法救助是指人民法院对于当事人为维护自己的合法权益,向人民法院提起民事、行政诉讼,但经济确有困难的,实行诉讼费用的缓交、减交、免交的一种专项救助制度。司法救助与法律援助不同,其义务主体为法院,而法律援助的义务主体为法律援助机构;其适用范围仅限于民事和行政案件,而法律援助的适用范围还包括刑事案件。最高人民法院于2000年7月公布实施《关于对经济确有困难的当事人予以司法救助的规定》,正式确立了我国司法救助制度的法律地位;2005年4月修订为《关于对经济确有困难的当事人提供司法救助的规定》,并重新公布实施。

（一）司法救助的申请与审批

当事人请求人民法院提供司法救助，应在起诉或上诉时提交书面申请和足以证明其确有经济困难的证明材料。其中因生活困难或者追索基本生活费用申请司法救助的，应当提供本人及其家庭经济状况符合当地民政、劳动保障等部门规定的公民经济困难标准的证明。对当事人请求缓交诉讼费用的，由承办案件的审判人员或合议庭提出意见，报庭长审批；对当事人请求减交、免交诉讼费用的，由承办案件的审判人员或合议庭提出意见，经庭长审核同意后，报院长审批。

（二）司法救助的范围

当事人符合具有下列情形之一的，可以向人民法院申请司法救助：① 追索赡养费、扶养费、抚育费、抚恤金的；② 孤寡老人、孤儿和农村"五保户"；③ 没有固定生活来源的残疾人、患有严重疾病的人；④ 国家规定的优抚、安置对象；⑤ 追索社会保险金、劳动报酬和经济补偿金的；⑥ 交通事故、医疗事故、工伤事故、产品质量事故或者其他人身伤害事故的受害人，请求赔偿的；⑦ 因见义勇为或为保护社会公共利益致使自己合法权益受到损害，本人或者近亲属请求赔偿或经济补偿的；⑧ 进城务工人员追索劳动报酬或其他合法权益受到侵害而请求赔偿的；⑨ 正在享受城市居民最低生活保障、农村特困户救济或者领取失业保险金，无其他收入的；⑩ 因自然灾害等不可抗力造成生活困难，正在接受社会救济，或者家庭生产经营难以为继的；⑪ 起诉行政机关违法要求农民履行义务的；⑫ 正在接受有关部门法律援助的；⑬ 当事人为社会福利机构、敬老院、优抚医院、精神病院、SOS 儿童村、社会救助站、特殊教育机构等社会公共福利单位的；⑭ 其他情形确实需要司法救助的。

（三）司法救助的形式

司法救助的形式包括三种：免交、减交和缓交诉讼费用。① 当事人为孤寡老人、孤儿和农村"五保户"、正在享受城市居民低保、农村特困户救济或领取失业保险金，且无其他经济来源的，法院应当批准其免交诉讼费用。② 法院对当事人司法救助的申请，经审查符合上述司法救助范围的，立案时应准许其缓交诉讼费用。③ 人民法院决定对一方当事人司法救助，对方当事人败诉的，诉讼费用由对方当事人交纳；拒不交纳的强制执行；对方当事人胜诉的，可视申请司法救助当事人的经济状况决定其减交、免交诉讼费用。决定减交诉讼费用的，减交比例不得低于 30%。

三、医疗救助制度

医疗救助是指政府及社会对贫困人口患病而无经济能力医治所实施的一种专项救助制度。我国民政部、财政部、卫生部于 2003 年联合发布了《关于实施农村医疗救助的意见》；2005 年，民政部、卫生部、财政部、劳动保障部又联合发布了《关于建立城市医疗救助制度试点工作的意见》；2009 年，民政部、卫生部、财政部、人力资源社会保障部再次联合发布了《关于进一步完善城乡医疗救助制度的意见》。这表明我国医疗救助制度经历了一个从农村到城市的逐步确立和完善的过程。

（一）农村医疗救助

农村医疗救助制度是政府拨款和社会各界自愿捐助等多渠道筹资，对患大病农村五保户和贫困农民家庭实行医疗救助的制度。建立农村医疗救助制度，要从当地实际出发，医疗救助水平要与当地经济社会发展水平和财政支付能力相适应，确保这项制度平稳运行。农村医疗救助从贫困农民中最困难的人员和最急需的医疗支出中开始实施，并随着经济的发展逐步完善农村医疗救助制度。

1. 救助对象

农村医疗救助的对象包括：① 农村五保户，农村贫困户家庭成员；② 地方政府规定的其他符合条件的农村贫困农民。救助对象的具体条件由地方民政部门会同财政、卫生部门制定，报同级人民政府批准。

2. 救助办法

农村医疗救助区分不同情况采取不同办法：① 开展新型农村合作医疗的地区，资助医疗救助对象缴纳个人应负担的全部或部分资金，参加当地合作医疗，享受合作医疗待遇。因患大病经合作医疗补助后个人负担医疗费用过高，影响家庭基本生活的，再给予适当的医疗救助。② 尚未开展新型农村合作医疗的地区，对因患大病个人负担费用难以承担，影响家庭基本生活的，给予适当医疗救助。③ 国家规定的特种传染病救治费用，按有关规定给予补助。医疗救助对象全年个人累计享受医疗救助金额原则上不超过当地规定的医疗救助标准。对于特殊困难人员，可适当提高医疗救助水平。

3. 申请与审批程序

农村医疗救助的实施应按规定遵循一定的程序。① 医疗救助实行属地化管理原则，申请人（户主）向村民委员会提出书面申请，填写申请表，如实提供医疗诊断书、医疗费用收据、必要的病史材料、已参加合作医疗按规定领取的合作医疗补助凭证、社会互助帮困情况证明等，经村民代表会议评议同意后报乡镇人民政府审核。② 乡镇人民政府对上报的申请表和有关材料进行逐项审核，对符合医疗救助条件的上报县（市、区）民政局审批；乡镇人民政府根据需要，可以采取入户调查、邻里访问以及信函索证等方式对申请人的医疗支出和家庭经济状况等有关材料进行调查核实。③ 县级人民政府民政部门对乡镇上报的有关材料进行复审核实，并及时签署审批意见。对符合医疗救助条件的家庭核准其享受医疗救助金额；对不符合享受医疗救助条件的，应当书面通知申请人，并说明理由。④ 医疗救助金由乡镇人民政府发放，也可以采取社会化发放或其他发放办法。

4. 医疗救助服务

① 已开展新型农村合作医疗的地区，由农村合作医疗定点卫生医疗机构提供医疗救助服务；未开展新型农村合作医疗的地区，由救助对象户口所在地乡（镇）卫生院和县级医院等提供医疗救助服务。② 提供医疗救助服务的医疗卫生机构等应在规定范围内，按照本地合作医疗或医疗保险用药目录、诊疗项目目录及医疗服务设施目录，为医疗救助对象提供医疗服务。③ 遇到疑难重症需转到非指定医疗卫生机构就诊时，要按当地医疗救助的有关规定办理

转院手续。④ 承担医疗救助的医疗卫生机构要完善并落实各种诊疗规范和管理制度，保证服务质量，控制医疗费用。

5. 基金的筹集和管理

各地要建立医疗救助基金，基金主要通过各级财政拨款和社会各界自愿捐助等多渠道筹集：① 地方各级财政每年年初根据实际需要和财力情况安排医疗救助资金，列入当年财政预算；② 中央财政通过专项转移支付对中西部贫困地区农民贫困家庭医疗救助给予适当支持；③ 社会捐赠及其他资金。中央具体补助金额由财政部、民政部根据各地医疗救助人数和财政状况以及工作成效等因素确定。医疗救助资金纳入社会保障基金财政专户。各级财政、民政部门对医疗救助资金实行专项管理、专款专用。

（二）城市医疗救助

城市医疗救助制度的建立遵循如下原则。一是实事求是，因地制宜。从实际出发，医疗救助水平既要与当地经济社会发展水平和财政支付能力相适应，又要尽量帮助城市贫困群众解决最基本的医疗服务问题。二是先行试点，稳步推进。通过试点总结经验，不断完善，稳步发展。随着城市经济社会的发展和居民收入的增加，逐步完善城市医疗救助制度。三是多方筹资，多种方式，量力而行。通过发动社会力量资助、城市医疗救助基金给予适当补助、医疗机构自愿减免有关费用等多种形式对救助对象给予医疗救助。

1. 城市医疗救助基金

通过财政预算拨款、专项彩票公益金、社会捐助等渠道建立基金。地方财政每年安排城市医疗救助资金并列入同级财政预算，中央和省级财政对困难地区给予适当补助。城市医疗救助基金纳入社会保障基金财政专户，专项管理、专款专用，不得提取管理费或列支其他任何费用。民政、财政、监察、审计等部门要加强对基金使用情况的监督检查，发现问题及时纠正，并及时向当地政府和有关部门报告。要定期向社会公布医疗救助基金的筹集和使用情况，接受有关部门和社会监督。对虚报冒领、挤占挪用、贪污浪费等违法违纪行为，按照有关法律法规严肃处理。

2. 城市医疗救助对象

城市医疗救助对象主要是城市居民最低生活保障对象中未参加城镇职工基本医疗保险人员、已参加城镇职工基本医疗保险但个人负担仍然较重的人员和其他特殊困难群众。具体条件由地方政府民政部门会同卫生、劳动保障、财政等部门制订并报同级人民政府批准。

3. 城市医疗救助标准

对救助对象在扣除各项医疗保险可支付部分、单位应报销部分及社会互助帮困等后，个人负担超过一定金额的医疗费用或特殊病种医疗费用给予一定比例或一定数量的补助。具体补助标准由地方政府民政部门会同卫生、劳动保障、财政等部门制订。对于特别困难的人员，可适当提高补助标准。县级以上地方政府民政部门、卫生部门共同协商，确定为当地救助对象提供医疗救助服务的医疗卫生机构，原则上参照当地城镇职工基本医疗保险甲类用药目录、诊疗项目目录和医疗服务设施目录制定医疗救助对象医疗服务标准。

4. 申请与审批程序

城市医疗救助的实施应按规定遵循一定的程序。救助对象本人向社区居民委员会提出申请城市医疗救助的书面材料并提供有关证明材料；街道办事处（乡镇人民政府）对上报的申请表和有关证明材料进行审核；县级政府民政部门对街道办事处（乡镇人民政府）上报的有关材料进行审批。救助金由街道办事处（乡镇人民政府）发放，也可以由县级政府民政部门直接发放，有条件的地方要实行社会化发放。

（三）城乡医疗救助制度的完善

为了在全国基本建立起资金来源稳定、管理运行规范、救助效果明显的医疗救助制度，民政部、卫生部、财政部、人力资源社会保障部联合于2009年发布了《关于进一步完善城乡医疗救助制度的意见》，提出了完善城乡医疗救助的基本原则为：坚持从我国经济和社会发展实际出发，保障困难群众基本医疗需求；坚持统筹协调，搞好医疗救助制度与相关社会保障制度的衔接，探索建立城乡一体化的医疗救助制度；坚持突出重点、分类施救、公开便捷，发挥医疗救助的救急救难作用；坚持政府主导、社会参与，大力发展医疗慈善事业。同时，从如下几个方面提出了完善城乡医疗救助制度的指导意见。

1. 健全制度，满足困难群众的基本医疗服务需求

（1）合理确定救助范围。在切实将城乡低保家庭成员和五保户纳入医疗救助范围的基础上，逐步将其他经济困难家庭人员纳入医疗救助范围。其他经济困难家庭人员主要包括低收入家庭重病患者以及当地政府规定的其他特殊困难人员。具体救助对象的界定标准，由地方民政部门会同财政等有关部门，根据本地经济条件和医疗救助基金筹集情况、困难群众的支付能力以及基本医疗需求等因素制定，并报同级人民政府批准。

（2）实行多种方式救助。对城乡低保家庭成员、五保户和其他经济困难家庭人员，要按照有关规定，资助其参加城镇居民基本医疗保险或新型农村合作医疗，并对其难以负担的基本医疗自付费用给予补助。

（3）完善救助服务内容。要根据救助对象的不同医疗需求，开展医疗救助服务。要坚持以住院救助为主，同时兼顾门诊救助。住院救助主要用于帮助解决因病住院救助对象个人负担的医疗费用；门诊救助主要帮助解决符合条件的救助对象患有常见病、慢性病、需要长期药物维持治疗以及急诊、急救的个人负担的医疗费用。

（4）合理制定补助方案。各地要根据当年医疗救助基金总量，科学制定医疗救助补助方案。逐步降低或取消医疗救助的起付线，合理设置封顶线，进一步提高救助对象经相关基本医疗保障制度补偿后需自付的基本医疗费用的救助比例。

2. 简化程序，充分发挥医疗救助的便民救急作用

（1）各级民政部门要会同卫生等部门，鼓励和推行定点医疗机构即时结算医疗救助费用的办法，民政部门可结合实际提供必要的预付资金。对于城乡低保家庭成员、五保户等医疗救助对象，凭相关证件或证明材料，到开展即时结算的定点医疗机构就医所发生的医疗费用，应由医疗救助支付的，由定点医疗机构即时结算，救助对象只需支付自付部分。定点医疗机构与民政部门要定期结算。对于申请医疗救助的其他经济困难人员，或到尚未开展即时结算

的定点医疗机构就医的医疗救助对象，当地民政部门要及时受理，并按规定办理审批手续，使困难群众能够及时享受到医疗服务。

（2）救助对象因治疗需要转诊至非定点医疗机构治疗的，应当由定点医疗机构出具转诊证明，由救助对象报当地县级人民政府民政部门核准备案。此外，各地要探索属于救助对象的流动就业人员异地就医的申报、审批和结算办法，方便困难群众就医。

（3）各地在简化医疗救助操作程序的同时，要规范工作流程，完善服务管理，并建立健全医疗救助工作的民主监督机制，及时将医疗救助对象姓名、救助标准、救助金额等向社会公布，接受群众和社会监督，做到政策公开、资金公开、保障对象公开。

3. 加强配合，做好医疗救助与相关基本医疗保障制度的衔接

各地在制定医疗救助制度实施方案时，要结合城镇职工基本医疗保险、城镇居民基本医疗保险与新型农村合作医疗制度的建立，统筹协调，更好地发挥各项制度的整体效能。要按照动态变化，全面准确掌握城乡低保家庭人数、五保户和经济困难家庭人员情况以及医疗服务需求，确定救助对象和救助方式。要通过对城镇居民基本医疗保险和新型农村合作医疗个人缴费部分的补助，使城乡低保家庭成员和五保户等经济困难家庭人员能够享有相关基本医疗保障待遇，并帮助解决相关基本医疗保障起付线以下的自付部分。对经相关保障制度补偿后个人负担医疗费用有困难的救助对象，要及时给予医疗救助。

加强医疗救助和城镇职工基本医疗保险、城镇居民基本医疗保险、新型农村合作医疗在经办管理方面的衔接，改进各项制度的结算办法，探索实行"一站式"管理服务，逐步实现不同医疗保障制度间人员信息、就医信息和医疗费用信息的共享，提高管理服务效率，方便困难群众。

4. 加大资金投入力度，强化基金的管理

（1）多渠道筹集资金。要强化地方政府责任，地方各级财政特别是省级财政要切实调整财政支出结构，增加投入，进一步扩大医疗救助基金规模。中央财政安排专项资金，对困难地区开展城乡医疗救助给予补助。各地要动员和发动社会力量，通过慈善和社会捐助等，多渠道筹集资金。

（2）严格基金的管理和使用。县级财政部门要在社会保障基金财政专户中设立城市和农村医疗救助基金专账，办理医疗救助资金的筹集、拨付。县级民政部门要做好医疗救助资金的发放工作。要加强对城乡医疗救助基金的管理，在确保基金安全的前提下，做到基金收支基本平衡、略有结余。基金结余较多的地区，应积极采取措施，逐步降低基金结余率，且要按规定及时结转到下年使用，不得挪作他用。对于结余资金过多的，上级财政、民政部门应根据情况减拨或停拨补助资金。

5. 加强协议监管，控制医疗费用不合理支出

各级民政部门要会同有关部门，建立医疗救助定点医疗机构的准入和退出机制，实行动态管理。定点医疗机构原则上在城镇居民基本医疗保险和新型农村合作医疗确定的范围内选择。各级卫生部门要加强对医疗救助定点医疗机构的监管，规范定点医疗机构的医疗服务行为和基本药物目录、诊疗目录的使用，鼓励并引导定点医疗机构优先、合理使用国家基本药物和适宜诊疗技术，控制医疗费用的不合理增长。民政部门要与定点医疗机构签订协议，明

确双方责任、权利与义务,并严格履行。对不按规定目录用药、诊疗以及提供医疗服务所发生的医疗费用,城乡医疗救助基金不予结算。

四、教育救助制度

教育救助是指国家及社会为保障适龄人口接受教育的机会,从物质上和资金上对贫困家庭学生在不同阶段所提供的一项社会救助。教育救助的对象是贫困家庭的学生,具体包括:① 持有农村五保供养证的未成年人;② 属于无劳动能力、无生活来源、无法定抚养人或虽有法定抚养人但无抚养能力的学生;③ 持有城乡最低生活保障证家庭的子女;④ 当地政府规定的其他需要教育救助的对象。

教育救助的形式包括减免收费和现金救助两种。我国在1986年就颁布实施了《义务教育法》,2006年6月全国人大常委会修订通过新的《义务教育法》,其中第二条明确规定:"国家实行九年义务教育制度;义务教育是国家统一实施的所有适龄儿童、少年必须接受的教育,是国家必须予以保障的公益性事业;实施义务教育,不收学费、杂费;国家建立义务教育经费保障机制,保证义务教育制度实施。"新的《义务教育法》于2006年9月1日起实施,2006年农村义务教育实现全免费;2008年秋城市义务教育实现全免费。对于实施了22年的义务教育政策来说,这是一块铭刻着"实至名归"字样的里程碑。这标志着我国义务教育已经转化为全面的、彻底的福利性义务教育。因此,教育救助的重心已经转向非义务教育(中、高等教育)阶段。

在中等、高等教育阶段,国家规定对学习农业、师范、体育、航海、民族等特殊专业的学生和家庭困难的大学生减免学费。在现金救助方面,主要包括补助金、国家奖学金、国家助学金、助学贷款等。补助金是主要针对大专及以上阶段贫困生实施的直接发放现金的救助形式;国家奖学金是中央财政对家庭经济困难学生提供的无偿资助,自2002年9月1日起施行;国家助学金是由中央和地方财政共同设立的以资助普通本科高校、高职学校全日制本专科在校生中家庭经济困难学生和中等职业学校所有全日制在校农村学生及城市家庭经济困难学生的一项教育救助措施;国家助学贷款是政府主导、财政贴息、财政和高校共同给予银行一定风险补偿金,银行、教育行政部门与高校共同操作的专门帮助高校贫困家庭学生的银行贷款。

复习与思考

1. 简述社会救助立法的基本原则。
2. 简述我国社会救助立法的进程。
3. 我国最低生活保障制度包括哪些内容?
4. 我国农村五保供养制度包括哪些内容?
5. 我国灾害救助制度包括哪些内容?
6. 我国流浪乞讨人员救助制度与收容遣送制度有何不同?
7. 简述我国医疗救助、司法救助、法律援助的主要内容。

第十四章　社会福利法

社会福利是一个内涵宽泛、争议较大、难以统一界定的概念，大体上可以从广义、中义、狭义三个不同层面区分其含义。在欧洲的福利国家，如瑞典等北欧国家，社会福利的含义基本上等同于社会政策，是指国家和社会为改善及提高全体社会成员的物质、精神生活而采取的包括人们的衣食住行、环境、教育、卫生等诸多方面的政策措施及设施服务，这是广义上的社会福利，也称为公共福利。中义上的社会福利基本等同于社会保障（或我国台湾地区所称的"社会安全"），两个概念的内涵和外延基本一致。狭义上的社会福利被视为社会保障体系的支柱之一，是指为社会特殊群体提供的保障及服务。我国《劳动法》规定，国家发展社会福利事业，兴建公共福利设施，为劳动者休息、休养和疗养提供条件；用人单位应当创造条件，改善集体福利，提高劳动者的福利待遇。这里所谓的"社会福利事业""公共福利设施""集体福利""福利待遇"，实际上是带有计划经济色彩的主要面向有固定用人单位的劳动者（即我国通常所谓的"职工"）提供的一种特殊职业福利，与面向全体公民的公共社会福利不可等同。本章所谓"社会福利法"主要指我国为保障特殊群体的权益而制定的《残疾人保障法》《未成年人保护法》《妇女权益保障法》《老年人权益保障法》《预防未成年人犯罪法》等法律及其他法规、规范性文件中涉及的老年人福利、妇女及未成年人福利、残疾人福利等相关内容。

第一节　老年人福利

老年人福利主要包括老年经济保障、老年生活照顾、老年服务等内容。老年经济保障是指对退出劳动领域或无劳动能力的老年人给予养老年金或老年津贴等保障措施；老年生活照顾是指对年事已高而在生活中存在困难的老年人所进行的生活照料，包括家庭照顾、机构照顾和社区照顾等形式；老年服务也称养老服务，是社会服务的重要内容，包括老年人心理和社会服务、老年人教育服务和老年人就业服务等。通过立法规范老年人福利，是现代社会福利制度发展的一个明显特征。日本在1963年就颁布了《老年福利法》（1972年重新修订）。我国目前虽然没有出台有关老年人福利的专门法律，但1996年颁布实施的《老年人权益保障法》对老年人福利作出了具体规定。《老年人权益保障法》于2012年、2015年先后两次进行修正。2012年修法时首次从法律上明确将农历9月9日定为老年节。

一、老年人家庭照顾

老年家庭照顾也称家庭养老，是指由家庭赡养和扶养老年人。《老年人权益保障法》规定，老年人养老以居家为基础，家庭成员应当尊重、关心和照料老年人。国家建立健全家庭养老支持政策，鼓励家庭成员与老年人共同生活或者就近居住，为老年人随配偶或者赡养人迁徙提供条件，为家庭成员照料老年人提供帮助。

（一）老年家庭照顾的主体

老年家庭照顾的主体包括赡养人和扶养人。赡养人、扶养人不履行赡养、扶养义务的，基层群众性自治组织、老年人组织或者赡养人、扶养人所在单位应当督促其履行。扶养人是指老年人的配偶及由其扶养成年的有负担能力的弟、妹。《老年人权益保障法》第二十三条规定，老年人与配偶有相互扶养的义务；由兄、姐扶养的弟、妹成年后，有负担能力的，对年老无赡养人的兄、姐有扶养的义务。

赡养人是指老年人的子女以及其他依法负有赡养义务的人，赡养人的配偶应当协助赡养人履行赡养义务；赡养人不能亲自照料的，可以按照老年人的意愿委托他人或者养老机构等照料。赡养人的赡养义务不因老年人的婚姻关系变化而消除，赡养人不得以放弃继承权或者其他理由拒绝履行赡养义务，赡养人不得要求老年人承担力不能及的劳动；赡养人不履行赡养义务，老年人有要求赡养人付给赡养费等权利。经老年人同意，赡养人之间可以就履行赡养义务签订协议。赡养协议的内容不得违反法律的规定和老年人的意愿。基层群众性自治组织、老年人组织或者赡养人所在单位监督协议的履行。

（二）老年家庭照顾的内容

老年家庭照顾的内容主要包括"经济上供养、生活上照料和精神上慰藉"三个方面。根据《老年人权益保障法》的规定，具体包括如下方面。① 赡养人应当使患病的老年人及时得到治疗和护理；对经济困难的老年人，应当提供医疗费用。② 对生活不能自理的老年人，赡养人应当承担照料责任。③ 赡养人应当妥善安排老年人的住房，不得强迫老年人居住或者迁居条件低劣的房屋；老年人自有的或者承租的住房，子女或者其他亲属不得侵占，不得擅自改变产权关系或者租赁关系；老年人自有的住房，赡养人有维修的义务。④ 赡养人有义务耕种或者委托他人耕种老年人承包的田地，照管或者委托他人照管老年人的林木和牲畜等，收益归老年人所有。⑤ 家庭成员应当关心老年人的精神需求，不得忽视、冷落老年人；与老年人分开居住的家庭成员，应当经常看望或者问候老年人。用人单位应当按照国家有关规定保障赡养人探亲休假的权利。

二、老年人社会保障

《老年人权益保障法》规定："国家建立多层次的社会保障体系，逐步提高对老年人的保障水平。"其中第三章从社会保险、社会救助、护理保障、住房保障、社会福利等方面对老年人的社会保障作出了细致规定。

（一）老年社会保险

根据《老年人权益保障法》的规定，国家通过基本养老保险制度，保障老年人的基本生活。国家通过基本医疗保险制度，保障老年人的基本医疗需要。享受最低生活保障的老年人和符合条件的低收入家庭中的老年人参加新型农村合作医疗和城镇居民基本医疗保险所需个人缴费部分，由政府给予补贴；有关部门制定医疗保险办法，应当对老年人给予照顾。老年人依法享有的养老金、医疗待遇和其他待遇应当得到保障，有关机构必须按时足额支付，不得克扣、拖欠或者挪用。国家根据经济发展以及职工平均工资增长、物价上涨等情况，适时提高养老保障水平。

（二）老年社会救助

根据《老年人权益保障法》的规定，国家对经济困难的老年人给予基本生活、医疗、居住或者其他救助。老年人无劳动能力、无生活来源、无赡养人和扶养人，或者其赡养人和扶养人确无赡养能力或者扶养能力的，由地方各级人民政府依照有关规定给予供养或者救助。对流浪乞讨、遭受遗弃等生活无着的老年人，由地方各级人民政府依照有关规定给予救助。

（三）老年护理保障

根据《老年人权益保障法》的规定，国家逐步开展长期护理保障工作，保障老年人的护理需求。对生活长期不能自理、经济困难的老年人，地方各级人民政府应当根据其失能程度等情况给予护理补贴。

（四）老年住房保障

根据《老年人权益保障法》的规定，地方各级人民政府在实施廉租住房、公共租赁住房等住房保障制度或者进行危旧房屋改造时，应当优先照顾符合条件的老年人。

（五）老年福利保障

国家建立和完善老年人福利制度，根据经济社会发展水平和老年人的实际需要，增加老年人的社会福利。国家鼓励地方建立80周岁以上低收入老年人高龄津贴制度。国家建立和完善计划生育家庭老年人扶助制度。农村可以将未承包的集体所有的部分土地、山林、水面、滩涂等作为养老基地，收益供老年人养老。

（六）其他保障

国家鼓励慈善组织以及其他组织和个人为老年人提供物质帮助。老年人可以与集体经济组织、基层群众性自治组织、养老机构等组织或者个人签订遗赠扶养协议或者其他扶助协议。负有扶养义务的组织或者个人按照遗赠扶养协议，承担该老年人生养死葬的义务，享有受遗赠的权利。

三、老年人社会服务

《老年人权益保障法》规定:"国家建立和完善以居家为基础、社区为依托、机构为支撑的社会养老服务体系。"其中,对于老年社会服务形式与内容、老年社会服务机构与设施以及老年人宜居环境等作出了详细的规定。

(一)服务形式和内容

从服务形式来说,依据《老年人权益保障法》的规定,主要包括如下几种:一是城乡社区养老服务,地方各级人民政府和有关部门应当采取措施,鼓励、扶持专业服务机构及其他组织和个人发展城乡社区养老服务;二是互助服务,发扬邻里互助的传统,提倡邻里间关心、帮助有困难的老年人,倡导老年人互助服务;三是慈善志愿性服务,鼓励慈善组织、志愿者为老年人服务。

从服务内容来说,依据《老年人权益保障法》的规定,主要包括如下方面:一是为居家的老年人提供生活照料、紧急救援、医疗护理、精神慰藉、心理咨询等多种服务;二是国家基本公共卫生服务,各级人民政府和有关部门应当将老年医疗卫生服务纳入城乡医疗卫生服务规划,将老年人健康管理和常见病预防等纳入国家基本公共卫生服务项目;三是保健、护理、临终关怀等服务,国家鼓励医疗机构开设针对老年病的专科或者门诊,医疗卫生机构应当开展老年人的健康服务和疾病防治工作;四是适应老年人需要的用品及相关服务,国家采取措施,发展老龄产业,将老龄产业列入国家扶持行业目录,扶持和引导企业开发、生产、经营适应老年人需要的用品和提供相关的服务。

(二)服务机构与设施

《老年人权益保障法》对养老机构建设作出了规范,要求设立养老机构应当符合下列条件:① 有自己的名称、住所和章程;② 有与服务内容和规模相适应的资金;③ 有符合相关资格条件的管理人员、专业技术人员和服务人员;④ 有基本的生活用房、设施设备和活动场地;⑤ 法律、法规规定的其他条件。同时,应当向县级以上人民政府民政部门申请行政许可;经许可的,依法办理相应的登记。养老机构变更或者终止的,应当妥善安置收住的老年人,并依照规定到有关部门办理手续。养老机构应当与接受服务的老年人或者其代理人签订服务协议,明确双方的权利、义务。养老机构及其工作人员不得以任何方式侵害老年人的权益。国家鼓励养老机构投保责任保险,鼓励保险公司承保责任保险。

关于老年社会服务的设施建设,《老年人权益保障法》要求各级人民政府在制定城乡规划时,应当根据人口老龄化发展趋势、老年人口分布和老年人的特点,统筹考虑适合老年人的公共基础设施、生活服务设施、医疗卫生设施和文化体育设施建设。地方各级人民政府和有关部门应当按照老年人口比例及分布情况,将养老服务设施建设纳入城乡规划和土地利用总体规划,统筹安排养老服务设施建设用地及所需物资;在财政、税费、土地、融资等方面采取措施,鼓励、扶持企业事业单位、社会组织或者个人兴办、运营养老、老年人日间照料、老年文化体育活动等设施。地方各级人民政府和有关部门、基层群众性自治组织,应当将养老服务设施纳入城乡社区配套设施建设规划,建立适应老年人需要的生活服务、文化体育活动、日间照料、疾病护理与康复等服务设施和网点，就近为老年人提供服务。

《老年人权益保障法》同时要求国家制定老年设施建设标准体系。国家应完善涉及老年人的工程建设标准体系，在规划、设计、施工、监理、验收、运行、维护、管理等环节加强相关标准的实施与监督。根据应制定无障碍设施工程建设标准，新建、改建和扩建道路、公共交通设施、建筑物、居住区等，应当符合国家无障碍设施工程建设标准；各级人民政府和有关部门应当按照国家无障碍设施工程建设标准，优先推进与老年人日常生活密切相关的公共服务设施的改造。无障碍设施的所有人和管理人应当保障无障碍设施正常使用。国家推动老年宜居社区建设，引导、支持老年宜居住宅的开发，推动和扶持老年人家庭无障碍设施的改造，为老年人创造无障碍居住环境。

（三）服务监管及政府责任

依据《老年人权益保障法》的规定，国务院有关部门制定养老服务设施建设、养老服务质量和养老服务职业等标准，建立健全养老机构分类管理和养老服务评估制度。各级人民政府应当规范养老服务收费项目和标准，加强监督和管理。县级以上人民政府民政部门负责养老机构的指导、监督和管理，其他有关部门依照职责分工对养老机构实施监督。

除了要求政府对老年社会服务加强规划和监管、提供政策支持之外，《老年人权益保障法》还明确政府要加大资金投入，各级人民政府应当根据经济发展水平和老年人服务需求，逐步增加对养老服务的投入，对经济困难的老年人，地方各级人民政府应当逐步给予养老服务补贴；规定政府投资兴办的养老机构，应当优先保障经济困难的孤寡、失能、高龄等老年人的服务需求。

四、老年人社会优待及社会参与

（一）社会优待

《老年人权益保障法》倡导"全社会优待老年人"，并明确了"同等优待"原则，即县级以上人民政府及其有关部门根据经济社会发展情况和老年人的特殊需要，制定优待老年人的办法，逐步提高优待水平，对常住在本行政区域内的外埠老年人给予同等优待。各级人民政府和有关部门应当为老年人及时、便利地领取养老金、结算医疗费和享受其他物质帮助提供条件。各级人民政府和有关部门办理房屋权属关系变更、户口迁移等涉及老年人权益的重大事项时，应当就办理事项是否为老年人的真实意思表示进行询问，并依法优先办理。农村老年人不承担兴办公益事业的筹劳义务。此外，老年人还享有如下社会优待。

（1）法律援助。老年人因其合法权益受侵害提起诉讼，交纳诉讼费确有困难的，可以缓交、减交或者免交；需要获得律师帮助，但无力支付律师费用的，可以获得法律援助。鼓励律师事务所、公证处、基层法律服务所和其他法律服务机构为经济困难的老年人提供免费或者优惠服务。

（2）医疗优待。医疗机构应当为老年人就医提供方便，对老年人就医予以优先。有条件的地方，可以为老年人设立家庭病床，开展巡回医疗、护理、康复、免费体检等服务。提倡为老年人义诊。

（3）生活优待。提倡与老年人日常生活密切相关的服务行业为老年人提供优先、优惠服务。城市公共交通、公路、铁路、水路和航空客运，应当为老年人提供优待和照顾。博物馆、美术馆、科技馆、纪念馆、公共图书馆、文化馆、影剧院、体育场馆、公园、旅游景点等场所，应当对老年人免费或者优惠开放。

（二）社会参与

国家和社会重视、珍惜老年人的知识、技能、经验和优良品德。为了发挥老年人的专长和作用，保障老年人参与经济、政治、文化和社会生活，《老年人权益保障法》规定，老年人参加劳动的合法收入受法律保护，任何单位和个人不得安排老年人从事危害其身心健康的劳动或者危险作业；老年人有继续受教育的权利，国家发展老年教育，把老年教育纳入终身教育体系，鼓励社会办好各类老年学校；国家和社会采取措施，开展适合老年人的群众性文化、体育、娱乐活动，丰富老年人的精神文化生活。同时规定，国家为老年人参与社会发展创造条件，鼓励老年人在自愿和量力的情况下，从事下列活动：① 对青少年和儿童进行社会主义、爱国主义、集体主义和艰苦奋斗等优良传统教育；② 传授文化和科技知识；③ 提供咨询服务；④ 依法参与科技开发和应用；⑤ 依法从事经营和生产活动；⑥ 参加志愿服务、兴办社会公益事业；⑦ 参与维护社会治安、协助调解民间纠纷；⑧ 参加其他社会活动。

第二节　妇女儿童福利

妇女儿童福利是妇女福利与儿童福利的合称，是国家和社会为保障妇女、儿童的特殊需要和特殊利益而提供的照顾和福利服务。通过立法规范妇女儿童福利，是现代社会福利制度发展的一个明显特征。日本在1946年颁布了《儿童福利法》（1971年重新修订），1964年又颁布了《母子及寡妇福利法》。我国目前虽然尚未出台有关妇女儿童福利的专门法律，但1992年实施的《中华人民共和国未成年人保护法》（2006年、2012年两次修正）、1992年实施的《中华人民共和国妇女权益保障法》（2005年、2018年两次修正）、1995年实施的《中华人民共和国母婴保健法》（2017年修正）（以下分别简称为《未成年人保护法》《妇女权益保障法》《母婴保健法》），对妇女儿童福利作出了规范。此外，我国《婚姻法》《收养法》《义务教育法》《预防未成年人犯罪法》等法律中也包含有妇女儿童福利的内容。

一、妇女福利的法律保护

妇女福利是指由于妇女生理、心理上的特点而给予的特殊照顾和福利服务。我国目前尚未有专门的妇女福利法，但在《宪法》《婚姻法》《劳动法》《社会保险法》《刑法》等法律文件中都包含有专门条款。不过，关于妇女福利的规定主要集中在《妇女权益保障法》及《母婴保健法》之中，《妇女权益保障法》在第四章专门规定了妇女的劳动和社会保障权益。妇女福利的内容主要可以概括为三个方面。

（一）生育津贴与照顾

国际劳工大会于 1952 年通过了《生育保护公约》和《生育保护建议书》。2000 年 5 月，国际劳工组织在日内瓦举行的第 88 届会议通过了新修订的《生育保护公约》和《生育保护建议书》。《生育保护公约》和《生育保护建议书》在国际范围内确定了照顾妇女生育的立法框架，其宗旨就是确保女性劳动者在产前产后使其本人及婴儿得到照顾和保护。

我国《妇女权益保障法》规定，国家推行生育保险制度，建立健全与生育相关的其他保障制度；地方各级人民政府和有关部门应当按照有关规定为贫困妇女提供必要的生育救助。国务院于 2012 年发布的《女职工劳动保护特别规定》中明确，女职工生育或者流产的医疗费用，按照生育保险规定的项目和标准，对已经参加生育保险的，由生育保险基金支付；对未参加生育保险的，由用人单位支付。《女职工劳动保护特别规定》还明确了我国的产假及生育津贴制度：女职工生育享受 98 天产假，其中产前可以休假 15 天；难产的，增加产假 15 天；生育多胞胎的，每多生育 1 个婴儿，增加产假 15 天；女职工怀孕未满 4 个月流产的，享受 15 天产假；怀孕满 4 个月流产的，享受 42 天产假。女职工产假期间的生育津贴，对已经参加生育保险的，按照用人单位上年度职工月平均工资的标准由生育保险基金支付；对未参加生育保险的，按照女职工产假前工资的标准由用人单位支付。

（二）就业和工作权保护

由于妇女的生理与心理特点，在经期、孕期、产期、哺乳期（即通常所称的女性"四期"），需要得到特殊的保护和照顾。我国《宪法》《劳动法》和《妇女权益保障法》均明确规定，妇女享有与男子平等的劳动权利、同工同酬的权利和休息的权利，获得安全和卫生保障以及特殊劳动保护的权利。

（1）各单位在录用职工时，除不适合妇女的工种或者岗位外，不得以性别为由拒绝录用妇女或者提高对妇女的录用标准；各单位在录用女职工时，应当依法与其签订劳动（聘用）合同或者服务协议，劳动（聘用）合同或者服务协议中不得规定限制女职工结婚、生育的内容。

（2）实行男女同工同酬。妇女在享受福利待遇方面享有与男子平等的权利；在晋职、晋级、评定专业技术职务等方面，应当坚持男女平等的原则，不得歧视妇女；各单位在执行国家退休制度时，不得以性别为由歧视妇女。

（3）任何单位均应根据妇女的特点，依法保护妇女在工作和劳动时的安全和健康，不得安排不适合妇女从事的工作和劳动；妇女在经期、孕期、产期、哺乳期受特殊保护，任何单位不得因结婚、怀孕、产假、哺乳等情形降低女职工的工资，辞退女职工，单方解除劳动（聘用）合同或者服务协议，但女职工要求终止劳动（聘用）合同或者服务协议的除外。

（4）国家发展社会保险、社会救助、社会福利和医疗卫生事业，保障妇女享有社会保险、社会救助、社会福利和卫生保健等权益；国家提倡和鼓励为帮助妇女开展的社会公益活动。

（三）福利设施与福利服务

在福利设施及服务方面，包括妇幼保健院、妇产医院、妇女活动中心、咨询服务中心、健美中心、妇女用品专门商店等福利服务设施。根据我国《母婴保健法》的规定，医疗保健机构应当为公民提供婚前保健服务和孕产期保健服务。

（1）婚前保健服务包括下列内容：① 婚前卫生指导，关于性卫生知识、生育知识和遗传病知识的教育；② 婚前卫生咨询，对有关婚配、生育保健等问题提供医学意见；③ 婚前医学检查，对准备结婚的男女双方可能患影响结婚和生育的疾病进行医学检查。

（2）孕产期保健服务包括下列内容：① 母婴保健指导，对孕育健康后代以及严重遗传性疾病和碘缺乏病等地方病的发病原因、治疗和预防方法提供医学意见；② 孕妇、产妇保健，为孕妇、产妇提供卫生、营养、心理等方面的咨询和指导以及产前定期检查等医疗保健服务；③ 胎儿保健，为胎儿生长发育进行监护，提供咨询和医学指导；④ 新生儿保健，为新生儿生长发育、哺乳和护理提供的医疗保健服务。

二、儿童福利的法律保护

儿童福利也称未成年人福利，是指面向未满18周岁的社会成员提供的各种福利设施和服务。儿童福利立法的目的主要在于保护未成年人的身心健康，维护未成年人的合法权益，促进未成年人的健康发展。国际劳工组织通过了一系列保护未成年人的国际公约，如1920年的《（海上）最低年龄公约》禁止14岁以下儿童在海上工作，1921年的《（扒炭工和司炉工）最低年龄公约》将禁止未成年人就业的领域扩展到扒炭工与司炉工等领域。1937年的《（工业）最低年龄公约》全面禁止15岁以下的儿童受雇工业企业。1999年的《最恶劣形式童工劳动公约》进一步明确在全世界范围内有效禁止使用童工。这些公约为各国保护未成年人提供了国际性的法律依据。

中国高度重视对于未成年人的保护。我国《宪法》明确规定，儿童受国家保护，父母有抚养教育未成年子女的义务，禁止虐待儿童；《婚姻法》规定，父母有管教和保护未成年子女的权利和义务，禁止溺婴和其他残害儿童的行为，非婚生子女、养子女和受继父、继母抚养的子女享有与婚生子女同等的权利；《义务教育法》对儿童享受国家义务教育的权利和禁止使用童工进行了明确规定。我国《刑法》对于各种侵害儿童合法权益的违法犯罪行为依法予以制裁。

儿童福利的内容主要包括如下方面：一是儿童医疗保健设施和服务，国家和社会面向儿童提供相应的保健设施和服务，如实行儿童预防接种制度、建立儿童医院、定期开展儿童健康检查等；二是儿童活动场所和设施，即国家和社会建立和完善适合未成年人文化生活需要的场所和设施，如建立托儿所、幼儿园、儿童活动中心、少年之家、少年宫、儿童乐园；三是普及义务教育，保障每一位学龄儿童有受教育的机会，对接受义务教育的儿童免收学费、对家庭经济困难的学生酌情减免杂费、对贫困家庭的儿童给予教育补贴等；四是儿童养育福利事业，国家和社会通过建立相应的福利机构，对孤儿、弃儿和伤残儿童实行集中收养或者通过财政补贴实现家庭领养、代养、收养，如我国在城市举办的以孤儿为主要收养对象的儿童福利院、以模拟家庭单位为特征的国际性儿童福利机构——SOS儿童村等；五是残疾儿童康复服务，如残疾儿童康复中心，主要为残疾儿童提供门诊和咨询服务，开展各种功能性训练和医疗、教育、职业培训，以减轻其残疾程度、恢复其自理生活和从事劳动的能力，为他们走向社会创造条件。

我国目前还没有专门的儿童福利法,关于儿童福利权益的法律保护主要体现于《未成年人保护法》,其中包括总则、家庭保护、学校保护、社会保护、司法保护、法律责任和附则等七章。此外,北京、上海等地区还颁布了专门保护未成年人权益的条例。

(一)家庭保护方面

依据《未成年人保护法》的规定,父母或者其他监护人应当创造良好、和睦的家庭环境,依法履行对未成年人的监护职责和抚养义务;禁止对未成年人实施家庭暴力,禁止虐待、遗弃未成年人,禁止溺婴和其他残害婴儿的行为,不得歧视女性未成年人或者有残疾的未成年人。

父母或者其他监护人应当关注未成年人的生理、心理状况和行为习惯,以健康的思想、良好的品行和适当的方法教育和影响未成年人,引导未成年人进行有益身心健康的活动,预防和制止未成年人吸烟、酗酒、流浪、沉迷网络以及赌博、吸毒、卖淫等行为。

父母或者其他监护人应当学习家庭教育知识,正确履行监护职责,抚养教育未成年人;有关国家机关和社会组织应当为未成年人的父母或者其他监护人提供家庭教育指导。父母或者其他监护人不得允许或者迫使未成年人结婚,不得为未成年人订立婚约。父母因外出务工或者其他原因不能履行对未成年人监护职责的,应当委托有监护能力的其他成年人代为监护。

父母或者其他监护人应当尊重未成年人受教育的权利,必须使适龄未成年人依法入学接受并完成义务教育,不得使接受义务教育的未成年人辍学。父母或者其他监护人应当根据未成年人的年龄和智力发展状况,在作出与未成年人权益有关的决定时告知其本人,并听取他们的意见。

(二)学校保护方面

依据《未成年人保护法》的规定,学校应当全面贯彻国家的教育方针,实施素质教育,提高教育质量,注重培养未成年学生的独立思考能力、创新能力和实践能力,促进未成年学生全面发展。学校应当尊重未成年学生受教育的权利,关心、爱护学生,对品行有缺点、学习有困难的学生,应当耐心教育、帮助,不得歧视,不得违反法律和国家规定开除未成年学生。学校应当根据未成年学生身心发展的特点,对他们进行社会生活指导、心理健康辅导和青春期教育。学校应当与未成年学生的父母或者其他监护人互相配合,保证未成年学生的睡眠、娱乐和体育锻炼时间,不得加重其学习负担。专门学校的教职员工应当关心、爱护、尊重学生,不得歧视、厌弃。幼儿园应当做好保育、教育工作,促进幼儿在体质、智力、品德等方面和谐发展。

学校、幼儿园、托儿所的教职员工应当尊重未成年人的人格尊严,不得对未成年人实施体罚、变相体罚或者其他侮辱人格尊严的行为。学校、幼儿园、托儿所应当建立安全制度,加强对未成年人的安全教育,采取措施保障未成年人的人身安全;学校、幼儿园、托儿所不得在危及未成年人人身安全、健康的校舍和其他设施、场所中进行教育教学活动;学校、幼儿园安排未成年人参加集会、文化娱乐、社会实践等集体活动,应当有利于未成年人的健康成长,防止发生人身安全事故。

教育行政等部门和学校、幼儿园、托儿所应当根据需要,制定应对各种灾害、传染性疾病、食物中毒、意外伤害等突发事件的预案，配备相应设施并进行必要的演练，增强未成年人的自我保护意识和能力。学校对未成年学生在校内或者本校组织的校外活动中发生人身伤害事故的，应当及时救护，妥善处理，并及时向有关主管部门报告。

对于在学校接受教育的有严重不良行为的未成年学生，学校和父母或者其他监护人应当互相配合加以管教；无力管教或者管教无效的，可以按照有关规定将其送专门学校继续接受教育。依法设置专门学校的地方人民政府应当保障专门学校的办学条件，教育行政部门应当加强对专门学校的管理和指导，有关部门应当给予协助和配合。专门学校应当对在校就读的未成年学生进行思想教育、文化教育、纪律和法制教育、劳动技术教育和职业教育。

（三）社会保护方面

依据《未成年人保护法》的规定，全社会应当树立尊重、保护、教育未成年人的良好风尚，关心、爱护未成年人；国家鼓励社会团体、企业事业组织以及其他组织和个人，开展多种形式的有利于未成年人健康成长的社会活动。各级人民政府应当保障未成年人受教育的权利，并采取措施保障家庭经济困难的、残疾的和流动人口中的未成年人等接受义务教育。各级人民政府应当建立和改善适合未成年人文化生活需要的活动场所和设施，鼓励社会力量兴办适合未成年人的活动场所，并加强管理。

爱国主义教育基地、图书馆、青少年宫、儿童活动中心应当对未成年人免费开放；博物馆、纪念馆、科技馆、展览馆、美术馆、文化馆以及影剧院、体育场馆、动物园、公园等场所，应当按照有关规定对未成年人免费或者优惠开放。县级以上人民政府及其教育行政部门应当采取措施，鼓励和支持中小学校在节假日期间将文化体育设施对未成年人免费或者优惠开放；社区中的公益性互联网上网服务设施，应当对未成年人免费或者优惠开放，为未成年人提供安全、健康的上网服务。

国家鼓励新闻、出版、信息产业、广播、电影、电视、文艺等单位和作家、艺术家、科学家以及其他公民，创作或者提供有利于未成年人健康成长的作品。出版、制作和传播专门以未成年人为对象的内容健康的图书、报刊、音像制品、电子出版物以及网络信息等，国家给予扶持。国家鼓励科研机构和科技团体对未成年人开展科学知识普及活动。国家采取措施，预防未成年人沉迷网络，鼓励研究开发有利于未成年人健康成长的网络产品，推广用于阻止未成年人沉迷网络的新技术。禁止任何组织、个人制作或者向未成年人出售、出租或者以其他方式传播淫秽、暴力、凶杀、恐怖、赌博等毒害未成年人的图书、报刊、音像制品、电子出版物以及网络信息等。

生产、销售用于未成年人的食品、药品、玩具、用具和游乐设施等，应当符合国家标准或者行业标准，不得有害于未成年人的安全和健康；需要标明注意事项的，应当在显著位置标明。中小学校园周边不得设置营业性歌舞娱乐场所、互联网上网服务营业场所等不适宜未成年人活动的场所。营业性歌舞娱乐场所、互联网上网服务营业场所等不适宜未成年人活动的场所，不得允许未成年人进入，经营者应当在显著位置设置未成年人禁入标志；对难以判明是否已成年的，应当要求其出示身份证件。禁止向未成年人出售烟酒，经营者应当在显著位置设置不向未成年人出售烟酒的标志；对难以判明是否已成年的，应当要求其出示身份证件；任何人不得在中小学校、幼儿园、托儿所的教室、寝室、活动室和其他未成年人集中活动的场所吸烟、饮酒。

任何组织或者个人不得招用未满16周岁的未成年人，国家另有规定的除外。任何组织或者个人按照国家有关规定招用已满16周岁未满18周岁的未成年人的，应当执行国家在工种、劳动时间、劳动强度和保护措施等方面的规定，不得安排其从事过重、有毒、有害等危害未成年人身心健康的劳动或者危险作业。

任何组织或者个人不得披露未成年人的个人隐私。对未成年人的信件、日记、电子邮件，任何组织或者个人不得隐匿、毁弃；除因追查犯罪的需要，由公安机关或者人民检察院依法进行检查，或者对无行为能力的未成年人的信件、日记、电子邮件由其父母或者其他监护人代为开拆、查阅外，任何组织或者个人不得开拆、查阅。

学校、幼儿园、托儿所和公共场所发生突发事件时，应当优先救护未成年人。禁止拐卖、绑架、虐待未成年人，禁止对未成年人实施性侵害。禁止胁迫、诱骗、利用未成年人乞讨或者组织未成年人进行有害其身心健康的表演等活动。

公安机关应当采取有力措施，依法维护校园周边的治安和交通秩序，预防和制止侵害未成年人合法权益的违法犯罪行为。任何组织或者个人不得扰乱教学秩序，不得侵占、破坏学校、幼儿园、托儿所的场地、房屋和设施。

县级以上人民政府及其民政部门应当根据需要设立救助场所，对流浪乞讨等生活无着未成年人实施救助，承担临时监护责任；公安部门或者其他有关部门应当护送流浪乞讨或者离家出走的未成年人到救助场所，由救助场所予以救助和妥善照顾，并及时通知其父母或者其他监护人领回。对孤儿、无法查明其父母或者其他监护人的以及其他生活无着的未成年人，由民政部门设立的儿童福利机构收留抚养。未成年人救助机构、儿童福利机构及其工作人员应当依法履行职责，不得虐待、歧视未成年人；不得在办理收留抚养工作中牟取利益。

卫生部门和学校应当对未成年人进行卫生保健和营养指导，提供必要的卫生保健条件，做好疾病预防工作。卫生部门应当做好对儿童的预防接种工作，国家免疫规划项目的预防接种实行免费；积极防治儿童常见病、多发病，加强对传染病防治工作的监督管理，加强对幼儿园、托儿所卫生保健的业务指导和监督检查。

地方各级人民政府应当积极发展托幼事业，办好托儿所、幼儿园，支持社会组织和个人依法兴办哺乳室、托儿所、幼儿园。各级人民政府和有关部门应当采取多种形式，培养和训练幼儿园、托儿所的保教人员，提高其职业道德素质和业务能力。

国家依法保护未成年人的智力成果和荣誉权不受侵犯。未成年人已经完成规定年限的义务教育不再升学的，政府有关部门和社会团体、企业事业组织应当根据实际情况，对他们进行职业教育，为他们创造劳动就业条件。居民委员会、村民委员会应当协助有关部门教育和挽救违法犯罪的未成年人，预防和制止侵害未成年人合法权益的违法犯罪行为。未成年人的合法权益受到侵害的，被侵害人及其监护人或者其他组织和个人有权向有关部门投诉，有关部门应当依法及时处理。

（四）司法保护方面

依据《未成年人保护法》的规定，公安机关、人民检察院、人民法院以及司法行政部门，应当依法履行职责，在司法活动中保护未成年人的合法权益。未成年人的合法权益受到侵害，依法向人民法院提起诉讼的，人民法院应当依法及时审理，并适应未成年人生理、心理特点和健康成长的需要，保障未成年人的合法权益。在司法活动中对需要法律援助或者司法救助的未成年人，法律援助机构或者人民法院应当给予帮助，依法为其提供法律援助或者司法救助。

人民法院审理继承案件，应当依法保护未成年人的继承权和受遗赠权；人民法院审理离婚案件，涉及未成年子女抚养问题的，应当听取有表达意愿能力的未成年子女的意见，根据保障子女权益的原则和双方具体情况依法处理。父母或者其他监护人不履行监护职责或者侵害被监护的未成年人的合法权益，经教育不改的，人民法院可以根据有关人员或者有关单位的申请，撤销其监护人的资格，依法另行指定监护人。被撤销监护资格的父母应当依法继续负担抚养费用。

对违法犯罪的未成年人，实行教育、感化、挽救的方针，坚持教育为主、惩罚为辅的原则；对违法犯罪的未成年人，应当依法从轻、减轻或者免除处罚。公安机关、人民检察院、人民法院办理未成年人犯罪案件和涉及未成年人权益保护案件，应当照顾未成年人身心发展特点，尊重他们的人格尊严，保障他们的合法权益，并根据需要设立专门机构或者指定专人办理。公安机关、人民检察院讯问未成年犯罪嫌疑人，询问未成年证人、被害人，应当通知监护人到场；公安机关、人民检察院、人民法院办理未成年人遭受性侵害的刑事案件，应当保护被害人的名誉。对羁押、服刑的未成年人，应当与成年人分别关押；羁押、服刑的未成年人没有完成义务教育的，应当对其进行义务教育；解除羁押、服刑期满的未成年人的复学、升学、就业不受歧视。对未成年人犯罪案件，新闻报道、影视节目、公开出版物、网络等不得披露该未成年人的姓名、住所、照片、图像以及可能推断出该未成年人的资料。

第三节　残疾人福利

残疾人是指由于心理状态、生理功能、解剖结构的异常或丧失而导致其部分或全部失去以正常人的方式从事某项活动的能力，因而在社会生活中不能充分发挥正常作用的人。残疾人福利是国家和社会为帮助残疾人而提供相关福利及服务措施的统称，其目的是最大限度地帮助残疾人自立，并为他们能像其他社会成员一样参加社会所有领域的活动创造条件。通过立法规范残疾人福利，是现代社会福利制度发展的一个明显特征。日本在1949年颁布了《身残福利法》，1964年又分别颁布《身体障碍者福利法》《精神薄弱者（弱智）福利法》。我国虽然没有出台专门的残疾人福利法，但《中华人民共和国残疾人保障法》（1990年制定颁布，2008年重新修订实施，以下简称《残疾人保障法》）《残疾人就业条例》（2007年5月1日起施行）、《残疾人教育条例》（1994年发布实施，2011年、2017年两次修订）等法律法规已经为残疾人福利提供了比较全面的法律保障。

一、残疾人福利概述

帮助残疾人自古就是慈善活动的一项重要内容，但将残疾人福利纳入社会福利制度安排则开始于工业社会之后。国外有历史记载的第一个为残疾人服务的机构是瑞士人奥比在1780年建立的；1820 年第一个残疾人之家成立于德国慕尼黑。1887 年，德国俾斯麦政府颁布残疾保险法。1920 年，第一个为残疾人服务的国际组织——国际康复会成立。第二次世界大战以后，残疾人福利事业进入了快速发展时期。1948 年公布的《世界人权宣言》规定："残疾人有接受社会保障的权利。"1961 年，美国颁布的《美国公共建筑通道及使用的国家标准》，标志着现代社会残疾人康复工作的开端。1968 年，美国国会通过的《建筑无障碍法》带动了许多国家保障残疾人权益的立法。与此同时，联合国及有关国际会议也陆续制定了一系列纲领性文件，主要包括《禁止一切无视残疾人的社会条件的决议》(1969 年)、《弱智人权利宣言》(1970 年)、《残疾人权利宣言》(1975 年)。至此，国际性的残疾人法律保护框架基本形成。就残疾人福利的内容而言，主要可以归纳为如下方面。

（一）残疾人就业

残疾人就业是指达到法定劳动年龄、具有劳动要求和一定劳动能力的残疾人获得劳动岗位并取得合法收入。残疾人就业是一个世界性难题，没有哪个国家能从根本上解决。从国外解决残疾人就业的情况看，大体可以分为如下几类：一类以日本、美国、英国等国家为代表，通过国家立法的形式，保证政府机关和企事业单位中有一定比例的残疾人就业；一类以波兰、苏联等为代表，通过国家投资兴办残疾人工厂并给予政策照顾的形式解决残疾人就业问题；一类以瑞典、芬兰等北欧福利国家为代表，其虽然也通过社会基金会等机构安排部分残疾人就业，但更多是采取发放残疾补助金的形式，由公共财政供养残疾人。我国残疾人就业实行集中与分散相结合的方针，采取优惠政策与扶持保护措施，通过多渠道、多层多种形式解决残疾人就业问题，具体主要包括社会吸收和举办残疾人就业的福利企业两种方式。

（二）残疾人教育

残疾人教育是国家和社会提供给患有残疾的儿童、青年和成年人享有平等教育机会的一种制度安排，通常由政府财政扶持，纳入现代国民教育系统，包括学前教育、基础教育、高等教育、职业技术教育和成人教育。特殊教育是针对有特殊需要的残疾人实施的教育，在教育过程中需要有特殊的教具、学具和特殊的教学方式。残疾人教育福利通常包括三个方面：一是有关残疾人教育的法律、法规，如我国颁布实施有专门的《残疾人教育条例》；二是残疾人教育机构，如聋哑学校、特殊教育学校等；三是与残疾人康复相关的教育训练，如残疾人职业训练等。

（三）残疾人康复

康复也称健康重建，是指人们因疾病或某些事故致残后，通过自身努力和外部辅助，使其在精神上、身体上、生活上、经济上、社会上以至劳动能力上得到最大程度的恢复。康复是一项综合性工作，包括心理康复、体疗、假肢与矫形器的装配、职业康复、精神病人的治疗康复等。

（四）残疾人福利设施

为解决残疾人的福利需求，国家和社会应该着力兴建残疾人福利设施。一是办好残疾人福利院、精神病院、医疗站等福利机构,并逐步改善生活其中的残疾人的福利水平;二是针对残疾人的特殊需要,办好文体、娱乐设施,满足残疾人精神文化生活的需要;三是建设无障碍环境,在残疾人出入的公共场所(如商场、剧院、体育馆、博物馆等)修建或改建无障碍设施。此外,还应利用各种渠道进行宣传教育,为残疾人创造消除歧视和偏见的社会环境。

二、我国残疾人福利的法律保护

我国《残疾人保障法》《残疾人就业条例》《残疾人教育条例》等法律法规对残疾人福利作出了比较全面的规范。中共中央、国务院在2008年发布的《关于促进残疾人事业发展的意见》(中发〔2008〕7号)中明确要求,健全残疾人社会保障制度,加强残疾人服务体系建设,缩小残疾人生活状况与社会平均水平的差距,实现残疾人事业与经济社会协调发展。为加快推进残疾人社会保障体系和服务体系(以下简称"两个体系")建设,国务院办公厅于2010年发出了《转发中国残联等部门和单位〈关于加快推进残疾人社会保障体系和服务体系建设的指导意见〉的通知》。中国残联等部门和单位在《关于加快推进残疾人社会保障体系和服务体系建设的指导意见》(以下简称《指导意见》)中指出,残疾人是一个数量众多、特性突出、特别困难的社会群体,是社会保障和公共服务的重点人群。下面,主要从康复、教育、劳动就业、社会保障、文化生活、无障碍环境等方面介绍我国残疾人福利立法的相关内容。

(一)残疾人康复

依据《残疾人保障法》的规定,国家保障残疾人享有康复服务的权利,各级人民政府和有关部门应当采取措施,为残疾人康复创造条件,建立和完善残疾人康复服务体系,并分阶段实施重点康复项目,帮助残疾人恢复或者补偿功能,增强其参与社会生活的能力。康复工作应当从实际出发,将现代康复技术与我国传统康复技术相结合;以社区康复为基础,康复机构为骨干,残疾人家庭为依托;以实用、易行、受益广的康复内容为重点,优先开展残疾儿童抢救性治疗和康复;发展符合康复要求的科学技术,鼓励自主创新,加强康复新技术的研究、开发和应用,为残疾人提供有效的康复服务。

各级人民政府鼓励和扶持社会力量兴办残疾人康复机构。地方各级人民政府和有关部门,应当组织和指导城乡社区服务组织、医疗预防保健机构、残疾人组织、残疾人家庭和其他社会力量,开展社区康复工作;残疾人教育机构、福利性单位和其他为残疾人服务的机构,应当创造条件,开展康复训练活动;残疾人在专业人员的指导和有关工作人员、志愿工作者及亲属的帮助下,应当努力进行功能、自理能力和劳动技能的训练。地方各级人民政府和有关部门应当根据需要有计划地在医疗机构设立康复医学科室,举办残疾人康复机构,开展康复医疗与训练、人员培训、技术指导、科学研究等工作。政府和社会采取多种形式对从事康复工作的人员进行技术培训;向残疾人、残疾人亲属、有关工作人员和志愿工作者普及康复知识,传授康复方法。政府有关部门应当组织和扶持残疾人康复器械、辅助器具的研制、生产、供应、维修服务。

(二)残疾人教育

依据《残疾人保障法》的规定,国家保障残疾人享有平等接受教育的权利,各级人民政府应当将残疾人教育作为国家教育事业的组成部分,统一规划,加强领导,为残疾人接受教育创造条件。政府、社会、学校应当采取有效措施,解决残疾儿童、少年就学存在的实际困难,帮助其完成义务教育。各级人民政府对接受义务教育的残疾学生、贫困残疾人家庭的学生提供免费教科书,并给予寄宿生活费等费用补助;对接受义务教育以外其他教育的残疾学生、贫困残疾人家庭的学生按照国家有关规定给予资助。

残疾人教育实行普及与提高相结合、以普及为重点的方针,保障义务教育,着重发展职业教育,积极开展学前教育,逐步发展高级中等以上教育。残疾人教育应当根据残疾人的身心特性和需要,按照下列要求实施:① 在进行思想教育、文化教育的同时,加强身心补偿和职业教育;② 依据残疾类别和接受能力,采取普通教育方式或者特殊教育方式;③ 特殊教育的课程设置、教材、教学方法、入学和在校年龄,可以有适度弹性。

县级以上人民政府应当根据残疾人的数量、分布状况和残疾类别等因素,合理设置残疾人教育机构,并鼓励社会力量办学、捐资助学。普通教育机构对具有接受普通教育能力的残疾人实施教育,并为其学习提供便利和帮助。普通小学、初级中等学校,必须招收能适应其学习生活的残疾儿童、少年入学;普通高级中等学校、中等职业学校和高等学校,必须招收符合国家规定的录取要求的残疾考生入学,不得因其残疾而拒绝招收;拒绝招收的,当事人或者其亲属、监护人可以要求有关部门处理,有关部门应当责令该学校招收。普通幼儿教育机构应当接收能适应其生活的残疾幼儿。

残疾幼儿教育机构、普通幼儿教育机构附设的残疾儿童班、特殊教育机构的学前班、残疾儿童福利机构、残疾儿童家庭,对残疾儿童实施学前教育。初级中等以下特殊教育机构和普通教育机构附设的特殊教育班,对不具有接受普通教育能力的残疾儿童、少年实施义务教育。高级中等以上特殊教育机构、普通教育机构附设的特殊教育班和残疾人职业教育机构,对符合条件的残疾人实施高级中等以上文化教育、职业教育。提供特殊教育的机构应当具备适合残疾人学习、康复、生活特点的场所和设施。政府有关部门、残疾人所在单位和有关社会组织应当对残疾人开展扫除文盲、职业培训、创业培训和其他成人教育,鼓励残疾人自学成才。

国家有计划地举办各级各类特殊教育师范院校、专业,在普通师范院校附设特殊教育班,培养、培训特殊教育师资。普通师范院校开设特殊教育课程或者讲授有关内容,使普通教师掌握必要的特殊教育知识。特殊教育教师和手语翻译,享受特殊教育津贴。政府有关部门应当组织和扶持盲文、手语的研究和应用,特殊教育教材的编写和出版,特殊教育教学用具及其他辅助用品的研制、生产和供应。

(三)残疾人劳动就业

依据《残疾人保障法》的规定,国家保障残疾人劳动的权利,各级人民政府应当对残疾人劳动就业统筹规划,为残疾人创造劳动就业条件。残疾人劳动就业,实行集中与分散相结合的方针,采取优惠政策和扶持保护措施,通过多渠道、多层次、多种形式,使残疾人劳动就业逐步普及、稳定、合理。2007年颁布实施的《残疾人就业条例》对残疾人就业问题作出了详细的规定。

政府和社会举办残疾人福利企业、盲人按摩机构和其他福利性单位,集中安排残疾人就业，地方各级人民政府应当开发适合残疾人就业的公益性岗位。国家实行按比例安排残疾人就业制度。国家机关、社会团体、企业事业单位、民办非企业单位应当按照规定的比例安排残疾人就业，并为其选择适当的工种和岗位。达不到规定比例的，按照国家有关规定履行保障残疾人就业义务。

国家鼓励用人单位超过规定比例安排残疾人就业，对安排残疾人就业达到、超过规定比例或者集中安排残疾人就业的用人单位和从事个体经营的残疾人，依法给予税收优惠，并在生产、经营、技术、资金、物资、场地等方面给予扶持。县级以上地方人民政府及其有关部门应当确定适合残疾人生产、经营的产品、项目，优先安排残疾人福利性单位生产或者经营，并根据残疾人福利性单位的生产特点确定某些产品由其专产。政府采购在同等条件下应当优先购买残疾人福利性单位的产品或者服务。

国家鼓励和扶持残疾人自主择业、自主创业。地方各级人民政府和农村基层组织，应当组织和扶持农村残疾人从事种植业、养殖业、手工业和其他形式的生产劳动。国家对从事个体经营的残疾人，免除行政事业性收费。对申请从事个体经营的残疾人，有关部门应当优先核发营业执照。对从事各类生产劳动的农村残疾人，有关部门应当在生产服务、技术指导、农用物资供应、农副产品购销和信贷等方面给予帮助。

政府有关部门设立的公共就业服务机构，应当为残疾人免费提供就业服务；残疾人联合会举办的残疾人就业服务机构，应当组织开展免费的职业指导、职业介绍和职业培训，为残疾人就业和用人单位招用残疾人提供服务和帮助。

国家保护残疾人福利性单位的财产所有权和经营自主权，其合法权益不受侵犯。在职工的招用、转正、晋级、职称评定、劳动报酬、生活福利、休息休假、社会保险等方面，不得歧视残疾人。残疾职工所在单位应当根据残疾职工的特点，提供适当的劳动条件和劳动保护，并根据实际需要对劳动场所、劳动设备和生活设施进行改造。国家采取措施，保障盲人保健和医疗按摩人员从业的合法权益。残疾职工所在单位应当对残疾职工进行岗位技术培训，提高其劳动技能和技术水平。任何单位和个人不得以暴力、威胁或者非法限制人身自由的手段强迫残疾人劳动。

（四）残疾人文化生活

依据《残疾人保障法》的规定，国家保障残疾人享有平等参与文化生活的权利，各级人民政府和有关部门鼓励、帮助残疾人参加各种文化、体育、娱乐活动，积极创造条件，丰富残疾人精神文化生活。残疾人文化、体育、娱乐活动应当面向基层，融于社会公共文化生活，适应各类残疾人的不同特点和需要，使残疾人广泛参与。政府和社会鼓励、帮助残疾人从事文学、艺术、教育、科学、技术和其他有益于人民的创造性劳动。政府和社会促进残疾人与其他公民之间的相互理解和交流，宣传残疾人事业和扶助残疾人的事迹，弘扬残疾人自强不息的精神，倡导团结、友爱、互助的社会风尚。

政府和社会采取下列措施，丰富残疾人的精神文化生活：① 通过广播、电影、电视、报刊、图书、网络等形式，及时宣传报道残疾人的工作、生活等情况，为残疾人服务；② 组织和扶持盲文读物、盲人有声读物及其他残疾人读物的编写和出版，根据盲人的实际需要，在公共图书馆设立盲文读物、盲人有声读物图书室；③ 开办电视手语节目，开办残疾人专题广播栏目．推进电视栏目、影视作品加配字幕、解说；④ 组织和扶持残疾人开展群众性文化、体育、娱乐活动，举办特殊艺术演出和残疾人体育运动会，参加国际性比赛和交流；⑤ 文化、体育、娱乐和其他公共活动场所，为残疾人提供方便和照顾。有计划地兴办残疾人活动场所。

（五）残疾人社会保障

依据《残疾人保障法》的规定，国家保障残疾人享有各项社会保障的权利，政府和社会采取措施，完善对残疾人的社会保障，保障和改善残疾人的生活。残疾人及其所在单位应当按照国家有关规定参加社会保险；残疾人所在城乡基层群众性自治组织、残疾人家庭，应当鼓励、帮助残疾人参加社会保险；对生活确有困难的残疾人，按照国家有关规定给予社会保险补贴。

各级人民政府对生活确有困难的残疾人，通过多种渠道给予生活、教育、住房和其他社会救助；县级以上地方人民政府对享受最低生活保障待遇后生活仍有特别困难的残疾人家庭，应当采取其他措施保障其基本生活；各级人民政府对贫困残疾人的基本医疗、康复服务、必要的辅助器具的配置和更换，应当按照规定给予救助；对生活不能自理的残疾人，地方各级人民政府应当根据情况给予护理补贴。地方各级人民政府对无劳动能力、无扶养人或者扶养人不具有扶养能力、无生活来源的残疾人，按照规定予以供养；国家鼓励和扶持社会力量举办残疾人供养、托养机构；残疾人供养、托养机构及其工作人员不得侮辱、虐待、遗弃残疾人。

县级以上人民政府对残疾人搭乘公共交通工具，应当根据实际情况给予便利和优惠。残疾人可以免费携带随身必备的辅助器具；盲人持有效证件免费乘坐市内公共汽车、电车、地铁、渡船等公共交通工具；盲人读物邮件免费寄递；国家鼓励和支持提供电信、广播电视服务的单位对盲人、听力残疾人、言语残疾人给予优惠；各级人民政府应当逐步增加对残疾人的其他照顾和扶助。政府有关部门和残疾人组织应当建立和完善社会各界为残疾人捐助和服务的渠道，鼓励和支持发展残疾人慈善事业，开展志愿者助残等公益活动。

（六）无障碍环境

依据《残疾人保障法》的规定，国家和社会应当采取措施，逐步完善无障碍设施，推进信息交流无障碍，为残疾人平等参与社会生活创造无障碍环境，各级人民政府应当对无障碍环境建设进行统筹规划、综合协调，加强监督管理。

无障碍设施的建设和改造，应当符合残疾人的实际需要，新建、改建和扩建建筑物、道路、交通设施等，应当符合国家有关无障碍设施工程建设标准。各级人民政府和有关部门应当按照国家无障碍设施工程建设规定，逐步推进已建成设施的改造，优先推进与残疾人日常工作、生活密切相关的公共服务设施的改造；对无障碍设施应当及时维修和保护。

国家采取措施，为残疾人信息交流无障碍创造条件，各级人民政府和有关部门应当采取措施，为残疾人获取公共信息提供便利；国家和社会研制、开发适合残疾人使用的信息交流技术和产品；国家举办的各类升学考试、职业资格考试和任职考试，有盲人参加的，应当为盲人提供盲文试卷、电子试卷或者由专门的工作人员予以协助。

公共服务机构和公共场所应当创造条件，为残疾人提供语音和文字提示、手语、盲文等信息交流服务，并提供优先服务和辅助性服务；公共交通工具应当逐步达到无障碍设施的要求。有条件的公共停车场应当为残疾人设置专用停车位。组织选举的部门应当为残疾人参加选举提供便利；有条件的，应当为盲人提供盲文选票。国家鼓励和扶持无障碍辅助设备、无障碍交通工具的研制和开发。盲人携带导盲犬出入公共场所，应当遵守国家有关规定。

复习与思考

1. 简述我国老年人福利立法的现状及主要内容。
2. 简述我国妇女儿童福利立法的现状及主要内容。
3. 简述我国残疾人福利立法的现状及主要内容。

第十五章 军人保障法

军人保障法是指国家制定和颁布的以军人及其家属为保障对象的社会保障法律法规及相关规范性文件的统称。军人保障制度是一个涵盖军人退役转业、伤残疾病、意外伤害、年老、病故、牺牲等多种职业风险的综合性保障系统,通常由国家直接负责建立,目的是给予军人和其他社会成员相平等的保障待遇,并在军人职业连带风险影响到其家庭生活时,为军人及其家属提供必要的经济补偿。军人保障制度既相对独立,又与国家整个社会保障制度密切相连,其意义在于国家通过物质给予及精神奖赏的方法,激励军人尽忠保国,以保障国家民族的生存和发展。本章主要介绍我国现行的军人保险和军人抚恤方面的法律规范。

第一节 军人保险

我国军人保险制度是适应国家社会保险制度改革和满足军人对社会保险需求而建立的军人保障制度。在我国不断改革社会保险制度的过程中,军人保险制度得以建立和逐步完善,在军人伤亡保险、军人退役医疗保险、军人配偶随军未就业期间社会保险等方面已经出台相关法规及规范性文件。这些法规及规范性文件都为军人保险法的制定奠定了基础。随着《社会保险法》开始实施,我国已经形成了比较成熟稳定的社会保险法律体系。为了有效保障军人的社会保险权益,2012 年 4 月 27 日,第十一届全国人民代表大会常委会通过《中华人民共和国军人保险法》(以下简称《军人保险法》),自 2012 年 7 月 1 日开始正式实施。《军人保险法》确立了如下指导原则:一是国家建立军人保险制度,国家根据社会保险制度的发展,适时补充完善军人保险制度;二是军人保险制度应当体现军人职业特点,与社会保险制度相衔接,与经济社会发展水平相适应;三是国家促进军人保险事业的发展,为军人保险提供财政拨款和政策支持。

一、军人伤亡保险

军人伤亡保险是对因战、因公死亡的军人和因战、因公、因病致残的军人给予经济补偿的一种军人公伤保险制度,实际上是在军人抚恤制度基础上建立的一种补充性军人保险制度。2009 年解放军总后勤部发布的《中国人民解放军军人伤亡保险规定》(自 2010 年 1 月 1 日起施行)对军人伤亡保险制度作出细致规定,是中国人民解放军军人伤亡保险工作的基本依据,但是其中有些内容与《军人保险法》的规定不尽一致,需要根据《军人保险法》进行适时修订。

（一）军人伤亡保险待遇

军人伤亡保险待遇实际上包括军人死亡保险待遇和军人残疾保险待遇两个方面。《军人保险法》规定：军人因战、因公死亡的，按照认定的死亡性质和相应的保险金标准，给付军人死亡保险金；军人因战、因公、因病致残的，按照评定的残疾等级和相应的保险金标准，给付军人残疾保险金；军人死亡和残疾的性质认定、残疾等级评定和相应的保险金标准，按照国家和军队有关规定执行。《军人保险法》第十条规定，军人因下列情形之一死亡或者致残的，不享受军人伤亡保险待遇：故意犯罪的；醉酒或者吸毒的；自残或者自杀的；法律、行政法规和军事法规规定的其他情形。

1. 军人死亡保险金

军人死亡保险金应当一次性给付，受益人为军人的配偶、子女、父母，以及兄弟姐妹、祖父母、外祖父母。军人可以指定一人或者数人为死亡保险金受益人。受益人为数人的，军人可以确定受益顺序和受益份额；未指定受益人或者受益人指定不明无法确定的，受益人依法丧失受益权或者放弃受益权，没有其他受益人的，军人死亡保险金作为军人遗产，按照《继承法》的规定给付。军人伤亡保险金给付标准，应当根据经济社会发展水平、军队财力可能和军人工资变化情况确定，并适时调整，目前按照下列标准给付：① 被批准为烈士的，30万元；② 被确认为因公牺牲的，15万元。

2. 军人残疾保险金

军人残疾保险金也是一次性给付，给付标准为：① 因战致残的，一级残疾9.5万元，二级残疾9万元，三级残疾8.5万元，四级残疾8万元，五级残疾6万元，六级残疾5.5万元，七级残疾3.5万元，八级残疾3万元，九级残疾2.5万元，十级残疾2万元；② 因公致残的，一级残疾9万元，二级残疾8.5万元，三级残疾8万元，四级残疾7.5万元，五级残疾5.5万元，六级残疾5万元，七级残疾3万元，八级残疾2.5万元，九级残疾2万元，十级残疾1.5万元；③ 因病致残的，一级残疾8.5万元，二级残疾8万元，三级残疾7.5万元，四级残疾7万元，五级残疾5万元，六级残疾4.5万元。

军人因战、因公伤亡和初级士官、义务兵因病致残，被批准为烈士或者确认为因公牺牲，以及被评定残疾等级的，由所在单位后勤（联勤）机关财务部门，依据批准的军人伤亡保险金数额，填写《军人伤亡保险金给付表》，将军人伤亡保险金发给保险受益人。军人因战、因公失踪并经法定程序宣告死亡后，又重新出现的，保险受益人应当退还已经领取的军人死亡保险金。军人被评定残疾等级后已领取残疾保险金的，因残情加重经评定提高残疾等级的，应当按照提高后的残疾等级标准补齐差额；二次致残的，按照重新评定的残疾等级给付保险金。因旧伤复发死亡的，按照认定的死亡性质给付保险金。已经评定残疾等级的因战、因公致残的军人退出现役参加工作后旧伤复发的，依法享受相应的工伤待遇。

（二）军人伤亡保险金的申请与审批

军人死亡性质认定，由团级以上单位政治机关依照《军人抚恤优待条例》的有关规定执行。符合享受军人死亡保险待遇的军人，由其保险待遇受益人提出书面申请，经军人所在单位后勤（联勤）机关财务部门审核，填写《军人伤亡保险金申请表》，并附烈士批准或者因公牺牲认定文件原件,以及医疗机构出具的死亡医学证明书复印件,按照后勤供应渠道逐级审核后,上报至军兵种、军区后勤(联勤)部的财务部或者总后勤部财务部。

军人因战、因公受伤和初级士官、义务兵患病住院治疗,在临床治愈出院后的一个月内,根据医疗诊断,认为基本符合《军人残疾等级评定标准》和享受军人伤亡保险待遇条件的,本人或者其利害关系人可以向所在单位后勤(联勤)机关财务部门申领填写《军人伤(病)残保险备案登记表》,经同级卫生部门审查,情况属实的,按照后勤供应渠道逐级上报至军兵种、军区后勤(联勤)部的财务部或者总后勤部财务部。军人残疾等级评定,由军级以上单位后勤(联勤)机关卫生部门按照《军人残疾等级评定管理办法》执行。

符合享受军人残疾保险待遇的军人,由本人或者其利害关系人提出书面申请,经军人所在单位后勤(联勤)机关财务部门初步审核后,以后勤(联勤)机关的名义公示,公示时间从公示当日起不少于10个工作日。公示后无异议的,由所在单位后勤(联勤)机关财务部门填写《军人伤亡保险金申请表》,附《军人残疾等级评定表》原件,以及门诊病历、住院病历首页、入院记录、手术记录、出院小结和相关检查结果等复印件,按照后勤供应渠道逐级上报至军兵种、军区后勤(联勤)部的财务部或者总后勤部财务部。

总后勤部财务部和军兵种、军区后勤(联勤)部财务部根据举报或者发现对伤亡性质认定、残疾等级评定有异议的,应当会同有关部门核查处理。总后勤部财务部和军兵种、军区后勤(联勤)部财务部应当依照本规定,结合军人伤亡保险备案登记情况,对申报享受军人伤亡保险待遇的相关材料进行审核,办理审批手续。

二、军人退役养老保险

退役养老保险是为了保障军人退出现役后享有国家规定的养老保险待遇,维护军人养老保险权益、激励军人安心服役而建立的一种军人保险制度。根据《军人保险法》关于退役养老保险的规定,军人退出现役参加基本养老保险的,国家给予退役养老保险补助。为了贯彻实施《社会保险法》和《军人保险法》,维护军人退役养老保险权益,人力资源和社会保障部、财政部、总参谋部、总政治部、总后勤部五部门于2012年8月联合下发《关于军人退役养老保险关系转移接续有关问题的通知》,自2012年7月1日起施行。《国务院关于机关事业单位工作人员养老保险制度改革的决定》和《国务院办公厅关于印发机关事业单位职业年金办法的通知》发布实施后,上述五部门于2015年9月联合发布《关于军人退役基本养老保险关系转移接续有关问题的通知》《关于军人职业年金转移接续有关问题的通知》,这两个通知同时于2014年10月1日起实施,原《关于军人退役养老保险关系转移接续有关问题的通知》同时废止。

(一)军人退役养老保险补助

军人退役养老保险包括基本养老保险和补充养老保险两部分,其中补充养老保险被称为职业年金。

1. 基本养老保险补助

军人退出现役参加基本养老保险的,国家给予军人退役基本养老保险补助。军人服现役期间单位和个人应当缴纳的基本养老保险费由中央财政承担，所需经费由总后勤部列年度军费预算安排。军人退役基本养老保险补助由军人所在单位财务部门在军人退出现役时一次算清记实。军人退役基本养老保险个人缴费部分按规定计息，在军人退出现役时一次算清记实。2014 年 10 月 1 日前的利率，按照中国人民银行公布的同期存款利率执行；2014 年 10 月 1 日后的利率，按照国家规定的利率执行。

（1）计划到企业工作和自主就业的。计划分配到企业工作的军队转业干部和军队复员干部，以及由人民政府安排到企业工作和自主就业的退役士兵，退出现役后参加企业职工或者城乡居民基本养老保险。军人退役基本养老保险补助的计算办法为：军官、文职干部和士官，按本人服现役期间各年度月缴费工资 20%的总和计算；义务兵和供给制学员，按本人退出现役时当年下士月缴费工资起点标准的 20%乘以服现役月数计算。其中，12%作为单位缴费，8%作为个人缴费。

（2）计划到机关事业单位工作的。计划分配到机关事业单位工作的军队转业干部和退役士兵，退出现役后参加机关事业单位基本养老保险。军人退役基本养老保险补助的计算办法为：军官、文职干部和士官，按 2014 年 10 月 1 日后服现役期间各年度月缴费工资 20%的总和计算；义务兵和供给制学员，按本人退出现役时当年下士月缴费工资起点标准的 20%乘以 2014 年 10 月 1 日后服现役月数计算。其中，12%作为单位缴费，8%作为个人缴费。

（3）月缴费工资的确定办法。军人退役基本养老保险补助的月缴费工资，2014 年 10 月 1 日前，军官、文职干部和士官为本人月工资数额，义务兵和供给制学员为本人退出现役时当年下士月工资起点标准；2014 年 10 月 1 日后，军官、文职干部和士官为本人月工资数额乘以养老保险缴费工资调整系数，义务兵和供给制学员为本人退出现役时当年下士月工资起点标准乘以养老保险缴费工资调整系数；养老保险缴费工资调整系数确定为 1.136。

（4）月工资项目的确定办法。计算军人退役基本养老保险补助的月工资项目，2014 年 10 月 1 日前包括基本工资、军人职业津贴、工作性津贴、生活性补贴和奖励工资；2014 年 10 月 1 日后包括基本工资、军人职业津贴、工作性津贴、生活性补贴、艰苦边远地区津贴、驻西藏部队特殊津贴、高山海岛津贴、地区附加津贴和奖励工资。

2. 职业年金补助

军人退出现役参加基本养老保险的，国家给予军人职业年金补助。军人服现役期间单位和个人应当缴纳的职业年金费用由中央财政承担，所需经费由总后勤部列年度军费预算安排。军人职业年金补助由军人所在单位财务部门在军人退出现役时一次算清记实。军人职业年金补助的计算办法为：军官、文职干部和士官，按本通知施行后服现役期间各年度月缴费工资 12%的总和计算；义务兵和供给制学员，按本人退出现役时当年下士月缴费工资起点标准的 12%乘以本通知施行后服现役月数计算。其中，8%作为单位缴费，4%作为个人缴费。军人职业年金补助的月缴费工资与月工资项目与基本养老保险完全一致。军人职业年金补助资金按照国家规定的利率计息，在军人退出现役时一次算清记实。

3. 特殊情形的处理办法

（1）退休保障制度。军人退出现役采取退休方式安置的，实行退休金保障制度，退出现役时不给予军人退役基本养老保险补助和军人职业年金补助。一至四级残疾军人退出现役采取国家供养方式安置的，其生活保障按照国家规定执行，退出现役时不给予军人退役基本养老保险补助和军人职业年金补助。军人入伍前已经参加基本养老保险，退出现役采取退休、供养方式安置的，经本人申请，由原参保地社会保险经办机构依据军人所在团级以上单位出具的《军人退休（供养）证明》和参保缴费凭证等，退还原基本养老保险个人账户储存额，终止基本养老保险关系。

（2）退役金制度。自主择业的军队转业干部退出现役，由安置地人民政府逐月发给退役金，退出现役时不给予军人退役基本养老保险补助和军人职业年金补助。

（二）退役基本养老保险关系转接

《军人保险法》规定，军人入伍前已经参加基本养老保险的，由地方社会保险经办机构和军队后勤（联勤）机关财务部门办理基本养老保险关系转移接续手续。但是，由于目前我国社会养老保险被分割为职工养老保险、城乡居民养老保险及机关事业单位养老保险等多种制度，军人退役后的养老保险关系转接就比较复杂。根据《军人保险法》及《关于军人退役基本养老保险关系转移接续有关问题的通知》（后财〔2015〕1726号）的规定，介绍如下。

1. 负责部门

军队各级后勤（联勤、保障）机关财务部门（以下简称财务部门），负责军人退役基本养老保险关系的建立、转移和军人退役基本养老保险补助的计算、审核、划转工作。各级人民政府人力资源社会保障部门负责军人退役基本养老保险关系接续和补助资金接收，以及基本养老保险待遇落实等工作。各级人民政府财政部门按职责做好军人退役基本养老保险关系转移接续的相关工作。

2. 行政区划代码

军人所在单位财务部门在开具转移凭证时，军人服现役期间的行政区划代码统一填写为"910000"，转入地社会保险经办机构据此做好人员身份标识；再次转移养老保险关系时，其服现役期间的行政区划代码不变，并在相应缴费期间的记录中注明"军人退役基本养老保险补助"。各级人民政府人力资源社会保障部门应加强信息系统建设，建立完善军人退役基本养老保险关系转移接续信息交换机制，促进军人退役基本养老保险关系顺畅转移接续。

3. 分类转移

军人入伍前已经参加基本养老保险的，其基本养老保险关系和相应资金不转移到军队，由原参保地社会保险经办机构开具参保缴费凭证交给本人，并保存其全部参保缴费记录。军人本人应当将原参保地社会保险经办机构开具的参保缴费凭证交给军人所在单位财务部门存档，在军人退出现役时，随军人退役基本养老保险关系一并交还给本人。军人退出现役后继续参加基本养老保险的，按照国家规定接续基本养老保险关系。

计划分配到企业工作的军队转业干部和军队复员干部，以及由人民政府安排到企业工作和自主就业的退役士兵，其军人退役基本养老保险关系转移至安置地负责企业职工基本养老保险的县级以上社会保险经办机构。

计划分配到机关事业单位工作的军队转业干部和退役士兵，其军人退役基本养老保险关系转移至安置地负责机关事业单位基本养老保险的县级以上社会保险经办机构。

军人退出现役后参加城乡居民基本养老保险的，由安置地社会保险经办机构保存其军人退役基本养老保险关系并按规定计息。待达到企业职工基本养老保险法定退休年龄后，按照国家规定办理城乡养老保险制度衔接手续。

4. 转接手续

（1）信息沟通。县级以上社会保险经办机构应将经办企业职工、机关事业单位基本养老保险的社会保险经办机构的通信地址、银行账户信息等，上报人力资源社会保障部社会保险事业管理中心，并及时报告信息变更情况。人力资源社会保障部社会保险事业管理中心与总后勤部军人保险基金管理中心建立社会保险经办机构信息交换机制；总后勤部军人保险基金管理中心负责将相关信息分发军队各级财务部门。

（2）凭据办理。军人退出现役时，由军人所在单位财务部门依据军人退役命令，安置地军队转业干部安置工作部门或者退役士兵安置工作主管部门的报到通知，以及军队团级以上单位司令机关军务部门或者政治机关干部部门的审核认定意见，开具《军人退役基本养老保险参保缴费凭证》《军人退役基本养老保险关系转移接续信息表》（简称《缴费凭证》《信息表》），将军人退役基本养老保险补助资金通过银行汇至退役军人安置地县级以上社会保险经办机构，《缴费凭证》《信息表》和银行受理回执一并交给本人。军人所在单位财务部门同时向退役军人安置地县级以上社会保险经办机构邮寄《缴费凭证》和《信息表》。

（3）核实接续。社会保险经办机构收到军队财务部门邮寄的《缴费凭证》和《信息表》，核实到账资金无误后，为退役军人建立基本养老保险个人账户。退役军人应及时到安置地县级以上社会保险经办机构办理养老保险关系接续手续。

5. 自主择业者的转接办法

自主择业的军队转业干部退出现役，由安置地人民政府逐月发给退役金，退出现役时不给予军人退役基本养老保险补助。军人所在单位财务部门按照参加机关事业单位基本养老保险的办法，开具《军队自主择业转业干部缴费工资基数表》交给本人，由本人随供给关系交给安置地军队转业干部安置工作部门。

自主择业的军队转业干部被党和国家机关、人民团体或者财政拨款的事业单位选用为正式工作人员的，从下月起停发退役金，按照国家规定参加机关事业单位基本养老保险。2014年10月1日前的个人服现役年限视同缴费年限；2014年10月1日后在军队服现役期间的基本养老保险补助，由军队转业干部安置工作部门根据《军队自主择业转业干部缴费工资基数表》，以其在军队服现役期间各年度月缴费工资之和为基数，通过退役金拨付渠道申请20%的养老保险补助，拨付至其单位所在地社会保险经办机构，其中8%记入个人账户，所需经费由中央财政解决。自主择业的军队转业干部按照国家规定依法参加当地企业职工基本养老保险的，其养老保险缴费年限从在当地缴纳养老保险费之日算起。

6. 缴费年限计算与待遇兑付

（1）年限计算。军人退出现役后按规定办理基本养老保险关系转移接续手续的，军人退役基本养老保险补助年限与入伍前和退出现役后参加企业职工或者机关事业单位基本养老保险的缴费年限合并计算。军人退出现役后参加机关事业单位基本养老保险的，2014年10月1日前的军人服现役年限视同机关事业单位基本养老保险缴费年限。军人退役基本养老保险补助年限（含视同缴费年限）计算为军人退役时首次安置地企业职工或者机关事业单位基本养老保险参保缴费年限。

（2）待遇兑付。军人退出现役后参加基本养老保险，达到法定退休年龄和国家规定的基本养老保险待遇领取条件的，按照待遇领取地有关规定享受相应的基本养老保险待遇。军人服现役期间死亡的，由所在单位财务部门按照退出现役后参加企业职工基本养老保险的军人退役基本养老保险补助计算办法，将其服现役期间应当计算的退役养老保险个人缴费及利息一次算清，发给其合法继承人。

（三）退役军人职业年金转接

根据《军人保险法》及《关于军人职业年金转移接续有关问题的通知》（后财〔2015〕1727号）的规定，对退役军人职业年金关系转接办法介绍如下。

1. 负责部门与行政区划代码

军队各级后勤（联勤、保障）机关财务部门（以下简称财务部门），负责军人职业年金补助的计算、审核、划转工作。各级人民政府人力资源社会保障部门负责军人职业年金补助的接收工作。各级人民政府财政部门按职责做好军人职业年金转移接续的相关工作。军人所在单位财务部门在开具转移凭证时，军人服现役期间的行政区划代码统一填写为"910000"，转入地社会保险经办机构据此做好人员身份标识。

2. 分类转接办法

军人入伍前已经参加机关事业单位职业年金或者企业年金的，其个人账户资金不转移到军队，由原年金管理机构继续管理运营。军人退出现役后参加机关事业单位职业年金或者企业年金的，按照国家规定办理原职业年金或者企业年金个人账户的转移接续手续。

（1）计划分配到机关事业单位工作者。

县级以上社会保险经办机构应将经办机关事业单位养老保险的社会保险经办机构的通信地址、职业年金银行账户信息等，上报人力资源社会保障部，并及时报告信息变更情况。人力资源社会保障部社会保险事业管理中心与总后勤部军人保险基金管理中心建立社会保险经办机构信息交换机制；总后勤部军人保险基金管理中心负责将相关信息分发军队各级财务部门。

由军人所在单位财务部门依据军人退役命令，安置地军队转业干部安置工作部门或者退役士兵安置工作主管部门的报到通知，以及军队团级以上单位司令机关军务部门或者政治机关干部部门的审核认定意见，开具《军人职业年金缴费凭证》，将军人职业年金补助资金通过银行汇至退役军人安置地负责机关事业单位养老保险的县级以上社会保险经办机构职业年金银行账户，并将《军人职业年金缴费凭证》和银行受理回执一并交给本人。军人所在单位财务部门同时向退役军人安置地负责机关事业单位养老保险的县级以上社会保险经办机构邮寄《军人职业年金缴费凭证》。

军人退出现役到接收安置单位报到后，将《军人职业年金缴费凭证》和银行受理回执交给接收安置单位,由接收安置单位负责办理军人职业年金转移接续手续。

(2)计划分配到企业工作者。

计划分配到企业工作的军队转业干部和军队复员干部,以及由人民政府安排到企业工作和自主就业的退役士兵,由军人所在单位财务部门依据军人退役命令、安置地军队转业干部安置工作部门的报到通知,开具《军人职业年金缴费凭证》,将军人职业年金补助资金交给本人。军人退出现役后,用人单位建立企业年金的,本人应将《军人职业年金缴费凭证》和军人职业年金补助资金交给用人单位,由用人单位负责办理相关转移接续手续。

(3)自主择业者。

军官、文职干部退出现役自主择业,由安置地政府逐月发给退役金,退出现役时不给予军人职业年金补助。自主择业的军队转业干部被党和国家机关、人民团体或者财政拨款的事业单位选用为正式工作人员的,从下月起停发退役金,按照国家规定参加机关事业单位养老保险。本通知施行后在军队服现役期间的职业年金补助,由军队转业干部安置工作部门根据《军队自主择业转业干部缴费工资基数表》,以其在军队服现役期间各年度月缴费工资之和为基数,通过退役金拨付渠道申请12%的职业年金补助,拨付至其单位所在地社会保险经办机构,所需经费由中央财政解决。

3. 待遇兑付办法

军人退出现役后达到国家规定的退休条件并依法办理退休手续后,按照国家规定参加职业年金或者企业年金的可享受相应的待遇。

军人退出现役采取退休、供养方式安置,入伍前已参加机关事业单位职业年金或者企业年金的,达到法定退休年龄时,经本人申请,由原参保地社会保险经办机构依据军人所在团级以上单位出具的《军人退休(供养)证明》,按照有关规定支付年金待遇。

军人服现役期间死亡的,由所在单位财务部门将其2014年10月1日后服现役期间应当计算的军人职业年金补助及利息一次算清,发给其合法继承人。

三、军人退役医疗保险

退役医疗保险是为了保障军人退出现役后享有国家规定的医疗保险待遇,维护军人权益,激励军人安心服役而建立的一种军人保险制度。军人退役医疗保险遵循"只积累不消费"的原则,即军人在服役期间享受军队的公费医疗,退役后将保险金移交地方或发给本人,以满足与地方基本医疗保险制度相衔接。军人退役医疗保险实质上是在军人公费医疗基础上建立的一种补充性医疗保险。相关的政策性文件主要有2000年1月1日起施行的《军人退役医疗保险暂行办法》,2000年5月发布实施的《关于军地医疗保险个人账户转移办法的通知》,2006年9月1日起实施《关于军人退役医疗保险若干问题处理意见的通知》。

(一)保险对象

根据《军人保险法》的规定,参加军人退役医疗保险的军官、文职干部和士官应当缴纳军人退役医疗保险费,国家按照个人缴纳的军人退役医疗保险费的同等数额给予补助;义务兵和供给制学员不缴纳军人退役医疗保险费，国家按照规定的标准给予军人退役医疗保险补助。《军人退役医疗保险暂行办法》规定，军队军以上干部、移交政府安置的离退休干部暂不参加退役医疗保险，退役医疗保险的对象为"师职以下现役军官、局级和专业技术四级以下文职干部、士官、义务兵和具有军籍的学员"。

移交政府安置的军队离休人员和退出现役的二等乙级以上革命伤残军人的医疗待遇，按照国务院、中央军委的有关规定执行。移交政府安置的军队退休干部、士官的医疗待遇政策，由军队有关部门商国务院有关部门另行制定。军官、文职干部晋升为军职或者享受军职待遇的，不再缴纳退役医疗保险费，个人缴纳的退役医疗保险费连同利息一并退还本人。缴纳退役医疗保险费后致残的二等乙级以上革命伤残军人，退还个人缴纳的退役医疗保险费及利息。义务兵、供给制学员不缴纳退役医疗保险费，服役期间不建立退役医疗保险个人账户。义务兵退出现役时，按照上一年度全国城镇职工平均工资收入的1.6%乘以服役年数的计算公式计付军人退役医疗保险金。

《关于军人退役医疗保险若干问题处理意见的通知》对退役医疗保险的对象做出进一步规范：士官考取军队院校后，所在单位联（后）勤财务部门应将其退役医疗保险个人账户转入军队院校财务部门。执行供给制学员待遇的，个人账户由军队院校续建后予以冻结；执行士官待遇的，个人账户由军队院校按规定续建和管理，本人按规定缴纳军人退役医疗保险费，国家按个人缴费的同等数额给予补助。毕业时，军队院校财务部门将其退役医疗保险关系转移到接收单位。批准转业、复员暂未离队仍在军队领取工资的军官、文职干部和士官，继续参加军人退役医疗保险，按规定缴纳军人退役医疗保险费，国家按个人缴费的同等数额给予补助。被取消军官、文职干部身份或士官资格，改按义务兵退伍，以及被开除军籍的军官、文职干部和士官，其军人退役医疗保险金按本人退役医疗保险个人账户本金和利息给付。义务兵被除名或开除军籍的，不享受军人退役医疗保险待遇。

（二）缴费与补助标准

根据《军人保险法》的规定，军人退役医疗保险个人缴费标准和国家补助标准，由中国人民解放军总后勤部会同国务院有关部门，按照国家规定的缴费比例、军人工资水平等因素确定。《军人退役医疗保险暂行办法》规定，师职以下现役军官、局级和专业技术四级以下文职干部和士官，每人每月按照本人工资收入1%的数额缴纳退役医疗保险费。国家按照军人缴纳的退役医疗保险费的同等数额，给予军人退役医疗补助。军人缴纳的退役医疗保险费和国家给予的军人退役医疗补助，由其所在单位后勤（联勤）机关财务部门逐月计入本人的退役医疗保险个人账户。军人退役医疗保险个人账户资金的利息每年计算一次，计入军人退役医疗保险个人账户。军人退役医疗保险个人账户资金的利率，由中国人民解放军总后勤部根据中国人民银行公布的相应利率确定。

2006年9月1日起，根据解放军总后勤部发布的《关于军人退役医疗保险若干问题处理意见的通知》，军人退役医疗保险个人缴费标准进行调整，调整的标准为：正师职（专业技术4-6级，正局级）的月标准为30元，以下按职务等级依次递减，排职（专业技术14级，办事员)为 12 元;六级士官的月标准为 20 元,以下按军衔等级依次递减,一级士官为 8 元。国家按个人缴费的同等数额,给予军人退役医疗保险补助,逐月记入个人账户。

(三)入伍前后医疗保险关系的转接

根据《军人保险法》的规定,军人入伍前已经参加基本医疗保险的,由地方社会保险经办机构和军队后勤(联勤)机关财务部门办理基本医疗保险关系转移接续手续。《军人退役医疗保险暂行办法》规定,从地方直接招收的军官、文职干部和士官入伍时由地方社会保险经办机构将其基本医疗保险个人账户结余部分转入接收单位后勤(联勤)机关财务部门,计入本人的退役医疗保险个人账户,并逐级上交中国人民解放军总后勤部。

(四)退役后医疗保险关系的转接

根据《军人保险法》的规定,军人退出现役后参加职工基本医疗保险的,由军队后勤(联勤)机关财务部门将军人退役医疗保险关系和相应资金转入地方社会保险经办机构,地方社会保险经办机构办理相应的转移接续手续。军人服现役年限视同职工基本医疗保险缴费年限,与入伍前和退出现役后参加职工基本医疗保险的缴费年限合并计算。《军人退役医疗保险暂行办法》规定,军人退出现役后,按照国家规定不参加城镇职工基本医疗保险的,由军人所在单位后勤(联勤)机关财务部门将军人退役医疗保险金发给本人;按照国家规定应当参加城镇职工基本医疗保险的,由军人所在单位后勤(联勤)机关财务部门将军人退役医疗保险金转入军人安置地的社会保险经办机构。《军人保险法》同时规定,军人退出现役后参加新型农村合作医疗或者城镇居民基本医疗保险的,按照国家有关规定办理。

为保证六级以上残疾军人退出现役后与地方基本医疗保险制度接轨,《关于军人退役医疗保险若干问题处理意见的通知》要求,在 2006 年 9 月 1 日前被评定为六级以上残疾等级且已退还个人缴费的军官、文职干部和士官,所在单位联(后)勤财务部门从 10 月起负责为其重新建立军人退役医疗保险个人账户,每月按规定数额缴纳军人退役医疗保险费;在 9 月 1 日后被评定为六级以上残疾等级的军官、文职干部和士官,不再退还个人缴纳的军人退役医疗保险费,每月按规定数额继续缴纳军人退役医疗保险费。国家按个人缴费的同等数额给予补助,并记入个人账户。被评定为六级以上残疾等级的军官、文职干部和士官退出现役时,由所在单位联(后)勤财务部门按《关于军地医疗保险个人账户转移办法的通知》规定,办理保险关系转移和保险金给付手续。

(五)退役医疗保险个人账户

《军人退役医疗保险暂行办法》规定,中国人民解放军根据国家的有关规定,为军人建立退役医疗保险个人账户。各级后勤(联勤)机关按照职责分工,负责军人退役医疗保险个人账户的建立和基金的筹集、管理、支付。军人牺牲或者病故的,其退役医疗保险个人账户资金可以依法继承。

按照《关于军地医疗保险个人账户转移办法的通知》的要求,军官、文职干部和士官退出现役时,接收安置地区已实行城镇职工基本医疗保险制度的,由所在单位后勤财务部门填写《军人退役医疗保险个人账户转移凭证》,交给本人,并及时将本人退役医疗保险个人账户资金从银行汇至接收安置地区的社会保险经办机构。城镇入伍的义务兵退出现役时,接收安置地区已明确其工作单位的,由所在单位后勤财务部门填写《义务兵退役医疗保险金转移凭证》,交给本人,并及时将本人退役医疗保险金从银行汇至接收安置地区的社会保险经办机构。军人退出现役时,按照国家规定不参加城镇职工基本医疗保险的,由所在单位后勤财务部门填写《军官、文职干部和士官退役医疗保险金给付表》或者《义务兵退役医疗保险金给付表》,将个人账户资金发给个人。

军人退出现役后,应当将本人所持的《军人退役医疗保险个人账户转移凭证》或者《义务兵退役医疗保险金转移凭证》交给接收单位,由接收单位为其办理城镇职工基本医疗保险个人账户落户手续。接收安置地区的社会保险经办机构应当在收到接收单位或者退役军人个人提供的转移凭证后20天内,按照城镇职工基本医疗保险管理的有关规定,为退役军人建立(或续接)城镇职工基本医疗保险个人账户。

从地方直接招收的军官、文职干部和士官,入伍前参加城镇职工基本医疗保险的,入伍地社会保险经办机构应按有关规定向入伍者所到部队后勤财务部门提供基本医疗保险个人账户转移证明,并将基本医疗保险个人账户结余资金经银行汇至入伍者所到部队后勤财务部门。部队后勤财务部门收到从地方直接招收的军官、文职干部和士官的基本医疗保险个人账户转移证明后,应当在15天内为其建立军人退役医疗保险个人账户,并将转入的基本医疗保险个人账户资金逐级上交中国人民解放军总后勤部军人保险基金管理中心。

义务兵入伍前参加城镇职工基本医疗保险的,入伍时由当地社会保险经办机构将个人账户封存。退伍回到原入伍地区就业后,由当地社会保险经办机构启封个人账户;异地安置的,由接收安置地区的社会保险经办机构通知原入伍地区的社会保险经办机构办理个人账户转移手续。提升为军官、文职干部和选取为士官的,由所在单位后勤财务部门通知入伍地区的社会保险经办机构办理个人账户转移手续。

四、随军未就业的军人配偶保险

随军未就业的军人配偶保险是为了解决军人配偶随军未就业期间的基本生活保障和社会保险补贴待遇及关系衔接问题而建立的一种军人保险制度。《军人保险法》对随军未就业的军人配偶保险做出了专门规定,相关的规范性文件还有2004年1月1日开始实施的《军人配偶随军未就业期间社会保险暂行办法》。

(一)缴费与补助办法

《军人保险法》第二十五条规定,国家为随军未就业的军人配偶建立养老保险、医疗保险等;随军未就业的军人配偶参加保险,应当缴纳养老保险费和医疗保险费,国家给予相应的补助。随军未就业的军人配偶保险个人缴费标准和国家补助标准,按照国家有关规定执行。《军人配偶随军未就业期间社会保险暂行办法》规定,国家建立军人配偶随军未就业期间基本生活补贴制度和养老、医疗保险个人账户,并给予个人账户补贴。

随军未就业的军人配偶的养老保险个人缴费和国家给予个人账户补贴的比例，根据企业职工个人缴费比例的变动情况，由总后勤部商国务院有关部门适时调整。缴费基数参照上年度全国城镇职工月平均工资 60%的比例确定。军人所在单位后勤机关为未就业随军配偶建立医疗保险个人账户，医疗保险个人账户资金由个人和国家共同负担。未就业随军配偶按照本人基本生活补贴标准全额 1%的比例缴费，国家按照其缴纳的同等数额给予个人账户补贴。养老、医疗保险个人账户资金中个人缴费部分，由军人所在单位后勤机关在发放基本生活补贴时代扣代缴；中央财政安排的资金，由总后勤部列入年度军费预算，中央财政每年予以拨付。军人配偶随军未就业期间养老、医疗保险个人账户资金必须存入国有商业银行，专户存储，所得利息直接记入个人账户。

军人配偶随军未就业期间基本生活补贴按照下列标准，由军人所在单位后勤机关按月发放。① 驻国家确定的一、二类艰苦边远地区和军队确定的三类岛屿，以及一般地区部队的军人，其配偶随军未就业期间基本生活补贴标准，为每人每月 320 元。② 驻国家确定的三、四类艰苦边远地区和军队确定的特、一、二类岛屿部队的军人，其配偶随军未就业期间基本生活补贴标准，为每人每月 410 元。驻国家确定的一、二类艰苦边远地区和军队确定的三类岛屿部队的军人，其配偶随军未就业期间领取基本生活补贴标准全额的期限最长为 60 个月；驻一般地区部队的军人，其配偶随军未就业期间领取基本生活补贴标准全额的期限最长为 36 个月。未就业随军配偶领取基本生活补贴标准全额期满后，按本人基本生活补贴标准 8%的比例逐年递减。递减后的基本生活补贴最低标准，由总后勤部参照省会城市失业保险金标准确定。驻国家确定的三、四类艰苦边远地区和军队确定的特、一、二类岛屿部队的军人，其配偶随军未就业期间基本生活补贴标准不实行递减。

未就业随军配偶享受本办法规定的基本生活补贴和养老、医疗保险个人账户补贴待遇，应当向军人所在单位政治机关提出书面申请。由军人所在单位政治机关会同后勤机关在 10 个工作日内完成初审。对符合条件的，经军人所在单位军政主官审查同意后，按隶属关系逐级上报正师级（含）以上单位政治机关。正师级以上单位政治机关应当会同后勤机关在 10 个工作日内完成审核；对符合条件的，办理批准手续，并逐级报军区级单位政治机关和后勤机关备案。

（二）享受国家补助的条件

随军配偶符合下列条件之一的（以下称未就业随军配偶），依照本办法规定享受基本生活补贴和养老、医疗保险个人账户补贴待遇：① 随军前未就业、经批准随军随队后未就业且无收入的；② 随军前已就业但未参加基本养老保险、经批准随军随队后未就业且无收入的；③ 经批准随军随队后未就业且无收入，已参加基本养老保险，并将基本养老保险关系和个人账户资金转入军队的。

《军人保险法》规定，地方政府和有关部门应当为随军未就业的军人配偶提供就业指导、培训等方面的服务；随军未就业的军人配偶无正当理由拒不接受当地政府就业安置，或者无正当理由拒不接受当地政府指定部门、机构介绍的适当工作、提供的就业培训的，停止给予保险缴费补助。《军人配偶随军未就业期间社会保险暂行办法》规定，有下列情形之一的，停止享受军人配偶随军未就业期间基本生活补贴和养老、医疗保险个人账户补贴待遇：① 未就业随军配偶已就业且有收入的；② 未就业随军配偶无正当理由，拒不接受当地人民政府有关部门或者机构安排工作的；③ 未就业随军配偶出国定居或者移居港、澳、台地区的；④ 未就业随军配偶与军人解除婚姻关系的；⑤ 未就业随军配偶被判刑收监执行的；⑥ 军人被取消军籍的；⑦ 军人退出现役的；⑧ 军人死亡的。

（三）保险关系的转接

《军人保险法》规定，随军未就业的军人配偶随军前已经参加社会保险的，由地方社会保险经办机构和军队后勤（联勤）机关财务部门办理保险关系转移接续手续。《军人配偶随军未就业期间社会保险暂行办法》规定，未就业随军配偶随军随队前已经参加地方养老保险的，养老保险关系和个人账户资金转入手续，按以下规定办理。① 未就业随军配偶随军随队前，已经参加地方企业职工基本养老保险或机关事业单位养老保险并建立个人账户的，按照国家关于职工跨统筹地区调动的有关规定，由地方社会保险经办机构将其基本养老保险关系和个人账户资金转入军人所在单位后勤机关。② 未就业随军配偶随军随队前，已经参加地方机关事业单位养老保险但未建立个人账户的，以及在未实行养老保险的机关事业单位工作的，按本办法建立养老保险个人账户。其中，已参加养老保险的，由地方社会保险经办机构将其养老保险关系转入军人所在单位后勤机关。③ 军人所在单位后勤机关应当及时为未就业随军配偶接续基本养老保险关系，并建立养老保险个人账户。

《军人保险法》规定，随军未就业的军人配偶实现就业或者军人退出现役时，由军队后勤（联勤）机关财务部门将其养老保险、医疗保险关系和相应资金转入地方社会保险经办机构，地方社会保险经办机构办理相应的转移接续手续。军人配偶在随军未就业期间的养老保险、医疗保险缴费年限与其在地方参加职工基本养老保险、职工基本医疗保险的缴费年限合并计算。

《军人配偶随军未就业期间社会保险暂行办法》规定，未就业随军配偶实现就业并参加养老保险的，养老保险关系和个人账户资金转出手续，按以下规定办理：① 未就业随军配偶就业后，参加基本养老保险的，按照国家关于职工跨统筹地区调动的有关规定，由军人所在单位后勤机关办理养老保险关系和个人账户资金转出手续；② 未就业随军配偶在机关事业单位就业，执行机关事业单位的退休养老制度；③ 未就业随军配偶在军队期间建立养老保险个人账户后的缴费年限，与到地方后参加养老保险的缴费年限合并计算；④ 地方社会保险行政部门及其社会保险经办机构，应当及时按规定办理未就业随军配偶养老保险关系和个人账户接续工作。

未就业随军配偶在就业或者军人退出现役随迁后，按照规定应当参加接收地基本医疗保险的，由军人所在单位后勤机关将其医疗保险个人账户资金转入接收地社会保险经办机构，再由接收地社会保险经办机构并入本人基本医疗保险个人账户。按照规定不参加接收地基本医疗保险的，其医疗保险个人账户资金由军人所在单位后勤机关一次性发给本人。

《军人保险法》规定，随军未就业的军人配偶达到国家规定的退休年龄时，按照国家有关规定确定退休地，由军队后勤（联勤）机关财务部门将其养老保险关系和相应资金转入退休地社会保险经办机构，享受相应的基本养老保险待遇。《军人配偶随军未就业期间社会保险暂行办法》规定，随军前或随军期间有工作且参加失业保险的未就业随军配偶，在军人退出现役随迁后没有就业的，可按规定享受失业保险待遇。享受期限按其本人实际缴费年限和国家规定计算的工龄累计确定。

第二节 军人优抚

军人优抚制度是军人保障的传统形式。中华人民共和国成立后,分别在 1950 年、1988 年、2004 年、2011 年四次制定或修改关于军人优抚的专门法规。现行的《军人抚恤优待条例》根据国务院、中央军事委员会于 2011 年 7 月 29 日发布的《关于修改〈军人抚恤优待条例〉的决定》做了最新修订,共分为 6 章 54 条,包括死亡抚恤、残疾抚恤、优待等内容。中国人民解放军现役军人(以下简称现役军人)、服现役或者退出现役的残疾军人以及复员军人、退伍军人、烈士遗属、因公牺牲军人遗属、病故军人遗属、现役军人家属,是本条例规定的抚恤优待对象,依照本条例的规定享受抚恤优待。军人的抚恤优待,实行国家和社会相结合的方针,保障军人的抚恤优待与国民经济和社会发展相适应,保障抚恤优待对象的生活不低于当地的平均生活水平。这里所称的复员军人,是指在 1954 年 10 月 31 日之前入伍、后经批准从部队复员的人员;带病回乡退伍军人,是指在服现役期间患病,尚未达到评定残疾等级条件并有军队医院证明,从部队退伍的人员。

一、死亡抚恤

死亡抚恤是指现役军人死亡被批准为烈士、被确认为因公牺牲或者病故后,其遗属依法享受的抚恤待遇。

(一)死亡抚恤的分类

依照《军人抚恤优待条例》的规定,现役军人的死亡抚恤分为被批准为烈士、被确认为因公牺牲、病故三类,其确认办法分别如下。

1. 烈士的确认

现役军人死亡,符合下列情形之一的,批准为烈士:① 对敌作战死亡,或者对敌作战负伤在医疗终结前因伤死亡的;② 因执行任务遭敌人或者犯罪分子杀害,或者被俘、被捕后不屈遭敌人杀害或者被折磨致死的;③ 为抢救和保护国家财产、人民生命财产或者执行反恐怖任务和处置突发事件死亡的;④ 因执行军事演习、战备航行飞行、空降和导弹发射训练、试航试飞任务以及参加武器装备科研试验死亡的;⑤ 在执行外交任务或者国家派遣的对外援助、维持国际和平任务中牺牲的;⑥ 其他死难情节特别突出,堪为楷模的。现役军人在执行对敌作战、边海防执勤或者抢险救灾任务中失踪,经法定程序宣告死亡的,按照烈士对待。批准烈士,属于因战死亡的,由军队团级以上单位政治机关批准;属于非因战死亡的,由军队军级以上单位政治机关批准;属于"其他死难情节特别突出,堪为楷模"的,由中国人民解放军总政治部批准。

2. 因公牺牲的确认

现役军人死亡，符合下列情形之一的，确认为因公牺牲：① 在执行任务中或者在上下班途中，由于意外事件死亡的；② 被认定为因战、因公致残后因旧伤复发死亡的；③ 因患职业病死亡的；④ 在执行任务中或者在工作岗位上因病猝然死亡，或者因医疗事故死亡的；⑤ 其他因公死亡的。现役军人在执行对敌作战、边海防执勤或者抢险救灾以外的其他任务中失踪，经法定程序宣告死亡的，按照因公牺牲对待。现役军人因公牺牲，由军队团级以上单位政治机关确认；属于"其他因公死亡"情形的，由军队军级以上单位政治机关确认。

3. 病故的确认

现役军人除因患职业病死亡和在执行任务中或者在工作岗位上因病猝然死亡（或者因医疗事故死亡）可以确认为因公牺牲以外，因其他疾病死亡的，确认为病故。现役军人非执行任务死亡或者失踪，经法定程序宣告死亡的，按照病故对待。现役军人病故，由军队团级以上单位政治机关确认。

对烈士遗属、因公牺牲军人遗属、病故军人遗属，由县级人民政府民政部门分别发给《中华人民共和国烈士证明书》《中华人民共和国军人因公牺牲证明书》《中华人民共和国军人病故证明书》。现役军人死亡被批准为烈士的，依照《烈士褒扬条例》的规定发给烈士遗属烈士褒扬金。

（二）死亡抚恤金的标准

1. 一次性抚恤金

一次性抚恤金发给烈士、因公牺牲军人、病故军人的父母（抚养人）、配偶、子女；没有父母（抚养人）、配偶、子女的，发给未满18周岁的兄弟姐妹和已满18周岁但无生活费来源且由该军人生前供养的兄弟姐妹。

现役军人死亡，根据其死亡性质和死亡时的月工资标准，由县级人民政府民政部门发给其遗属一次性抚恤金，标准是：烈士和因公牺牲的，为上一年度全国城镇居民人均可支配收入的20倍加本人40个月的工资；病故的，为上一年度全国城镇居民人均可支配收入的2倍加本人40个月的工资。月工资或者津贴低于排职少尉军官工资标准的，按照排职少尉军官工资标准计算。

获得荣誉称号或者立功的烈士、因公牺牲军人、病故军人，其遗属在应当享受的一次性抚恤金的基础上，由县级人民政府民政部门按照下列比例增发一次性抚恤金：① 获得中央军事委员会授予荣誉称号的，增发35%；② 获得军队军区级单位授予荣誉称号的，增发30%；③ 立一等功的，增发25%；④ 立二等功的，增发15%；⑤ 立三等功的，增发5%。多次获得荣誉称号或者立功的烈士、因公牺牲军人、病故军人，其遗属由县级人民政府民政部门按照其中最高等级奖励的增发比例，增发一次性抚恤金。

对生前作出特殊贡献的烈士、因公牺牲军人、病故军人，除按照《军人抚恤优待条例》规定发给其遗属一次性抚恤金外，军队可以按照有关规定发给其遗属一次性特别抚恤金。

2. 定期抚恤金

对符合下列条件之一的烈士遗属、因公牺牲军人遗属、病故军人遗属，发给定期抚恤金：

① 父母（抚养人）、配偶无劳动能力、无生活费来源，或者收入水平低于当地居民平均生活水平的；② 子女未满 18 周岁或者已满 18 周岁但因上学或者残疾无生活费来源的；③ 兄弟姐妹未满 18 周岁或者已满 18 周岁但因上学无生活费来源且由该军人生前供养的。对符合享受定期抚恤金条件的遗属，由县级人民政府民政部门发给《定期抚恤金领取证》。

定期抚恤金标准应当参照全国城乡居民家庭人均收入水平确定。定期抚恤金的标准及其调整办法，由国务院民政部门会同国务院财政部门规定。县级以上地方人民政府对依靠定期抚恤金生活仍有困难的烈士遗属、因公牺牲军人遗属、病故军人遗属，可以增发抚恤金或者采取其他方式予以补助，保障其生活不低于当地的平均生活水平。享受定期抚恤金的烈士遗属、因公牺牲军人遗属、病故军人遗属死亡的，增发 6 个月其原享受的定期抚恤金，作为丧葬补助费，同时注销其领取定期抚恤金的证件。

现役军人失踪，经法定程序宣告死亡的，在其被批准为烈士、确认为因公牺牲或者病故后，又经法定程序撤销对其死亡宣告的，由原批准或者确认机关取消其烈士、因公牺牲军人或者病故军人资格，并由发证机关收回有关证件，终止其家属原享受的抚恤待遇。

二、残疾抚恤

残疾抚恤是指现役军人被认定为因战致残、因公致残或者因病致残后依法享受的抚恤待遇。

（一）致残性质的分类

依照《军人抚恤优待条例》的规定，残疾抚恤划分为因战致残、因公致残、因病致残三类，其具体的确认办法如下。

1. 因战致残的认定

现役军人因下列情形之一导致残疾的，认定为因战致残：① 对敌作战致残的；② 因执行任务遭敌人或者犯罪分子杀害，或者被俘、被捕后不屈遭敌人杀害或者被折磨致残的；③ 为抢救和保护国家财产、人民生命财产或者执行反恐怖任务和处置突发事件致残的；④ 因执行军事演习、战备航行飞行、空降和导弹发射训练、试航试飞任务以及参加武器装备科研试验致残的；⑤ 在执行外交任务或者国家派遣的对外援助、维持国际和平任务中致残的；⑥ 其他致残情节特别突出，堪为楷模的。

2. 因公致残的认定

现役军人因下列情形之一导致残疾的，认定为因公致残：① 在执行任务中或者在上下班途中，由于意外事件致残的；② 被认定为因战、因公致残后因旧伤复发的；③ 因患职业病致残的；④ 在执行任务中或者在工作岗位上因病或者因医疗事故致残的；⑤ 其他因公致残的。

3. 因病致残的认定

义务兵和初级士官除因患职业病致残和在执行任务中或者在工作岗位上因病或者因医疗事故致残以外的疾病导致残疾的，应认定为因病致残。

（二）残疾等级评定

1. 残疾等级划分与评定标准

军人残疾的等级，根据劳动功能障碍程度和生活自理障碍程度确定，由重到轻分为一级至十级。残疾等级的具体评定标准由国务院民政部门、人力资源社会保障部门、卫生部门会同军队有关部门规定。

2. 残疾等级的评定、补评与重评

现役军人因战、因公致残，医疗终结后符合评定残疾等级条件的，应当评定残疾等级。义务兵和初级士官因病致残符合评定残疾等级条件，本人（精神病患者由其利害关系人）提出申请的，也应当评定残疾等级。现役军人因战、因公致残，未及时评定残疾等级，退出现役后或者医疗终结满3年后，本人（精神病患者由其利害关系人）申请补办评定残疾等级，有档案记载或者有原始医疗证明的，可以评定残疾等级。现役军人被评定残疾等级后，在服现役期间或者退出现役后残疾情况发生严重恶化，原定残疾等级与残疾情况明显不符，本人（精神病患者由其利害关系人）申请调整残疾等级的，可以重新评定残疾等级。

3. 致残性质认定和残疾等级评定权限

因战、因公、因病致残性质的认定和残疾等级的评定权限是：① 义务兵和初级士官的残疾，由军队军级以上单位卫生部门认定和评定；② 现役军官、文职干部和中级以上士官的残疾，由军队军区级以上单位卫生部门认定和评定；③ 退出现役的军人和移交政府安置的军队离休、退休干部需要认定残疾性质和评定残疾等级的，由省级人民政府民政部门认定和评定。评定残疾等级，应当依据医疗卫生专家小组出具的残疾等级医学鉴定意见。残疾军人由认定残疾性质和评定残疾等级的机关发给《中华人民共和国残疾军人证》。

（三）残疾抚恤待遇

因战、因公致残，残疾等级被评定为一级至十级的，享受抚恤；因病致残，残疾等级被评定为一级至六级的，享受抚恤。

1. 残疾抚恤金

残疾抚恤金是国家给予残疾军人的生活保障待遇。退出现役的残疾军人，按照残疾等级享受残疾抚恤金。残疾抚恤金由县级人民政府民政部门发给。因工作需要继续服现役的残疾军人，经军队军级以上单位批准，由所在部队按照规定发给残疾抚恤金。残疾军人的抚恤金标准应当参照全国职工平均工资水平确定。残疾抚恤金的标准以及一级至十级残疾军人享受残疾抚恤金的具体办法,由国务院民政部门会同国务院财政部门规定。县级以上地方人民政府对依靠残疾抚恤金生活仍有困难的残疾军人,可以增发残疾抚恤金或者采取其他方式予以补助,保障其生活不低于当地的平均生活水平。

2. 遗属抚恤金与丧葬补助费

退出现役的因战、因公致残的残疾军人因旧伤复发死亡的,由县级人民政府民政部门按照因公牺牲军人的抚恤金标准发给其遗属一次性抚恤金,其遗属享受因公牺牲军人遗属抚恤待遇。退出现役的因战、因公、因病致残的残疾军人因病死亡的,对其遗属增发12个月的残疾抚恤金,作为丧葬补助费;其中,因战、因公致残的一级至四级残疾军人因病死亡的,其遗属享受病故军人遗属抚恤待遇。

3. 国家供养与护理费

退出现役的一级至四级残疾军人,由国家供养终身;其中,对需要长年医疗或者独身一人不便分散安置的,经省级人民政府民政部门批准,可以集中供养。对分散安置的一级至四级残疾军人发给护理费,护理费的标准为:① 因战、因公一级和二级残疾的,为当地职工月平均工资的50%;② 因战、因公三级和四级残疾的,为当地职工月平均工资的40%;③ 因病一级至四级残疾的,为当地职工月平均工资的30%。退出现役的残疾军人的护理费,由县级以上地方人民政府民政部门发给;未退出现役的残疾军人的护理费,经军队军级以上单位批准,由所在部队发给。

4. 辅助器械费用

残疾军人需要配制假肢、代步三轮车等辅助器械,正在服现役的,由军队军级以上单位负责解决;退出现役的,由省级人民政府民政部门负责解决。

三、军人及军属优待

优待是面向军人及其亲属的一种特殊福利,依照《军人抚恤优待条例》的规定,主要包括生活优待、医疗优待、交通优待等内容。

(一) 生活优待

义务兵服现役期间,其家庭由当地人民政府发给优待金或者给予其他优待,优待标准不低于当地平均生活水平。义务兵和初级士官入伍前是国家机关、社会团体、企业事业单位职工(含合同制人员)的,退出现役后,允许复工复职,并享受不低于本单位同岗位(工种)、同工龄职工的各项待遇;服现役期间,其家属继续享受该单位职工家属的有关福利待遇。义务兵和初级士官入伍前的承包地(山、林)等,应当保留;服现役期间,除依照国家有关规定和承包合同的约定缴纳有关税费外,免除其他负担。义务兵从部队发出的平信,免费邮递。

残疾军人、复员军人、带病回乡退伍军人、因公牺牲军人遗属、病故军人遗属承租、购买住房依照有关规定享受优先、优惠待遇。居住农村的抚恤优待对象住房有困难的，由地方人民政府帮助解决。具体办法由省、自治区、直辖市人民政府规定。

复员军人生活困难的，按照规定的条件，由当地人民政府民政部门给予定期定量补助，逐步改善其生活条件。国家兴办优抚医院、光荣院，治疗或者集中供养孤老和生活不能自理的抚恤优待对象。各类社会福利机构应当优先接收抚恤优待对象。

（二）医疗优待

国家对一级至六级残疾军人的医疗费用按照规定予以保障，由所在医疗保险统筹地区社会保险经办机构单独列账管理。具体办法由国务院民政部门会同国务院人力资源社会保障部门、财政部门规定。七级至十级残疾军人旧伤复发的医疗费用，已经参加工伤保险的，由工伤保险基金支付；未参加工伤保险，有工作的由工作单位解决，没有工作的由当地县级以上地方人民政府负责解决。七级至十级残疾军人旧伤复发以外的医疗费用，未参加医疗保险且本人支付有困难的，由当地县级以上地方人民政府酌情给予补助。

残疾军人、复员军人、带病回乡退伍军人以及因公牺牲军人遗属、病故军人遗属享受医疗优惠待遇。具体办法由省、自治区、直辖市人民政府规定。中央财政对抚恤优待对象人数较多的困难地区给予适当补助，用于帮助解决抚恤优待对象的医疗费用困难问题。在国家机关、社会团体、企业事业单位工作的残疾军人，享受与所在单位工伤人员同等的生活福利和医疗待遇。所在单位不得因其残疾将其辞退、解聘或者解除劳动关系。

（三）亲属优待

因公牺牲军人、病故军人的子女、兄弟姐妹，本人自愿应征并且符合征兵条件的，优先批准服现役。残疾军人、因公牺牲军人子女、一级至四级残疾军人的子女，驻边疆国境的县（市）、沙漠区、国家确定的边远地区中的三类地区和军队确定的特、一、二类岛屿部队现役军人的子女报考普通高中、中等职业学校、高等学校，在录取时按照国家有关规定给予优待；接受学历教育的，在同等条件下优先享受国家规定的各项助学政策。现役军人子女的入学、入托，在同等条件下优先接收。具体办法由国务院民政部门会同国务院教育部门规定。

经军队师（旅）级以上单位政治机关批准随军的现役军官家属、文职干部家属、士官家属，由驻军所在地的公安机关办理落户手续。随军前是国家机关、社会团体、企业事业单位职工的，驻军所在地人民政府人力资源社会保障部门应当接收和妥善安置；随军前没有工作单位的，驻军所在地人民政府应当根据本人的实际情况作出相应安置；对自谋职业的，按照国家有关规定减免有关费用。

驻边疆国境的县（市）、沙漠区、国家确定的边远地区中的三类地区和军队确定的特、一、二类岛屿部队的现役军官、文职干部、士官，其符合随军条件无法随军的家属，所在地人民政府应当妥善安置，保障其生活不低于当地的平均生活水平。随军的烈士遗属、因公牺牲军人遗属和病故军人遗属移交地方人民政府安置的，享受本条例和当地人民政府规定的抚恤优待。

（四）交通等其他优待

现役军人凭有效证件、残疾军人凭《中华人民共和国残疾军人证》优先购票乘坐境内运行的火车、轮船、长途公共汽车以及民航班机；残疾军人享受减收正常票价50%的优待。现役军人凭有效证件乘坐市内公共汽车、电车和轨道交通工具享受优待，具体办法由有关城市人民政府规定。残疾军人凭《中华人民共和国残疾军人证》免费乘坐市内公共汽车、电车和轨道交通工具。现役军人、残疾军人凭有效证件参观游览公园、博物馆、名胜古迹享受优待，具体办法由公园、博物馆、名胜古迹管理单位所在地的县级以上地方人民政府规定。义务兵和初级士官退出现役后，报考国家公务员、高等学校和中等职业学校，在与其他考生同等条件下优先录取。

复习与思考

1. 试述我国军人保险制度体系。
2. 简述我国军人死亡抚恤和残疾抚恤办法。
3. 比较军人抚恤与伤亡保险的异同。
4. 比较军人保险与社会保险的异同。
5. 请结合下面的资料及本章相关内容，谈谈我国退役军人养老保险关系转续政策。

关于退役军人养老保险关系转移接续[①]

军人退役基本养老保险关系转移至安置地后，安置地应为其办理登记手续并接续养老保险关系，退役养老保险补助年限计算为安置地的实际参保缴费年限。退役军人跨省流动就业的，其在1998年1月1日至2005年12月31日间的退役养老保险补助，转出地应按11%计算转移资金，并相应调整个人账户记录，所需资金从统筹基金中列支。

---

① 资料来源：《关于城镇企业职工基本养老保险关系转移接续若干问题的通知》（人社部规〔2016〕5号）。

第十六章 住房保障法

住房保障是最基本民生保障制度的有机组成部分，通过立法规范住房保障、保障公民的居住权，是现代社会保障制度发展的一个明显特征。美国1949年通过《全国可承受住宅法》，此后又通过了《住宅法》《国民住宅法》《住宅与社区发展法》等相关法律；英国1946年通过《住宅法》，1984年又通过《住宅与建房控制法》；德国制定有《住宅建设法》《住宅促进法》等系列法律；日本在1950年代制定有《住宅金融公库法》《公营住宅法》《住宅公团法》和《住宅融资保险法》，1960年代又制定了《居民区改造法》《城市住房计划法》。我国在社会主义市场经济条件下，虽然尚未制定颁布住宅法或住房保障法，但已经形成了多形式、多层次的住房保障制度。从住房保障形式上来说，农村居民可以在集体划分的"宅基地"上自行建房。城市居民则分类解决：高收入者面向市场购买商品住房；中低收入者购买经济适用住房；低收入者租住政府提供的廉租住房；介于中低收入者之间的"夹心层"可以租住公租房等。从住房保障的层次来说，我国既有属于住房福利层面的住房公积金制度，也有属于保障性住房层面的廉租房、经济适用房和公租房制度，其中廉租房与公租房又是政府实行住房专项社会救助的主要内容。

第一节 保障性住房

保障性住房是指政府为中低收入住房困难家庭所提供的限定标准、限定价格或租金的住房，一般由廉租住房、经济适用住房、公共租赁住房、定向安置房等构成，有别于完全由市场形成价格的商品房。我国《经济适用房管理办法》于2004年4月发布实施，2007年12月又发布实施了新修订的《经济适用住房管理办法》；《廉租住房保障办法》于2007年12月开始实施，《公共租赁住房管理办法》于2012年7月开始实施。2013年12月，我国住房城乡建设部、财政部、发改委发出《关于公共租赁住房和廉租住房并轨运行的通知》（建保〔2013〕178号），廉租房与公租房自2014年起并轨运行，统称为公共租赁住房（简称公租房）。

一、廉租住房

廉租住房（简称廉租房）是政府和单位在住房领域实施的社会救助措施之一，是向具有城镇常住居民户口的低收入家庭提供的租金相对低廉的普通住房。1994年，国务院在《关于深化城镇住房制度改革的决定》中要求"租金调整后，对离退休职工、政府民政部门确定的社会救济对象和非在职的优抚对象等，各省、自治区、直辖市人民政府可根据情况制定减、免、补的具体办法"。为建立和完善多层次的城镇住房供应体系，解决城镇低收入家庭的住房困难，原建设部于1999年发布实施了《城镇廉租住房管理办法》，该办法于2004年3月被《城镇最低收入家庭廉租住房管理办法》取代。2007年12月，建设部、发改委等联合发布《廉租住房保障办法》，取代《城镇最低收入家庭廉租住房管理办法》，首次将廉租房的覆盖范围由住房困难的城市"最低收入家庭"扩展到范围更广的"低收入家庭"。

（一）保障对象与保障方式

廉租房的保障对象即为"城市低收入住房困难家庭"，具体是指"城市和县人民政府所在地的镇范围内，家庭收入、住房状况等符合市、县人民政府规定条件的家庭"。市、县人民政府应当根据当地家庭平均住房水平、财政承受能力以及城市低收入住房困难家庭的人口数量、结构等因素，以户为单位确定廉租房保障面积标准。廉租房保障方式实行货币补贴和实物配租等相结合。货币补贴是指县级以上地方人民政府向申请廉租房保障的城市低收入住房困难家庭发放租赁住房补贴，由其自行承租住房；实物配租是指县级以上地方人民政府向申请廉租房保障的城市低收入住房困难家庭提供住房，并按照规定标准收取租金。实行廉租房保障，主要通过发放租赁补贴，增强城市低收入住房困难家庭承租住房的能力；廉租房紧缺的城市，应当通过新建和收购等方式，增加廉租房实物配租的房源。

（二）保障资金与房屋来源

廉租房保障资金采取多种渠道筹措，其来源包括：① 年度财政预算安排的廉租房保障资金；② 提取贷款风险准备金和管理费用后的住房公积金增值收益余额；③ 土地出让净收益中安排的廉租房保障资金；④ 政府的廉租房租金收入；⑤ 社会捐赠及其他方式筹集的资金。对中西部财政困难地区，按照中央预算内投资补助和中央财政廉租房保障专项补助资金的有关规定给予支持。提取贷款风险准备金和管理费用后的住房公积金增值收益余额，应当全部用于廉租房建设；土地出让净收益用于廉租房保障资金的比例，不得低于10%；政府的廉租房租金收入应当按照国家财政预算支出和财务制度的有关规定，实行收支两条线管理，专项用于廉租房的维护和管理。

实物配租的廉租房来源包括：① 政府新建、收购的住房；② 腾退的公有住房；③ 社会捐赠的住房；④ 其他渠道筹集的住房。廉租房建设用地，应当在土地供应计划中优先安排，并在申报年度用地指标时单独列出，采取划拨的方式，保证供应；廉租房建设用地的规划布局，应当考虑城市低收入住房困难家庭居住和就业的便利。廉租房建设应当坚持经济、适用原则，提高规划设计水平，满足基本使用功能，应当按照发展节能省地环保型住宅的要求，推广新材料、新技术、新工艺。廉租房应当符合国家质量安全标准。

新建廉租房，应当采取配套建设与相对集中建设相结合的方式，主要在经济适用住房、普通商品住房项目中配套建设。新建廉租房，应当将单套的建筑面积控制在50平方米以内，并根据城市低收入住房困难家庭的居住需要，合理确定套型结构。配套建设廉租房的经济适用住房或者普通商品住房项目，应当在用地规划、国有土地划拨决定书或者国有土地使用权出让合同中，明确配套建设的廉租房总建筑面积、套数、布局、套型以及建成后的移交或回购等事项。

（三）申请与核准

申请廉租房保障，应当提供下列材料：家庭收入情况的证明材料；家庭住房状况的证明材料；家庭成员身份证和户口簿；市、县人民政府规定的其他证明材料。申请廉租房保障，应当按照下列程序办理。① 申请廉租房保障的家庭，应当由户主向户口所在地街道办事处或者镇人民政府提出书面申请。② 街道办事处或者镇人民政府应当自受理申请之日起 30 日内，就申请人的家庭收入、家庭住房状况是否符合规定条件进行审核，提出初审意见并张榜公布，将初审意见和申请材料一并报送市（区）、县人民政府建设（住房保障）主管部门。③ 建设（住房保障）主管部门应当自收到申请材料之日起 15 日内，就申请人的家庭住房状况是否符合规定条件提出审核意见，并将符合条件的申请人的申请材料转同级民政部门。④ 民政部门应当自收到申请材料之日起 15 日内，就申请人的家庭收入是否符合规定条件提出审核意见，并反馈同级建设（住房保障）主管部门。⑤ 经审核，家庭收入、家庭住房状况符合规定条件的，由建设（住房保障）主管部门予以公示，公示期限为 15 日；对经公示无异议或者异议不成立，作为廉租房保障对象予以登记，书面通知申请人，并向社会公开登记结果。⑥ 经审核，不符合规定条件的，建设（住房保障）主管部门应当书面通知申请人，并说明理由。申请人对审核结果有异议的，可以向建设（住房保障）主管部门申诉。

（四）优先原则与协议（合同）签订

对已经登记为廉租房保障对象的城市居民最低生活保障家庭，凡申请租赁住房货币补贴的，要优先安排发放补贴，基本做到应保尽保。实物配租应当优先面向已经登记为廉租房保障对象的孤、老、病、残等特殊困难家庭，城市居民最低生活保障家庭以及其他急需救助的家庭。对轮候到位的城市低收入住房困难家庭，建设（住房保障）主管部门或者具体实施机构应当按照已确定的保障方式，与其签订租赁住房补贴协议或者廉租房租赁合同，予以发放租赁住房补贴或者配租廉租房。发放租赁住房补贴和配租廉租房的结果，应当予以公布。

二、公共租赁住房

公共租赁住房是指限定建设标准和租金水平，面向符合规定条件的城镇中等偏下收入住房困难家庭、新就业无房职工和在城镇稳定就业的外来务工人员出租的保障性住房。公共租赁住房的供应对象为中低收入住房困难家庭，包括已通过廉租房、经济适用房、限价商品房资格审核，尚在轮候的家庭以及其他住房困难家庭。公共租赁房面对的人群就是"夹心层"，其中也包括刚毕业的大学生和外来务工人员。住房与城乡建设部等部门于 2010 年 6 月联合制发了《关于加快发展公共租赁住房的指导意见》，旨在通过大力发展公共租赁住房，完善住房供应体系，培育住房租赁市场，满足城市中等偏下收入家庭基本住房需求。《公共租赁住房管理办法》自 2012 年 7 月 15 日起施行。

（一）房源筹集

公租房通过新建、改建、收购、长期租赁等多种方式筹集，可以由政府投资，也可以由政府提供政策支持、社会力量投资。公租房可以是成套住房，也可以是宿舍型住房。① 公租房房源通过新建、改建、收购、在市场上长期租赁住房等方式多渠道筹集。新建公租房以配建为主，也可以相对集中建设。要科学规划、合理布局，尽可能安排在交通便利、公共设施较为齐全的区域，同步做好小区内外市政配套设施建设。② 在外来务工人员集中的开发区和工业园区，市、县人民政府应当按照集约用地的原则，统筹规划，引导各类投资主体建设公租房，面向用工单位或园区就业人员出租。③ 新建公租房主要满足基本居住需求，应符合安全卫生标准和节能环保要求，确保工程质量安全。成套建设的公租房的单套建筑面积要严格控制在 60 平方米以下。以集体宿舍形式建设的公租房应认真落实宿舍建筑设计规范的有关规定。

（二）申请与审核

申请人应当根据市、县级人民政府住房保障主管部门的规定，提交申请材料，并对申请材料的真实性负责。申请人应当书面同意市、县级人民政府住房保障主管部门核实其申报信息。对在开发区和园区集中建设面向用工单位或者园区就业人员配租的公租房，用人单位可以代表本单位职工申请。申请公租房应当符合以下条件：① 在本地无住房或者住房面积低于规定标准；② 收入、财产低于规定标准；③ 申请人为外来务工人员的，在本地稳定就业达到规定年限。具体条件由直辖市和市、县级人民政府住房保障主管部门根据本地区实际情况确定，报本级人民政府批准后实施并向社会公布。

申请人提交的申请材料齐全的，市、县级人民政府住房保障主管部门应当受理，并向申请人出具书面凭证；申请材料不齐全的，应当一次性书面告知申请人需要补正的材料。市、县级人民政府住房保障主管部门应当会同有关部门，对申请材料进行审核，对符合申请条件的申请人，应当予以公示，经公示无异议或者异议不成立的，登记为公租房轮候对象，并向社会公开；对不符合申请条件的申请人，应当书面通知并说明理由。对审核结果有异议，可以向市、县级人民政府住房保障主管部门申请复核。市、县级人民政府住房保障主管部门应当会同有关部门进行复核，并在 15 个工作日内将复核结果书面告知申请人。

（三）轮候与配租

对登记为轮候对象的申请人，应当在轮候期内安排公租房。直辖市和市、县级人民政府住房保障主管部门应当根据本地区经济发展水平和公租房需求，合理确定公租房轮候期，报本级人民政府批准后实施并向社会公布。轮候期一般不超过 5 年。公租房房源确定后，市、县级人民政府住房保障主管部门应当制定配租方案并向社会公布。配租方案应当包括房源的位置、数量、户型、面积，租金标准，供应对象范围，以及意向登记时限等内容。企事业单位投资的公租房的供应对象范围，可以规定为本单位职工。

配租方案公布后，轮候对象可以按照配租方案，到市、县级人民政府住房保障主管部门进行意向登记。市、县级人民政府住房保障主管部门应当会同有关部门，在 15 个工作日内对意向登记的轮候对象进行复审。对不符合条件的，应当书面通知并说明理由。对复审通过的轮候对象，市、县级人民政府住房保障主管部门可以采取综合评分、随机摇号等方式，确定配租对象与配租排序。综合评分办法、摇号方式及评分、摇号的过程和结果应当向社会公开。

配租对象与配租排序确定后应当予以公示。公示无异议或者异议不成立的，配租对象按照配租排序选择公租房，配租结果应当向社会公开。

（四）优先原则与租赁合同

复审通过的轮候对象中享受国家定期抚恤补助的优抚对象、孤老病残人员等，可以优先安排公租房。优先对象的范围和优先安排的办法由直辖市和市、县级人民政府住房保障主管部门根据本地区实际情况确定，报本级人民政府批准后实施并向社会公布。社会力量投资和用人单位代表本单位职工申请的公租房，只能向经审核登记为轮候对象的申请人配租。

配租对象选择公租房后，公租房所有权人或者其委托的运营单位与配租对象应当签订书面租赁合同。租赁合同签订前，所有权人或者其委托的运营单位应当将租赁合同中涉及承租人责任的条款内容和应当退回公租房的情形向承租人明确说明。省、自治区、直辖市人民政府住房城乡建设（住房保障）主管部门应当制定公租房租赁合同示范文本。合同签订后，公租房所有权人或者其委托的运营单位应当在30日内将合同报市、县级人民政府住房保障主管部门备案。因就业、子女就学等原因需要调换公租房的，经公租房所有权人或者其委托的运营单位同意，承租人之间可以互换所承租的公租房。

（五）租期与租金

公租房租赁期限一般不超过5年。市、县级人民政府住房保障主管部门应当会同有关部门，按照略低于同地段住房市场租金水平的原则，确定本地区的公租房租金标准，报本级人民政府批准后实施。公租房租金标准应当向社会公布，并定期调整。公租房租赁合同约定的租金数额，应当根据市、县级人民政府批准的公租房租金标准确定。承租人应当根据合同约定，按时支付租金；承租人收入低于当地规定标准的，可以依照有关规定申请租赁补贴或者减免。

（六）使用与退出

公租房所有权人及其委托的运营单位应当负责公租房及其配套设施的维修养护，确保公租房的正常使用。政府投资的公租房维修养护费用主要通过公租房租金收入以及配套商业服务设施租金收入解决，不足部分由财政预算安排解决；社会力量投资建设的公租房维修养护费用由所有权人及其委托的运营单位承担。公租房所有权人及其委托的运营单位不得改变公租房的保障性住房性质、用途及其配套设施的规划用途。房地产经纪机构及其经纪人员不得提供公租房出租、转租、出售等经纪业务。

1. 退　回

承租人有下列行为之一的，应当退回公租房：① 转借、转租或者擅自调换所承租公租房的；② 改变所承租公租房用途的；③ 破坏或者擅自装修所承租公租房，拒不恢复原状的；④ 在公租房内从事违法活动的；⑤ 无正当理由连续6个月以上闲置公租房的。承租人拒不退回公租房的，市、县级人民政府住房保障主管部门应当责令其限期退回；逾期不退回的，市、县级人民政府住房保障主管部门可以依法申请人民法院强制执行。

2. 腾退

承租人有下列情形之一的，应当腾退公租房：① 提出续租申请但经审核不符合续租条件的；② 租赁期内，通过购买、受赠、继承等方式获得其他住房并不再符合公租房配租条件的；③ 租赁期内，承租或者承购其他保障性住房的。承租人有前款规定情形之一的，公租房的所有权人或者其委托的运营单位应当为其安排合理的搬迁期，搬迁期内租金按照合同约定的租金数额缴纳。搬迁期满不腾退公租房，承租人确无其他住房的，应当按照市场价格缴纳租金；承租人有其他住房的，公租房的所有权人或者其委托的运营单位可以向人民法院提起诉讼，要求承租人腾退公租房。承租人累计6个月以上拖欠租金的，应当腾退所承租的公租房；拒不腾退的，公租房的所有权人或者其委托的运营单位可以向人民法院提起诉讼，要求承租人腾退公租房。

3. 续租

租赁期届满需要续租的，承租人应当在租赁期满3个月前向市、县级人民政府住房保障主管部门提出申请。市、县级人民政府住房保障主管部门应当会同有关部门对申请人是否符合条件进行审核。经审核符合条件的，准予续租，并签订续租合同。未按规定提出续租申请的承租人，租赁期满应当腾退公租房；拒不腾退的，公租房的所有权人或者其委托的运营单位可以向人民法院提起诉讼，要求承租人腾退公租房。

三、廉租房与公租房并轨

根据《关于公共租赁住房和廉租住房并轨运行的通知》的要求，从2014年起，各地公租房和廉租房并轨运行，并轨后统称为公租房。两项制度并轨运行是完善住房保障制度体系、提高保障性住房资源配置效率的有效措施。

（一）制度衔接

两项制度并轨后，地方政府的廉租房建设计划调整并入公租房年度建设计划。原用于廉租房建设的资金来源渠道，调整用于公租房建设；原用于租赁补贴的资金，继续用于补贴在市场租赁住房的低收入住房保障对象。中央补助公租房建设资金以及租赁补贴资金继续由财政部安排，国家发改委安排的中央用于新建廉租房补助投资调整为公租房配套基础设施建设补助投资。

（二）租金定价

制度并轨后，各地要结合本地区经济发展水平、财政承受能力、住房市场租金水平、建设与运营成本、保障对象支付能力等因素，进一步完善公租房租金定价机制，动态调整租金，原则上按照适当低于同地段、同类型住房市场租金水平确定。政府投资建设并运营管理的公租房，各地可根据保障对象的支付能力实行差别化租金，对符合条件的保障对象采取租金减免。社会投资建设并运营管理的公租房，各地可按规定对符合条件的低收入住房保障对象予以适当补贴。各地可根据保障对象支付能力的变化，动态调整租金减免或补贴额度，直至按照市场价格收取租金。

（三）分配管理

制度并轨后，各地要进一步完善公租房的申请受理渠道、审核准入程序，提高效率，方便群众。各地可以在综合考虑保障对象的住房困难程度、收入水平、申请顺序、保障需求以及房源等情况的基础上，合理确定轮候排序规则，统一轮候配租。已建成并分配入住的廉租房统一纳入公租房管理，其租金水平仍按原有租金标准执行；已建成未入住的廉租房以及在建的廉租房项目建成后，要优先解决原廉租房保障对象住房困难，剩余房源统一按公租房分配。

四、经济适用住房

经济适用住房（简称经适房）是指政府提供政策优惠，限定套型面积和销售价格，按照合理标准建设，面向城市中低收入住房困难家庭供应，具有保障性质的政策性住房。经济适用房在别的国家和地区一般被称为公共房屋，我国香港地区称为居者有其屋（简称居屋）、澳门地区称为经济房屋、台湾地区称为"国民"住宅（即"国宅"），新加坡称为组屋。我国经济适用房的真正起源为20世纪90年代，1991年国务院在《关于继续积极稳妥地进行城镇住房制度改革的通知》中提出："大力发展经济适用的商品房，优先解决无房户和住房困难户的住房问题"；1998年，国务院发出《关于进一步深化城镇住房制度改革加快住房建设的通知》，决定建立"以经济适用房为主体的多层次的住房供应体系"。此后，我国发布实施了《关于大力发展经济适用住房的若干意见》《经济适用住房开发贷款管理暂行规定》《经济适用住房价格管理办法》等规范性文件。2004年4月，建设部、发改委等部门联合发布并实施《经济适用住房管理办法》；2007年12月，修订后的《经济适用住房管理办法》重新发布实施。

（一）政策支持

一是土地政策。经适房建设用地以划拨方式供应。经适房建设用地应纳入当地年度土地供应计划，在申报年度用地指标时单独列出，确保优先供应。严禁以经适房名义取得划拨土地后，以补交土地出让金等方式，变相进行商品房开发。二是税费政策。经适房建设项目免收城市基础设施配套费等各种行政事业性收费和政府性基金。经适项目外基础设施建设费用，由政府负担。经适房的建设和供应要严格执行国家规定的各项税费优惠政策。三是贷款政策。经适房建设单位可以以在建项目作抵押向商业银行申请住房开发贷款。购买经适房的个人向商业银行申请贷款，除符合《个人住房贷款管理办法》规定外，还应当出具市、县人民政府经适房主管部门准予购房的核准通知。购买经适房可提取个人住房公积金和优先办理住房公积金贷款。经适房的贷款利率按有关规定执行。

（二）建设管理

经适房要统筹规划、合理布局、配套建设，充分考虑城市低收入住房困难家庭对交通等基础设施条件的要求，合理安排区位布局。① 配套建设：在商品住房小区中配套建设经适房的，应当在项目出让条件中，明确配套建设的经适房的建设总面积、单套建筑面积、套数、套型比例、建设标准以及建成后移交或者回购等事项，并以合同方式约定。② 面积控制：经适房单套的建筑面积控制在 60 平方米左右。市、县人民政府应当根据当地经济发展水平、群众生活水平、住房状况、家庭结构和人口等因素，合理确定经适房建设规模和各种套型的比例，并进行严格管理。③ 建设主体：经适房建设按照政府组织协调、市场运作的原则，可以采取项目法人招标的方式，选择具有相应资质和良好社会责任的房地产开发企业实施；也可以由市、县人民政府确定的经适房管理实施机构直接组织建设。在经适房建设中，应注重发挥国有大型骨干建筑企业的积极作用。④ 规划设计：经适房的规划设计和建设必须按照发展节能省地环保型住宅的要求，严格执行《住宅建筑规范》等国家有关住房建设的强制性标准，采取竞标方式优选规划设计方案，做到在较小的套型内实现基本的使用功能。积极推广应用先进、成熟、适用、安全的新技术、新工艺、新材料、新设备。⑤ 质量保证：经适房建设单位对其建设的经适房工程质量负最终责任，向买受人出具《住宅质量保证书》和《住宅使用说明书》，并承担保修责任，确保工程质量和使用安全。有关住房质量和性能等方面的要求，应在建设合同中予以明确。⑥ 物业服务：经适房项目可采取招标方式选择物业服务企业实施前期物业服务，也可以在社区居委会等机构的指导下，由居民自我管理，提供符合居住区居民基本生活需要的物业服务。

（三）价格管理

一是保本微利。确定经适房的价格应当以保本微利为原则。其销售基准价格及浮动幅度，由有定价权的价格主管部门会同经适房主管部门，依据经适房价格管理的有关规定，在综合考虑建设、管理成本和利润的基础上确定并向社会公布。房地产开发企业实施的经适房项目利润率按不高于 3% 核定；市、县人民政府直接组织建设的经适房只能按成本价销售，不得有利润。二是明码标价。经适房销售应当实行明码标价，销售价格不得高于基准价格及上浮幅度，不得在标价之外收取任何未予标明的费用。经适房价格确定后应当向社会公布。价格主管部门应依法进行监督管理。三是收费卡制度。经适房实行收费卡制度，各有关部门收取费用时，必须填写价格主管部门核发的交费登记卡。任何单位不得以押金、保证金等名义，变相向经适房建设单位收取费用。四是质价相符。价格主管部门要加强成本监审，全面掌握经适房成本及利润变动情况，确保经适房做到质价相符。

（四）准入和退出

经适房管理应建立严格的准入和退出机制。经适房由市、县人民政府按限定的价格，统一组织向符合购房条件的低收入家庭出售。经适房供应实行申请、审核、公示和轮候制度。市、县人民政府应当制定经适房申请、审核、公示和轮候的具体办法，并向社会公布。

1. 申请条件

经适房制度是解决城市低收入家庭住房困难政策体系的组成部分，城市低收入住房困难家庭是指"城市和县人民政府所在地镇的范围内，家庭收入、住房状况等符合市、县人民政府规定条件的家庭"。城市低收入家庭申请购买经适房应同时符合下列条件：① 具有当地城镇户口；② 家庭收入符合市、县人民政府划定的低收入家庭收入标准；③ 无房或现住房面积低于市、县人民政府规定的住房困难标准。经适房供应对象的家庭收入标准和住房困难标准，由市、县人民政府根据当地商品住房价格、居民家庭可支配收入、居住水平和家庭人口结构等因素确定，实行动态管理，每年向社会公布一次。

2. 审核与认定

经适房资格申请采取街道办事处（镇人民政府）、市（区）、县人民政府逐级审核并公示的方式认定。审核单位应当通过入户调查、邻里访问以及信函索证等方式对申请人的家庭收入和住房状况等情况进行核实。申请人及有关单位、组织或者个人应当予以配合，如实提供有关情况。

3. 轮候与购买

经审核公示通过的家庭，由市、县人民政府经适房主管部门发放准予购买经适房的核准通知，注明可以购买的面积标准。然后按照收入水平、住房困难程度和申请顺序等因素进行轮候。符合条件的家庭，可以持核准通知购买一套与核准面积相对应的经适房。购买面积原则上不得超过核准面积。购买面积在核准面积以内的，按核准的价格购买；超过核准面积的部分，不得享受政府优惠，由购房人按照同地段同类普通商品住房的价格补交差价。

4. 产权与交易

居民个人购买经适房后，应当按照规定办理权属登记。房屋、土地登记部门在办理权属登记时，应当分别注明经适房、划拨土地。经适房购房人拥有有限产权。购买经适房不满 5 年，不得直接上市交易，购房人因特殊原因确需转让经适房的，由政府按照原价格并考虑折旧和物价水平等因素进行回购；购买经适房满 5 年，购房人上市转让经适房的，应按照届时同地段普通商品住房与经适房差价的一定比例向政府交纳土地收益等相关价款。

5. 回购及其他限制

已经购买经适房的家庭又购买其他住房的，原经适房由政府按规定及合同约定回购；政府回购的经适房，仍应用于解决低收入家庭的住房困难。已参加福利分房的家庭在退回所分房屋前不得购买经适房，已购买经适房的家庭不得再购买经适房。个人购买的经适房在取得完全产权以前不得用于出租经营。

（五）单位集资合作建房

距离城区较远的独立工矿企业和住房困难户较多的企业，在符合土地利用总体规划、城市规划、住房建设规划的前提下，经市、县人民政府批准，可以利用单位自用土地进行集资合作建房。参加单位集资合作建房的对象，必须限定在本单位符合市、县人民政府规定的低收入住房困难家庭。任何单位不得利用新征用或新购买土地组织集资合作建房；各级国家机关一律不得搞单位集资合作建房。单位集资合作建房不得向不符合经适房供应条件的家庭出售。 单位集资合作建房是经适房的组成部分，其建设标准、优惠政策、供应对象、产权关系等均按照经适房的有关规定严格执行。单位集资合作建房应当纳入当地经适房建设计划和用地计划管理。单位集资合作建房原则上不收取管理费用，不得有利润。向职工收取的单位集资合作建房款项实行专款管理、专项使用，并接受当地财政和经适房主管部门的监督。已参加福利分房、购买经适房或参加单位集资合作建房的人员,不得再次参加单位集资合作建房。严禁任何单位借集资合作建房名义,变相实施住房实物分配或商品房开发。单位集资合作建房在满足本单位低收入住房困难家庭购买后,房源仍有少量剩余的,由市、县人民政府统一组织向符合经适房购房条件的家庭出售,或由市、县人民政府以成本价收购后用作公租房。

第二节 住房公积金

我国的住房公积金是指国家机关、国有企业、城镇集体企业、外商投资企业、城镇私营企业及其他城镇企业、事业单位、民办非企业单位、社会团体及其在职职工缴存的长期住房储金。我国住房公积金是在城镇住房制度改革后建立起来的,对促进城镇住房建设、加快城镇住房制度改革、提高城镇居民的居住水平具有重要促进作用。从 20 世纪 90 年代初开始,一些省、市在进行住房制度改革试点过程中,初步建立了住房公积金制度。为了加强对住房公积金的管理,维护住房公积金所有者的合法权益,国务院在 1999 年颁布了《住房公积金管理条例》,标志着住房公积金制度进入了法制化和规范化发展的新时期。2002 年 3 月 24 日,国务院修订并重新公布了《住房公积金管理条例》。

一、住房公积金管理运作

我国境内的国家机关、国有企业、城镇集体企业、城镇私营企业及其他城镇企业、事业单位、民办非企业单位、社会团体及其在职职工均在《条例》规定的住房公积金覆盖服务内,都应按照规定按月按比例主动缴存住房公积金。住房公积金的管理实行"住房公积金管理委员会决策、住房公积金管理中心运作、银行专户存储、财政监督"的原则。根据这一管理原则,我国住房公积金管理体系包括决策机构、运作机构、存储机构和监督机构四个组成部分。

(一)住房公积金管理委员会

根据《条例》规定,直辖市和省、自治区人民政府所在地的市以及其他设区的市(地、州、盟),应当设立住房公积金管理委员会,作为住房公积金管理的决策机构。住房公积金管理委员会按照"三三制"原则组织成员,即人民政府负责人和建设、财政、人民银行等有关部门负责人以及有关专家占 1/3,工会代表和职工代表占 1/3,单位代表占 1/3。管理委员会主任应当由具有社会公信力的人士担任,管理委员会日常工作的缴费支出一般由政府预算安排。

住房公积金管理委员会作为住房公积金管理的决策机构,对有关住房公积金管理的重大问题行使决策权,具体职责包括:① 制定和调整住房公积金的具体管理措施并监督实施;② 依据《条例》规定拟订住房公积金的具体缴存比例;③ 确定住房公积金的最高贷款额度;④ 审批住房公积金归集与使用计划;⑤ 审议住房公积金增值收益分配方案;⑥ 审批住房公积金归集与使用计划执行情况报告。

（二）住房公积金管理中心

住房公积金管理委员会作出的决策，必须由一个专门的机构负责执行和落实。设立住房公积金管理中心是对住房公积金进行管理和运作的需要，也是实施住房公积金制度的前提条件。根据《条例》规定，直辖市和省、自治区人民政府所在地的市以及其他设区的市（地、州、盟）应当按照精简、效能的原则，设立一个住房公积金管理中心，负责住房公积金的管理运作，县及县级市不设立住房公积金管理中心，但有条件的县及县级市可以设立住房公积金管理中心分支机构，管理中心与其分支机构应当实行统一的规章制度，进行统一核算。

住房公积金管理中心作为住房公积金的管理运作机构，主要履行如下职责：① 编制并执行住房公积金的归集与使用计划；② 负责记载职工住房公积金的缴存、提取、使用等情况；③ 负责住房公积金的核算；④ 审批住房公积金的提取与使用；⑤ 负责住房公积金的保值和归还；⑥ 编制住房公积金归集和使用计划执行情况报告；⑦ 承办住房公积金管理委员会决定的其他事项。

住房公积金管理中心是直属所在城市人民政府的不以营利为目的的独立的事业单位。住房公积金既不是财政预算资金，也不同于居民的储蓄存款，而是专为推行住房制度改革而设立的政策性住房基金。因此，住房公积金管理中心作为公积金的管理运作机构，应是独立的事业法人，不应以营利为目的，具体包括三层含义：一是住房公积金管理中心要以管好用好住房公积金为己任，不能用归集的住房公积金违规进行风险投资经营牟利；二是住房公积金管理中心能够独立承担住房公积金的债权债务责任；三是住房公积金管理中心既不是政府机构，也不是企业单位。

（三）存储机构与监督机构

存储机构是指由住房公积金管理委员会按照中国人民银行有关规定指定的受委托办理住房公积金金融业务的商业银行（简称受委托银行）。住房公积金管理中心应当在受委托银行设立住房公积金专户，并与之签订委托合同，委托该银行办理住房公积金贷款、结算等金融业务和住房公积金账户的设立、缴存、归还等手续。

财政部门负责对住房公积金的管理运作进行检查监督，目的在于防止住房公积金的挤占和挪用，控制住房公积金管理中心费用支出，严格执行住房公积金财务和会计核算办法，确保住房公积金的管理运作规范高效和安全完整。财政部门的监督途径主要有：一是为住房公积金管理中心编制住房公积金归集和使用计划提供指导性意见；二是参加住房公积金管理委员会对住房公积金归集、使用计划和计划执行情况报告的审批活动；三是审核住房公积金管理中心编制的准备提交住房公积金管理委员会审议的住房公积金年度预算、决算；四是审核住房公积金管理中心每年定期报送的财务报告。

二、住房公积金缴纳存储

（一）缴存登记

新设立的单位应当自设立之日起 30 日内、单位录用新职工的应当自录用之日起 30 日内，到住房公积金管理中心办理缴存登记；《条例》施行前尚未办理住房公积金缴存登记的单位，应当自条例施行之日起 60 日内到住房公积金管理中心办理缴存登记。

单位办理缴存登记，应提交如下材料：① 开户申请书，上面写明单位开设公积金账户、职工工资基数的组成部分（不含住房补贴）以及年销售收入（企业），并加盖单位公章；② 填写并加盖单位公章的住房公积金汇缴清册、缴存登记表（由单位到公积金管理中心或经办银行领取）；③ 企业持营业执照原件、复印件；④ 事业单位持事业单位法人证书原件、复印件。

住房公积金管理中心自受理申请之日起当日内进行审核，审核合格后作出审批决定，发给审批文件。住房公积金管理中心应当建立职工住房公积金明细账，记载职工个人住房公积金的缴存、提取等情况，并为缴存住房公积金的职工发放缴存住房公积金的有效凭证。

（二）账户设立与构成

新设立的单位或单位录用新职工的，应当自办理缴存登记之日起 20 日内，持住房公积金管理中心的审批文件，到受委托银行为本单位职工办理住房公积金账户设立手续（新录用的职工是从外单位调入的，则要办理转移手续）。职工住房公积金账户的所有资金属于职工个人所有，其中的资金基本由三个部分组成：一是职工个人缴存的住房公积金；二是职工所在单位为职工缴存的住房公积金；三是前两项之和所产生的利息。

1. 缴存基数

职工本人上一年度月平均工资为缴存基础，具体按照职工本人上一年 1 月 1 日至 12 月 31 日期间的工资总额除以 12 确定。住房公积金自存入账户之日起按照国家规定的利率计算利息。按照北京市住房公积金管理中心的有关规定：① 公积金计息年度为本年 7 月 1 日至次年 6 月 30 日，按照现行规定当年缴纳的公积金按人民银行活期存款利率计息，上年结转的公积金本息按人民银行公布的 3 个月整存整取利率计息；② 公积金发生转移、变更、封存均照常计息；③ 如果支取上年度公积金，将改按活期计息；④ 公积金利率随国家利率调整而调整。

2. 缴存比例

职工和单位住房公积金的缴存比例均不得低于职工上一年度月平均工资的 5%；有条件的城市，可以适当提高缴存比例。具体缴存比例由住房公积金管理委员会拟订，经本级人民政府审核后，报省、自治区、直辖市人民政府批准。缴存住房公积金确有困难的单位，经本单位职工代表大会或者工会讨论通过，并经住房公积金管理中心审核，报住房公积金管理委员会批准后，可以降低缴存比例，待经济效益好转后，再提高缴存比例。

3. 缴存时间

新参加工作的职工，职工本人和所在单位从该职工参加工作的第二个月开始缴存住房公积金；单位新调入的职工，职工本人和所在单位从调入单位为该职工发放工资之日起缴存住房公积金。月缴存额为职工本人当月工资乘以缴存比例。职工个人缴存住房公积金，由所在单位每月从其工资中代扣代缴。单位应于每月发放工资之日起 5 日内将单位缴存和为职工代缴的住房公积金汇缴到住房公积金专户内，由受托银行计入职工住房公积金账户。单位应按时、定额缴存公积金，不得逾期缴存或少缴。

4. 资金来源

职工本人缴存的住房公积金从其当月工资中扣除,实际上是当期工资的延期支付。单位为职工缴纳的住房公积金,根据单位的不同性质,分别从不同渠道列支:① 国家机关在预算中列支,即国家机关在编制每年的年度财政预算中,将住房公积金作为预算的一部分,上报财政部门审核;② 事业单位由财政部门核定收支后,在预算或者费用中列支;③ 企业(包括国有企业、城镇集体企业、外商投资企业、城镇私营企业及其他城镇企业)在成本中列支。

三、住房公积金关系变迁

住房公积金关系变迁是指住房公积金账户建立后的变更、注销、封存、转移等变动情况。

(一)变更登记

当单位发生合并或分立时,由于该单位还存在或者其权利义务被一个新的单位继受,应当自发生上述情况之日起30日内由原单位到住房公积金管理中心办理变更登记;单位与职工终止劳动关系的,单位应当自劳动关系终止之日起30日内到住房公积金管理中心办理变更登记。办理变更登记后,会引发住房公积金的转移问题,因此原单位应自办妥变更登记之日起20日内持住房公积金管理中心的审核文件,到受托银行为本单位职工办理住房公积金转移手续。

(二)注销登记

当单位发生撤销、解散或者破产时,由于该单位已经丧失了主体地位,应当由清算组织自发生上述情况之日起30日内到住房公积金管理中心办理注销登记。办理注销登记后,通常会引发住房公积金的封存问题,因此清算组织应自办妥注销登记之日起20日内持住房公积金管理中心的审核文件,到受托银行为本单位职工办理住房公积金封存手续。

(三)注销账户

依据《条例》规定,职工住房公积金账户被注销的情况主要有如下几种:① 职工离退休后提取住房公积金账户内余额的;② 职工完全丧失劳动能力并与单位终止劳动关系后提取住房公积金账户内余额的;③ 职工出国定居提取住房公积金账户内余额的;④ 职工死亡或者被宣告死亡后,其继承人或受遗赠人提取住房公积金账户内余额的;无继承人也无受遗赠人账户内余额纳入公积金增值收益的。

(四)封存账户

职工住房公积金账户被封存的情况主要有如下几种:① 单位变更或终止时,无法办理职工住房公积金账户转移手续的;② 职工合同期满后,不再延期或合同期内被解聘,未在其他单位就业的;③ 职工辞职或被单位辞退、除名,未在其他单位就业的;④ 职工被判刑、劳教的;⑤ 职工停薪留职或职工与单位协议保留社会保障关系的;⑥ 职工因调动工作单位且新单位尚未建立住房公积金或尚未在调入单位开立公积金账户的；⑦ 职工因其他情况中断工资收入并经本人申请的。在上述几种情况下，该职工住房公积金余额应封存在原单位的住房公积金账户内，封存期间按规定计息。

（五）转移关系

职工因工作变动调出原单位，因劳动合同期限届满或者其他原因与原单位终止劳动关系的，应当办理住房公积金转移手续，具体步骤如下：① 职工在新调入单位的住房公积金归集部门开立新的住房公积金账户，并由该归集部门出具开户证明材料，证明材料上面应写明职工个人姓名、身份证号码、现工作单位全称、现工作单位的住房公积金账号、现工作单位的住房公积金个人账号，以及当地住房公积金管理办法要求的其他内容；② 将上述证明材料交给调出单位负责办理住房公积金缴存事务的工作人员；③ 由调出单位工作人员根据职工住房公积金分账户的账面余额，填制一式四联"住房公积金转移通知书"（上面应完整填写以下内容：转入、转出单位的全称，单位编号及所属的归集部门；调出职工的姓名、编号应与单位汇交清册填写的一致；转移金额为该职工账户账面余额；签章——在归集部门留的印鉴），然后与上述证明材料一起送交调出单位住房公积金归集部门办理转移手续；④ 调出单位住房公积金归集部门审核无误后，交受委托银行依照证明材料上提供的调入单位公积金账户及个人公积金分账号划转；⑤ 职工个人或调入单位负责缴存公积金的工作人员到住房公积金归集部门查询，确认划转过来的公积金已经到账。

四、住房公积金提取使用

（一）提取条件

职工主要具备如下条件之一，就可以提取住房公积金账户内的存储余额。

（1）购买、建造、翻建、大修自住住房的。购买是指职工买下住房，拥有所购住房的所有权，住房可以是商品房、按揭房、经济适用房、自住的公有住房、私产房等；建造是指城镇居民经房地产管理机关城市规划管理机关等部门批准建造住房；翻修是指对住房全部拆除、另行设计、重新建造住房；大修是指需要牵动或拆换住房部分主体构件。因此，职工对自住房屋的装修、装饰或中小修是不可以提取住房公积金的。职工因建造自住住房需提取住房公积金时，除提供职工身份证和住房公积金提取卡外，还需提供乡、镇以上规划房管部门开具的宅基地批复或其他建房批准证明材料、购买发票办理支取。职工因大修自住住房需提取住房公积金时，除提供职工身份证和住房公积金提取卡外，住平房者应提供产权人提出的修缮申请、房管部门出具的修缮证明文件、修缮费用发票办理支取；住楼房者应提供物业管理部门的修缮证明文件、分摊到本户的发票办理支取；家住农村的应提供乡、镇一级或乡、镇以上房屋管理部门开具的大修、翻修证明和产权证明及购买材料（不含装饰材料）的发票办理支取。

（2）离休、退休的。离退休人员提取住房公积金时，除提供职工身份证和住房公积金卡外，还需提供离休证、退休证或单位批准其离退休的文件。凭上述证件，离退休人员可将本人住房公积金账户内的全部本息余额一次性提取出来，即办理销户提取。

（3）完全丧失劳动能力，并与单位终止劳动关系的。完全丧失劳动能力，并与单位终止劳动关系的职工提取住房公积金时，除提供职工身份证和住房公积金卡外，还应提供市（县）区劳动能力鉴定机构出具的1~4级残疾证明，与单位终止劳动关系的证明等。符合该项条件的职工可以办理销户提取，即将住房公积金个人账户中的存储余额一次性提取出来，住房公积金管理中心同时注销其住房公积金账户。

（4）出境定居的。出境定居的职工提取住房公积金时，除提供职工身份证和住房公积金卡外，还应提供护照签证、户口注销证明及国外定居证明。符合该项条件的职工应当办理销户提取。

（5）偿还购房贷款本息的。职工因偿还购房贷款本息需提取住房公积金时，除提供职工身份证和住房公积金提取卡外，采取一次性付款的职工，应提供购房合同或协议、购房发票或收据办理提取；采取贷款或分期付款方式，应提供借款合同、首付款发票办理支取。

（6）房租超出家庭工资收入的规定比例。一般规定为房租支出超出家庭工资收入的5%。职工因房租超出家庭工资收入的规定比例需提取住房公积金时，除提供职工身份证和住房公积金提取卡外，还应提供：① 家庭收入证明原件及复印件；② 经房屋管理部门认可具有契约效力的房屋租赁合同原件及复印件；③ 上年度内的租房缴款发票及复印件。

职工死亡后或被宣告死亡后，其住房公积金储存余额有两种处理办法。一是由该职工的继承人或者受遗赠人提取，但需要提供如下材料：① 医院出具的死亡证明或注销户口证明或被宣告死亡证明；② 继承人与职工关系证明、法定继承人的公证书、法定继承人身份证和户籍证明；③ 公证机关公证的遗赠书或法院的判决书、裁定书、调解书。二是该职工无继承人也无受遗赠人，或者他们放弃继承或受遗赠的情况下，该职工的住房公积金纳入住房公积金的增值收益。

（二）提取流程

（1）职工填写申请书，单位核实后出具证明。职工提取住房公积金账户内的存储余额的，应携带本人身份证及其复印件，并根据住房公积金的目的不同，分别携带相应的证明材料，到所在单位领取并填写《住房公积金提取申请书》并加盖单位预留印鉴，所在单位核实后出具提取证明。

（2）职工持申请提取，管理中心作出决定。职工持上述证件、申请书以及相应的证明材料到职工公积金缴存开户的住房公积金管理中心申请提取住房公积金，住房公积金管理中心受理申请后，应当对住房公积金的缴存状况、提取条件的证明文件、申请人的身份等进行审核，查验申请人提供的证明是否属实，存储余额是否正确，是否符合提取条件等。如果申请人提供的文件不全，应当允许申请人补齐；申请人条件具备、身份属实的，应当作出准予提取的决定，并通知申请人到银行办理支取手续；不具备申请条件的，作出不准提取的决定，并应将不准提取的原因通知申请人。住房公积金管理中心应当自受理申请之日起3个工作日内作出准予提取或者不准提取的决定，并通知申请人。

（3）职工提供个人储蓄账号，住房公积金划入账户。经住房公积金审核符合提取条件的职工，应提供指定银行的个人储蓄账号，住房公积金管理中心办理完公积金提取手续后将职工申请支取的款项直接由受委托银行划入该账户中，职工即可到银行支取住房公积金。

五、住房公积金贷款办理

我国"个人购置住房贷款"大致可以分为三类:一是住房公积金贷款,适用于所在单位按时足额缴存住房公积金的在职职工和退休职工;二是个人商业性住房贷款,适用于具有城镇户口或城市居留资格的完全民事行为能力的自然人;三是个人住房组合贷款,申请公积金贷款后购房资金仍然不足的购房人,可再申请个人商业性住房抵押贷款,以两种贷款方式的组合解决购房资金不足的问题。下面,主要介绍住房公积金贷款的办理问题。

(一)公积金贷款办理条件

住房公积金贷款是指由住房公积金管理中心运用住房公积金,委托银行向购买、建造、翻建、大修自住住房的住房公积金缴存人和在职期间缴存住房公积金的离退休职工发放的贷款。《条例》第二十六条规定:"缴存住房公积金的职工,在购买、建造、翻建、大修自住住房时,可以向住房公积金管理中心申请住房公积金贷款。住房公积金管理中心应当自受理申请之日起 15 日内作出准予贷款或者不准贷款的决定,并通知申请人;准予贷款的,由受委托银行办理贷款手续。住房公积金贷款的风险,由住房公积金管理中心承担。"由上述法律规定可见,办理住房公积金贷款需要具备两个最基本的条件。

第一,贷款对象必须符合法定资格。具体要求包括:① 具有合法有效的身份;② 具有完全的民事行为能力;③ 具有稳定的职业和收入,信用状况良好,有偿还贷款本息的能力;④ 在职职工申请贷款须建立住房公积金账户 12 个月(含)以上,且足额正常缴存住房公积金 12 个月(含)以上(正常缴存包括按月连续缴存、预缴、补缴住房公积金),同时申请贷款时处于缴存状态;⑤ 离退休职工申请贷款须在职期间单位和个人按规定缴存过住房公积金。

第二,贷款事由必须符合法定条件。具体要求包括:① 必须是为了购买、建造、翻建、大修自住住房;② 需要具有购买、建造、翻建、大修自住住房的合同或相关证明文件;③ 提供住房公积金管理中心及其所属分中心同意的担保方式。

(二)公积金贷款与商业住房贷款的区别

住房公积金贷款与商业住房贷款都是为解决人们在购房中缺少资金而发放的贷款,但两者又具有显著的区别。

(1)法律依据不同。公积金贷款的办理依据是住房公积金管理机构制定的《个人住房担保委托贷款办法》;商业住房贷款的办理依据是中国人民银行等金融机构颁布实施的《个人住房贷款管理办法》。

(2)贷款对象不同。住房公积金管理机构发放的住房抵押贷款的对象是住房公积金的缴存人和汇缴单位的离退休职工;一般金融机构发放的住房抵押贷款对象应是具有完全民事行为能力的自然人,而不限于住房公积金的缴存人和离退休职工,其对象范围大于公积金贷款。

(3)贷款额度不同。住房公积金管理机构发放的住房抵押贷款的额度一般不超过 20 万元,但各地的规定并不一致,北京等大城市规定了较高的贷款额度;一般金融机构发放的住房抵押贷款的最高贷款额不得超过购房款的 80%。

（4）贷款手续不同。公积金贷款必须先到住房公积金管理中心进行申请，接受住房公积金管理中心的初审，初审合格后由住房公积金管理中心出具证明，方可办理贷款；商业住房贷款在借款人签订购房合同后，直接到相关银行经办机构或与银行签订合作协议的开发商处提供有关材料即可办理，较公积金贷款的手续简便。

（5）贷款利息不同。公积金贷款的利息是按照国家规定在住房公积金利息的基础上加规定利差，其利息总是低于商业住房贷款。

（6）其他贷款费用不同。公积金贷款必须对所购置房产进行评估（新建商品房除外），缴纳评估费，而商业住房贷款不需要评估；商业住房贷款需委托律师事务所对贷款人进行资信调查，贷款人需负担律师费，而公积金贷款则不需个人缴纳律师费。

（三）公积金贷款的一般流程

住房公积金贷款的办理流程，在全国各地并不一致，这里只是介绍最一般的流程，具体办理过程中的细节问题，往往需要根据各地的具体规定来办理。但通常情况下，购房者本人的实际操作流程并没有下面叙述的那么复杂，因为房产开发商会为购房者代办大部分贷款手续。但购房者了解基本流程，做到心中有数，还是有益无害的。

（1）签订预售合同。携带身份证到房产开发商售楼处与售楼人员签订正式的《××市商品房预售合同》；双方签字后，交1万元～2万元定金并领取一张预付房款发票，再交一笔印花税领取收据一张；身份证复印件留给售楼人员。一周之内交首付款，如果确有困难，也可以与售楼人员协商稍微迟延，但因为合同写明了违约罚则，单方面违约，开发商可能会坚持要交违约金。

（2）准备贷款初审材料。初审需要准备的材料包括：① 购房者填写《××市住房公积金贷款申请审批表》；② 购房者工作单位出具《收入及公积金缴存证明》；③ 其他材料（每项需带原件，并准备A4纸复印的复印件5～8份）：身份证（已婚者需双方提供，新版身份证需正反面复印），户口本（首页、本人页、变更页，已婚者需双方提供），首付款发票（为了证实总房款=首付款+贷款额），工作居住证或暂住证（外地户口者提供），结婚证，购房合同正本，预售登记备案表。同时，购房者需事先向单位负责办理公积金缴存的人员了解如下信息：单位公积金账号；个人公积金账号；个人月缴存额；存缴中心名称；所占工资比例；上月末公积金余额。

（3）管理中心初审。公积金管理中心的工作人员受理购房者提交的《××市住房公积金贷款申请审批表》和购房者工作单位出具的《收入及公积金缴存证明》后，同时审核购房者身份证、户口本和商品房预售合同及其他材料。工作人员审核完毕，会开具一份《抵押物评估通知单》，要求交指定的房地产评估事务所办理评估。评估员收下《抵押物评估通知单》的同时，会为购房者当场填写一张《评估调查表》，并留下商品房预售合同复印件和身份证复印件。

（4）管理中心复审。购房者取得《房屋评估报告》后，再带着身份证、户口本、《××市住房公积金贷款申请审批表》《收入及公积金缴存证明》、商品房预售合同原件等到公积金管理中心接受复审。复审通过后，带上述材料，到担保中心办理担保手续。

（5）到管理中心签字。上述手续全部完成以后，购房者需要到公积金管理中心完成签字手续。工作人员复核合格后退还材料,另外开具《调查通知单》,然后到指定银行住房业务科办理贷款。

（6）到指定银行办理贷款。购房者需携带的材料包括：身份证原件及复印件；户口本原件及复印件；商品房预售合同原件及复印件；《房屋评估报告》原件；《住房公积金贷款申请审批表》；《收入及公积金缴存证明》；《调查通知单》。银行工作人员审核完材料后,会提供《收押合同》《借款合同》和《委托转账还款授权书》,并指定到其分理处开具一个活期存折,并把活期存折账号填在《委托转账还款授权书》及《借款合同》上。购房者填好《借款合同》和《收押合同》后找开发商盖章,然后到住房业务科把《收押合同》《借款合同》和《委托转账还款授权书》一并交给工作人员,大约一周后购房者就可以接到银行的放款通知。

（7）最后,购房者在一个月后到银行取回《借款合同》《收押合同》和《住房公积金贷款申请审批表》,同时到开发商处确认银行已经把款划入其账户,并拿手中的预付款发票换取一张总房款的正式房屋买卖发票,并从开发商处获取《××市商品房预售契约》正本原件一套。但购房者切记每月要往活期存折中存入足够的钱,银行每月要定期从中划走。

复习与思考

1. 我国住房保障体系由哪几部分组成？
2. 廉租房与公租房有何不同？两项制度如何并轨？
3. 比较并轨后的公租房与经适房制度。
4. 住房公积金如何缴存、提取与使用？
5. 住房公积金贷款如何办理？与商业贷款有何区别？

附件　本书所涉主要法律法规

《中华人民共和国劳动法》（本书简称《劳动法》）　1994年7月5日第八届全国人民代表大会常务委员会第八次会议通过，自1995年1月1日起施行；根据2009年8月27日第十一届全国人民代表大会常务委员会第十次会议《关于修改部分法律的决定》第一次修正；根据2018年12月29日第十三届全国人民代表大会常务委员会第七次会议《关于修改〈中华人民共和国劳动法〉等七部法律的决定》第二次修正。

《中华人民共和国劳动合同法》（本书简称《劳动合同法》）　2007年6月29日第十届全国人民代表大会常务委员会第二十八次会议通过，自2008年1月1日起施行；根据2012年12月28日第十一届全国人民代表大会常务委员会第三十次会议《关于修改〈中华人民共和国劳动合同法〉的决定》第一次修正，自2013年7月1日起施行。

《中华人民共和国劳动争议调解仲裁法》（本书简称《劳动争议调解仲裁法》）　2007年12月29日第十届全国人民代表大会常务委员会第三十一次会议通过，自2008年5月1日起施行。

《中华人民共和国工会法》（本书简称《工会法》）　1992年4月3日第七届全国人民代表大会第五次会议通过（1950年6月29日中央人民政府颁布的《中华人民共和国工会法》同时废止），自公布之日起施行；根据2001年10月27日第九届全国人民代表大会常务委员会第二十四次会议《关于修改〈中华人民共和国工会法〉的决定》第一次修正；根据2009年8月27日第十一届全国人民代表大会常务委员会第十次会议《关于修改部分法律的决定》第二次修正。

《中华人民共和国就业促进法》（本书简称《就业促进法》）　2007年8月30日第十届全国人民代表大会常务委员会第二十九次会议通过，自2008年1月1日起施行；根据2015年4月24日第十二届全国人民代表大会常务委员会第十四次会议通过的《关于修改〈中华人民共和国电力法〉等六部法律的决定》第一次修正。

《中华人民共和国职业病防治法》（本书简称《职业病防治法》）　2001年10月27日第九届全国人民代表大会常务委员会第二十四次会议通过，自2002年5月1日起施行；根据2011年12月31日第十一届全国人民代表大会常务委员会第二十四次会议《关于修改〈中华人民共和国职业病防治法〉的决定》第一次修正；根据2016年7月2日第十二届全国人民代表大会常务委员会第二十一次会议《关于修改〈中华人民共和国节约能源法〉等六部法律的决定》第二次修正；根据 2017 年 11 月 4 日第十二届全国人民代表大会常务委员会第三十次会议《关于修改〈中华人民共和国会计法〉等十一部法律的决定》第三次修正；根据 2018 年 12 月 29 日第十三届全国人民代表大会常务委员会第七次会议《关于修改〈中华人民共和国劳动法〉等七部法律的决定》第四次修正。

《中华人民共和国安全生产法》（本书简称《安全生产法》） 2002 年 6 月 29 日第九届全国人民代表大会常务委员会第二十八次会议通过，自 2002 年 11 月 1 日起施行；根据 2009 年 8 月 27 日第十一届全国人民代表大会常务委员会第十次会议《关于修改部分法律的决定》第一次修正；根据 2014 年 8 月 31 日第十二届全国人民代表大会常务委员会第十次会议《关于修改〈中华人民共和国安全生产法〉的决定》第二次修正。

《中华人民共和国职业教育法》（本书简称为《职业教育法》） 1996 年 5 月 15 日第八届全国人民代表大会常务委员会第十九次会议通过，自 1996 年 9 月 1 日起施行。

《中华人民共和国社会保险法》（本书简称《社会保险法》） 2010 年 10 月 28 日第十一届全国人民代表大会常务委员会第十七次会议通过，自 2011 年 7 月 1 日起施行；根据 2018 年 12 月 29 日中华人民共和国主席令第二十五号第十三届全国人民代表大会常务委员会第七次会议《全国人民代表大会常务委员会关于修改〈中华人民共和国社会保险法〉的决定》第一次修正。

《中华人民共和国军人保险法》（本书简称《军人保险法》） 2012 年 4 月 27 日第十一届全国人民代表大会常务委员会第二十六次会议通过，自 2012 年 7 月 1 日起施行。

《中华人民共和国老年人权益保障法》（本书简称《老年人权益保障法》） 1996 年 8 月 29 日第八届全国人民代表大会常务委员会第二十一次会议通过，自 1996 年 10 月 1 日起施行；根据 2009 年 8 月 27 日第十一届全国人民代表大会常务委员会第十次会议《关于修改部分法律的决定》第一次修正；2012 年 12 月 28 日第十一届全国人民代表大会常务委员会第三十次会议第二次修正，自 2013 年 7 月 1 日起施行；根据 2015 年 4 月 24 日第十二届全国人民代表大会常务委员会第十四次会议《关于修改〈中华人民共和国电力法〉等六部法律的决定》第三次修正；根据 2018 年 12 月 29 日第十三届全国人民代表大会常务委员会第七次会议《关于修改〈中华人民共和国劳动法〉等七部法律的决定》第四次修正。

《中华人民共和国妇女权益保障法》（本书简称《妇女权益保障法》） 1992 年 4 月 3 日第七届全国人民代表大会第五次会议通过，自 1992 年 10 月 1 日起施行；根据 2005 年 8 月 28 日第十届全国人民代表大会常务委员会第十七次会议《关于修改〈中华人民共和国妇女权益保障法〉的决定》第一次修正，自 2005 年 12 月 1 日起施行；根据 2018 年 10 月 26 日第十三届全国人民代表大会常务委员会第六次会议《关于修改〈中华人民共和国野生动物保护法〉等十五部法律的决定》第二次修正。

《中华人民共和国残疾人保障法》（本书简称《残疾人保障法》） 1990年12月28日第七届全国人民代表大会常务委员会第十七次会议通过；2008年4月24日第十一届全国人民代表大会常务委员会第二次会议第一次修正，自2008年7月1日起施行；根据2018年10月26日第十三届全国人民代表大会常务委员会第六次会议《关于修改〈中华人民共和国野生动物保护法〉等十五部法律的决定》第二次修正。

《中华人民共和国未成年人保护法》（本书简称《未成年人保护法》） 1991年9月4日第七届全国人民代表大会常务委员会第二十一次会议通过；2006年12月29日第十届全国人民代表大会常务委员会第二十五次会议第一次修正；根据2012年10月26日第十一届全国人民代表大会常务委员会第二十九次会议《关于修改〈中华人民共和国未成年人保护法〉的决定》第二次修正，自2013年1月1日起施行。

《中华人民共和国母婴保健法》（本书简称为《母婴保健法》） 1994年10月27日第八届全国人民代表大会常务委员会第十次会议通过，自1995年6月1日起施行；根据2009年8月27日第十一届全国人民代表大会常务委员会第十次会议《关于修改部分法律的决定》第一次修正；根据2017年11月4日第十二届全国人民代表大会常务委员会第三十次会议《关于修改〈中华人民共和国会计法〉等十一部法律的决定》第二次修正。

《中华人民共和国劳动保险条例》（本书简称《劳动保险条例》） 1951年2月26日中央人民政府政务院以政秘字134号命令公布施行；1953年1月2日政务院以（53）政财申字11号命令修改施行。

《劳动合同法实施条例》 2008年9月3日国务院第25次常务会议通过并予公布，自公布之日起施行。

《女职工劳动保护特别规定》 2012年4月18日国务院第200次常务会议通过并予公布，自公布之日起施行。

《劳动保障监察条例》 2004年10月26日国务院第68次常务会议通过并予公布，自2004年12月1日起施行。

《社会保险费征缴暂行条例》 1999年1月14日国务院第13次常务会议通过，1999年1月22日公布，自公布之日起施行。

《失业保险条例》 1998年12月16日国务院第11次常务会议通过，1999年1月22日公布，自公布之日起施行。

《工伤保险条例》 2003年4月16日国务院第5次常务会议通过，2003年4月27日公布，2004年1月1日起施行；根据2010年12月20日《国务院关于修改〈工伤保险条例〉的决定》第一次修订，自2011年1月1日起施行。

《城市居民最低生活保障条例》 1999年9月28日国务院第21次常务会议通过并公布，自1999年10月1日起施行。

《农村五保供养工作条例》 2006年1月11日国务院第121次常务会议通过，2006年1月21日公布，自2006年3月1日起施行；1994年1月23日国务院发布的《农村五保供养工作条例》同时废止。

《自然灾害救助条例》 2010年6月30日国务院第117次常务会议通过，2010年7月8日公布，自2010年9月1日起施行。

《城市生活无着的流浪乞讨人员救助管理办法》 2003年6月18日国务院第12次常务会议通过，2003年6月20日公布，自2003年8月1日起施行；1982年5月12日国务院发布的《城市流浪乞讨人员收容遣送办法》同时废止。

《社会救助暂行办法》 2014年2月21日国务院公布，自2014年5月1日起施行。

《残疾人就业条例》2007年2月14日国务院第169次常务会议通过，2007年2月25日公布，自2007年5月1日起施行。

《残疾人教育条例》 1994年8月23日国务院发布实施；根据2011年1月8日《国务院关于废止和修改部分行政法规的决定》第一次修订；2017年1月11日国务院第161次常务会议第二次修订，自2017年5月1日起施行。

《人力资源市场暂行条例》 2018年5月2日国务院第7次常务会议通过，2018年6月29日公布，自2018年10月1日起施行。

参考文献

[1] 王全兴. 劳动法[M]. 北京：法律出版社，2004.

[2] 常凯. 劳动法[M]. 北京：高等教育出版社，2011.

[3] 贾俊玲. 劳动法与社会保障法学[M]. 北京：中国劳动社会保障出版社，2005.

[4] 林嘉. 社会保障法的理念、实践与创新[M]. 北京：中国人民大学出版社，2002.

[5] 黎建飞. 劳动与社会保障法[M]. 北京：中国人民大学出版社，2007.

[6] 郭捷. 劳动法与社会保障法[M]. 北京：法律出版社，2008.

[7] 郑成功. 社会保障学[M]. 北京：中国劳动社会保障出版社，2008.

[8] 林莉红，孔繁华. 社会救助法研究[M]. 北京：法律出版社，2008.

[9] 杨思斌. 中国社会救助立法研究[M]. 北京：中国工人出版社，2009.

[10] 穆怀中. 社会保障国际比较[M]. 北京：中国劳动社会保障出版社，2006.

[11] 魏浩征. 解读劳动合同法及实施条例[M]. 北京：中国法制出版社，2008.

[12] 李援. 中华人民共和国社会保险法解读[M]. 北京：中国法制出版社，2010.

[13] 李迎春. 劳动合同法案例精解与应对策略[M]. 北京：法律出版社，2008.

[14] 梁宪初，冉永萍. 社会保险[M]. 台北：五南图书出版公司，2002.

[15] [日]桑原洋子. 日本社会福利法制概论[M]. 韩君玲，邹文星，译. 北京：商务印书馆，2010.

[16] 王益英. 外国劳动法和社会保障法[M]. 北京：中国人民大学出版社，2001.

[17] 王益英. 社会保障法[M]. 北京：中国人民大学出版社，2004.

[18] 蒋月. 社会保障法概论[M]. 北京：法律出版社，1999.

[19] 覃有土，樊启荣. 社会保障法[M]. 北京：法律出版社，1997.

[20] 岳宗福. 劳动法与社会保障法实用教程[M]. 北京：中国法制出版社，2014.

[21] 岳宗福. 近代中国社会保障立法研究（1912—1949）[M]. 济南：齐鲁书社，2006.

[22] 岳宗福. 五险一金制度·案例·答疑[M]. 北京：中国法制出版社，2008.

[23] 岳宗福. 机关事业单位养老保险制度改革：知识解答与政策解读[M]. 北京：人民日报出版社，2015.

[24] 岳宗福. 社会保险法制度解读·案例应用与实务答疑[M]. 北京：中国法制出版社，2011.

[25] 岳宗福. 中国社会保险制度[M]. 北京：人民日报出版社，2018.